62700

LE BRÉSIL LITTÉRAIRE

HISTOIRE
DE LA
LITTÉRATURE BRÉSILIENNE

LE BRÉSIL LITTÉRAIRE

HISTOIRE
DE LA
LITTÉRATURE BRÉSILIENNE

SUIVIE

D'UN CHOIX DE MORCEAUX TIRÉS DES MEILLEURS
AUTEURS BÉSILIENS

PAR

FERDINAND WOLF

DOCTEUR EN PHILOSOPHIE, CONSERVATEUR DE LA BIBLIOTHÈQUE IMP. DE VIENNE, CHEVALIER DE L'ORDRE IMP. AUTRICHIEN DE FRANÇOIS-JOSEPH, COMMANDEUR (DE NÚMERO) DE L'ORDRE ROY. ESPAGNOL DE CHARLES III, MEMBRE DE L'ORDRE ROY. BAVAROIS DE MAXIMILIEN POUR LE MÉRITE SCIENTIFIQUE, CHEVALIER DES ORDRES ROYAUX D'ISABELLE LA CATHOLIQUE, DU CHRIST (DE PORTUGAL), DU DANEBROG ET DE LA LÉGION D'HONNEUR; MEMBRE ET SECRÉTAIRE DE L'ACADÉMIE IMP. DES SCIENCES DE VIENNE, MEMBRE DE L'ACADÉMIE ROY. DE MUNIC, DE LA SOCIÉTÉ ROY. D'HISTOIRE ET DE LANGUE DANOISES DE COPENHAGUE, MEMBRE HONORAIRE DU COMITÉ FLAMAND DE FRANCE, MEMBRE CORRESPONDANT DE L'INSTITUT DE FRANCE (ACADÉMIE DES INSCRIPTIONS ET BELLES-LETTRES), DE L'ACADÉMIE ROY. DE BERLIN, DE LA SOCIÉTÉ DES SCIENCES DE GŒTTINGUE, DE LA SOCIÉTÉ D'HISTOIRE DE MADRID, DES SOCIÉTÉS DES ANTIQUAIRES DE LONDRES, D'ÉDIMBOURG, ET DE LA NORMANDIE, ETC.

BERLIN

A. ASHER & CO.

(ALBERT COHN & D. COLLIN)

1863

A SA MAJESTÉ L'EMPEREUR DU BRÉSIL!

SIRE!

En daignant accepter la dédicace de cet ouvrage, Votre Majesté n'a eu égard qu'à mon désir de faire apprécier en Europe la belle littérature du Brésil.

Un ouvrage paraissant sous l'auguste égide de Votre Majesté ne manquera pas d'attirer l'attention de tout le monde civilisé.

Je m'estimerais heureux, si je pouvais me flatter d'avoir produit une oeuvre digne de l'insigne faveur que Votre Majesté a bien voulu lui faire. C'est le but vers lequel ont tendu tous mes efforts.

Je suis avec un profond respect,

Sire,

de Votre Majesté impériale,

le très-humble et très-obéissant serviteur

FERDINAND WOLF.

PRÉFACE.

L'empire du Brésil a vu ces dernières années son influence s'augmenter à tel point qu'il a attiré sur lui l'attention de l'Europe. Naturalistes, ethnographes, historiens, hommes d'État l'ont pris pour but de leurs études, dont un nombre considérable d'ouvrages importants ont été les fruits.

Sous un seul rapport le Brésil est resté jusqu'ici une terre inconnue aux Européens: sa littérature indigène et nationale est demeurée dans l'obscurité. C'est à peine si l'existence en a été révélée par quelques ouvrages sur la littérature portugaise, dont elle ne forme que l'appendice exigu.

Et pourtant la littérature du Brésil a fait de tels progrès, surtout depuis une trentaine d'années, qu'on ne peut lui refuser plus longtemps la place qui lui revient dans l'histoire des littératures nationales.

Ce qui fait que cette littérature n'a pas encore attiré l'attention, même en Allemagne, ce pays universel, c'est probablement que les sources et les matériaux en sont trop inaccessibles. Les bibliothèques européennes les plus riches possèdent à peine les oeuvres des principaux auteurs brésiliens [1]); et quelle difficulté n'y a-t-il pas à se les procurer!

---

[1]) Il est probable que nulle part on n'en trouverait un aussi grand choix que dans les bibliothèques de Lisbonne et de Coïmbre. Mais ce sont les derniers endroits d'où nous pourrions attendre quelque démarche dans le but de les faire connaître, sans parler d'une histoire littéraire proprement dite. Les sentiments de jalousie qu'on a pour le Brésil, l'air de dédain avec lequel on considère cette ancienne colonie, ne permettent pas d'accorder à sa littéra-

On ne pouvait pas même remédier à cette lacune en traduisant quelque histoire littéraire, car les Brésiliens n'en possèdent aucune, qui aille jusqu'à nos jours [1].

La bibliothèque impériale de Vienne a reçu depuis quelques années un nombre assez considérable d'ouvrages brésiliens. Un des passagers de la frégatte *Novara*, M. le chevalier Ferdinand de Hochstetter avait été chargé par cet établissement de profiter de son séjour à Rio de Janeiro pour acheter des livres brésiliens. En outre M. Jean Jacques de Tschudi a eu la bonté de chercher à augmenter cette collection pendant son séjour au Brésil, soit par des achats, soit par les dons nombreux qui lui ont été faits.

Ajoutons à cela que j'ai eu le bonheur de faire la connaissance de plusieurs écrivains distingués du Brésil. Je veux parler de MM. Domingos José Gonçalves de Magalhães, Manoel d'Araujo Porto-Alegre et Ernesto Ferreira França, qui m'ont fourni des matériaux de tout genre et m'ont aidé de leurs conseils. Je leur en exprime ici publiquement ma reconnaissance, ainsi qu'à M. de Tschudi qui, non content de mettre à ma disposition sa riche bibliothèque, a ouvert pour moi le trésor inépuisable de son érudition.

Telles sont les circonstances qui m'ont engagé à remplir la lacune importante que j'ai signalée dans l'histoire littéraire.

J'ai essayé de raconter le développement des lettres au Brésil. J'ai joint à mon récit une anthologie des oeuvres des écrivains dont j'ai parlé. Ce qui m'a décidé à le faire, c'est

---

ture une position indépendante à côté de celle du Portugal. Le *Diccionario bibliographico portuguez* d'I. Fr. da Silva nous montre du reste que beaucoup d'ouvrages importants manquent à ces deux établissements. L'auteur de cet excellent livre a dû se procurer la plupart des plus modernes, surtout ceux qui ont paru depuis la séparation des deux empires.

[1] Il est vrai que Joaquim Norberto de Souza Silva, que ses études rendent très-capable d'une pareille entreprise, travaille depuis longtemps à une histoire détaillée de la littérature brésilienne, mais il n'en a publié jusqu'ici que quelques fragments.

d'abord la rareté de ces ouvrages, puis le désir de permettre au lecteur de juger par lui-même.

MM. les éditeurs ont désiré que la partie historique fût traduite en français. Qu'il me soit permis d'en remercier ici M. le docteur van Muyden, qui s'est efforcé de rendre aussi exactement que possible les idées de l'original.

C'est aux lecteurs à juger cet essai, fruit de trois années d'un travail opiniâtre. Je les prie seulement d'avoir égard à ce que diverses circonstances et surtout le fait que l'auteur ne connaît le Brésil que par les livres ont dû le rendre plus ou moins défectueux et incomplet.

Mon ouvrage a dans tous les cas le mérite relatif d'être le premier et le seul qui ait paru en Europe sur ce sujet.

Vienne, avril 1862.

FERDINAND WOLF.

PREMIÈRE PARTIE.
TABLE DES CHAPITRES.

INTRODUCTION.

Pag.

Définition de la littérature brésilienne. — Division en périodes résultant de cette définition. — Ouvrages consultés 1

PREMIÈRE PÉRIODE.
De la découverte du Brésil jusqu'à la fin du 17me siècle.

CHAPITRE I. Les jésuites surtout introduisent la culture littéraire. — Premiers essais en latin et en portugais d'après des modèles portugais et espagnols. — Bento Teixeira Pinto, le plus ancien poète brésilien   5
CHAPITRE II. Gregorio Mattos, premier poète brésilien important; son frère Eusebio; Bernardo Vieira Ravasco; Manuel Botelho de Oliveira, et autres poètes jusqu'à la fin du 17me siècle. — Imitateurs serviles des écrivains portugais et espagnols contemporains 11

SECONDE PÉRIODE.
Première moitié du 18me siècle.

CHAPITRE III. L'importance de la colonie s'accroît de jour en jour. Bahia surtout, devenue la résidence d'un vice-roi, voit la culture des lettres se répandre de plus en plus et de nombreuses sociétés littéraires se former. — Caractère panégyriste de la poésie. — João Brito de Lima, Manoel de Santa Maria et autres poètes contemporains. — Sebastian da Rocha Pitta 23
CHAPITRE IV. Essais dramatiques. — État du théâtre au Brésil. — Les opéras du Juif Antonio José da Silva 30

TROISIÈME PÉRIODE.
Seconde moitié du 18me siècle.

CHAPITRE V. Nouvel essor de la littérature au Brésil, surtout ensuite de la bonne administration de Pombal. — Rio de Janeiro est déclaré résidence du vice-roi, ce qui crée un nouveau centre littéraire. On fonde des académies, surtout celle nommée l'Arcadia ultramarina. École de Minas Geráes. Elle est enveloppée dans la haute-trahison de Minas. Suites de cet événement pour la littérature 45
CHAPITRE VI. Les poètes épiques José Basilio da Gama, Santa Rita Durão et José Francisco Cardoso 50
CHAPITRE VII. Poètes lyriques de l'école de Minas, Claudio Manoel da Costa, Thomaz Antonio Gonzaga, Manoel Ignacio da Silva Alvarenga, Alvarenga Peixoto, et autres 63
CHAPITRE VIII. Autres poètes de cette période: Antonio Mendes Bordallo, Joaquim José da Silva, Domingos Caldas Barboza, Francisco de Mello Franco, Bento de Figueiredo Tenreiro Aranha, Manoel Joaquim Ribeiro, etc. 76

QUATRIÈME PÉRIODE.

Du commencement du 19ᵐᵉ siècle et surtout de la proclamation de l'indépendance du Brésil jusqu'à l'émancipation politique et littéraire de la mère-patrie et de la domination exclusive du pseudo-classicisme par l'influence des romantiques (1840).

CHAPITRE IX. L'élément chrétien renaît dans la littérature brésilienne. — Antonio Pereira de Souza Caldas, — Francisco de S. Carlos, — José Eloy Ottoni 84

CHAPITRE X. José Bonifacio de Andrada e Silva; — Francisco Vilella Barbosa, marquis de Paranaguá; — Manoel Alves Branco, vicomte de Caravellas; — Domingos Borges de Barros, vicomte da Pedrabranca; — Paulo José de Mello Azevedo e Brito 97

CHAPITRE XI. José da Natividade Saldanha, Luiz Paulino Pinto da França, Joaquim José Lisboa, Gaspar José de Mattos Pimentel, Januario da Cunha Barboza, le père Silverio da Paraopeba, Ladislao dos Santos Titára, João Gualberto Ferreira dos Santos Reis 113

CHAPITRE XII. Alvaro Teixeira de Macedo, Francisco Bernardino Ribeiro, Antonio Augusto de Queiroga et autres poètes de cette période . . . 123

CHAPITRE XIII. Éloquence. — Culture du langage. — Le frère Francisco do Monte Alverne; — Marianno José Pereira da Fonseca, marquis de Maricá; — le lexicographe Antonio de Morães e Silva 127

CINQUIÈME PÉRIODE.
De MDCCCXL à aujourd'hui.

CHAPITRE XIV. La monarchie se consolide. — Le gouvernement et l'empereur lui-même encouragent les sciences et les arts. — La littérature brésilienne s'émancipe complétement sous l'influence de l'école romantique et des éléments nationaux. — Domingos José Gonçalves de Magalhães 135

CHAPITRE XV. Manoel de Araujo Porto-Alegre; — Antonio Gonçalves Dias; — Joaquim Manoel de Macedo; — Manoel Odorico Mendes . 169

CHAPITRE XVI. Joaquim Norberto de Souza Silva, Antonio Gonçalves Teixeira e Souza, Joaquim José Teixeira, Manoel Antonio Alvares de Azevedo, Luis José Junqueira Freire, et autres poètes lyriques des derniers temps 198

CHAPITRE XVII. Progrès de la poésie dramatique dans cette période. — Domingos José Gonçalves de Magalhães inaugure le théâtre brésilien par ses tragédies. — Drames et tragédies originales de quelques autres. — Araujo Porto-Alegre, Luis Carlos Martins Penna et Joaquim Manoel de Macedo développent la comédie nationale. — Culture particulière de l'opéra au Brésil. — Ernesto Ferreira França 222

CHAPITRE XVIII. Introduction du roman dans la littérature brésilienne. — Romans de Joaquim Manoel de Macedo, d'Antonio Gonçalves Teixeira e Souza, et d'autres. — Essais de nouvelles par Norberto de Souza Silva et d'autres. — Éloquence et prose. — Fr. Adolpho de Varnhagen 235

SECONDE PARTIÉ.

TABLE DES MORCEAUX TIRÉS DES MEILLEURS AUTEURS BRÉSILIENS.

Pag.

Eusebio de Mattos.
Nº 1.	Ao Ecce Homo	1
- 2.	A Soledade da Virgem Maria	3

Gregorio de Mattos Guerra.
- 3.	A certos sujetos hypocritas, e murmuradores, sôbre serem viciosos; ou aos costumes da Bahia.	7
- 4.	Aos encantos da vida religiosa	8
- 5.	Aos namorados . . , ...	10
- 6.	Trabalhos da vida humana. — Metafora d'uma flor	11
- 7.	Desenganos da vida humana. Soneto	13
- 8.	Ao mesmo assumpto. Soneto	13
- 9.	Estando para morrer. Soneto	14
- 10.	Idem. Soneto	14

Manoel Botelho de Oliveira.
- 11.	A ilha da Maré	15

Manoel de Santa Maria Itaparica.
- 12.	Excerptos do Poema dos Eustachidos	23
- 13.	Descripção da ilha Itaparica	25

Sebastião da Rocha Pitta.
- 14.	Descripção da natureza do Brazil	27

Antonio José da Silva.
- 15.	Vida de D. Quijote	27
- 16.	As guerras do Alecrim e Mangerona	29
- 17.	Soneto	36
- 18.	Aria	36

José Basilio da Gama.
- 19.	Excerptos do Uruguay:	
	a) Lindoya	37
	b) Morte de Lindoya	41

José de Santa Rita Durão.
- 20.	Excerptos do Caramurú:	
	a) Discurso de Jeraraca	46
	b) Morte de Moema	48

Claudio Manoel da Costa.
- 21.	Fabula do Ribeirão do Carmo	50
- 22.	Soneto	57
- 23.	Soneto	57
- 24.	Cantata	58
- 25.	Canção lirica	58

Seconde partie. Table des morceaux.

Thomas Antonio Gonzaga.
Marilia de Dirceu. Pag.

- N° 26. Lyra (I. 6.) 62
- 27. -   (I. 26.) 64
- 28. -   (I. 84.) 65
- 29. -   (II. 1.) 67
- 30. -   (II. 2.) 68
- 31. -   (II. 23.) 70
- 32. -   (II. 35.) 72
- 33. -   (II. 38.) 73
- 34. -   (III. 3.) 76

Manoel Ignacio da Silva Alvarenga.
- 35. *Glaura.* Rondós. O Cajueiro 77
- 36. -   -   O Cajueiro do amor 78
- 37. -   -   A Lua 79
- 38 et 39. Madrigaes 81

Ignacio José de Alvarenga Peixoto.
- 40. Ode á Rainha D. Maria I. 81

Domingos Caldas Barboza.
- 41. Soneto 85
- 42. A melancolia 85
- 43. Que é saudade 88

Antonio Pereira de Souza Caldas.
- 44. Soneto 90
- 45. Ao homem selvagem 90
- 46. A creação 93
- 47. Á immortalidade da alma 97

Frei Francisco de S. Carlos.
- 48. Excerptos do Poema da Assumpção:
  - a) O Paraiso 99
  - b) Rio de Janeiro 105

José Eloy Ottoni.
- 49. Glossa 108
- 50. Soneto 109
- 51. Soneto 110

José Bonifacio de Andrada e Silva.
- 52. Aos Gregos 110
- 53. Aos Bahianos 113

Francisco Vilella Barbosa, Marquez de Paranaguá.
- 54. Excerpto da Cantata á Primavera 117
- 55. Á morte do Senhor D. Pedro I 121

Manoel Alves Branco, visconde de Caravellas.
- 56. Á liberdade 122

Domingos Borges de Barros, visconde da Pedra Branca.
- 57. Á flor saudade 127
- 58. O Beija-flor 128
- 59. O Nome Rei 129

José da Natividade Saldanha.
- 60. Ode 130
- 61. Soneto 134

Luis Paulino Pinto da França.

- N° 62. Soneto 134
- 63. Soneto 135

Januario da Cunha Barboza.

- 64. Extractos do poema Nictheroy:
    - a) A bahia do Rio de Janeiro 135
    - b) Prophecia de Glauco 136

Ladisláo dos Santos Titára.

- 65. Metamorphose. Abatirás e Tiapira 137

João Gualberto Ferreira dos Santos Reis.

- 66. A saudade paterna 142

Alvaro Teixeira de Macedo.

- 67. Excerptos do Canto ultimo d'A festa de Baldo:
    - a) Introducção 147
    - b) Os convidados da festa 147
    - c) Queixa de mestre Berto 148

Francisco Bernardino Ribeiro.

- 68. Epistola 149

Antonio Augusto de Queiroga.

- 69. O Sabiá. Lyra 151

Fr. Francisco do Monte Alverne.

- 70. Excerptos da Oração em acção de graças por a Elevação do Brazil á Reino 153

Marianno José Pereira da Fonseca, marquez de Maricá.

- 71. Maximas, pensamentos e reflexões 158

Domingos José Gonçalves de Magalhães.

Suspiros poeticos e saudades.

- 72. Deos, e o Homem 159
- 73. A Velhice 164
- 74. O Canto do Cysne 167
- 75. Napoleão em Waterloo 171
- 76. A Confederação dos Tamoyos. Canto IV 175
- 76 (a). *Urania.* Hymno ao amor 190
- 76 (b). - Não sentes tu amor? 194
- 76 (c). - A Predicção da Cigana 195
- 76 (d). - O Caçador 196

Manoel de Araujo Porto-Alegre.

- 77. A Destruição das Florestas. Canto II. A Queimada 198
- 78. Colombo. Sagres (fragmento) 203

Antonio Gonçalves Diaz.

- 79. Seos olhos 213
- 80. Olhos verdes 214

Poesias americanas.

- 81. Canção do Exilio 216
- 82. O Canto do Piaga 217
- 83. Marabá 220
- 84. A mãe d'agua 221

Joaquim Manoel de Macedo.

- 85. Extractos do poema intitulado: A Nebulosa 228

Manoel Odorico Mendes.

- 86. Hymno á tarde 237

Seconde partie. Table des morceaux.

Joaquim Norberto de Souza Silva.

Pag.

- N° 87. O Mendigo. Balata 240
- 88. D. Maria Ursula. Balata 243
- 89. O adormecer de amor. Canção americana 248
- 90. O embalar da rede. Canção americana 250
- 91. *Cantos epicos.* A cabeça do martyr 252

Antonio Gonçalves Teixeira e Souza.

- 92. Extractos do poema romantico intitulado : Os tres dias de um Noivado 261

Joaquim José Teixeira.

- 93. Fabulas. O Burro politicão 269
- 94. — O Rapozo monarchista 270
- 95. — O Cão vendedor e o Cão comprador 271

Manoel Antonio Alvares de Azevedo.

- 96. Anjos do mar 272
- 97. A cantiga do Sertanejo 273
- 98. Crepusculo do mar 276
- 99. Vagabundo 278
- 100. É ella! é ella! é ella! é ella! 279
- 101. 12 de Setembro 280
- 102. Lembrança de morrer 284
- 103. Se eu morresse amanhã 285
- 104. O Poeta moribundo 286
- 105. Á minha mãe 287

Luis José Junqueira Freire.

- 106. Um pedido 289
- 107. A profissão de frei João das Mercês Ramos 291
- 108. A Meditação 292
- 109. Frei Bastos 294

José Joaquim Corrêa de Almeida.

Epigrammas.

- 110. Acredita, amigo, que 294
- 111. Procurava o ladrão no tempo antigo 295
- 112. A respeito dos prazeres 295

Parabolas.

- 113. O organista 296
- 114. A Capivara 297
- 115. A Transformação 297
- 116. O Recruta 298
- 117. Excerpto do Romance — O Moço Loiro — por J. M. de Macedo 300
- 118. Excerpto do Romance — Rosa — por J. M. de Macedo . . . 309
- 119. Excerpto do Romance — A Providencia — por A. G. Teixeira e Souza. A aldêa de S. Pedro e a Procissão dos Passos . . . 311
- 120. Excerpto do mesmo Romance: Compos-Novos 318

Francisco Adolpho de Varnhagen.

- 121. Descripção do Porto de Rio Janeiro 322

INTRODUCTION.

DÉFINITION DE LA LITTÉRATURE BRÉSILIENNE. — DIVISION EN PÉRIODES RÉSULTANT DE CETTE DÉFINITION. — OUVRAGES CONSULTÉS.

C'est à bon droit qu'on peut parler maintenant d'une littérature brésilienne. Les premiers éléments littéraires cependant ont été apportés au Brésil par les conquérants portugais. Les colons, leurs successeurs, restés en relation avec la métropole et se servant de sa langue, continuèrent à les cultiver. Ils ont enfin été développés avec une indépendance toujours plus grande par les Brésiliens natifs d'origine portugaise, à mesure qu'ils s'émancipaient eux-mêmes davantage de la mère-patrie [1]).

Les indigènes en effet n'ont jamais eu de culture littéraire proprement dite. C'est tout au plus si par certains poèmes à la fois épiques et lyriques, par des hymnes religieux ou guerriers, soit enfin par de simples mélodies destinées à régler leurs danses, ils ont donné carrière à leurs instincts poétiques et musicaux. Telles doivent être les seules productions que présentent les dialectes indigènes.

Ce n'est qu'indirectement que ces habitants primitifs du pays, par leurs unions avec les colons, et par les races mêlées (*mamelucos* et *mestizos*) qui en sont sorties, ont exercé sur le développement du caractère brésilien et par conséquent sur la littérature de ce peuple une influence, que venait encore augmenter la nature riche et grandiose du pays. C'est ainsi qu'au bout de deux siècles le caractère national des Brésiliens et par conséquent aussi celui de leur littérature différait essentiellement de celui des Portugais.

---

[1]) Voyez Varnhagen, *Historia geral do Brazil*. Rio de J. 1854—57. 4°, vol. II, p. XXV, de la vraie nationalité des Brésiliens.

Cet exposé des éléments qui ont concouru à former la littérature brésilienne, nous conduit tout naturellement à la division en périodes, que nous allons indiquer [1]).

Ire période. De la découverte du Brésil jusqu'à la fin du 17me siècle. Les jésuites principalement introduisent la culture littéraire apportée d'Europe; les colons portugais et leurs descendants imitent servilement les modèles portugais et espagnols.

IIme période. Première moitié du 18me siècle. La culture littéraire s'étend et prend racine; on fonde des sociétés littéraires, mais, malgré quelques velléités d'indépendance, l'imitation pure et simple des modèles portugais persiste encore.

IIIme période. Seconde moitié du 18me siècle. La culture littéraire se répand de plus en plus ainsi que la tendance à s'émanciper de l'influence de la métropole. — L'école de Minas-Geráes est le principal représentant de ce mouvement.

IVme période. Du commencement du 19me siècle et surtout de la proclamation de l'indépendance du Brésil (1822) jusqu'à l'émancipation tant politique que littéraire de la mère-patrie et de la domination exclusive du pseudo-classicisme par l'influence des romantiques (1840). — La littérature brésilienne prend un caractère national toujours plus prononcé au milieu des orages politiques et de l'influence directe des littératures française et anglaise surtout.

Vme période. De 1840 à aujourd'hui. La monarchie se consolide; le gouvernement et l'empereur lui-même encouragent les lettres et les beaux-arts. La littérature nationale proprement dite se développe de jour en jour davantage par l'ascendant de l'école romantique et des éléments brésiliens.

Malgré l'intérêt qu'offre le spectacle de ce développement et l'importance toujours croissante de la littérature du Brésil pour l'Amérique et pour le monde civilisé, c'est à peine si elle est connue aujourd'hui en Europe. Ferdinand Denis est le seul littérateur européen qui ait ajouté à son résumé de l'histoire littéraire du Portugal un appendice sur la littérature de la grande monarchie américaine (Paris 1826. 12°. p. 513—601), et encore cet ouvrage a-t-il paru à une époque où le développement dont nous avons parlé, ne faisait que commencer. Il ne faut pas s'étonner que les indigènes eux-mêmes n'aient senti le besoin d'écrire l'histoire de leur littéra-

---

[1]) Nous adoptons la division donnée par Norberto de Souza Silva, (Mod laçoens poeticas. Precedidas de um Bosquejo da historia da poesia brasileira Rio de J. 1841. 8°. p. 21—53) et ne nous en écartons qu'en ce que no fondons sa 4me et sa 5me période en une seule, la 4mo, vu que la déclaration d l'indépendance, quelque importance politique qu'elle ait, ne nous paraît pas e effet avoir eu assez d'influence sur la littérature pour produire autre chose qu'un époque de transition à peine sensible.

ture qu'après avoir eu conscience de leur émancipation intellectuelle, et après avoir produit des oeuvres originales. Il devait en être ainsi et la même chose s'est vue chez tous les peuples. Ce n'est que dans le courant des trente dernières années qu'il a paru au Brésil des ouvrages ayant pour but de rassembler les matériaux de l'histoire littéraire future ou d'essayer de se rendre compte de son développement.

Ainsi déjà en 1831 le chanoine Januario da Cunha Barbosa, poète lui-même, a publié un Parnasse brésilien, dont malheureusement nous ne connaissons que le titre [1]).

En 1841 Joaquim Norberto de Souza Silva a fait précéder ses *Modulaçoens poeticas* d'un *Bosquejo da historia da poesia Brasileira*, qui nous donne à grands traits un tableau fidèle de la littérature brésilienne. C'est à cet ouvrage que nous devons notre division en périodes [2]).

En 1843 J. M. Pereira da Silva publia la première partie de son Parnasse brésilien (*Parnaso Brasileiro ou Selecção de poesias dos melhores poetas brasileiros, desde o descobrimento do Brasil; precedida de uma Introducção historica e biographica sobre a litteratura brasileira.* Rio de J.), qui contient les poètes des 16me, 17me et 18me siècles et une introduction historique. En 1848 la seconde partie renfermant les écrivains du 19me siècle a également vu le jour. Si dans cet ouvrage l'auteur se borne aux notices biographiques les plus élémentaires, son *Plutarco Brasileiro* [3]) (Rio de J. 1847. 2 vol.) nous offre au contraire des biographies critiques et détaillées de plusieurs d'entre les plus grands poètes brésiliens.

---

[1]) Voyez J. M. Pereira da Silva, *Parnaso brasileiro*. Rio de Janeiro 1843. 8°. vol. I. p. V.; — D. J. G. de Magalhães *Poesias*. Rio de J. 1832. 8°. p. II.; — Varnhagen o. c. vol. I. p. 16.

[2]) Ce même écrivain nous a promis une oeuvre plus considérable, une histoire de la littérature du Brésil, dont ils n'a malheureusement paru jusqu'ici que des fragments publiés dans la *Revista do Instituto historico e geographico Brasileiro*, XVIII. p. 29 et suiv.; XIX. supplém. p. 83; — et dans la *Revista popular*, IX. (1861). — M. de Magalhães n'a pas non plus exécuté son projet d'écrire une histoire de la littérature brésilienne, ce qui fait que nous le regrettons moins, c'est qu'il aime plutôt à créer qu'à critiquer: il n'écrit pas l'histoire, il la fait. Il avait en effet publié dans une revue (*Nitheroy, Revista Brasiliense* I. p. 132—159), qu'il rédigeait en 1836 à Paris avec quelques-uns de ses amis un article intitulé *Ensaio sobre a Historia da litteratura do Brasil*, qui ne contient que l'introduction de son grand ouvrage, mais qui est écrit si spirituellement et avec tant d'éloquence, qu'on ne peut s'empêcher de déplorer que le livre en soit resté à l'état de fragment. — Il voulait diviser son histoire littéraire en deux périodes séparées par l'année 1808. Quelque bien fondée que soit cette division, nous avons cru devoir adopter les subdivisions de Norberto, comme favorisant davantage une vue d'ensemble et faisant mieux ressortir les phases du développement littéraire du Brésil.

[3]) Une seconde édition revue et augmentée a paru en 1858 à Paris sous le titre de: *Os varões illustres do Brasil durante os tempos coloniáes.*

Le livre de M. F. A. de Varnhagen intitulé: *Florilegio da poesia brazileira ou Collecção das mais notaveis composições dos poetas brazileiros falecidos, contendo as biographias de muitos delles, tudo precedido de um Ensaio historico sobre as lettras no Brazil*, vol. 1 et 2. Lisbonne 1850, vol. 3. Madrid 1853. 16°. est encore plus important. Le savant auteur de cet ouvrage ne s'est pas contenté d'y publier pour la première fois un grand nombre de morceaux inédits et puisés à des sources très-rares; il y décèle son origine allemande par l'exactitude et la profondeur que nous voyons percer partout dans l'introduction historique mise en tête du premier volume. C'est cette dernière partie de l'ouvrage qui nous a surtout servi de modèle pour les quatre premières périodes.

Nous avons aussi pris conseil des anthologies suivantes:

Parnaso lusitano, ou poesias selectas dos auctores portuguezes antigos e modernos, précédé d'un *Bosquejo da historia da poesia e ling. portug.* par le célèbre Almeida Garrett. Paris 1826. 5 v. 32°.

Grinalda de flores poeticas. Selecção de producções modernas dos melhores poetas brasileiros e portuguezes etc. Rio de J. 1854. 8°.

Nous avons trouvé en outre un certain nombre de notices biographiques et critiques dans la *Revista trimensal* [1]), collection d'une haute importance pour l'histoire, la géographie et l'ethnographie du Brésil. — Puis dans l'*Ensaio biographico-critico sobre os melhores poetas portuguezes* par José Maria da Costa e Silva [2]), auteur de la charmante poésie intitulée: *O passeio*, la promenade; dans les *Memorias de litteratura contemporanea* publiés par A. P. Lopes de Mendonça (Lisbonne 1855. 8°.) et dans le *Diccionario bibliographico portuguez, estudos de Innocencio Francisco da Silva appliaveis á Portugal e ao Brasil*. Lisbonne, 1858—60. 8°. Cinq volumes ont paru [3]).

---

[1]) *Revista trimensal do Instituto historico e geographico do Brasil*. Rio de J. 1839—59. 22 voll. 8°.

[2]) Lisbonne 1850—56. 10 voll. 8°.

[3]) Une notice de la *Revista do Instituto* (XX. suppl. p. 80) nous apprend que François Meneses a laissé en manuscrit et incomplet un ouvrage intitulé: *Os quadros da litteratura brasileira*.

Pour la bibliographie il est fait mention dans le dictionnaire de Silva, cité plus haut (II. p. 51—54), d'un livre dont voici le titre: *Catalogo dos livros do Gabinete portug. de leitura do Rio de Janeiro*. Rio de J. 1858. 8°. Ce cabinet contient 15 à 16 mille ouvrages manuscrits ou imprimés et presque tous portugais ou brésiliens.

Ajoutons enfin que nous avons eu connaissance des titres des *Origines de la poesia da terra de Cabral* par Antoine da Silva de Pinheiro (Bahia 1854. 8°.), et du *Discurso sobre a poesia em geral, e em particular no Brasil* par le chanoine Fernandes Pinheiro, supplément de la traduction de Job, par José Eloy Ottoni, Rio de J. 1852, p. I—XXXIX.

PREMIÈRE PÉRIODE.

DE LA DÉCOUVERTE DU BRÉSIL JUSQU'A LA FIN DU 17ᴹᴱ SIÈCLE.

CHAPITRE I.

LES JÉSUITES SURTOUT INTRODUISENT LA CULTURE LITTÉRAIRE. PREMIERS ESSAIS EN LATIN ET EN PORTUGAIS D'APRÈS DES MODÈLES PORTUGAIS ET ESPAGNOLS. BENTO TEIXEIRA PINTO, LE PLUS ANCIEN POÈTE BRÉSILIEN.

L'histoire du développement de la civilisation et de la littérature du Brésil et de toute l'Amérique a une certaine analogie avec celle de l'Europe moderne. Dans ces deux continents il a été produit par les mêmes causes, mais en sens inverse. En Amérique il est bien sorti du contact d'une civilisation antérieure et de peuples à demi-sauvages, mais ce furent les conquérants qui apportèrent la civilisation, tandis que les indigènes, presque tous barbares (à l'exception des Mexicains et des Péruviens), ne participèrent à la culture qui suivit qu'en se mêlant à leurs oppresseurs. C'est pourquoi la civilisation américaine est beaucoup moins naturelle et moins originale. Les conquérants en effet, luttant sans cesse contre la nature, les maladies et les sauvages aborigènes, eurent beaucoup de peine eux-mêmes à ne pas devenir barbares, et ne purent conserver leur culture intellectuelle que par une liaison intime avec la mère-patrie, qui se chargeait en outre de combler les vides que la guerre, le climat ou la maladie avaient creusés dans leurs rangs. D'un autre côté les tribus indiennes n'étaient pas susceptibles de culture comme les nations germaniques qui envahirent l'empire romain; elles n'avaient pas comme celles-ci un génie capable de remonter le courant d'une civilisation plus ancienne et de lui communiquer un nouvel élément.

Les tribus indiennes du Brésil avaient à la vérité, comme dit M. de Varnhagen, une espèce de poésie destinée à servir de texte à leurs chants. Ce même auteur la décrit de la manière suivante: „Leurs poètes (il parle des Tupinambás), estimés de leurs ennemis même, n'étaient autre chose que les chanteurs en personne, doués en général de voix étendues, mais extrêmement monotones. Ils improvisaient des refrains et des couplets dont le vers final rimait avec le refrain (*improvisavam motes com voltas, acabando éstas no consoante dos mesmos motes*). L'improvisateur ou l'improvisatrice fredonnaient leurs chansons (*garganteava a cantiga*) et les autres répondaient en chantant le dernier vers du refrain (*com o fim do mote*) et en exécutant des rondes au son du tambourin et de la *maracá* [1]). Les chants des Indiens avaient ordinairement pour sujets les exploits de leurs ancêtres; ils y imitaient avec une profusion d'images poétiques les oiseaux, les serpents et d'autres animaux. Ils étaient aussi grands orateurs et faisaient tellement cas de l'éloquence, qu'ils choisissaient souvent pour leur chefs ceux qui en étaient doués [2])."

Mais les Indiens, aussi longtemps qu'ils furent abandonnés à eux-mêmes, ne sortirent pas de ces embryons de poésie, et restèrent au niveau des sauvages pêcheurs et chasseurs.

Cependant la littérature brésilienne a commencé à peu près comme ses soeurs d'Europe: elle s'est développée d'abord sous l'égide de l'Église et par les soins de ses serviteurs. Ce sont les missionnaires chrétiens qui en ont semé les premiers germes; ils étaient les seuls qui eussent apporté quelque culture littéraire et qui eussent intérêt à la conserver et à la répandre; car ils voulaient faire des conquêtes à la fois spirituelles et intellectuelles, tandis que les conquérants laïques, soldats et aventuriers sans instruction pour la plupart, étaient assez occupés à se maintenir dans les pays conquis, et n'avaient guère été poussés vers le Nouveau Monde que par l'appas de la gloire et des richesses. Souvent même les premiers colons étaient des criminels condamnés à la déportation.

Parmi ces missionnaires ce furent particulièrement les jésuites qui prirent à coeur de répandre la culture intellectuelle, surtout en établissant des écoles. Le premier établissement d'instruction supérieure fondé au Brésil en 1543 fut celui de Bahia; le second prit naissance en 1554 à Piratininga; on y enseignait outre la grammaire latine les éléments de la théologie [3]). Il en sortit les premiers humanistes comme les premiers poètes formés au Brésil, entr'

---

[1]) *Maracá*, mot brésilien, désigne une sorte de cymbale ou d'instrument de guerre, que les Indiens de Maranhão fabriquent au moyen d'une citrouille ou d'une noix de coco.

[2]) Tiré d'un manuscrit de la bibl. de Paris intitulé: *Roteiro do Brasil*, dont M. de Magalhães dans l'ouvrage cité, p. 155, donne un passage qui s'applique spécialement aux Tamoyos: *São havidos estes Tamoyos por grandes musicos, entre o gentio e bailadores, os quaes são muito respeitados dos gentios por onde quer que vão.*

[3]) Pereira da Silva, ouvrage cité, I, p. 14.

autres le franciscain Vicente de Salvador, né à Bahia en 1564 et auteur d'une histoire du Brésil restée à l'état de manuscrit (*Chronica da custodia do Brasil*) ¹); puis son compatriote, le père Domingos Barboza, dont on a une poésie latine sur la Passion; les deux frères Martinho et Salvador Mesquita, dont le premier fit imprimer de 1662 à 1670 plusieurs livres à Rome; le second a laissé des tragédies en latin et un drame religieux. Citons encore Manoel de Moraes de la province de Saint-Paul, célèbre par ses travaux historiques sur le Portugal et l'Amérique, et plus encore par les persécutions qu'il eut à souffrir de la part de l'inquisition ²).

Les représentations théâtrales, instituées par les jésuites, eurent encore une plus grande influence sur le développement de la littérature. M. de Magalhães raconte (d'après le père Paternina et Simão de Vasconcellos), que le père José de Anchieta, qu'on peut surnommer l'apôtre du Brésil, pour mettre fin à certains spectacles indécents qui avaient lieu dans les églises pendant le service divin, eut l'idée de composer un drame en vers (*autto*) intitulé *Prégação-Universal* (prédication universelle). Écrite en portugais et en indien, cette pièce était destinée aux deux nations et avait tous les traits et les personnages caractéristiques de la vieille *comedia*; elle n'était pas jouée par des acteurs de profession, mais par des amateurs parlant en leur nom et confessant leurs propres péchés ³).

En 1575 les jésuites firent représenter à Fernambouc le drame du riche avare et du pauvre Lazare (*O Rico Avarento e Lazaro pobre*). Il fit une telle impression que beaucoup de riches se décidèrent à de grandes aumônes. D'après la relation de voyage de Fernão Cardim ⁴) ils donnèrent en 1583 une pastorale (*Dialogo pastoril*) en portugais, en castillan et en indien. Le même auteur parle de vers sur le martyre du père Ignace de Azevedo, et d'une représentation du mystère des onze mille vierges, qui eut lieu à l'occasion d'une procession. Celles-ci se promenaient dans un vaisseau pavoisé, au son des canons, avec accompagnement de danses et d'autres „inventions dévotes et curieuses"; sur quoi on fêta le martyre dans le même vaisseau, une nuée descendit du ciel, des anges enlevèrent les vierges, etc. Il nous cite encore la représentation d'un dialogue sur chaque mot de l'*Ave Maria*, dialogue

---

¹) Jaboatam, *Novo orbe serafico brasilico*. Rio de J. 1858. 8°. I. p. 376.
²) Varnhagen o. c. I. p. XVII. Barbosa Machado, *Bibliotheca Lusitana*, III. p. 317, 441 et 669. Pereira da Silva, I. p. 25—26.
³) Pereira da Silva, I. p. 15—16.
⁴) Fernão Cardim, *Narrativa epistolar de uma viagem e missão jesuitica pela Bahia desde 1583 até 1590*. Lisbonne 1847. 4°. p. 30.

qu'il attribue à Alvaro Lobo[1]). On le voit, ces pièces avaient encore le caractère des *Auttos* et des *Entremezes* que nous trouvons dans Gil Vicente et ses successeurs.

Les jésuites répandirent et conservèrent donc par leur exemple la culture littéraire chez leurs compatriotes, et cherchèrent comme missionnaires à tirer parti des talents musicaux et oratoires des aborigènes[2]). C'est pourquoi Pereira da Silva (I, 14) dit avec raison:

„Les commencements de la civilisation du Brésil, l'instruction qu'a reçue le peuple, les connaissances qui se sont répandues et enfin les premiers germes d'une littérature, nous devons tout cela aux jésuites[3])."

Ces premiers germes furent fructifiés par les longues luttes contre les Hollandais et leur expulsion finale (1624—1662); ce fut alors que les colons commencèrent à avoir conscience non seulement de leur qualité de Portugais, mais aussi de celle de pères de la nationalité brésilienne. Ces troubles ne furent pas sans influence non plus sur le développement du jésuite Antonio Vieira[4]), si célèbre comme orateur. Portugais d'origine, il appartient plutôt au Brésil par le long séjour qu'il y fit et par ses ouvrages. Sa longue et bienfaisante activité, surtout dans le but d'obtenir que les Indiens furent traités plus humainement[5]), activité qui l'a fait surnommer

---

[1]) Voyez Varnhagen, I. p. XXII.

[2]) M. de Magalhães cite p. 156, le passage suivant de la vie de Simão de Vasconcellos par le père Anchieta: *Estavam estes (os filhos dos selvagens) já bastantemente instruidos na Fé, ler, escrever e contar: foi traça de José, que viessem estes meninos para os campos encorporarse com seus discipulos em favor e ajuda dos Pais, que logo veremos. Continuavam estes na nova Aldea sua escola, adjudavam a beneficiar os officios divinos em canto de orgam, e instrumentos musicos (o mor gosto e incitamento, que podia haver para os Pais, que já alli estavam, vindos de seus sertoens). Espalhavam-se á noite pelas casas de seus parentes, a cantar as cantigas pias de José em propria lingoa contrapostas ás que elles costumavam cantar vans e gentilicas.*

[3]) Norberto de Souza Silva dans la *Revista do Instituto* (XVIII. p. 30) parle aussi avec enthousiasme de l'activité des jésuites comme missionnaires et de leur influence sur les Indiens. Il s'écrie: *Contempla as figuras venerandas dos Jesuitas, que trabalhando na catechese d'essas tribus errantes, aproveitam-se de seu talento poetico, de sua lingua harmoniosa e flexivel, fazem versos pagãos com pensamentos christãos, e introduzem o theatro nas cidades, que surgem no meio dos desertos, fazendo representar as comedias de Anchieta nos adros das igrejas e sombra das florestas.* — Un auteur protestant, M. Handelmann (*Geschichte von Brasilien*. Berlin 1860. 8°. p. 78—81) ne peut s'empêcher de mentionner avec éloge l'activité civilisatrice des jésuites.

[4]) Il est hors de doute qu'Antoine Vieira naquit le 6 février 1608 à Lisbonne. Il mourut le 18 juillet 1697 à Bahia de Todos os Sanctos. On trouve dans le diction. bibliogr. portugais de da Silva I. p. 267—293 les meilleurs renseignements sur ses biographies et sur ses nombreux ouvrages. — V. en outre le jugement moins favorable de Varnhagen, *Hist. do Brasil*, II. p. 50—51.

[5]) V. Handelmann, p. 246 et suivantes.

le Las Casas du Brésil, sa grande éloquence, ses connaissances étendues pour son époque ont puissamment contribué à étendre la civilisation dans le pays qui nous occupe. Ses discours et ses lettres ont rendu son nom illustre, et ont produit au Brésil une pépinière d'orateurs sacrés, dont les plus célèbres sont Antonio de Sá et Eusebio de Mattos [1]).

Nous n'avons presque plus rien des premiers essais de poésie faits au Brésil en langue portugaise à la fin du 16me et au commencement du 17me siècle; quelques fragments de chansons populaires (*Modinhas*) trahissent une époque si reculée qu'on peut les attribuer à la période qui nous occupe [2]). Bento Teixeira Pinto, né vers le milieu du 16me siècle à Fernambouc, passe pour le plus ancien poète brésilien en langue portugaise, quoiqu'on ne connaisse guère que le titre d'une de ses productions, *A Prosopopéa*, écrite en *ottave rime* et dédiée à son compatriote et ami, le gouverneur de Fernambouc Jorge de Albuquerque Coelho. Cette poésie, devenue très-rare, a été imprimée à Lisbonne par Antonio Alvares en 1601 avec la *Relação do naufragio* [3]), dont nous allons parler. En tout cas Teixeira est le premier prosateur brésilien important; sa narration du naufrage qu'il fit en 1565 avec son ami Albuquerque

---

[1]) V. Varnhagen, *Florilegio*, I. p. XVIII, qui nomme encore plusieurs orateurs sacrés illustres de cette époque. — V. aussi Pereira da Silva, I. p. 24, et sur Antonio de Sá les *Varões ill.* du même auteur II. 310.

[2]) M. de Varnhagen, *Florilegio*, I. p. XXII—XXIII en parle en ces termes: *Das modinhas poucas conhecemos; e essas insignificantes, e de epocha incerta, a não ser a bahiana:*
„Bangué, que será de ti!"
glosada por Gregorio de Mattos: essa mesma sabemos ser antiga mas não nos foi possivel alcançal-a completa.

Não deixaremos de commemorar a do Vitú, que cremos ter o sabor do primeiro seculo da colonisação, o que parece comprovar-se com ser em todas as provincias do Brazil tão conhecida. Diz assim:
„Vem cá Vitú! Vem cá Vitú!
— Não vou lá, não vou lá, não vou lá: —
Que é delle o teu camarada?
— Agua do monte o levou: —
Não foi agua, não foi nada,
Foi cachaça, que o matou."
Igualmente antiga nos parece a modinha paulista:
Mandei fazer um balaio,
Pára botar algodão: etc.

[3]) Pereira da Silva, I. p. 26 et *Var. ill.* II. p. 301 parle aussi des poésies lyriques (*versos pastoris, eglogas, grande porção de sonetos, abundantes de trocadilhos*) de Bento Teixeira, qu'il dit se trouver dans le *Phenix Renascida*, publié à Lisbonne en 1762. Comme nous n'avons pas eu en main le livre et qu'aucun autre auteur n'en parle, il nous est impossible de nous prononcer. Nous avons de même cru devoir placer dans les notes l'année de la naissance de notre poète. Le *Parnaso* indique l'an 1580, ce qui est évidemment faux. Les *Var. ill.*, l'an 1545, ce qui n'est pas prouvé.

Coelho en se rendant à Lisbonne, est claire et d'un style aussi simple que naturel. Elle parut d'abord à Lisbonne, comme nous l'avons dit sous le titre de *Relação do naufragio que fez Jorge Coelho vindo de Pernambuco em a nau Sancto Antonio em o anno de* 1565. Lisbonne, chez Antoine Alvares, 1601. 4°. Puis sans la *Prosopopéa* dans le second volume de l'*Historia tragico-maritima*, et enfin dans la *Revista do Inst.*, XIII. p. 279—314. L'auteur parle lui-même de son style avec une modestie naïve dans le passage suivant du prologue:

„*Quiz antes ser notado de breve que de preluxo* (sic), *porque o meu intento principal e ser o Senhor louvado e glorificado de todos, o qual usando com sua benignidade com affligidos, os tira de perigos e os chega a salvamento, pelo que peço não olhem as palavras, que são as que são, mas ao meu intento, que e ser o Senhor louvado para sempre.*"

On ne sait si un autre ouvrage en prose qui lui est attribué, le *Dialogo das grandezas do Brazil*, est véritablement de lui. On ignore de même quand et comment il est mort [1]).

Pero de Magalhães Gandavo, contemporain de Teixeira affirme (*Historia da provincia de Santa Cruz, a que vulgarmente chamamos Brazil*, Lisbonne 1576, *prologo*, p. 3) qu'il y avait alors au Brésil d'autres personnes, qui écrivaient plus et mieux que lui (*que não faltavam na terra pessôas de engenho e curiosas, que em melhor estylo e mais copiosamente que elle escrevessem*).

En tout cas le roi Jean IV de Portugal qui le premier donna à son héritier le titre de prince du Brésil en 1645, a nommé un Brésilien, Diogo Gomes Carneiro (né en 1628 à Rio de J., mort à Lisbonne en 1676) *Chronista geral* du Brésil [2]).

---

[1]) C'est Norberto de Souza qui nous a donné les meilleurs renseignements sur Teixeira dans la *Revista do Inst.* XIII. p. 274—278. Nous trouvons dans la même collection p. 402—405 un article de Varnhagen qui contient plusieurs rectifications d'erreurs au sujet de la querelle relative à l'auteur du *Dialogo* cité. Voyez l'*Hist. do Brazil* du même auteur, II. p. 53, où il nie même que Teixeira soit l'auteur de la *Prosopopéa* et de la *Relação*; il dit: *Cumpre declarar que, segundo bons informes, não fôra nenhum Bento Teixeira Pinto quem, a rôgo de Jorge de Albuquerque et do piloto Affonso Luiz escreveu a Prosopopeia ou relação do naufragio que corre com o seu nome; mas sim um Antonio de Castro que foi mestre do duque D. Theodosio II.* Voyez aussi la notice dans le *Dicc. bibliogr. portug.* de Im. Franc. da Silva I. p. 354—355.

[2]) Varnhagen, I. p. XIX. Pereira da Silva, *Var. ill.* p. 311, dit de Carneiro: *Moreu em Lisboa em 1676, deixando varias obras litterarias e historicas incompletas.*

CHAPITRE II.

GREGORIO MATTOS, PREMIER POÈTE BRÉSILIEN IMPORTANT; SON FRÈRE EUSEBIO; BERNARDO VIEIRA RAVASCO; MANUEL BOTELHO DE OLIVEIRA, ET AUTRES POÈTES JUSQU'A LA FIN DU 17ᴹᴱ SIÈCLE. IMITATEURS SERVILES DES ÉCRIVAINS PORTUGAIS ET ESPAGNOLS CONTEMPORAINS.

La liste des poètes brésiliens considérables, dont les oeuvres sont parvenues jusqu'à nous, commence par les frères Mattos, en même temps les représentants des deux divisions principales de la poésie, la sérieuse et la comique. Leur vie forme comme leurs écrits un contraste complet.

Tous deux reçurent une éducation soignée de leurs parents, Gregorio de Mattos et Maria da Guerra, propriétaires d'une fabrique située à Patatiba. Les premiers éléments des sciences leur furent inculqués au collége des jésuites de Bahia, où ils se distinguèrent entre leur condisciples, dont plusieurs comme Gonzalo da França, Domingo Barboza, Manuel Botelho de Oliveira, Martinho de Mesquita, Salvador de Mesquita et Gonzalo Ravasco Cavalcanti de Albuquerque devaient se faire un nom dans les lettres, et attirèrent sur eux l'attention de leurs maîtres.

Les jésuites cherchèrent à retenir l'aîné, Eusebio, né à Bahia en 1629, dont ils eurent bientôt reconnu les talents variés, la piété sincère, le caractère calme et modeste. Il prononça ses voeux en 1644 et se voua à l'éloquence de la chaire sous la direction du célèbre Antonio Vieira, qu'il remplaça plus tard avec Antonio de Sá[1]). Il remplit en outre les fonctions de professeur au collége des jésuites, où il enseigna pendant trois ans la philosophie, et dix ans les lettres latines. Des vingt-six ans qu'il passa au service de l'Église il n'en resta que la moitié environ dans l'ordre des jésuites. Nous voyons en effet qu'ensuite de dissensions avec ces religieux, il les quitta pour se

---

[1]) Varnhagen ouvr. cité I. p. 5 dit de notre Eusebio, en le comparant aux deux autres orateurs sacrés les plus célèbres alors: *Foi (D. Eusebio) grande pregador: a ponto que a Bahia, então acostumada só a apreciar os sermões do grande Vieira, e de seu rival no estylo o P. Antonio de Sá, seguia unanimo voto que era superior este ultimo aos outros na vos e accionado, Vieira na logica e clareza das provas, mas que a ambos excedia Mattos em polimento de fraze e subtileza.*

faire Carme et prit le nom de frère Eusebio da Soledade¹). Il mourut à Bahia dans le couvent de son ordre en 1692.

Non seulement il a rendu son nom célèbre par ses discours, ses écrits ascétiques, ses poésies en latin et en langue vulgaire, mais aussi par ses talents musicaux et sa grande aptitude au dessin. Parmi ses ouvrages les suivants ont été imprimés: En 1677 son *Ecce Homo* ou *Practicas*, c. à d. considérations ascétiques sur la Passion de N. S.; son oraison funèbre de l'évêque D. Estevão dos Santos, prononcée le 14 juillet 1672; son *Sermão da Soledade* imprimé encore de son vivant, et après sa mort le premier volume de ses sermons (*Sermões*), recueillis par le frère João de Santa Maria, ouvrage resté interrompu.

Tous ces écrits en prose surtout les *Practicas* se distinguent par leur éloquence et par un style modèle.

Quant à ses poésies, dont plusieurs sont parvenues jusqu'à nous, elles ont été confondues avec celles de son frère et publiées ensemble; leur caractère religieux, leur tendance mystique et ascétique les fait distinguer facilement des autres.

M. de Varnhagen a bien publié ces poésies à part; mais comme leur auteur n'est pas parfaitement certain, il les a rangées sous la rubrique de poésies en litige entre les deux frères (*Litigiosas entre os dois irmãos Gregorio e Eusebio de Mattos*, vol. I. p. 109—127)²). Il n'en donne qu'une comme appartenant indubitablement à Eusebio, la parodie d'une production de son frère, en dix octaves. Celui-ci y loue les grâces de son amante D. Brites, tandis qu'Eusebio déplore, en conservant les mêmes rimes, le sort de ces charmes, que la mort a transformés en autant de laideurs³).

Au lieu de cette parodie qui, malgré le talent de versification qu'y dénote son auteur, n'a pas une grande valeur poétique et ne caractérise pas Mattos, nous donnons à la seconde partie⁴) quelques-unes de ses poésies religieuses, qui portent évidemment l'empreinte de sa piété sincère, de sa grande simplicité, de son sérieux et en même temps de son talent poétique⁵).

---

¹) Lorsque Antonio Vieira retourna en 1681 à Bahia, il trouva Eusebio déjà carme; et apprenant qu'il n'était sorti de son ordre que par la faute des jésuites, il s'écria: *Pois tão mal fizeram (os Jesuitas) que tarde se criarão para a Companhia outros mattos.*

²) Da Costa e Silva, ouvr. cité, IX. p. 206 les attribue à Eusebio et déclare: *me convenci de que eram todas de Frey Eusebio.*

³) *Parodiando com palavras forçadas outras dez estancias de seu irmão Gregorio de Mattos, no retrato de certa D. Brites, formosa dama da Bahia, por quem o último estava apaixonado* (ouvr. cité, p. 8—10).

⁴) V. la 2de partie, N° 1 et 2.

⁵) Voyez la notice biographique et critique qu'a donnée M. de Varnhagen d'abord dans la *Revista do Inst.* VIII. p. 540—546, puis dans le *Florilegio*

On ne peut concevoir de contraste plus frappant que la vie des deux frères Mattos. Gregorio beaucoup plus célèbre comme poète, mais aussi frivole, aussi aventureux, aussi satirique que son frère était sérieux, naquit à Bahia le 20 décembre 1633, et reçut au baptême le nom de João, qui lors de sa confirmation fut changé par le prélat D. Pedro da Silva en celui de son père, Gregorio.

Après avoir terminé ses premières études, il s'embarqua pour l'Europe, où, à l'exemple des Brésiliens désireux d'acquérir des connaissances un peu complètes, il suivit les cours de l'université de Coïmbre. Il y passa sept ans, pendant lesquels il se fit remarquer autant par ses talents et son génie poétique que par son penchant à la satire.

Après avoir obtenu le grade de bachelier en droit, il prit congé de Coïmbre par quelques vers satiriques, et se rendit à Lisbonne, où il commença sa carrière d'avocat¹). Comme jurisconsulte il se distingua bientôt tellement par sa manière ingénieuse de traiter les affaires, qu'il fut nommé juge criminel d'un quartier ainsi que curateur des orphelins et des personnes absentes d'un arrondissement.

I. p. 3—7, et que nous avons suivie. — Voyez aussi dans Da Costa e Silva, IX. p. 199 et suiv. l'article qui le concerne; — et la notice bibliographique sur ses ouvrages dans le *Diccionario* de I. F. da Silva, II. p. 247.

¹) Citons comme l'a fait M. de Varnhagen cet adieu de Coïmbre. Il est caractéristique pour la tendance de Gregorio et pour la vie d'université de cette époque:

Adeus Coimbra inimiga,
Dos mais honrados madrasta,
Que eu me vou para outra terra
Onde vivo mais á larga.

Adeus prolixas escolas,
Com reitor, meirinho, e guarda,
Lentes, bedeis, secretario,
Que tudo sommado é nada.

Adeus famulo importuno,
Ladrão publico de estrada,
Adeus: comei d'esses frutos,
Que a bolsa está já acabada.

Adeus ama mal soffrida,
Que se a paga vos tardava,
Furtaveis sem consciencia,
Meios de carneiro e vacca.

Adeus amigos livreiros,
Com quem não gastei pataca,
No discurso de sete annos,
De tantas carrancas cara.

Déjà alors le *desembargador* Belchior da Cunha Brochado écrivait à un de ses amis de Lisbonne pour lui recommander Gregorio: „*Anda aqui um Brasileiro, tão refinado na satyra, que, com suas imagens e seus tropos, parece que baila momo ás cançonetas de Apollo.*"

Le célèbre jurisconsulte Pegas parle de ses jugements comme de modèles de science juridique.

Lorsqu'en suite du désordre extrême qui régnait dans les affaires publiques sous Alphonse VI de Portugal, un parti se forma dans le but de remettre les rênes du gouvernement entre les mains de l'infant D. Pedro (plus tard Pedro II), Gregorio de Mattos s'y joignit et gagna promptement par son activité la faveur de ce prince. Devenu roi, celui-ci promit à Gregorio la première place vacante à la cour suprême, s'il voulait auparavant se rendre à Rio de Janeiro en qualité de commissaire royal pour y examiner l'administration du gouverneur D. Salvador Correia de Sá e Benavides, qui avait quitté son poste en 1661.

Malgré son penchant à critiquer et à voir le mauvais côté des choses, Gregorio avait pourtant assez d'équité et de bonhommie pour reconnaître une machination de parti dirigée contre l'ex-gouverneur, partisan d'Alphonse; il comprit qu'on voulait justifier par son moyen les persécutions à diriger contre ce magistrat et refusa de se charger de cette mission.

Gregorio perdit par là la faveur du roi et toute chance d'arriver en Portugal. Il quitta Lisbonne et la cour et prit le parti de retourner dans sa patrie. Il débarqua en 1679 après une absence de 35 ans dans sa ville natale [1]), pour laquelle il avait cependant une mission (*despachado*) de l'archevêque. Celui-ci, dont le nom est D. Gaspar Barata de Mendonça, et qui était retenu en Europe par des raisons de santé, l'avait en effet nommé vicaire général et premier trésorier de la cathédrale; pour remplir ces charges il n'eut qu'à prendre les ordres mineurs et à porter le manteau de chanoine. Mais il perdit ces dignités, lorsqu'en 1683 son protecteur dut renoncer à l'archevêché, qu'il n'administrait que par procuration, et que D. João da Madre de Deus eut été nommé son successeur. Celui-ci, très-pro-

---

[1]) D'après quelques-uns les satires violentes de Gregorio auraient causé sa disgrâce et son retour au Brésil. Le célèbre poète Thomas Pinto Brandão, qui fit voile sur le même navire que Gregorio, dit de lui:
   Procurei ir-me chegando,
   A um Bacharel mazombo;
   Que estava pâra a Bahia,
   Despachado e disgostoso,
   De lhe não darem aquillo,
   Com que rogavam a outros,
   Pelo crime de poeta,
   Sôbre jurista famoso.
Il se peut très-bien que ces „crimes de poète" aient fait beaucoup d'ennemis à Gregorio; mais le motif que nous avons énoncé dans le texte d'après Pereira da Silva (*Varões ill. do Brazil*. I. p. 162—164) nous paraît plus honorable pour le poète et plus probable aussi. Januario da Cunha Barboza est aussi de notre avis (*Revista do Inst*. III. p. 383).

bablement excité par les nombreux ennemis, que son humeur satirique avait faits à Gregorio, le destitua sous prétexte qu'il se refusait à recevoir les ordres majeurs et à ne pas quitter l'habit ecclésiastique.

Notre poète se vit donc de nouveau forcé de reprendre la profession d'avocat; pendant longtemps il eut presque à souffrir de la faim, d'autant plus qu'il avait épousé une veuve honnête mais pauvre, nommée Maria de Povos, et que son penchant à la dissipation lui avait déjà coûté presque tout son patrimoine.

En revanche il donna pleine carrière à son humeur satirique et accabla ses adversaires des pamphlets les plus violents. Il n'épargnait personne; ni ses clients, dont il défendait pourtant les causes avec toute l'érudition et la perspicacité dont il était susceptible; ni les juges, ni le clergé, ni même les gouverneurs de Bahia. Il attaqua successivement D. Roque da Costa Barretto, son ancien protecteur; D. Antonio de Souza Menezes, qui avait le surnom de Bras-d'argent (*braço de prata*), parcequ'il avait remplacé par un bras de ce métal celui qu'il avait perdu dans les troubles de Fernambouc; le marquis das Minas, D. Mathias da Cunha, et enfin D. Antonia Luiz da Camara Gonçalves Coutinho. Celui-ci en fut si irrité que Gregorio jugea prudent de quitter Bahia et de se retirer dans une maison de campagne, où il vécut comme Diogène, évité et craint de tous; car quoique tout le monde eût à souffrir de ses satires, cependant on se les arrachait. Elles sont remarquables par l'esprit caustique qu'y déploie leur auteur, par leur naïveté malitieuse, par leur versification élégante et facile; et, bien que souvent cyniques, elles passaient de main en main pour exciter les rires de tous sauf des intéressés, ce qui faisait que Gregorio avait toujours les rieurs de son côté [1]). On voit par là que chez le poète ce penchant à la satire fut aussi irrésistible que fatal. Eût-il promis comme Ovide, *nunquam satiras dicam*, il aurait pourtant continué à écrire comme le poète romain. En effet son épouse l'avait conjuré de résister à son instinct satirique pour ne pas attirer sur sa famille de plus grands malheurs; au lieu de suivre ses conseils il la prit elle-même pour but de ses satires. Cette extravagance ne se borna pas à la vie publique de Gregorio, mais exerça une influence quelquefois comique, mais le plus souvent désastreuse sur son ménage et sa vie de famille, car des dissensions conjugales et une ruine presque complète en furent la suite inévitable.

---

[1]) Les contemporains de Gregorio ne l'appelaient que bouche d'enfer (*Boca do Inferno*), et il était plus connu sous ce nom, que sous son véritable. — V. I. F. da Silva, *Diccionario*, III. p. 165.

Citons seulement la scène suivante qui donnera une idée de la quantité d'extravagances qu'on met sur le compte de Gregorio. Les dissensions conjugales étaient devenues si fortes, que sa femme avait pris le parti de quitter la maison et de fuir chez son oncle. Celui-ci chercha à réconcilier les époux; Gregorio y consentit tout de suite, mais insista pour ne la recevoir que des mains d'un *capitaine du desert* [1]) comme une esclave fugitive. Tout le monde étant convaincu qu'une condition si dure ne pouvait être sérieuse et n'était qu'une des folies originales du poète, on y consentit. Mais il persista dans sa demande et on chercha à faire la chose avec aussi peu de scandale que possible. Gregorio récompensa généreusement le capitaine et déclara que tous les fils qu'il aurait encore de sa femme porteraient le nom de *Gonçalo*, qui était celui de sa maison (*porque se dissesse que a sua casa era de Gonçalo* [2]).

Lorsqu'en 1694 D. João de Alencastre fut nommé gouverneur de Bahia, il fut permis à Gregorio d'y retourner. Le nouveau gouverneur trouva même du plaisir au talent du poète et fit recueillir en secret ses poésies. Mais soit qu'il eût aussi à se plaindre des satires de Gregorio, soit qu'il voulût seulement le dérober à la vengeance du neveu de Camara Coutinho, son prédécesseur, qui avait été si violemment attaqué, il le fit emprisonner traîtreusement et l'exila dans la colonie d'Angola. Avant l'embarquement il lui donna pourtant non seulement de bons conseils, mais ordonna qu'il fût traité avec tous les égards imaginables. Il le munit aussi de lettres pour le capitaine du vaisseau et pour le gouverneur de la colonie, D. Pedro Jacques de Magalhães.

Ces adoucissements à sa peine ne diminuèrent que fort peu la fureur de Gregorio, qui se voyait banni par violence et à un âge avancé; ce qui le soulagea un peu pendant la traversée, ce fut sa viole, qu'il jouait admirablement, et surtout de nouvelles satires.

Arrivé en Afrique il s'établi à Loanda et reprit la profession d'avocat. Il eut bientôt l'occasion de rendre dans une émeute de la garnison de grands services au gouverneur de cette ville, qui l'avait pris en amitié. Il reçut de lui la permission de retourner à Fernambouc, où il arriva dans un tel dénuement et si faible qu'il fut réduit à mendier sa vie.

Dans cette détresse D. Caetano de Mello e Castro, alors chef du gouvernement de Fernambouc, et qui avait apprécié les talents

---

[1]) On appelait *Capitão do Mato*, les officiers qui parcouraient les déserts pour reprendre les esclaves fugitifs (*Quilongos*) et les livrer à leurs maîtres, contre une somme fixée par la loi.

[2]) V. Januario da Cunha Barboza, ouvr. cité, p. 384.

de Gregorio lors de son séjour à Lisbonne, eut pitié de lui. Il lui procura une place dans un asile de vieillards et lui assigna une petite pension, tout en le priant de rester tranquille pendant les quelques années qu'il avait encore à vivre, et surtout de laisser les autres en paix. L'anecdote suivante prouve ce qu'il lui en coûta pour s'abstenir d'écrire, et combien de fois il transgressa les ordres de son bienfaiteur [1]).

Un jour deux mulâtresses de mauvaise réputation et jalouses l'une de l'autre se rencontrèrent devant la porte du poète. Ivres de fureur elles s'en tinrent d'abord aux injures, mais bientôt elles en vinrent aux mains, tombèrent et formèrent un groupe aussi ridicule qu'indécent. A cette vue Gregorio se prit à dire: J'en appelle au roi contre le Seigneur Caetano de Mello (*ah que de El-Rei contra o Sr. Caetano de Mello*). Les assistants étonnés lui ayant demandé ce qu'il avait contre le gouverneur, il répondit: Je lui en veux parce qu'il m'a défendu de faire des vers, même quand de pareils sujets s'offrent d'eux-mêmes (*prohibiu-me fazer versos quando se me offerecem taes assumptos*).

Mais bientôt la mort vint lui imposer silence. Affaibli par son long exil, il succomba à l'âge de 73 ans en 1696 à un accès de fièvre et fut enterré avec de grands honneurs dans l'église des capucins français de Nossa Senhora da Penha à Fernambouc. Ses dernières poésies, écrites déjà d'une main tremblante, furent deux sonnets (voyez II. n° 9 et 10) dans lesquels il exprimait son repentir des erreurs de sa vie [2]).

Quoique Gregorio de Mattos soit du nombre des meilleurs et des plus féconds poètes brésiliens, que ses ouvrages aient été rassemblés avec zèle et que nous en possédions plusieurs manuscrits, on n'en a pourtant imprimé que peu de chose, et ce peu avec une quantité d'épurations nécessitées par les obscénités dont ils fourmillent [3]).

---

[1]) V. Januario da Cunha Barboza, ouvr. cité, p. 336.

[2]) Nous possédons de la main d'un des contemporains de Gregorio, le bachelier Manoel Pereira Rebello, une biographie manuscrite du poète, dans laquelle on trouve une grande quantité d'anecdotes et de traits d'esprit qui lui sont attribués. Le même bachelier a aussi recueilli ses oeuvres en quatre forts volumes manuscrits, division projetée par l'auteur lui-même. Nous avons consulté en outre les biographies imprimées de Jan. da Cunha Barboza dans l'ouvrage cité, de Varnhagen I. p. 11—16, de Pereira da Silva, o c., de Da Costa e Silva, o. c., IX. p. 162 et suivantes, et de I. F. da Silva, *Diccionario*, III. p. 164—166.

[3]) Jan. da Cunha Barboza a publié le premier dans son *Parnaso Brazileiro* 5me cahier, une demi-douzaine de poésies de Gregorio. — Pereira da Silva n'en donne que deux dans son *Parnaso Brazileiro* et quelques spécimens dans ses *Varões illustres*, I. p. 171—182. Le choix le plus complet se trouve dans le

Nous voyons par la vie de Gregorio qu'il était né poète et que c'était pour lui un besoin irrésistible de prouver son génie satirique; c'est pourquoi aussi ses poésies ont toutes plus ou moins le caractère d'improvisations, de saillies, d'épanchements subits, souvent d'une grande simplicité, souvent aussi trop spirituels. Mais la diction de Gregorio n'est rien moins que choisie; la forme est négligée quoique la versification soit facile; il tombe enfin souvent dans le trivial.

Avec cela on ne peut méconnaître qu'il a pris pour modèles les poètes espagnols de son temps, Lope de Vega, Góngora, et surtout Quevedo qu'il imite si servilement, qu'on peut le prouver en détail par certains passages de cet écrivain [1]). Ainsi on trouve souvent chez lui surtout dans les romances l'emploi de l'assonance, complétement abandonnée par les poètes portugais postérieurs.

Il a aussi réintroduit le vers de dix syllabes que l'ancienne poésie portugaise avait emprunté à la provençale et qui avait été remplacé par les *redondilhos* indigènes. Le vers de dix syllabes reçut d'abord le nom de *verso de Gregorio de Mattos* (v. Da Costa e Silva ouvr. cité p. 165).

Vu la popularité de leur forme, leur ton enjoué, leur couleur locale et leur individualité bien prononcée les satires de Gregorio mériteraient d'être beaucoup plus connues. Mais leurs inégalités nombreuses, le manque d'élévation que nous y remarquons partout, leur peu de profondeur philosophique, le fait qu'elles dégénèrent souvent en personnalités et même en pures farces, et enfin la connaissance des lieux et des personnes, qu'elles exigent, en ont détourné beaucoup de lecteurs. On peut les comparer avec raison à ces mendiants de Murillo dont la grâce malicieuse perce à travers leurs pittoresques guenilles.

C'est pourquoi nous n'avons donné à la seconde partie que quelques-unes des moins scandaleuses, et en même temps des moins difficiles à comprendre pour un étranger [2]).

Florilegio de Varnhagen, I. p. 17—105 et III. p. 310. En outre dans da Costa e Silva, ouvrage cité. — L. A. Rebello da Silva cite dans son roman: *A mocidade de D. João V.* Lisbonne 1853. 8°. vol. IV. p. 378 une *Satyra geral de todo o governo de Portugal escripta por Gregorio C. Mattos no anno de* 1713. Serait-ce peut-être l'ouvrage de notre Gregorio? Cette satire a en effet pour objet le gouvernement de Pedro II et *escripta* pourrait signifier non le moment où elle fut composée, mais celui où elle fut copiée?

[1]) Varnhagen nous en fournit des exemples, II. p. 715.
[2]) Voyez II. N° 3—10.

Comme spécimen de l'esprit local de Gregorio nous donnons ici un sonnet que Varnhagen (III. p. 310) dit être une des compositions les plus caractéristiques de notre poète. Malheureusement il ne l'a pas commenté:

Comme les deux frères Mattos les autres poètes brésiliens de cette époque se formèrent principalement sur des modèles espagnols, qui donnaient alors le ton en Portugal. Ils imitèrent surtout les gongoristes et les culteranistes. Ainsi Bernardo Vieira Ravasco (né à Bahia en 1617, mort dans cette ville le 20 juill. 1697), frère du célèbre jésuite Antoine Vieira, et qui, après s'être distingué dans la guerre contre les Hollandais, avait occupé une place de secrétaire d'État et d'*Alcaide mór de Cabofrio*, a, dit-on, composé quatre volumes manuscrits de poésies en portugais et en espagnol, toutes imitations des poètes cités. Elles firent autrefois beaucoup de bruit, mais à l'exception de quelques-unes contenues dans le *Fenix renascida* elles sont encore inédites [1]).

Manoel Botelho de Oliveira au contraire a pris plus de soin de sa gloire poétique, car il est le premier Brésilien qui ait publié lui-même ses productions [2]).

Comme les précédents il naquit à Bahia en 1636. Son père Alvares de Oliveira, capitaine d'infanterie, l'envoya à Coïmbre où il étudia le droit à peu près à la même époque que Gregorio Mattos, avec qui il se lia d'une étroite amitié. A l'imitation de celui-ci il s'occupait déjà alors de poésie et faisait des vers en por-

Aos caramurús da Bahia.

Ha coisa como ver um „payayá"
Mui prezado de ser caramurú,
Descendente do sangre de tatú,
Cujo torpe idioma é „copebá"!

A linha feminina é cariná,
Moqueca, petitinga, carimá (sic),
Mingáu de puba, vinho de cajú,
Pisado n'um pilão de Pirajá:

A masculina é um Aricobé,
Cuja filha Cobé c'um branco Pahy
Dormiu no promontorio de Pacé:

O branco era um maréo que veiu aqui;
Ella era uma India de Maré,
Copébá, Aricobê, Cobé, Pahy.

Caramurú dans la langue des Indiens le tonnerre, est le nom des Européens porteurs d'armes à feu, ou des descendants d'Européens. Le sonnet ridiculise les habitants de Bahia qui se donnent pour Européens, tandis qu'ils ne sont que des métis, c. à d. **une bouillie composée de toutes sortes de farines** (*moqueca, mingau*, etc.).

[1]) Voyez les notices biographiques sur son compte dans Barboza Machado, dans la *Rev. do Instit.* IV. 377—378, et dans Pereira da Silva, *Varões ill.* II. 308—310. — Le fils naturel de Bernardo Ravasco, Gonsalo Ravasco Cavalcanti de Albuquerque doit aussi avoir écrit des *autos sacramentáes*. Voyez Per. da Silva, p. 313, qui a donné comme spécimen dans son *Parnaso* un sonnet avec une glosse en octaves de la main de Bernardo.

[2]) „*Manoel Botelho de Oliveira foi o primeiro brazileiro, que do Brazil mandou ao prelo um volume de poesias.*" Varnhagen, ouvr. cité, I. p. XXVI.

tugais, en latin, en italien et surtout en espagnol; cette langue était alors à la mode parmi les poètes portugais. Il prit pour modèles Luis de Góngora et son école ¹).

De retour à Bahia il exerça longtemps la profession d'avocat et fit même quelque temps partie des autorités de la ville. Il mourut à un âge très-avancé le 5 janvier 1711 dans sa ville natale.

Quelques années avant sa fin en 1703 il envoya ses poésies à Lisbonne. Elles y parurent en 1705 chez l'imprimeur de l'inquisition Miguel Manescal. Elles forment un volume in-quarto de 340 pages sous le titre essentiellement gongoriste de: *Musica do Parnasso, dividida em quatro côros de rimas portuguezas, castelhanas, italianas e latinas, com seu descante comico reduzido em duas comedias.*

Dans la dédicace de ce livre se trouve le passage suivant, qui prouve qu'alors déjà le goût de la poésie était assez répandu au Brésil et que ceux qui s'en occupaient étaient estimés.

„Dans cette Amérique habitée autrefois par des peuplades indiennes barbares, on pouvait à peine espérer que les Muses se feraient un jour brésiliennes. Cependant elles consentirent à s'établir dans ce pays et comme la douceur du sucre, qui y croît, concorde si bien avec celle de leurs chants, il se trouva beaucoup de génies, qui imitant les poètes de l'Italie et de l'Espagne, s'adonnèrent à des amusements si choisis, afin que les extrémités du monde ne se plaignissent pas de ce qu'Apollon, qui leur envoie ses rayons pendant le jour, refusait d'éclairer les esprits. Les Muses ont inspiré au mien, bien qu'il soit de beaucoup inférieur à ceux que ces pays ont produits, les vers présents, que je me suis décidé à publier, vu que je suis le premier au Brésil qui ait fait connaître publiquement les charmes du nombre et de l'harmonie, quand même d'autres avant moi ont eu plus de mérite poétique ²).“

---

¹) José Maria da Costa e Silva (*Ensaio bibliographico-critico sobre os melhores poetas portug.*, X. p. 68) dit de notre poète: *Naquella cidade* (Coïmbre) *se aperfeiçoou na lingua latina, apprendeu a lingua italiana, e estoudou com mais affinco a castelhana, que era então a lingua da moda para a sociedade aristocratica, e para a sociedade poetica, porque era o idioma de Gongora, que era nessa epocha o oraculo da poesia, tanto em Portugal como em Castella.*“

²) *Nesta America, inculta habitação antigamente de barbaros indios, mal se podia esperar que as Musas se fizessem brazileiras; comtudo quizeram tambem passar-se á este emporio, onde, como a doçura do assucar é tão sympathisa com a suavidade do seu canto, acharam muitos ingenhos que, imitando aos poetas de Italia e Hespanha, se applicassem á tão discreto entretenimento, para que se não queixasse esta ultima parte do mundo, que assim como Apollo lhe communica os raios para os dias, lhe negasse os luzes para os entendimentos. Ao meu, posto que inferior aos de que é tão fertil este paiz, dictaram as Musas as presentes rimas, que me resolvi expôr á publicidade de todos, para ao menos ser o primeiro filho do Brazil, que faça publica a suavidade do metro; já que o não sou em merecer outros maiores creditos na poesia.*

Dans la dernière phrase il fait évidemment allusion aux productions des frères Mattos, de Bernardo Vieiro Ravasco et d'autres poètes brésiliens plus importants que lui.

Ses poésies en langue portugaise ne trahissent pas une imagination très-vive, et ont tous les défauts des imitations de modèles maniérés eux-mêmes, dont elles exagèrent encore les défectuosités sans pouvoir atteindre aux productions d'un génie comme celui de Góngora, quels que soient d'ailleurs ses errements. Elles portent l'empreinte indélébile de la recherche; partout on y sent le travail, le manque d'inspiration et une versification trop correcte pour n'être pas le fruit de longues et pénibles études; mais en revanche elles se distinguent par une habilité technique si grande et un langage si choisi, que l'Académie de Lisbonne les range au nombre des ouvrages classiques [1]). Ce qui en outre leur a assuré une place honorable dans l'histoire de la littérature brésilienne, c'est le profond sentiment national qu'on y respire, et leur couleur locale [2]). Une des meilleures poésies de notre poète est la *Sylva: A ilha da Maré*, description un peu longue et souvent trop prosaïque de l'île de Maré, près de Bahia, mais à laquelle pourtant les passages relatifs aux beautés de la nature des tropiques ont prêté une couleur à la fois poétique et locale, qu'on ne peut s'empêcher d'admirer [3]).

Parmi ses poésies écrites en espagnol, les plus remarquables sont les deux comédies formant un supplément intitulé *Descante comico*. Elles ont pour titre: *Hay amigo para amigo* (publiée aussi sans nom d'auteur dans les *Comedias famosas*) et *Amor, engaños y zelos*. Ces deux pièces, qui n'ont probablement jamais dû être représentées, ne trahissent aucun talent dramatique: le dialogue est verbeux, l'exposition trop lente, les nombreuses expectorations lyriques ne servent qu'à voiler le manque d'action. Elles ne sont remarquables que comme premiers essais d'introduction de la comédie espagnole au Brésil [4]).

---

[1]) „*A Academia Real das Sciencias de Lisboa declarou classica, e texto de lingua a parte portugueza destas poesias, e isto já não abona pouco o merecimento dellas.*" (Da Costa e Silva, ouvr. c. p. 70.)

[2]) „*Outro merito e não pequeno de Manoel Botelho de Oliveira, attento o tempo em que escreveo, é certa porção de colorido americano, que tanto se faz desejar na maior parte dos poetas brazileiros, aindo os de maior esphera.*" ... „*Tambem não e para mim pequeno titulo de gloria o ser elle o primeiro poeta do Brazil, que não se envergonhou de ser tido por americano, pois apresenta nas suas composições alguns rasgos de colorido local. Posto que educado na Europa, longe de despresar a terra do seu nascimento mostra por ella um enthusiasmo as vezes excessivo, mas que muito honra os sentimentos do seu coração.*" (Da Costa e Silva, p. 70 et 88.)

[3]) Voyez II. N° 11.

[4]) Voyez sur Manoel Botelho de Oliveira, Varnhagen, ouvr. cité, I. p. XXVI

Chapitre II.

Un des compatriotes d'Oliveira, José Borges de Barros, connu surtout comme canoniste et comme orateur sacré (vicaire-général de Coïmbre et d'Evora, né à Bahia en 1657, mort à Estremoz en 1719) s'est aussi essayé comme auteur dramatique. Une seule de ses comédies: *A constancia com triumpho* est parvenue jusqu'à nous ¹).

Quant aux autres poètes brésiliens de cette période nous ne connaissons guère que les noms des suivants: João Alvares Soares, né à Bahia en 1676, connu comme auteur du *Progymnasma litterario*; Diego Grasson Tinoco, qui doit avoir publié en 1689 une poésie intitulée: *O descobrimento das esmeraldas*, dont nous ne possédons plus que quelques strophes, citées par Claudio Manoel dans les notes de son poème de *Villa Rica*; D. Joanna Rita de Souza, dame de Fernambouc, etc. ²).

—XXVIII, 181—140 et III. p. 243—245. — I. M. da Costa e Silva, X. p. 67—88.

¹) Voyez *Revista do Inst.* VII. p. 557—558 (suivant Barboza Machado) et Varnhagen, p. XXVI.

²) V. Pereira da Silva, *Os var. ill.* II. p. 318 et Varnhagen, p. XXVI et XXXI.

SECONDE PÉRIODE.

PREMIÈRE MOITIÉ DU 18ᵐᴱ SIÈCLE.

CHAPITRE III.

L'IMPORTANCE DE LA COLONIE S'ACCROÎT DE JOUR EN JOUR. BAHIA SURTOUT, DEVENUE LA RÉSIDENCE D'UN VICE-ROI, VOIT LA CULTURE DES LETTRES SE RÉPANDRE DE PLUS EN PLUS ET DE NOMBREUSES SOCIÉTÉS LITTÉRAIRES SE FORMER. — CARACTÈRE PANÉGYRISTE DE LA POÉSIE. — JOÃO BRITO DE LIMA, MANOEL DE SANTA MARIA ET AUTRES POÈTES CONTEMPORAINS. — SEBASTIAN DA ROCHA PITTA.

Le gouvernement général de Bahia et sa capitale la ville du Sauveur (*Salvador*) sur la baie de tous les Saints (*Bahia de todos los Santos*) avaient déjà été pendant le 17ᵐᵉ siècle le centre de la civilisation brésilienne, et c'est de leurs seins qu'étaient sorties les notabilités littéraires du temps.

Depuis le commencement du 18ᵐᵉ siècle, surtout après l'avènement du roi Jean V de Portugal (1706—1750); depuis surtout que le gouvernement général de Bahia fut devenu une vice-royauté (1720—1760), son importance n'avait fait qu'augmenter avec sa richesse.

„Bahia," dit M. de Varnhagen, „était alors un pays comblé de tous les dons du Ciel. Sa population vivait dans l'abondance, et jouissant d'une tranquilité complète, ne pensait qu'à se divertir. Pas de fête de saint populaire, pas de naissance ou de mariage d'un membre de la famille royale, qui ne fût fêté avec pompe et chanté ensuite. Manquait-on d'occasions, les vice-rois et leurs familles étaient eux-mêmes l'objet de panégyriques de toute espèce, surtout d'épithalames et de poèmes généthliaques."

Comme partout la culture littéraire et surtout la poésie grandit au Brésil dans le sein du bien-être et d'une cour luxueuse, et cela d'autant plus, que les chefs du gouvernement prisaient le luxe intellectuel et cherchaient à le favoriser en réunissant ceux qui s'y intéressaient. Il en fut surtout ainsi sous le vice-roi Vasco Fernandes Cezar de Menezes, qui fonda à Bahia en 1724 la première société littéraire sous le nom d'*Academia Brazilica dos Esquecidos* ¹).

Cet état de choses imprima naturellement aux productions poétiques un caractère spécial, celui de poésies de circonstance purement panégyriques, de même que la science prenait des allures académiques. Cela fut d'autant plus le cas que la poésie brésilienne, plus encore que la portugaise, n'a pas de racines dans le peuple, et que l'imitation de modèles espagnols et portugais ne permettait pas l'essor du génie national.

Parmi les poètes de circonstance de cette époque, citons d'abord Brito de Lima et Gonzalo Soares da Franca, tous deux membres de l'Académie *dos Esquecidos*.

João Brito de Lima, naquit le 22 octobre 1671 à Bahia, où il passa toute sa vie comme capitaine de la milice et membre du conseil communal. Il mourut pauvre à l'âge de 71 ans dans l'année 1742 ²).

Sa jeunesse fut contemporaine des meilleurs temps des Mattos et des Vieira, avec qui il était lié et dont la gloire l'a probablement encouragé à se faire un nom dans les lettres.

Cette impulsion purement extérieure, sans qu'un véritable talent y répondît, lui donna une grande habilité de versification, mais ne lui permit de choisir comme sujets que les fêtes de la cour qui se présentaient souvent. Il règne donc dans ses poésies une imitation

---

¹) Voyez sur cette académie et une autre semblable (*dos Felizes*) fondée en 1736 à Rio de J. la *Revista do Inst.* I. p. 80—82 et Varnhagen, o. c. I. p. XXXIV—XXXV. Ce dernier croit que le nom de *dos Esquecidos* (des oubliés) vient de ce que les membres furent oubliés par l'*Academia da Historia*, fondée en 1720 à Lisbonne. Quoique les écrits de notre académie aient été brûlés avec le vaisseau qui les portait à Lisbonne, Varnhagen affirme pourtant en avoir vu quelques-uns dans la bibliothèque du couvent d'Alcobaça; il les cite, mais les déclare assez insignifiants.

²) Dans son *poema panegyrico* du *Dezembargador Ignacio Dias Madeira* (Lisbonne 1742), qu'il composa à un âge avancé, il déplore son sort dans les strophes suivantes que nous citons parce qu'elles sont inspirées par un sentiment vrai. Nous lisons chant II. p. 20:

As más correspondencias que experimento,
Da contraria fortuna a feroz ira,
A longa idade e queixas tão atrozes
Tem trocado em lamento as doces vozes.
  Sendo certo que dando nos meus versos
A muitos os louvores tão baratos
Encontré sempre naturaes adversos,
E tropecé com animos ingratos.
Effeitos da fortuna são diversos
Que aos meritos se mostram menos gratos,
E creio nasce por influxo forte
Mais que de gratidão, da minha sorte.

servile du style à la mode alors. Celles qui ont été imprimées de 1718 à 1742 se composent en grande partie de panégyriques, puis d'une élégie (*poema elegiaco*) sur la mort du fils aîné du comte de Villaverde, d'un poème sur le mariage du prince royal, du panégyrique déjà cité, d'une élégie sur la mort de D. Leonor de Vilhena, etc. Dans toutes ces productions il fait parade de ses connaissances mythologiques; elles sont pauvres d'idées, et le peu qu'on y en trouve, a de la peine à se montrer, enveloppé qu'il est dans les tropes abondantes du style cultéraniste. Les plus grandes sont en octaves, qui se distinguent rarement par leur harmonie, leur structure ou leur élan.

Brito de Lima est en tout cas le plus fécond des poètes de cette période, et c'est probablement ce qui lui a acquis la réputation dont il jouissait auprès de ses contemporains.

Parmi ses productions inédites il faut citer l'épopée: *Cezaria* en 1300 octaves, dans laquelle il a chanté la race et les actions du vice-roi D. Vasco Fernandes Cezar de Menezes comte de Sabugosa, ce protecteur des lettres [1]).

On n'a publié de Gonçalo Soares da França, né aussi à Bahia, que des pièces de circonstance sur la mort du roi Pedro II; on sait cependant qu'il a laissé manuscrit le commencement d'un poème sur la découverte du Brésil: *Brasilia*, et a prouvé par le choix de ce sujet national un goût rare à cette époque [2]).

Les frères Bartholomeu Lourenço et Alexandre de Guzmão sont beaucoup plus célèbres, le premier par son invention du ballon (qui lui valut le surnom de *o voador*), le second comme diplomate et homme d'État, que comme poètes. Leurs productions paraissent être de purs délassements [3]).

Les noms de la plupart des autres poètes du temps se trouvent parmi les collaborateurs de la *Relação panegyrica*, publiée par le chanoine João Borges de Barros [4]) à l'occasion des obsèques de

---

[1]) Voyez sur Brito de Lima *Revista do Inst.* X. 116—119, — Varnhagen, I. p. 189—198, — et I. F. da Silva, *Diccionario*, III. p. 331—332.

[2]) Voyez Barboza Machado, II. p. 406 et IV. p. 152. Les poésies relatives à la mort de Pedro II se composent d'une glosse, de cinq sonnets et de quatorze emblèmes et ont paru à Lisbonne en 1709. — La *Brasilia* avait, dit-on, 1800 octaves et le poète en a lu le premier chant à l'académie *dos Esquecidos*.

[3]) Bartholomeu Lourenço de Guzmão, naquit à Santos en 1685 et mourut à Tolède le 18 nov. 1724. Son frère Alexandre, naquit au même endroit en 1695 et expira après une vie très-active à Lisbonne le 31 décembre 1753. — Voyez sur ces deux célèbres Brésiliens Pereira da Silva, *os var. ill.*, I. p. 211— 257; I. F. da Silva, *Diccion.*, vol. I. p. 33 et p. 232; et sur Alexandre, Da Costa e Silva, IX. p. 37 et suivantes.

[4]) Voyez sur lui Barboza Machado, ouvr. cité, IV. p. 174—175.

Jean V de Portugal (Lisbonne 1753). Ce fait suffit pour caractériser ces écrivains [1]).

Les deux franciscains, le frère Francisco Xavier de Santa Theresa et le frère Manoel de Santa Maria Itaparica s'élevèrent pourtant au-dessus du cercle étroit de la poésie de circonstance.

Le premier, né à Bahia le 12 mars 1686, mourut à Lisbonne en 1737, pénitencier général de son ordre, examinateur des trois ordres militaires et du prieuré de Crato, et enfin *Consultor* de la *Bulla da Cruzada*. Sa réputation de théologien et d'orateur était grande; il était aussi membre de l'Académie royale d'histoire de Lisbonne et sous le nom d'*Elledio* de celle des Arcadiens à Rome. Outre quelques poésies de circonstances nous avons de lui un poème au Saint Esprit (*Ao Espirito Santo*), et la tragi-comédie intitulée: *De Santa Felicidade e seus filhos*, mais malheureusement ces écrits sont restés inédits, malgré le succès qu'ils eurent alors. Les manuscrits qui avaient été déposés dans les archives d'Olinda n'ont pas été retrouvés par Jaboatam [2]).

M. de Varnhagen a eu plus de bonheur avec les oeuvres de l'autre franciscain.

Manoel de Santa Maria, naquit en 1704 près de Bahia dans l'île d'Itaparica, d'où il a tiré son surnom. Il prononça ses voeux en 1720 dans le convent de Paraguassú et se voua avec grand succès à la prédication. Autrefois on ne connaissait de lui que quelques pièces de circonstance citées par Jaboatam (ouvr. cité, p. 370), mais M. de Varnhagen a réussi à trouver ses ouvrages les plus considérables dans un volume imprimé à la fin du 18ᵐᵉ siècle. Ce livre qui est anonyme, n'en doit pas moins être attribué à Manoel [3]).

---

[1]) Voyez Varnhagen, ouvr. cité, p. XXXVI, où sont donnés les noms de ces poètes. Le même auteur nomme encore (p. XXXV) plusieurs poètes de cette période comme ayant publié leurs oeuvres, qu'il n'a cependant pas pu consulter. Citons João de Mello, jésuite de Fernambouc, dont il parut en 1742 un volume de poésies; Luiz Canelo do Noronha, né à Bahia en 1689; Manoel José Cherem, né en 1729 à Rio-Janeiro et dont les oeuvres parurent à Coïmbre en 1755; José Pires de Carvalho Albuquerque (né à Bahia en 1701, secrétaire d'État du Brésil; voyez Pereira da Silva, *var. ill.*, II. p. 323) qui publia en 1757 un poème sur l'Immaculée conception. (*Culto metrico, tributo obsequioso dedicado nas aras da Sacratissima pureza de Maria Santissima*, etc. Lisbonne, 1757. 88 octaves.) — Enfin le poète Fr. Manoel Rodrigues Correa de Lacerda, cité par Barboza Machado, ouvr. cité III. p. 558, naquit à Fernambouc et publia à Lisbonne (1741, 74 octaves) un poème intitulé le *Genethliaco*.

[2]) Voyez Barboza Machado, II. p. 302 et IV. p. 147. — Jaboatam, *Novo orbe serafico brasilico*. Rio de Janeiro, 1858. 8°. I. p. 356 et 357. — Pereira da Silva, *os var. ill.* II. p. 319 et 320. — I. F. da Silva, *Diccionario*, III. p. 97.

[3]) M. de Varnhagen a donné dans son *Florilegio* encore un autre poème

En voici le titre: *Eustachidos. Poema sacro e tragicomico, em que se contem a vida de Santo Eustachio martyr, chamado antes Placido e de sua mulher e filhos. Por um anonymo, natural da Ilha de Itaparica, termo da cidade da Bahia. Dado a luz por um devoto do Santo*, sans lieu et année d'impression. 4°. IV et 128 pages.

L'auteur déclare dans l'avis au lecteur (*Amigo leitor*) avoir entrepris cet ouvrage par une dévotion particulière pour St. Eustache, et l'avoir terminé après une longue interruption. Il dit ne vouloir pas se nommer, parcequ'il ne recherche pas de la gloire pour lui, et ne prétend que donner un bon exemple. „Mais comme on connaît le lieu de sa naissance, petite île, où il n'y a guère trace de littérature, chacun pourra facilement en deviner l'auteur [1])."

La vie de St. Eustache a fourni souvent le sujet de poèmes épiques, p. ex. de l'*Eustaquius* de L'Abbé, écrit en latin et imprimé en 1672. Notre auteur pourrait bien l'avoir pris pour modèle [2]).

L'oeuvre de Santa Maria est divisée en six chants, dont chacun est précédé d'une octave qui en indique le contenu. Toute l'épopée est écrite également en octaves. Les spécimens communiqués par M. de Varnhagen (*Descripção do inferno* et *Destruição de Jerusalem*) ne trahissent pas beaucoup d'imagination, mais la versification en est assez habile et le choix des termes en général heureux. Au 5me chant, octaves 13—22, l'auteur décrit dans une vision l'apparition de la postérité sous les traits d'un vieillard (*Postero*) qui l'engage à célébrer son île natale par une description poétique de ses beautés. Ce passage se distingue par les sentiments patriotiques qui y sont exprimés avec chaleur. Nous le donnons à la seconde partie, N° 12.

Manoel n'est pas non plus resté en-dessous de sa réputation dans sa description de l'île d'Itaparica, ajoutée à l'*Eustachidos*. (*Descripção da ilha de Itaparica, termo da cidade da Bahia, da qual se faz menção no canto quinto*.) Il paraît y avoir pris pour modèle la description déjà citée de l'île de Maré par Botelho de Oliveira; il décrit en octaves et avec autant de détails les animaux, les plantes et les fruits de l'île. Nous nous sommes contentés de donner les quatre premières octaves, qui renferment quelques notices sur

---

anonyme du temps (1710). C'est la *Chacara funebre á sepultura de D. Anna de Faria e Sousa — assassinada por seu marido, o alferes André Vieira, em Pernambuco*, en strophes de 10 vers, mais d'intérêt purement local.

[1]) .... *Porem como sabes da minha patria, sendo esta uma pequena ilha com pouca ou nenhuma litteratura, com muita facilidade, se quizeres, pódes vir em conhecimento do auctor*.

[2]) M. de Varnhagen cite encore parmi les productions modernes une Eustachide espagnole: „*Eustaquio ó la religion laureada*" par P. Fr. Antonio Montiel. Malaga, 1796. 2 volumes.

la personne du poète, et la dernière, où il juge son ouvrage parfaitement bien et avec une modestie naïve¹).

Il est important de constater déjà ici cet intérêt pour les particularités de la nature indigène, facteur si puissant dans le développement de la littérature brésilienne. C'est pour cette raison que nous mentionnons ici quelques poètes du Brésil, qui écrivirent en latin et prirent pour sujet de leurs chants la nature de leur pays. Ainsi Prudencio do Amaral (né à Rio de Janeiro en 1675) a chanté la fabrication du sucre en vers héroïques dans son poème: *De opificio sacchario*. Cet ouvrage fait partie des quatre livres de *rebus rusticis brasilicis* de José Rodrigues de Mello, où est célébrée la culture du manioc et d'autres racines, du tabac, etc. ²).

Il nous faut mentionner encore un poète de cette période, dont les productions littéraires n'ont aucune valeur, mais qui par sa manière poétique de représenter l'histoire nationale et par son style distingué, occupe un rang honorable dans la littérature brésilienne. C'est l'auteur de la première histoire du Brésil écrite avec goût, Sebastião da Rocha Pitta.

Né à Bahia le 3 mai 1660 de parents riches et considérés, il fut envoyé à l'université de Coïmbre après quelques études préliminaires au collège des jésuites de Bahia. Il n'avait alors que seize ans, mais bientôt après en 1682 il passa bachelier en droit canon. De retour dans sa patrie, il épousa Dona Brites de Almeida et vécut longtemps retiré dans les terres qu'il possédait au bord du Paraguassú, près de la ville de Cachoeira, occupé seulement de l'administration de ses biens. Mais quoiqu'il prît peu de part aux grands mouvements politiques de ce temps-là, il n'en négligea pas pour cela sa culture intellectuelle, se tint au courant des nouvelles productions littéraires et scientifiques et se livra même par délassement à quelques essais poétiques. Il écrivit outre quelques poésies qui s'élèvent peu au-dessus du médiocre, un roman de chevalerie en espagnol dans le genre de *Palmeirim de Inglaterra*³). Cet ouvrage est tombé dans l'oubli.

Dans son âge mûr il prit tout-à-coup la résolution d'écrire l'histoire de sa patrie, et exécuta ce projet en lui sacrifiant les plaisirs de la retraite et de la vie de famille. En effet il ne se contenta

---

¹) Voyez II. N° 13. — Voyez sur Manoel de Santa Maria, Varnhagen, I. p. XXIX, et 151—181; — et *Revista do Inst.* vol. X. p. 240—244.

²) Voyez Varnhagen, p. XXX.

³) Barboza Machado, ouvr. cité, III. p. 700, parle de deux ouvrages de circonstance dont il le fait auteur: la description des funérailles du roi Pedro II. à Bahia, et un panégyrique de la Dª Jozefa de Vilhena. Ces deux écrits ont vu le jour à Lisbonne en 1709 et en 1721 et renferment des sonnets, des *décimes* et des *romances* en portugais et en espagnol.

pas de consulter tous les ouvrages précédents et de faire des recherches dans les archives des couvents, mais se rendit encore une fois en Portugal pour y mettre à profit la bibliothèque et les archives de Lisbonne, ce à quoi il s'était préparé en apprenant le français, l'italien et le hollandais.

Il parvint ainsi à terminer en 1728 son histoire de l'Amérique portugaise de sa découverte à l'an 1724 (*Historia da America portugueza desde o seu descobrimento até o anno* 1724). Elle parut à Lisbonne en 1730.

Cet ouvrage eut un grand succès et son auteur fut nommé en récompense membre de l'Académie historique de Portugal et chevalier de l'ordre de Jésus-Christ.

Rocha Pitta retourna alors dans sa patrie et passa le reste de ses jours dans ses terres, occupé de leur administration et entouré de sa nombreuse famille. La mort vint l'enlever à ces douces occupations le 3 novembre 1738. Il avait alors 78 ans.

Son ouvrage est remarquable sous le rapport scientifique comme première histoire détaillée du Brésil, mais aussi parce que l'auteur y a rassemblé aussi complétement que possible tous les matériaux relatifs à son sujet. On lui a reproché son manque de critique et sa trop grande crédulité, qui lui a fait admettre des traditions rien moins que prouvées; mais pour être juste il faut avoir égard à l'état de la critique historique dans ce temps-là, à la manière de voir de l'époque et à l'orthodoxie de l'auteur. Son histoire est remarquable à un plus haut degré encore par le patriotisme qu'on y voit percer à chaque page, par l'exposition vive et attachante, et par un style fleuri qui va même jusqu'à l'enflure, mais qui n'est que le résultat du caractère brésilien. Bref, le coeur et l'imagination y ont eu plus de part que la raison et la critique, et le talent poétique s'y montre bien plus que l'esprit scrutateur de l'historien [1]).

---

[1]) Voyez Pereira da Silva, *os var. ill.* I. p. 185—209. Nous donnons II. N° 14 un spécimen du style fleuri de Rocha Pitta, la description de la riche nature du Brésil.

CHAPITRE IV.

ESSAIS DRAMATIQUES. — ÉTAT DU THÉÂTRE AU BRÉSIL. — LES OPÉRAS DU JUIF ANTONIO JOSÉ DA SILVA.

Nous avons vu que jusqu'au milieu du 18me siècle la poésie lyrique est la seule qui se soit passablement développée au Brésil. Et encore cette poésie était-elle toute d'imitation, sans racines dans le peuple, et ne se distinguait-elle que par une légère couleur locale.

Dans ces circonstances et vu le manque d'une base populaire et d'un caractère national bien dessiné, il n'est pas étonnant qu'un drame national n'ait pu encore se former, et cela d'autant plus que la poésie du temps n'avait rien d'épique. La civilisation était en outre trop peu affermie encore pour faire sentir le besoin d'une scène régulière.

Les seuls essais dramatiques de la première période furent ou bien des mystères religieux, ou bien des productions qu'on ne joua pas, probablement parce qu'elles n'avaient jamais été écrites dans ce but.

Outre cela on vit quelquefois des représentations théâtrales aux fêtes de la cour; non seulement des danses mimiques ou des intermèdes (*Entremezes*), mais aussi des comédies proprement dites. Malheureusement ces pièces étaient écrites en espagnol et les acteurs se servaient même de cette langue.

Ainsi nous savons qu'en janvier 1717 on représenta à Bahia les deux comédies de Calderon: *El conde Lucanor* et *Afectos de odio y amor*. On joua de même en 1729 pour la fête du double mariage des princes royaux d'Espagne et de Portugal avec l'infante Marie Barbara de Bragance et Marie Anne Victoire de Bourbon les pièces du même poète intitulées: *Fineza contra fineza, la fiera el rayo y la piedra* et *el monstruo de los jardines*, ainsi que les comédies de Moreto: *la fuezza del natural* et *el desden con el desden* [1]).

---

[1]) Voyez Varnhagen, ouvr. cité, I. p. XXXIII et XXXIV, et sur des représentations analogues postérieures son *Hist. do Brazil*, II. p. 207—208.

Chapitre IV.

Cependant il naquit au Brésil au commencement du siècle un poète dramatique comme le Portugal n'en avait pas eu depuis Gil Vicente et n'en devait pas voir de semblable, si nous en exceptons Almeida-Garrett.

L'auteur des pièces connues sous le nom d'opéras du Juif (*Operas do Judeu*) n'est à la vérité brésilien que de naissance et appartient au Portugal par sa culture et son activité. Ce qui malgré cela nous engage à parler de lui dans cet ouvrage, c'est que nous voulons profiter de cette occasion pour faire connaître sur un des hommes les mieux doués du Brésil un certain nombre de faits, que les dernières années ont mis complétement en lumière [1].

Antonio José da Silva — tel est le nom de l'auteur de ces pièces, ce qui est maintenant prouvé — appartenait à une de ces familles, qui, quoique d'origine juive, avaient reçu du gouvernement la permission de s'établir à Rio de Janeiro, et avaient plus tard jugé utile d'embrasser le christianisme (*christãos novos*). Son père, João Mendes da Silva, avocat en renom, avait composé plusieurs ouvrages poétiques, dont nous ne connaissons que les titres [2]. Il eut de sa femme Lourença Coutinho trois fils, dont le dernier, notre poète, naquit à Rio de Janeiro le 8 mai 1705.

C'était à cette époque que l'inquisition, introduite en Portugal et dans les colonies sous Jean III, commençait à surveiller au Brésil avec un zèle nouveau les chrétiens récemment baptisés, et à persécuter les Juifs ou ceux qu'elle soupçonnait de judaïsme.

La mère de notre poète eut ce malheur et fut accusée par l'inquisition qui la fit transporter à Lisbonne en 1713. Sa famille l'y suivit et João Mendes y continua sa profession d'avocat. C'est ainsi qu'Antonio José arriva en Portugal à l'âge de 8 ans, pour ne plus

---

[1] Nos sources sont: Varnhagen, ouvr. cité, I. p. 201—236; *Revista do Inst.*, IX. p. 114—124; Pereira da Silva, *os var. ill.*, I. p. 259—281; José Maria da Costa e Silva, ouvr. cité, X. p. 328—371; enfin Innocencio Francisco da Silva, *Diccion. bibliogr. portug.*, I. p. 176—180. Dans cet ouvrage nous trouvons indiquées et jugées toutes les sources que nous avons mises à profit. Nous ne savons si l'édition des oeuvres de notre poète (avec biographie) annoncée par M. Rodrigo de Souza da Silva Pontes a paru. — Cette partie de notre ouvrage a déjà vu le jour comme monographie dans le 34me volume des comptes-rendus de la classe de philosophie et d'histoire de l'Académie de Vienne, et aussi à part. Vienne, 1860. 8°.

[2] Barbosa Machado, ouvr. cité, IV. p. 186, cite de João Mendes da Silva, né à Rio en 1656, mort à Lisbonne en 1736, les ouvrages suivants inédits et probablement perdus: *Officio da Cruz*, traduction en vers; *Fabula de Leandro e Ero*, en octaves; la traduction d'une hymne à Ste Barbe et un „poema lyrico": *Christiados*. Les sujets de ces oeuvres prouvent que leur auteur était ou bien un néophyte très-zélé ou un juif très-rusé. L'inquisition ne le persécuta en effet pas le moins du monde, tandis qu'elle fit tant de mal à plusieurs membres de sa famille.

le quitter. Après avoir fait ses classes, il se rendit à Coïmbre pour se vouer à l'étude du droit canon particulièrement. Il prit alors ses grades, entra au barreau en 1726 et commença à travailler avec son père.

Soit que malgré sa dignité de canoniste, il eût gardé quelque attachement à la religion mosaïque, soit qu'il en fût seulement soupçonné, il fut traduit le 8 août 1726 devant le tribunal de l'inquisition et on lui fit son procès. Quoiqu'il eût avoué et abjuré ses erreurs, l'inquisition ne l'en condamna pas moins à la torture et les tours d'estrapade qu'il eut à subir, l'éprouvèrent tellement, que longtemps il ne put même signer son nom. Dans son jugement (*auto*) il était expressément dit que pendant la torture il n'avait invoqué que le nom de Dieu et jamais celui de la Vierge ou celui d'un saint. Dans un auto-da-fé qui eut lieu le 13 octobre 1726, Antonio José répéta solennellement et en public son abjuration et fut rendu à la liberté.

Il retourna chez son père pour continuer avec lui la profession d'avocat. Il paraît aussi que son abjuration fut sincère; du moins il évita dès lors tout commerce avec des juifs ou des néo-chrétiens, et gagna les bonnes grâces de plusieurs moines de grande réputation.

En 1734 il épousa Leonor Maria de Carvalho. Elle lui donna l'année suivante une fille, qui reçut le nom de sa grand-mère paternelle, Lourença. Celle-ci avait été également relâchée.

Ce fut alors qu'Antonio José se fit connaître comme auteur dramatique.

Il s'était à la vérité déjà occupé de poésie à Coïmbre et avait écrit en 1729 pour le mariage de l'infant D. José (depuis roi) une *sarzuela* ou vaudeville. Depuis lors il s'était appliqué à l'étude des oeuvres de Métastase, de Molière et de Rotrou. Le fait qu'il demeurait près d'un théâtre (*ao Pateo da Comedia*) et qu'il le fréquentait beaucoup [1]) peut bien aussi avoir eu de l'influence sur la direction que prirent ses talents. Il fit représenter depuis 1733 un certain nombre d'opéras, qui se suivirent rapidement et eurent un succès toujours croissant. Le *Labyrintho de Créta*, les *Variedades*

---

[1]) M. de Varnhagen (ouvr. cité, p. 24), que nous suivons ici, ne désigne pas plus exactement ce théâtre. Le titre du *Theatro comico portuguez* qui renferme les oeuvres d'Antonio José, donne le *Theatro publico do Bairro Alto de Lisboa*, comme celui où elles furent représentées. — D'après une donnée de D. Costa e Silva on pourrait croire au contraire que les opéras du Juif furent joués d'abord sur un théâtre de marionnettes. Cet auteur dit: „*e como naquelle tempo havia na Mouraria um theatro mui frequentado, em que representavam figuras inanimadas, para elle principiou a escrever seus dramas, que foram alli muito aceitos e applaudidos,*" etc.

de Protheo et les *Guerras do Alecrim e Mangerona* parurent de son vivant en 1736, en 1737, et à part. Ce fut aussi dans ce temps qu'il fit sa poésie célèbre: *Glosa ao soneto de Camões, „Alma minha gentil, que te partiste", na qual exprime Portugal o seu sentimento na morte da sua bellissima Infanta, a Senhora D. Francisca* en 14 octaves [1]).

Ainsi Antonio José s'était fait de riches revenus non seulement comme avocat (il reprit les affaires de son père après sa mort le 9 janvier 1736), mais aussi par ses travaux dramatiques, qui lui valurent en outre beaucoup d'amis et les applaudissements de la foule.

Malheureusement le mérite excite toujours l'envie; un poète comique, qui a pris pour tâche de ridiculiser les vices et les folies de son temps se laisse quelquefois entraîner à faire quelque allusion qui est exploitée ensuite par les malveillants. On riait à la représentation de ses pièces, mais il ne manquait pas de personnes, qui rapportaient p. ex. des passages de l'*Amphitrião* aux souffrances qu'il avait endurées dans les cachots de l'inquisition [2]), et les firent remarquer à ce redoutable tribunal. La foule applaudissait, mais

---

[1]) Cette poésie a paru d'abord avec d'autres productions relatives à cette mort sous le titre de: „*Accentos saudosos das Musas portuguezas*". 1re partie. Lisbonne, 1736. 4°.

[2]) Comme celui-ci:

Recitativo.

Sorte tyranna, estrella rigorosa,
Que maligna influiz com luz opaca,
Rigor tão féro contra um innocente!
Que delicto fiz eu, para que sinta
O peso desta asperrima cadeia,
Nos horrores de um carcere penoso,
Em cuja triste, lobrega morada
Habita a confusão, e o susto mora?
Mas si acaso, tyranna, estrella impia,
É culpa o não ter culpa, eu culpa tenho!
Mas, si a culpa, que tenho, não é culpa,
Para que me usurpaes com impiedade
O credito, a esposa, a liberdade?

Aria.

Oh que tormento barbaro
Dentro do peito sinto!
A esposa me desdenha,
A patria me despenha,
E até o ceo parece.
Que não se compadece
De um misero penar.
  Mas oh Deoses, si sois justos,
Como assim tyrannamente
A este misero innocente
Chegaes hoje a castigar?

désignait les pièces en question par le nom d'opéras du Juif (*Operas do Judeo*)!

C'est ainsi que l'orage se formait sur la tête de ce malheureux, à qui tout semblait sourire, et il ne fallait qu'une occasion pour le faire éclater. Elle ne se trouva que trop tôt.

Le 5 octobre 1737 Antonio José fêtait en famille le second anniversaire de sa fille, lorsqu'on frappa rudement à la porte. On vit entrer alors les suppôts de l'inquisition, qui invitèrent les époux, naguère encore si heureux, à échanger leur commode demeure située près d'un établissement de charité (*no Largo do Socorro*) contre les épouvantables cachots (*calabouços do Rocio*) d'un tribunal inaccessible à la pitié.

La dénonciatrice, il est vrai, fut obligée de les y suivre. C'était une négresse au service de la mère d'Antonio José, qui avait dû la châtier pour sa mauvaise conduite. Par vengeance, et probablement aussi excitée par des malveillants, elle avait accusé son maître de retour au judaïsme. La punition de ses calomnies l'atteignit la première, car, en entrant dans les prisons, elle fut si frappée de leurs horreurs, qu'elle rendit l'âme peu de jours après.

On instruisit alors le procès d'Antonio José, écroué sous le numéro six du nouveau corridor moyen (*Corredor meio novo*). On vit bientôt que l'accusation manquait de preuves; elle ne reposait que sur de vagues soupçons, tels qu'une négresse nouvellement arrivée (*negra boçal*) avait pu les concevoir. Les juges cherchèrent donc à se procurer des preuves au moyen de l'incarcération elle-même.

Nous savons par les pièces du procès maintenant conservées aux archives royales de Torre do Tombo [1]), que les geôliers avaient l'ordre de l'observer au moyen d'ouvertures pratiquées aux angles de la voûte du cachot. Tous disaient avoir souvent entendu et vu Antonio José s'agenouiller, faire le signe de la croix et prononcer avec ferveur des prières chrétiennes; quelques-uns seulement ajoutaient qu'à certains jours il n'avait pris aucune nourriture. Ce jeûne naturel dans les circonstances où il se trouvait, fut interprété comme une suite des prescriptions de Moïse et fut la seule preuve de sa culpabilité, avec les dépositions d'un homme qu'on avait à dessein enfermé avec lui.

Avec de pareils juges il eut beau protester de son innocence, et s'en rapporter au témoignage d'hommes connus comme le chef

---

[1]) En 1821 on y a déposé tous les documents relatifs à l'inquisition. M. de Varnhagen a pu ainsi se procurer des copies exactes de toutes les pièces du procès d'Antonio José et a publié le premier un compte-rendu authentique de cet événement.

de la Monnaie royale, D. Mathias Ayres Ramos da Silva Eça, le poète de la *Henriqueida*, Francesco Xavier de Menezes, comte d'Ericeira, qui resta son ami jusqu'à sa mort [1]), et même de personnes connues par leur piété, entre autres des dominicains. Tous confirmaient le zèle avec lequel il accomplissait les pratiques de la religion; l'intervention du roi Jean V lui-même ne put le sauver.

Le 11 mars 1739 fut prononcé l'arrêt qui remettait aux tribunaux séculiers le soin de prononcer contre lui la peine de mort (*sentença de relaxação ao braço secular*), tandis qu'Antonio José et ses amis vécurent jusqu'à la publication et à l'exécution de la sentence dans l'espoir, que l'inquisition reconnaîtrait enfin son innocence. On lui ôta cette illusion d'une manière terrible en lui apprenant le soir du 16 octobre 1739 qu'il allait périr sur le bûcher, genre de mort que, par un pressentiment singulier, il avait dépeint avec tant de vérité [2]).

Trois jours après dans un auto-da-fé qui eut lieu le 19 octobre 1739, ce jugement fut exécuté dans toute sa rigueur.

La mort terrible d'un homme qui en avait fait rire tant d'autres a fourni le sujet de la première tragédie brésilienne [3]).

Dans le même auto-da-fé sa femme et sa mère furent condamnées pour être retombées plusieurs fois dans le judaïsme à un emprisonnement d'une longueur arbitraire (*carcere a arbitrio*), après avoir subi l'effrayante torture morale de voir brûler l'objet de leur affection. La mère de José mourut trois mois après [4]).

---

[1]) Pereira da Silva, ouvr. cité, I. p. 262 et 266.

[2])
A morte sempre é tormento,
Sendo breve é menos mal,
Mas ó pena, sem egual,
O morrer a fogo lento,
É este modo violento,
E é morte mais rigorosa;
De seu fim tarde se gosa,
Sendo no muito que atura,
Por dilatado mais dura,
Por continua mais penosa.

C'est avec le même pressentiment qu'Antonio fait dire à Sancho dans son *D. Quijote*: *Toda a justiça acaba em tragedia.*

[3]) Il est remarquable que la première tragédie faite par un Brésilien ait pour sujet la mort du premier comique brésilien. M. de Magalhães a fait de lui le héros d'un drame qui parut en 1839 et qui a pour titre: *O poeta e a Inquisição*. Cette pièce dénote autant de patriotisme que de talent. Un autre poète brésilien moderne, Joaquim Norberto de Sousa Silva a consacré le second de ses *Cantos epicos* (Rio de J., 1861) à la mémoire de l'infortuné Juif. Il est intitulé: *A coróa de fogo* (La couronne de feu).

[4]) D. Innocencio Franc. Da Silva donne dans l'ouvrage cité la teneur des sentences portées contre notre poète, son épouse et sa mère. Les voici: *Sob o titulo: „Pessoas relaxadas em carne. Nº 7. Idade 34 annos. Antonio José*

Chapitre IV.

Les deux premiers volumes de l'ouvrage intitulé: *Theatro comico Portuguez*, ou *Collecção das Operas Portuguezas que se representaram na casa do theatro publico do Bairro Alto de Lisboa*. Lisbonne, 1744—46. 4 vol. 8°. [1]) contiennent un certain nombre de pièces d'Antonio José. Il est vrai qu'il n'est pas nommé, mais le nom de l'auteur est trahi par les deux *decimas*, qui suivent la préface au *leitor desapaixonado* et qui font acrostiche [2]).

da Silva, X. n. (christão novo) advogado, natural da cidade do Rio de Janeiro, e morador n'esta de Lisboa occidental, reconciliado que foi por culpas de judaismo no auto da fé, que se celebrou na Igreja do Convento de S. Domingos d'esta mesma cidade em 13 de Outubro de 1726. Convicto, negativo e relapso."
Sob a rubrica: „Pessoas que não abjuram, nem levam habito. N° 5. Annos de idade 27. Leonor Maria de Carvalho, X. n., Casada com Antonio José da Silva, que vai na Lista, natural da villa de Covilhã, bispado da Guarda, e moradora n'esta cidade de Lisboa occidental, reconciliada que foi por culpas de judaismo no auto publico da fé que se celebrou na igreja de S. Pedro da cidade de Valhadolid, reino de Castella, em 26 de Janeiro de 1727: presa secunda vez por relapsia das mesmas culpas. Pena: carcere a arbitrio. — N° 6. Annos de idade 61. Lourença Coutinho, X. n., viuva de João Mendes da Silva, que foi advogado, natural da cidade do Rio de Janeiro, e moradora n'esta de Lisboa occidental, reconciliada que foi por culpas de judaismo no auto publico da fé que se celebrou no Rocio d'esta mesma cidade em 9 de Julho de 1713; presa terceira vez por relapsia das mesmas culpas. Pena: carcere a arbitrio."

Notre poète ne fut donc pas brûlé au dernier auto-da-fé de 1745, comme l'affirment Denis, Brunet et d'autres. Lisbonne en vit encore un en 1761.

[1]) Voyez sur les différentes éditions de ce recueil et leurs rapports Varnhagen, ouvr. cité, I. p. 206—208. Ajoutons que la seconde édition (*segunda impressão*) des deux premiers volumes, dont la bibliothèque impériale de Vienne possède un exemplaire (elle renferme aussi l'édition de 1759—1761 en 4 volumes) ne porte pas le nom de l'imprimeur Luis Ameno, mais: *Lisboa, na regia officina Sylviana, e da Academia Real*, 1747. — Le passage de l'*Advertencia do Collector*, omis dans les éditions postérieures, s'y trouve en concordance avec les données de M. de Varnhagen.

[2]) M. Innoc. Franc. da Silva, ouvr. cité, p. 180, a fait observer le premier et à bon droit, que la préface: „*Ao leitor*" et les „*Decimas*" sont évidemment l'oeuvre de l'auteur, et que par conséquent il n'est pas besoin des allusions assez vagues citées par M. de Varnhagen, pour prouver qu'Antonio José est bien l'auteur de ces pièces; l'acrostiche suivant tiré des *Decimas* en fait assez foi:

Amigo leitor, prudente,
Não critico rigoroso
Te desejo, mas piedoso
Os meus defeitos consente:
Nome não busco excellente
Insigne entre os escriptores;
Os applausos inferiores
Julgo a meu plectro bastantes,
Os encomios relevantes
São para ingenhos maiores.

Esta comica harmonia
Passa tempo é douto e grave;
Honesta, alegre, e suave
Divertida a melodia:
Apollo que illustra o dia,

Les autres poésies contenues dans les volumes III et IV ont été à tort attribuées à notre poète, comme M. de Varnhagen l'a démontré, et deux ou trois tout au plus ont été conçues dans son esprit[1]).

Nous ne connaissons donc que huit pièces d'Antonio, qui aient été imprimées, soit séparément, soit dans la collection qui nous occupe. Voici leurs titres: *Vida de D. Quijote de la Mancha*; — *Esopaida, ou Vida de Esopo*; — *Os encantos de Medea*; — *Amphitryão, ou Jupiter e Alcmena* (dans la première partie); — *Labyrintho de Creta*; — *Guerras do Alecrim e Mangerona*; — *Variedades de Protheo*; — *Precipicio de Faetonte* (seconde partie). En outre d'après M. de Varnhagen, p. 206, nous en avons quelques-unes restées manuscrites, comme: *Os Amantes de escabeche*; — *S. Gonçalo de Amarante*; — et peut-être aussi: *As firmezas de Protheo*; — *Telemaco na ilha de Calipso*; — et *o Diabinho á mão furada*, qui a été retrouvée dernièrement.

Le *Don Quijote* a été traduit en français par Ferdinand Denis dans ses chefs-d'oeuvre du théâtre portugais, Paris, 1823. 8°.

On voit par les titres de ses pièces, qu'Antonio José a traité plusieurs fois des sujets mythologiques, mais ses dieux et déesses, ses Grecs et ses Romains sont comme son chevalier de la Triste-Figure, son Dom Fuaz et son Dom Gil Vaz, des Portugais du temps; tous sont traités avec tant d'originalité que les pièces d'Antonio peuvent être considérées après celles de Gil Vicente comme les plus populaires en Portugal. Quoique destinées à être représentées avec une grande mise en scène et avec accompagnement musical, et quoique adaptées au goût d'un public avide de spectacles [2]), ce qui en fait ce que nous appelons des drames populaires, elles ont pourtant un comique si vigoureux, tant d'idées piquantes et ingénieuses, qu'elles intéressent encore les lecteurs portugais d'aujourd'hui et même les étrangers. Combien ne devaient-elles pas captiver les spectateurs sur la scène, où elles furent accueillies autre-

    Soberano me reparte
    Idéas, facundia e arte,
    Leitor, para divertir-te,
    Vontade para servir-te,
    Affecto para agradar-te.

[1]) Da Costa e Silva, ouvr. cité, p. 355—56, se rallie à l'opinion de Varnhagen et remarque: „*mas basta considerar a sua linguagem, maneira de dialogar, e o forçado dos gracejos para reconhecer, que quem compoz as operas contheudas nos dous primeiros volumes não podia ser author das que compõem o terceiro, e quarto.*"

[2]) Comme l'auteur le dit lui-même dans la première des deux décimes:
  Os applausos inferiores
  Julgo a meu plectro bastantes.

fois par des applaudissements frénétiques, où elles avaient toute leur force originale, quand les comédiens étaient à la hauteur de leur tâche. Ce n'étaient que surprises continuelles, que situations comiques et que spirituels couplets ¹).

„C'est dans le développement de l'action," dit Pereira da Silva (ouvr. cité, p. 273), „dans l'invention des aventures, le choc habile des passions et des intrigues, qui se pressent, se rejoignent, se séparent et se dénouent avec la rapidité de l'éclair, la légèreté du vent, que réside la force d'Antonio José; c'est par ces moyens qu'il entraîne les spectateurs surpris et électrisés."

En outre il se sert avec une grande habilité des locutions, des proverbes et des bons-mots du peuple, en sorte que ses pièces ont aussi une valeur linguistique considérable.

Il faut apprécier d'autant plus ce ton populaire, cette liberté et cette indépendance d'Antonio José, que précisément alors les poètes de la péninsule ibérique commençaient à abandonner leur caractère national sous la pression du pseudo-classicisme français et que notre poète avait eu connaissance par son ami le comte d'Ericeira des préceptes de Boileau, considérés alors comme des oracles. Malgré cela et bien qu'il eût étudié Metastase, Molière et Rotrou, Antonio n'en conserva pas moins toute l'originalité de son talent et persista dans la voie qu'il avait choisie ²).

Si les juges de cet infortuné avaient été capables d'apprécier sans préventions son talent, ils auraient reconnu que ses ouvrages ne pouvaient être le fait d'un homme plongé dans le mosaïsme le plus orthodoxe, mais bien d'un esprit libre et plein de vie, qui, s'il était inspiré par des traditions étrangères, ne l'était que par celle de la vieille comédie espagnole.

Antonio José a emprunté à cette dernière d'abord le *Gracioso*, qui se retrouve dans presque toutes ses pièces. Comme les comédies espagnoles ses opéras ne connaissent pas les trois unités; les scènes pathétiques et comiques se succèdent, tandis que les soubrettes et les Scapins ont une part importante aux décisions des

---

¹) Un poète cité par M. Denis (Chefs-d'oeuvre du théâtre portugais, p. 359), José Anastasio Dacunha, contemporain d'Antonio José, et persécuté comme lui par l'inquisition, lui a adressé les vers suivants:
 O Antonio José, dôce e faceto;
 Tu que foste o primeiro que pizaste
 Com mais regular socco a scena lusa,
 O povo de Lisboa mais sensivel
 Foi no theatro á teus jocosos ditos,
 Que no rocio a voz da humanidade.
²) Voyez Magalhães, *Antonio José ou o Poeta e a Inquisição*, tragédie. Rio de Janeiro, 1839. 8°. p. II.

héros et héroïnes de la pièce; seulement dans les opéras la parodie occupe beaucoup plus de place que dans les comédies espagnoles. Antonio José a en outre divisé la plupart de ses pièces d'une manière particulière, en deux parties (*partes*). Le *Proteo* et le *Faetonte* sont seuls divisés en trois actes comme les comédies de Calderon.

Du reste il ne faut pas se laisser entraîner par le nom d'opéra à faire des pièces d'Antonio des drames chantés dans le sens moderne, et à les considérer comme accessoires de la musique. Elles sont ordinairement en prose, et çà et là seulement on y rencontre un récitatif, un grand air, des couplets ou quelque choeur. Ce sont proprement des *sarzuelas* ou vaudevilles plus étendus que d'habitude, dont le nom provient de leurs sujets mythologiques et de leur pompeuse mise en scène [1]).

Pour se faire une idée du talent d'invention et de la verve comique d'Antonio José, on n'a qu'à comparer par exemple son *Amphitryão* avec ceux de Plaute et de Camões, et l'on sera surpris du parti complétement nouveau que le poète brésilien a su tirer de ce sujet, surtout des scènes entre Alcmène et son époux.

La même habileté se retrouve dans la „vie d'Ésope" et dans la manière, dont il a dramatisé ce sujet dans le goût national. La scène par exemple, où Ésope est vendu à Xanto par son maître le philosophe Zénon, se distingue autant par la caractéristique des personnages, que par la vivacité d'un dialogue plein d'esprit et de pétulance [2]). Cette scène sert en même temps d'exposition, ce qui prouve le talent dramatique de notre poète, chez qui cette partie de la pièce est toujours courte et jamais sans action.

Da Costa e Silva (ouvr. cité, p. 345 et suiv.) cite comme modèle d'exposition celle de *D. Quijote*. Le chevalier se fait raser par le barbier et lui recommande de bien traiter la barbe la plus honorée de toutes les Espagnes; en même temps il lui demande

---

[1]) Les opéras bouffes d'Offenbach, qui ont une si grande vogue maintenant, se rapprochent beaucoup de ceux d'Antonio José; avec peu de changements ceux-ci pourraient même fournir au spirituel compositeur les plus charmants librettos. — Il se peut que, comme Bouterwek (*Geschichte der Poesie und Beredtsamkeit*, 4me partie, p. 358) le pense, les opéras italiens favorisés alors par la cour de Lisbonne, aient produit cette réaction populaire. — Bouterwek a du reste contre son habitude porté un jugement si partial et si superficiel sur les opéras du Juif, qu'il faut bien qu'il ait été rebuté par leur rudesse et leur irrégularité, et ne se soit pas donné la peine de se pénétrer de leur esprit. Il ne s'est pas même inquiété du nom du „Juif"!, mais il le nomme un esprit inventif.

[2]) Dans Bouterwek (p. 361—362) nous trouvons cités quelques fragments de cette scène, comme preuve de son „esprit forcé et absurde" (*seiner abgeschmackten Witzelei*). Le même auteur avoue pourtant „qu'à travers ce bas comique perce une imagination peu commune".

des nouvelles, et lorsque le barbier lui raconte que le Grand-Turc s'apprête de nouveau à faire la guerre aux potentats chrétiens, et qu'on a déjà armé en Biscaye une flotte destinée à le combattre, Don Quichotte répond: „A quoi bon toutes ces machines? Je sais bien comment on pourrait en moins d'une heure vaincre toutes les escadres des Turcs!" Ce n'est qu'après que le barbier lui a juré d'être discret, pour que personne ne le prévienne, qu'il lui fait la confidence qu'on n'aurait qu'à envoyer contre les Turcs quelques chevaliers errants ou lui tout seul pour en venir facilement à bout. A l'appui de ces paroles le chevalier cite les romans de chevalerie et les exploits qui y sont racontés, et lorsque sa gouvernante, sa nièce et même le barbier s'enhardissent à n'y voir qu'un nouvel accès de folie, il emploie contre ce dernier un *argumentum ad hominem* en le renversant par terre. — Cette exposition est aussi originale que dramatique.

Si Bouterwek dit de cette pièce qu'elle n'a pas même le mérite de l'invention, Barbosa du Bocage, un des premiers poètes portugais de la seconde moitié du 18me siècle [1]), en juge tout autrement. Da Costa e Silva rapporte sur ce poète (l. c. p. 348) l'anecdote suivante: Faisant un jour visite à Barbosa pendant sa dernière maladie, il le trouva au lit, couché sur le ventre, et riant aux éclats un livre à la main. Il lui demanda la cause de ce rire et Barbosa répondit: Ce sont les opéras du Juif; j'ai trouvé dans Don Quichotte une idée si extravagante, que je m'étonne que Cervantès ne l'ait pas eue (*que admira haver escapado á Cervantes*). Là-dessus il lut en riant la scène où Don Quichotte se persuade de plus en plus que son incomparable Dulcinée a été transformée par les enchanteurs en Sancho Pança, jusqu'à ce qu'enfin celui-ci lui prouve son identité par un *argumentum ad hominem*. — La 2de partie (N° 15) contient cette scène en entier [2]).

La pièce la plus connue d'Antonio José est celle intitulée: *As Guerras de Alecrim e Mangerona*, c'est-à-dire les combats du romarin et de la marjolaine. Il faut savoir qu'à Cintra, charmant séjour du beau monde de Lisbonne, les élégants avaient l'habitude de se rassembler dans une promenade et de s'y reposer sur des bancs de pierre qui s'y trouvaient. Le beau monde s'était divisé en deux partis reconnaissables aux bouquets de romarin et de marjolaine, que chacun avait adoptés comme signe de reconnaissance.

---

[1]) Mort en 1805.

[2]) Dans la traduction de Ferdinand Denis ce passage se trouve p. 416—419 avec la remarque suivante: „Toute cette scène serait d'un vrai comique, si elle ne finissait pas aussi grossièrement."

Ce sont ces guerres galantes qui ont probablement inspiré à notre poète son chef-d'oeuvre [1]). Il fait paraître dans une promenade deux dames voilées suivies de deux cavaliers qui leur font la cour et les conjurent de leur apprendre par un signe si elles acceptent leurs hommages. L'une donne alors un bouquet de romarin, l'autre un de marjolaine, se déclarent toutes deux folles de leurs emblèmes et invitent leurs cavaliers respectifs à rivaliser de zèle et d'habileté pour procurer à la fleur de prédilection de sa maîtresse la palme des inventions ingénieuses. Les deux cavaliers, D. Gil Vas et D. Fuas, commencent donc avec ardeur chacun sous son signe de ralliement la lutte qui a donné son nom à la pièce, lorsque, pauvres cadets qu'ils sont, ils ont appris que leurs belles, D. Cloris et D. Nize, sont les nièces et héritières d'un avare très-riche, D. Lanserote. Mais celui-ci les renferme soigneusement, leur interdit toute visite, et a en outre fait venir D. Tiburcio, fils d'un autre de ses frères, gentilhomme campagnard, pour qu'il choisisse une de ses cousines et que l'autre puisse être mise au convent. Beaucoup de ruses sont donc nécessaires pour pénétrer dans cette maison, déjouer les précautions de l'Argus, évincer le prétendu, conquérir le coeur des belles, et enfin obtenir leur main. C'est, il est vrai, le sujet ordinaire de la comédie, sujet varié de cent manières différentes; mais Antonio José a su rendre plus compliquées et plus originales ces intrigues trop connues, en ce que les deux concurrents, quoiqu'amis, n'agissent pas de concert et cherchent à se surpasser l'un l'autre, pour procurer ainsi la victoire à leur fleur. Cette rivalité amène de nouvelles complications, de la jalousie entre les amants, et, ce qui est surtout une heureuse idée, les ruses de l'un sont découvertes et mises à profit par l'autre. D. Fuas en effet n'a pas de valet, et se voit forcé de gagner Fagundes, duègne de D. Lanserote, tandis que D. Gil Vaz possède dans la personne de son domestique Simicupio, le *Gracioso* et le principal personnage

---

[1]) Da Costa e Silva à qui nous devons cette notice n'aurait pas laissé douteuse (p. 363) la question de savoir si la pièce d'Antonio a son origine dans cette mode, ou vice-versa, s'il avait examiné avec attention le passage suivant, où l'oncle des deux dames, à l'arrivée de son neveu, qui doit en choisir une, explique de la manière suivante les noms de dame au romarin et de dame à la marjolaine, qu'il leur donne:

D. Lanserote (l'oncle): *Sobrinho, não estranheis este excesso de minha sobrinha; porque haveis de saber, que ha nesta terra dous ranchos, um do Alecrim, outro da Mangerona, e fazem taes excessos por estas duas plantas, que se matarão umas ás outras.*

D. Tiburcio (le neveu): *E vossa mercé consente, que minhas primas sigão essas parcialidades?*

D Lanserote: *Não vedes, que é moda, e como não custa dinheiro, bem se pode permittir.* (Ce dernier trait peint bien l'avarice de l'oncle.)

de la pièce, un aide aussi inépuisable dans ses ruses qu'habile à les mettre à exécution. Simicupio a en outre une alliée, Sevadilha, servante de la belle de D. Gil Vaz, et la *Graciosa* de l'opéra. Il lui fait naturellement aussi la cour, et en reçoit également une fleur comme signe de ralliement. Cette fleur porte il est vrai le nom de *malmequer*, (souci, littéralement: me veut du mal), mais, quoiqu'elle soit l'emblème de la pruderie, il ne faut pas pour cela la prendre plus au sérieux que cette demi-vertu, quand elle se rencontre chez les soubrettes.

Ces intrigues produisent une suite de situations comiques et de scènes fort drôles, qui, faites pour la représentation, perdraient à la traduction jusqu'au charme qu'elles ont encore aujourd'hui dans l'original. Il ne faut pas taire cependant que l'auteur se sert dans ses oeuvres dramatiques de tous les petits moyens tels que déguisements, cachettes, etc., en usage de temps immémorial chez les poètes comiques, que les limites du vraisemblable sont souvent dépassées, que la plaisanterie est quelquefois trop grossière pour plaire aujourd'hui, et enfin que les dénouements ne sont guère des chefs-d'oeuvre au point de vue psychologique. En revanche si l'on considère l'habileté avec laquelle Antonio José a su s'accommoder au goût de son public [1]), ce qui n'était pas arrivé à un aussi haut degré depuis Gil Vicente, et mettre sur la scène des moeurs vraiment populaires, on ne peut s'empêcher d'assigner à ses pièces un haut rang dans la poésie portugaise. En outre la parodie, qui gâte tous les autres opéras de notre poète, est étrangère à celui-ci; il est tout entier de son invention, et il y dénote sous ce rapport aussi un talent peu commun.

Quoique cette pièce ne puisse être bien jugée qu'à la représentation ou à la lecture complète dans l'original, nous ne pouvons pourtant résister au désir d'en traduire ici quelques scènes, qui donneront au moins une idée de la manière d'Antonio José.

D. Tiburcio a été pris tout à coup d'une colique violente. On envoie Sevadilha à la recherche d'un médecin et elle rencontre tout d'abord D. Gil Vaz et son valet qui rôdent autour de la maison

---

[1]) La pièce en question fut jouée pour la première fois au carnaval de 1737 au théâtre *do Bairro Alto de Lisboa*, comme toutes les autres; c'est donc une véritable farce de carnaval! — Almeida-Garrett, qui, lorsqu'il écrivit l'introduction de son *Parnaso lusitano* (1826), ne prisait certainement pas Antonio José trop haut, dit de notre pièce (vol. I, p. XLVIII): „*Talvez que o Alecrim e Mangerona seja a melhor de todas, e de certo o assumpto é eminentemente comico e portuguez: hoje teria todo o merito de uma comedia historica: e se fora tractada no genero de Beaumarchais, produziria uma excellente peça.*"

en cherchant une ruse pour y entrer. Semicupio conseille alors de profiter d'une aussi belle occasion et de s'y introduire déguisés en médecins. Son maître fait quelques objections:
— Es-tu fou? nous ne savons pas la médecine?
Simicupio. Puisqu'il y a une philosophie naturelle (*Filosofia natural*), pourquoi n'y aurait-il pas aussi une médecine naturelle (*natural medicina*)?
D. Gil. Et si le patient mourrait faute de remèdes?
S. Il mourra encore plus vite de trop de remèdes.
D. Gil. Et que lui donnerons-nous?
S. Tout sauf du poison, car ce qui ne tue pas, engraisse (Prov.: *porque o que não mata, engorda*).

Ils cachent cette ruse même à Sevadilha, et Simicupio la renvoie en lui offrant d'aller quérir le médecin à sa place.

Lorsqu'ils sont conduits vers le lit du malade, autour duquel toute la maison s'est rassemblée, ils y trouvent D. Fuas, déguisé aussi en médecin sur l'instigation de Fagundes.

Après que chacun des trois **médecins naturels** a examiné le malade et prescrit un remède différent, sans laisser échapper l'occasion de faire quelques jeux de mots plus ou moins grossiers [1]), chacune des deux belles et les autres assistants veulent profiter de l'occasion pour se faire faire une ordonnance contre la maladie qu'ils croient avoir. Ceci amène une scène qu'on ne peut lire que dans l'original et que nous donnons à la 2de partie (N° 16), d'autant plus qu'elles contient les trois sonnets aux trois fleurs, qui sont devenus si célèbres.

Nous donnons en outre un sonnet parodiant le style gongoriste, tiré de la même pièce; puis un air de Sancho Pança, tiré du D. Quichotte, et dans lequel l'amour est comparé à un chat (N° 17 et 18).

Ces oeuvres d'un poète brasilien, qui fait époque dans la littérature portugaise, et qui aurait eu une influence bien plus durable encore, s'il avait eu des successeurs capables de purifier le goût

---

[1]) Simicupio fait donner la préférence à son remède en s'écriant avec onction:

Senhores meus, á grande queixa, grande remedio; o mais efficaz é, que tome umas bichas nas meninas dos olhos, para que o humor faça retrocesso debaixo para cima.
D. Tiburcio. Como é isso de bichas nas meninas dos olhos?
Simicupio. É um remedio topico; não se assuste, que não é nada.
D. Tiburcio. Vossa mercê me quer cegar?
Simicupio. Calle-se ahi; quantas meninas tomão bichas, e mais não cegão.

national et de tenir éloigné le pseudo-classicisme français [1]), ont été remises dernièrement en honneur et ont reconquis leur rang dans la littérature brésilienne [2]).

---

[1]) Da Costa e Silva dit encore aujourd'hui avec raison (p. 371): „*Seria mui util que algun dos mancebos, que hoje seguem com muito talento a carreira theatral, se deixassem de imitar os melodramas, e vaudevilles francezes, e se applicassem a aperfeiçoar o systema dramatico de Antonio José, criando a verdadeira comedia popular portugueza de que elle lançou os fundamentos.*"

[2]) Il paraît qu'on a joué dernièrement au Brésil des pièces d'Antonio. — Voyez la critique de ma monographie déjà citée dans la *katholische Literatur-Zeitung*. Vienne, 1860. N° 40, p. 319, par M. Wiedemann.

TROISIÈME PÉRIODE.

SECONDE MOITIÉ DU 18ᵐᴱ SIÈCLE.

CHAPITRE V.

NOUVEL ESSOR DE LA LITTÉRATURE AU BRÉSIL SURTOUT ENSUITE DE LA BONNE ADMINISTRATION DE POMBAL. — RIO DE JANEIRO EST DÉCLARÉ RÉSIDENCE DU VICE-ROI, CE QUI CRÉE UN NOUVEAU CENTRE LITTÉRAIRE. ON FONDE DES ACADÉMIES, SURTOUT CELLE NOMMÉE L'ARCADIA ULTRAMARINA. ÉCOLE DE MINAS GERAES. ELLE EST ENVELOPPÉE DANS LA HAUTE-TRAHISON DE MINAS. SUITES DE CET ÉVÉNEMENT POUR LA LITTÉRATURE.

C'est surtout à la 3ᵐᵉ période que s'applique ce que dit Pereira da Silva (*Parnaso brazil.* I. p. 34) de la littérature brésilienne du 18ᵐᵉ siècle: „C'était une copie et une imitation de la littérature portugaise, elle-même une imitation de la française; mais cependant à travers son prisme on reconnaît sa nationalité, son origine nouvelle et sanctifiée."

Dans la 2ᵈᵉ moitié du 18ᵐᵉ siècle la littérature du Brésil prit en effet un nouvel essor, par l'influence de plusieurs circonstances dont nous allons parler. Tandis que d'un côté elle n'ose s'écarter de ses modèles, les littératures portugaise, française et italienne, elle montre de l'autre une tendance toujours croissante à l'indépendance, et les germes d'un développement nativiste et original.

Les circonstances qui y contribuèrent, furent d'abord le commerce florissant de Rio de Janeiro; le fait que le vice-roi en fit sa résidence en 1763 et créa par là un nouveau centre [1]) de culture, puis l'exploitation des mines d'or de Minas Geraes et le défrichement de cette province, et enfin l'importance croissante du Brésil pour la mère-patrie. Cette importance s'accrût surtout de-

---

[1]) On essaya même en 1747 de fonder une imprimerie à Rio de Janeiro, pour éviter d'envoyer tous les manuscrits en Portugal; mais l'établissement d'Antonio da Fonseca ne produisit que deux ou trois brochures de peu d'importance, et il fut bientôt fermé, soit que le propriétaire n'y trouvât pas son compte, soit que le gouvernement l'eût supprimé.

puis le moment où l'oeil pénétrant de Pombal, qui traitait la riche colonie aussi bien que la métropole, vint à l'aide de ceux de ses enfants qui montraient du talent, et forma même le plan de transférer le siége de la monarchie au Brésil, dont il prévoyait le brillant avenir [1]).

Bientôt on vit à Rio de Janeiro des essais de sociétés littéraires sur le modèle des Academies et des Arcadies répandues alors en Europe. Déjà en 1736 Mathieu Saraiva, médecin, avait organisé dans cette ville sous les auspices du gouverneur une société composée de trente membres, qui, sous le nom d'*Academia dos Felizes*, s'occupait de botanique, mais dont la durée fut courte. En 1752 on vit naître à Rio de Janeiro une société de gens instruits sous la dénomination pompeuse d'*Academia dos Selectos*, et dont la principale tâche était, à ce qu'il paraît, de chanter en prose et en vers les vertus et les exploits du capitaine-général Gomes Freire d'Andrada [2]). En 1772 il se forma sous la protection du vice-roi marquis de Lavradio, grand ami des sciences, l'Académie la plus importante de celles de Rio de Janeiro, sous le nom modeste de *Sociedade litteraria*. Sur ces entrefaites on avait de nouveau essayé de fonder à Bahia une Académie, la *Sociedade Brasileira dos Academicos renascidos*, qui ne dura que peu de temps [3]). L'*Arcadia ultramarina* au contraire eut la plus grande influence directe sur la littérature brésilienne. Elle fut fondée à Rio de Janeiro sur le modèle de l'Arcadie italienne par les poètes Silva Alvarenga et José Basilio da Gama. Le successeur du marquis de Lavradio, le vice-roi Dom Luiz de Vasconcellos e Souza (depuis 1779), était grand amateur de littérature et protégeait particulièrement Silva Alvarenga. Ce fut sous son égide et celle de l'évêque Dom José Joachim Justiniano Mascarenhas Castello Branco, que l'*Arcadia ultramarina* prit naissance. Elle réunit bientôt tous les littérateurs de

---

[1]) Pereira da Silva, *Parnaso brazil.*, I. p. 32, dit que l'attention de Pombal était surtout dirigée vers la ville de Belém dans la province de Pará, et qu'il avait songé à y transporter le siége de la monarchie brésilienne. Il la regardait comme un point central et pensait par là empêcher la séparation future des deux royaumes. Quant aux nombreux Brésiliens qui revêtirent alors des charges importantes ou qui se distinguèrent dans les sciences, voyez Varnhagen, ouvr. cité, I. p. XLIV—XLVI, et Pereira da Silva, *Parnaso*, I. p. 34—37.

[2]) Cette académie a publié son histoire et les fruits de ses travaux sous le titre suivant: „*Jubilos da America na gloriosa exaltação e promoção do Ill° e Exmo Sr. Gomes Freire de Andrada, governador e capitão general das capitanias do Rio de Janeiro, Minas Geraes, e S. Paulo. Colecção das obras da Academia dos Selectos que na cidade do Rio de Janeiro se celebrou em obsequio e applauso do dito Excellentissimo heróe. — Pelo Dr. Manoel Tavares de Siqueira e Sá, secretario da mesma academia.* Lisbonne, 1754.

[3]) Voyez sur ces académies brésiliennes la *Revista do Inst.*, I. p. 79—86.

quelque talent, entr'autres **Bartholomeu Antonio Cordovil, Domingos Vidal Barboza, João Pereira da Silva, Balthasar da Silva Lisboa, Ignacio de Andrade Souto Maior Rendon, Manoel de Arruda Camara, José Fereira Cardoso, José Marianno da Conceição Velloso** et **Domingos Caldas Barboza** [1]).

A ces poètes se joignirent les écrivains nés dans la province de Minas ou y demeurant, surtout ceux de Villa Rica (aujourd'hui Ouro Preto), comme **José de Santa Rita Durão, Claudio Manoel da Costa, Alvarenga Peixoto, Gonzaga,** etc. Ceux-ci formèrent à leur tour entre eux une société célèbre dans les annales politiques et littéraires du pays sous le nom d'**école de Minas** (*Poetas mineiros*). Dans cette province les mines d'or avaient produit non seulement une vie matérielle plus active, mais aussi un développement considérable de la culture intellectuelle [2]). C'est précisément de cette province que partirent les mouvements révolutionnaires et les tentatives d'indépendance, à la tête desquelles se mirent ces poètes.

Comme dans les vies de ces écrivains nous aurons l'occasion de revenir souvent sur cette révolution nommée la haute-trahison de Minas (*Inconfidencia das Minas*), et qu'elle contient les germes de l'indépendance politique et littéraire du pays, on nous pardonnera de la raconter en peu de mots à l'exemple de M. de Varnhagen (ouvr. cité, I. p. XLII à XLIV) [3]).

En 1783 D. Luis da Cunha de Menezes fut nommé capitaine-général de la province de Minas. Cet homme vaniteux s'était rendu à la fois odieux et ridicule par les fautes qu'il avait commises dans l'administration, en sorte qu'il devint le sujet d'une satire en neuf lettres et en vers, *las Cartas Chilenas*, écrite par un poète de Villa Rica sous le pseudonyme de Critillo et adressée à un certain Dorotheu habitant la capitale [4]). Ces lettres, qui virent le jour en

---

[1]) V. Pereira da Silva, *os var. ill.*, I. p. 335—338.

[2]) V. Varnhagen, ouvr. cité, I. p. XXXVII. — Il est vrai que vers la fin du 18me siècle la richesse de cette province diminua de plus en plus; v. Handelmann, o. c., p. 591. On peut dire cependant que la nature elle-même semble avoir fait de Minas un centre puissant de vie nationale et M. de Varnhagen dit avec raison (*Rev. do Inst.* VIII. p. 276): „*se pode bem asseverar ser o devido foco para concentração da nacionalidade e civilisação brazileira.*"

[3]) V. aussi Pereira da Silva, *os var. ill.*, II. p. 1—10. — Joaquim Norberto de Souza Silva, *La Conjuração Mineira, estudos historicos sobre as primeiras tentativas para a independencia nacional*. V. *Rev. do Inst.* XXIII. p. 679. Le même auteur a fait du chef des conjurés, José da Silva Xavier, le héros du premier chant (*Cabeça do Martyr*) de ses *Cantos epicos* (Rio de J., 1861).

[4]) D'après M. de Varnhagen Claudio Manoel ou Alvarenga Peixoto pourraient seuls être regardés comme les auteurs de ces lettres. Cependant il n'ose se prononcer pour l'un des deux (v. o. cité, I. p. XLII et II. p. 365—367).

1786, contenaient une suite d'accusations contre le mauvais gouvernement du capitaine-général, et, tout en faisant jour au mécontentement général, ne contribuèrent pas peu à entretenir et à accroître la fermentation en lui donnant le caractère d'une conjuration. A l'arrivée du successeur de Menezes, le vicomte de Barbacena, en 1788, le bruit se répandit que celui-ci exigerait à la fois les 700 *arrobas* d'or qui formaient la capitation de la province (*pela lei da capitação*) et qui étaient encore dues. Les intérêts matériels les plus chers étaient menacés, et ce parti, auquel l'aurore de l'indépendance des États-Unis et les avant-coureurs de la révolution française avaient monté la tête, sut habilement profiter du plus sûr de tous les moyens de révolution pour chercher à réaliser déjà alors l'indépendance de la colonie ou la proclamation d'une république brésilienne. Un des chefs des conjurés, Joaquim José da Silva Xavier, surnommé *Tiradentes*, officier de la milice de Villa Rica, porta dans un repas public un toast à l'indépendance de Minas Geraes et du Brésil. Les assistants applaudirent pour la plupart [1]), et le poète Alvarenga Peixoto alla jusqu'à improviser un drapeau national et à faire un appel aux armes [2]). On ne devait pas en venir à cette extrémité. Déjà Menezes avait appris la conjuration, mais l'avait méprisée, et son successeur Barbacena, à qui le colonel Joaquim Silveira dos Reys avait trahi le secret du complot, sans le négliger, était pourtant trop bienveillant pour employer tout d'abord la rigueur. Il crut enlever aux conjurés tout motif de se soulever, en leur donnant l'assurance que la capitation ne serait pas exigée à la fois. Mais en 1789, lorsque le chef de la conjuration, Silva Xavier, venait de se rendre à Rio de Janeiro pour y gagner de nouveaux partisans, on dénonça son projet au vice-roi Luis de Vasconcellos. Celui-ci fit sur le champ arrêter Silva Xavier et ordonna au vicomte de Barbacena de lui livrer les autres accusés et de venir lui-même se disculper. Là-dessus Barbacena se hâta d'envoyer directement à Lisbonne une dénonciation détaillée, et de se justifier en antidatant les actes du procès; puis il fit saisir tous les conjurés et les fit transporter à Rio de Janeiro à l'exception de Claudio Manoel, qui s'était suicidé en prison. Le 18 avril 1792 on lut aux prisonniers le jugement qui en condamnait onze à mort, cinq à un bannissement

---

[1]) Handelmann, ouvr. cité, p. 592.

[2]) Le drapeau national, proposé par Alvarengo Peixoto et approuvé par les conjurés, devait porter un génie brisant des chaînes et la devise suivante: „*libertas quae sero tamen*". — Le poète donna du courage à ceux qui hésitaient encore, en leur représentant qu'il suffisait d'approvisionner la province de Minas de poudre, de sel et de fer pour deux ans, etc. — Voyez Pereira da Silva, *os var. ill*, II. p. 86.

perpétuel et les autres à un bannissement temporaire aux présides d'Afrique. Silva Xavier toutefois fut seul exécuté; et la peine des autres convertie en banissement perpétuel. Parmi ces derniers se trouvaient les poètes brésiliens Alvarenga Peixoto, Thomaz Antonio Gonzaga et Domingos Vidal Barbosa; parmi les juges de la cour suprême (*desembargador*), envoyés de Lisbonne, Antonio Diniz da Cruz e Silva, un des plus illustres poètes du Portugal.

Cette haute-trahison de Minas fait époque dans l'histoire littéraire du Brésil, soit par les poètes qui y jouent les principaux rôles, soit par les idées d'indépendance qu'elle fit naître. C'est de cet événement que date dans la littérature brésilienne la tendance, d'abord timide, puis de jour en jour plus grande, à l'émancipation, soit seulement par une couleur plus locale, soit aussi par le choix de sujets nationaux, surtout dans l'épopée.

C'est un fait curieux qu'on commença alors à s'essayer dans ce genre. Les productions du temps étaient, il est vrai, des imitations de poèmes étrangers, parcequ'elles n'avaient pas de base populaire, mais leurs auteurs osaient déjà transporter l'action dans leur patrie, faire remplir aux indigènes les rôles secondaires et y exprimer des sentiments patriotiques.

CHAPITRE VI.

LES POÈTES ÉPIQUES JOSÉ BASILIO DA GAMA, SANTA RITA DURÃO ET JOSÉ FRANCISCO CARDOSO.

José Basilio da Gama fut un des poètes de Minas et un des fondateurs de l'*Arcadia ultramarina*. Il naquit en 1740 de père et mère nobles au bourg (*villa*) de S. José do Rio das Mortes. Son père, qui mourut de bonne heure [1]), laissa sa famille dans la gêne; c'est pourquoi on l'envoya à Rio de Janeiro chez le général de brigade José Fernandes Pinto de Alpoim qui devait prendre soin de son éducation. Celui-ci jugea à propos de confier son protégé de quinze ans au collége des jésuites. Ceux-ci reconnurent bientôt les capacités de leur élève et résolurent de se l'attacher en le faisant entrer comme novice dans leur ordre. Il n'avait pas encore prononcé ses voeux lorsqu'arriva au Brésil par l'entremise de Pombal l'ordonnance royale qui défendait l'ordre des jésuites dans le territoire portugais, et en bannissait tous les membres. Les novices seuls pouvaient rester en rompant toute communication avec les religieux. C'est ce qui fit José Basilio, qui continua ses études au séminaire épiscopal de S. José. Par ses talents et sa bonne conduite il gagna les bonnes grâces du capitaine-général de Rio de Janeiro et du Brésil méridional, Gomes Freire de Andrade, comte de Bobadella, et de l'évêque Dom Antonio do Desterro, à qui il garda toujours la plus vive reconnaissance. Malheureusement il devait bientôt porter le deuil du comte de Bobadella, qui mourut le premier janvier 1763. Cet événement et la translation de deux de ses amis dans l'intérieur de la capitanie, le décidèrent à demander à sa famille et à ses protecteurs la permission et l'argent nécessaire pour aller continuer ses études à Coïmbre, ce à quoi tous consentirent. Malgré les recommandations qu'on lui avaient données, il se sentit si isolé en Portugal, et trouva tout le monde si mal disposé contre lui comme ancien

---

[1]) On sait maintenant que son père était le *Capitão mór* Manuel da Costa Villas-boas, et appartenait comme sa mère, D. Quiteria Ignacia da Gama, à une des premières familles de Minas-Gerães. — V. I. Fr. da Silva, *Diccionario*, IV. p. 269.

jésuite, qu'il se décida à partir pour Rome. On raconte que ce furent les disciples de Loyola dont l'influence était encore fort grande dans la ville des papes, qui lui procurèrent la somme nécessaire et une place de professeur à un séminaire de Rome. En 1763 il fut reçu membre de l'*Arcadia* de cette ville sous le nom de Termindo Sepilio, grâce à quelques poésies qui l'avaient fait connaître, surtout une sur la mort du comte de Bobadella. Peu après cependant il quitta Rome et retourna dans son pays par Naples et le Portugal. A peine arrivé à Rio de Janeiro, il y fut dénoncé comme jésuite, mis en prison et renvoyé à Lisbonne sur un vaisseau de guerre.

Traduit à Lisbonne devant le tribunal *da Incofidencia* (cour de haute-trahison) il ne fut relâché qu'à la condition de se rendre dans l'espace de six mois à Angola, et de ne quitter cette colonie qu'avec la permission du gouvernement. José Basilio eut alors l'heureuse idée de composer un épithalame sur le mariage de la fille du marquis de Pombal. Il y célébrait en octaves harmonieuses non seulement la mariée, mais aussi son puissant père, qui avait rétabli la gloire de la monarchie portugaise et surtout délivré sa partie du joug des jésuites. Il terminait en implorant l'intercession de la fiancée pour qu'on ne l'envoyât pas en Afrique et lui permît d'être témoin du bonheur croissant du Portugal [1].

Pombal vit cette poésie, reconnut le talent de notre poète et sut apprécier les avantages qu'il y aurait à gagner complétement un homme qui, élève des jésuites et accusé de complicité avec eux, se prononçait aussi ouvertement contre ces religieux. Il lui fit grâce du bannissement, lui donna en 1771 la noblesse portugaise (*carta de nobreza e fidalguia*) et par décret du 25 juin 1774 une place d'*official* au ministère de l'extérieur et de secrétaire particulier [2].

José Basilio eut alors quelques années tranquilles, qui lui permirent d'entreprendre ou de terminer des productions poétiques plus étendues. Il finit son ouvrage principal, l'épopée *Uruguay*, en écrivit une plus petite intitulée *Quitubia*, où il chante un chef africain, chaud allié des Portugais pendant leurs guerres avec la Hollande;

---

[1] A la fin il s'adresse en ces termes à la fiancée:
> Eu não verei passar teus doces annos,
> Alma de amor e de piedade cheia;
> Esperam-me os desertos africanos,
> Aspera, inculta e monstruosa areia ...
> Ah! tu faze cessar os tristes damnos,
> Que eu já na tempestade escura e feia ...
> Mas diviso, e me serve conforto
> A branca mão que me conduz ao porto!

[2] Voyez Varnhagen, ouvr. cité, I. p. 276. — Pereira da Silva, *os var. ill.*, I. p. 367.

puis un *Cantico aos Campos Elysios* et enfin plusieurs pièces de circonstance à la louange de Pombal ou pour les fêtes de sa famille. Quant aux tragédies qu'il doit avoir composées, elles n'ont jamais vu le jour. Ces travaux lui valurent une place à l'Académie du Portugal, tandis qu'il gagnait de jour en jour davantage la confiance du ministre.

Mais c'est ce qui causa sa perte. Il fut enveloppé dans la disgrâce de son protecteur, qui, à l'avénement de D. Marie Ire en 1777, fut privé de toutes ses dignités et banni de la cour, tandis qu'on abandonnait complétement son système. José Basilio dut se démettre de ses emplois et s'abandonner de nouveau aux caprices de la fortune, qui se plaisait à l'envoyer de pays en pays. Il se sentit d'autant moins en sûreté à Lisbonne, qu'il jugea au-dessous de lui d'imiter les flatteurs du ministre disgracié, qui changèrent subitement de ton et le couvrirent d'opprobres; il eut au contraire le courage de le louer encore et de le remercier publiquement de ce qu'il avait fait pour lui [1]). Pour comble de malheur les jésuites dont l'influence reprenait, se mirent à attaquer le poème intitulé *Uruguay*, qui était dirigé contre leur domination en Amérique, et accusèrent son auteur d'ingratitude dans de véhéments pamphlets [2]). Il est du reste digne de remarque que José Basilio qui se montra si reconnaissant envers Pombal, ne le fut jamais pour les jésuites, qui l'avaient élevé et favorisé de toutes les manières. Une pareille conduite qui ne s'accorde pas avec son caractère, ne peut s'expliquer que par le fait qu'il voyait quelque chose de diabolique dans le pouvoir des pères; et qu'il attribuait sa mauvaise fortune aux rapports qu'il avait eus avec eux.

---

[1]) Il dit par exemple dans une poésie aussi noble que belle adressée à Pombal:

  Não o vil interesse de oiro ou prata,
   Não a esperança de honras,
  A minha voz levanta! Nem da plebe,
  De subitas catastrophes amiga,
  As tumultuosas ondas me arrebatam:
   É só, é só a gloria
  É o amor da virtude que me inflama.

  Almas eu vejo de remorsos cheias,
   Co' as mãos tapando o rosto,
  Confusas esconderem-se aos meus versos.
  Com-vôsco fallo, ó vós, ao braço ingratos
  Que ás honras vos subio de alga e lodo:
   Tremei, tremei, indignos,
  Ouvindo a voz terrivel da verdade.

— I. Fr. da Silva, *Diccionario*, IV. p. 271, doute cependant que José Basilio soit l'auteur de cette ode.

[2]) Par exemple: „*Reposta apologetica ao poema intitulado o Uruguay.*"

José Basilio crut donc devoir retourner à Rio de Janeiro. A son arrivée Luiz de Vasconcellos e Souza était encore vice-roi, et D. José Joaquim Justiniano Mascarenhas Castello Branco, protecteur de notre poète et amateur de poésie, occupait le siége épiscopal de cette ville. Le vice-roi était en outre fort attaché au poète Manuel Ignacio da Silva Alvarenga, né dans la province de Minas Geráes près de la ville natale de José Basilio. Celui-ci fut donc bien accueilli et se lia d'une étroite amitié avec Alvarenga. C'est avec lui et sous les auspices de ces deux protecteurs qu'il fonda, comme nous l'avons dit, l'*Arcadia ultramarina* d'après l'*Arcadia* de Rome, dont il était membre. La faveur du vice-roi lui procura en outre en 1787 une place de cavalier de la reine [1]).

Ce bonheur ne devait pas non plus être de longue durée. Luiz de Vasconcellos, ce protecteur des lettres, fut remplacé en 1790 par le comte de Resende, qui, sombre, méfiant, ennemi de toute idée liberale, était l'antipode de son devancier. Au lieu de se faire un plaisir d'encourager la poésie, et de réunir autour de lui les hommes de talent, Resende chercha à empêcher tout élan, ne vit dans les sociétés littéraires et scientifiques que des foyers de conspiration, qu'il fallait rendre impuissants par leur dissolution et l'éloignement de leur chefs. La découverte de la conspiration de Minas, entreprise criminelle et dangereuse, ainsi que la part qu'y avaient prise plusieurs écrivains ne firent que le confirmer dans cette opinion. Il ordonna donc la dissolution de l'*Arcadia ultramarina* et menaça d'incarcérer les mécontents. Alors José Basilio comprit qu'il ne pouvait rester au Brésil et se décida à chercher un asile en Europe.

Il se rendit à Lisbonne où il mena une vie très-retirée, mais les vicissitudes du sort avaient détruit sa santé. Une cure de bains qu'il fit à Mó près de Coïmbre en 1792 ne diminua que fort peu la maladie, à laquelle il finit par succomber à Lisbonne le 31 juillet 1795 [2]).

L'oeuvre principale de José Basilio est son *Uruguay*, qui a pour sujet les luttes des troupes espagnoles et portugaises sous la conduite du général Gomes Freyre de Andrade [3]) contre les Indiens du Paraguay, dominés et excités par les jésuites (1756). Ces peu-

---

[1]) Voyez Pereira da Silva, ouvr. cité, p. 371.

[2]) Nous avons suivi les biographies de José Basilio données par M. de Varnhagen, ouvr. cité, I. p. 273—277, et Pereira da Silva, *os var. ill.*, I. p. 359—373. V. aussi le dictionnaire bibliographique de I. Fr. da Silva, IV. p. 268—271, qui donne en outre la liste complète des ouvrages de José Basilio.

[3]) José Basilio y célèbre ce général qui l'avait beaucoup protégé, sans oublier ses amis et bienfaiteurs, le général de brigade Alpoim et son fils Vasco Fernandes.

plades ne voulaient pas se soumettre aux stipulations du traité conclu le 13 janvier 1750 entre les couronnes d'Espagne et de Portugal, et par lequel les Portugais recevaient les sept missions situées sur les rives de l'Uruguay en échange des colonies de Sacramento cédées à l'Espagne. Les jésuites à la vérité niaient avoir excité les indigènes à la révolte, mais ils protestèrent plusieurs fois auprès du gouvernement espagnol contre la cession de leurs établissements, cession qui avait fortement lésé leurs intérêts. La lutte, que les indigènes soutinrent avec une énergie qui ne leur était pas ordinaire, et dont le plan trahit une intelligence supérieure, se termina par la soumission et l'occupation des principaux établissements par les Portugais.

Il est possible qu'en traitant cette matière José Basilio ait écouté son aversion pour les jésuites et son désir de plaire à Pombal, mais il est néanmoins important de remarquer qu'il avait choisi un sujet patriotique, et su trouver dans son pays les éléments d'une épopée. Il célèbre, il est vrai, la victoire des armes portugaises et espagnoles, mais il reporte l'intérêt principal sur les indigènes par des peintures de caractères et de moeurs, par des épisodes attachants et par des descriptions magnifiques. Il met en jeu, contre son gré peut-être, les sympathies pour les vaincus, pour les victimes de la séduction. C'est certainement à bon droit que José Basilio a cherché les éléments poétiques dans le Brésil lui-même. Il a réussi à éveiller l'intérêt pour ce pays et ses particularités et n'a pas peu contribué par là à donner essor au sentiment national. Pereira da Silva (p. 377) dit très-bien de cette épopée, que l'auteur nous a donné une des oeuvres modernes, où l'esprit national américain brille du plus vif éclat, et où ressortent au plus haut degré les descriptions éloquentes de ce continent [1]).

La forme du poème est très-particulière aussi. Au lieu de suivre le chemin battu de l'école dominante, en délayant son sujet en 12 ou 24 chants composés d'alexandrins ou d'octaves avec accompagnement obligé de mythologie et d'allégorie; au lieu de prendre son sujet dans les temps les plus reculés, il a donné en cinq chants et en vers de onze syllabes une narration concise d'événements qu'il avait vus se dérouler devant ses yeux. Il s'est permis tout au plus quelques songes, et a su, malgré l'unité de l'action, rattacher les épisodes les uns aux autres plutôt à la manière des romanceros espagnols. Une des scènes les plus célèbres, c'est le

---

[1]) Almeida-Garrett (*Parnaso Lusitano*, I. p. XLVII) dit de José Basilio: „*que mais nacional foi que nenhum de seus compatriotas brazileiros*" (jusqu'au temps où il vivait); et: „*Os Brazileiros principalmente lhe devem a melhor coroa de sua poesia, que n'elle é verdadeiramente nacional, e legitima americana.*"

sort tragique des deux amants, le chef indien Cacambo et sa fiancée Lindoya; nous donnons comme spécimen les parties des troisième et quatrième chants, qui se rapportent à cet événement (N° 19 ª et ᵇ).

On admire surtout le moment où Cacambo, à la voix de l'esprit de son ami Cepé, tué dans la bataille précédente fatale aux Indiens, met le feu aux épais roseaux qui couvrent les rives du fleuve pour y faire périr ses ennemis. Puis la scène où en se rendant chez sa fiancée, il est séparé d'elle par le jésuite Balda, chef de la mission, et jeté en prison pour y périr de douleur; enfin l'épisode où Lindoya, au désespoir de la perte de son fiancé, se fait mordre par un serpent et est trouvée sans vie par son frère Caitutú.

Dans le 5ᵐᵉ chant, le plus faible et même à la rigueur superflu, au lieu de décrire les tableaux trouvés dans l'établissement principal des jésuites, et représentant leurs hauts-faits ou plutôt leurs crimes, l'auteur aurait mieux fait d'exposer l'organisation politique des missions et de porter sur elles un jugement quelconque.

Malgré cela le poète a pu s'écrier avec un juste orgueil à la fin de son oeuvre:

>   Serás lido, Uruguay! Cubra os meus ossos
>   Embora um dia a escura noite eterna;
>   Tu vive, e goza a luz serena e pura.
>   Vai aos bosques da Arcadia; e não receies
>   Chegar desconhecido áquella areia.
>   Ali, de fresco, entre as sombrias murtas,
>   Urna triste a Mireu não todo encerra.
>   Leva d'estranho céo, sobre ella espalha,
>   Co'a peregrina mão, barbaros flores:
>   E busca o successor, que te encaminhe
>   Ao teu logar, que ha muito que te espera! ¹).

De même que dans ce poème José Basilio se distingue par une versification harmonieuse et souvent imitative, il s'est acquis aussi par ses autres poésies la réputation de maître du style et de l'harmonie ²).

---

¹) V. *Epicos brasileiros publicados pelo Sr. Varnhagen.* Lisbonne, 1845. Cet ouvrage contient l'*Uruguay* et le *Caramurú* de Santa Rita Durão, avec des notes critiques et historiques. — L'édition la plus récente de l'Uruguay, que nous connaissions, est celle de Rio de J., publiée par Paulo Brito en 1856.

²) Un frère de José Basilio, Antonio Caetano d'Almeida s'est distingué comme poète. On cite parmi ses odes celle sur l'érection de la statue équestre de Joseph I (v. Joaquim Norberto de Souza Silva, *Modulaçoens poeticas*, p. 31). Il était aussi membre de l'*Arcadia ultramarina*. (V. Varnhagen, ouvr. cité, I. p. XXXVIII.)

L'auteur du *Caramurú*, José de Santa Rita Durão, contemporain et compatriote de José Basilio, se distingue aussi par son patriotisme. Il naquit en 1737 à Cata Preta, localité appartenant au diocèse *do Inficionado*, à quatre milles de la ville de Marianna; ses parents, le *Sargento mór* Paulo Rodrigues Durão et Dona Anna Garcez de Moraes y possédaient des terres. Après avoir fait ses études au collége des jésuites de Rio de Janeiro, il se rendit à l'université de Coïmbre, pour y continuer ses études; il y fut promu docteur en théologie le 24 décembre 1756 [1]).

Dans tous les cas il était entré en 1758 dans l'ordre des ermites de Saint-Augustin (*ordem graciano*) [2]), vu qu'il prononça dans l'église de cette communauté à Leiria le sermon solennel à l'occasion de l'attentat commis sur la personne du roi Joseph I le 3 septembre de cette même année. Ce discours sur le texte: *Benedictus Deus tuus, qui conclusit homines, qui levaverunt manus suas contra Dominum meum regem,* fit beaucoup de bruit et posa les premiers fondements de sa réputation d'orateur sacré.

Cet attentat devait pourtant avoir des suites fâcheuses pour Durão, car les jésuites furent généralement accusés d'en avoir été les auteurs. L'évêque de Leiria, D. João da Cunha, profita de l'occasion pour entrer plus avant dans la faveur de Pombal, en attaquant avec violence les jésuites dans une circulaire pastorale. Durão, comme ancien élève des jésuites, leur avait toujours gardé de la reconnaissance (ce que prouve la 53me octave du 10me chant de son *Caramurú*), et en outre le style de la diatribe de l'évêque n'était pas sans reproche: bref, il se laissa entraîner à la combattre et à ridiculiser son auteur. Cette imprudence était d'autant plus grande, que le frère de l'évêque, Frey Carlos da Cunha, était son prélat. Durão se vit bientôt en butte aux persécutions des deux frères, ses superieurs, et aux agaceries de ses confrères, en sorte qu'il se dégoûta du couvent et vit même du péril pour lui à rester en Portugal. Il résolut donc de se rendre par l'Espagne à Rome, ville qui était depuis longtemps le but de tous ses voeux. Mais il ne devait pas arriver sans danger à sa destination; la guerre venait d'éclater entre le Portugal et l'Espagne, et notre poète qui traversait ce dernier

---

[1]) Ces détails sur les premières années de sa vie sont mentionnés dans Pereira da Silva (*var. ill.*, I. p. 301). (Varrhagen et Da Costa e Silva disent qu'on ne sait rien de bien précis sur les premières années de sa vie, avant qu'il eut pris son grade de docteur, et que la seule chose certaine c'est qu'il est né à Cata-Preta.) I. Fr. da Silva, *Diccion.*, V. p. 113, croit au contraire que Durão naquit déjà vers l'année 1718.

[2]) I. Fr. da Silva donne même 1738 (sic) comme date de son entrée dans cet ordre (ouvr. cité).

pays, y fut arrêté comme espion et retenu prisonnier à Ségovie jusqu'à la paix ¹) (1763).

Il put alors continuer son voyage à Rome où il se sécularisa et vécut douze ans comme abbé. Il y entra en relation avec les poètes italiens les plus distingués du temps, et fit la connaissance de son compatriote José Basilio da Gama, ce qui exerça une certaine influence sur son génie poétique. On ne peut méconnaître dans la forme de ses écrits celle des Italiens, de même que son ami peut avoir contribué par ses opinions et son exemple à lui faire choisir un sujet national ²).

En 1772 Pombal s'occupait de la réorganisation de l'instruction publique et surtout de l'université de Coïmbre. Il ordonna que les chaires de professeurs ne fussent données à l'avenir qu'en suite de concours accessibles à tous les docteurs, et nomma recteur le comte Francisco de Lemos. Celui était compatriote et ami de Durão, ce qui engagea ce dernier à retourner dans son pays pour y briguer une chaire de théologie. Il l'emporta sur ses rivaux et il devait déjà être professeur en 1778, puisqu'il eut à prononcer cette année-là le discours d'ouverture des cours (*oração de sapiencia*), ce dont un des plus récemment nommés était toujours chargé. Son discours parut sous le titre de *Josephi Duram, Theologi Conimbricensis O. E. S. A. pro annua studiorum instauratione oratio*, Coïmbre 1778. 4°. C'est non seulement un modèle de style élégant et d'éloquence fleurie, mais aussi une oeuvre capitale, renfermant des idées importantes même pour l'histoire littéraire. Nous voyons par là en outre qu'à cette époque il était rentré dans l'ordre des ermites de Saint-Augustin (O. E. S. A.). Bientôt après on sait qu'il fut revêtu de différentes dignités dans cette confrérie, entr'autres de celle de prieur.

Cette existence calme et assurée a probablement procuré à notre auteur le loisir de finir son épopée, ce qu'il fit, dit-on, avec la plus grande facilité. Nous savons en effet que Frey José Agostinho de Macedo, auteur d'un poème épique remarquable (*o Oriente*) et membre de l'ordre des Augustins, fut envoyé alors par le prélat de l'ordre (*prelado da Graça*) au couvent de Coïmbre, pour y être traité avec sévérité à cause de sa vie peu monastique et de quelques scandales auxquels elle avait donné lieu. Macedo nous apprend que Durão, alors prieur, se montra indulgent pour les péchés de jeunesse de son confrère et n'exécuta pas dant toute leur sévérité les ordres de son supérieur. Il le traita au contraire avec douceur et se fit aider par lui dans la rédaction de son poème. Durão

---

¹) Pereira da Silva, ouvr. cité, p. 303.
²) Voyez Varnhagen, *Rev. do Instit.*, VIII. p. 280.

avait conservé la coutume du Brésil de prendre chaque matin un bain; pendant ce temps il dictait à Macedo avec une facilité étonnante les stances de son épopée. Celui-ci les lui relisait le soir pendant que tous deux, assis à une table de pierre, se reposaient aux bords du Cozelhas, et y faisait les corrections que le poète jugeait nécessaires [1]).

Après avoir terminé son poème, Durão se rendit à Lisbonne et se logea à l'hospice *do Colleginho* de son ordre, d'où il surveilla l'impression de son oeuvre. C'était entre 1779 et 1781, car ce fut alors que le *Caramurú* parut chez Du Beux, *Livreiro Francez*, qui le tira à deux mille exemplaires.

Cette production, sur laquelle il avait fondé avec raison toutes ses espérances de gloire fut d'abord accueillie assez froidement en Portugal et au Brésil, ce qui l'affligea au point, qu'il détruisit toutes ses poésies encore inédites. C'est peut-être à ce chagrin qu'il faut attribuer sa mort prématurée, qui arriva le 24 janvier 1784 à Lisbonne. Il fut enterré dans l'église du *Colleginho* [2]).

C'est l'amour de la patrie qui a fait de Durão un poète. Il le dit lui-même dans la préface du *Caramurú*: *Os successos do Brazil não mereciam menos um poema, que os da India* (les Lusiades de Camoens). *Incitou-me a escrever este o amor da patria*. Durão prit pour sujet l'histoire fabuleuse de la découverte et de la colonisation de la baie de tous les Saints (Bahia), par Diogo Alvares ou *Caramurú*, comme l'appelaient les indigènes.

Ce mot signifie suivant Rocha Pitta „dragon sorti de la mer" [1]). Diogo Alvares, qui se rendait aux Indes vers 1510, fit naufrage

---

[1]) Nous donnons cette anecdote d'après Da Costa e Silva (ouvr. cité, VI. p. 210) qui l'a entendu raconter lui-même à Macedo: „Eu ouvi repetidas vezes a José Agostinho contar o modo porque o Poeta Brasileiro compunha o seu Poema." — D'après Varnhagen (*Florilegio*, I. p. 343) le même Macedo doit avoir raconté à son ami F. Freire de Carvalho, qu'il avait vu souvent, sur les rives du Cozelhas, Durão dictant avec la plus grande facilité les stances de son poème à un affranchi de couleur, qu'il nommait avec l'accent brésilien *Bernardo*. Il se peut très-bien que Durão ait employé d'abord cet ancien esclave avant d'avoir trouvé un secrétaire plus capable dans la personne de Macedo. — Pereira da Silva (ouvr. cité, p. 306) suit aussi Da Costa e Silva.

[2]) Voyez Varnhagen, *Rev. do Instit.*, VIII. p. 276—283, et *Florilegio*, I. p. 341—347; — Da Costa e Silva, ouvr. cité, p. 206—262; — Pereira da Silva, *os var. ill.*, I. p. 301—331. Ce dernier donne toutes les pièces relatives à la mort et à l'ensevelissement de Durão. J. Fr. da Silva les avait cependant découvertes le premier; il le prouve à l'article Durão de son dictionnaire (V., p. 111—113). V. au même endroit la liste des écrits de Durão et de leurs éditions.

[3]) „*Dragão que sahe do mar*". — Dans la langue Guarani les grandes murènes de mer, dont la morsure est très-dangereuse, portent le nom de *Caramurú*; rien d'étonnant donc que les sauvages aient appelé ainsi un étranger rejeté par la mer et répandant partout la terreur. (V. Varnhagen, *Rev. do Inst.*, X. p. 187—188).

sur la côte de Bahia, et, seul de tous ses compagnons, ne fut pas mangé par les Tupinambás, habitants du pays. Il leur en avait imposé par l'usage de ses armes à feu, en sorte qu'il acquit un grand pouvoir sur ces sauvages; il vécut longtemps parmi eux, et lorsque plus tard les Portugais s'emparèrent du pays, il fut leur interprète auprès des habitants. Ce fait historique a été embelli par la tradition, qui a fait de Diogo Alvares un personnage à demi-mythique. Celui-ci, dit-on, gagna l'amour de Paraguassú, fille d'un chef indien, s'embarqua avec elle sur un vaisseau français jeté sur ces côtes, arriva en France, et s'y maria; le roi et la reine de France furent parrains de son épouse à son baptême. Bientôt après Alvares retourna à Bahia avec sa femme nommée alors Catherine, mais il se querella avec Francisco Pereira Coutinho, qui avait reçu en fief la côte de Bahia, et fut emmené prisonnier par son adversaire, qui répandit la nouvelle de sa mort. Paraguassú au désespoir et voulant venger son mari, excita alors les Tupinambás à se révolter contre Coutinho, le vainquit dans une lutte opiniâtre et finit par le tuer. Diogo Alvares, délivré par sa femme, fit sa soumission au nouveau gouverneur général Thomé de Souza, et mourut à un âge très-avancé (1557) en laissant une nombreuse postérité [1]).

Ce sujet n'est à la vérité épique que dans le sens le plus étendu du mot: il conviendrait mieux à une suite de chants semblables aux romances espagnoles ou plutôt à un roman [2]). Pour une épopée proprement dite, soit populaire, soit de réflexion, il manque de base historique grandiose, comme les luttes d'un peuple civilisateur, les expéditions d'un héros célèbre, quelque découverte d'une portée immense. Durão l'a senti, car il demande pardon d'avoir chanté un héros plutôt passif:

— — — — — — na adversa sorte,
Pois só conhece heroe quem nella é forte,

et dans la strophe bien sentie (chant II, stance 49):

Quanto merece mais que em douta lyra
Se cante por heroe quem pio e justo,

---

[1]) V. sur la base historique de cette tradition le savant mémoire de M. de Varnhagen: „*O Caramurú perante a historia*", *Rev. do Inst.*, X. p. 129—152. — V. Pereira da Silva, ouvr. cité, p. 307—315, et Handelmann, *Geschichte von Brasilien*, p. 54. 55. et 75. 76.

[2]) M. de Varnhagen a essayé de traiter ce sujet en romances (*Xácaras*). (*Florilegio*, III. p. 227—240: „*O matrimonio de um Bisavô, ou O Caramurú. Romance historico brazileiro.*" Dommage seulement qu'il n'ait pas choisi le vers proprement dit des romances, celui de huit syllabes, au lieu de celui de six, et qu'il n'ait pas pris un ton populaire mieux approprié au sujet que celui de chroniqueur.)

> Onde a cega nação tanto delira,
> Reduz á humanidade um povo injusto!
> Se por heroe no mundo só se admira
> Quem tyranno ganhava um nome augusto,
> Quanto o será maior que o vil tyranno
> Quem nas feras infunde um peito humano!?

Il n'aurait pas dû alors traiter les aventures d'un homme jeté au milieu des sauvages et acquérant sur quelques peuplades incapables de culture une influence très-problématique par la supériorité de sa civilisation, avec la pompe et le pathos qui ne conviennent qu'aux entreprises d'un héros historique. Il aurait beaucoup plus intéressé, s'il avait suivi José Basilio non seulement pour le choix du sujet, mais surtout pour la manière de le traiter. Le style aurait été plus en rapport avec le fond et ne lui aurait pas nui par sa diffusion et sa monotonie.

En outre Durão n'a pas enrichi la tradition par quelque invention particulière et ne l'a pas non plus modifiée d'une manière originale. Il en a même laissé de côté la partie la plus attachante, qui aurait dû commencer le poème, les persécutions de Diogo Alvares par Pereira Coutinho et la vengeance de Paraguassú.

Ceci ne provient pas seulement du peu de talent de composition de notre poète, mais bien d'une cause plus profonde, non personnelle et pour cette raison importante pour l'histoire littéraire. C'est qu'alors le sentiment de la dépendance de la métropole et de l'honneur des colons l'emportait encore trop sur le patriotisme brésilien pour qu'on pût faire paraître les Portugais sous un jour désavantageux dans leurs rapports avec les indigènes. On ne pouvait pas alors mettre ceux-ci au premier plan et cela ne fut possible, comme nous verrons, qu'après la déclaration de l'indépendance du Brésil. L'amour du sol natal éclata alors avec une telle force, qu'il laissa des traces bien marquées dans la vie habituelle et dans la littérature. Ainsi José Basilio da Gama et Durão n'ont pu que préparer Magalhães et Gonçalves Dias. Ce fait a exercé une trop grande influence sur le développement de la littérature du Brésil pour que nous ne le relevions pas et ne constations pas chez nos deux poètes d'un côté l'amour de la patrie et les premiers symptômes du sentiment national, de l'autre la dépendance de la métropole et ses suites inévitables.

Le talent de Durão ne réside pas dans la composition, mais dans les détails, les descriptions, les épisodes, auxquels il dut avoir recours pour suivre la voie de l'épopée de réflexion et remplir dix chants de plusieurs centaines d'octaves. On admire combien il est maître de la langue, la légèreté étonnante et l'harmonie de sa versification, et la manière dont il amène les épisodes. Quelques-uns de ces derniers sont devenus célèbres. Citons la description des tribus sauvages, qui, excitées par Jéraraca, rival de Diogo Alvares, surprennent les Tupinambás; puis la peinture de leurs combats et surtout le discours de Jéraraca à ses guerriers avant la bataille (N° 20ª), digne des Indiens si grands amateurs d'éloquence [1]); enfin la mort de Moema, rivale de Paraguassú, qui, lorsque Diogo Alvares s'embarqua pour l'Europe avec celle-ci, suivit le vaisseau à la nage avec plusieurs autres femmes, données à Diogo suivant l'usage indien, et dont l'amour ne s'éteignit que dans les flots (N° 20ᵇ).

Ces traits de la vie et des moeurs indiennes, qui remplissent la plus grande partie du poème, le rendent surtout intéressant et original. Ils l'auraient fait à un bien plus haut degré si Durão, comme dans les épisodes que nous donnons, les avait toujours rendues aussi naïvement et n'avait pas souvent prêté aux Indiens des sentiments et des idées qu'ils ne peuvent avoir. Citons le passage où Gupeva, chef des Tupinambás, expose longuement à son ami Alvares ses idées métaphysiques; puis les vers beaux en eux-mêmes, où Paraguassú demande après la bataille à Alvares ce que deviennent les âmes des morts non-baptisés qu'elle aperçoit. Celui-ci lui expose alors le dogme de la damnation éternelle, mais elle répond en argumentant comme un philosophe du 18me siècle, en sorte qu'on disait presque Alvares battu.

Malgré ces défauts Durão et José Basilio ont le mérite d'avoir dépeint les indigènes de l'Amérique longtemps avant Cooper et Longfellow. Plusieurs des personnages créés par eux, comme Cacambo, Cepé, Jéraraca, Lindoya, Paraguassú, Moema sont devenus des types dans la poésie brésilienne. L'*Uruguay* et le *Caramurú* se popularisent de jour en jour davantage et commencent à être connus à l'étranger (il existe deux traductions françaises du *Caramurú*).

Un troisième poète brésilien de cette époque s'est essayé dans le genre épique. C'est José Francisco Cardoso, né à Bahia [2])

---

[1]) Da Costa e Silva dit avec raison (o. c. VI. p. 240): „*Este discurso de uma eloquencia agreste, e verbosa, versando sobre poucas idéas differentemente repetidas, e cheio de rasgos de jactancia, está em perfeita harmonia com o caracter feroz, e arrogante dos Demosthenes do Deserto.*"

[2]) Pereira da Silva, *os Var. ill.*, II. p. 334, le nomme à tort: José Ferreira Cardoso, et donne l'année 1761 comme celle de sa naissance, ce qui pourrait bien être vrai.

et professeur de philologie dans cette ville. Il a composé en latin un poème héroïque, qui a pour sujet l'expédition de Donald Campbell contre le Dey de Tripoli. Nous ne mentionnons ce poème, qui ne fait partie de la littérature brésilienne ni pour la matière traitée, ni pour la langue, que parce qu'il a eu l'honneur d'être traduit en portugais par un poète distingué, Barbosa du Bocage. Il montre en outre que l'exemple des deux poètes précédents n'avait pas été sans fruits au Brésil [1]).

---

[1]) Voyez Varnhagen, ouvr. cité, I. p. XLVI. — I. Fr. da Silva, *Diccionario*, IV. p. 335.

CHAPITRE VII.

POÈTES LYRIQUES DE L'ÉCOLE DE MINAS, CLAUDIO MANOEL DA COSTA, THOMAZ ANTONIO GONZAGA, MANOEL IGNACIO DA SILVA ALVARENGA, ALVARENGA PEIXOTO, ET AUTRES.

La poésie lyrique de la période qui nous occupe est moins nationale que l'épopée, soit parcequ'il est dans sa nature d'exprimer des sentiments plus ou moins communs à tous les hommes, soit que le goût pseudo-classique français alors dominant chez tous les peuples néo-latins, ait exercé toute son influence sur la littérature brésilienne par l'entremise de celle du Portugal. Mais quoique la forme et jusqu'à un certain point les sentiments se fussent accommodés à ce goût et eussent pris un certain ton de convention, et que les poètes lyriques brésiliens, au lieu de chanter la magnifique nature de leur pays, les voix mystérieuses des forêts vierges et les ondes de leurs fleuves sans bornes, se fussent plu à errer dans les jardins bien peignés de Cintra et sur les bords cultivés du Tage, et, revêtus du costume conventionnel des bergers, à moduler leurs aspirations mélancoliques (*saudades*) suivant le ton à la mode à Lisbonne, nous voyons pourtant percer ici et là, surtout dans l'école de Minas, les accents de la nature, que le souffle de la liberté devait bientôt rendre plus puissants.

Le plus ancien de ces poètes de Minas est Claudio Manoel da Costa. Il naquit le 9 juin 1729 au bourg (*villa*) de Marianna, élevé en 1745 au rang de cité (*cidade*) sous le nom de Marianopolis. Ses ancêtres avaient quitté Piratininga dans la capitanie de St. Paul pour s'établir aux bords de la rivière aurifère de Carmo (*ribeirão do Carmo*) qui avait donné à Marianna son premier nom de *Villa do Ribeirão do Carmo*. Après avoir fait ses premières études au collége des jésuites de Rio de Janeiro, il se rendit à Coïmbre à l'âge de 17 ans. Il y fit du droit, mais s'occupa en outre de poésie, pour laquelle il se sentait du talent, et se forma surtout d'après Virgile, Guarini et Rodrigues Lobo, car l'idylle était alors à la mode en Italie et en Portugal. Il publia à Coïmbre en 1751 quelques essais poétiques qui firent du bruit (*Munusculo metrico, Labyrintho de amor, Numeros harmonicos*, etc.). Sous le nom de berger du Mondego ou du Tage il y chantait sa Nize en vers harmonieux et bien tournés et garda toute sa vie une prédilection marquée pour cette manière de s'exprimer, comme pour le séjour de sa jeunesse. Son amour pour la poésie pastorale reçut de nouvelles forces par son voyage de Milan à Naples et par le temps qu'il passa à Rome, où il fut reçu membre de l'académie des Arcadiens. Il avait si bien appris l'italien qu'il composa dans cette langue un grand nombre de cantates et de sonnets bien accueillis en Italie.

De retour en Portugal, il resta à Lisbonne jusqu'en 1765 et s'embarqua pour sa patrie, qu'il ne devait plus quitter. Un amour malheureux lui fit, dit-on, quitter la métropole, où il était fort estimé, entretenait des relations suivies avec les hommes les plus distingués et avait même été reçu membre de la société des Arcadiens, sous le nom de *Glauceste Saturnio*. Il garda toujours beaucoup d'attachement au Portugal, et les comparaisons qu'il fait dans ses poésies entre ce pays et le Brésil, sont toujours au désavantage de ce dernier. Il dit par exemple de sa vie au Brésil dans la préface de la collection de poésies qu'il fit imprimer en 1768 à Coïmbre:

„Ici, avec des esprits si incultes, que pouvais-je faire, si ce n'est de m'adonner à l'oisiveté et de m'ensevelir dans l'ignorance? Quoi d'autre si ce n'est d'abandonner les fausses nymphes de ces fleuves, pour chanter les métaux précieux qu'ils récèlent et qui ont attiré vers ce climat tous les coeurs de l'Europe? Ce ne sont pas les campagnes heureuses de l'Arcadie où le murmure des eaux inspirait des vers harmonieux. Les ondes troubles de ces fleuves, au lieu d'enthousiasmer un poète, font plutôt songer aux peines employées à fouiller la terre qui en a sali l'azur."

„Le chagrin de ne pouvoir transporter ici les charmes du Tage, du Lima et du Mondego paralyse les ailes de mon esprit, mais ne peut l'empêcher de confesser ma passion extrême pour mon pays (*a maior paixão*). C'est ce qui m'a engagé à chanter toujours à nouveau la fable de la rivière de Carmo (*a fabula do Ribeirão do Carmo*), le cours d'eau le plus aurifère de ma capitanie, qui traverse ma ville natale (*cidade*) et lui a donné son nom, lorsqu'elle n'était encore qu'un bourg (*villa*)."

Cette fable que nous donnons à la 2de partie avec le sonnet qui lui sert de préface et qui n'est qu'une paraphrase poétique du morceau que nous venons de citer (N° 21) n'est au fond qu'une allégorie. Le poète décrit les sources de sa rivière (avec laquelle il s'identifie souvent), sa joyeuse enfance et les jeux de sa jeunesse; puis raconte ses amours avec la cruelle Eulina (c'est le nom que le poète donne aussi à son amante) qui lui est enlevée par Apollon;

il dépeint le désespoir qui l'a engagée à blasphémer ce dieu. Pour se venger celui-ci excite les hommes à déchirer le sein du fleuve pour en retirer l'or et les pierres précieuses dont ils sont si avides. Le poète nous retrace enfin les douleurs du Carmo, qui voit ses ondes rougies par son propre sang, passe avec la rapidité de la flèche devant Marianna et finit par se précipiter d'une hauteur incommensurable entre les rochers qui l'écrasent.

Cette poésie, inspirée par un patriotisme un peu trop élégiaque, mais qui contient quelques belles descriptions, ainsi qu'un poème nommé *Villa-Rica* [1]), sont presque les seules productions de Claudio Manoel où il se montre poète brésilien, tandis que dans les autres les éléments portugais et italiens ont complétement mis dans l'ombre les nationaux.

Claudio Manoel s'est montré meilleur patriote dans la vie pratique. Après s'être établi comme avocat à Villa-Rica, chef-lieu de la capitanie de Minas Geráes, il acquit une nombreuse clientèle et une réputation considérable de jurisconsulte et d'économiste par ses écrits sur le budget et sa traduction de la „Richesse nationale" d'Adam Smith. Ces ouvrages restèrent manuscrits, mais n'en firent pas moins connaître le nom de Manoel parmi les hommes d'État. Plusieurs fois les gouverneurs le consultèrent sur des affaires administratives, et lorsqu'en 1780 Dom Rodrigo José de Meneses fut mis à la tête du gouvernement, il nomma notre poète second secrétaire d'État (*segundo secretario d'estado*). Mais Claudio Manoel résigna cette place, et reprit sa profession d'avocat à la nomination du vicomte de Barbacena au poste de gouverneur (1788). Il s'était convaincu de l'injustice des impôts qu'on exigeait des chercheurs d'or et qui n'avaient pas varié, quoique le produit des lavages fût devenu beaucoup moindre. Cette taxe fut alors demandée avec l'arriéré causé par la disette des années précédentes et donna lieu à beaucoup d'exactions.

Ces mesures firent tant de mécontents dans la colonie que les conjurés de Minas, comme nous l'avons dit, ne crurent plus devoir cacher leurs plans. Claudio, qui avait au milieu des conspirateurs plusieurs amis avec qui il avait fondé l'*Arcadia ultramarina*, prit part à la conjuration. La découverte du complot causa sa perte. Traîné en prison à l'âge de 60 ans, il s'abandonna au désespoir et se pendit (1790) dans son cachot après les premiers interrogatoires [2]).

---

[1]) Ce poème, composé vers 1773, ne fut imprimé qu'en 1841 à Ouro-preto (Villa-Rica), une feuille in-4°. (V. Varnhagen, ouvr. cité, p. 244; et I. F. da Silva, *Diccionario*, II. p. 80.)

[2]) Voyez sa biographie par Pereira da Silva, *os var. ill.*, II. p. 10—22,

Nous avons vu que Claudio Manoel avait suivi principalement des modèles portugais et italiens, et cultivé la poésie pastorale alors à la mode. Ses oeuvres se composent par conséquent surtout de sonnets, de cantates, de chansonnettes, d'églogues, etc. Si elles ne s'élèvent guère pour les sujets et le ton au-dessus du cercle d'idées de la poésie pastorale, le naturel et la douce mélancolie qui y percent partout, et leur versification harmonieuse, les rendent pourtant supérieures à la plupart des productions analogues du temps. Claudio Manoel a le mérite incontestable d'avoir habitué aux formes pures et élégantes des écrivains italiens la poésie lyrique portugaise, qui se ressentait encore un peu du Góngorisme. L'Académie portugaise le range pour le langage parmi les auteurs classiques. Ses sonnets, érotiques pour la plupart, où il a imité très-heureusement le style de Pétrarque en y joignant le piquant de l'esprit moderne, peuvent être comptés au nombre des plus beaux en langue portugaise. Nous donnons (N° 22 et 23) les deux sonnets, qui montrent qu'après son retour au Brésil les campagnes de ce pays lui apparaissaient sous un jour élégiaque; les objets n'avaient pas changé, mais bien celui qui les contemplait. Après ces productions on admire surtout ses cantates et ses chansonnettes, où il a atteint la correction élégante de Métastase, en y joignant la douceur et les aspirations mélancoliques (*saudade*) particulières aux Portugais; en sorte que malgré l'imitation de modèles italiens, elles ont conservé une couleur originale et une certaine naïveté. La cantate de la seconde partie (N° 24) est la plus petite, mais aussi la plus parfaite, tandis que la chanson (*canção*) du N° 25 a gagné encore par son refrain populaire.

L'ami le plus intime de Claudio Manoel parmi les poètes de Minas était Thomaz Antonio Gonzaga, plus connu sous le nom poétique de Dirceu, et chantre de *Marilia*. Le Portugal et le Brésil se sont disputé l'honneur d'avoir vu naître ce nouveau Pétrarque. La querelle, il est vrai, a été décidée en faveur du premier pays, car il est prouvé qu'il naquit à Oporto en août 1744 et y fut baptisé le 2 septembre dans l'église paroissiale de St. Pierre[1], mais malgré cela les Brésiliens peuvent le revendiquer avec raison,

---

qui nous donne les pièces d'accusation (*accordam de 18 de abril de 1792*) et le procès-verbal de sa mort. Varnhagen, o. c., I. p. 248, dit sur son genre de mort quelque peu mystérieusement: „*na cadeia de Villa Rica em 1790 foi assassinado com veneno, ou talvez assassinou-o o seu genio concentrado.*" — I. F. da Silva, *Diccionario*, II. p. 79, croit qu'il est mort au commencement de 1789, et qu'il s'est pendu en prison. Nous trouvons au même endroit la liste des oeuvres de Claudio Manoel et de leurs éditions.

[1] V. les documents relatifs à ce fait dans Pereira da Silva, *os var. ill.*, II. p. 77—79.

et l'histoire de leur littérature doit le nommer, vu que non seulement ses parents étaient Brésiliens, et qu'il naquit à Oporto pendant un court séjour qu'ils y faisaient, mais aussi parcequ'il passa la plus grande partie de sa vie en Amérique, et y étudia la poésie avec ses amis de Minas. Ce fut là que l'amour d'une Brésilienne lui inspira les chants qui l'ont rendu immortel. Il fut victime des intérêts de la province de Minas, après s'être élevé au rang d'un des premiers écrivains de ce pays par des poésies, qui sont devenues populaires à un degré fort rare dans tous les temps.

Son père, João Bernardo Gonzaga, juge royal à Angola, à Cabo Verde et à Fernambouc, et lors de la naissance de notre poète conseiller au tribunal (*ouvidor*) d'Oporto, fut nommé en 1759 membre de la Cour suprême de Bahia et retourna dans sa patrie. C'est là que Thomaz Antonio passa, comme il le dit lui-même, la fleur de son âge [1]). Il fut envoyé comme la plupart des Brésiliens, qui voulaient acquérir une instruction étendue, à l'université de Coïmbre, où il fut immatriculé comme étudiant en droit en 1763 et acquit le grade de bachelier cinq ans plus tard. Après avoir rempli les fonctions de juge royal à Beja et dans quelques autres villes, on lui donna une place d'*ouvidor* à Villa-Rica. Ce fut là qu'il se lia avec Claudio Manoel et les autres poètes de Minas, et qu'il fit la connaissance de D. Maria Joaquina Dorothea de Seixas, qu'il chanta sous le nom de Marilia et dont l'amour fit de lui un poète.

Comme juge Thomaz Antonio se distingua bientôt tellement, que les gouverneurs sous lesquels il servait, le consultèrent tous sur les affaires administratives les plus importantes. Il passait en outre dans toute la capitanie pour un des hommes les plus vertueux et les plus habiles, mais cette réputation et son noble caractère causèrent sa perte. Thomaz Antonio venait d'être nommé conseiller à la Cour suprême de Bahia et allait épouser sa chère Marilia, lorsque fut découverte la „haute-trahison de Minas", dans laquelle il était compromis. Au lieu de voler dans le sein de l'amour, il fut chargé de fers et envoyé à Rio de Janeiro. Ses juges cependant, parmi lesquels était son ami d'université, le poète Antonio Diniz da Cruz e Silva, ne purent trouver d'autres preuves de sa culpabilité, que le fait de sa liaison avec plusieurs des conjurés. On l'accusa d'avoir su leurs projets et de les avoir favorisés en conseillant à l'intendant de faire rentrer à la fois tous les impôts ar-

---

[1])
    Pintam que os mares sulco da Bahia,
    Aonde passei a flor da minha edade:
    Que descubro as palmeiras, e em dous bairros
       Partida a grão cidade.

riérés, ce qui avait amené le mécontentement général dont nous avons parlé. On prétendit aussi que les conjurés l'avaient élu chef de la république future; les uns nièrent cela, d'autres déclarèrent n'avoir fait courir ce bruit que pour s'attirer des partisans par un nom aussi estimé. Thomaz Antonio protesta de son innocence devant ses juges, et dans les poésies qu'il adressait de sa prison à son amante [1]). Nous donnons (N° 33) la Lyra 38 du second livre, où dans son apostrophe à la Justice il se prononce avec le plus de détails sur ces absurdes calomnies. On pouvait tout au plus lui reprocher d'avoir connu des projets qu'il croyait chimériques, et d'avoir eu trop de noblesse pour dénoncer ses amis. Malgré cela Gonzaga [2]) fut condamné le 18 avril 1792 à un bannissement perpétuel aux *Pedras de Angoche*, peine qui fut changée en dix ans d'exil à Mozambique.

Tout espoir l'abandonna alors de revoir sa patrie et son amante; dans une de ses poésies les plus touchantes (N° 34) il prit congé d'elles, convaincu qu'il marchait à la mort. Celle-ci ne devait pas arriver encore, mais le sort de notre poète fut plus triste qu'il ne l'avait cru. Le 22 mai 1792 on l'embarqua pour Mozambique [3]); là il voulut embrasser la profession d'avocat, mais il tomba dans une mélancolie profonde, à laquelle vint s'ajouter une fièvre nerveuse. Il guérit de cette maladie, mais perdit tellement tout souvenir du passé et fut pris d'un tel abrutissement qu'il oublia même Marilia et finit par épouser sa garde-malade. Notre poète était à la vérité sain de corps et s'abandonnait complétement aux soins de sa femme, D. Julianna de Souza Mascarenhas; mais il ne faisait que végéter et s'abandonnait de temps en temps à des accès de mélancolie et même de rage, où il pleurait, criait et se maltraitait lui-même. En un mot il avait perdu la raison. La mort ne mit fin qu'en 1809 à cette vie misérable. — Marilia voulut d'abord se consacrer à la douleur et au souvenir de son amant, mais elle se laissa plus tard persuader par ses parents de se marier, et mourut à quatre-vingt-quatre ans en 1854!

Comme Pétrarque, Gonzaga a donné l'immortalité à celle qu'il a chantée. Comme Laure, Marilia brille d'un éclat très-vif dans la

---

[1]) M. de Varnhagen dit, o. c., II. p. 416, qu'après avoir soigneusement examiné les poésies de Gonzaga, il s'était convaincu „que le poète avait été martyr du soulèvement annoncé, et qu'il lui avait été complétement étrange jusqu'alors." (*Estamos profundamente convencidos de que Gonzaga foi martyr da prognosticada sedição, e que até era a ella inteiramente alheio. Assim o protestou bem solemnemente aos juizes, e com todo o vigor d'alma o protesta nos seus versos á si mesmo, á sua Marilia, e ao mundo.*)

[2]) V. Pereira da Silva, o. c., p. 46—50.

[3]) Revista do Inst., XIII. p. 405.

pléiade des femmes illustrées par la poésie. Le poète italien était en effet son modèle; comme lui il n'a écrit que pour célébrer sa bien-aimée, et détruit, comme il le raconte dans une de ses plus belles poésies (N° 28), toutes les productions dont Marilia n'était pas le sujet. *Marilia de Dirceu* est le titre de son recueil poétique, divisé en deux parties ¹) comme celui de Pétrarque. La première contient les poésies antérieures à l'emprisonnement du poète; elles chantent ses amours, la beauté de Marilia et le bonheur dont jouit son berger. La seconde, composée en prison et écrite sur des matériaux dont la nécessité lui avait appris l'usage (voyez la description de ces essais dans la première *Lyra* de la seconde partie, N° 29), renferme des plaintes adressées à son amante. Il y déplore son bonheur perdu, proteste de son innocence (voyez N° 30 et 32), dépeint son état, et assure que l'idée d'être aimé l'a seule empêché de recourir au suicide (v. N° 31). Il se console en pensant que son innocence éclatera tôt ou tard, et que dans tous les cas ses chants rendront immortels son amour, son nom et celui de Marilia ²).

Gonzaga a atteint son but, car il y a au Brésil et en Portugal peu de personnes prenant intérêt à la poésie, qui ne sachent par coeur les strophes passionnées de Dirceu à Marilia, surtout celles de la 1ʳᵉ partie, qu'il faut ranger pour le charme des images, le ton vraiment anacréontique, l'harmonie de la diction et la légèreté de la versification parmi les productions érotiques les plus gracieuses en langue portugaise (v. p. ex. N° 26). Malgré cela l'imitation, quelque

---

¹) La première édition, qui parut en livraisons chez Bulhões, ne contient que deux parties. Une troisième n'a été ajoutée que dans la seconde de 1800, et quoique l'édition de l'imprimerie royale (1812) et celles de Lacerda (1811 et 1819) publiées par des critiques de réputation, ne contiennent pas cette 3ᵐᵉ partie, elle n'en a pas moins été réimprimée plus tard pour satisfaire le public, qui voulait avoir l'ouvrage complet. Cette 3ᵐᵉ partie ne contient (sauf le chant du cygne qui est évidemment de Gonzaga (N° 34), que des poésies étrangères à Marilia et qui par conséquent ont été composées avant que le poète eût fait la connaissance de son amante, ce qui a dû les faire condamner aux flammes. Il se peut aussi qu'elles lui aient été faussement attribuées (voyez Varnhagen, II. p. 413).

²) Il dit par exemple:
   Só podem conservar um nome illustre,
    Os versos ou a historia.
Il adresse lui-même à son amante les paroles suivantes:
    Em vão terias
    Essas estrellas,
    E as trenças bellas,
    Que o ceo te deo:
    Se em doce verso
    Não as cantasse
    O bom Dirceu.

heureuse qu'elle soit d'ailleurs, d'Anacréon et de Pétrarque y perce partout (nous donnons N° 27 une des poésies les plus originales), tandis que la forme pastorale leur donne l'empreinte conventionelle d'une mode temporaire.

Les chants de la seconde partie sont beaucoup plus simples et plus naturels. La versification et le langage n'y ont pas dégénéré, mais il s'y joint l'expression de sentiments ennoblis par le malheur, et plus originaux, parce qu'ils sont le résultat de circonstances individuelles.

C'est donc à juste titre que les poésies de Gonzaga sont devenues le livre favori des peuples de langue portugaise. Le nombre des éditions qui en ont été faites ne le cède qu'à celui des oeuvres de Camoens; elles ont en outre été traduites dans la plupart des langues européennes (en français par Monglave, en espagnol par D. Enrique Vedia, en italien par Ruscalla, etc.).

Nous avons consulté l'édition de Pereira da Silva (Rio de Janeiro, 1845), précédée d'une biographie du poète [1]).

De même que Dirceu a donné à ses chants le nom de son amante, Alcindo a nommé ses poésies érotiques *Glaura*. L'Arcadien Alcindo Palmireno, ou plutôt officiellement Manoel Ignacio da Silva Alvarenga, naquit vers 1740 à S. João d'El Rei dans la capitanie de Minas Geráes [2]). Après avoir fait quelques études dans sa ville natale et à Rio de Janeiro, il se rendit à Coïmbre où il fut promu bachelier en droit. C'était alors que Pombal réformait les études, ce qui l'engagea à ridiculiser l'état antérieur dans un poème héroï-comique: *O Desertor das lettras*, où il recommandait en même temps les améliorations du ministre. Celui-ci ordonna en 1773 l'impression de cet ouvrage, contre la volonté de l'auteur dont le talent n'était connu que de quelques intimes, et qui ne se croyait pas encore assez préparé pour affronter la publicité. Malgré ses mérites, ce poème le cède de beaucoup à l'*Hyssope* d'Antonio Diniz.

Alvarenga entra d'abord dans le barreau à Lisbonne, et se fit connaître en même temps par ses talents poétiques, surtout par son ode à l'occasion de l'inauguration de la statue équestre élevée au

---

[1]) Revue et corrigée dans ses *Var. ill.*, II. p. 43—79. V. aussi Varnhagen, o. c., II. p. 409—439.

[2]) Pereira da Silva, *Os Varões ill.*, I. p. 333, donne bien avec certitude l'année 1758 comme celle de sa naissance, mais celle-ci doit remonter à dix-huit ans plus haut, vu qu'en 1772 il se produisit comme écrivain (avec son poème: *O Desertor das lettras*). Januario da Cunha Barbosa dit en outre, *Rev. do Inst.*, III. p. 342, qu'il arriva presque à sa 80me année et mourut en 1814; et Januario était à la fois son élève et son ami. — Joaquim Norberto de Souza Silva dit (*Modul. poet.*, p. 32): „Silva Alvarenga nasceu em Minas Geráes, pelos annos de 1740."

roi Joseph. Son compatriote, José Basilio da Gama, dont il gagna l'amitié, et avec qui il resta en relation toute sa vie, l'introduisit dans les cercles littéraires de Lisbonne, ce qui attira sur lui à un plus haut degré encore l'attention de Pombal, dont José Basilio était le secrétaire particulier. Ces relations valurent sans doute à Alvarenga sa nomination au poste de chef de la milice noire dans l'arrondissement de Rio das Mortes où il était né.

Malgré les connaissances agréables qu'il avait à Lisbonne, il prit alors la résolution de retourner dans sa patrie dont il ne pouvait plus rester séparé.

Alvarenga s'établit d'abord comme avocat à S. João d'El Rei et y donna en même temps un cours gratuit de rhétorique. Ces occupations ne le détournèrent point de ses travaux poétiques; il envoya entre autres à son ami José Basilio da Gama la description poétique de sa traversée sous le titre d'*O templo de Neptuno* et une autre composition allégorique, la *gruta americana*, où il essaya le premier d'allier les images de la patrie aux comparaisons de la mythologie classique.

Plus tard il se transporta à Rio de Janeiro, où il avait été appelé comme professeur de rhétorique et de poésie. Au mois d'août 1782 il ouvrit ses cours en présence des personnes les plus distinguées de la ville et avec l'approbation marquée du vice-roi Luiz de Vasconcellos e Souza, grand amateur des belles-lettres, et qui l'honora de son amitié. Encouragé par ce grand dignitaire, il fonda, comme nous l'avons dit, l'*Arcadia ultramarina* avec José Basilio da Gama, qui venait de rentrer dans sa patrie, et quelques autres personnes. Il chercha même à cultiver la poésie dramatique au Brésil en arrangeant avec ses amis et ses élèves un théâtre d'amateurs. Il voulait d'abord y juger de leurs essais, puis en faire représenter les meilleurs au théâtre public de la capitale. Quoique plusieurs d'entre ces pièces aient eu du succès, aucune n'a été publiée et les noms de leurs auteurs sont même tombés dans l'oubli.

Malheureusement le libéral Vasconcellos fut remplacé par le sombre comte de Resende, qui, prêtant l'oreille aux délateurs, fit fermer les réunions poétiques dans lesquelles il ne voyait que des clubs politiques; pour le gouverneur il suffisait d'y avoir pris part pour se voir traîné en prison sans jugement. Dénoncé par les franciscains, qui regardaient l'*Arcadia* comme un club jacobin, Manoel Ignacio fut enfermé sans autre forme de procès avec plusieurs de ses compagnons dans les cachots souterrains de l'*Ilha das Cobras*, et y fut retenu plus de deux ans, jusqu'à l'arrivée d'un ordre exprès d'élargissement émané du gouvernement de la métropole.

Cet emprisonnement produisit chez Manoel Ignacio un penchant à la mélancolie, qui lui fit mener dorénavant une vie très-retirée. Il n'en continua pas moins à plaider et à donner ses cours jusqu'à sa mort qui arriva le 1ᵉʳ novembre 1814 ¹).

Nous avons déjà fait observer qu'Alvarenga comme Gonzaga a donné à ses poésies érotiques le nom de sa maîtresse, et que celles-ci l'ont surtout rendu célèbre. Pour le talent poétique il est sans aucun doute inférieur à Gonzaga, mais sous un rapport il occupe une place plus élevée dans le panthéon brésilien. Il s'est efforcé en effet de donner aussi à la poésie lyrique une couleur nationale (*côr americana*), soit par des images ou des comparaisons empruntées à la nature brésilienne, soit en employant, des formes nationales et un rythme populaire. Il est vrai qu'il a cru devoir se donner un brevet de poète de cour par l'emploi des inévitables bergers, et d'écrivain savant par tout l'attirail de la mythologie classique; en revanche ses personnages ne fréquentent plus les bords du Tage et du Mondego, mais bien ceux des fleuves de la patrie; ses dryades et hamadryades animent les *cajueiros* et *mangueiras* (acaju et mango) du Brésil, et le poète se metamorphose lui-même en oiseau (le *Beija-flor*, baise-fleur, l'oiseau le plus joli du Brésil). Il s'est servi de la forme nationale du *rondó* avec des *estribilhos* (refrains) et des *redondilhas*. Alvarenga a donc le mérite d'avoir frayé la route; son exemple ne fut pas suivi alors, parce que la dépendance de la métropole était encore trop grande en poésie comme en politique. Mais ces premières semences, comme celles de son ami José Basilio pour l'épopée, ne périrent pas et portèrent des fruits abondants, lorsque le soleil de la liberté vint les mûrir.

Les poésies érotiques d'Alvarenga sont plutôt des chansons; leurs rythmes tout-à-fait musicaux nous révèlent le fils d'un musicien, à qui l'art de son père n'était pas inconnu. (Alvarenga lui-même jouait à la perfection de la *rebecca*.)

Ces chants d'amour publiés par un de ses amis sous le titre de *Glaura* ²) — la modestie excessive du poète l'avait empêché de les faire connaître — contiennent en deux parties soixante-neuf rondes (*rondós*) et cinquante-sept madrigaux qui célèbrent son amante vivante et la pleurent morte ³). Ils fatiguent dans leur en-

---

¹) Nous avons suivi principalement la biographie du chanoine Januario da Cunha Barbosa (*Rev. do Inst.*, III. p. 338—342). — V. Varnhagen, o. c., I. p. 299 à 301; et Pereira da Silva, *os var. ill.*, I. p. 333—339. Ce dernier donne le 1 novembre 1312 comme jour de la mort du poète, sans toutefois appuyer cette assertion.

²) L'édition que nous avons devant les yeux, imprimée à Lisbonne en 1799, est probablement la première; mais elle a 248 pages in-octavo comme celle de 1801, citée par M. de Varnhagen (o. c., I. p. 301).

³) Ils ne sont pas divisés par la mort de Glaura, comme les poésies de

semble par la monotonie de la forme et du sujet, mais les N° 35 —39 montrent combien ils ont de charmes de détail.

Les autres productions du poète, ses odes, ses *canzoni*, etc., parmi lesquelles il s'en trouve d'assez grande étendue comme le *Poema ás Artes*, n'ont pas été recueillies [1]), quoique certaines d'entre elles soient célèbres. Citons seulement l'ode *A mocidade portugueza*. Toutes se distinguent par ce qu'on appelle la poésie du langage, et dénotent par leurs beautés de style un orateur éminent.

Comme professeur de rhétorique, Alvarenga s'est acquis des droits à la reconnaissance de ses compatriotes en contribuant à l'introduction d'un goût meilleur comme il s'était formé en France au siècle de Louis XIV, et en faisant abandonner dans l'éloquence de la chaire la dialectique vieillie des jésuites et le culteranisme espagnol. Parmi ses élèves on compte un grand nombre des meilleurs orateurs sacrés du Brésil [2]).

Il ne faut pas confondre avec le Silva Alvarenga dont nous venons de parler, le poète contemporain Ignacio José de Alvarenga Peixoto, né au commencement de l'année 1748 à Rio de Janeiro. Après avoir suivi les cours du collège des jésuites de cette ville, il se rendit aussi à Coïmbre où il obtint le titre de bachelier en droit canon. Par la protection de Pombal il reçut une place de juge royal à Cintra, et plus tard, comme il désirait retourner dans sa patrie, un emploi au tribunal de Rio das Mortes dans la capitanie de Minas Geraés.

En Portugal il s'était déjà fait connaître par quelques productions poétiques; après son retour à Rio de Janeiro en 1776 il gagna la faveur du vice-roi, marquis de Lavradio, en lui dédiant une traduction de la Mérope de Maffei. Dans la province de Minas il se lia naturellement bientôt avec les poètes qui y étaient fixés, et se

---

Pétrarque, car les élégies ne commencent qu'à la ronde 48: *A magoa*, tandis que la 2de partie commence déjà à la ronde 34.

[1]) Elles ont paru soit dans la *Collecção de poesias ineditas*, Lisbonne, 1809 —1811, in-12; soit dans le *Parnaso brasileiro* du chanoine Januario da Cunha Barbosa, dans le *Florilegio* de Varnhagen, etc. Le *Poema ás Artes* a été aussi imprimé à part à Lisbonne, 1821, 8°. L'ode à Affonso de Albuquerque, que Pereira da Silva attribue à Alvarenga (o. c., p. 353) et d'autres à Vidal Barbosa, est d'après Varnhagen (o. c., p. XLI) de son frère João Ignacio.

[2]) V. Januario da Cunha Barbosa (o. c., p. 340) qui, orateur distingué luimême et élève d'Alvarenga, dit de notre poète: „*Talvez que sem as lições de Manoel Ignacio não tivessem apparecido nas cadeiras sagradas do Rio de Janeiro os Frias, os Rodovalhos, os S. Carlos, os Sampaios, os Ferreiras d'Azevedo, os Oliveiras, os Alvernes, e outros pregadores de nomeada, que, deixando os habitos da antiga escola, abriram carreira luminosa, aos que annunciam com mais dignidade e efficacia as doutrinas da nossa santa religião.*"

pris d'amitié surtout pour Claudio Manoel et pour Gonzaga; plus tard il fut reçu membre de l'*Arcadia ultramarina*. Son nom d'emprunt était probablement Eureste Phenicio [1]).

Depuis São João d'El Rei, où il remplissait consciencieusement les devoirs de sa charge, il envoyait souvent à son protecteur, le marquis de Lavradio, des poésies, parmi lesquelles on remarque un drame en vers, *Eneas no Lacio*, qui fut accueilli avec beaucoup d'empressement, mais qui s'est perdu. Par ses offrandes poétiques il gagna aussi l'amitié du gouverneur de la province, D. Rodrigo José de Menezes, plus tard comte de Cavalleiros. Peixoto fêta la naissance du fils de ce magistrat par une poésie en vingt octaves devenue célèbre (*Ao nascimento do filho do Governador D. Rodrigo* dans Varnhagen, ouvr. cité, p. 375—378).

Plus tard il quitta la carrière judiciaire, se maria et ne s'occupa pas plus que de la culture de ses nombreuses possessions, ainsi que de celles de sa femme, une des plus riches héritières du pays. Cette position et sa réputation personnelle lui valurent sa nomination au poste de colonel de cavalerie dans la milice de Rio Verde.

Mais lorsqu'en 1783 D. Rodrigo José de Menezes fut remplacé dans le gouvernement de la province de Minas par D. Luiz da Cunha de Menezes, connu par les abus de toute espèce qu'il commit, l'état de la capitanie devint de plus en plus intolérable, et Peixoto, entraîné par son patriotisme, fut victime des tristes suites de l'excitation des esprits. Il se contenta d'abord d'attaquer le gouvernement par des satires, car il est très-probablement l'auteur ou le principal promoteur des *Cartas chilenas* dont nous avons parlé (chap. V) et qui parurent sous le nom de Critillo. Mais bientôt après il se laissa entraîner à prendre part à la conjuration de ses amis, et fut même un des chefs de la „haute-trahison de Minas" (v. chap. V). Il fut condamné à mort le 18 avril 1792; ses biens furent confisqués et sa famille déclarée infâme; la sentence de commutation de la peine en un bannissement perpétuel au préside d'Ambáca dans le pays d'Angola ne lui fut lue qu'au pied de l'échafaud.

Lorsque Peixoto arriva au préside à l'âge de quarante-quatre ans, il était devenu un vieillard et ses cheveux blanchis avant l'âge attestaient la longueur de ses souffrances. Là aussi il eut à subir des persécutions, et le gouverneur, qui le regardait comme un homme

---

[1]) C'est du moins à lui qu'on attribue ordinairement un poème portant le nom d'Eureste et intitulé: *Resposta de Nize a Fileno*, c. à d. au poème de Claudio Manoel, *Despedida* ou *Adioses á Nize* (N° 25). — V. cependant Varnhagen (o. c. II. p. 364) qui ajoute aussi cette *Resposta* aux poésies de Peixoto (p. 388—397).

dangereux, le fit transporter plus avant dans l'intérieur, où la mort mit enfin un terme à ses maux en 1793 ¹).

Il est étonnant que le ton des poésies d'un homme si énergique et si actif soit aussi tranquille; ses odes, ses sonnets et ses chansons érotiques se distinguent par le peu de passion qui y règne et par l'observation scrupuleuse des règles. En revanche son ode à la reine D. Maria (N° 40) prouve qu'il était capable de prendre un vol plus élevé, surtout quand l'amour de la patrie, ses rêves d'indépendance du Brésil venaient l'inspirer. Il prie sa souveraine de se rendre au Brésil et d'étendre sa domination sur toute l'Amérique. Cette poésie suffirait seule pour lui faire décerner le titre de poète.

Parmi les écrivains de l'école de Minas, membres de l'*Arcadia ultramarina*, nommons encore Domingos Vidal Barbosa, né à Rio de Janeiro en 1751. Il étudia la médecine à Paris, fut enveloppé dans la conjuration de Minas et banni à perpétuité sur la côte d'Afrique, où il mourut en janvier 1793. Quelques-uns lui attribuent la célèbre ode à Affonso de Albuquerque ²). — Puis Bartholomeu Antonio Cordovil, né dans la capitanie de Goiaz au milieu du 18me siècle, prit ses grades à Coïmbre et mourut vers 1800 à Rio de Janeiro. Il a composé non sans habileté des poésies semblables à celles de Pindare; son dithyrambe adressé aux nymphes de sa patrie (*ás Nymphas goyannas*) est devenu célèbre ³). — Enfin João Pereira da Silva, né à Rio de Janeiro en 1743, chanoine et professeur de rhétorique et de philosophie; outre plusieurs traductions du latin, du français, de l'anglais et de l'italien, nous avons de lui quelques poésies satiriques et comiques, qui lui ont valu une certaine réputation, comme *O carnaval* et *A Estolaida*. Il mourut à Rio de Janeiro en 1818 ⁴).

---

¹) V. Pereira da Silva, o. c., II. p. 81—88; Varnhagen, o. c., II. p. 363 —368.

²) V. J. Norberto de Souza Silva, *Modul.*, p. 32; — Pereira da Silva, *os var. ill.*, II. p. 331; — et *Parn. braz.*, I. p. 244—247. Comme nous l'avons dit, Pereira da Silva a fini par attribuer l'ode à Albuquerque à Silva Alvarenga, tandis que Varnhagen la revendique à son frère João Ignacio. En revanche Vidal Barbosa doit avoir composé une ode non moins célèbre, adressée au vice-roi Luiz de Vasconcellos e Souza.

³) On trouve des poésies de cet auteur dans le *Parnaso Brazileiro* de Januario da Cunha Barbosa, *Cuaderno* I. p. 34, 38, 42, 43, 48; — dans le *Parnaso braz.* de Pereira da Silva, I. p. 102; — et dans Varnhagen, ouvr. c., II. p. 593—603. — D'après Norberto de Souza Silva, o. c., p. 32, il doit avoir traduit l'art poétique d'Horace. — V. aussi I. Franc. da Silva, *Diccion. bibliogr. portug.*, I. p. 330.

⁴) V. Norberto de Souza Silva, o. c., p. 37; — Pereira da Silva, *os var. ill.*, II. p. 330; — et le *Parnas. braz.* du même auteur, I. p. 218—223, qui contiennent le *Carnaval* de notre poète.

CHAPITRE VIII.

AUTRES POÈTES DE CETTE PÉRIODE: ANTONIO MENDES BORDALLO, JOAQUIM JOSÉ DA SILVA, DOMINGOS CALDAS BARBOZA, FRANCISCO DE MELLO FRANCO, BENTO DE FIGUEIREDO TENREIRO ARANHA, MANOEL JOAQUIM RIBEIRO, ETC.

Si nous citons parmi les poètes de cette période [1]) Antonio Mendes Bordallo, c'est uniquement parce qu'il était né à Rio de Janeiro le 24 octobre 1750. A l'âge de seize ans il alla en Portugal, où il resta jusqu'à sa mort arrivée le 17 février 1806, ce qui fait qu'il appartient plutôt à ce dernier pays. En outre il s'est beaucoup plus distingué comme jurisconsulte et comme avocat que par ses productions poétiques, qui n'étaient pour lui qu'un agréable passe-temps. Elles nous prouvent seulement de quels nobles sentiments il était animé et combien était grande son habileté technique. Le peu qu'on en connaît sont satiriques, et (la *Satyra as abusos da magistratura* entre autres) prouvent que comme Juvénal l'indignation avait fait de lui un poète [2]).

Quant à la vie de Joaquim José da Silva on sait seulement qu'il était cordonnier et vivait à Rio de Janeiro. Les vers que nous avons de lui sont des impromptus en forme de gloses, rappellent le genre burlesque de Gregorio de Mattos, et sont remarquables en ce qu'ils témoignent que le peuple avait conservé cet ancien genre de poésie qui vient des Espagnols [3]).

Domingos Caldas Barboza est plus remarquable que les précédents. Il naquit en 1740 à Rio de Janeiro d'une esclave nègre,

---

[1]) Il va sans dire que pour les écrivains qui ont vécu au 18me et au 19me siècle à la fois, nous ne pouvons les ranger dans l'une des deux époques qu'en considérant le caractère spécial de leurs écrits et leurs tendances générales. Les nombreuses et souvent presqu'imperceptibles nuances que nous y observons, ont naturellement eu pour suite un certain arbitraire, ce qui fait qu'un autre pourrait dans bien des cas et avec autant de raison les ranger parmi les écrivains d'une autre période.

[2]) V. Varnhagen, o. c., II. p. 577—584; — Innoc. Franc. da Silva, o. c., I. p. 207.

[3]) V. Varnhagen, o. c., II. p. 585—592.

que son père avait ramenée d'Angola [1]). Cette origine dont les traces ne pouvaient s'effacer, paraît lui avoir causé beaucoup de chagrin. Cependant son père, qui avait remarqué ses heureuses dispositions, le fit étudier au collége des jésuites de Rio de Janeiro. Ses progrès répondirent à l'attente de ses maîtres, mais la vivacité de son esprit et sa haine pour la race favorisée l'entraînèrent à des boutades satiriques, qui lui firent beaucoup d'ennemis. Poussé par ces derniers le capitaine-général Gomes Freire de Andrade, comte de Bobadella, fit saisir par violence le pauvre mulâtre et le mit dans un régiment destiné à la colonie du Sacramento, qui alors ne valait guère mieux qu'un préside d'Afrique. Il y resta jusqu'à l'occupation de ce pays par les Espagnols en 1762. Caldas Barboza retourna alors avec le reste de son régiment à Rio de Janeiro, mais prit son congé après s'être convaincu que sa couleur lui ôtait toute chance d'avancement. Son père lui procura de quoi à aller à Lisbonne, où il débarqua pour se rendre bientôt après à Barcellos. Il y fit la connaissance des deux Vasconcellos, José de Vasconcellos e Souza, plus tard comte de Pombeiro, et son frère, le marquis de Castello Melhor, amateurs de poésie, et cela décida de son avenir. Après la mort de son père et plusieurs années qu'il passa à chercher un protecteur à Coïmbre et à Lisbonne, sans avoir pu obtenir rien du roi qui mourut au moment où le poète venait de lui dédier son poème nommé *Lebreida* (description d'une chasse au lièvre du roi), il trouva enfin un refuge assuré dans la maison du comte de Pombeiro. Celui-ci lui procura un bénéfice et une place de chapelain à la *Casa da Supplicação*, ce qui l'obligea à prendre les ordres inférieurs. Caldas Barboza fut toute sa vie très-reconnaissant envers les Vasconcellos, qu'il célébra dans la plupart de ses poésies.

Par leur intervention il fut admis dans la haute société de Lisbonne, où il se rendit si agréable par son talent d'improvisation et par ses chansons (*Cántigas*) qu'il chantait en s'accompagnant d'une viole, qu'aucune fête ne se donnait sans le *cantor de viola*, comme on l'appelait. Caldas Barboza sut se faire à cette position quelque peu humiliante. Jamais il ne se fâcha et eut soin de faire taire complètement son amour-propre; en outre il ne se mêla d'aucune intrigue et su faire tourner ses nombreuses relations au profit de ses confrères malheureux. Beaucoup de poètes recherchèrent son

---

[1]) Januario da Cunha Barbosa (*Rev. do Inst.*, IV. p. 210) assure bien avoir appris de la bouche d'un parent du poète, que celui-ci était né pendant la traversée d'Afrique en Amérique; mais M. de Varnhagen (o. c., II. p. 455 et III. p. 297) a prouvé par les données du poète lui-même qu'il naquit à Rio de Janeiro. Pereira da Silva (*os var. ill.*, II. p. 329) affirme qu'il naquit à Bahia en 1738, mais sans appuyer son opinion.

amitié; il fut reçu membre de l'*Arcadia* de Rome sous le nom de *Lereno Selinuntino*, et même célébré par plusieurs écrivains contemporains, comme José Agostinho de Macedo, Belchior Curvo Semedo, etc. [1]). Il fut aussi un des fondateurs et président de l'Académie des belles-lettres de Lisbonne (connue sous le nom de *Nova Arcadia*), qui avait ses séances au palais du comte de Pombeiro [2]).

Mais il trouva bien des envieux et des ingrats qui tournèrent en ridicule sa position dépendante, ses poésies de circonstance fort inégales et même sa couleur (*o fulo Caldas*). Parmi ces détracteurs nous trouvons même Barbosa du Bocage, dont l'amour de la médisance l'emporta sur son amitié pour notre poète [3]).

Caldas Barboza mourut subitement à plus de 60 ans le 9 novembre 1800 [4]).

Il a paru de lui d'abord le recueil de ses *Cántigas* improvisées (en deux volumes), et plusieurs compositions d'une plus grande valeur poétique. Ces dernières nous montrent qu'il a su faire autre chose que des poésies de circonstance et des impromptus [5]).

Ses gloses et impromptus sur des sujets donnés se distinguent par leur grâce, leur légèreté et leur esprit, et auraient suffi à eux seuls pour prouver son talent poétique, en sorte qu'il a pu dire:

Versos me viram fazer
Por innato e doce tom.

Ils sont en revanche très-inégaux, ce qui ne doit pas étonner, quand on songe que loin d'être le résultat d'une inspiration poétique ils ont pour la plupart été imposés. A côté de bons-mots excellents et de gracieuses épigrammes on trouve fréquemment des trivialités et des tours de force puérils dans un langage souvent négligé et incorrect. Ces produits du moment ont enfin beaucoup perdu à être séparés des circonstances qui les avaient occasionnés, et de leur accompagnement musical, qui devait cacher la plupart de leurs défauts.

Pour ces raisons nous ne pouvons bien juger Caldas Barboza

---

[1]) V. Varnhagen, o. c., II. p. 450—453.
[2]) V. I. Fr. da Silva, *Diccion.*, II. p. 185.
[3]) V. Varnhagen, o. c., p. 454.
[4]) V. les biographies par Januario da Cunha Barboza et par Varnhagen, ouvr. cité.
[5]) M. de Varnhagen, o. c., II. p. 450 et III. p. 296—297 cite de lui: *A Doença*, poëme en 4 chants (Lisbonne, 1777); — *Recopilação da Historia Sagrada* (3me édition, Lisbonne, 1819), extrait de la Bible, en vers, destiné surtout aux écoles; — *A Vingança da Cigana*, drama joco-serio de um acto (Lisbonne, 1794), etc. Les *Cántigas* parurent à Lisbonne en 1806 et 1807. Une contrefaçon a vu le jour à Bahia en 1813. Nouvelle édition: Lisbonne, vol. I, 1819; vol. II. 1826. — Voyez I. Fr. da Silva, *Diccion.*, II. p. 185—186, qui donne une liste des ouvrages de Caldas Barbosa.

et lui assigner sa place dans les lettres brésiliennes qu'au moyen de ses productions vraiment littéraires.

Il faut avouer que ses poèmes didactiques ne sont guère que de la prose rimée et que ses panégyriques ne s'élèvent pas fort au-dessus de ses poésies de circonstance; mais les charmantes *Quintilhas*, ses délicieux sonnets nous prouvent combien il était maître de la forme. Dans plusieurs d'entre les épanchements lyriques de notre poète respire toute la profondeur de ses sentiments, et si le ton de mélancolie que nous y rencontrons souvent, pouvait surprendre de la part du joyeux *Cantor de viola*, on n'a qu'à se rappeler que souvent les bouffons de société sont très-affligés au fond du coeur du rôle qu'ils jouent. Ce fait est encore plus explicable chez Caldas Barboza, à qui sa dépendance continuelle et sa couleur firent souvent maudire l'heure de sa naissance [1]. C'est ce que nous prouve entre autres le sonnet que nous donnons à la 2de partie (N° 41). Dans la poésie (N° 42) *A melancolia* il a dépeint avec une simplicité saisissante ce que ressentait son coeur, tandis que dans celle nommée *Que é saudade* (N° 43) il a donné la plus belle définition de ce sentiment particulier aux Portugais. Ces spécimens montrent en outre combien on a fait tort au pauvre mulâtre en le traitant d'improvisateur ou de *Cantor de viola*.

Comme Caldas Barboza le poète **Francisco de Mello Franco** appartient plutôt au Portugal qu'au Brésil. Il naquit le 17 septembre 1757 à Paracatú dans la province de Minas Geráes; quoique ses parents fussent peu fortunés et eussent une nombreuse famille à entretenir, ils le mirent pourtant au séminaire de St. Joaquin à Rio de Janeiro. Il put ensuite continuer ses études de médecine à Lisbonne et à Coïmbre, où il se fit remarquer par son application. Mais son zèle l'entraîna à se prononcer sur l'ignorance de quelques professeurs et sur les doctrines scolastiques qui régnaient encore alors. Les ennemis influents qu'il se fit par là, le dénoncèrent à l'inquisition comme libre-penseur. Notre poète fut arrêté et languit quatre ans dans les cachots de ce terrible tribunal. Les maux qu'il y endura, firent de lui un poète comme de Cervantès et de tant d'autres. Il exprima ses plaintes sur l'injustice humaine et les

---

[1] Malgré cela Caldas Barbosa a toujours gardé un profond amour pour son pays natal. Nous en voyons la preuve dans ces vers très-connus:

Nós lá no Brazil
A nossa ternura,
A assucar nos sabe,
Tem muita doçura?

Januario da Cunha Barbosa cite de lui un livre imprimé (o. c., p. 211) et intitulé: *Memoria em honra das Musas Brazileiras*. Nous n'avons rien pu savoir de cet ouvrage.

misères qui en sont la suite dans ses Insomnies (*Noites sem somno*) où il décèle un talent considérable [1]). Ces souffrances cependant lui procurèrent une fidèle compagne, car une dame, citée devant l'inquisition pour déposer contre lui, s'y refusa constamment et fut condamnée à un emprisonnement d'un an pour sa désobéissance. Mis en liberté tous deux, il lui offrit sa main qu'elle accepta.

Mello Franco put alors terminer ses études et prendre ses grades de bachelier en médecine. Mais avant de quitter l'université, il ne put s'empêcher de lui laisser un adieu satirique en vers. Il écrivit en quinze jours à l'aide de son ami et condisciple José Bonifacio de Andrade e Silva un poème héroï-comique, *O reino da estupidez* (le royaume de la stupidité), où il peignait des couleurs le plus vives la routine universitaire et ridiculisait surtout le recteur. Cette pièce de vers distribuée à l'occasion d'une fête de l'université, fit grande sensation et fut même cause de l'éloignement de ce magistrat et de quelques réformes; mais ce fut en vain qu'on chercha à en découvrir les auteurs. Longtemps après Mello Franco se nomma et s'assura ainsi une place dans l'histoire littéraire du Brésil. Sa satire, quoique inférieure à l'*Hyssope* d'Antonio Diniz pour la finesse et la grâce, appartient pourtant aux meilleures productions de ce genre par l'esprit, la vivacité des descriptions et l'élégance du langage [2]).

Mello Franco se fit bientôt un nom et de beaux revenus comme médecin et auteur d'ouvrages scientifiques, et fut reçu membre de l'Académie de Lisbonne. Mais cette activité ne lui laissa pas le loisir de continuer à s'occuper de poésie.

Appelé à la place de médecin ordinaire de la fiancée de l'infant D. Pedro, l'archiduchesse Léopoldine d'Autriche, il partit pour Rio de Janeiro, où il arriva à la fin de l'année 1817. Il n'eut d'abord qu'à se louer de l'accueil du roi, mais il tomba bientôt en disgrâce, soit par des intrigues, soit pour ses idées libérales, et la cour lui fut défendue.

A cette mortification, dont il ne se remit jamais, vint encore s'ajouter la perte de toute sa fortune, placée dans une maison qui fit faillite. Ces causes et peut-être aussi le changement de climat et d'habitudes détruisirent sa santé. Ce fut en vain qu'il chercha

---

[1]) D'après Pereira da Silva (*os var. ill.*, II. p. 185) ces „insomnies" doivent avoir surtout contribué à assurer la réputation du poète. Barbosa du Bocage, ce critique si sévère, en parle avec les plus grands éloges. Nous ne les connaissons que par ouï-dire.

[2]) Il en a paru des éditions à Paris en 1819 et en 1821; à Lisbonne en 1833. Elle est reproduite dans les *Satyricos portuguezes*, Paris, 1884, in-8°, p. 189—197. L'auteur ne se nomme nulle part.

à reprendre des forces dans l'air plus pur de S. Paulo; à son retour à Rio de Janeiro dans une chaloupe à rames, il sentit approcher sa fin; il se fit mettre à terre et mourut dans une cabane le 22 juillet 1823 [1]).

Bento de Figueiredo Tenreiro Aranha est un des rares poètes brésiliens de cette époque, qui ne furent pas élevés en Portugal et n'y passèrent pas la plus grande partie de leur vie.

Il naquit le 4 septembre 1769 à Barcellos de Rio Negro, bourg (*villa*) de la province de Pará, de parents très-considérés. Mais il les perdit dans sa septième année, et, destiné par son tuteur à l'agriculture, il ne dut qu'à son parrain, l'archiprêtre et vicaire-général José Monteiro de Noronha, le bonheur de recevoir une éducation libérale. Lorsqu'il voulut se rendre à Coïmbre, il vit qu'il n'en avait pas les moyens, les biens de sa famille ayant été mis sous séquestre. Il dut donc rester dans sa patrie, où il se maria et mena dans sa terre une vie retirée qui lui permit de cultiver ses goûts littéraires et ses talents poétiques, sans négliger pourtant l'agriculture.

Son caractère honorable et ses connaissances agronomiques fixèrent sur lui l'attention du capitaine-général Martinho de Souza e Albuquerque, qui ne voulut pas laisser sans emploi un talent comme le sien et le nomma officier de la milice et directeur du village indien d'Oeiras. Tenreiro se montra digne de cette confiance. Sous sa direction le bien-être et la population de cette localité s'accrurent rapidement; les Indiens quittèrent leurs déserts pour s'y établir, attirés par son humanité bien connue. Le successeur de Martinho de Souza, D. Francisco de Souza Coutinho, sut aussi apprécier Tenreiro, et comme on était sur le point d'abolir les directeurs des Indiens, il lui offrit une place de capitaine dans son régiment de chasseurs et de secrétaire de la douane de Pará, ce qu'il accepta.

Il se montra également digne de cette confiance et ne perdit ses places qu'ensuite d'intrigues et d'un conflit entre le gouverneur, l'évêque D. Manoel d'Almeida de Carvalho et le juge royal Luiz Frota de Almeida, conflit dans lequel il prit le parti de ce dernier, son ami intime. Il se retira alors dans la vie privée et se rendit à sa terre. Mais le nouveau gouverneur, comte d'Arcos, ayant appris le traitement injuste qu'il avait éprouvé, le plaça comme secrétaire au grand collége de Pará (*Escrivão da Mesa grande do Pará*), emploi qui lui fut confirmé à vie par le prince-régent D. João.

---

[1]) V. sa biographie par Pereira da Silva, *os var. ill.*, II. p. 171—186; — et dans la *Rev. do Inst.*, V. p. 345—349. V. aussi le Dictionnaire bibliographique de I. Fr. da Silva, III. p. 10 et 11.

Tenreiro mourut le 11 novembre 1811 ¹).

Ses oeuvres ne furent recueillies que plus tard et publiées par son fils sous le titre d'*Obras litterarias* (Pará, 1850). Nous y trouvons, outre quelques discours en prose, des allégories dramatiques, des sonnets, des odes, etc. Parmi ses poésies on connaît surtout ses odes imitées d'Horace comme celles à la louange de ses protecteurs, le gouverneur Manoel da Gama Lobo de Almeida et du général Martinho de Albuquerque. On ne peut y méconnaître l'influence heureuse du style classique, mais elles sont plus remarquables au point de vue rhétorique qu'au poétique ²). Tenreiro appartient encore complétement à l'ancienne école classique française, et quoiqu'il n'ait jamais quitté le Brésil, l'élément patriotique ne perce nulle part dans ses écrits.

A cette école appartient encore Manoel Joaquim Ribeiro. Il était professeur de philosophie à Minas, et publia sous les auspices du capitaine-général Bernardo José de Lorena, comte de Sarzedas, ses *Obras poeticas*, qui parurent à Lisbonne en 1805. La plus grande partie en est consacrée à la louange de ce seigneur, mais dans quelques poésies érotiques, adressées à sa maîtresse Jonia, il a imité Gonzaga au point qu'on peut très-facilement s'y tromper, car malgré la forme pastorale choisie par lui, il a su exprimer ses sentiments avec naturel et en vers harmonieux ²).

Joaquim Norberto de Souza Silva cite encore (*Modul.* p. 32—33) les poëtes suivants de cette école: Joaquim Ignacio de

---

¹) V. sa biographie, *Rev. do Inst.*, II. p. 257—260.

²) V. les spécimens donnés par Varnhagen, ouvr. cité, III. p. 7—22. Le sonnet suivant adressé à la femme d'un soldat tuée pour avoir été fidèle à son mari, a acquis une grande célébrité:

„Se acaso aqui topares caminhante,
Meu frio corpo já cadaver feito,
Leva piedoso com sentido aspeito
Esta nova ao esposo afflicto errante.

Diz lhe como de ferro penetrante
Me viste por fiel cravado o peito,
Lacerado, insepulto, e já sujeito
O tronco feio ao corvo altivolante.

Que d'um monstro inhumano, lhe declara,
A mão cruel me trata desta sorte,
Porém que allivio busque á dôr amara;

Lembrando-se que teve uma consorte
Que por honra da fé, que lhe jurára,
Á mancha conjugal prefere a morte."

³) V. Varnhagen, ouvr. cité, I. p. XLIX; — et des spécimens, II. p. 587—558.

Seixos Brandão de Minas Geráes [1]), José Ignacio da Silva Costa de Rio de Janeiro, et le Père Miguel Eugenio da Silva Mascarenhas de Sabará, célèbre aussi comme prédicateur, et qui mourut après trois ans de folie. On assure que ses poésies, en grande partie traductions de passages classiques d'auteurs français, italiens et espagnols, sont perdues.

---

[1]) V. I. Fr. da Silva, *Diccionario*, IV. p. 89.

QUATRIÈME PÉRIODE.

DU COMMENCEMENT DU 19ᴹᴱ SIÈCLE ET SURTOUT DE LA PROCLAMATION DE L'INDÉPENDANCE DU BRÉSIL, JUSQU'A L'ÉMANCIPATION POLITIQUE ET LITTÉRAIRE DE LA MÈRE-PATRIE ET DE LA DOMINATION EXCLUSIVE DU PSEUDO-CLASSICISME PAR L'INFLUENCE DES ROMANTIQUES (1840).

CHAPITRE IX.

L'ÉLÉMENT CHRÉTIEN RENAÎT DANS LA LITTÉRATURE BRÉSILIENNE. — ANTONIO PEREIRA DE SOUZA CALDAS, — FRANCISCO DE S. CARLOS, — JOSÉ ELOY OTTONI.

Malgré l'essor qu'avait pris la littérature du Brésil dès la seconde moitié du 18ᵐᵉ siècle, malgré les premières étincelles de l'esprit national, que nous avons vues briller en politique comme dans les lettres au sein de l'école de Minas, la dépendance politique, littéraire et sociale de la métropole n'en resta pas moins si dominante, que cette école elle-même en reçut son impulsion, ses modèles, son goût et même la forme de ses écrits. Les enfants du Brésil n'en continuèrent pas moins à demander à l'université de Coïmbre leur culture scientifique et littéraire.

Les premiers pas que fit le Brésil dans une nouvelle voie partirent du Portugal lui-même. Le régent D. João, fuyant la main puissante de Napoléon, fut réduit à transporter pour la première fois le siége du gouvernement légitime dans ses possessions transatlantiques, où il arriva le 23 janvier 1808. Reçu avec enthousiasme par le peuple, il fut salué tout d'abord du titre d'empereur du Brésil. Un des premiers actes de son gouvernement fut d'ouvrir à toutes les nations les ports du pays. Ce fait équivalait à la déclaration de l'indépendance du Brésil; l'élévation en 1815 de l'ancienne colonie au même rang que la métropole, et son émancipation complète en 1822 n'en furent que les conséquences inévitables [1].

---

[1] Monte Alverne, le plus grand orateur du Brésil, dépeint comme suit l'influence qu'exercèrent l'établissement de la cour au Brésil et surtout la personne

Les suites de cette révolution politique ne tardèrent pas à se faire sentir dans la littérature. La rivalité et même l'opposition à la mère-patrie éclatèrent bientôt; le sentiment d'indépendance politique se fit jour dans les lettres en les fortifiant, et l'appui qu'on ne voulait pas demander au Portugal, on le trouva en France et en Angleterre. Lorsque plus tard enfin le goût pour ce qui est vraiment populaire, parti de l'Allemagne, se répandit dans toute l'Europe civilisée, il n'en fut que mieux reçu par la jeune nationalité brésilienne.

Ces jours virent encore naître et grandir au Brésil la presse politique, dont le principal représentant, le *Correio braziliense*, publié à Londres par Hippolito José Dacosta Pereira se distingua par sa tendance nationale et sa couleur scientifique [1]).

Mais antérieurement à ce mouvement politique on avait vu reprendre de l'importance au Brésil l'élément chrétien, refoulé un instant par les „humanistes" et l'école classique française du 18me siècle. Dans ce pays, où de tout temps l'éloquence de la chaire avait été cultivée avec prédilection, cet élément qui, fondu avec le national, devait former le romantisme moderne, trouva une terre toute préparée. Aussi les principaux promoteurs de ce mouvement furent-ils deux des premiers orateurs sacrés du temps, Sousa Caldas et S. Carlos.

Antonio Pereira de Sousa Caldas, naquit le 24 novembre 1762 à Rio de Janeiro, où son père jouissait dans le commerce d'une considération méritée. A peine âgé de huit ans, on l'envoya chez des parents à Lisbonne, dans l'espérance que le climat plus doux du Portugal fortifierait sa constitution débile. Il y prit en effet assez de forces pour pouvoir commencer à seize ans ses études de droit à Coïmbre. Mais précisément à cette époque la chute

---

de D. João sur le développement de l'empire (*Obras oratorias*, Rio de Janeiro, 1853, I. p. VI): „*A chegada do Principe Regente ao Brasil foi saudada com o presagio de sua grandeza, e sua futura independencia. Os grilhões coloniaes estalárão um a um entre as mãos do Principe, que a posteridade reconhecerá por o verdadeiro Fundador do imperio do Brasil. As artes, a industria, e o commercio florecêrão á sombra do genio creador deste monarcha generoso, para quem o Brasil era o sonho mais agradavel de sua vida. Tudo que o Brasil possue em estabilicimentos de publica utilidade, teve nelle sua origem. Arsenaes, Academias de marinha, Theatro, Museo, Escola, e Archivo militar, Thesouro, Imprensa, Bibliotheca, Praças publicas, tudo é devido á sua beneficencia, e á sua solicitude. A acção protectora do Principe devia exercer nos espiritos uma poderosa influencia.*"

[1]) V. sur H. J. Da Costa Pereira les *var. ill.* de Pereira da Silva, II. p. 338 —339. Hippolito a publié plus tard à Londres l'*Investigador*, à Rio de Janeiro le *Patriota* et la *Gazeta*, enfin à Bahia l'*Idade d'ouro*. — V. sur les commencements de la presse politique au Brésil et sur l'influence qu'Hippolito exerça au moyen de son *Correio braziliense* Varnhagen, *Hist. do Brazil*, II. p. 350—356.

de Pombal et le règne de D. Maria I avaient amené une réaction aveugle, en sorte que l'université, quelque peu réformée par l'ancien ministre, retomba de nouveau sous l'influence désastreuse de la scolastique: toute aspiration à la liberté fut surveillée et réprimée même à l'aide de l'inquisition. Dans une pareille atmosphère un esprit aussi bien doué et aussi indépendant que celui de Sousa Caldas ne pouvait se sentir à l'aise, et il dit lui-même que de ce temps date la mélancolie qui s'empara de lui [1]). Il chercha alors des consolations dans la poésie et prouva toute l'étendue de son talent par des morceaux aussi accomplis que *Ao homem selvagem* (N° 45) et *As Aves, Noite philosophica*.

Mais ses brillantes facultés et sa supériorité intellectuelle attirèrent sur lui l'attention du gouvernement. Ses opinions, qu'il exprimait trop ouvertement, le rendirent suspect et on l'accusa même de franc-maçonnerie [2]). L'inquisition saisit comme toujours avec empressement l'occasion de persécuter: on emprisonna notre poète, et il ne dut qu'à sa grande jeunesse de n'être puni que d'une relégation de six mois auprès des *Padres Cathequistas de Rilhafoles*, qui entreprirent de le tirer de ses erreurs par des exercices religieux.

Livré au calme du cloître, et sous la direction bienveillante des moines, dont il avait gagné l'amitié par sa modestie et son dévouement, Sousa Caldas étudia avec zèle les Saintes-Ecritures et entendit pour la première fois la voix intérieure qui l'éclaira sur sa vocation. Il conserva une grande reconnaissance pour cette congrégation, et revint souvent plus tard dans son paisible couvent pour s'y recueillir à son aise. Les moines aussi ne tardèrent pas à être assurés des sentiments religieux de leur néophyte, et demandèrent eux-mêmes son élargissement.

Mais ces événements n'avaient fait qu'augmenter le penchant à la mélancolie de Sousa Caldas, et lorsque, bientôt après sa sortie du couvent, il reçut la nouvelle de la mort de son père, il fut saisi d'un chagrin si profond, qu'il dut entreprendre un voyage en France pour se distraire. L'ambassadeur de Portugal à Paris, fils du marquis de Pombal, l'accueillit très-bien et lui fit faire la connaissance des premiers savants de la capitale.

Après son retour en Portugal, Sousa Caldas termina ses études et prit ses degrés. Ses amis lui offrirent une place de juge à Rio de Janeiro, mais sa résolution de prendre les ordres avait mûri, et il partit pour Rome où il comptait recevoir l'ordination. Notre poète décrit lui-même son voyage à Gênes dans une lettre entre-

---

[1]) V. le beau sonnet à le 2de partie, N° 44.
[2]) V. Varnhagen, o. c., II. p. 489.

mêlée de vers adressée à son ami João de Deus Pires Ferreira, et il s'acquitte de sa tâche d'une manière très-originale et très-poétique. Dans l'ode au Créateur, composée dans le détroit de Gibraltar, il annonce et prouve déjà son désir de devenir chantre sacré dans le sens le plus élevé du mot; il s'écrie à la fin de cette hymne grandiose:

>   Meo Senhor e meo Deus,
> Ah! cante a minha voz, antes que eu morra,
> Um hymno de louvor ao vosso nome,
>   Ao vosso nome santo!

A Rome il ne reçut pas seulement les insignes extérieurs de l'apostolat, mais son âme fut remplie de la sainteté de sa vocation de poète religieux. Il en donna les premières preuves dans ses odes *Sobre a necessidade da Revelação, Sobre a existencia de Deus, Sobre a virtude da Religião christãe*; et dans ses cantates *Á Creação* (N° 46) et *Á immortalidade da alma* (N° 47).

A son retour en Portugal il eut l'occasion de prouver que ce n'était pas l'ambition ou l'envie de dominer qui lui avaient fait choisir l'état ecclésiastique, mais bien une vocation intérieure. Le ministre marquis de Ponte Lima lui offrit l'évêché de Rio-Janeiro; et son ami le duc de Lafoens, la riche abbaye de Labriges dont il était patron, mais Caldas refusa. Il aima mieux s'occuper de science et de poésie et faire servir le pouvoir de sa parole à la propagation de la parole de Dieu. Il se mit à prêcher dans plusieurs églises de Lisbonne et expliqua l'Évangile le dimanche dans la chapelle particulière des Caldas avec une éloquence si entraînante, que sa réputation de premier orateur sacré du Portugal fut bientôt faite.

Le désir de revoir sa mère décida Caldas à retourner à Rio de Janeiro en 1801. Il revit cependant le Portugal en 1805, mais le quitta pour toujours, lorsque la cour en fut chassée (1808). Au Brésil il continua à prêcher. L'enthousiasme dont il était pénétré, la force de sa parole, la pureté et l'harmonie de sa diction exerçaient une influence vraiment merveilleuse sur ses auditeurs, dont le nombre s'accrut avec sa réputation. Il prêchait de préférence dans la chapelle de Sancta Rita, où il avait été baptisé.

Ce fut aussi au Brésil qu'il termina l'oeuvre capitale de sa vie, sa célèbre traduction en vers des Psaumes. Il écrivit en outre, à l'imitation des lettres persanes de Montesquieu, des épîtres satiriques sur la cour du Brésil. Elles sont pour la plupart perdues [1]).

---

[1]) Quelques-unes cependant ont paru dans la *Rev. do Inst.*, p. ex. XIII, p. 95 et 216.

Malheureusement la faiblesse de sa constitution s'accordait mal avec le travail excessif qu'il s'était imposé. Caldas mourut le 2 mars 1814. L'épitaphe suivante en vers latins et portugais du poète José Éloy Ottoni orne son tombeau dans l'église de Santo Antonio:

> Brasiliae splendor, verbo, sermone tonabat,
> Fulmen erat sermo, verbaque fulmen erant.

> Do Brasil esplendor, da patria gloria,
> Discorrendo, ou fallando trovejava,
> O discurso, a dicção, a essentia, a forma
> Tão veloz como o raio s'inflammava.

Les traits de dévouement qu'on connait de lui et sa bienfaisance extrême prouvent que ce n'était pas seulement des lèvres qu'il prêchait la religion de l'amour [1]).

Il n'a paru de ses oeuvres poétiques que deux volumes (Paris, 1820—21. 8°) publiés aux frais de son neveu Antonio de Souza Dias et revus par son ami d'enfance, le poète portugais Garção-Stockler. Le premier contient la version des Psaumes et une introduction de ce dernier écrivain sur la langue et la poésie des Hébreux; le second un choix des poésies originales de Caldas avec des notes de Stockler. Il a paru à Coïmbre en 1836 (2 vol. 12°) une contrefaçon des poésies seules.

Il ne faut pas oublier que Caldas, en se vouant à l'état ecclésiastique, livra aux flammes beaucoup de ses productions, entre autres deux tragédies. Quant à ses sermons, un petit nombre seulement a été conservé manuscrit.

Les poésies de Caldas occupent un rang éminent dans l'histoire de la littérature brésilienne, non seulement pour leur valeur poétique absolue, mais surtout parce que leur auteur osa le premier si ce n'est dans la forme, du moins dans le fond, se délivrer des entraves du classicisme et se produire ouvertement comme poète chrétien. On remarque à chaque pas que ce sont la Bible et les inspirations sublimes des Pères de l'Église qui l'ont formé.

C'est aussi pourquoi ses poésies se distinguent moins par l'imagination, la ferveur mystique et l'harmonie des vers que par leur conception d'une simplicité grandiose, leur ton prophétique et leurs

---

[1]) V. ses biographies par J. da Cunha Barbosa dans la *Rev. do Inst.*, II. p. 127—132; — Pereira da Silva, *os var. Ill.*, II. p. 187—226; — Varnhagen, o. c., II. p. 489—491; — Inn. Franc. da Silva, *Diccion. bibliogr.*, I. p. 231—232.

belles proportions. Sousa Caldas emploie encore avec succès dans ses compositions les plus considérables les formes classiques, par ex. les strophes pindariques. Semblable à Klopstock il est pénétré de l'esprit chrétien, et se rapproche de l'antique comme le chantre de la Messiade.

Un grand nombre de ses versions des psaumes sont même conçues dans un rythme emprunté à l'antiquité, ce qui ne les a pas empêchées de prendre la première place parmi les traductions portugaises des oeuvres du roi-poète.

Semblable à un sculpteur antique Caldas avait modelé la figure sublime du christianisme dans un marbre brillant mais froid; son compatriote et contemporain Frei Francisco de São Carlos au contraire revêt les extases mystiques de la dévotion de tout le charme du coloris le plus vif, dans sa peinture de l'Assomption de la Vierge.

Né à Rio de Janeiro le 13 août 1763 il entra à treize ans comme novice au couvent des Franciscains *da Immaculada Conceição*, car dès son enfance il avait montré un grand penchant pour la vie calme du cloître et beaucoup d'aspirations religieuses. Ses talents et son zèle le firent bientôt remarquer, et, à peine âgé de dix-neuf ans, on l'envoya au couvent de *São Boaventura* dans la ville alors florissante de Macacú, où il reçut les ordres. Il y vécut plusieurs années dans la plus profonde retraite, employant les loisirs que lui laissait l'étude de la théologie, à lire les principales productions poétiques qu'il put se procurer, et vers lesquelles ses goûts l'entraînaient déjà à cette époque. Mais avant tout il se prépara aux fonctions de prédicateur, qui mirent plus tard le sceau à sa réputation.

Bientôt après son retour à Rio de Janeiro, S. Carlos s'acquit une popularité extraordinaire grâce à ses sermons pleins d'élan et d'onction, à sa diction entraînante, à l'harmonie de son langage et de sa voix, enfin à sa figure avenante et expressive. C'est aussi pourquoi il fut nommé en 1801 professeur d'éloquence sacrée. Lorsqu'en 1808 la cour émigra au Brésil, Frei São Caldas eut l'occasion de prêcher devant le prince-régent, qui subjugué par son éloquence extrême, le nomma sur-le-champ son prédicateur particulier.

Mais ni le luxe de la cour, ni sa popularité ne purent le faire renoncer à son amour de la retraite. Tant que ses forces le lui permirent, il remplit ses importantes fonctions avec le plus grand zèle et avec un succès toujours croissant; puis il se retira dans sa cellule, et, occupé seulement d'exercices religieux et de la correction de son épopée sur la Vierge, il mourut en paix le 6 mai 1829 ¹).

De tous ses travaux poétiques il ne publia que son poème épique *A Assumpção da Santissima Virgem*, en 1819.

Lorsque son confrère Frei Francisco do Monte Alverne, célèbre aussi comme prédicateur, vint le voir peu de temps avant sa mort, São Carlos tira de dessous son oreiller un exemplaire de ce poème, lui montra les nombreuses additions et corrections qu'il y avait faites de sa main pour lui prouver combien il avait eu égard à la critique, exprima ses regrets de ne pas voir paraître la seconde édition et lui raconta de la manière suivante comment l'idée de cette épopée lui était venue:

„Pendant les longs loisirs que me laissait mon gardiennat je commençai par dévotion et par amusement (*por devoção e desenfado*) à composer quelques hymnes à la Vierge; c'était purement un exercice de piété (*era uma pura devoção*). Après avoir rempli quelques feuillets, je sentis en moi l'innocent désir de réunir tous ces chants en un corps et de leur donner une forme plus étendue et plus digne de ma dévotion. De cette manière je parvins à employer noblement (*nobremente*) mon temps tout en l'abrégeant, et trouvai en même temps moyen de mettre au jour les mouvements de mon âme et mon patriotisme. Cependant je ne songeais nullement à faire un poème et encore moins à le publier (*não havia idea de poema, e muito menos de publicação*).

L'oeuvre s'accrut avec mon désir de l'embellir par quelques descriptions du Brésil, par quelques peintures de notre beau pays (*a embellezar com algumas descripções brazileiras, com algumas pinturas do nosso bello paiz*). A ma rentrée au couvent je la montrai à quelques-uns de nos pieux frères, la fis voir aussi à quelques laïques distingués, et tous m'encouragèrent à la publier. C'est bien plus le désir de donner une preuve de ma dévotion qu'une vaine gloriole qui m'a fait suivre leurs conseils; vous savez du reste vous-même que ma vie a toujours été une fidèle image de mon âme ²)."

---

¹) V. ses biographies par Pereira da Silva dans la *Rev. do Inst.*, X. p. 524—542, et dans ses *var. ill.*, II. p. 227—248; — v. Varnhagen, o. c., II. p. 513—515; — I. Fr. da Silva, *Diccionario*, II. p. 362—364.

²) D'après le mémoire de Monte Alverne communiqué par M. de Araujo Porto Alegre dans la *Rev. do Inst.*, X. p. 544—545. — D'après ce même mémoire il a été impossible jusqu'ici d'obtenir pour le publier cet exemplaire du poème, dont l'auteur voulait faire une seconde édition et qu'il avait légué à sa soeur — V. aussi I. Fr. da Silva, ouvr. c., p. 363, qui parle de la tentative infructueuse que fit le chanoine Januario da Cunha Barbosa, pour obtenir de la soeur de S. Carlos cet exemplaire, qui devait se publier. — La première édition est devenue fort rare.

Dans la préface il dit de même: „Le poème que je livre à la publicité n'est qu'un jeu de mon imagination (*um brinco da minha phantasia*) sur la première fête en l'honneur de la Vierge, fête à laquelle dès ma plus tendre enfance j'ai voué une dévotion particulière. Puis pour donner plus de carrière à ma piété et pour mieux l'entretenir, je cherchai à lui donner l'apparence d'un poème épique en y ajoutant une invocation, une narration suivie et des épisodes (*procurei dar-lhe um arremedo ou sombra de poema epico, admittindo invocação, narração e episodios*)."

Ces données certainement naïves de l'auteur sur la première idée de son poème sont très-caractéristiques et nous fournissent le moyen de juger son oeuvre, car il en ressort que São Carlos n'a réuni que plus tard en un tout ses inspirations lyriques et que leur forme épique est plutôt le résultat du hasard. Il ne faut donc la considérer que comme un cadre renfermant un certain nombre d'épanchements lyriques et de descriptions poétiques, et se garder d'en vouloir faire une épopée, genre littéraire que le sujet lui-même n'aurait guère permis.

Une courte analyse de cette oeuvre montrera le mieux combien il était difficile de lui donner une couleur épique et comment le poète a résolu ce problème. Le poème est divisé en huit chants. Le premier contient outre une invocation, où l'auteur supplie l'Église d'être sa muse[1]), la description de l'Assomption de la Vierge. Les apôtres la rencontrent sur le chemin du ciel, la saluent par des hymnes de joie et d'amour et la font monter sur un magnifique char de triomphe, où elle fait son entrée en paradis. L'auteur dépeint aussi l'habillement de la Vierge et les emblèmes sacrés que les anges avaient mis à sa ceinture.

Le second chant nous raconte la conjuration de Lucifer et de ses compagnons jaloux de la gloire et du triomphe de la Vierge. Elle doit éclater pendant que les anges la portent en paradis, mais il sont vaincus par l'archange Michel qui se hâte de détruire les piéges qu'ils ont tendus.

Le troisième chant contient la peinture du paradis, pour laquelle la nature enchanteresse de la patrie du poète lui a fourni ses plus riches couleurs, et donné l'occasion de montrer tout son patriotisme.

Dans les chants quatrième, cinquième et sixième la Vierge et l'archange Michel racontent la proclamation de l'Évangile par les

---

[1])   E tu, Igreja, tu, nunca invocada,
       Musa do Ceo, de estrellas coroada,
       N'esta vida escabrosa, e tão confusa,
       Ah! Digna-te de seres minha Musa.

apôtres, les persécutions qu'eut à subir l'Église chrétienne dans les premiers temps, et prophétiquement sa diffusion sur toute la terre. Les épisodes de la vie et de la passion de Jésus ainsi que la description de Rio de Janeiro sont remarquables en ce qu'ils témoignent de l'enthousiasme religieux et patriotique du poète.

Le septième chant décrit une nouvelle révolte des esprits infernaux et leur défaite par les anges sous le commandement de l'archange Michel.

Le huitième enfin nous montre la Sainte-Vierge triomphante, admise dans la demeure de Dieu et reposant dans les bras de son fils; la voûte du ciel retentit d'hymnes d'allégresse et à ses pieds se prosternent les étoiles, les fleuves et les mers, qui reconnaissent son pouvoir.

On voit par cette analyse qu'à la vérité le poète n'a pas réussi à prêter de l'intérêt et de la vie épique à un sujet d'un mysticisme aussi transcendental, qu'à ce point de vue la composition est monotone, recherchée, forcée et dénuée d'action, enfin que les épisodes n'ont qu'un lien très-faible avec le sujet principal. Le poème en outre se compose de vers à rimes plates, dont l'emploi finit par fatiguer (il a 7284 vers), et a entraîné le poète à plusieurs fautes de prosodie et de langage.

Si malgré ces défauts l'oeuvre de São Carlos jouit d'une grande célébrité chez ses compatriotes [1]), cela vient uniquement des beautés de détail qu'elle renferme. Les parties lyriques et les descriptions sont le domaine de notre poète. Dans les premières les épanchements d'un pieux enthousiasme ne manquent jamais leur effet, parcequ'ils sont vrais; dans les secondes au contraire l'auteur a su agir sur ses lecteurs par les brillantes couleurs de ses tableaux et par les images patriotiques qu'il leur présente. C'est par là qu'il est original et populaire et qu'il a exercé une influence durable sur le développement des lettres brésiliennes.

Nous donnons comme spécimens (N° 48[a,b]) la description du paradis tirée du troisième chant, et celle de Rio de Janeiro tirée du sixième.

Quant aux sermons de São Carlos, la plupart ne sont pas parvenus jusqu'à nous parcequ'ils ont été improvisés. Ce fait et le peu qui en a été imprimé prouvent combien était méritée la grande réputation d'éloquence de cet écrivain [2]).

---

[1]) V. par ex. les louanges, il est vrai, quelque peu exagérées de Pereira da Silva (*Os var. ill.*, II. p. 233, 240), et de Norberto de Souza Silva (o. c., p. 86—87); — M. de Varnhagen, ce critique si sobre, dit aussi (o. c., I. p. XLVIII): „*Na assumpção ha mais poesia que no Uruguay e no Caramurú.*"

[2]) V. p. ex. les spécimens de l'oraison funèbre de la reine Dona Maria I,

José Éloy Ottoni fait aussi partie de l'école chrétienne et se rapproche plus de Sousa Caldas que de São Carlos.

Il naquit le 1 décembre 1764 au bourg de Principe, maintenant devenu ville sous le nom de Serro dans la province de Minas Geráes. Son grand-père qui était Gênois s'enfuit en Portugal au commencément du siècle passé et acheta en 1723 la bourgeoisie de la ville brésilienne de S. Paulo. Son père, fondeur d'or peu riche mais laborieux, voulut donner à ses nombreux enfants une éducation soignée. Il envoya donc José Éloy qui avait déjà fréquenté l'école de Tejuco, au collége de *Catas Altas*, établissement célèbre alors. Notre poète s'y distingua bientôt tellement que le directeur le chargea de l'aider dans l'enseignement de la grammaire latine.

Cependant le père de José Éloy avait acquis par son travail de quoi envoyer son fils dans le pays de ses ancêtres. Celui-ci trouva en Italie une excellente occasion de se livrer à son étude favorite, celle de la littérature romaine. Il essaya ses forces dans une traduction en vers des Géorgiques de Virgile; cet ouvrage est perdu. Mais Rome excita aussi en lui des sentiments religieux si ardents qu'à plusieurs reprises il fut saisi du désir d'embrasser l'état ecclésiastique. Il n'exécuta cependant pas ce projet et retourna dans sa patrie par Lisbonne. Ne sachant comment gagner autrement sa vie, il accepta une place de professeur de latin au bourg de Bom Successo (maintenant Minas Novas). Bientôt après en 1791 ou 1792 il épousa D. Maria Rosa do Nascimento, fille du colonel Manoel José Esteves.

Mais les troubles occasionnés par la haute-trahison de Minas et sa mauvaise situation pécuniaire lui rendirent très-pénible le séjour de Minas Novas. Son traitement n'avait pas été payé depuis plusieurs années et il s'était vu forcé de vivre aux dépens de son beau-père. José Éloy se décida alors à se séparer des siens, et à se rendre à Lisbonne où il espérait obtenir si non une meilleure place, du moins le paiement de son arriéré.

Il mena dans la capitale la vie misérable de solliciteur, embellie seulement par le commerce des poètes portugais les plus distingués. Il se lia assez étroitement avec plusieurs d'entre eux, et devint bientôt leur émule. José Éloy était ami intime de Bressani et de Barbosa du Bocage, avec qui il fonda une espèce d'*Arcadie*, qui leur fit passer de délicieuses soirées. Il gagna en outre l'amitié du comte d'Arcos, et de son compatriote Francisco Villela Barbosa plus tard marquis de Paranaguá. Avant tout il faut mentionner

---

donnés par Pereira da Silva (o. c., p. 246—248). Les deux discours de S. Carlos, publiés ont été cités par I. Fr. da Silva (o. c., p. 363).

ici ses relations presque tendres avec la comtesse d'Oyenhausen, marquise d'Alorna, qu'il a chantée dans de nombreuses poésies. Quant à Sousa Caldas, dont notre poète devait plus tard suivre les traces, il le connut probablement, lui adressa des épîtres poétiques et célébra sa mémoire en vers portugais et latins.

Par ces jouissances poétiques il cherchait à apaiser son désir de revoir les siens, désir auquel nous devons quelques beaux sonnets¹), et à se consoler du peu de succès de ses démarches. Avec cela il devait gagner sa vie à l'aide de ses amis et d'un cours d'éloquence, que vinrent applaudir ses nombreux élèves et l'élite du monde littéraire.

Peu de temps avant l'invasion des Français, il reçut à la vérité une place de secrétaire de l'ambassade de Madrid; mais comme il prévoyait la tendance anti-nationale de son chef, le comte d'Ega, il donna sa démission et retourna au Brésil. Là, quoiqu'une suite de dialogues intitulés *Os amigos da virtude* n'eût laissé aucun doute sur ses sentiments patriotiques, sa fidélité devint suspecte à la cour qui était alors à Rio de Janeiro, et toutes ses sollicitations demeurèrent infructueuses.

Ce fut alors que José Éloy chercha et trouva des consolations dans l'étude des Saintes-Écritures. Il commença sa version des Psaumes, composa des cantiques dont il publia quelques-uns dans des journaux, entre autres dans la „*Tribuna Catholica*", traduisit enfin le *Stabat mater* et le *Miserere*. Dans une *glossa* de cette dernière hymne sur le passage suivant: *Domine, labia mea aperies, et os meum nuntiabit laudem tuam*, il exprima déjà alors le projet de s'occuper à l'avenir presque exclusivement de poésie sacrée. Nous la donnons (N° 49) parcequ'elle caractérise très-bien les sentiments du poète et qu'en outre elle nous dévoile toutes les beautés de son style.

José Éloy écrivit, il est vrai, plus tard encore quelques poésies érotiques et des épigrammes, mais il attachait si peu d'importance à ces productions qu'il les jeta toutes au feu peu de temps avant sa mort.

Depuis 1811 il s'occupa pendant son séjour à Bahia dans la maison de son ami le comte d'Arcos, de la traduction des Proverbes de Salomon en *Redondilhas*. Cet ouvrage fut publié en 1815 et eut tant de succès, surtout comme livre de classe, qu'on en fit plusieurs éditions ²).

---

¹) V. dans l'ouvrage cité de Varnhagen, III. p. 89.
²) „*Parafraze dos Proverbios de Salomão em verso portuguez, dedicada ao Serenissimo Principe da Beira nosso Senhor, por José Eloy Ottoni*. Bahia, 1815,

Ce fut alors qu'il commença la traduction en vers du livre de Job; mais il employa tant de veilles à cet ouvrage, qui est son chef-d'oeuvre, qu'il n'en vit pas la publication. Son neveu et biographe Theophilo Benedicto Ottoni et le chanoine J. C. Fernandes Pinheiro se chargèrent de ce soin, en sorte que ce livre ne parut qu'en 1852 [1]).

Ces travaux n'empêchèrent pas cependant José Éloy de prendre une part active à la régénération de sa patrie, et de la chanter. Ce fut même à un sonnet politique improvisé qu'il dut sa réhabilitation et une position assurée. Lorsque le 26 février 1821 le roi Jean VI, après la publication du décret annonçant sa résolution de sanctionner d'avance la constitution que les cortès de Lisbonne allaient adopter, parut le soir au théâtre S. João à Rio de Janeiro, José Éloy entraîné par l'enthousiasme général, récita en sa présence le sonnet que nous donnons à la seconde partie (N° 50). Ce fait lui valut son élection à la chambre des députés de Lisbonne et à son retour en 1825 une place d'*official* au ministère de la marine, que lui offrit son ami le marquis de Paranaguá, alors ministre. Mais l'empereur ne voulut d'abord pas sanctionner cette nomination. Le poète, qui devinait la cause de ce refus, se hâta de changer dans son sonnet un passage qui avait pu déplaire au monarque. Il effaça les mots *invicta mão*, qui désignaient l'empereur comme chef du parti révolutionnaire d'alors et les remplaça par *providencia*. Dès lors plus d'obstacle et il reçut la sanction impériale comme *justificadissimo*.

Ce poste d'*official*, richement doté, lui procura une aisance assez grande et le mit en état de rendre à ses amis l'argent que ceux-ci lui avaient prêté pendant ses vingt années de misère. Il eut en outre le loisir de continuer avec zèle ses études sur la Bible et ses traductions. Il n'interrompait ces travaux, but suprême de sa vie, que pour donner essor à ses sentiments patriotiques, comme par exemple dans le beau sonnet à l'indépendance du Brésil (N° 51), ou par reconnaissance pour l'empereur D. Pedro, dont il était devenu le poète favori et qu'il célébrait fréquemment.

C'est dans ces douces occupations que s'écoulèrent les vingt-six

---

8°, avec le texte de la Vulgate. Nouvelle édition, Rio de Janeiro, 1841, 8°; sans le texte latin.

[1]) „*Job traduzido em verso por J. E. Ottoni, e precedido primeiro de um discurso sobre a poesia em geral, e em particular no Brasil pelo Conego J. C. Fernandes Pinheiro;* 2° *de uma Noticia sobre a vida e poesias do Traductor pelo senhor Theophilo Benedicto Ottoni.* 3° *de um prefacio, extrahido da versão da Biblia por de Genoude.* Rio de Janeiro, 1852, 8°. — Nous avons surtout consulté cette biographie, qui a aussi paru à part. V. *Rev. do Inst.*, XVIII. supplém. p. 23.

dernières années de la vie de José Éloy. Il mourut à un âge très avancé le 3 octobre 1851.

Il a publié lors de son séjour à Lisbonne plusieurs d'entre ses poésies originales [1]), mais elles ne s'élèvent guère au-dessus des poésies de circonstance du temps. Ce n'est que par les productions patriotiques et religieuses qu'il s'est fait un nom dans la littérature du Brésil et qu'il a acquis une influence durable sur son développement.

---

[1]) Voyez les titres de quelques-unes d'entre elles dans le *Diccionario* de I. Fr. da Silva, IV. p. 310—311; — dans Varnhagen, ouvr. cité, III. p. 302; — et des spécimens dans le même ouvrage, p. 25—41 et 303—309; ainsi que dans Pereira da Silva, *Parnaso*, II. p. 142—157.

CHAPITRE X.

JOSÉ BONIFACIO DE ANDRADA E SILVA; — FRANCISCO VILELLA BARBOSA, MARQUIS DE PARANAGUÁ; — MANOEL ALVES BRANCO, VICOMTE DE CARAVELLAS; — DOMINGOS BORGES DE BARROS, VICOMTE DA PEDRABRANCA; — PAULO JOSÉ DE MELLO AZEVEDO E BRITO.

Nous mettons en tête des écrivains de cette période, dont il nous reste à parler, José Bonifacio de Andrada e Silva, parcequ'en sa qualité de savant, de poète et d'homme d'État, par sa vie si longue et si occupée, il a exercé l'influence la plus prononcée sur le sort de sa patrie. Sa biographie est en un mot l'histoire du Brésil à cette époque. C'est avec raison que Varnhagen (ouvr. cité, II. p. 655) dit de lui: „Le nom de José Bonifacio a tellement retenti au Brésil, en Portugal et dans toute l'Europe, il est tellement mêlé à tout ce qui s'est fait dans le domaine de la politique, de la littérature et des sciences, que sa vie embrasse l'histoire de toute une grande période, d'abord le mouvement littéraire du Portugal, puis les annales du Brésil."

José Bonifacio, un des nombreux fils du colonel Bonifacio José de Andrada et de D. Maria Barbara da Silva, naquit le 13 juin 1763 [1]) à Santos, petite ville de la province de São Paulo. Il fit ses premières études sous la direction de l'évêque D. Manoel de Resurreição, son protecteur, qui sut apprécier son zèle et ses talents, et le destinait à l'état ecclésiastique. Mais son père l'envoya déjà en 1780 à Coïmbre pour y étudier le droit. Le jeune José Bonifacio ne se borna pas à cette étude, et s'appliqua aux sciences naturelles, en sorte qu'au bout de six ans il obtint le grade de bachelier dans les deux facultés. La part qu'il prit à la satire *O Reino da Estupidez* de son ami Mello Franco (voyez plus haut) nous prouve que déjà alors il avait fait quelques essais de poésie.

---

[1]) I. Fr. da Silva, *Diccionario*, IV. p. 276, donne 1763 comme l'année de sa naissance, en remarquant expressément que la date de 1765, donnée par le Dictionnaire général de biographie de MM. Dezobry et Bachelet (Paris 1857. I.) repose sur une erreur. Cette dernière donnée se retrouve du reste aussi dans Pereira da Silva, *os var. ill.*, II. p. 249.

José Bonfacio se rendit alors à Lisbonne, avec une lettre de recommandation pour le duc de Lafões. Celui-ci ne tarda pas à apprécier les talents de José Bonifacio et le fit recevoir membre de l'Académie des sciences. Sur la proposition de ce corps le gouvernement l'admit au nombre des savants qui parcouraient l'Europe aux frais de l'État pour faire des études d'histoire naturelle. José Bonifacio se montra digne de cette confiance. Il suivit les leçons des plus célèbres naturalistes du temps et se voua à la science avec tant d'ardeur que les commotions politiques d'alors ne purent l'en distraire. Il se fit en outre bientôt connaître par des mémoires publiés dans des journaux français et allemands, entra en correspondance avec un grand nombre d'érudits et fut reçu membre de plusieurs sociétés savantes. Ce ne fut qu'en 1800 après dix années de voyages qu'il revint en Portugal, où sa réputation l'avait précédé. Le ministre comte de Linhares lui fit l'accueil le plus flatteur et lui donna la chaire de géognosie à l'université de Coïmbre, et la charge d'intendant-général de mines du royaume. En cette qualité il fit sur les mines de charbon et d'or entre autres des recherches pratiques importantes, qu'il présenta à l'Académie en 1809, et qui parurent plus tard dans les comptes-rendus de ce corps (par ex. dans les années 1813, 1815, 1818).

Cependant les armées de Napoléon avaient envahi le Portugal, chassé la famille royale et occupé le pays. José Bonifacio se joignit au parti décidé à repousser l'usurpateur les armes à la main. Il réunit à Thomar où il se trouvait alors, la jeunesse portugaise, partit avec elle pour Coïmbre, dont les étudiants vinrent renforcer sa troupe. Il se mit lui-même à la tête de ce bataillon et vola au secours de l'armée régulière.

Après la défaite des Français et la capitulation de Cintra José Bonifacio fut nommé intendant de la police d'Oporto, et s'acquitta de ces fonctions si difficiles de manière à réprimer la fougue des partis et à les réconcilier.

Mais après l'expulsion complète des Français José Bonifacio se retira dans une villa près de Coïmbre et recommença ses études, surtout celles de botanique. En 1812 l'académie de Lisbonne le choisit pour son secrétaire. Il resta en Portugal jusqu'en 1819, voyant toujours sa gloire s'accroître par les nombreux mémoires qu'il publiait sur les diverses branches des sciences naturelles et de l'agronomie. Alors il fut saisi d'un violent désir de revoir sa patrie et sur sa demande le gouvernement lui accorda un congé en lui conservant toutes ses dignités.

Dans la province de São Paulo, son pays natal, il s'occupa d'abord de travaux métallurgiques et envoya aux académies de Paris et de Berlin des mémoires écrits en français et en allemand sur les nouveaux minéraux découverts par lui et sur les propriétés des différentes espèces de fer. Mais bientôt les événements politiques qui agitaient le Brésil ne manquèrent pas d'entraîner un patriote aussi chaud que José Bonifacio, et de lui faire négliger la science. Il échangea donc la vie paisible du savant contre l'existence orageuse de l'homme de parti. Comme en Portugal nous voyons partout dans cette nouvelle phase de sa vie sa voix exercer l'influence la plus prépondérante sur la formation de l'empire brésilien.

La constituante de Lisbonne persistait à vouloir le retour en Portugal du roi et de l'héritier du trône; elle persistait dans ses décrets du 29 septembre 1821 à demander le rétablissement du *statu quo* avant 1808, sans avoir égard aux circonstances produites par l'élévation du Brésil au rang de royaume (*reino*) avec les mêmes droits que le Portugal (1815), et par le séjour de la cour dans ce pays. Bientôt il s'organisa au Brésil un parti décidé à résister au despotisme aveugle des libéraux portugais. Ce parti que soutenaient le sentiment national qui venait de se réveiller et les justes désirs d'émancipation qui se faisaient jour partout dans l'ancienne colonie, attira invinciblement José Bonifacio. Bientôt il fut nommé vice-président de la junte qui s'était formée dans la province de São Paulo. Lorsque le 24 décembre 1821 on y reçut la nouvelle des mesures prises par les cortès pour faire rentrer le Brésil dans l'obéissance, José Bonifacio réunit chez lui les membres de la junte, et les engagea à prier dans une adresse le prince-régent de ne pas faire exécuter ces décrets. Ce fut lui qui fut chargé de la rédaction de cet écrit qui fut signé par la junte et envoyé à Rio de Janeiro [1]). La province de Minas suivit cet exemple et s'éleva en masse contre les décisions des cortès. Rio de Janeiro, qui naturellement en aurait été atteint tout d'abord, se mit à la tête du mouvement et José Clemente Pereira, président du sénat communal, (*Senado da camara*) demanda (le 2 janvier 1822) au nom de tout le peuple au régent de rester dans le pays „pour le bien de tous et la félicité générale de la nation" (*para bem de todos e felicidade geral da nação*). On ne voulait pourtant pas encore proclamer l'indépendance et la majorité était encore pour l'union avec le Portugal, mais cette proclamation n'était plus qu'une question de temps et une simple formalité: l'indépendance existait déjà de fait depuis 1808.

C'est ce qu'avait reconnu le prince-régent et uniquement pour

---

[1]) V. Varnhagen, *Hist. do Brazil*, II. p. 419—421; — Handelmann, o. c., p. 786.

conserver le Brésil à la dynastie, il résolut de rester et de sauvegarder les intérêts du pays contre les décisions hostiles des cortès. Pour en donner une preuve il nomma le 16 janvier 1822 José Bonifacio qui était venu de São Paulo comme président de la députation de cette province, ministre de la justice, de l'intérieur et de l'extérieur, et plus tard son frère Martim Francisco [1]) ministre des finances. Les deux frères exercèrent dès lors par leur propre personne et leurs liaisons avec les sociétés secrètes la plus grande influence sur le cabinet de D. Pedro et les événements qui suivirent.

Ainsi sur le conseil de José Bonifacio on convoqua une sorte de parlement, composé des procureurs-généraux des provinces du Brésil. Les séances s'ouvrirent le 16 février 1822. Ce corps n'était pas encore, il est vrai, une assemblée constituante, mais il en renfermait les germes en ce qu'il avait la forme d'un conseil d'État et la préséance sur toutes les autres autorités.

Le 3 juin 1822 D. Pedro convoqua la constituante, et comme les cortès de Lisbonne persévéraient dans leur attitude hostile, et menaçaient de soumettre le Brésil par la force des armes, le prince-régent prononça ouvertement dans la plaine d'Ipiranga le 7 septembre 1822 la parole célèbre qui faisait du Brésil un empire indépendant.

D. Pedro retourna donc à Rio de Janeiro comme empereur constitutionnel du Brésil, et après l'expulsion des troupes portugaises restées à Bahia, à Maranhão, à Pará et à Montevideo, le pays entier des frontières du Pará aux rives du Rio da Prata le reconnut comme tel. Tous les partis avaient oublié leurs discordes pour se réunir contre les Portugais; José Bonifacio resta fidèle à l'empereur, le seconda énergiquement et dirigea comme ministre toutes les réformes. Mais après la réunion des Chambres le 17 avril les débats relatifs à la constitution amenèrent bientôt des dissensions. Les partis se dessinèrent et commencèrent à se combattre avec toute l'ardeur qu'on devait attendre de gens sans expérience parlementaire et par-dessus le marché méridionaux. Deux partis surtout se firent une opposition acharnée: celui de la monarchie et de la centralisation, et celui qui demandait une constitution démocratico-fédéraliste. José Bonifacio, quoique ministre et ami de l'empereur, se mit à la tête de ce dernier, qui avait la majorité. L'autre parti ne laissait cependant pas d'être à craindre, ce qu'il devait à la fermeté, à la bonne entente et à la probité de ses représentants. José Bonifacio le combattit avec toute l'énergie et la passion dont il était susceptible; il se laissa même entraîner à se servir d'une populace exaltée

---

[1]) Martim Francisco passe pour le premier orateur parlementaire du Brésil.

pour forcer l'empereur à déporter contre toutes les lois les Joaquim Gonsalves Ledo, les José Clemente Pereira et les Januario da Cunha Barbosa. Comme il arrive ordinairement que la démocratie, une fois au pouvoir, en use beaucoup plus arbitrairement que l'absolutisme, José Bonifacio organisa un despotisme, plus lourd encore que celui du système colonial. Mais plus il se passionnait, plus le nombre de ses ennemis devenait grand. Ce ministre nous prouve une fois de plus que les passions politiques sont les plus violentes et les plus mauvaises, qu'elles éblouissent et gâtent les esprits les plus lucides et les plus cultivés, et qu'elles entraînent un caractère noble au fond et ne voulant que le bien public, aux mesures les plus condamnables et les plus nuisibles.

Les violences du ministère José Bonifacio grandissaient ainsi avec l'opposition qu'on lui faisait. Enfin l'empereur se décida à lui donner sa démission et à le remplacer par un conseil plus modéré et plus conciliateur. Les dangers extérieurs s'étaient dissipés et il s'agissait de faire suivre au pays une voie de développement plus calme et moins précipitée.

Cette démission que José Bonifacio reçut le 17 juillet 1823, blessa profondément son amour-propre et fut pour lui un puissant stimulant de plus de se mettre à la tête de l'opposition et de faire au nouveau ministère une guerre acharnée. Cette opposition réunissait toutes les nuances du parti démocrate, qui, au lieu d'avancer le grand oeuvre de la constitution, saisissait toutes les occasions d'entraîner le ministère dans des discussions sans fin.

Pour mettre un terme à cette folle agitation, l'empereur se décida enfin à prononcer la dissolution de la constituante, qui s'était montrée incapable, et à octroyer une constitution. Le 12 novembre 1823, jour de la dissolution, l'empereur fit en même temps arrêter José Bonifacio, son frère et ses amis, qui furent transportés en France sur la *Luconia*.

Cette démarche était arbitraire, il est vrai, et dictée seulement par les égards dûs au bien du pays, mais José Bonifacio dut n'y reconnaître qu'une juste punition du sort qu'il avait fait subir aux autres. On ne peut douter qu'il ne fût animé des meilleures intentions pour le bien de la patrie ou du moins pour ce qu'il décorait de ce nom, mais il ne sut pas avoir égard à la distance qui séparait la réalité de son idéal; le choix de ses moyens était en outre immoral, et même aussi illégal qu'imprudent. Il a rendu de grands services à son pays, tant qu'il s'est agi de conquérir son indépendance par l'enthousiasme et l'énergie, de conduire hardiment le vaisseau de l'État à travers les écueils. Mais dès qu'il fut question de jeter l'ancre, d'en rappeler l'équipage à la discipline et à l'ordre, et de soumettre les mutins à la domination des lois, il se mit lui-même de leur côté et, pour atteindre un pur idéal, repoussa de ses propres mains le vaisseau dans la région des tempêtes. Les trois Andrada, José Bonifacio et ses deux frères, n'en ont pas moins la gloire d'être nommés en première ligne parmi les fondateurs de l'indépendance brésilienne.

C'est ainsi qu'un homme qui s'était fait une réputation de savant et qui était retourné dans sa patrie pour en jouir en paix, avait été entraîné par son patriotisme à interrompre ses études pour se mettre à la tête d'une révolution, et être porté par ses flots jusqu'aux plus hautes dignités de l'État. Tout cela pour perdre l'équilibre, redescendre, retourner en Europe, et chercher la paix sous l'égide de cette même science si longtemps délaissée.

Arrivé en France José Bonifacio se fixa à Bordeaux. Ce fut là que dans les tristes loisirs de l'exil, consumé du désir de revoir sa patrie et abreuvé de déceptions, il devint poète. La science avait développé son esprit et lui avait appris à sonder les secrets de la nature, la politique avait éveillé sa soif d'activité et enflammé ses passions, la poésie devait lui faire connaître son propre coeur, le purifier et l'élever au-dessus des déceptions de la réalité. Il chanta les souffrances et les joies de l'amour, se plongeant quelquefois tout entier dans les jouissances du présent et s'élevant jusqu'au dithyrambe. Il chanta les douleurs de l'exil, s'enthousiasma pour la liberté et prêta même des accents à son chagrin et à son indignation.

Les poésies de José Bonifacio sont, il est vrai, pleines d'allusions mythologiques; elles sont conçues dans le goût soi-disant classique et souvent entachées d'enflure; mais dans plusieurs percent la simplicité et le caractère énergique de leur auteur. Citons sous ce rapport ses odes patriotiques et politiques comme celle intitulée *Aos Gregos* et *Aos Bahianos* (v. N° 52 et 53). C'est dans cette dernière [1]), comme dans celle *Ao poeta desterrado* qui n'est pas moins

---

) L'empereur avait octroyé une constitution qui n'était pas tout-à-fait ce que voulait José Bonifacio, mais qui cependant était passablement démocratique. Il y avait bien deux chambres, celle des sénateurs et celle des députés, mais toutes deux étaient élues par le peuple, et les membres de la seconde recevaient aussi un traitement de l'État. En vertu de cette constitution les électeurs de la province de Bahia avaient élu deux fois José Bonifacio député malgré son bannissement, dans le but de lui prouver qu'on ne l'avait pas oublié dans sa patrie. C'est ce qui occasionna l'ode dont nous venons de parler. Pereira da Silva en parle en ces termes (var. ill., II. p. 286): *„Ha um defeito todavia n'esta ode tão ricca de poesia, de sentimento e de metrificação: é o despeito do proscripto, que traduz-se em maldição; é uma dose demasiada de fel que transborda o vaso e descobre o coração amargurado, que vai, sorvendo-o de trago em trago até que locuplete-se; é um grito profundo de dôr e de desesperação que parece levar a sonda*

elle, que nous reconnaissons le mieux l'état de l'âme du poète à
ette époque, ses aspirations vers la patrie absente, la conscience
de sa valeur morale, sa fierté blessée, sa haine passionnée pour le
parti qui l'avait renversé, et l'espoir que, s'il mourait en exil, sa
patrie n'en serait pas moins libre et reconnaîtrait enfin ce qu'il avait
fait pour elle. Ces poésies nous prouvent en outre que José Bonifacio, quoiqu'il n'eût commencé à écrire qu'à un âge avancé, n'en
connaissait pas moins bien la versification; et que sans être né poète,
il sut pourtant donner une forme littéraire aux sentiments qu'avaient
produits en lui les événements dont il avait été l'acteur principal.

Quelques-unes d'entre ses poésies [1]) parurent sans nom d'auteur
sous le titre modeste de „*Poesias avulsas de Americo Elysio*" (Bordeaux, 1825. 1 vol.).

Enfin après sept années d'exil José Bonifacio reçut en 1829 la
permission de retourner au Brésil.

Ses forces étaient brisées, et il ne voulut d'abord accepter aucun emploi public, quoique l'empereur lui eût donné des preuves
non-équivoques de son amitié. Il cherchait le repos et la retraite
et se fixa pour cette raison dans la charmante île de Paquetá, située
dans la baie de Rio de Janeiro.

Il ne prit non plus aucune part aux événements qui amenèrent
l'abdication du premier empereur du Brésil, et se tint en dehors de
toute activité politique.

Mais lorsque la révolution du 6 avril 1831 engagea D. Pedro I
à sacrifier pour la seconde fois ses sentiments personnels au bien
du pays, et à assurer par son abdication l'unité du Brésil et le principe monarchique, qui le sauva du triste sort des colonies espagnoles, celui-ci se souvint de son ancien ami et lui confia la tutelle de
son fils en partant pour le Portugal, se fiant à sa probité éprouvée, et espérant que son influence suffirait pour tenir en respect le
parti démocratique.

Cette confiance ne fut pas trompée. José Bonifacio oublia le
passé et quitta sa retraite pour s'abandonner de nouveau aux orages politiques.

Il fit bientôt l'expérience que l'esprit révolutionnaire, semblable
à Saturne, dévore ses propres enfants, et que rien n'est plus inconstant que la faveur populaire.

à chaga que carcome-o e mata-o." C'est justement pourquoi cette ode caractérise à la fois José Bonifacio comme poète et comme homme!

[1]) Ces poésies sont pour la plupart des imitations ou des traductions de modèles classiques ou français. Nous trouvons des cantates dans le genre de celles de J. B. Rousseau, des épîtres et des odes imitées de celles d'Horace, et plusieurs traductions de morceaux tirés de la Bible, d'Hésiode, de Pindare, d'Horace, de Virgile, etc. — V. I. Fr. da Silva, *Diccion.*, IV. p. 277.

Il s'était formé alors au Brésil deux partis principaux. L'un se composait des libéraux modérés auxquels s'étaient joint le parti légitimiste et qu'on nommait *Caramurú* d'après son organe principal. Les hommes qui le composaient voulaient conserver autant que possible l'état actuel des choses, affermir la monarchie, et maintenir un pouvoir central puissant; ils n'admettaient de changements que par la voie de réformes lentes mais sûres. Les libéraux les plus avancés (*exaltados*) au contraire s'étaient réunis au parti républicain, ne considéraient la monarchie que comme une époque de transition, demandaient une confédération semblable à celle des États-Unis, et ne reculaient devant aucun moyen pour atteindre leur but.

Ce dernier parti, quoiqu'en minorité, était arrivé au pouvoir en entraînant avec lui, comme cela arrive constamment en temps de révolution, la populace ignorante et stupide, qui se laisse toujours terroriser par les plus hardis. La régence provisoire avait été tirée de son sein, et les Chambres dans leur séance du 3 mai 1831 l'avaient confirmée.

José Bonifacio, que l'âge, l'expérience et la connaissance de l'état des choses en Europe avaient rendu plus calme, plus prudent et plus modéré, avait bien modifié ses opinions. Il était toujours véritable démocrate ou plutôt il l'était devenu alors; il voulait l'autonomie du peuple mais sous la domination des lois, et pour autant qu'elle est compatible avec l'ordre: bref, il voulait le progrès et non la révolution. Il s'était en outre convaincu que le Brésil ne pouvait être préservé du sort des républiques espagnoles, de la ruine, de l'anarchie fédéraliste ou du despotisme militaire, que par un gouvernement monarchique. Il avait en même temps promis, de défendre les droits de la couronne, et de ne pas tromper la confiance de son ami l'empereur. José Bonifacio se joignit au parti conservateur, ce qui le mit tout d'abord en opposition avec le conseil de régence, qui au commencement n'avait pas voulu reconnaître la légalité de sa nomination, mais avait fini par le confirmer dans son emploi. Bientôt cependant le conseil de régence voulut se débarasser du tuteur et l'accusa d'être *Pedristo*, c'est-à-dire de vouloir faire remonter Pedro I sur le trône. Le ministre de la justice Diogo Antonio Feijo lui imputa même devant le parlement en juillet 1832 d'avoir favorisé une émeute facilement réprimée, qui avait eu lieu au mois d'avril de cette même année au Champ de Ste Anne près de Rio-Janeiro, et dont les instigateurs étaient une bande de soldats commandés par un officier allemand. La chambre des députés décida alors sans examen ultérieur la déposition de José Bonifacio; mais heureusement pour lui le sénat ne donna pas son consentement à cette mesure.

En suite de ce vote de la première Chambre le conseil de régence donna sa démission, qu'il retira du reste sans trop de difficultés. L'animosité n'en devint que plus forte entre lui et José Bonifacio; mais un décret du 15 décembre 1833 y mit fin en destituant ce dernier de sa charge de tuteur et en lui défendant l'entrée du palais impérial.

José Bonifacio ne voulut pas d'abord se rendre à un ordre aussi illégal, mais il dut céder à la force armée que le ministère envoya pour l'en faire sortir. On lui fit un procès criminel, où il se défendit lui-même, et malgré son absolution par le jury, il dut retourner dans l'île de Paquetá sans avoir pu prendre congé des princes confiés à sa garde.

C'est ainsi que le parti que José Bonifacio avait encouragé le premier à violer les lois, et pour lequel il avait souffert tous les maux de l'exil, le chassa de son sein et le bannit de nouveau pour avoir cherché trop tard à le retenir au bord de l'abîme où il voulait entraîner la monarchie.

José Bonifacio eut encore la douleur d'apprendre en 1834 la mort de son fidèle ami, l'empereur. Il eut en revanche la joie de voir la réaction rétablir l'équilibre entre les éléments monarchiques et démocratiques, et l'avenir de l'État assuré par le régime de l'ordre inauguré le 19 septembre 1837.

Mais il resta dans le port où il avait cherché un asile contre les tourmentes de la vie politique; les éléments divers qui luttaient en lui avaient aussi repris leur équilibre et il attendait sa fin avec la résignation du sage. Lorsqu'au commencement de l'année 1838 il la sentit approcher, il se fit conduire à Nictheroy et y termina le 6 avril sa vie agitée [1]).

Francisco Vilella Barbosa, marquis de Paranaguá, et contemporain de José Bonifacio, est également plus connu comme savant et homme d'État que comme écrivain. Né le 20 novembre 1769 à Rio de Janeiro, et demeuré orphelin de bonne heure, une tante maternelle prit soin de lui et l'envoya plus tard à Coïmbre étudier le droit. Mais avant la fin de ses études il épousa une jeune dame de cette ville et perdit par cette étourderie l'appui de ses parents. Dans cette détresse l'ex-recteur et réformateur de l'université, évêque de Coïmbre, D. Francisco de Lemos, son compatriote, s'in-

---

[1]) Nous avons suivi sa biographie telle qu'elle est contenue dans les *var. ill.* de Pereira da Silva, II. p. 249—297. — V. aussi: „*Esboço bibliographico e necrologico do Conselheiro José Bonfacio de Andrada por su irmão Antonio Carlos de Andrada Machado e Silva*", dans le journal *Guanabara*, III. p. 299 suiv.; — et I. Fr. da Silva, *Diccionario*, IV. p. 276—278, où se trouve la liste complète des ouvrages imprimés de José Bonifacio.

téressa à lui, en sorte qu'il put prendre en 1796 ses degrés de bachelier en mathématiques et non en droit, ce qui n'aurait pas répondu à ses goûts. L'année suivante Vilella Barbosa fut nommé sous-lieutenant dans la marine royale et pendant les quatre ans qu'il resta au service actif il se distingua non seulement par ses connaissances, mais aussi par sa bravoure. De retour à Lisbonne en 1801, il reçut une place d'agrégé de l'école de marine et le grade de lieutenant, puis de capitaine du génie. Après avoir rempli pendant quelques temps comme suppléant la chaire d'astronomie et de nautique, il fut nommé professeur de géométrie, emploi qu'il revêtit jusqu'en 1822. Il publia alors son traité de géométrie, ouvrage classique qui eut trois éditions en Portugal et deux au Brésil, et qui lui valut sa réception à l'Académie des sciences de Lisbonne. Il publia en outre sur les perfectionnements à introduire dans l'art de corriger l'estime du cours d'un navire (*Correcção das derrotas de estima*) un mémoire important qui lui valut un prix et sa nomination à la dignité de membre de la Société royale de marine militaire et de géographie de Lisbonne. Sa réputation s'étendit de plus en plus et un grand nombre de sociétés savantes s'honorèrent bientôt de le compter parmi leurs membres.

Il devait cependant comme José Bonifacio quitter la chaire pour la tribune et échanger la tranquillité du cabinet contre les agitations de la vie politique. Lorsqu'en suite de la révolution de 1820 l'assemblée constituante des royaumes unis de Portugal et du Brésil se fut réunie à Lisbonne, Vilella Barbosa y prit place comme député de la province de Rio de Janeiro. Il fut aussi nommé membre de la commission permanente qui fonctionna dans l'intervalle entre la clôture de la constituante et la convocation de l'assemblée législative, et prit part à tous ses travaux.

A peine eut-il appris la déclaration d'indépendance du Brésil qu'il renonça à son siège de député et donna sa démission de major du génie, estimant plus haut le devoir, qui le rappelait dans sa patrie, que les charges avantageuses qu'il occupait; et malgré son second mariage avec D. Maria dos Nazareth de Carvalho, d'une famille considérable de Lisbonne, il n'hésita pas à s'embarquer en juin 1823 pour le Brésil, où il n'avait aucun moyen d'existence assuré.

Ce patriotisme si désintéressé fut récompensé par l'accueil cordial que Vilella Barbosa reçut à Rio de Janeiro. D. Pedro, déjà proclamé empereur, ne l'accueillit pas moins favorablement, et le nomma colonel du génie. En 1823 ce prince lui confia le portefeuille de la marine, qu'il conserva jusqu'en 1827, après avoir reçu le titre de vicomte et de marquis de Paranaguá et les dignités de conseiller d'État et de sénateur.

Il fit plus tard partie de la commission chargée d'élaborer la constitution que l'empereur octroya dans la suite; nous trouvons son nom au bas de cette charte et du traité de 1825, par lequel le Portugal reconnaissait l'indépendance du Brésil.

Pendant le règne de D. Pedro I Vilella Barbosa fut encore deux fois ministre de la marine, entre autres en 1831 peu avant l'abdication de l'empereur, à qui il était toujours dévoué. Après l'avénement de l'empereur actuel, avénement auquel le marquis de Paranaguá, alors président du sénat, avait eu grande part, il occupa encore une fois le ministère de la marine, et quoiqu'âgé de septante ans, conserva ce poste jusqu'en 1843, sans que la vieillesse eût ralenti son étonnante activité. Ajoutons que sa loyauté et son attachement à l'empereur ne se démentirent pas un instant.

Le marquis de Paranaguá mourut le 11 septembre 1846 [1]).

Paranaguá s'est aussi occupé de poésie pendant ses années d'université et pendant sa carrière politique et savante. Mais ce ne fut jamais pour lui qu'un passe-temps: ses écrits ne sortent jamais d'un certain cercle de convention, soit pour leurs sujets, soit pour la manière dont ils sont pensés, quoique leur versification facile, leur correction et leur élégance témoignent d'un goût peu commun. Ses poésies érotiques sont souvent fort gracieuses, les vers et le langage fréquemment harmonieux et coulants, mais elles ne s'élèvent guère au-dessus du niveau habituel pour leur originalité et les sentiments que nous y voyons exprimés. La forme de pastorales, que l'auteur leur a donnée, les fréquentes allusions mythologiques et l'emploi de l'allégorie leur assignent une place dans l'école soi-disant classique du siècle passé. La plus connue est celle au Printemps (*Cantata á Primavera*) dédiée à José Bonifacio de Andrada. Il dépeint le Brésil comme la patrie de cette saison, et décrit sa course triomphale à travers tous les pays du monde. Les images sont souvent très-gracieuses et les rimes artistement entrelacées (la fin du vers rime p. ex. souvent avec la césure du suivant: *rima encadeada*); c'est ce qui nous a engagé à donner le commencement de cette poésie (N° 54).

Parmi les pièces de circonstance de notre auteur on remarque pour sa noble simplicité celle sur la mort de l'empereur D. Pedro I

---

[1]) V. la notice biographique de Candido Baptista de Oliveira, *Rev. do Inst.*, IX. p. 398—408,

(v. N° 55). Un poète, qui nous est d'ailleurs inconnu, Luiz Rodriguez Ferreira, en a fait une paraphrase (*glossa*) [1].

Les poésies de Paranaguá n'ont pas paru ensemble, du moins nous n'avons pas entendu parler d'une collection semblable; il en a brûlé en outre un grand nombre peu de temps avant sa mort, mais plusieurs se sont conservées entre les mains de sa seconde femme [2].

Chez Manoel Alves Branco, vicomte de Caravellas, l'homme d'État l'emportait aussi sur le poète. Il naquit le 7 juin 1797 à Bahia; son père était négociant et sans fortune. En 1815 il se rendit à Coïmbre, y fit trois ans des mathématiques, et se mit alors à étudier le droit. En 1823 ses études étaient terminées.

Bientôt après son retour au Brésil en 1824 il fut nommé juge criminel à Bahia, et trois ans après juge royal dans la petite ville de Santo Amaro et plus tard à Rio de Janeiro. Élu en 1830 membre de la Chambre des députés, il fut chargé de la rédaction du code de procédure pour les jurés (*Codigo do processo por jurados*), qui eut force de loi depuis 1831. La même année il présenta à la Chambre deux projets de lois de la plus grande portée, concernant la séparation de la justice d'avec l'administration, et l'autonomie des provinces. Ces deux propositions ne passèrent pas, parcequ'on les regardait comme trop libérales, mais elles reçurent une place dans l'acte additionnel de la constitution de 1833.

En 1832 Alves Branco fut placé au Trésor comme contrôleur général et membre du tribunal (*contador geral membro do tribunal*); il y introduisit bientôt la comptabilité en partie double.

Pendant la régence de son ami Feijo il se chargea des ministères de la justice et de l'extérieur, mais se retira bientôt dans sa province en suite de malentendus et par des raisons de santé; cependant en 1837 il fut élu sénateur et nommé ministre des finances par son ami, mais lors de l'abdication de ce dernier, il crut devoir le suivre.

Malgré cela il reprit le même ministère sous la régence d'Araujo Lima en 1840, mais au mois de mai de la même année il se démit

---

[1] V. Varnhagen, o. c., III. p. 98—106. Nous y trouvons encore (p. 107—108) trois sonnets de L. R. Ferreira, qui ont le même sujet et paraphrasent le „*mote*": „*Heroe na vida, mais que heroe na morte.*"

[2] I. Fr. da Silva, *Diccion.*, III. p. 82 cite un recueil de ses poésies sous le titre de *Poemas* [Coïmbre, 1794. 8°], mais il ne contient que des oeuvres de sa jeunesse, ce que le titre indique déjà suffisamment. — Le même auteur nous donne aussi une critique de la cantate de Paranaguá *A Primavera*, avec une notice sur l'endroit où elle a été imprimée. — Nous trouvons des spécimens de ses poésies dans Varnhagen, o. c., II. p. 647—666; — III. p. 253—263; et dans Pereira da Silva, *Parnaso*, II. p. 29—63.

de nouveau de ces fonctions, parcequ'il ne marchait pas d'accord avec les membres influents de la majorité.

A l'avénement de D. Pedro II Alves Branco reprit encore son poste de ministre, et le conserva jusqu'au moment où sa mauvaise santé le força de quitter la vie publique [1]).

C'est alors que l'empereur lui donna le titre de vicomte de Caravellas.

Les hautes charges que lui conférèrent les partis les plus opposés, témoignent suffisamment des hautes capacités et des connaissances étendues d'Alves Branco, tandis que ses résignations fréquentes et son manque complet de fortune ont confirmé sa réputation de grand caractère et de désintéressement [2]).

Il mourut le 13 juillet 1855.

Ses poésies portent l'empreinte de la noblesse de sentiments et du caractère énergique qui le distingua toujours, mais ce ne sont guère que des épanchements sans grande originalité et sans invention poétique. Sa diction est châtiée et concise, mais souvent trop enflée et même trop prosaïque.

Parmi le peu de poésies d'Alves Branco qui sont parvenues jusqu'à nous [3]), il s'en trouve aussi une au printemps, mais qui est très-inférieure à celle de Paranaguá. Il a en outre donné cours à son enthousiasme pour la liberté dans son ode *Á liberdade* („*em* 1820", l'année où se rassembla la constituante portugaise), la meilleure de ses productions (v. N° 56), et à ses sentiments patriotiques dans une suite d'odes *Ao dia dois de Julho (da provincia da Bahia)*. Ces dernières, composées à l'occasion de l'évacuation de Bahia par les troupes portugaises le 2 juillet 1823 [4]), ne sont guère qu'une chronique en vers, mêlée d'une foule d'exclamations, et chantent les exploits des habitants de Bahia.

Chez Domingos Borges de Barros, vicomte da Pedra Branca, le poète et l'homme d'État ont des relations beaucoup plus intimes que chez les trois précédents. Il naquit aussi à Bahia en 1783 et étudia plus tard à Coïmbre. Comme il était héritier d'une fortune considérable, après avoir pris son grade de docteur

---

[1]) V. les notices autobiographiques communiquées par Manoel de Araujo Porto-Alegre, *Rev. d. Inst.*, XVIII. p. 50—53.

[2]) „*Nasci pobre*", dit il lui-même, „*e pobre morrerei; mas nasci na mediania social, e fui elevado ao fastigio das posições pela magnanimidade de um principe que não pergunta pelos avós dos servidores do Estado.*" — Paroles qui caractérisent aussi bien la conscience qu'il avait de sa valeur et sa modestie reconnaissante, que la concision énergique de son style.

[3]) Dans Varnhagen, o. c., III. p. 147—165; — et dans Pereira da Silva, *Parnaso*, II. p. 180—192.

[4]) V. Handelmann, *Gesch. von Brasilien*, p. 429.

en droit, il séjourna quelques temps à Lisbonne, occupé seulement de poésie, et fréquentant les poètes les plus célèbres du temps, comme Bocage, Nicolao Tolentino, Francisco Manoel, José Agostinho de Macedo.

L'amitié qui le liait à Francisco Manoel et à Hippolito da Costa, rédacteur du *Correio Braziliense*, le rendit accessible aux idées politiques et littéraires propagées alors par la France. Son séjour dans ce pays de 1806—1810 ne fit que le fortifier dans ces opinions, et à son retour à Bahia en 1811 il dut payer de la perte de sa liberté la tentative qu'il avait faite de réaliser son idéal. Il fut emmené prisonnier à Rio de Janeiro, mais bientôt relâché.

Pedra Branca cependant ne se laissa pas décourager, et eut bientôt l'occasion de le montrer. Élu député aux cortès de Lisbonne en 1820, il y parla en faveur de l'émancipation politique des femmes, mais n'eut pas de succès.

Pedra Branca nous a prouvé sa galanterie d'une manière plus heureuse, lorsque, nommé ambassadeur du Brésil devenu indépendant, il publia à Paris son premier recueil de poésies sous le titre de *Poesias offerecidas ás senhoras brazileiras por um Bahiano* (Paris, 1825. 2 volumes in-32).

Élu plus tard membre du sénat de l'empire, il ne prit que rarement part aux travaux de cette auguste assemblée, parceque son amour des voyages et sa prédilection pour la société européenne le retinrent longtemps éloigné de sa patrie.

Enfin l'âge vint le forcer à se fixer au Brésil; mais, toujours galant, il dédia son dernier livre à ses belles compatriotes (*Novas poesias offerecidas ás senhoras brazileiras por um Bahiano*).

Pedra Branca mourut en 1855 et conserva jusqu'à la fin sa gaîté et sa bonne humeur [1]. Il était né poète, ce que prouvent sa improvisations et ses poésies devenues si populaires. Mais la courte esquisse que nous venons de faire de sa vie suffit pour nous prouver que ses productions sont essentiellement érotiques. Leur caractère dominant est une certaine légèreté qui plaît toujours, une élégance naturelle et un sentiment très-vif de l'harmonie du langage.

Pedra Branca appartient encore tout entier à l'école classique de Francisco Manoel do Nascimento (Filinto Elisio) et ne se hasa pas encore au-delà des limites qu'il s'est fixées.

Il dit lui-même avec beaucoup de modestie dans une lettre adres

---

[1]) V. la notice fort courte sur Pedra Branca, comme membre de l'insti historico-géographique de Rio de Janeiro, par Manoel de Araujo Porto-Ale (*Rev. do Inst.*, XVIII. supplém. p. 59—60); les quelques mots de Pereira Silva, *os var. ill.*, II. p. 342, et de I. Fr. da Silva, *Diccionario*, II. p. 184.

sée aux auteurs de la *Grinalda de flores poeticas* (Rio de Janeiro, 1854. 8°. p. 224), et destinée à accompagner l'envoi de poésies inédites: „*Levado por Filinto Elisio, Paulo José de Mello e outros bons amigos, illudi-me, confundindo o éstro com o gosto pela poesia; e na illusão continuei no passa-tempo com que me illudia, e ainda me illudem velhas recordações.*"

Même parmi ces poésies il en est plusieurs dignes d'être mises à côté des meilleures de sa jeunesse, et qui le caractérisent tout aussi bien. C'est ce qui nous a engagé à donner (N° 57, 58 et 59) outre l'ode *A flor Saudade*, tirée de son premier recueil, deux autres productions qui parurent pour la première fois dans la *Grinalda*.

Pedra Branca est moins heureux quand il quitte la poésie fugitive, pour s'essayer dans le genre didactique, où il ne s'élève au-dessus du niveau ordinaire ni par son originalité, ni par la beauté de ses images, ni par la nouveauté et la profondeur des idées. Ses épîtres poétiques renferment cependant quelques beaux passages. Citons celles à ses amis Filinto Elisio et Paulo José de Mello, puis surtout celle adressée à Manoel Rodriguez Gameiro, où il dépeint avec beaucoup de charme les beautés de sa patrie et prouve ses sentiments philanthropiques à l'égard des esclaves. Nous devons enfin parler avec éloges de sa dernière oeuvre, la plus longue de toutes, son poème intitulée *Os tumulos* en deux chants [1]). Il y pleure la mort de sa femme et de son fils; l'aspect de leurs tombes l'amène à des considérations sur les grands problèmes de Dieu et de l'immortalité. Quoique les idées soient peu originales et peu profondes, leur enchaînement pas assez logique, l'exposition souvent diffuse, la vérité des sentiments, la piété sincère qui se montre partout, et une diction souvent énergique n'en sont pas moins saisissantes. Quelques passages sont des chefs-d'oeuvre, comme ceux dirigés contre les athées et les matérialistes, et surtout les plaintes touchantes sur la mort du fils du poète. Nous y remarquons la belle pensée que cet événement a aussi donné la mort à son avenir [2]).

---

[1]) V. Varnhagen, o. c., III. p. 203—225.
[2]) Par ex. o. c. p. 206:

Ah! como foges mentirosa esperança!
O doirado futuro como embaça
O halito da morte! Vãos projectos!
Já da verdade o espelho formidavel
Mostra o que são da terra os bens caducos.
Que mais aspira o pai, que mais deseja?
No futuro morreu, morrendo o filho! ...
Hymeneo que de flores coroado
Sua dita fazia, é seu tormento:
A dôr lhe dobra da consorte as dores.
Fita a querida lamentosa esposa,
Vê do filho as feições, não vê seu filho.

Nous ne connaissons de l'ami de Pedra Branca Paulo José de Mello Azevedo e Brito, né à Bahia en 1786, mort sénateur en 1846, qu'une seule épître en vers adressée à „Borges de Barros" (vicomte de Pedra Branca) et qui a pour titre *O Cirio*. C'est une description humoristique du pélérinage à la fête de Sainte Marthe de Cacilhas, localité située vis-à-vis de Lisbonne au bord du Tage. A en juger par cette production Mello avait un penchant prononcé pour la satire [1]).

---

[1]) V. la courte notice sur ce poète dans Pereira da Silva, *os var. ill.*, II. p. 343; — et la poésie que nous venons de citer dans le *Parnaso* du même auteur, II. p. 227—236. Norberto de Souza Silva dit de ses poésies, ouvr. cité, p. 46: „*cujas composições heroi-comicas são geralmente conhecidas e lidas com aviaez.*"

CHAPITRE XI.

JOSÉ DA NATIVIDADE SALDANHA, LUIZ PAULINO PINTO DA FRANÇA, JOAQUIM JOSÉ LISBOA, GASPAR JOSÉ DE MATTOS PIMENTEL, JANUARIO DA CUNHA BARBOZA, LE PÈRE SILVERIO DA PARAOPEBA, LADISLAO DOS SANTOS TITARA, JOÃO GUALBERTO FERREIRA DOS SANTOS REIS.

Les poètes mentionnés au chapitre précédent sont avant tout patriotes, ce qui s'explique facilement par le rôle important qu'ils ont joué dans la transformation de leur patrie. La politique est aussi le principal mobile des poètes que nous allons énumérer, et chez qui nous pourrons observer toutes les nuances imaginables d'opinions, des monarchiques aux radicales.

José da Natividade Saldanha fut apôtre et martyr des idées républicaines. Né le 8 septembre 1796 à Fernambouc d'un père inconnu et d'une négresse, il publia pendant son séjour à Coïmbre un volume de poésies intitulé *Poemas offerecidas aos amantes do Brasil* (Coïmbre, 1822. 8°). Son ardent amour de la liberté y perce à chaque vers, et surtout dans les quatre odes pindariques où il chante les exploits des habitants de Fernambouc dans leurs luttes avec les Hollandais au 17me siècle. Il avoue lui-même avoir pris pour modèles les odes de Diniz, aussi malgré leur élan et leur énergie sont-elles quelque peu monotones et forcées. Nous en donnons la meilleure (N° 60), celle adressée à Fransisco Rebello.

Lorsqu'en 1824 le parti républicain de Fernambouc éleva pour la seconde fois le drapeau de la révolution et proclama la confédération de l'Équateur, Saldanha prit une grande part à ce mouvement et remplit les fonctions de secrétaire de la république. Mais la révolution fut vaincue et il dut fuir aux États-Unis, où il mourut dans la misère. Dans un sonnet composé à bord du vaisseau qui l'emportait, il prit congé de sa patrie par des vers où respirent à la fois la fierté du républicain et la douleur la plus profonde (v. N° 61) [1]).

---

[1]) V. Norberto de Souza Silva, *Modul.*, p. 43—44, et I. Fr. da Silva, *Diccionario*, V. p. 81—82, que nous avons suivis. — La courte notice que nous trouvons dans Pereira da Silva, *os var. ill.*, II. p. 338, contient évidemment des

Parlons maintenant d'un adversaire de Saldanha en politique et en poésie, Luiz Paulino Pinto da França. Né à Bahia le 30 juin 1771, il entra de bonne heure au service, passa la plus grande partie de sa vie en Portugal, et fut toujours très-attaché à la famille royale. Il se distingua beaucoup dans les guerres contre les Français et mourut maréchal de camp à bord du vaisseau, sur lequel il faisait son dernier trajet de Rio-Janeiro à Lisbonne. C'était le 24 janvier 1824. Comme poète il appartenait à l'école des *Elmanistas* ou partisans de Bocage. Son sonnet au tombeau du fondateur de la première dynastie portugaise, Affonso Henriques, nous prouve ses sentiments chevaleresques et son attachement à la famille royale (N° 62.), tandis que la plus belle de ses productions est le sonnet qu'il composa deux heures avant sa mort (N° 63.) ¹).

Joaquim José Lisboa était également soldat et prit une part active aux luttes contre la France. Il commença sa carrière militaire en qualité d'enseigne au régiment de Villa Rica dans la province de Minas et publia de 1808 à 1811 plusieurs poésies patriotiques. Dans son poème intitulé *Descripção curiosa* il déploie tout son amour pour son pays natal. C'est, il est vrai, une „description curieuse" des produits et des sauvages de la province de Minas, tout-à-fait semblable aux peintures des îles de Maré et d'Itaparica par Botelho de Oliveira et Manuel de Santa Maria, mais comme ces dernières elle intéresse plutôt le naturaliste, l'ethnographe ou le linguiste que l'ami de la poésie. Elle a cependant l'avantage, d'être conçue dans le mètre populaire et gracieux des *quadras octosyllabas* (quatrains à vers de huit syllabes). A la fin Lisboa exprime le désir, que le prince-régent et sa chère Marilia, à qui le poème est dédié, daignent réjouir de leur présence le Brésil et lui-même ²).

---

erreurs de chronologie. Elle indique l'année 1773 comme celle de la naissance de Saldanha, et le fait fuir après la révolution de 1817. — Un autre poète, compatriote de Saldanha, João Baptista da Fonseca, fut victime de cette révolution. On n'a publié de ses nombreuses productions que la petite poésie *A victima da amisade*, en octaves. Il paraît qu'elle dénote du talent. (V. Norberto, o. c., p. 39.) — V. aussi I. Fr. da Silva, *Diccion.*, III. p. 304, qui cite encore un ouvrage de ce poète les *Poesias dedicadas as senhoras brasileiras* (Fernambuco, 1830. 4°). Mais il donne comme autorité Norberto, qui ne mentionne pas ce livre.

¹) V. Pereira da Silva, *os var. ill.*, II. p. 336; — Norberto de Souza Silva, o. c., p. 45; — Varnhagen, o. c., II. p. 605—607. — I. Fr. da Silva, qui, dans son dictionnaire, V. p. 311—312, relève dans une notice biographique sur notre poète une erreur de Pereira da Silva, dit des deux sonnets que nous donnons: „*Estes sonetos mereceram a qualificação de „bellissimos" aos amadores d'esta especie de poesia. Eu os conservo de memoria ha bons trinta annos.*"

²) Ce poème se trouve tout entier dans Varnhagen, o. c., II. p. 555—573. Le même auteur donne aussi quelques notices peu complètes sur Lisboa et ses

Les deux poésies de Gaspar José de Mattos Pimentel, publiées par M. de Varnhagen (ouvr. cité, III. p. 141—144) sans notices sur l'auteur, sont remplies au contraire d'idées de liberté et d'indépendance. L'une a pour titre *Cantico ao 7 de Setembro* et l'autre est la 4me scène du *Drama allegorico ao dia 7 de Setembro*. Toutes deux célèbrent en vers pompeux et pleins d'allusions mythologiques le jour de la déclaration de l'indépendance, et n'ont guère de valeur que comme expression des sentiments patriotiques qui remplissaient alors le coeur de tous les Brésiliens.

Le chanoine Januario da Cunha Barboza, n'était pas moins épris de l'indépendance de sa patrie que le précédent, mais il y joignait un grand attachement à la légitimité. Né le 10 juillet 1780 à Rio de Janeiro, et orphelin dès sa neuvième année, il fut recueilli par un frère de son père, qui le destina à la carrière ecclésiastique. Il reçut les ordres en 1803. L'année suivante il fit deux fois le voyage de Lisbonne; à son retour en 1805 il se voua complétement à la chaire, et ne tarda pas à s'y faire un nom. Élève et ami du célèbre professeur de rhétorique Silva Alvarenga il chercha à se perfectionner de plus en plus dans cet art par l'étude des grands orateurs sacrés de sa patrie, de France et d'Espagne. Lorsque Jean VI, ce grand ami de l'éloquence de la chaire, fixa sa résidence à Rio de Janeiro (1808) et s'y fit construire une chapelle particulière, il nomma Januario prédicateur de la cour. Celui-ci se soutint à côté d'orateurs comme São Carlos, Sampaio et Monte Alverne, et cela veut beaucoup dire, surtout dans un pays qui avait produit tant d'éloquents prédicateurs depuis Anchieta et Nobrega.

---

ouvrages. La notice biographique que nous trouvons dans I. Fr. da Silva, *Diccion.*, IV. p. 104 et 105, est peu détaillée, mais la liste des ouvrages imprimés de notre poète y est plus complète que dans Varnhagen. Il suffira de donner ici les quatre strophes qui terminent le poème:

> Se o real regente augusto
> Fosse honrar nosso paiz,
> Faria ao povo feliz,
> E o seu imperio faria.
>
> No logar mais precioso
> Das brazilias regiões,
> Ou dos nossos corações,
> Um throno se lhe ergueria.
>
> Mas se elle não quer piedoso,
> Cheio d'alta magestade,
> Ir ver na nossa amisade
> O mais innocente amor:
>
> Vamos, Marilia, gozar-nos
> D'um pais que julgam bravo,
> Que bem póde o bom escravo
> Servir de longe ao senhor.

La même année au mois de septembre Januario fut nommé suppléant et en 1814 professeur ordinaire de philosophie théorique et pratique. Il revêtit ce poste pendant plus d'un quart de siècle et fit connaître à ses nombreux disciples non seulement les philosophies ancienne et française, mais aussi les recherches critiques de Kant, les spéculations de Schelling et la dialectique de Hegel.

Januario fut entraîné dans le grand mouvement national qui éclata en 1821, et ne crut pas pouvoir mieux servir sa patrie, qu'en y prenant la part la plus active. Il s'associa donc avec son ami et collègue Joaquim Gonçalves Ledo pour la publication d'un journal nommé *O Reverbero constitucional fluminense*, dont le premier numéro parut le 15 septembre. Il y encourageait les Brésiliens à combattre vaillamment pour leur indépendance. Celle-ci ne fut, il est vrai, proclamée que l'année suivante, mais les deux rédacteurs du *Reverbero* avaient puissamment contribué à ce résultat.

Alors Januario quitta la plume pour aller prêcher lui-même la cause de la liberté dans la province de Minas Geráes, et parvint à en gagner les habitants, qui se joignirent au mouvement parti de la capitale et proclamèrent l'indépendance. Il persuada en outre au gouverneur portugais d'abdiquer et ne se lassa pas de parler surtout à Villa-Rica, à Marianna, à Caethé, et à Sabará pour la réconciliation des partis et contre les envahissements des révolutionnaires. Mais à son retour à Rio de Janeiro l'apôtre de la liberté en devint le martyr. Il fut emprisonné dans le fort de Santa Cruz et envoyé au Havre à bord d'un brigantin français, sans procès, sans jugement et sans secours aucun.

Nous avons vu dans la biographie de José Bonifacio de Andrada que celui-ci, alors ministre, fit expier à Januario et à ses confrères Joaquim Gonçalves Ledo et José Clemente Pereira le crime énorme pour un homme de parti, d'avoir compris la liberté autrement que lui.

Mais après quelques mois de séjour à Paris Januario apprit qu'en suite de procès intentés à plusieurs de ses concitoyens, son innocence pleine et entière venait d'être reconnue. Il repartit donc en septembre 1823 pour le Havre où il s'embarqua. Il arriva au Brésil en décembre l'esprit enrichi de connaissances variées, dont l'acquisition avait servi à lui adoucir les rigueurs de l'exil.

L'empereur D. Pedro I l'accueillit avec bienveillance, et le nomma en septembre 1824 chanoine de la chapelle impériale.

Lorsqu'en mai 1826 fut convoqué le premier parlement brésilien, Januario fut élu à Rio-Janeiro et à Minas Geráes. Il opta pour le premier collége, comme lieu de sa naissance.

Après l'expiration de son mandat, on confia à Januario la rédaction du *Diario do Governo* et la direction de l'imprimerie impériale. Mais comme il crut devoir défendre dans ce journal quelques actes du gouvernement, propres à détourner une révolution qui aurait pu devenir fatale à la monarchie constitutionelle, on suspecta son libéralisme et lui enleva sa place lors de l'abdication de l'empereur. Au mois de juillet de la même année cependant le conseil de régence l'en revêtit de nouveau, éclairé qu'il était sur les vrais sentiments de Januario.

Ses opinions et son activité dirigée uniquement vers le bien public, furent toujours plus appréciées pendant les quinze dernières années de sa vie, où les orages politiques s'étaient sensiblement calmés. Il fut nommé examinateur synodal (*examinador synodal*), historiographe de l'empire et à la majorité de D. Pedro II directeur de la bibliothèque impériale. Son activité était en effet d'une étendue étonnante. A côté de ses travaux officiels, de ses fonctions politiques, universitaires et ecclésiastiques, il avait trouvé le temps et la force d'avancer la culture intellectuelle de sa patrie par la fondation de nouvelles institutions d'utilité publique. C'est ainsi que la *Sociedade auxiliadora da Industria nacional* lui doit une grande partie de sa prospérité. Il en fut longtemps le secrétaire et rédigea son journal *O Auxiliador*, où on trouve beaucoup d'articles de sa main. Januario eut aussi la plus grande influence sur l'établissement du *Conservatorio dramatico* à Rio de Janeiro et ne contribua pas peu à l'épuration du goût par la manière dont il dirigea le théâtre.

Un de ses premiers titres de gloire est la fondation de l'*Instituto historico e geographico do Brazil*, de concert avec le général Raymundo José da Cunha Mattos. La séance d'ouverture eut lieu le 25 novembre 1838, et Januario fut nommé premier secrétaire et en même temps rédacteur de la *Revista do Instituto*, mine inépuisable pour l'histoire et la géographie du Brésil.

Réélu député, il s'occupait d'une réforme de l'instruction publique, lorsque la mort vint mettre trop tôt un terme à une vie si bien employée. Il expira le 22 février 1846.

L'institut historique honora sa mémoire en plaçant son buste dans la salle des séances, et en prononçant son panégyrique le 6 avril 1848, tandis que les poètes les plus distingués du Brésil dédiaient à la mémoire de leur confrère les élégies les plus touchantes [1]).

---

[1]) V. *Rev. do Inst.*, XI. p. 185—195 qui renferme un nécrologue de Januario, qui fait bien ressortir ses mérites. Il est dû à la plume du D^r. J. F. Sigaud, et nous l'avons pris pour modèle; — v. en outre p. 240—259 le

Januario brille dans l'histoire littéraire de son pays non seulement par ses productions, mais surtout par son influence critique et par ses travaux dans le domaine de la littérature.

La poésie qui a surtout rendu son nom célèbre est la métamorphose intitulée *O Nicteroy*. Il raconte que la délicieuse île de ce nom, située dans la baie de Rio-Janeiro, l'a reçu en souvenir d'un des descendants de Saturne, le titan Nicteroy, fils de Mimas et d'Atlantide. Celui-ci dans sa lutte avec Jupiter et Mars entreprise pour venger la mort de son père, est tombé foudroyé dans les bras de sa mère à la place même où est maintenant l'île. Cédant aux supplications de celle qui avait donné le jour au titan, Neptune permet que son nom se conserve éternellement dans la baie qui l'a caché, dans les montagnes qu'il a entassées pour les lancer contre Mars. A la place même où gisait son corps immense sort des flots la magnifique île qui porte son nom [1]. Glaucus prophétise alors la destinée et les exploits des générations futures, qui découvriront cette baie, la peupleront et la rendront célèbre [2].

Le poème de Januario est classique pour le langage et la versification, et renferme plusieurs passages qui trahissent un grand talent d'invention, comme la description des travaux immenses de Nicteroy faisant transporter par les animaux gigantesques du monde primitif, les megathères et les mammouths, des blocs de rochers destinés à protéger et à défendre sa baie. Januario profite de l'occasion pour nous donner une description brillante du golfe dans son état actuel (v. N° 64ª). Mais la fable en elle-même et les ornements que le poète y a ajoutés, portent trop l'empreinte de l'imitation servile et ne peuvent être bien compris qu'à l'aide d'un commentaire. On y sent bien plus le travail assidu d'un savant humaniste, que la création naturelle et par là accessible à tout le monde d'un génie poétique. Il convient encore de faire remarquer le passage final de la prophétie de Glaucus, où le poète, malgré son constitutionnalisme, nous donne des preuves de son attachement à la

---

panégyrique pompeux de Januario par le docteur Francisco de Paula Menezes; — enfin p. 286—287 les chants funèbres qui furent dédiés à sa mémoire.

[1]) Mimas vive lembrado em Phlegra, em Lemnos,
Vivirá Nicteroy, lembrado e eterno
Na serra, e valle, e rocha, que apontára
Ao terrifico Marte, em furia acceso.

Ce bloc (*rocha*) rejeté dans la mer par Jupiter est le *Pão d'Assucar*, que sa forme a fait nommer pain de sucre. *Nicteroy* signifie suivant les uns eau cachée, suivant les autres eau fraîche.

[2]) Paulino Joaquim Leitão avait déjà traité la même métamorphose dans son poème de *Libambo*. Il est aussi l'auteur de l'*Hymno a Esquadra* et du *Templo da immortalidade* et avait le grade d'officier de marine. (V. Varnhagen, *Hist. do Brazil*, II. p. 846.)

monarchie, en célébrant l'union déjà bénie de D. Pedro I avec l'archiduchesse d'Autriche (v. N° 64ᵇ) [1]).

La satire et l'épigramme paraissent avoir été les genres de prédilection de Januario. Mais il y a tellement donné cours à ses antipathies politiques, et elles contiennent tant de personnalités, que la plupart sont encore inédites [2]).

Quoique ses poésies ne soient rien moins qu'originales et n'aient nullement frayé de route nouvelle, Januario n'en a pas moins beaucoup contribué au développement littéraire de sa patrie par le choix de sujets nationaux, par ses critiques de pièces nouvelles et surtout par son *Parnaso Brasileiro*, mentionné dans l'introduction. C'est lui qui le premier nous a donné une anthologie bien ordonnée et accompagnée d'introductions biographiques et critiques des principales productions littéraires du Brésil. Il a dans cet ouvrage non seulement jeté les fondements d'une histoire littéraire de son pays, mais a considérablement fortifié par ce moyen le sentiment national.

Comme Januario, le père Silverio da Paraopeba a pris une partie du Brésil pour sujet d'une métamorphose dans sa *Fabula do Morro do Ramos*. Il fait dériver le nom de la colline de Ramos près de Villa-Rica d'un géant Ramos, fils de la Terre (*filho da terra*), changé en colline en punition de son amour pour Villa-Rica. Mais Silverio a traité son sujet tout autrement que Januario. Tandis que celui-ci a choisi le vers épique et se complaît dans le pathos et les images tirées de la mythologie, notre poète se contente des légères *redondilhas* et d'un style fort simple en sorte qu'il a donné par là à son poème une couleur originale et presque populaire [3]). Il doit avoir laissé encore de nombreuses poésies, qui

---

[1]) Comme le poème en question parut à Londres en 1822, et qu'il ne s'agit que d'un gage (*penhor*) de cette union, l'auteur pense évidemment à D. Maria da Gloria, née le 4 avril 1819.

[2]) Nous trouvons cités dans la *Rev. do Inst.*, p. 190, „*O poema satyrico dos Garimpeiros*" et „*Os versos epigrammaticos da Mutuca*". Norberto de Souza Silva (*Modul.*, p. 46) lui attribue encore l'idylle *Protheu*, et la cantate *Hero e Leandro*, qui n'avaient pas encore été publiées alors. — D'après I. Fr. da Silva, *Diccion.*, III. p. 254, le poème heroï-comique *Os Garimpeiros* a paru en 1837 à Rio-Janeiro, mais anonyme. Le même auteur cite une comédie satirique de Januario, qu'il dit avoir été imprimée à Rio de Janeiro sous le titre de *A Rusga da Praia grande, Comedia em tres actos.* — Nous trouvons au même endroit la liste des écrits en prose de Januario.

[3]) Comme spécimen nous donnons ici les paroles de Ramos, racontant ce qui a donné lieu à sa métamorphose:

— „Sou Ramos," disse,
„Filho da terra,
Que aos altos deuses
Tambem fiz guerra.

ont toutes leur caractère propre et renferment d'intéressantes descriptions des moeurs des habitants de l'intérieur du pays (*sertanejos*). Malheureusememt nous n'avons pu nous les procurer, et l'auteur de ce livre sait seulement que Silverio, né dans la province de Minas, mourut aveugle [1]).

Nommons encore un écrivain connu par ses poésies politiques et ses métamorphoses, Ladislao dos Santos Titára, né le 24 mai 1802 à Matta, bourg de la province de Bahia, et major depuis 1856. Il a publié ses oeuvres en huit volumes (Bahia et Rio grande do Sul, 1827—1852) [2]). Les volumes quatrième et cinquième renferment un poème épique assez étendu, le *Paraguassú*. L'auteur y décrit en neuf chants les luttes des patriotes de Bahia contre la garnison portugaise de Salvador sous le général Madeira, qui fut forcé de s'embarquer pour l'Europe le 2 juillet 1823 et de reconnaître par là l'indépendance de la province. Le titre du poème vient du fleuve du Paraguassú, vu que ses riverains, la *Estirpe Paraguassuana*, se déclarèrent les premiers en faveur du mouvement. On voit par là que l'auteur s'était donné une tâche très-malheureuse, en faisant un poème épique d'un événement aussi moderne et aussi local. En outre il a cru devoir s'en tenir strictement aux

„Com Villa Rica
Tomei amores,
Que hoje me causam
Mágoas maiores.

„Ella me fez
O leito d'oiro,
E fez-me entrega
Do seu thesoiro.

„Vivia farto,
Alegre e cheio,
E dos amores
Em doce enleio.

„Porém os deuses,
Que se aggravaram,
Logo a soberba
Me castigaram.

„Neste alto morro,
Precipitado,
Por meu castigo
Fui transformado."

---

[1]) V. Varnhagen, *Florilegio*, I. p. L; et II. p. 629—634, où la *Fabula* citée est imprimée. — Il remarque sur son auteur: „*Era filho de Minas e poeta fecundo por natureza. Morreu cego. — Segundo o senhor Paulo Barboza são muitissimas as composições que deixou, e em todas ellas ha bastante originalidade. — N'uma dellas conta a maneira como fez fortuna nas Minas.*"

[2]) V. une notice biographique détaillée et la liste des ouvrages de Titára dans I. Fr. da Silva, *Diccion.*, V. p. 167—168.

faits, dont il a été en partie témoin oculaire [1]), tandis que, plein de l'idée que la forme de l'épopée classique est la seule possible et que tout l'appareil de la mythologie y est indispensable, il s'est avisé de les appliquer à son sujet qui ne leur convient pas le moins du monde [2]). Son patriotisme, très-louable d'ailleurs, l'a entraîné à prendre un vol trop élevé pour ses forces, en sorte que cette disproportion entre le but et les moyens ont donné à toute l'oeuvre un ton de parodie augmenté encore par une diction emphatique et pleine d'inversions et par des vers lourds et raboteux.

Les autres productions de Titára sont pour la plupart politiques; une douzaine au moins célèbrent la journée si glorieuse du 2 juillet; quelques-unes ont rapport à des fêtes de famille, tandis qu'un grand nombre sont uniquement des impromptus. A l'exemple de Cervantès, de Lope de Véga et de Cuéva il a fait un panégyrique des poètes brésiliens (*Ode aos poetas brasileiros*, vol. VII. p. 113—140). Cette poésie n'a guère de valeur littéraire, mais une importance historique assez grande, surtout par les remarques biographiques qui l'accompagnent. Les métamorphoses de Titára sont de beaucoup ce qu'il a produit de plus remarquable. Ce ne sont ni des fictions pures comme celle de Januario, ni des parodies de ce genre de poésies, comme la fable de Silverio, mais elles reposent probablement sur les traditions des Indiens, dont elles ont conservé les moeurs et la manière de voir. Citons comme exemple (N° 65) la „*Metamorphose original Abatirás, e Tiapira*" [3]).

Le frère aîné de Titára, **João Gualberto Ferreira dos Santos Reis**, n'était pas moins fécond. Né aussi dans la province de Bahia, mais dans la ville de Santo Amaro, le 12 juillet

---

[1]) Il dit expressément: „*É obvio pois, que se compõe (o Poema) d'uma historia verdadeira, de que foi o autor testemunha, e da qual conserva-se a realidade nos acontecimentos principaes.*" — Il a senti lui-même combien son entreprise était osée et cherché à se justifier par les exemples de Varius Rufus, de Lucain et du Camoens! — Son poème a en revanche l'importance d'une source de l'histoire du temps.

[2]) Ainsi Jupiter est le protecteur des habitants de Bahia, mais Vénus et Bacchus favorisent les Portugais. L'auteur remarque cependant très-naïvement que, quand il parle de *Jove*, il faut toujours entendre par là le *Deos Unico e Trino*. Vénus n'est qu'une personnification de la Discorde (*Discordia personalisada*), et Bacchus l'ange des ténèbres (*O Anjo das Trevas*)! —

[3]) Outre ces oeuvres poétiques nous avons eu connaissance des productions suivantes de Titára: „*Tratado de figuras e tropos usados na linguas latina e portugueza.*" Bahia, 1840. 8°, abrégé très sec; — et: „*Memorias do grande exercito alliado libertador do sul de America, na guerra de 1851 a 1852, contra os Tyrannos do Prata.* Rio grande do Sul, 1852. 4°. L'auteur y raconte comme témoin oculaire et d'après des documents officiels la part que prit le corps auxiliaire du Brésil à l'expulsion du fameux dictateur de Buenos-Aires, D. Manuel de Rosas.

1787, il se voua à l'enseignement et fut professeur de latin à Bahia, où il mourut en 1854. Il a publié sept à huit volumes de poésies, entre autres la traduction des livres IV et VI de l'Énéïde, et, sous le titre de *Georgicas brasileiras*, du *Carmen de sacchari opificio* de Prudencio do Amaral, ainsi qu'une version des quatre livres *de rebus rusticis brasilicis* de José Rodrigues de Mello[1]. Les quelques poésies originales que nous avons eues sous les yeux[2], enseignent une morale pure, et prouvent l'instruction classique et l'élégance de diction de leur auteur.

---

[1] V. Titára, *Obras poeticas*, vol. VII. p. 130; — I. Fr. da Silva, *Diccionario*, III. p. 282—383; — Guanabara, III. p. 79.

[2] Dans Pereira da Silva, *Parnaso*, II. p. 158—167 nous trouvons de lui l'élégie célèbre *A Saudade paterna*. Ce sont des plaintes bien senties d'un père au tombeau de son enfant; il se console à la pensée que l'homme doit se courber devant les décrets de la Providence. Puis une ode qui loue dans les pluies rafraîchissantes succédant à une grande sécheresse l'activité réconciliatrice de la nature. Il exhorte les hommes à suivre son exemple et termine par l'apostrophe suivante à la raison:
   Luminosa razão descerra a nuvem,
  Que a alma insincera dos humanos tolda;
  Dá, que mutuos se prezem, que se aspirem
   Reciprocas venturas.
Nous avons cru devoir donner, N° 66, la première de ces poésies, que Norberto de Souza Silva (*Modul.*, p. 46) nomme avec raison: „*trecho sublime da mais pathetica poesia*".

CHAPITRE XII.

ALVARO TEIXEIRA DE MACEDO, FRANCISCO BERNARDINO RIBEIRO, ANTONIO AUGUSTO DE QUEIROGA ET AUTRES POÈTES DE CETTE PÉRIODE.

Outre les poètes cités, nous avons trouvé mentionnés encore plusieurs écrivains de cette période, mais nous ne les connaissons que par quelques spécimens de leurs oeuvres [1]) ou même seulement de nom [2]). En tout cas il est probable que l'omission de l'un d'eux ne produirait aucune lacune importante dans notre histoire.

Dans ces circonstances nous avons cru devoir nous contenter d'en nommer trois, qui nous ont paru les plus importants parmi ceux sur qui nous avons pu nous former un jugement.

D'abord Alvaro Teixeira de Macedo, auteur d'un poème

---

[1]) Nous trouvons bien quelques spécimens dans la partie du *Florilegio* de Varnhagen consacrée à cette époque, mais en très-petit nombre et sans notices biographiques et critiques. Ainsi nous avons un sonnet et sa paraphrase (*Glossa*) par Vicente de Costa Jaques; des panégyriques enflés et pleins de trivialité par Fr. Francisco de Paula Santa Gertrudes Magna et Manuel Ferreira d'Araujo Guimarães, dont le dernier était colonel du génie; il naquit le 5 mars 1777 à Bahia et mourut le 24 octobre 1838 (v. I. Fr. da Silva, *Diccionario*, V. p. 424—425). Enfin de Francisco Ferreira Barreto deux étranges poésies sur la création de l'homme et de la femme dans le style des psaumes et en — *Quadras!* (V. I. Fr. da Silva, *Diccionario*, II. p. 375—376). Dans l'ouvrage du Commendador Antonio Joaquim de Mello (*Biografias de alguns poetas e homens illustres da provincia de Pernambuco*. Recife, 1858—60, voll. 1—3. 8°), qui ne nous est parvenu que pendant l'impression, on trouve (II. p. 19—107, III. p. 293—297) une biographie détaillée de Franc. Ferreira Barreto avec un recueil de ses poésies, qui contient, outre celles mentionnées, des hymnes, des sonnets, des traductions de psaumes, etc. — D'après Mello notre auteur naquit le 5 avril 1790 à Recife de Pernambuco, prit l'état ecclésiastique et se voua au ministère. Il mourut le 25 février 1851. — Comme poète il appartient encore à l'école de Bocage, dont il avait su s'approprier le style léger et la versification mélodieuse, mais sans en avoir l'esprit.

[2]) Qui veut avoir des noms, n'a qu'à consulter p. ex. Pereira da Silva, *Parnaso*, II. p. VIII—IX; — Norberto de Souza Silva, *Modul.*, p. 46—47; — Titára, o. c., p. 130—140. Remarquons seulement que dans ces listes nous trouvons aussi plusieurs femmes-poètes, ce qui montre combien déjà alors l'art de la versification était répandu et quels progrès avait faits le dilettantisme littéraire.

intitulé *A Festa de Baldo: Poema mixto em oito Cantos* (Lisbonne, 1847. 8°. 94 pages). M. de Varnhagen dit de cet ouvrage (ouvr. cité, I. p. LIII), que malgré quelques défauts comme le prosaïsme de bien des vers, et le développement défectueux des idées, c'est le meilleur poème héroï-comique du Brésil. Il espère que sa popularité ne fera qu'augmenter, et qu'il occupera ainsi dans un siècle une place bien plus importante dans la littérature nationale.

M. de Varnhagen, ami d'enfance de notre poète, dit de lui seulement qu'il se voua à la diplomatie et mourut dans sa quarante-deuxième année représentant du Brésil en Belgique. Il doit donc être né au commencement du siècle, et avoir terminé sa carrière entre 1847 et 1849 [1]). C'était un homme de connaissances étendues et grand amateur de littérature anglaise. Rigoureux dans ses principes, mais d'humeur très-gaie, il éprouva beaucoup de malheurs, qui, joints à une constitution assez faible, ont probablement abrégé ses jours.

Son poème est, à ce qu'il paraît, un miroir fidèle de ses opinions religieuses, politiques et sociales et de sa manière de comprendre la vie de famille. Nous n'en connaissons que le dernier chant d'après le second volume du *Florilegio* de M. de Varnhagen (p. 683—694).

Baldo, greffier (*escrivão*) de Goyana, héros du poème, rassemble autour de lui un grand nombre de convives pour fêter dignement son union avec Dona Clara. Ceux-ci s'approchent des tables richement servies, mais au moment où il vont satisfaire leur appétit, ils sont chassés par un attroupement („*Nova rusga.... D'um novo presidente quer-se a queda*"), et toutes les friandises établées devant eux deviennent la proie de cette canaille (*pasto de guilhotes*). Mais Baldo, et c'est par là que se termine le poème, renvoie sa fête dans l'attente:

> De uma paz duradoura, e sem perigos,
> De dias mais serenos e seguros. —
> E, si bem que viveram mais á larga,
> Por mais que examinasse, não me consta,
> Que o escrivão de Goyana e Dona Clara
> Procurassem jámais dar outra festa.

Quoique nous ne connaissions que ce dernier chant, et que par conséquent nous ne puissions juger de l'invention, de la disposition et de la peinture des caractères de l'ensemble, le peu que nous avons devant les yeux renferme tant de descriptions comiques, de

---

[1]) V. L Fr. da Silva, *Diccionario*, I. p. 51.

situations burlesques et de vers légers et agréables, que nous accédons sans réserve à ce qu'en dit M. de Varnhagen. Nous donnons (N° 67[a. b. c.]) trois passages du poème d'Alvaro Teixeira de Macedo. Dans le premier, tiré de l'exorde du chant, et qui en caractérise bien l'auteur, celui-ci se plaint de sa mauvaise fortune, mais se console par la pensée que son oeuvre perpétuera son nom. Le second renferme la description des convives, avec une peinture excellente des faiseurs de phrases politiques, si communs de nos jours. — Le troisième enfin nous offre la philipique tragi-comique de l'ordonnateur de la fête, le majordome du héros, *Mestre Berto*, contre la vile populace qui est venue interrompre le festin déjà commencé [1]).

Les deux autres poètes, dont nous avons à parler, Francisco Bernardino Ribeiro et Antonio Augusto de Queiroga, ne nous sont connus que par les rares spécimens de leurs oeuvres que nous donnent M. de Varnhagen (vol. III. p. 87—93 et 133—138) et Pereira da Silva (*Parnaso*, II. p. 168—175 et 289—295). Tous deux citent les mêmes morceaux et sans notices biographiques ou critiques [2]).

---

[1]) Dans l'ouvrage du commandeur Mello, que nous venons de citer, la *Festa de Baldo* est reproduite en entier avec une biographie d'Alvaro (III. p. 147—220), d'après laquelle le poète naquit le 13 janvier 1807 à Recife de Pernambuco et mourut le 7 décembre 1849 à Bruxelles, où il était chargé d'affaires du Brésil. Le sujet de la „fête de Baldo" est très-simple. Cleto Baldo, greffier de Goyana, est marié depuis quinze ans à Clara, fille d'un mercier. Jusqu'alors ils ont mené une vie conforme à leur condition, évité tout luxe, et s'en sont bien trouvés. Mais Clara entend un discours du maître d'école Roberto, ou, comme on le nomme généralement, de „*Mestre Berto*", zélé partisan d'Épicure. Le bonhomme loue les doctrines de son maître, qui veut augmenter de toutes manières les jouissances de la vie, ne craindre aucune dépense, et se permettre de temps en temps une fête extraordinaire. Ces préceptes plaisent tellement à Clara, qu'elle prend la résolution de pousser son mari à donner une grande fête, d'abord à l'anniversaire de leur mariage (*uma estrondosa festa anniversaria*). Le greffier ne veut d'abord pas en entendre parler, mais lorsque Clara se met à bouder et va jusqu'à quitter la maison pour retourner chez ses parents, il consent à tout. Clara fait alors son possible pour rendre la fête brillante; on invite le ban et l'arrière-ban des amis, avant tout maître Berto, qui prend part aux arrangements nécessaires. Mais au moment où on va se mettre à table, arrive la catastrophe dont nous avons parlé.

Le poème contient un grand nombre de situations comiques et de caractères bien dessinés; en outre de fréquentes satires du pseudo-libéralisme et de la démagogie, qui mettent le Brésil hors d'haleine, et semblables aux trouble-fête de Baldo, l'empêchent de jouir d'une existence tranquille et assurée.

[2]) Nous trouvons une notice biographique sur Francisco Bernardino Ribeiro dans la *Minerva brasiliense*, p. 556—558. — D'après ces renseignements il naquit le 12 juillet 1815 à Rio de Janeiro, étudia le droit à S. Paulo, y devint professeur (*lente*) de droit criminel et mourut le 15 juin 1837 dans sa ville natale. Son ami et compatriote Firmino Rodrigues Silva a pleuré sa mort prématurée dans une élégie devenue célèbre, la *Nenia á F. B. Ribeiro*. Ribeiro

Dans ces fragments nous sentons dès l'abord le souffle d'un esprit original, annonçant une nouvelle ère et se préparant à secouer les entraves de la tradition. Ces aspirations à l'indépendance, cet abandon du langage, si longtemps respecté, de l'école portugaise classique, le choix de sujets plus appropriés aux temps modernes et un essor plus élevé — se révèlent pleinement à nous dans l'*Epistola* (N° 68) de Ribeiro, vrai défi de l'école moderne à l'ancienne. — Queiroga de même a su donner dans sa *lyra: O Sabiá* (N° 69) une couleur tout-à-fait nationale au vieux sujet de la jalousie amoureuse. Tous deux enfin ont pris le bourreau pour sujet d'une de leurs poésies (*O Algoz* de Ribeiro, et *O Carrasco* de Queiroga), dans lesquelles ils se prononcent avec énergie dans le sens de l'abolition de la peine de mort et déclarent méritée la haine qu'inspirent ceux qui l'exécutent.

Les deux poètes dont nous venons de parler personnifient bien cette période de transition. Ce sont les précurseurs de la littérature nationale. Ils nous annoncent que la poésie de serre-chaude, obéissant à tous les caprices de la mode, va enfin céder la place à des écrits originaux et naturels, qui nous laissent entrevoir le plus brillant avenir.

---

a fondé avec ses amis Queiroga et I. I. da Rocha une société littéraire, *a sociedade philomatica*, et publié une *Revista*, où ont paru plusieurs d'entre ses poésies et son *Ensaio sobre a tragedia*, suivant les principes des classiques français. — Nous n'avons trouvé sur Ant. Aug. de Queiroga que la courte notice suivante dans Titára (c. c., p. 136): „*Bacharel A. A. de Q., natural de Minas.*"

CHAPITRE XIII.

ÉLOQUENCE. — CULTURE DU LANGAGE. — LE FRÈRE FRANCISCO DO MONTE ALVERNE; — MARIANNO JOSÉ PEREIRA DA FONSECA, MARQUIS DE MARICÁ; — LE LEXICOGRAPHE ANTONIO DE MORÁES E SILVA.

Dans le cours de cet ouvrage nous avons déjà fait remarquer plusieurs fois que les Brésiliens ont une grande prédilection pour l'éloquence, surtout celle de la chaire. Ils la partagent d'abord avec tous les méridionaux, mais ces dispositions ont été encore augmentées par les rapports de leurs missionnaires avec les sauvages, ces grands amateurs de la parole. Le Brésil se vante d'avoir donné le jour à un grand nombre d'orateurs sacrés, depuis les Anchieta et les Nobrega des premiers temps de la colonie jusqu'à nos jours, où Jean VI par la fondation de sa chapelle particulière donna un nouveau lustre à l'art oratoire de la colonie. Nous avons déjà mentionné Souza Caldas, São Carlos, Sampaio et Januario da Cunha Barboza; il nous reste à parler du plus célèbre de tous, le frère Francisco do Monte Alverne.

Francisco José de Carvalho, véritable nom de Monte Alverne, naquit le 9 août 1784 à Rio de Janeiro. Poussé par une voix intérieure il embrassa l'état ecclésiastique et entra dans l'ordre des franciscains. Le 3 octobre 1802 il prononça ses voeux et remplit dans les couvents de Santo Antonio de Rio-Janeiro et de S. Francisco de S. Paulo, ainsi qu'au séminaire de S. José plusieurs charges ecclésiastiques et la chaire de professeur de dogmatique, de philosophie et de rhétorique. Déjà alors en effet il s'était fait remarquer par la pureté de ses moeurs et par ses grandes connaissances.

Son talent oratoire surtout lui avait valu une réputation si grande, qu'il fut nommé prédicateur de la cour le 17 octobre 1816. Ses succès allèrent toujours en augmentant et il se soutint pendant plus de vingt ans comme successeur et émule des S. Carlos, des Sampaio, des Netto et des Januario da Cunha Barboza. Vers la fin de sa carrière Monte Alverne laissait même loin derrière lui tous ces hommes éminents.

La nature l'avait doué de toutes les qualités qui font l'orateur: un esprit profond et pénétrant, beaucoup d'énergie, une imagination vive et fertile, une sensibilité excessive, aussi prête à l'enthousiasme qu'habile à le communiquer, enfin une taille imposante, des gestes pleins de noblesse et un organe des plus sonores. Ses études avaient encore beaucoup ajouté à ces avantages naturels et lui avaient donné la conscience de sa valeur.

Non content d'avoir étudié les modèles de l'éloquence portugaise, Monte Alverne entreprit seul et sans grammaire le travail herculéen, comme il le dit lui-même, de s'approprier aussi la française et parvint à la comprendre et à apprécier toutes les beautés de style des Bossuet et des Bourdaloue. La connaissance de la langue française lui a en outre été d'un grand secours pour ses recherches philosophiques. C'est aux auteurs français qu'il a dû de pouvoir quitter la scholastique pour mettre à profit les résultats de la philosophie moderne. Comme professeur de cette science Monte Alverne a aussi exercé une grande influence, et les plus illustres écrivains du Brésil se font une gloire d'avoir été ses élèves [1]).

Malgré cette connaissance des opinions et des systèmes modernes, malgré ses recherches philosophiques sa foi n'a pas chancelé un seul instant et le sentiment religieux a toujours été le mobile de toutes ses actions.

„Presque dans tous mes discours," dit-il lui-même, „il y a une idée dominante, d'où découlent toutes les autres; et cette idée dominante (*idea geral*), cette pensée commune (*pensamento commun*), c'est la religion."

Il faut dire que ce fait a donné à ses discours, comme il l'avoue lui-même, une certaine monotonie, mais c'est la monotonie de la conviction, la monotonie d'une âme réconciliée avec elle-même, la monotonie enfin de l'enthousiasme pour une seule et grande idée. Il est d'autant plus étonnant que Monte Alverne ait su la varier à ce point et en faire une source d'harmonie aussi abondante.

Cette foi si vivante devait cependant être mise à une rude épreuve; cette lumière que son enthousiasme avait allumée en lui et dont il éclairait les autres, devait seule être en état de lui faire supporter la longue nuit à laquelle il allait être condamné. Voici ses paroles touchant cette catastrophe: „Le résultat de tant de travaux fut un dépérissement (*extenuação*) de mon cerveau et la perte de ma vue. A la fin de 1836 je dus cesser toute activité littéraire

---

[1]) Le 10 décembre 1848 Monte Alverne fut élu président perpétuel de la „*Sociedade Emulação philosophica*" en sa qualité de „*genuino representante da Philosophia do espirito humano no Brasil.*" Il fut introduit en séance solennelle et la société lui décerna une couronne de laurier.

et me trouvai hors d'état d'entreprendre le moindre travail. Personne ne pourra comprendre l'agonie (*agonias*) de mon coeur dans cette horrible péripétie (*horrivel peripecia*) de mon existence. Dieu a présenté à mes lèvres le calice des douleurs; peut-être n'est il pas encore vidé. — Que la volonté du Seigneur s'accomplisse!"

Monte Alverne vécut dix-huit ans dans une nuit complète et ne devait plus qu'une fois franchir l'enceinte de ce couvent, où il passa résigné et dans la retraite cette dernière période de sa vie. Ce fut pour se rendre au lieu témoin de ses triomphes, pour éclairer encore une fois des lumières de son esprit des milliers de spectateurs accourus pour contempler ses traits vénérables. Le jour de la fête de Saint-Pierre d'Alcántara, patron de l'empereur, le 19 octobre 1854, Monte Alverne céda aux instances de D. Pedro II et franchit encore les degrés de la chaire. Ce fut aussi son chant du cygne!

La journée du 3 décembre 1858 le vit partir pour le séjour de la lumière éternelle [1]).

Heureusement que les discours de Monte Alverne ne se sont pas perdus, comme ceux de la plupart des grands orateurs du Brésil. Cédant aux instances de ses amis, il en publia un recueil avec le concours d'un de ses confrères [2]).

Si les quelques mots que nous avons dit de Monte Alverne, sont des preuves de l'impression immense que faisaient ses discours sur les auditeurs, le jugement suivant d'un des meilleurs écrivains du Brésil, Joaquim Manoel de Macedo, pourra nous faire concevoir leur effet sur les lecteurs (*Revista do Instit.*, vol. XVII. suppl. p. 27): „Il n'y avait personne qui n'admirât la diction choisie, le style correct [3]), l'inspiration toujours soutenue, le brillant extrême

---

[1]) V. le nécrologue que nous avons consulté, dans la *Rev. do Inst.*, XXI. p. 556—564, par Joaquim Manoel de Macedo. Monte Alverne était membre de cet institut ainsi que de plusieurs sociétés savantes d'Amérique et d'Europe. — V. aussi sur son dernier sermon et les circonstances qui l'accompagnèrent, *Rev. do Inst.*, XVII. suppl. p. 26—29; et *Guanabara, Revista mensal*, II. p. 309—312 et p. 322—326.

[2]) Il a paru sous le titre d'*Obras oratorias do Padre Mestre Fr. Francisco do Monte Alverne*. Rio de Janeiro, 1853, 4 vol. 8°. Avec le portrait de l'auteur et un *Discurso preliminar* très-remarquable de sa main. Les trois premiers volumes contiennent les *Sermões quaresmaes e de mysterio*; le 4me, le *Panegyrico dos Santos, Discursos e Orações funebres*.

[3]) Il vaut la peine de noter le passage suivant où Monte Alverne lui-même parle de sa manière d'écrire (*Obras*, I. p. XIII): „*Compondo os meus sermões, nunca fui embaraçado com as fórmas, de que devia revestir o meu estylo. Sabia com Montesquieu, ser impossivel realisar alguma cousa de importante, desde que fosse mister levar á balança nossos pensamentos. Quando pois eu tinha de exprimir uma idéa, empregava na sua traducção o termo, que me parecia mais significativo, ou mais sonoro, sem curar de sua precisão, e mesmo de sua existencia. Era certamente um grande mal em ordem á litteratura; era um grande defeito;*

(*a illustração sempre abundante*), le bon choix et la splendeur des images, l'argumentation énergique du grand prédicateur brésilien. Il n'y avait personne qui résistât à son éloquence entraînante, parfois rapide comme l'éclair, parfois suave (*suavisa*) comme la rosée du matin, ayant toujours pour résultat de faire renaître l'espérance dans nos cœurs, ou de les remplir de la foi la plus ardente (*entornar a fé em nosso coração*). Il n'y avait enfin personne, sur qui la lecture des discours de Monte Alverne ne fît à la fois l'impression d'un entretien avec un savant ecclésiastique, un profond philosophe et un poète enthousiaste."

S'il nous est permis d'ajouter quelques mots à un jugement d'aussi grand poids, nous dirons que nous avons admiré dans les discours de Monte Alverne non seulement l'imagination et la chaleur particulières aux méridionaux, l'harmonie de la diction, mais bien plus encore la mesure, la dignité, la force, l'absence complète d'enflure, la disposition et l'argumentation agissant, il est vrai, plutôt sur les sentiments que sur la raison: toutes qualités si rares chez les habitants des pays chauds, et qui prouvent chez celui qui les possède un esprit philosophe, un grand tact psychologique et une habileté de dialectique considérable.

Comme spécimen nous donnons (N° 70) quelques passages d'un discours prononcé le 4 février 1816 à Itú, ville de la province de S. Paulo. Monte Alverne y remercie le prince-régent (depuis roi Jean VI) d'avoir fait du Brésil un État à part. Dans ces morceaux il se montre aussi orateur politique.

Marianno José Pereira da Fonseca, marquis de Maricá, s'est distingué comme auteur de maximes, genre diamétralement opposé à celui du précédent.

Son père, Domingos Pereira da Fonseca, négociant originaire du Portugal, s'était établi à Rio de Janeiro, et y avait épousé Theresa Maria de Jesus, qui lui donna un fils le 18 mai 1773. Dans sa onzième année Marianno José fut envoyé en Portugal, et après s'être préparé au collège de Mafra, il se rendit en octobre 1788 à l'université de Coïmbre, où il se proposait d'étudier le droit. Mais comme il n'avait pas encore atteint l'âge voulu de 16 ans, il se fit immatriculer en attendant dans la faculté des sciences et lettres, y prit ses degrés de bachelier et conçut le dessein de se rendre à Édimbourg pour y étudier la médecine. Malheureusement la mort de son père qui le rappela en 1792 au Brésil vint déranger ces projets.

A peine avait-il ouvert sa maison de commerce de Rio-Janeiro

---

mas a idéa apparecia com suas côres fortes, e originaes: o prestigio da pronunciação conseguia o resto."

en 1794, qu'il fut arrêté avec ses associés sur l'ordre du vice-roi, le soupçonneux comte de Resende, qui voyait partout des conspirateurs. Marianno José resta presque trois ans en prison sans avoir été jugé, et ne fut délivré que lors du rappel du comte.

Depuis 1802 il occupa plusieurs emplois publics; il fut successivement député à la chambre de commerce, trésorier de l'imprimerie royale, de la fabrique de poudre et de l'arsenal, enfin censeur. En 1821 il fut élu député et secrétaire de la junte provisoire et prit part à la rédaction de la constitution.

Nommé ministre des finances le 13 novembre 1823, Marianno José occupa ce poste important jusqu'au 23 novembre 1825, où il donna sa démission. Il resta cependant membre du conseil d'État jusqu'à sa dissolution en 1834. Depuis 1826 il était du reste sénateur et décoré du titre de marquis de Maricá.

Marianno José s'est prononcé lui-même sur sa carrière politique avec son laconisme ordinaire: „Je fus d'abord membre d'un club, et ce club était ma famille et mes livres, — j'arrivai aux charges les plus élevées sans intrigues et sans bassesses, seulement grâce à la protection divine (*protecção divina*), à quelques connaissances, à beaucoup de loyauté, et surtout par l'effet des circonstances (*por effeito das circumstancias*)."

Il mourut le 16 septembre 1848 [1]).

Le marquis de Maricá a fait quelques essais de poésie et quelques-unes de ses odes érotiques ont même été mises en musique par le premier compositeur du Brésil, José Mauricio; elles n'ont pourtant rien d'extraordinaire et ne sortent pas de l'ornière de l'école classique.

Mais l'ouvrage qui lui assurera une place honorable au panthéon brésilien, c'est celui intitulé „*Maximas, Pensamentos e Reflexões*". Maricá dit lui-même qu'il commença à écrire ces maximes dans sa soixantième année, et à l'âge de soixante-dix ans il en avait publié 3169. Portées à 4700 par celles publiées dans le journal l'*Iris*, elles ont paru à Rio-Janeiro en 1850 [2]).

Ces sentences d'un vieillard si richement doué et de tant d'expérience renferment un trésor de philosophie pratique, rehaussé en-

---

[1]) V. *Rev. do Inst.*, XV. p. 528—531; nous y trouvons dans le nécrologue de Manoel Araujo de Porto Alegre les renseignements autobiographiques sur le marquis de Maricá, que nous avons consultés.

[2]) *Collecção completa das Maximas, Pensamentos e Reflexões do Marquez de Maricá. Edição revista, e emendada pelo autor, augmentada com as Maximas, Pensamentos e Reflexões publicadas em 1844, 1846, e com as ultimas Maximas, etc., do autor.* Avec portrait et fac-simile de l'écriture de l'auteur. Rio de Janeiro, 1850. 8°.

core par une diction élégante. Ce sont des pensées fortes et précises, souvent même relevées par une pointe d'épigramme; beaucoup sont naturellement des aphorismes politiques, et un plus grand nombre encore annoncent une morale des plus sévères. Cependant les maximes purement philosophiques sont les plus faibles, vu qu'elles manquent de profondeur et d'originalité. En outre, on doit s'attendre à trouver dans un recueil aussi considérable beaucoup de répétitions et de lieux communs, en sorte qu'il gagnerait beaucoup, si on en éloignait une bonne partie. — A la seconde partie (N° 71) nous en avons donné quelques spécimens.

Il nous reste à parler d'un homme qui a droit à notre reconnaissance comme écrivain élégant et avant tout comme lexicographe. C'est l'auteur du dictionnaire portugais le plus complet, Antonio de Moráes e Silva, né à Rio de Janeiro entre 1756 et 1758[1]). Après avoir fréquenté les écoles de sa ville natale, il se rendit à Coïmbre pour y étudier le droit, et y obtint le grade de bachelier. Un événement futile en soi l'amena à s'occuper de linguistique: ses camarades se moquaient souvent de sa mauvaise prononciation et de ses nombreuses fautes de langage. Moráes résolut de se venger, et se mit à étudier sa langue maternelle avec tant d'énergie, que bientôt après il put non seulement se moquer des provincialismes de ses condisciples, mais même corriger les fautes de ses professeurs, qui, suivant la mode d'alors, se permettaient souvent des gallicismes.

En 1779 Moráes doit avoir séjourné à Londres, sans qu'on en sache la raison; M. de Varnhagen en effet a vu un livre qui portait l'inscription suivante de la main de notre auteur:

Antonio de Moráes Silva.
Londres, 1779.

Ce fut probablement là qu'il fit la connaissance du vicomte de Balsamão, propriétaire d'une des bibliothèques les plus riches dans le domaine de la langue et de la littérature portugaises. Moráes s'en servit beaucoup, ce que prouvent les nombreuses citations qui enrichissent son dictionnaire.

Ce fut là aussi qu'il traduisit dans sa langue maternelle la partie de la grande histoire universelle anglaise qui concerne le Portugal.

---

[1]) Innoc. Franc. da Silva remarque avec raison dans l'article de son *Diccionario bibliographico* (I. p. 209) consacré à Moráes, que l'assertion de Pereira da Silva, qui fait naître (*os var. ill.*, II. p. 340) Moráes en 1777 doit être erronée, vu que la première édition de son dictionnaire parut en 1789. Il l'aurait par conséquent fait à douze ans! — En outre M. de Varnhagen affirme (*Rev. do Inst.*, XV. p. 245) que Moráes était à Londres en 1779. Nous avons suivi pour l'année de sa naissance I. Fr. da Silva.

Elle parut en 1788 à Lisbonne sous le titre d' „*Historia de Portugal, composta em inglez por uma Sociedade de Litteratos, trasladada em vulgar com as addições da versão franceza, e notas do traductor portuguez.*" (Nouvelles éditions en 1802, 1819, 1828.) Cette traduction est un chef-d'oeuvre de style. Sa version des délassements de l'homme sensible d'Arnaud [1]) n'est pas moins remarquable.

L'année 1789 vit paraître la première édition de la grande oeuvre de la vie de Moráes, le *Diccionario da lingua portugueza*. Ce n'était, il est vrai, encore qu'un abrégé habilement fait de la masse indigeste du lexique de Bluteau, mais la seconde édition (1813) est un ouvrage original d'une importance telle, qu'il est encore aujourd'hui la principale autorité en matière de langage, et en même temps le plus complet [2]).

En 1802 Moráes était de retour dans sa patrie. Il s'établit à Fernambouc, où il organisa une raffinerie de sucre [3]). Il n'en continua pas moins ses travaux linguistiques et publia au mois de juin 1802 son *Epitome da grammatica portugueza* (aussi à Lisbonne en 1806 et imprimé en tête des éditions postérieures de son dictionnaire). Il envoyait aussi très-fréquemment à Lisbonne des matériaux et des corrections, pour les nouvelles éditions de son lexique.

Moráes prit aussi part à la vie politique, et accepta les postes de commandant (*capitão mór*) de Recife et de colonel de la milice de Moribeca. Lors de la révolution qui éclata en 1817 à Fernambouc, il fut nommé membre du gouvernement provisoire, mais il paraît qu'il se démit bientôt de ces fonctions pour rentrer dans la vie privée. Son caractère rigoureux, sa droiture et ses manières

---

[1]) *Recreações do Homem sensivel, ou collecção de exemplos verdadeiros e patheticos*, etc. Traduzido de Mr. Arnaud. Lisbonne, 1821. 8°. 3 voll.

[2]) La sixième édition: *melhorada, e muito accrescentada pelo desembargador Agostinho de Mendonça Falcão*, parut en 1858 à Lisbonne en deux volumes in-quarto. V. sur les différentes éditions et leur valeur l'article cité de I. F. da Silva, *Diccion. bibliogr.*

[3]) Varnhagen (*Hist. do Brazil*, II. p. 342) nous donne à supposer que Moráes aussi fut poursuivi par l'inquisition et que c'est ce motif qui l'engagea à rentrer dans sa patrie. Voici ses paroles: „*Moráes livre das garras da inquisição, obtivéra no principio do presente seculo licença para passar a Pernambuco, e na Moribeca se achava já em 1802.*" — Pereira da Silva (o. c.) affirme qu'il fit partie du barreau de Lisbonne, revêtit plusieurs charges dans différentes localités du Portugal, et qu'il retourna au Brésil après sa nomination au poste de juge suprême (*desembargador aggravista*) au tribunal de Bahia. D'après le même auteur il se démit de cet emploi en suite de dissenssions avec le chancelier (*chanceller*) et s'établit à Fernambouc comme industriel. — Si nous n'avons pas donné ces renseignements dans le texte, c'est qu'ils ne sont pas confirmés par Varnhagen, beaucoup meilleur critique.

assez brusques le rendaient peu propre à briguer la faveur populaire et lui firent beaucoup d'ennemis.

Il est probablement mort avant 1820 [1]).

---

[1]) D'après Pereira da Silva, il mourut (o. c.) en 1825 d'un ramollissement de cerveau. — Nous avons suivi la biographie donnée par M. de Varnhagen dans la *Rev. do Inst.*, XV. p. 244—247. — V. aussi *Rev. do Inst.*, XXIII. p. 495—496: *Noticia necrologica do Dr. A. Moraes, offerecida ao Instituto historico e geographico do Brasil por Sua Magestade o Imperador*.

CINQUIÈME PÉRIODE.

DE MDCCCXL A AUJOURD'HUI.

CHAPITRE XIV.

LA MONARCHIE SE CONSOLIDE. — LE GOUVERNEMENT ET L'EMPEREUR LUI-MÊME ENCOURAGENT LES SCIENCES ET LES ARTS. — LA LITTÉRATURE BRÉSILIENNE S'ÉMANCIPE COMPLÉTEMENT SOUS L'INFLUENCE DE L'ÉCOLE ROMANTIQUE ET DES ÉLÉMENTS NATIONAUX. — DOMINGOS JOSÉ GONÇALVES DE MAGALHÃES.

Nous avons vu jusqu'ici la civilisation européenne représentée par les Portugais conquérir le sol du Brésil, le défricher et le cultiver. En suite de cette activité le développement et la culture intellectuelle de ce pays et leur expression la plus intense, la littérature nationale, devaient n'être que le reflet des lettres portugaises ou tout au plus et par leur intermédiaire de celle des autres nations de l'Europe. Nous avons vu en revanche les descendants des conquérants et des colons s'identifier toujours davantage avec la terre qui les porte, avec la nature qui les entoure. Les générations subséquentes, grandissant sous le soleil des tropiques, tantôt favorisées par cette même nature si luxurieuse, tantôt forcées de la combattre; tantôt luttant avec les fils du désert, les indigènes, tantôt se mêlant à eux comme plus tard aux nègres, donnent le jour à une race nouvelle, dont les signes distinctifs sont un sang plus chaud, un attachement plus filial au sol si fertile de son pays, un sentiment plus fort de ses beautés, et une confiance naturelle en elle-même, que viennent augmenter encore les victoires remportées sur le désert. Cette race en un mot se développe toujours davantage, différente de ses ancêtres portugais; son organisation physique est modifiée par le climat et par de fréquents mélanges, sa manière de voir éprouve une métamorphose complète, des intérêts particuliers, des opinions politiques propres se font jour, et nous trouvons enfin un peuple d'une individualité fortement accusée. Nous avons vu les particularités chercher à se montrer dans la littérature malgré sa dépendance des lettres européennes; les poètes brésiliens, bien que formés à Coïmbre et se règlant pour la forme sur l'école en vogue alors en Portugal, choisir de préférence des sujets nationaux, emprunter leurs images au sol natal, et se pénétrer de plus en plus de sentiments patriotiques.

M. Santiago Nunes Ribeiro, poète de talent lui-même, pouvait donc dire avec raison: „La poésie du Brésil est une fille de l'inspiration américaine (*filha da inspiração americana*). Au lieu de la regarder comme une belle étrangère, comme une vierge des campagnes de l'Hellade, transportée au nouveau monde, nommons-la plutôt fille du désert (*filha das florestas*), élevée dans la vieille Europe, où son inspiration native (*a sua inspiração nativa*) s'est développée par l'étude et la contemplation de la science étrangère. Si malgré cela elle s'est souvenue du Brésil, c'est que c'est son pays et qu'elle a eu ainsi conscience du sentiment national [1])."

Nous avons vu enfin que ce sentiment national, timide encore du temps de la colonie, ou plus ou moins révolutionnaire quand il osait se montrer, ne se prononça d'une manière franche et décidée qu'après la proclamation de l'indépendance du Brésil sur les bords de l'Ipiranga [2]). La constitution du cinquième empire, l'affermissement de la monarchie en suite de la déclaration de majorité de Dom Pedro II et de l'établissement d'une dynastie nationale empêchèrent le Brésil d'être divisé en petites républiques, et apprirent aux Brésiliens à se sentir une grande nation du Pará au Rio Grande do Sul, et de l'Alagoas au Matto grosso [3]).

Cependant les passions politiques s'étaient calmées et avaient été bornées au parlement, leur domaine; leur fracas, si peu favo-

---

[1]) *Minerva brasiliense*, Rio de Janeiro, 1843. I. p. 16, dans l'article *Da nacionalidade da litteratura brasileira*, qui réfute avec beaucoup de bonheur l'assertion des Portugais en général et de Gama e Castro en particulier (*Jornal do Commercio*), que les Brésiliens n'ont pas de littérature propre, parce qu'ils n'ont pas de langue particulière et que par conséquent leur poètes doivent être rangés parmi les Portugais.

[2]) M. de Magalhães parle en ces termes de ce sentiment, et des changements qu'il produisit dans la littérature (*Nichteroy*, I. N° 1. p. 152): „*No seculo XIX com as mudanças, e reformas politicas, que tem o Brasil experimentado, nova facie litteraria apresenta. Uma só ideia absorve todos os pensamentos, uma nova ideia até alli desconhecida, é a ideia da Patria; ella domina tudo, tudo se faz por ella, ou em seu nome.*"

[3]) Les politiques brésiliens les mieux pensants ont tous reconnu que, vu le peu d'homogénéité du peuple brésilien, la monarchie seule pouvait réunir ces éléments divers, et en faire sortir de vrais sentiments nationaux. C'est ce qu'a très-bien prouvé aussi le *Bosquejo historico, politico e litterario do Brasil ... por um Brasileiro*. Nichteroy, 1835. 4°, surtout pag. 74—75. — V. aussi Pereira da Silva, Le Brésil sous l'empereur Dom Pedro II, Revue des deux Mondes, 2me période, vol. XIV. Paris, 1858, p. 797—799.

rable aux lettres, s'était tu; les paroles conciliatrices de l'empereur avaient modéré et apaisé les haines de parti¹), le règne de l'industrialisme pur et de la ploutocratie n'était plus exclusif et avait cessé d'absorber tous les intérêts; ce fut alors qu'on sentit de nouveau le besoin d'une nourriture intellectuelle et que l'aristocratie de l'idéal reprit ses droits. Tandis qu'auparavant le sentiment national s'était fait jour dans la littérature, d'une manière intermittente et plutôt subjective, il put dès lors la pénétrer, devenir objectif, s'assimiler à elle et la développer dans toutes les directions conformes à l'esprit du siècle.

L'empereur eut la plus grande part à ce développement. Dom Pedro II ne se contente pas d'aimer et de protéger les sciences et les arts, de réunir à sa cour les savants et les artistes, de les favoriser non par calcul comme Auguste, ou par une vanité égoïste comme Louis XIV, qui n'avait d'autre pensée que de les faire concourir à l'agrandissement de sa puissance et à la gloire de son nom. D. Pedro II. ne fait pas des sciences et des arts le marchepied de son ambition, il les aime pour eux-mêmes, et en connaît à fond plusieurs branches ²). Il manque rarement d'assister aux

---

¹) Joaquim Manoel de Macedo, orateur et poète distingué du Brésil, nous retrace un portrait trop fidèle seulement de ces temps de troubles politiques et de leur influence pernicieuse sur les sciences et les arts. Les mêmes faits se répètent partout et viennent ajouter encore à la vérité des paroles de cet écrivain. Il dit dans un discours prononcé en 1857 à l'institut historico-géographique (*Rev. do Instituto hist. geogr. do Brazil*, XX. suppl. p. 75—76): „Il y eut un temps — et le souvenir doit en être présent à la mémoire de tous — où la violence des passions politiques, qui jetaient le pays dans des convulsions continuelles, entraînait tout le monde et dominait exclusivement les esprits. Alors on méprisait la plume qui ne consentait pas à satisfaire l'appétit du public en lui servant des théories gouvernementales plus ou moins extravagantes, ou en perçant la poitrine de l'adversaire politique comme un glaive empoisonné. C'était une lutte sans gloire, fratricide; c'était une lutte plein d'une fureur incroyable; et pendant ses ravages le poète et l'artiste — ilotes condamnés à l'oubli qui tue le génie — étaient comme les fils d'une terre étrangère, parlant une langue que personne n'entendait. Alors on recherchait avec plus d'ardeur le journal sans frein et incendiaire que les *Suspiros poeticos* de Magalhães; les diatribes et les calomnies lancées à la tête du publiciste, qui était du côté du gouvernement, ou contre celui qui combattait ses excès, avaient mille fois plus de valeur, qu'un chant inspiré par le plus bel enthousiasme. Applaudissait-on de temps en temps à quelque satire mordante, qui s'était soumise aux règles de la prosodie, on ne l'approuvait que parce qu'elle renfermait une arme politique; on saluait le poison, qui découlait goutte à goutte de ses vers; on ne louait le mètre, que parcequ'il aidait la mémoire à se rappeler de l'insulte; on applaudissait à la satire, mais on méprisait la poésie; on applaudissait le politique, mais on méprisait le poète, qui n'avait de valeur que comme Juvénal d'occasion (*que não passava de um Juvenal de occasião*).

²) Le célèbre poète Herculano, qu'on n'accusera pas de flatterie, Portugais et libéral qu'il était, dit de D. Pedro II déjà en 1847: „*É geralmente sabido que o jovem imperador do Brazil dedica todos os momentos que pode salvar*

séances de l'institut historico-géographique, comme les procès-verbaux en font foi; sous son règne se sont fondés un grand nombre d'établissements d'instruction et de sociétés litteraires [1]); tandis qu'autrefois le journalisme politique avait tout envahi [2]), on vit paraître enfin des revues consacrées uniquement aux sciences et aux arts.

La plus importante de ces revues est la *Revista* souvent citée que publie l'institut historico-géographique. La richesse et la profondeur de ses articles n'ont fait qu'augmenter, et comme presque tous les poètes de talent sont membres de cette académie, et y prennent la plus grande part comme secrétaires ou orateurs (*oradores*), ce journal est une des sources les plus importantes de l'histoire de la littérature nationale, ce que prouvent nos citations fréquentes. Il a en outre la plus grande influence sur son développement [3]). A côté de cette revue nommons encore comme importantes: *Nitheroy* (1836), *Minerva Brasiliense* (1843), *Iris* (1847), *Guanabara* (1849) et la *Revista brazileira* (1857). Elles forment soit des centres littéraires destinés à réunir les meilleurs talents et à publier leurs productions; soit aussi des organes critiques, dont le but est de répandre et de cultiver le goût, comme aussi de faire connaître les opinions les plus récentes sur différents points de littérature et de science.

Tandis que les événements que nous venons de récapituler préparaient le sol du Brésil à recevoir la semence spirituelle, à la mûrir, et à donner une riche moisson, la vieille Europe voyait s'ac-

---

das occupações materiaes de chefe do Estado ao culto das lettras ... *Não notas n'estas tendencias do moço principe um symbolo do presente, e uma prophecia consoladora acerca do porvir do Brazil?*" (*Cantos de A. G. Dias*, 3me éd. Leipzig, 1860. 8°. I. p. XII.)

[1]) En 1856 il y avait au Brésil 2460 écoles primaires et moyennes, fréquentées par 82500 enfants. S. Paulo et Fernambouc ont des écoles de droit, Bahia et Rio-Janeiro des facultés de médecine et de mathématiques. Il n'est plus nécessaire d'aller à Coïmbre pour acquérir une instruction supérieure.

[2]) V. *Progresso do Jornalismo no Brazil*, par Francisco de Souza Martins, *Rev. do Inst.*, VIII. (1846), p. 262 — 275. En 1846 il y avait au Brésil environ 30 journaux, entre autres 17 scientifiques et littéraires; en 1835 ces derniers n'étaient que cinq et n'avaient pu se maintenir que peu de temps.

[3]) Consultez au sujet du développement de cet institut sous le règne de D. Pedro II, le compte-rendu (*Relatorio*) de D. Joaquim Manoel de Macedo, lu à la séance publique de 1854. Voici ses propres paroles (*Rev.*, XVII. suppl. p. 8): „*O patriotismo que se deixára guiar pela sabedoria viu dentro em pouco a consummação da sua obra: o imperador do Brazil abrindo-lhe as portas de seu palacio, chamou o Instituto para perto de si, faz reflectir sobre elle o brilho de sua augusta magestade, e, graças a seu soberano influxo, uma simples associação de homens amantes das letras transformou-se em uma bella instituição do paiz.*"
— Quant à la participation et à l'aide de l'empereur, v. p. 9 — 10.

complir en elle un rajeunissement, qui ne pouvait que contribuer à entretenir ces espérances[1]).

L'Europe n'avait pas seulement été rajeunie au point de vue politique par le baptême de sang de la révolution française; elle l'avait aussi été littérairement par la confirmation du principe populaire, de la foi en une spontanéité naturelle et nationale, partie de l'Allemagne.

Ce dernier fait a rétabli en poésie la continuité du développement spontané, l'a débarassée des entraves du pseudo-classicisme, et a fait reconnaître le droit imprescriptible à tous les peuples de prêter des accents à leur génie particulier. On a nommé cette régénération romantisme, comme on a appelé romanes les langues vulgaires, les patois (*lingua romana rustica*) pour les opposer à la langue latine savante (*sermo urbanus*). Le vrai romantisme n'est en effet pas autre chose que l'expression du génie d'une nation, débarrassé de toutes les entraves de la convention[2]).

Cet affranchissement est l'ouvrage de la critique allemande. Les Allemands se sont vengés du double esclavage, politique et littéraire, que les Français ont fait si longtemps peser sur eux, en délivrant enfin ce peuple, si heureux des entraves pseudo-classiques et qui avait si longtemps forcé les autres nations à imiter son esclavage volontaire; ils lui ont enfin donné conscience de lui-même et de sa valeur. Il est vrai que les Français sont tombés d'un extrême dans un autre, de l'esclavage dans une liberté sans frein. Au lieu de donner d'eux-mêmes, comme autrefois, une image naïve

---

[1]) Au Brésil le titre de docteur et quelques succès comme professeur sont le plus sûr moyen d'arriver aux plus hautes dignités et à la noblesse. Ce pays n'a pas de noblesse héréditaire et ne connaît par conséquent pas les priviléges dont jouit une aristocratie de naissance. La plupart des hommes d'État y ont fait quelques essais poétiques, et plusieurs d'entre eux se sont fait un nom dans les lettres comme dans la politique.

[2]) Les idées accessoires qu'on a rattachées à celle de romantisme par suite de sa décadence, ne font que confirmer la vérité étymologique et historique de cette définition. C'est pour les mêmes raisons qu'on a nommé romantique ou mieux roman l'art du moyen-âge propre aux peuples modernes et opposé à l'antique. Pour rétablir la continuité de leur développement spontané et pour paralyser l'influence moderne des humanistes, des réformistes, du classicisme et du rationalisme, ces mêmes peuples ont dû retourner en arrière et puiser à la source toujours abondante du moyen-âge, époque brillante du développement qui était le plus conforme à leur génie. C'est pour cette raison encore qu'on a confondu les deux mots de moyen-âge et de romantisme. Mais comme cette poésie et cet art du moyen-âge sont bigots, idéalistes à l'excès, se plaisent dans le mysticisme et dans le phantastique, on a donné à tort au romantisme ces acceptions diverses. Prenant l'accessoire pour le principal, le romantisme moderne a caricaturé encore tout cela et discrédité le vrai romantisme, en sorte qu'on a donné ce nom, dans les domaines de l'art et de la poésie, à tout ce qui est subjectif, arbitraire, nébuleux, capricieux et sans formes arrêtées.

et fidèle, ils se sont caricaturés, et ont fait souvent révoquer en doute la vraie nature et le droit à l'existence du romantisme [1]. Ce sont eux cependant qui ont en grande partie remis en honneur le véritable romantisme chez les autres peuples néo-latins. Obéissant à cette impulsion, ceux-ci se sont débarassés des dernières entraves pseudo-classiques, et ont donné pleine carrière à leur génie propre [2].

Cet affranchissement coïncide avec l'époque si favorable à la littérature du Brésil, dont nous avons parlé. Le romantisme contracta dans ce pays l'union la plus étroite avec le nativisme, devenu une puissance.

Celui-ci avait besoin de cette union pour devenir un élément poétique et fournir une base positive. C'était d'autant plus nécessaire qu'il avait été jusqu'alors plutôt négatif et en opposition avec la dépendance politique de la métropole, sans se délivrer du joug intellectuel que le Portugal lui imposait sans pouvoir faire éclore les sentiments que produit chez un peuple une histoire glorieuse. Il lui fallait pour se légitimer lui-même, rattacher le présent aux temps antéhistoriques, à l'époque qui avait précédé la conquête et la colonisation.

Le nativisme avait enfin reçu du romantisme sa consécration idéale, le développement intérieur avait pris assez de consistance pour qu'on pût penser à réaliser ce principe, une littérature nationale véritable était devenue possible. Il ne fallait plus qu'un esprit d'élite pour procurer la victoire au nativisme, pour donner un corps à ce qui était dans l'air, pour prononcer ce qui était sur les lèvres de tous, pour émanciper la forme, comme l'esprit l'avait été auparavant: il ne fallait plus en un mot que l'homme du siècle. Et comme il arrive toujours aux époques où le coeur d'une nation

---

[1] Ce fait pourrait bien avoir provoqué le problème, dont l'empereur D. Pedro II proposa la solution à son institut historico-géographique; il montra par là une fois de plus combien sont grandes sa pénétration et son intelligence. Voici ce problème: L'étude et l'imitation des romantiques encouragent-elles le développement de la poésie nationale, ou l'empêchent-elles? (*O estudo e imitação dos poetas romanticos promove, ou impede o desenvolvimento da poesia nacional?*) — Le docteur Franc. de Paula Menezes, alors secrétaire de l'Institut, répondit à la question de l'empereur dans un mémoire très-bien écrit et jugeant sainement le vrai romantisme (v. *Guanabara*, I. p. 298).

[2] Les Brésiliens eux-mêmes ont souvent reconnu combien l'influence française fut grande sur eux, comme sur tous les peuples néo-latins. C'est par elle que le romantisme moderne a si puissamment contribué au développement de la littérature du Brésil. V. p. ex. M. de Magalhães, *Nitheroy*, I. n. I. p. 119; — Pereira da Silva, Le Brésil sous l'empereur D. Pedro II, o. c., p. 843; — *Echos da alma, poesias colligidas pelo poeta Macambuzio* (Baptista Caetano de Almeida) Rio de J., 1856, 8°, p. 22—24. Ce dernier n'apprécie même pas à sa juste valeur l'élément national.

est plein à déborder, cet homme se trouva aussi au Brésil, ce fut Domingos José Gonçalves de Magalhães, chef de l'école nouvelle vraiment nationale [1]).

Magalhães appartient à une famille noble du Portugal, et naquit le 13 août 1811 à Rio de Janeiro, où il fit ses premières études. Comme il arrivait fréquemment au Brésil, pour arriver aux emplois civils, notre jeune écrivain prit son titre de docteur dans la faculté de médecine, parcequ'outre celle des mathématiques, c'était la seule qui eût son siége à Rio-Janeiro. Il se fit connaître par des cours publics de rhétorique et de philosophie, et donna déjà alors des preuves de dispositions poétiques, qui firent sensation. En 1832 il parut en effet à Rio de Janeiro sous le titre de *Poesias* un recueil d'essais qui dénotait son grand talent. Magalhães y suit encore à la

---

[1]) C'est ce qu'ont reconnu et proclamé ses compatriotes, et même les mieux doués d'entre ses émules. Un des premiers critiques du Brésil, F. S. Torres Homem, a salué les *Suspiros poeticos e Saudades* des paroles suivantes (*Nitheroy*, I. Nº 2, p. 254): „*Esta producção de um novo genero é destinada a abrir uma era á poesia Brasileira. Permitta Deos, que ella não fique solitaria no meio da nossa litteratura, como uma sumptuosa palmeira no meio dos desertos. Apesar de tudo cremos que o tempo futuro não conseguirá riscar da memoria dos admiradores das musas o nome do auctor dos Suspiros poeticos. Dissemos apesar de tudo, por que nos outros Brasileiros não podemos soffrer reputações*"; etc. — Dans la revue citée (p. 239) Pereira da Silva dit de l'auteur des *Suspiros*: „*ao auctor compete a duplica coroa do primeiro lyrico Brasileiro, e de chefe de uma nova escola.*" — Norberto de Souza Silva commence par Magalhães la dernière période de l'histoire de la littérature du Brésil. Il dit de celui-ci (*Modul.* p. 47): „*Em sua apparição no estadio da litteratura brasileira, com um opusculo de bellas poesias, o Sr. D. J. G. de M. foi saudado pelas notabilidades do paiz e Evaristo Ferreira da Veiga e o visconde de Cayru lhe tributaram publicamente não immeritos encomeos, e tanto mais que . . .* — *ha tempos de nossos prelos não saía um opusculo que tanto lustre desse a nossa littteratura, e que fizesse apparecer em tanto relevo o bom ingenho brasiliano —.*" Et *Minerva*, p. 415: „*O qual (Magalhães) dando o signal para a reforma se constitue chefe de uma revolução toda litteraria, e marca nos annaes da litteratura do Novo mundo uma epocha brilhante de poesia.*" — Santiago Nunes Ribeiro dans son article: *Da nacionalidade da litt. bras.* (*Minerva*, p. 23), où il distingue trois périodes dans l'histoire littéraire du Brésil, désigne Magalhães comme le représentant de la troisième: „*Terceira epocha. O seu representante legitimo e natural e o Sr. Dr. Magalhães.*" — D. Manoel de Araujo Porto-Alegre, un des poètes les plus célèbres des temps modernes, s'est prononcé de même sur Magalhães (*Guanabara*, II. p. 42): „*Foi o Sr. Magalhães, o Garrett brasileiro, e para melhor o dizer, o fundador da nova escola. Foi elle quem contrabalançou a gloria do poeta portuguez, precedendo-o na reforma do theatro, com duas tragedias*, etc." — Francisco de Paula Menezes dit de même dans sa *Revista brasileira* (1855; Rio de J. p. 5), que six ans auparavant il avait déjà étudié avec grand soin les oeuvres de Magalhães, et continue en ces termes: „*Porém então, como agora . . . o consideravamos como reformador, o chefe da escola moderna, cujos esforços levaram de vencida a todos os velhos e gastos preceitos de uma poetica universal e eterna, e que animando a mocidade que enthusiasmada o seguia, guiava seus mal seguros passos pelos destrilhados caminhos da arte.*"

vérité les sentiers battus et remarque expressément dans la préface, qu'il a pris pour modèles les poètes classiques portugais [1]). Ce sont des odes, des cantates, des *Elogios dramaticos*, des poésies de circonstance patriotiques, dans les formes classiques sanctionnées par l'usage, avec le luxe habituel d'allusions mythologiques et le pathos stéréotype. Plusieurs d'entre ces morceaux dénotent cependant déjà une manière de voir plus indépendante comme (p. 77) l'*Epistola á Marilia*. D'autres font voir cette profonde absorption philosophique, qui, encore renforcée plus tard, devait former un des traits dominants des poésies de Magalhães. Citons (p. 207 suiv.) les *Noites melancolicas* (*O que é o Homem; — A morte; — As miserias do genero humano; — Os amigos*), où, se livrant malgré sa jeunesse à ses dispositions élégiaques, il nous a donné le pendant des Nuits d'Young.

En 1833 il fit son premier voyage d'Europe et fut attaché en 1836 à l'ambassade de Paris. C'était l'époque du plus grand épanouissement du romantisme en France, et ce mouvement ne pouvait manquer de faire l'impression la plus vive sur l'esprit si bien doué de Magalhães et de l'émanciper complétement des entraves de l'école classique, d'autant plus qu'il avait toujours été fort indépendant. Le poète déposa les fruits de ces impressions et de cette disposition d'esprit dans une suite de poèmes élégiaques publiés sous le titre de *Suspiros poeticos e Saudades* à Paris en 1836 (2" édition revue et corrigée, 1859. 8°). Ce volume nous montre Magalhães, émancipé des chaines de l'imitation et du classicisme conventionnel, et s'abandonnant à son génie national et individuel [1]). Ce recueil a fait époque dans la littérature du Brésil et lui a frayé de nouvelles voies.

Après son retour en Amérique, notre poète fut nommé secrétaire au gouvernement de la province de Maranham et plus tard à celui de la province de Rio Grande do Sul.

Élu membre de la chambre des députés, il fit de nouveau quelque séjour dans sa ville natale. Auparavant déjà il s'était voué principalement au théâtre; alors il écrivit les premières tragédies brésiliennes et montra ainsi le chemin à ses successeurs [3]).

---

[1]) *Prólogo*, p. 4: „*Nossos mestres: isto é, aquelles que mais se avantajárão na Poesia e que nos podem instruir com seu exemplo; bem como Ferreira, Camões, Garção, Diniz, e Filinto Elysio.*"

[2]) „*Este homem*", dit Araujo de Porto-Alegre de Magalhães (*Guanabara*, II. p. 42), „*filho da escola parnaseana, fiel adorador de Jupiter e de Apollo, voltou da Europa renascido, e regenerado, trazendo comsigo um livro que intitulou: Suspiros poeticos.*" — V. aussi Norberto de Souza Silva, *Modul.* p. 50.

[3]) Elles ont paru à Rio de J. en 1839, et en 1841; — Magalhães a aussi traduit du français plusieurs pièces de Ducis, d'Arnaud, etc. Nous parlerons plu

Cependant Magalhães reprit la carrière diplomatique et se rendit de nouveau en Europe, où il occupa d'abord les postes de chargé d'affaires du Brésil auprès des cours de Naples et de Turin. Depuis 1859 il est ministre-résident à Vienne[1]).

Magalhães a compris sa mission poétique et s'y est consacré avec un enthousiasme vrai, avec le plus grand sérieux et en pleine conscience de la grandeur du but. Il s'est exprimé à ce sujet dans l'*Advertencia* des *Suspiros* et dans son prologue: *Invocação ao Anjo da Poesia* (Invocation au génie de la poésie) avec la précision d'un homme qui ne perd pas des yeux le but de ses efforts.

Dans l'*Avertencia* il dit: „Pour bien juger cet ouvrage, il faut avoir égard à trois choses: le but, le genre et la forme (*o fim, o genero, e a forma*)."

Son but est de ramener la poésie à sa source, l'idéal et la divinité, telle que la religion chrétienne nous la révèle; il veut éloigner de cette source la profanation de la trivialité, et en montrer la route aux poètes de sa patrie.

Ce but bien défini lui a inspiré sans peine le genre à choisir. En effet l'imitation des modèles classiques ne suffisait plus, ni une inspiration feinte, ni un enthousiasme artificiel; les lieux communs ordinaires, les allusions empruntées à la mythologie n'étaient plus possibles.

Quant à la forme de son choix (nous entendons par là la structure des vers, des strophes et des poésies elles-mêmes), Magalhães ne se laissa entraver ni par l'uniformité reçue, ni par les genres typiques. La plupart de ses productions sont conçues en rythmes et en strophes alternant librement (*Silvas*); la marche des idées et le degré de son enthousiasme sont les seuls guides qu'il ait consultés (*nenhuma ordem seguimos, exprimindo as ideas como ellas se apresentaram, para não destruir o accento da inspiração*).

Il a enfin caractérisé de main de maître son recueil dans son ensemble: „C'est un livre de poésies que j'ai écrites sous l'empire d'impressions locales; tantôt au milieu des ruines de l'antique Rome, rêvant aux destinées des empires; tantôt au sommet des Alpes où l'imagination erre dans l'infini, comme un atome dans l'espace; tantôt dans quelque cathédrale, admirant la grandeur de Dieu et les miracles du christianisme; tantôt sous des cyprès étendant leur ombre sur des tombes; tantôt enfin en méditant sur le sort de la patrie, sur les passions humaines, sur le néant de la vie. Ce sont

---

en détail des productions dramatiques du poète dans le chapitre consacré aux drames de la cinquième période.

[1]) Nous devons ces renseignements à l'obligeance du poète lui-même.

les poésies d'un pélerin, changeantes comme les scènes de la nature, variées comme les phases de la vie; mais harmonisant par l'unité de la pensée, et se rattachant les unes aux autres comme les anneaux d'une chaîne; des poésies de l'âme et du coeur (*poésias d'alma e do coração*), que l'âme et le coeur peuvent seuls juger". Dans l'*Invocação ao Anjo da Poesia* Magalhães s'est prononcé non moins clairement sur la nouvelle voie, dans laquelle il s'était engagé et sur ses rapports avec l'ancienne poésie cultivée aussi par lui. Il ne veut plus suivre les traces des muses helléniques, et ne recevoir désormais ses inspirations que de la patrie, de la nature et du Maître de la création [1]).

Un enthousiasme vrai pour la révélation divine du christianisme et pour le bien de la patrie, un sentiment très-vif des beautés de la nature, un examen attentif de sa ressemblance avec la vie humaine, des méditations morales et religieuses ont en effet inspiré ces „soupirs et aspirations poétiques"; rien de frivole, aucun

---

[1]) Nous donnons ici dans l'original le passage des poésies de notre poète, qui annonce cette nouvelle voie:

Castas Virgens da Grecia,
Que os sacros bosques habitais do Pindo!
Oh Numes tão fagueiros,
Que o berço me embalastes
Com risos lisonjeiros,
Assás a infancia minha fascinastes.
Guardai os louros vossos,
Guardai-os, sim, qu'eu hoje os renuncio.
Adeos, ficçõees de Homero!
Deixai, deixai minha alma
Em seus novos delirios engolphar-se,
Sonhar co'as terras do seu patrio Rio.
Só de suspiros coroar-me quero,
De saudades, de ramos de cypreste;
Só quero suspirar, gemer só quero,
E um cantico formar co'os meus suspiros;
Assim pela aura matinal vibrado
O anemocordio, ao ramo penduardo,
Em cada corda geme,
E a selva peja de harmonia estreme.
Ja nova Musa
Meu canto inspira;
Não mais empunho
Profana lyra.
Minha alma imita
A Natureza;
Quem vencer póde
Sua belleza?
De dia, e noite
Louva o Senhor,
Canta os prodigios
Do Criador.

désaccord ne vient troubler leur harmonie, et le ton élégiaque dont ils débordent; l'amour même n'y trouve que rarement une place, et toujours d'une manière sérieuse et idéale.

Ces poésies s'adressent principalement „au coeur et à l'âme", aux méditations et aux sentiments profonds; la pensée y a remporté une victoire complète sur la forme, dont elles dédaignent le charme sensuel.

Si l'on pense à cet abandon de tout ce qui était consacré jusqu'alors, à cette prédominance de la réflexion et de la spéculation, si rare chez les méridionaux, à cette négligence de la forme, doublement sensible pour eux, et enfin à la monotonie que rendaient inévitable l'idée fondamentale du poète et l'harmonie conséquente de la pensée, on s'étonnera de ce que Magalhães a osé. On en reconnaîtra davantage encore ses brillants succès, son influence immense sur la poésie du Brésil, son importance relative et absolue.

Son originalité ne souffre aucune atteinte par le fait qu'il a connu le romantisme français. Les Méditations de Lamartine surtout sont peut-être l'impulsion extérieure qui lui fit déposer dans ses poésies, libre de toute entrave, ce qui l'animait, son être tout entier. Nous n'y voyons que la nécessité pour un poète de ne se fier qu'en ses propres forces, qui seules peuvent lui donner conscience de lui-même et développer toute son originalité. Mais il faut aussi des forces et de l'originalité pour **pouvoir** répondre à **un pareil** appel.

Nous donnons comme preuves de cette force et de ce pouvoir la poésie de Magalhães intitulée Dieu et l'homme (*Deos e o homem*, N° 72), où il dépeint l'enthousiasme qui le saisit au sommet des Alpes. Partout de grandes images de la toute-puissance de Dieu et de la destinée de l'homme, des pensées sublimes sur l'infini et l'immortalité, et à la fin les souhaits les plus chauds pour la prospérité de la patrie. L'ode à la vieillesse (*A Velhice*, N° 73) n'est pas moins saisissante. Il lui crie le fatal *Basta*, mais la console en lui faisant voir les mystères de la vie éternelle, le réveil dans le sein de Dieu. Quelle expression vraiment élégiaque le poète n'a-t-il pas donné au peu de durée de la vie humaine, à la pensée qui le saisit en faisant sa dernière poésie, que ce pourrait être son „chant du cygne" (*O Canto do Cysne*, N° 74)?

La plus connue d'entre les productions de ce recueil est celle adressée à Napoléon (*Napoleão em Waterloo*, N° 75). On peut ne pas partager l'idée du poète, qui, dans la dernière phrase surtout, faisait alors de son héros un apôtre de la liberté, mais on est forcé de reconnaître, qu'il a réussi à reporter dans son ode la grandeur et l'énergie propres à la situation et au caractère de l'empereur.

Le ton élégiaque qui se montre dans toutes ces productions, la prédominance de la réflexion et de la spéculation et la tendance à se consoler des misères et des doutes de la vie par la foi en l'éternité et en un christianisme positif, sont exprimées encore plus fortement dans un second recueil, publié à Paris (1858, in-12) sous le titre de *Os Mysterios, Cantico funebre á memoria de meus filhos*. Nous le devons surtout au déchirement produit dans le coeur du poète par la mort rapide de trois fils encore en bas âge.

Dans les huit chants ou *Mysterios* renfermés dans ce volume, il dépeint ce que la mort lui a ravi (*Mysterio I, A Morte*), se plaint amèrement des cruelles déceptions, des contrastes mystérieux de la vie humaine (*Myst. II, Lamentações*), éveille dans une apostrophe simple et touchante à sa compagne de douleurs tous les souvenirs qui se rattachent pour eux aux êtres qu'ils ont perdus (*Myst. III, Recordações dolorosas*). Au quatrième chant (*Myst. IV, O Lethargo*) le poète tombe épuisé par la douleur dans un sommeil léthargique, suivi bientôt de songes; il se voit enlevé à la terre, qui se confond avec tous les mondes en une mer de lumière; se voit transporté vers la source de cette lumière, vers Dieu, au milieu des âmes immortelles [1]); il y retrouve avec délices tous les siens et son dernier fils lui adresse ces paroles: Lutte, espère, car la vie terrestre n'est qu'une purification pour celle des Cieux (*Myst. V, A Visão*). A son réveil le poète est encore plein de la réalité de la vision (*Myst. VI, A Consciencia*), mais s'efforce de combattre les doutes que font naître en lui la philosophie ou plutôt le rationalisme (*Myst. VII, A Duvida*); et trouve enfin le calme dans la foi (*Myst. VIII, A Fé*). — Ce dernier chant est en tercets comme le cinquième, et rappelle la Divine Comédie par là, comme par son élan mystique [2]).

---

[1]) L'immortalité de l'âme est exprimée dans les vers suivants d'une manière aussi métaphysique que poétique:

Livres as almas da visão aérea,
De sentidos mortaes mera apparencia,
O nada conheciam da materia.

E na mente de Deos, na eterna essencia
Que é do tempo e do espaço a Realidade,
Ser teem ellas, e propria consciencia.

Eu concebia então essa verdade,
Que agora me parece transcendente,
Depois que me acordei na falsidade.

Como sem corpo estão na humana mente
As idéas, que vivem na memoria,
Assim tudo alli 'stava a Deos presente.

[2]) Remarquez la beauté de la comparaison de la foi avec l'enfant chancelant encore et conduit par la tendre main de sa mère:

Dans les ouvrages dont nous avons parlé le philosophe éclipsait le poète, la forme était subordonnée à la pensée; mais M. de Magalhães vient de nous surprendre au plus haut degré par son *Urania* (Vienne, 1862. 8°). Il nous étonne encore davantage en se montrant à nous d'un tout autre côté et cela dans un âge assez avancé; il s'est mis à chanter l'amour et prouve que la forme lui est aussi familière qu'à aucun autre, qu'il sait mettre en relief les charmes d'une versification mélodieuse et sans défauts. Ce recueil est à la fois un hommage aussi tendre que mérité rendu à son épouse; dans la pièce nommée *O Anagramma* (N° II), il dit en effet très-galamment, qu'embarassé de trouver un titre convenable pour son livre, il s'est écrié comme inspiré: „*Já Urania!*", anagramme du nom de son épouse *Januaria*. Mais ce titre convient encore à son recueil dans un sens plus élevé; c'est Vénus Uranie, l'amour épuré, l'amour émané de Dieu et animant l'univers, ce principe créateur qui anime et remplit toutes choses, qui a inspiré ces chants au poète. Admirons la beauté des vers de l'*Hymno ao amor*, où il se prononce à ce sujet (v. N° 76ᵃ). De quelle manière idéale est compris dans la poésie „*Não sentes tu amor?*" (V. 76ᵇ) ce sentiment qui embrasse toute la nature, et qui en fait résonner toutes les cordes!

Quand M. de Magalhães redescend de ces hauteurs sublimes, il le fait avec une légèreté et une grâce qui enchantent. (Voyez sous ce rapport la poésie *A Predicção da Cigana*, 76ᶜ). Il a en outre enrichi la prosodie portugaise d'un nouveau mètre, celui de **neuf syllabes**; ce sont des vers masculins avec trois accents, comme dans la poésie *O Caçador* (76ᵈ), où il exprime si bien la répugnance qu'éprouve un coeur rempli d'un véritable amour à trouver du plaisir à la mort d'innocents animaux.

L'épopée qui a pour titre la Confédération des Tamoyos (*A Confederação dos Tamoyos*. Rio-Janeiro, 1857, in-4) a rendu le nom de Magalhães plus illustre encore que ses poésies lyriques et dramatiques.

Les Brésiliens ont hérité des Portugais une prédilection mar-

---

Si evidente a verdade não fulgura
A Fé a suppre; assim mãe vigilante
O tenro filho pela mão segura.

Caminhar ella o deixa vacillante
Só para o exercitar; mas carinhosa,
Si o vê caïr, o alça ao peito amante.

Oh doce Fe! oh luz mysteriosa!
Tu me elevas a Deos! Por ti eu creio
Que minha alma será no céo ditosa.

quée pour l'épopée et ont cherché comme eux à déposer l'expression de leurs sentiments dans des chants héroïques. Mais ils avaient sur la mère-patrie un désavantage important. Sans héros indigènes et sans base épique vraiment populaire, ils ne pouvaient attribuer leurs exploits qu'aux colons portugais ou à leurs descendants. C'est pour cela que Basilio da Gama et Santa Rita Durão, obligés par l'histoire de célébrer les Portugais comme vainqueurs, n'en cherchèrent pas moins à jeter un jour favorable sur les indigènes et à reporter sur eux l'intérêt principal. Cette tendance nativiste des Brésiliens, qui s'était déjà montrée du temps de la colonie, se fortifia naturellement après la déclaration de l'indépendance du pays et les luttes qu'il eut à soutenir contre les Portugais. Les poètes brésiliens s'abandonnèrent à ce mouvement et durent prendre pour sujets ou bien les traditions des indigènes et leurs luttes antérieures à leur soumission complète, ou bien les temps les plus récents, les guerres de l'indépendance, dont les blessures étaient à peine cicatrisées. Dans ces deux cas seulement il leur était possible de mettre en scène les Brésiliens encore libres, ou à peine délivrés en opposition avec les oppresseurs portugais. Chacun sait combien il faut se garder de traiter dans une épopée des événements tout récents et des passions encore effervescentes. Ce genre exige du poète qu'il se place au-dessus de ces mêmes passions et que jamais leurs flots ne viennent altérer son impartialité naïve. L'histoire littéraire du Brésil nous fournit plusieurs preuves de cette vérité. Il suffit de rappeler à cet égard le *Paraguassú* de Ladislau dos Santos Titára et de citer encore „*A Independencia do Brasil, poema epico em XII Cantos*" (Rio de J., 1847—1855. 2 vol. 8°) par Antonio Gonçalves Teixeira e Sousa, poète du reste plein de mérite et dont nous reparlerons plus tard. Il a prouvé par cet essai ses sentiments patriotiques, mais montré en même temps que traiter un sujet tout moderne et avec cela à la manière traditionnelle, en de nombreuses octaves et avec l'appareil mythologique si usé, ne mène que trop facilement à la parodie.

C'est donc avec un grand tact que M. de Magalhães a pris pour sujet de son épopée nationale l'époque où la plupart des aborigènes avaient conservé leur indépendance, et n'avaient été subjugués ou refoulés dans l'intérieur qu'en suite de luttes longues et sanglantes. Il contentait ainsi le nativisme en célébrant les Brésiliens devenus libres dans la personne de leurs ancêtres encore indépendants, et en faisant de ces derniers les héros de son poème. L'élément tragique se retrouve dans le fait que les Indiens finissent par céder devant les forces supérieures de la civilisation; mais l'auteur nous les représente comme défenseurs de la justice et de la liberté et les oppose aux Portugais qui malgré tous leurs avantages n'ont pas propagé la culture, mais l'ont exploitée dans un but d'égoïsme pur. Le choix de pareils champions a fourni en même temps à Magalhães deux éléments épiques au plus haut degré: des héros indigènes, quoiqu'un peu grossiers et incultes, et un arrière-plan merveilleux, leurs mythes, leurs traditions et leurs usages.

M. de Magalhães a bien à la vérité célébré dans son poème les victoires récentes du nativisme et l'indépendance qui en fut le résultat. Mais il n'en fait mention qu'en passant et dans une vision. Saint-Sébastien apparaît à un des chefs indigènes, Jagoanharo, neveu de Tibiriçá, lui fait entrevoir la grandeur future du Brésil et ses enfants se rappelant plus tard avec orgueil les indigènes, leurs pères, encore libres [1]).

On peut donc appeler avec un critique brésilien (José Soares d'Azevedo, *Revista brazil.*, I. p. 59) l'épopée de M. de Magalhães „un grand cri national sous la forme visible d'une épopée" (*um grande brado nacional sob a forma visivel d'uma epopéa*). L'enthousiasme qui l'accueillit, nous prouve que le poète avait du moins été heureux dans le choix du sujet et qu'il avait eu égard aux idées alors dominantes [2]). L'empereur Dom Pedro II, ce monarque dont on admire le tact politique et les goûts d'artiste, ne s'est pas contenté d'accepter la dédicace du poème; il a daigné le faire publier à ses frais et avec luxe.

Le patriote avait été heureux dans le choix de son sujet, le poète ne le fut pas moins dans celui du mètre et du ton. L'épopée de M. de Magalhães est en hendécasyllabes non-rimés, vers qui n'est qu'une modification du rythme épique des nations romanes, des décasyllabes en usage dans les Chansons de Gestes. Il est plus populaire, plus libre, plus énergique et plus concis que les *ottave*

---

[1]) Le poète pèse sur ce point et dit en parlant du célèbre patriote José Bonifacio de Andrada, régent pendant la minorité de D. Pedro II (p. 171):

   E desse sabio Andrada, que se ufana
   Co'os illustres irmãos de ter nas veias
   Sangue de Tib'riçá e dos Tamoyos.

Et page 172:

   Vê dos Tupís as descendentes tribus
   Como alli se recordam que pelejam
   Contra os filhos dos seus perseguidores.

[2]) I. Fr. da Silva prouve le succès unanime qu'eut notre poème en disant (*Diccion. bibliogr. portug.*, II. p. 188): „*Este poema .... obteve o suffragio e applauso quasi universal dos criticos e litteratos brasileiros.*" Nous savons du reste fort bien que la critique indigène n'a pas été tout-à-fait unanime. V. p. ex. les *Cartas sobre a Confederação dos Tamoyos* por I. G. (J. d'Alencar). Rio de Janeiro, 1856, 8°. Mais ces critiques sont ou bien inspirées par une animosité individuelle et particlle, ou bien se bornent à relever quelques petits détails.

rime, si facilement monotones et provoquant l'emphase. L'emploi de la rime, surtout dans les passages plutôt lyriques, aurait peut-être encore augmenté l'effet de l'ensemble.

Quant au ton qui règne dans tout le poème, il se rapproche tellement de la simplicité de l'ancienne épopée, qu'il tombe quelquefois dans le prosaïque. Les passages où l'auteur a fait usage du style emphatique sont rares. La critique brésilienne loue la couleur locale (*a côr local*) de la Confédération des Tamoyos, et en fait l'une des qualités principales du poème; elle est compétente à cet égard [1]).

L'analyse suivante prouvera à nos lecteurs jusqu'à quel point le poète a réussi dans la conception de l'ensemble et dans l'exécution des détails.

M. de Magalhães célèbre en dix chants les luttes de plusieurs tribus indiennes encore libres, et surtout des Tamoyos qui s'étaient mis à leur tête. Elles s'étaient alliées pour défendre le littoral, surtout la baie de Rio de Janeiro, contre les Portugais, dont le but était de conquérir un territoire aussi important pour eux. La victoire resta à ces derniers, malgré les secours fournis aux confédérés par les Français, que la prise du fort de Villegagnon avait dispersés. Le résultat de cette lutte fut la fondation de Rio de Janeiro et l'établissement définitif du grand empire brésilien. Sujet éminemment patriotique et de la plus grande portée!

Le poète ouvre le premier chant par une invocation, pour ne pas violer dès l'entrée les règles reçues. Mais ce ne sont pas les Muses qu'il appelle à son aide; c'est le brillant soleil et la nature grandiose de sa patrie, ce qui lui fournit l'occasion d'une description pompeuse du Brésil et surtout de ses deux grands fleuves, le Maragnon et le Paraná. Après une courte peinture de l'état des aborigènes, des suites fatales pour eux de l'invasion portugaise, et de leur haine implacable des conquérants [2]), le poète fait paraître

---

[1]) Voyez le compte-rendu cité de José Soares d'Azevedo, qui dit (p. 113]: „*A côr local, que o Sr. Magalhães espalhou em todo o drama, constitue o principal merito da sua epopéa.*" J. M. de Macedo parle dans le même sens (*Rev. do Inst*, XIX. suppl. p. 101): „*No poema de Magalhães a acção e vasta, unica, interessante e patriotica, ... as descripções fieis, porque apresentam a côr local, a phrase e sempre correcta e o estylo simples.*"

[2]) Nous voyons déjà paraître un trait fondamental du poème: son auteur est toujours du parti des indigènes. Il les représente courageux, méprisant la mort, et aimant par-dessus tout la liberté. Les Indiens ne craignent pas le bruit des canons, car ils sont accoutumés au tonnerre de leur pays, bien plus terrible encore. Ils redoutent les chaînes de l'esclavage, que veulent leur mettre les Portugais, dont un grand nombre les ont portées dans leur patrie comme criminels. Ce dernier fait est historique:

son héros, Aimbire, le plus valeureux chef des Tamoyos. A peine sorti des prisons portugaises, ne respirant que la vengeance et plein de son projet de réunir toutes les tribus pour faire face aux oppresseurs, il retourne à Gavia, son pays natal, et va prendre conseil du vieux cacique Pindoboçú. Il le trouve sur le point d'ensevelir son fils, tué par les Portugais en défendant sa soeur Iguassú, que les étrangers voulaient enlever.

La victime des Portugais était ami et compagnon de dangers d'Aimbire. Après avoir écouté le récit du père, celui-ci lui aide à creuser la tombe, jure de venger la mort de son ami et s'assure du concours de sa tribu pour le grand oeuvre de la délivrance.

Le second chant nous conduit au milieu du conseil des chefs des Tamoyos et des autres tribus confédérées. Tous sont d'avis de défendre la liberté commune les armes à la main; l'opinion la plus hardie prévaut: c'est d'attaquer et de surprendre les Portugais. Le poète saisit cette occasion pour nous décrire les moeurs des indigènes, parmi lesquels les Tamoyos se distinguent par leur bravoure et leur état avancé. Il décrit avec tout le relief dont l'épopée est susceptible les principaux champions, leurs personnes, leurs costumes, leurs armures, et les caractérise habilement par leurs discours dans le conseil. Nous y voyons le vieux cacique Pindoboçú, à l'attitude noble et tout enveloppé de plumes noires, en signe de deuil; à ses côtés son autre fils Parabuçú, de taille gigantesque et répandant au loin la terreur par son aspect féroce; il méprise les parures de plumes; son manteau est fait d'une peau de jaguar et des carapaces de tatou lui servent de cuirasse et de bouclier. Sous le bras il porte un cor (*inubia*, de bois), dont l'appel terrible ne retentit que pour l'attaque ou la retraite. Jagoanharo, fils du cacique Araray, n'est pas moins bouillant et belliqueux, mais il est plus généreux et mieux doué; son père repose à son côté sur un faisceau de flèches et a le regard fixe et sombre: tous deux sont revêtus de la peau tigrée du fourmi-lion (*tamanduá*), tous deux nourrissent un profond ressentiment de la défection de Tibiriçá, frère d'Araray, qui a passé aux Portugais avec ses Guayanás et s'est

    Não, dos canhões não foi o echo estrondoso
    Que ao Indio impoz terror; nem mesmo a morte
    Que mortes e trovões terror não causam
    Aos filhos dos sertões, á guerra affeitos,
    Que livres deslisavam vida errante;
    Foi sim o captiveiro, algemas foram,
    Que alguns, ora colonos, do seus pulsos
    Aos pulsos dos indigenas passaram:
    Alguns, ora colonos, mas que outr'ora
    Em Lisia réos infames se opprimiam
    De empestadas prisões nos subterraneos.

fait baptiser. On aperçoit aussi Coaquira, le vieux prophète et chanteur, l'interprète de la volonté de Tupan (l'être suprême), qu'il manifeste par le tonnerre, Coaquira qui connaît tous les simples qui guérissent de la morsure des serpents. C'est lui qui les exhorte à délibérer leur plan de campagne. Mais tous sont surpassés en hardiesse, en force et en expérience par Aimbire, car il a passé de longues années chez les Portugais pour attendre la mort de son père réduit par eux en esclavage, pour adoucir son sort, et pour préparer sa vengeance. Il a étudié la tactique des Portugais et l'emploi des armes à feu; il a combattu avec les Français contre eux jusqu'à la prise de Villegagnon; dans cette occasion il a été fait prisonnier et emmené sur un vaisseau de Mem de Sá, mais il s'est enfui à la nage, et s'est allié à quelques Français fuyards comme lui pour faire ensemble une guerre acharnée aux Portugais.
— Aimbire raconte ces aventures dans le discours qu'il prononce au conseil, et cherche à donner à l'assemblée le courage d'attaquer les étrangers, qui ne sont rien moins qu'invincibles. Son exorde est caractéristique et peint bien l'esprit de ces sauvages. Après avoir appelé Tupan comme témoin des dangers qu'il a courus, il annonce avoir appris des Européens des secrets qui lui permettent de pénétrer ceux de Tupan; car sa foudre atteint sûrement son but comme celle du Grand-Esprit. A ces mots il tire de son sein un pistolet et tue un oiseau qui passait sur sa tête.

Ensuite de ce discours enthousiaste toute l'assemblée décide la guerre; mais auparavant sur le conseil d'Aimbire on envoie Jagoanharo chez son oncle Tibiriçá dans le but de tout tenter pour le ramener vers les siens et le faire renoncer à son apostasie.

Le troisième chant est consacré à la description du camp des Tamoyos avant le départ. C'est pour le poète une nouvelle occasion de nous familiariser encore davantage avec les moeurs des indigènes. Une troupe de Français arrive, est reçue avec enthousiasme et magnifiquement traitée. Parmi ces étrangers se trouve Ernesto, jeune homme d'une beauté si frappante que Potira, fille d'Aimbire, se sent aussitôt attirée vers lui, et exprime ses sentiments avec la naïveté d'un enfant de la nature. Ernesto, ravi des charmes et de l'ingénuité enchanteresse de la jeune fille, demande sa main à son père; celui-ci la lui promet, mais seulement après l'expulsion totale des Portugais, dont les pieds ne doivent plus fouler les ossements de son père. Puis vient la description de la fête d'adieu des guerriers. Coaquira, le prophète, gravit une colline ayant en main une coupe formée par le crâne d'un ennemi et pleine de la liqueur sacrée (*licor sagrado*). Eclairé par la pâle clarté de la lune et la lueur rouge des feux de bivouac, il entonne l'hymne de guerre (*hymno da guerra*) que les Tamoyos répètent en chœur et accompagnent de leurs danses ¹).

La fête est suivie des amers adieux des guerriers qui se séparent des leurs. Aimbire quitte aussi sa fiancée Iguassú, fille de Pindoboçú, qui peut seule remplacer sa première épouse. La scène est touchante, sans devenir sentimentale; Aimbire est toujours plein de pensées de vengeance et jure de faire payer sa séparation aux ennemis dont il égorgera les enfants sous les yeux de leur mère. Effrayée de ces menaces, Iguassú le prie d'épargner les innocents et lui rappelle ce qu'il lui a dit lui-même de la doctrine des chrétiens et de leur Dieu qui punit de pareilles cruautés par le feu éternel ²).

Le chant quatrième, selon nous le plus beau et le plus riche en scènes originales ³), nous montre l'armée des alliés partant au point du jour. Iguassú est montée sur une montagne, pour suivre des yeux les guerriers qu'elle accompagne ainsi jusqu'à ce que le dernier ait disparu dans la forêt. Alors s'élève à ses côtés le chant mélancolique du *Sabiá* (le rossignol du Brésil); elle aussi donne

---

¹) Ce chant de guerre est en strophes de trois vers et malgré son élan dithyrambique il exprime bien le caractère du sauvage.

²) Ce trait du coeur féminin, qui se retrouve aussi chez les sauvages, a été exprimé par le poète avec une grande naïveté. Iguassú s'écrie:
  Não mates, não, Aimbire, os innocentes
  Filhinhos desses homens, que banhados
  São ao nascer em agua mysteriosa.
  Tu mesmo me contaste, que elles dizem
  Que quem matar tão debeis creaturas
  Abrazado será lá n'outra vida.
  Elles são do seu Deos tão protegidos,
  Que os raios e os trovões lhes obedecem,
  E se escondem nas suas espingardas.
  Tão forte é o seu Deos, que até parece
  Que Tupan o respeita e o adora.
Mais cette exhortation à la crainte ne fait qu'augmenter la colère d'Aimbire; il répond avec la fierté d'un sauvage qui a confiance dans la force de son „bras tempêtueux":
  „Adore-o quem quizer, qu'eu não o adoro!"
  Já em furor Aimbire lhe responde;
  „Nem elle, nem Tupan, quanto mais homens
  Affrontar poderão a tempestade
  De flechas, que obumbrar vai o seu campo.
  Braços de Aimbire, procellosos braços,
  Acaso alguma vez frouxos tremestes
  Canguçús e giboyas subjugando?
  Alguma vez tremestes quando a morte
  Em cada setta aos Lusos enviastes? etc."

³) C'est ce qui nous a engagé à donner ce chant tout entier à la seconde partie, N° 76. Nous le publions avec les corrections qu'y a apportées l'auteur depuis l'impression, et dont nous sommes redevables à sa bonté.

essor à ses couleurs et à ses sombres pressentiments dans un chant funèbre et les échos répètent les paroles finales de chaque strophe.

Au coucher du soleil l'armée est arrivée dans une forêt vierge. Pour éloigner les animaux féroces on allume des centaines de feux et chacun cherche un gîte dans les branches des arbres. Le poète n'oublie pas de nous dépeindre de ses plus vives couleurs le déclin du soleil des tropiques, l'arrivée de la nuit dans le désert, et la vie mystérieuse des animaux qui l'habitent. Il regrette cependant, non par une modestie exagérée mais pour donner à son ami une place dans son poëme, son impuissance à décrire une scène aussi pittoresque, et assure que le pinceau d'Araujo de Porto Alegre y réussirait beaucoup mieux [1]).

La nuit approche de sa fin, lorsque retentit dans la forêt comme un écho sourd et lointain; le même cri se répète et paraît semblable à celui des hiboux; ceux qui l'entendent, sont saisis d'effroi. Enfin on voit arriver une figure humaine, tenant à la main une flèche surmontée d'un crâne dont il sort une lumière sinistre et de la fumée: c'est un *Payé*, un sorcier, un augure. Il reproche à Coaquira et à Aimbire d'avoir entrepris cette expédition sans consulter ni lui ni l'oracle; il leur prophétise du malheur et leur conseille d'abandonner le pays aux Portugais et de se retirer avec les ossements de leurs pères au-delà des montagnes, dont l'inaccessibilité garantira leur indépendance. Aimbire en fureur demande au sorcier comment il peut lui conseiller d'abandonner ce magnifique pays sans combat, et de fuir sans utilité, car les Portugais poursuivront partout les indigènes. Il s'adresse alors aux assistants: Voulez-vous fuir, Tamayos? — Tous s'écrient: Nous voulons la guerre et rien que la guerre! — Le *Payé* écoute cette résolution en silence et comme plongé dans ses réflexions, puis il dit: Eh bien, Tamoyos, votre courage m'enflamme aussi; voyons si Tupan, qui nous entend, sera favorable à nos efforts!

Ainsi parla l'augure en posant son horrible lanterne; il prend deux morceaux de bois secs et fourchus, les plante dans le sol comme des ciseaux, l'un vis-à-vis de l'autre, à trois palmes de distance. Il y pose une massue ornée de plumes et l'y attache avec une liane (*torcida embira*); c'est ce que les Indiens nomment ériger un *Tangapema* (sorte d'oracle). Ces préparatifs terminés, le sorcier appelle les musiciens, qui arrachent à la *cangoeira* [2]) des sons effrayants.

---

[1]) V. le chapitre suivant sur cet homme distingué, qui depuis a échangé le pinceau contre la lyre, et qui n'en est devenu que plus célèbre. Il a répondu à ce passage dans son épopée de *Colombo*. (V. Rev. braz., I. p. 114—128).

[2]) Flûte qu'on fabrique avec les os de la jambe des morts.

Puis il invite les Tamoyos à danser avec lui autour du *Tangapema*; ils se mettent alors à tourner avec une rapidité toujours croissante, comme un tourbillon, jusqu'à ce qu'ils tombent épuisés. Le *Payé* seul continue à tourner comme possédé du démon, avec des gestes et des sauts diaboliques, les yeux fixés sur le *Tangapema*. Il est déjà baigné de sueur et de sa poitrine s'échappent des sons rauques semblables au bruit de l'eau qui bout; il murmure un chant phantastique et des imprécations terribles. On n'entend que ces mots: J'ordonne, moi qui en ai le pouvoir; je veux et j'ordonne; obéis, *Macachera* [1]). — Après avoir prononcé trois fois ces paroles, sûr d'être obéi, il gonfle les joues, ferme ses yeux flamboyants et souffle trois fois contre le *Tangapema*. La massue se met tout-à-coup à trembler, les liens se défont sans qu'on ait vu une main toucher cette arme; celle-ci, délivrée des entraves qui la retenaient et tournant sur elle-même, s'élève perpendiculairement et en spirale. La foule ignorante est stupéfaite; Aimbire seul, bouillant de colère, prend la ferme résolution de rendre l'oracle sans effet, s'il est contraire à ses voeux.

La massue monte avec la rapidité d'une pierre lancée par un homme vigoureux, et disparaît dans les airs. Mais la voilà qui revient, teinte de sang! La direction qu'elle prend fait croire qu'elle tombera loin des fourches. — Mauvais présage! — Aimbire, prévoyant cela, et craignant l'effet de ce sinistre augure, décoche une flèche contre la massue, l'atteint en l'air et toutes deux viennent tomber entre les fourches. Aimbire se réjouit, mais le vieux *Payé* lui crie effrayé: Scélérat, tu le vois! Le vois-tu? Sais-tu ce que cela veut dire? — Oui, répond Aimbire, nous verserons beaucoup de sang, mais la victoire nous appartiendra. — Quant à toi, devin, pars, si tu aimes la vie et que tu ne veuilles pas partager le sort de ton *Tangapema*. Va-t'en, car le moment est venu d'entrer en campagne. — Tous les guerriers font leurs préparatifs de départ; mais le *Payé* avait disparu, sans qu'on sût comment.

Nous aurions désiré que le poète eût terminé le quatrième chant par la description de cette scène intéressante, et n'en eût pas diminué l'effet en ajoutant que la science n'a pas encore réussi à expliquer ce miracle, comme tant d'autres mystères de la nature [2]).

Le cinquième chant nous transporte à S. Vicente avec Jagoa-

---

[1]) Les *Macacheras* sont les esprits des chemins (*espiritos dos caminhos*).
[2]) Dans une note le poète cite la *Chronica da Companhia de Jesus* du P. Simão de Vasconcellos, qui (livre 2, § 17) parle d'un *Tangapema*, comme d'une chose hors de doute (*que não a põe em duvida*). M. de Magalhães fait remarquer ironiquement, que ceux qui de nos jours s'occupent de tables tournantes et d'apparitions, sauraient peut-être expliquer ce miracle.

nharo, qui y va voir son oncle Tibiriçá, pour l'engager à retourner chez les siens.

L'Indien est conduit par des compatriotes, qu'il avait consultés sur la demeure de son oncle, dans une église où le cacique, chrétien zélé, est agenouillé devant un autel. La splendeur des ornements, les parfums de l'encens, les hymnes solennelles font une si vive impression sur le jeune Jagoanharo, qu'il tombe à genoux aux côtés de son parent et élève les mains au ciel comme un pénitent. Après avoir dit ses prières, Tibiriçá se lève et aperçoit à sa grande surprise son neveu auprès de lui; il le croit venu pour se faire baptiser, s'en réjouit fort et s'offre à être son parrain. Il l'emmène ensuite dans sa maison, lui montre les curiosités de la ville, et vante aussi bien les institutions des Portugais que la puissance de leur roi; mais le jeune sauvage oppose très-naïvement son droit naturel aux prétentions du monarque. Tibiriçá reçoit son neveu à l'européenne, et se fait servir à table par ses Indiens, comme un seigneur portugais.

Jagoanharo demande à son oncle si ses serviteurs sont des ennemis captifs, et lorsqu'il apprend que ce sont des sauvages appartenant à la même tribu que Tibiriçá, il ne peut maîtriser son indignation qu'à grande peine. Aussitôt il pense que leurs frères doivent selon toute probabilité servir ainsi les Portugais. Le jeune homme s'acquitte alors de l'invitation d'Aimbire et d'Araray, mais Tibiriçá repousse leurs offres avec colère. Jamais il ne renoncera à la religion chrétienne, et ne reverra la barbarie, après avoir compris les avantages de la civilisation, et s'être convaincu qu'elle finirait par triompher des sauvages. Il engage les Tamoyos à y réfléchir, à vivre en paix avec les Portugais et à reconnaître leur suprématie. Jagoanharo répond que leur domination est usurpée, qu'elle détruit la liberté des Indiens, mais Tibiriçá lui raconte que leurs ancêtres, les Tupis, en ont agi ainsi avec les Tapuyas, premiers habitants du pays. Il croit que les indigènes, au lieu de soutenir des prétentions assez problématiques, feraient mieux de partager le pays avec les Européens, puis qu'il est assez grand, et de participer tranquillement aux bienfaits de la civilisation, qu'il peint des plus brillantes couleurs et cherche à faire comprendre à son neveu par les exemples les plus frappants qu'il peut trouver. Mais Jagoanharo persiste dans son opinion, et ni l'éloquence, ni les présents de son oncle ne peuvent le faire renoncer à ses idées de justice et de liberté; il reconnaît et estime les doctrines salutaires du christianisme, mais ne peut s'empêcher de remarquer combien ses sectateurs les mettent peu en pratique.

Après une longue et inutile discussion, l'oncle et le neveu vont enfin prendre quelque repos, et le premier prie Dieu d'avoir pitié de Jagoanharo et de lui inspirer de meilleures pensées pendant la nuit.

Le sixième chant est rempli presqu'en entier par les apparitions de la nuit. Jagoanharo reçoit la grâce de voir le grand avenir de sa patrie dans la victoire de la croix. Nous avons déjà remarqué que cet épisode a pour but de rétablir la continuité entre l'histoire moderne du Brésil depuis son indépendance et les temps les plus anciens, et de faire envisager ces derniers au point de vue nativiste.

Le jeune homme, excité par les impressions si diverses qui sont venues l'assaillir, et par sa conversation avec son oncle, finit cependant par s'endormir, et voit apparaître en rêve St. Sébastien, dont l'image l'avait si invinciblement attiré à l'église. Le bienheureux martyr conduit le jeune Indien sur le Corcovado, d'où l'oeil embrasse le magnifique panorama du Nictheroy, la magnifique baie de Rio de Janeiro [1]). Le saint montre au jeune homme le golfe dans la splendeur qu'il devait n'atteindre que plus tard, avec la résidence d'un puissant empire, dont il fait passer devant ses yeux les destinées depuis l'arrivée de la famille royale jusqu'à la majorité de l'empereur Dom Pedro II. Le saint ajoute: „C'est à cause de ce grand avenir de ta patrie, et pour la faire participer au christianisme et aux bienfaits de la civilisation, que la Providence a permis aux Portugais de la conquérir et de la subjuguer; mais la justice et la vérité finiront par remporter la victoire, et les vainqueurs seront fiers d'être vos descendants."

Jagoanharo supplie alors le saint de lui donner la croix. Celle-ci lui apparaît, éclatante de blancheur, rayonnante comme des brillants; il entend retentir les plus suaves harmonies, et voit le saint porté vers le ciel par des anges [2]). Encore dans l'extase le jeune

---

[1]) Le poète donne une description brillante de cette vue et cherche à relever encore les avantages pittoresques de Rio de Janeiro par une comparaison avec la baie de Naples.

[2])
    — Dai-me a cruz! — brada o Indio mesmo em sonho;
    — Dai-me a cruz! A seus pés quero prostrar-me! —
    E uma alvissima cruz mais resplendente
    Do que a prata polida, e que o brilhante
    Ao lusir de um relampago, apparece
    No céo sobre aureo fundo luminoso,
    Que em rosea vibração no azul se perde.
    Dulios sons de suavissima harmonia
    Se evaporam nos ares perfumados.
    Estatico adorando o puro emblema,
    O santo guia ás nuvens se levanta
    Por dous alados Anjos sustentado:

homme s'éveille, demande la croix et se précipite aux pieds de son oncle comme entraîné par un désir invincible. Celui-ci est fort réjoui de ce changement et veut conduire son neveu chez le grand missionnaire jésuite Anchieta, qui lui administrera le baptême.

Mais arrivés sur la place devant l'église, ils voient une grande foule se presser, entendent des cris et distinguent des groupes de sauvages enchaînés, des vieillards et des femmes. Jagoanharo s'arrête et découvre avec terreur parmi les prisonniers la fiancée d'Aimbire, Iguassú, pleurant à chaudes larmes. Enflammé de fureur il se précipite vers elle et veut la délivrer; c'est à grand' peine que son oncle peut le préserver d'une mort imminente et l'arracher à la foule.

Anchieta paraît, apprend ce qui se passe, et cherche à calmer Jagoanharo en lui promettant de ramener Iguassú dans les bras de son père. Mais le jeune homme veut la voir délivrée sur-le-champ, il veut la raccompagner lui-même, et lorsque le pieux missionnaire lui représente l'impossibilité d'accéder à ses voeux, il éclate en malédictions contre les traîtres étrangers, qui reconnaissent une religion d'amour et de charité, mais qui ravissent des femmes et des vieillards, les maltraitent et les tuent par des paroles trompeuses en leur montrant la croix. Celle qu'il a vue était blanche, mais celle-ci est noire comme les actions de ses serviteurs; il supplie leur Dieu de les punir et lui consacre dans ce but les bras de ses amis [1]).

Après cette malédiction Jagoanharo s'enfuit, atteint son canot, et ordonne à sa suite de l'éloigner aussi vite que possible de ce lieu de malheur.

    E o Indio absorto cahe sobre os joelhos,
    Na cruz fitando estatelados olhos,
    Mãos e braços erguidos, todo immovel;
    Como si o espanto do prodigio immenso
    Petrificado lhe deixasse o corpo,
    E em seu arranco lhe soltasse a alma.

[1]) Cette malédiction de l'Indien est pleine d'élan et d'énergie:
    „Assassinos crueis! eu vos conheço!
    E ainda fallareis de caridade?
    Vossos pais o seu Deos crucificaram,
    Derramaram seu sangue; e vós, infames,
    Para mais insultar cobardamente
    A esse Deos, que adorais por zombaria,
    Vindes aqui roubar-nos e matar-nos
    Com palavras de amor, a cruz mostrando,
    Branco era a cruz que eu vi; a vossa é negra
    Como as vossas acções e as almas vossas!
    Eu chamo o vosso Deos para punir-vos,
    E contra vós lhe off'reço os nossos braços."

Chapitre XIV.

Le septième chant nous ramène dans le camp des Tamoyos, et à Aimbire. Suivant ce dont on était convenu, les alliés attendent le résultat du message porté par Jagoanharo, pour entreprendre quelque chose. Aimbire profit de ce moment de répit pour chercher les ossements de son père et les enterrer à un endroit où ils seront à l'abri de la profanation des pieds étrangers.

Accompagné seulement de Parabuçú, frère d'Iguassú, il part sans dire à personne où il dirige ses pas. Longtemps les deux amis marchent en silence et abîmés dans leurs pensées, qu'ils traduisent enfin par des paroles, qui expriment leurs inquiétudes au sujet du sort de la jeune fille.

Vers le soir ils arrivent dans une vallée, qu'Aimbire reconnaît être celle qui cache les ossements de son père; il trouve l'arbre près duquel il les enterra, et bientôt après l'urne (*igaçaba*) qui renferme ces restes chéris. Chargés de branchages secs ils parviennent au sommet d'une colline, d'où ils voient briller un grand feu près d'une cabane (*choupana*) et remarquent tout autour plusieurs cases d'esclaves (*senzalas*). Aimbire dit alors à son compagnon: „C'est dans la cabane que demeure le maître cruel; les misérables esclaves habitent ces huttes." Ce maître est le Portugais Braz Cubas, à qui le père d'Aimbire était asservi. — Tous deux s'approchent de la cabane, l'entourent de branches mortes et y mettent le feu; sur quoi Aimbire se poste vis-à-vis de la fenêtre et attend sa proie comme un chasseur à l'affût. Bientôt après un homme sort de la maison; Aimbire l'a reconnu, le saisit avec son poignet de fer, l'entraîne vers l'arbre où était l'urne et lui dit: „Regarde-moi, Braz Cubas, me reconnais-tu?" — Ce dernier implore la pitié du sauvage, mais celui-ci lui reproche son impitoyable dureté et les atrocités nombreuses qui ont coûté la vie à la femme, aux parents, et à l'ami d'Aimbire. Il rappelle au Portugais les fréquentes menaces de mort, prononcées contre lui, pendant le temps où la piété filiale le retenait auprès des siens. „C'est à toi, Braz Cubas," dit-il, „de faire expiation et de mourir de ma main."

Au moment où Aimbire veut donner la mort à son prisonnier, on voit s'élancer entre eux une jeune fille à demi vêtue, qui couvre de son corps le Portugais, en s'écriant: „Pitié, pitié pour mon père!" C'est Marie, fille de Braz Cubas. A sa vue l'Indien recule, la regarde étonné, sent sa colère se changer en compassion et dit à la jeune fille en étendant les bras vers elle: „Marie, pauvre Marie, c'est toi?" Puis il jette un regard sur son père et prononce ces paroles en se détournant: „Ce n'est pas ton sang qui me rassasiera; partons, Parabuçú!" — Le deux Indiens s'éloignent emportant les ossements du père d'Aimbire. En chemin celui-ci explique à son compagnon pourquoi il a abandonné sa vengeance; il a été saisi de pitié à la vue de Marie, qu'il a jadis portée dans ses bras, dont il a connu la mère, indigène aussi, qui a grandi avec sa fille, a souvent adouci ses souffrances et pleuré avec lui sur la tombe de son père en y jetant des fleurs. — C'est certainement une heureuse idée que de caractériser l'humanité naturelle et exempte de sentimentalité, comme de montrer l'héroïsme rude et grossier se laissant subjuguer par la douce influence de cette vertu.

Le lendemain soir les deux Indiens arrivent enfin au promontoire de Cairuçú, qui portait le même nom que le père d'Aimbire; c'est là, en face de la mer, que celui-ci ensevelit les ossements qu'il portait; puis il marque la place par une grosse pierre, et implore pour elle la protection de l'Être suprême, Tupan ou Dieu; il le conjure de foudroyer l'étranger qui oserait y toucher. Cet acte de piété filiale accompli, les deux amis retournent au camp.

Leurs appréhensions au sujet du sort d'Iguassú n'étaient que trop fondées. Non seulement elle était prisonnière, mais avait été donnée au débauché Francisco Dias, qui la tourmentait de toutes manières pour la punir d'avoir résisté à sa luxure. C'est en vain que le noble et doux Anchieta cherche à améliorer son sort et à persuader Francisco Dias de la délivrer. Celui-ci ne fait que rire de lui et du danger que font courir à S. Vicente les Indiens qui s'approchent. C'est en vain que le missionnaire et son confrère Nobrega exhortent les Portugais à adoucir les indigènes par leur conduite chrétienne, leur justice et leur clémence [1]).

Au commencement du huitième chant le poète fait paraître Satan. Celui-ci, inquiet des progrès du christianisme et désireux de s'opposer à l'influence des missionnaires, réveille l'égoïsme et toutes les mauvaises passions dans le coeur des Portugais, qui n'y sont que trop portés. Il cherche à rendre inefficaces les exhortations des prêtres par l'ironie et les sophismes qu'il leur souffle.

Les résultats de leurs paroles montrent assez à quel point Satan devait réussir. Les Portugais continuent à se conduire non

---

[1]) Le septième chant se termine par un panégyrique bien mérité des deux missionnaires:

   Assim bradavam, mas em balde, os padres,
   Sanctificando as maximas sublimes
   Co'o firme exemplo de uma vida pura,
   E a caridade e a fé os roboravam.
   Não só desertos da Thebaida viram
   Milagres de constancia; o justo Anchieta
   E o venerando Nobrega aqui deram
   De virtudes christãas exemplo novo.
   Eram d'aquelles que paixões terrenas
   Co'o manto de Jesus não encobriam.

en chrétiens, mais en tigres (*á maneira de tigres*), à dépouiller, à maltraiter et à égorger les pauvres indigènes. Leurs actions ne firent que diminuer le nombre de ceux que l'Évangile avait acquis au christianisme [1]).

Cette religion devait pourtant leur procurer le salut et la victoire. Tibiriçá resta fidèle à sa nouvelle croyance et son attachement aux missionnaires le fit courir au secours de S. Vicente avec ses Guayanás. Il ordonne aux siens de brûler auparavant leurs cabanes et leurs champs, pour les empêcher de servir aux Tamoyos.

Aimbire en effet, ayant appris la décision de son oncle et la captivité d'Iguassú, est rempli de rage et de douleur, jure une vengeance sanglante, et hâte le départ des alliés pour S. Vicente. Ils s'élancent dans leurs canots et rament à toute vitesse vers les côtes de cette ville [2]).

Les Indiens abordent pendant la nuit. Aimbire les enflamme par ses discours et les divise en trois corps suivant le conseil des Français; il se met à la tête du centre et ordonne l'attaque.

Mais Tibiriçá est prêt à les recevoir, car Anchieta, averti par le Ciel, lui avait annoncé ce qui se préparait.

Le combat s'engage surtout près de l'église; c'est là qu'ont fui les femmes et les enfants avec Iguassú.

Le poète nous dépeint avec beaucoup d'art surtout les combats singuliers d'Aimbire et de Braz Cubas, qui est tué, et de Tibiriçá avec son neveu Jagoanharo. Ces deux derniers jettent bientôt leurs armes; ils se saisissent à bras le corps et après une longue lutte

---

[1]) Admirons la manière dont le poète, *vates* dans le vrai sens du mot, a su réunir tout le code du droit international en vigueur aujourd'hui dans deux vers, qui font honneur à leur origine diabolique:
>Justiça é o poder, direito a força,
>E do mando a razão 'stá na victoria.

[2]) Ils chantent la barcarolle suivante, chef-d'oeuvre d'imitation harmonieuse des mouvements de la mer et des canots qui glissent à sa surface:
>Voga, canôa, que é maré de amigo;
>Ligeira voga, sem temor das ondas;
>São braços fortes, que aqui vão remando,
>Braços Tamoyos, que a remar não cançam.
>
>Gósto de ver-te pelo mar zingrando
>Cabeceando, levantando espuma;
>Assim, canôa, assim bufando vôa,
>Como esses peixes que lá vão fugindo.
>
>O mar 'stá manso, estão durmindo os ventos;
>Mas p'ra o Tamoyo sempre o mar foi manso:
>Eia, canôa! o teu balanço é doce
>Como na terra o balançar da rêde.

Tibiriçá soulève son neveu avec une force herculéenne et le lance contre le portail de l'église. Le jeune homme a le crâne brisé, mais comme il donne quelques signes de vie, son oncle apporte en hâte de l'eau bénite pour le baptiser encore avant sa mort, et s'écrie: „Je t'ai ôté la vie, mais je sauve du moins ton âme."

On voit que le poète met au premier plan un indigène, Tibiriçá; il fait de lui un défenseur et un propagateur du christianisme parmi les sauvages; il justifie son abandon des causes de la liberté et de la patrie en le faisant paraître comme champion d'intérêts plus élevés, le christianisme et la civilisation. Tibiriçá est le bras séculier des missionaires que, seuls parmi les Portugais, M. de Magalhães nous montre sous un jour complétement favorable et comme représentants des mêmes intérêts [1]).

C'est ainsi qu'à la fin de ce chant le poète met en scène la noble figure d'Anchieta, le prophète inspiré.

Pendant le combat ce prêtre est en prières devant un autel et a fait entonner des hymnes saintes. Tout-à-coup il tressaille, il tremble et ses yeux se fixent en extase sur un point: il a vu paraître un ange du ciel et entendu le message qu'il apporte. Le choeur se tait et Nobrega n'ose continuer ses prières pour ne pas troubler le voyant. Celui-ci se lève comme soutenu par un pouvoir mystérieux, regarde autour de lui, va droit à Iguassú et touchant son épaule de sa main, il dit: „Lève-toi, ma fille, et suismoi." Tous deux quittent l'église, et la foule s'écarte étonnée pour les laisser passer.

Ils marchent en silence dans les ténèbres, Iguassú effrayée et ne sachant ce qui lui arrive, Anchieta comme poussé par une force étrangère; il est calme et attentif, évite les endroits où le sang coule. Il arrive sur le champ de bataille et s'arrête en criant: Aimbire! L'Indien furieux arrive ruisselant de sang et saisi de terreur. „Prends Iguassú," dit Anchieta, „quitte nous, pars." — Pendant qu'Aimbire, comme enchanté, regarde Iguassú, le prêtre disparaît; on n'entend plus que sa voix répéter: Pars!

Au même moment l'*inubia* donne le signal de la retraite, mais

---

[1]) Le poète lui-même apostrophe Tibiriçá comme défenseur de la religion:
 Mas quem te regará, Cacique illustre,
 Entre os mais fortes o lugar primeiro?
 Gloria a Tibiriçá, gloria a teu nome,
 Aos teus preclaros feitos e á constancia
 Credora d'hymno excelso, com que sempre
 Essa nascente igreja defendeste,
 Fonte primeira nesta inculta plaga
 Da luz sublime e santa que a illumina,
 E hoje immenso fulgor sobre ella estende!

ce n'était pas Aimbire qui l'avait fait retentir. Avant leur départ les Tamoyos furieux n'oublient pas de jeter des tisons enflammés dans la ville; ils emportent leurs morts et leurs blessés, et retournent à leurs canots.

Au neuvième chant nous voyons les confédérés aborder de nouveau à Iperohy. Ils commencent par enterrer leurs morts et soignent ensuite leurs blessés. Coaquira, le *vates* à la fois médecin de l'âme et du corps, cherche à consoler celle-là par la puissance de ses paroles, et à fortifier celui-ci par la vertu des simples.

Le courage et l'ardeur d'Aimbire n'ont pas diminué; ils ont grandi au contraire, car il a encore à venger la mort de son ami Jagoanharo. Mais comme il a mis en sûreté les ossements de son père, il n'hésite plus à accomplir sa promesse et donne sa fille Potira au Français Ernesto. Lui-même se déclare l'époux d'Iguassú; mais il se contente de ce nom sans en réclamer les droits pour le moment, vu l'âge encore tendre de la jeune fille. Aimbire respecte la coutume des siens, de ne pas cueillir le fruit avant sa maturité. Chez ces enfants de la nature l'amour ne dégénère pas en une passion brûlante, qui fait tout oublier [1]).

Aimbire et Iguassú consacrent au contraire la soirée avec Pindoboçú et Coaquira à de sérieux entretiens sur les combats de la vie humaine, sur la promesse d'une existence éternelle. Ils songent aux doctrines et aux mystères du christianisme, qu'Iguassú avait appris des femmes des Portugais et par les enseignements d'Anchieta, tandis qu'Aimbire raconte la vision de Jagoanharo, que celui-ci lui avait racontée. Tout à coup ils voient un canot s'approcher de la terre. Ce sont les deux missionnaires Nobrega et Anchieta. Le premier, arrivé à portée de la voix, crie aux Indiens qu'ils

---

[1]) M. de Magalhães a relevé avec beaucoup de délicatesse ce beau trait des mœurs indiennes:

>Assim destas impuberes esposas
>Soem os Indios respeitar severos
>A virginia innocencia, até que chegue
>Das delicias a aurora. Ah! tão brutos,
>Tão lascivos não são, que ávidos colham
>De amor o fructo verde! Amava Aimbire
>A sua tenra esposa, como um lyrio
>Prestes a abrir o calice mimoso
>Aos beijos do colibri; mas nos bosques,
>Onde a Natura pouco esconde aos olhos,
>O amor, sem o incentivo do mysterio,
>Não mata, não subjuga os duros peitos,
>Que da guerra o furor somente inflamma.

Au lieu de faire à l'auteur comme M. d'Alencar un reproche de ce que l'amour de son héros est si froid et si accessoire, nous reconnaissons là-dedans une qualité digne des plus grandes louanges.

viennent à eux sans armes, assurés que les Tamoyos leur accorderont l'hospitalité. Les Indigènes accèdent à cette demande.

Les missionnaires débarquent, sont reçus amicalement et même bien traités. On leur permet d'ériger un autel sous un cocotier et d'y lire la messe. Nobrega célèbre alors le premier sacrifice non-sanglant dans ces forêts.

Les missionnaires s'approchent des caciques pour négocier la paix entre les alliés et les Portugais. Ils dépeignent avec éloquence les résultats heureux qu'aurait un accommodement. Aimbire lui-même est enclin à y consentir, mais il pose pour condition préalable la reddition des prisonniers, de Tibiriçá, de deux autres caciques apostats et de l'impudent Dias.

Anchieta, qui possède à fond la langue tupi, prononce un discours où il expose aux indigènes les suites salutaires du christianisme avec une éloquence qui rappelle celle de Xavier; en revanche il déclare que les Portugais ne consentiront jamais à une trahison aussi infâme que celle qui leur est proposée, et que Dias est tombé dans la dernière bataille.

Ce discours fait beaucoup d'impression sur les auditeurs et Aimbire lui-même se sent entraîné par son éloquence; il loue l'intervention et les vues des pères et les remercie d'avoir sauvé et bien traité Iguassú. Il est encore étonné de l'apparition miraculeuse d'Anchieta sur le champ de bataille et du signal de la retraite, donné par une voix inconnue. Il va jusqu'à proposer une seule condition: Les Indiens resteront pour toujours en possession de Guanabara (environs de Rio de Janeiro); les Portugais conserveront les pays conquis.

Anchieta répond qu'il ne s'agit pas ici seulement de possessions territoriales, mais avant tout de la propagation du christianisme, du salut des indigènes et de leur civilisation. Il persiste à leur demander de tolérer des missionnaires parmi eux.

Sans attendre la réponse d'Aimbire, Ernesto fulmine une philippique contre les Portugais et les catholiques; il prétend que les Français et leurs prêtres calvinistes avanceront beaucoup mieux le salut et la civilisation des Indiens.

Aimbire interrompt alors son gendre, en s'écriant: „A quoi bon tant de paroles inutiles! Ce que j'ai dit, je le maintiens; concluons; qu'on nous rende les prisonniers, et si les Portugais veulent la paix, qu'ils nous laissent en paix." — Par là il met un terme aux négociations.

Le poète a bien su mettre à profit ces pourparlers, soit pour dessiner davantage les caractères principaux, soit pour montrer les premiers pas et l'avenir de la doctrine chrétienne parmi les indigènes, ainsi que la manière dont ils étaient préparés à la recevoir.

La scène suivante nous dépeint l'effet produit par les missionnaires sur ces natures incultes.

La nouvelle de leur arrivée avait pénétré dans l'intérieur, mais on avait ajouté qu'ils n'étaient venus que pour espionner le camp des Tamoyos. Les Indiens accourent en foule et veulent égorger les pères. Parabaçú, beau-frère d'Aimbire, vient dans ce but suivi des siens. Mais à la vue des missionnaires amaigris par le jeûne et agenouillés, il se retire confus. Aimbire en écarte d'autres, plus grossiers encore, en menaçant de tuer quiconque oserait mettre la main sur eux.

Cependant Nobrega a représenté à Anchieta, combien il est nécessaire qu'un des deux missionnaires retourne à S. Vicente pour défendre la cause des Indiens et obtenir la reddition des prisonniers. Il lui fait voir en outre combien il est urgent d'écrire sur-le-champ à Lisbonne et à Bahia et d'engager le commandant en chef, Mem de Sá, à envoyer des gens pour fonder une ville et prévenir les Français. Nobrega se décide à partir; Anchieta reste auprès des Indiens.

Le poète commence le chant dixième et dernier par une apostrophe à Anchieta. Il célèbre les vertus de ce missionnaire vraiment apostolique; il le montre gagnant les indigènes au christianisme en prenant soin de leurs malades et par des oeuvres de miséricorde; partout son propre exemple, sa conduite si noble trouvent le chemin des coeurs de ces enfants de la nature. Il emploie ses heures de loisir à chanter en latin les louanges de la Vierge, inspiré par les flots du Carioca, qui, suivant la tradition, donne une voix mélodieuse. Le poète, éloigné de sa patrie, saisit cette occasion pour exprimer le désir de pouvoir exhaler un jour son dernier chant aux bords de ce fleuve. Il célèbre aussi la mémoire des plus illustres parmi les poètes nationaux et nomme avec respect Caldas, São Carlos, Alvarenga, Durão, Basilio da Gama et Claudio Manoel da Costa.

Anchieta séjournait depuis cinq mois chez les indigènes, et aucune nouvelle de Nobrega n'arrivait. Déjà ce retard mettait la patience d'Aimbire à une rude épreuve, d'autant plus que les Français l'engageaient à ne plus attendre; mais la crainte de rompre sa parole lui donne la force de dompter l'impatience toujours croissante du camp et la sienne propre.

Enfin Anchieta lui annonce qu'une inspiration divine l'a rendu certain de l'arrivée d'un message de paix dans trois jours. Le troisième ils voient en effet s'approcher un canot, à l'avant duquel un

Indien fait des signes d'amitié. C'était Cunhambeba, un des caciques alliés aux Portugais. Il débarque, baise à genoux les mains du vénérable Anchieta et lui remet une missive de Nobrega; puis il retourne au canot chercher les prisonniers et les présents. Joyeux, le missionnaire fait part aux sauvages de la nouvelle de la paix, distribue les dons et prend congé. La séparation est douloureuse des deux côtés; Iguassú, son père et Coaquira surtout quittent en pleurant l'apôtre et le prient de revenir bientôt. Anchieta le promet et leur donne encore sa bénédiction depuis le canot.

Cependant ces espérances de paix ne sont pas de longue durée. Une troupe de fuyards tamoyos apporte à Iperohy la nouvelle qu'une flotte portugaise est arrivée dans la baie et a débarqué beaucoup de monde. Il en était ainsi: Estacio de Sá avait été envoyé par son oncle Mem de Sá avec une escadre portant un grand nombre d'Indiens, ainsi que les missionnaires Oliveira et Anchieta, dans le but de chasser les Français de toute la contrée et de fonder une ville aux bords de la baie de Rio de Janeiro.

A cette nouvelle la consternation, puis la rage s'emparent des Tamoyos. Ils jurent de venger cette nouvelle trahison et courent aux armes. Le cri de guerre est dans toutes les bouches; Pindoboçú et Coaquira seuls se rappellent les exhortations d'Anchieta, et craignant la colère du Ciel, ils cherchent en vain à empêcher la guerre. Les Tamoyos sont devenus indomptables; ils se précipitent avec la furie des sauvages sur le nouveau fort de *Praia Vermelha*, mais sont reçus à coups de canon. La lutte continue avec un courage croissant des deux côtés; elle est opiniâtre et indécise, car après deux ans Estacio se voit forcé d'envoyer Anchieta à Bahia pour demander un prompt secours à son oncle. Mem de Sá part alors lui-même et le 18 janvier 1567 sa flotte paraît dans la baie de Nictheroy. Voyant cela Aimbire prévoit la perte prochaine des siens; le deuil dans les yeux il contemple les montagnes qui dominent la baie et les salue pour la dernière fois; puis il porte ses regards sur son épouse et sa fille et prend congé d'elles comme pour toujours. Alors il se remet à examiner les vaisseaux étrangers, et les larmes que la douleur ne peut arracher à ses paupières se pétrifient dans son coeur. A la demande d'Ernesto sur ce qu'il se décide à faire, il semble sortir d'un rêve douloureux, et ordonne à la moitié de l'armée d'attendre l'ennemi dans les tranchées d'*Uruçumerim*, tandis qu'il défendra celles de *Parnapicuhy*.

Le lendemain les Portugais débarquent; c'était le jour de St. Sébastien. Ils se précipitent dans les tranchées d'Uruçu-merim en invoquant son nom; le combat est terrible, mais la victoire reste aux Européens, et pour la rendre plus complète Estacio court attaquer les tranchées de Parnapicuhy. Aimbire l'y attend: la lutte est encore plus acharnée car il s'agit de l'existence d'un peuple. Aimbire combat encore au milieu de quelques guerriers; Iguassú, qui n'avait pas voulu le quitter, est atteinte à la poitrine et expire sans pousser un cri. Alors l'indomptable Tamoyo s'arrête un moment; il aperçoit Estacio, et un flèche a bientôt vengé son épouse. Aimbire saisit son cadavre, le met sur son épaule, brandit sa pesante massue et s'écrie: „Je suis Tamoyo, je veux mourire en Tamoyo, et je mourrai libre. Puisse périr avec moi le dernier de ce peuple; qu'aucun ne tombe dans l'esclavage des Portugais; nul n'aura la gloire de m'avoir ôté la vie!"

Il dit, et brandissant sa massue, ils s'ouvre un chemin à travers les ennemis, dont les corps marquent son passage, et se précipite dans la mer avec son épouse.

Le lendemain de la bataille les Portugais prennent solennellement possession des splendides rivages de Guanabara et marquent la place de la résidence de l'empire futur et de l'église de St. Sébastien, leur patron.

Le même jour Anchieta trouve au bord de la mer les cadavres d'Aimbire et d'Iguassú, et les ensevelit dans la terre natale.

Le poète termine son épopée par une dédicace à l'empereur.

Outre ces ouvrages en vers M. de Magalhães a aussi publié quelques écrits en prose, dont une partie sont scientifiques.

Nommons avant tout: *Factos do Espirito humano, Philosophia*. Paris 1858, 8°; traduit en français par M. N. P. Chancelle (Faits de l'esprit humain. Philosophie. Paris 1859, 8°).

Cet ouvrage est remarquable d'abord en ce que c'est le premier[1]) livre de philosophie écrit par un Brésilien en portugais, langue alors encore très-peu appropriée aux matières philosophiques. M. de Magalhães prouve sa connaissance des philosophies anciennes, française, écossaise et allemande jusqu'à Kant. Dans ses recherches il n'est pas seulement éclectique, mais original et spiritualiste, comme ses oeuvres poétiques nous l'ont montré. Il clot son livre, écrit avec beaucoup d'élégance et de précision, par les paroles suivantes que nous donnons d'après la traduction de M. de Chancelle: „Ce monde serait une horrible comédie, cet univers une illusion sans cause, l'existence humaine une raillerie du néant,

---

[1]) L'auteur avait publié auparavant une petite dissertation sur le but et l'importance de la philosophie: *Discurso sobre o objecto e importancia da Philosophia*. Rio de J., 1842. — Un article de la *Minerva brasil.* (Rio de J., 1844, 4°, p. 225) nous montre combien l'étude de cette science était alors en retard au Brésil. C'est *A philosophia no Brasil* de M. M. de Carvalho. Nous y voyons qu'on en était encore au sensualisme de Locke et de Condillac!

et tout ne serait que mensonge, s'il n'y avait pas un Dieu juste et bon! Les scélérats auraient raison par un simple hasard; il n'y aurait de vérité et de justice ni sur la terre ni dans le ciel! Rassurons-nous. Ce qui est absurde ne peut être vrai. Dieu existe et l'esprit humain est immortel avec sa conscience."

L'auteur agite entre autres la question de savoir si les sauvages de l'Amérique ont la notion de la divinité. M. de Magalhães prétend qu'ils la connaissent et possèdent aussi celle de l'immortalité.

Cet écrivain s'est beaucoup occupé de recherches ethnographiques et historiques sur les habitants primitifs du Brésil; par ex. dans le mémoire intitulé *Os Indigenas do Brasil perante a Historia* (*Rev. do Inst.*, XXIII. p. 3—66). Avec un zèle patriotique il cherche à détruire les préjugés qui font des aborigènes des sauvages incapables de culture [1]).

Un article de M. de Magalhães a pour sujet l'histoire moderne de sa patrie (*Rev. do Inst.*, XI.): *Memoria historica e documentada da Revolução de Maranham desde 1833 á 1841, premeada pelo Instituto hist. e geograph. do Brasil*.

Il a publié (*Nictheroy, Rev. brasiliense*. Paris 1846) le commencement d'un tableau de la littérature brésilienne (*Estudos sobre a historia litteraria do Brasil*). Il est à regretter qu'il n'ait pas terminé ce travail plein de vues ingénieuses.

Mentionnons enfin une nouvelle de Magalhães, car il est un des premiers qui se soient essayés dans ce genre: *Amancia, Romance*, dans la *Minerva brasiliense* (Rio de Janeiro, 1844, 4°. p. 267 à 292).

---

[1]) On y remarque le passage suivant sur l'influence que le changement de ces vues relatives aux Indiens a exercé sur la poésie nationale et sur ses propres conceptions: „*Por isso é que os feitos dos indigenas offerecem argumento á nossa poesia nacional. E como bem notou o Sr. Odorico Mendes: os selvagens, rudos e de costumes quasi homericos, podem prestar bellos quadros á epopéa. O parecer de tão abalisado critico, que nos deu Virgilio em Portuguez, e lucta para interpretar Homero, é de tanto peso, que decide só por si qualquer duvida. Feliz me julgo de pensar como elle, que sabe o que é uma epopéa.*"

CHAPITRE XV.

MANOEL DE ARAUJO PORTO-ALEGRE; — ANTONIO GONÇALVES DIAS;
JOAQUIM MANOEL DE MACEDO; — MANOEL ODORICO MENDES.

Manoel de Araujo Porto-Alegre, l'ami que Magalhães cité dans son poème comme peintre célèbre, ne joue pas un moins grand rôle dans l'histoire littéraire du Brésil.

Il naquit le 29 novembre 1806 à Rio Pardo, province de S. Pedro.

Il reçut les premiers principes du latin, de la géométrie, de la logique et du français dans la ville de Porto-Alegre, mais il se sentait attiré avant tout par l'étude des sciences naturelles. Le jeune Porto-Alegre fut d'abord sans guide dans cette nouvelle branche des connaissances humaines et se forma sans secours un cabinet d'histoire naturelle. Plus tard en 1825 il se perfectionna dans l'art d'empailler des animaux sous la direction d'un naturaliste prussien, Frédéric Selow, qui séjournait alors dans la province de S. Pedro.

En 1826 il s'embarqua pour Rio de Janeiro dans le but d'embrasser la carrière d'ingénieur. Mais comme il était arrivé dans la capitale au temps des vacances de l'école militaire, il fréquenta l'académie des beaux-arts et commença à dessiner et à peindre dans l'atelier du professeur Jean Baptiste Debret, neveu et élève du célèbre sculpteur David. Il fit tellement de progrès qu'à l'exposition suivante il reçut deux prix, l'un de peinture, l'autre d'architecture. Porto-Alegre continua alors les beaux-arts sans négliger la perspective, l'anatomie, la physiologie, etc.

En 1830 et en 1831 il exposa quelques tableanx originaux, un entre autres qui représentait l'empereur D. Pedro I remettant au directeur de l'école de médecine le décret qui fondait cet établissement; autour du prince sont groupés le ministre, vicomte de S. Leopoldo, et les professeurs, tous portraits. Par cette toile il gagna les bonnes grâces de l'empereur, qui se fit encore peindre par lui (ce portrait est à Lisbonne et appartient à l'impératrice douairière Amélie) et voulut avoir les portraits de tous les membres de sa famille. Dans ce but Porto-Alegre devait se rendre aux frais de ce prince à Munich pour y peindre la belle-mère de D. Pedro I, veuve du prince Eugène, et faire ensuite un voyage en Italie et en France. Mais une maladie qu'il fit et l'abdication de l'empereur empêchèrent l'exécution de ce projet; notre jeune artiste se rendit cependant en France (juillet 1831) avec son maître Debret, pour s'y former sous la direction du baron Gros, mais il ne reçut aucun subside du gouvernement et dut s'entretenir lui-même. Il est vrai que par l'intervention du célèbre homme d'État Martin Francisco de Andrada, qui avait appris du docteur Claudio Luiz da Costa la mauvaise situation pécuniaire de Porto-Alegre, les deux chambres lui avaient voté à l'unanimité une pension; mais le ministre de l'intérieur, vicomte de Sepetiba, ne crut pas devoir sanctionner cette décision. Porto-Alegre n'en prononça pas moins plus tard le panégyrique de ce magistrat à l'institut historico-géographique.

Hors d'état de continuer ses études, Porto-Alegre avait déjà pris la résolution de retourner au Brésil et avait reçu son passeport du ministre Rocha, lorsqu'arrivèrent à Paris en 1834 Antonio Carlos de Andrada et Luiz Menezes Vasconcellos de Drummond. Ce dernier offrit à notre artiste vingt mille francs pour continuer ses études. Porto-Alegre n'en accepta cependant que quatre mille, et avec cela et ce qu'il reçut de la maison, il partit pour l'Italie où il resta un an. Il fit ce voyage avec son ami d'enfance, M. de Magalhães. De retour à Paris en 1835 il apprit que surtout grâce à l'évêque de Maranhão on lui avait voté une pension, que le ministre avait cette fois sanctionnée. Il voulait faire un voyage en Belgique et en Angleterre, lorsqu'il reçut en 1837 la nouvelle de la révolution qui avait éclaté (1836) dans son pays natal et qui amena une guerre civile dont la durée fut de dix ans. Il partit aussitôt pour protéger sa vieille mère et arriva la même année à Rio de Janeiro, où il la prit dans sa maison.

Bientôt après il fut nommé professeur à l'académie des beaux-arts, qui était le domaine exclusif des Français, et où il était le seul Brésilien. Sa position fut donc très-difficile et il eut beaucoup à lutter contre la jalousie et les intrigues de ses collègues. En outre le Brésil était retombé dans une si grande agitation politique, qu'on ne pensait à rien d'autre, ensorte que Porto-Alegre dut avoir de nouveau recours au portrait.

Enfin en juillet 1840 l'empereur D. Pedro II fut déclaré majeur. Le général Paulo Barbosa da Silva fut chargé des préparatifs du couronnement et s'adjoignit Porto-Alegre. Celui-ci avait attiré l'attention de ce dignitaire par sa restauration du théâtre de

S. Pedro, qu'il avait pompeusement décoré et très-bien arrangé pour l'acoustique. On peut dire du reste que notre artiste avec son ami Magalhães se donna beaucoup de peine pour réformer le théâtre brésilien au double point de vue de la littérature et de l'art[1]). Porto-Alegre construisit pour le couronnement une grande colonnade (*galeria da Sagração*) qui fut admirée de tous, et plusieurs arcs de triomphe. Il eut aussi part à la décoration du palais impérial.

La chaire de dessin à l'école militaire étant devenue plus tard vacante, Porto-Alegre la demanda. Il entra comme suppléant dans cette école sur la proposition des professeurs, et seulement pour quitter l'académie des beaux-arts où sa position était intenable.

Dès lors il s'occupa surtout d'architecture, art qu'il avait déjà étudié à Paris sous la direction du frère de son maître de peinture, François Debret. Ses oeuvres les plus importantes sont le plan de l'église Sainte-Anne, qui lui valut un prix, et la Banque du Brésil, palais de granit aux colonnes de marbre, le bâtiment le plus imposant de Rio de Janeiro.

En 1854 l'empereur le chargea de deux mémoires, l'un sur les réformes à apporter dans l'organisation de l'académie des beaux-arts, l'autre sur les moyens de propager le goût des arts au Brésil. Bientôt après le ministre de l'intérieur Pedreira fit nommer Porto-Alegre directeur de l'établissement en question et le chargea de mettre en pratique les réformes proposées. Les résultats dépassèrent d'abord son attente; on introduisit des méthodes rationnelles et on rendit obligatoire l'étude des sciences auxiliaires. Mais bientôt la routine et l'ignorance reprirent le dessus, soutenues par leurs fidèles partisans les professeurs, dignes élèves des maîtres français; le nouveau ministre de l'intérieur, marquis de Olinda, qui voyait l'académie d'un mauvais oeil, se mit à donner les places vacantes à des hommes incapables et sans consulter Porto-Alegre, en sorte que celui-ci en fit une maladie et donna sa démission. L'empereur qui avait connaissance de ces intrigues ne consentit qu'à grand'peine à la lui accorder. Notre artiste demanda ensuite à diriger les réformes de l'école militaire, mais on lui refusa cette grâce et il fut mis à la retraite.

Porto-Alegre prit cependant part à la construction hydraulique et architecturale de la douane; en 1859 enfin il demanda le poste de consul général en Prusse. Il partit pour Lisbonne où il passa plusieurs mois et se rendit à Berlin qu'il habite depuis 1860[2]).

---

[1]) Porto-Alegre a beaucoup fait pour l'art du peintre-décorateur et du costumier. Il fut un des fondateurs du *Conservatorio dramatico* et de l'*Academia da opera lyrica*.

[2]) M. de Porto-Alegre s'est rendu à Vienne en 1861 et à cette occasion l'auteur a eu le plaisir de faire la connaissance de cet homme aussi aimable qu'instruit. C'est de lui qu'il tient les notices biographiques qu'on vient de lire.

Il a pris une part active à toutes les institutions scientifiques ou artistiques fondées au Brésil depuis 1837, a aidé beaucoup de talents en germe et contribué à leur développement, a reconnu tous les mérites et n'a envié personne. Cependant il n'a moissonné que l'ingratitude et a eu à lutter comme artiste contre le manque d'encouragements, les intrigues et les persécutions.

C'est ce qui l'a porté à échanger la palette contre la lyre. Il a cherché à satisfaire ses penchants artistiques par la poésie, qui ne l'avait occupé autrefois qu'occasionnellement et sur l'invitation de ses amis.

Un de ses premiers essais fut le poème sur Tivoli, écrit à l'instigation de son compagnon de voyage, M. de Magalhães, et imprimé dans les *Suspiros poeticos*.

Son voyage d'Italie a porté encore d'autres fruits. C'est d'abord le poème intitulé *A voz da natureza sobre as ruinas de Cumas*, imprimé à la suite des impressions de voyage *Os contornos de Napoles*, dans la *Nitheroy, Revista brasiliense* (I. p. 186—213), qu'il publiait à Paris en 1836 avec ses amis Magalhães et Torres Homem. L'influence des *Suspiros* y est évidente; ce sont des méditations historiques et philosophiques dans le ton de l'élégie et au mètre libre et changeant. Porto-Alegre a cependant choisi pour forme la prosopopée; il personnifie les îles de la mer tyrrhénienne, le Vésuve, etc., raconte les événements principaux qu'ils rappellent, et y rattache des réflexions philosophiques. Le poème se termine par un épilogue où Porto-Alegre fait apparaître les figures allégoriques du despotisme monarchique (*despotismo dos Reis*), de l'ambition humaine (*ambição dos humanos*) et de la guerre civile (*civil guerra*). Tous ces fantômes entonnent le choeur tragique suivant:

> Morte, destruição, silencio, cahos!
> Só Deos é sempiterno, forte e justo.

Cette „voix de la nature" est donc plutôt une voix des esprits, qui fait sortir des tombeaux un monde disparu. Le poète y montre déjà toutes les qualités qui caractérisent ses créations postérieures, et que la tournure de son esprit comme sa carrière d'artiste devaient produire: une imagination très-vive et s'abandonnant à l'effet pittoresque, une propension marquée aux couleurs fortes, à la peinture des détails et une richesse d'images poussée quelquefois à l'excès.

De retour au Brésil en 1837 Porto-Alegre dirigea son activité littéraire vers le théâtre, et chercha par ses propres productions à sortir la poésie dramatique de l'oubli où elle était tombée dans son pays. Il écrivit un *Prologo dramatico*, musique de Candido José da Silva, pour la représentation donnée au *Theatro constitucional fluminense* à l'occasion du jour de naissance de l'empereur D. Pedro II (le 2 déc. 1837, imprimé à Rio de Janeiro). Cette production eut beaucoup de succès. C'est une allégorie politique: Satan, principe de la désunion et de l'anarchie, cherche à gagner un jeune homme, Brasil, et à le détourner de la voie de la monarchie constitutionnelle et légitime; mais l'ange de la vérité déjoue les séductions de l'esprit du mal et prédit l'avenir brillant qui attend le pays sous le règne d'un prince comme D. Pedro II.

Porto-Alegre écrivit plus tard encore quelques comédies et des poèmes d'opéra. *O espião de Bonaparte* et *O Sapateiro politicão* furent bien accueillis et souvent donnés; malheureusement ils sont restés manuscrits comme toutes ses autres comédies, à l'exception d'*Angelica e Firmino* (imprimé dans la *Minerva*) et d'*A Estatua amazonica* (supplément du journal *Guanabara*). C'est une spirituelle satire des touristes français, et surtout du comte Castelnau. Celui-ci avait trouvé dans quelque réduit d'une maison située aux rives du Rio Negro un bloc mal équarri, l'avait apporté à Paris, exposé au Louvre et donné pour le reste d'une statue d'amazone, oeuvre des premiers habitants du Brésil. C'est comme on voit un digne pendant du manuscrit pictographique américain, dont on a tant parlé de nos jours.

Les *Brasilianas* et le *Colombo* sont les principaux titres de Porto-Alegre à la reconnaissance des Brésiliens. Ces noms montrent que notre poète s'est inspiré de l'esprit que notre époque a vu se réveiller en Amérique et au Brésil en particulier. C'est l'esprit qui nous fait chercher et trouver l'idéal dans les particularités de notre pays natal et de notre nationalité, et qui, après avoir eu conscience de lui-même, sait promptement revêtir la forme qui lui convient. Porto-Alegre fermement décidé à suivre cette voie et à la répandre dans sa patrie, écrivit une suite de poésies qui ont pour sujets les grandes scènes de la nature, les moeurs et les phénomènes particuliers au Brésil; comme ceux de Magalhães ses vers sont libres et de mètres différents. C'est donc avec raison qu'il a nommé ces poésies *Brasilianas*. Les deux plus considérables ont paru à part: *A Destruição das florestas; Brasiliana em tres cantos* (Rio de Janeiro, 1845, 8°) est une description du défrichement des forêts vierges du Brésil, dans le but d'obtenir des terres labourables. Le second chant, l'"incendie" (*A queimada*) et la mort des animaux, surtout des serpents, qui habitent les bois, est surtout remarquable par le brillant extrême des images [1]. La seconde *Brasiliana, O Corcovado*

---

[1]) Nous donnons tout ce chant à la seconde partie (N° 77), avec les changements que l'auteur a bien voulu y apporter dès lors.

(Rio de J., 1847, 8°) en deux parties (I, *Sensação*, II, *Panorama*) est une peinture des „impressions" du poète à l'ascension du Corcovado, et du „panorama" ravissant qui s'offre à l'œil du haut de cette montagne, qui domine toute la baie de Rio de Janeiro. L'auteur y prouve son double talent de peintre et de poète. Les autres *Brasilianas* ont paru en partie dans des revues [1]); quelques-unes sont encore inédites, mais il est possible que leur auteur les réunisse prochainement en un volume qu'il publiera en Allemagne. Outre quelques descriptions semblables aux précédentes, elles renferment des scènes de la vie champêtre: ce sont des idylles brésiliennes [2]).

Dans ces poésies Porto-Alegre, comme il le dit lui-même, avait pour but de „réveiller le goût de la poésie américaine" (*dispertar o gosto pela poesia americana*); il l'a bien atteint et a fait ainsi époque dans la littérature du Brésil. Il a eu beaucoup d'imitateurs, entre autres Antonio Gonçalves Dias, qui ne dissimule pas avoir reçu ses premières inspirations des *Brasilianas*.

Cet enthousiasme pour la poésie américaine, c'est-à-dire pour les côtés poétiques de la nature, des mœurs et de l'histoire du Nouveau-Monde engagea Porto-Alegre à prendre pour sujet d'un poème épique *Colomb*, personnage d'un haut intérêt pour tout le continent qui a vu naître notre poète. C'était une tentative hardie comme le prouvent les différentes Colombiades qui ont paru jusqu'ici, et qui sont toutes plus ou moins manquées. Il faut surtout se garder dans un pareil sujet de ne faire qu'une suite de tableaux et de négliger l'élément épique au profit du descriptif.

M. de Porto-Alegre n'a fait paraître jusqu'ici que des fragments de son épopée [3]), et, quoiqu'ils soient assez considérables, ils re

---

[1]) V. *Minerva brasil.*, I. p. 301. 333; II. p. 433. 656; — *Guanabara*, I. p. 204; — *Revista brasil.*, I. p. 407.

[2]) Citons la *Brasiliana: O Pouso* (la halte), où le poète nous raconte la rencontre et la conversation d'un muletier (*Tropeiro*) et d'un bouvier (*Boiadero*), qui, amis d'enfance et de la même contrée (*Campos da formiga*), se trouvent par hasard au même endroit près de la route *dos Botaes* pour y passer la nuit. Leurs plaintes amoureuses sentent bien un peu trop l'Arcadie, mais en véritables Brésiliens ils pensent aussi aux traditions nationales. Ils se rappellent le mythe d'*Anhanguera* (personnage fabuleux des Indiens, qui répand la terreur et la mort), et les contes du rocher noir (*a Pedra negra*), de la mère d'or (*A mãi d'ouro*) et de la montagne enchantée (*A montanha encantada*). Malheureusement le poète ne fait que nommer les trois derniers. (V. *Guanabara*, article cité.)

[3]) Ils se trouvent *Guanabara*, I. p. 4, 81, 121, 234, 295, 371; II. p. 64, 141; — et *Revista brasil.*, I. p. 116. C'est là qu'est le passage mentionné, où le poète répond à Magalhães qui avait parlé de lui dans son épopée et explique les raisons qui l'ont fait renoncer au pinceau pour la lyre. — Le *Colombo* a déjà plus de 10000 vers et approche de sa fin. Ce sont comme dans l'épopée de Magalhães des hendecasyllabes non-rimés.

nous permettent pas de jeter un coup d'oeil d'ensemble sur son oeuvre, et de juger de sa conception. Le poète a en outre retravaillé les fragments parus. Nous pouvons cependant voir que le *Colombo* est une épopée de réflexion, avec les machines mythologiques reçues et un grand luxe de descriptions et d'images, ce qu'expliquent la nature du sujet et le caractère du poète. Comment dans un sujet qui y prêtait si fort un peintre de tant d'imagination aurait-il pu résister à la tentation de favoriser le pittoresque au dépens de la sobriété épique? Dans tous les cas ce poème dénote un génie inventif peu commun et un don d'exposition remarquable; il est riche en détails d'une grande beauté. Comme preuve de ce que nous avançons, nous donnons (N° 78. V. *Guanabara*, II. p. 141—150) avec les corrections de l'auteur un fragment, *Sagres*, qui nous montre Colomb revenant de son troisième voyage chargé de chaînes, et l'équipage revoyant la terre natale près de Sagres non loin du cap Saint-Vincent. Le grand navigateur a une vision : il voit apparaître devant lui l'infant Henri le marin [1]), qui passa la plus grande partie de sa vie à Sagres, et entreprit de là les nombreuses expéditions qui amenèrent la découverte de la côte occidentale de l'Afrique. Son esprit console Colomb, lui prédit que son nom sera immortel, fera pâlir celui des rois, et qu'enfin la postérité lui rendra en honneurs ce que ses contemporains lui ont fait souffrir.

Outre ces écrits en vers M. de Porto-Alegre est l'auteur de beaucoup de mémoires (*Discursos e memorias*) critiques, littéraires et biographiques, surtout en sa qualité de membre de l'institut historico-géographique, dont il a été plus de dix ans l'*orador*. La plupart de ces dissertations se trouvent dans la *Revista* de cet institut [2]) et dénotent comme les poésies l'érudition étendue, l'éloquence et la facilité d'élocution du poète.

Nous avons dit que parmi ceux qui suivirent la voie tracée par les *Brasilianas*, le plus grand talent est Antonio Gonçalves Dias.

Né en 1823 à Cachias, province de Maranhão, il fut envoyé de bonne heure par ses parents à Coïmbre où il étudia la philosophie et le droit. Il devait se préparer à remplir la place de procureur-général dans sa province, mais déjà pendant ses années d'étude son talent poétique s'était fortement développé et avait été apprécié. Pour suivre ses goûts littéraires et poétiques, Gonçalves

---

[1]) Henri, duc de Viseo, quatrième fils du roi Jean I de Portugal, né en 1394, mort en 1463.

[2]) V. la liste de ses ouvrages dans le *Diccion. bibliogr. portug.* d'I. Fr. da Silva, V. p. 364—366.

Dias ne tarda donc pas à échanger la place qu'il avait obtenue dans la magistrature après son retour au Brésil contre une chaire d'histoire. En 1846 il publia son premier recueil de poésies lyriques (*Primeiros cantos*. Rio de Janeiro, 1846. 8°) [1]) imprimées déjà en partie dans des revues portugaises, surtout dans le *Trovador de Coïmbre*. En 1848 il fit paraître un second recueil (*Segundos cantos, e sextilhas de Fr. Antão*. Rio de J. 1848. 8°) et en 1851 un troisième (*Ultimos cantos*. Rio de J. 1851. 8°). Gonçalves Dias a aussi fait quelques essais dramatiques et augmenté le petit nombre des tragédies nationales. On cite *Leonor de Mendonça* (imprimée dans le *Jornal do Commercio*), *Boabdil* et *Beatrice Cenci*.

Vers 1850 Gonçalves Dias retourna en Europe, chargé par le gouvernement d'étudier les établissements scientifiques de l'Allemagne et de la France en particulier. Il séjourna jusqu'en 1858 dans le premier de ces deux pays et fit imprimer à Leipzig une édition complète de ses poésies [2]). En 1857 il avait publié dans la même ville les quatre premier chants d'une épopée sous le titre de *Os Tymbiras, Poema americano* (Leipzig, 1857. 8°).

En 1858 notre poète retourna dans sa patrie pour prendre part comme historien et ethnographe au voyage scientifique que le gouvernement faisait faire dans la province de Ceará, près du fleuve des Amazones. Les titres de Gonçalves Dias étaient ses mémoires sur plusieurs points douteux de l'histoire du Brésil et son dictionnaire de la langue tupi [3]).

Tandis que ses compagnons sont retournés après deux ans à Rio de Janeiro pour y mettre de l'ordre dans leurs collections, Gonçalves Dias est resté sur les bords du grand fleuve, où il est

---

[1]) Alexandre Herculano, le plus célèbre des poètes vivants du Portugal, a reconnu la vocation et le grand talent de Gonçalves Dias dans la critique de ce premier recueil (*Revista universal Lisbonense*, VII. p. 5. 1847-48; imprimée aussi en tête de l'édition complète des poésies de notre poète).

[2]) *Cantos. Collecção de poezias de A. Gonçalves Dias. Segunda edição.* Leipzig, Brockhaus, 1857, in-12. Il a dédié cette édition à un de ses amis le docteur G. S. Schüch de Capanema, Autrichien établi au Brésil. Le *prologo* est signé Dresde, 30 mars 1857. Dès lors il en a paru une troisième édition (*Com o retrato do autor*; — aussi première partie de la *Collecção de autores portuguezes*), 1860. 8°.

[3]) Voyez ses mémoires sur les questions de l'existence des amazones au Brésil, et de la découverte fortuite ou non de ce pays. Il résout la première négativement, la seconde affirmativement. Ils se trouvent dans la *Rev. do Inst.*, XVIII. p. 5 et 289. — Quant au glossaire il l'a publié à Leipzig en 1858: *Diccionario da lingua Tupy chamada lingua geral dos indigenas do Brazil*" (in-12). Le *prefacio* est signé Vienne, juin 1857.

né et dont il supporte fort bien le climat. Il veut continuer ses recherches sur les Indiens de ces contrées [1]).

En publiant son premier recueil (*Primeiros cantos*), Gonçalves Dias s'est prononcé de la manière suivante (*Prologo da primeira edição*) sur la poésie et sur sa vocation de poète: „Dans la vie solitaire que je mène, c'est pour moi une jouissance de détourner les yeux de notre arène politique pour les reporter sur mon âme et exprimer dans un langage dont la liberté est restreinte par l'euphonie et le rythme, les idées que font naître en moi la vue d'un paysage, ou de l'océan, l'aspect de la nature enfin. Allier la pensée au sentiment, le coeur à la raison, l'idée à la passion; colorer tout cela par l'imagination, fondre tout cela avec la vie et la nature, le purifier par le sentiment de la religion et de la divinité, c'est la poésie, la poésie grande et sainte, comme je la comprends sans pouvoir la définir, comme je la sens sans pouvoir la traduire [2]).“

Le plus grand nombre des poésies de Gonçalves Dias sont en effet des épanchements lyriques proprement dits; ils ne sont cependant pas feints, mais marqués au coin d'une inspiration véritable; on voit que le poète s'est abîmé dans la contemplation de la nature et qu'il nous raconte ses impressions. Comme les poésies de M. de Magalhães elles sont au fond élégiaques, mais elles se distinguent de ces dernières en ce que le sentiment et le pathos y occupent plus de place que la spéculation ou la réflexion. Gonçalves Dias a aussi chanté l'amour, ses joies et ses souffrances, qu'il a éprouvées lui-même; mais sans la légèreté d'Anacréon, sans la participation des bergers de l'Arcadie; plutôt d'une manière sérieuse et idéale qu'avec la ferveur sensuelle des méridionaux (voyez par exemple une poésie digne de Schiller: *Se se morre de amor*). Ses descriptions des grandes scènes de la nature et de ses phénomènes nous montrent au contraire une conception idéale unie au coloris

---

[1]) V. I. Fr. da Silva, *Diccionario*, I. p. 150 où nous ne trouvons qu'une notice fort maigre sur Gonçalves Dias. Nous avons cherché à la compléter par celles qui ont paru dans des journaux allemands (v. le *Magaz. für die Literatur des Auslands*, 1857. N° 48, 1858, N° 48 et 49; — *Wiener Zeitung* du 5 novembre 1861, p. 5015).

[2]) „Com a vida isolada que vivo, gósto de afastar os olhos de sobre a nossa arena politica para lêr em minha alma, reduzindo á lingoagem harmoniosa e cadente o pensamento que me vem de improviso, e as ideas que em mim desperta a vista de uma paysagem ou do oceano — o aspecto emfim da natureza. Casar assim o pensamento com o sentimento — o coração com o entendimento — a idéa com a paixão — colorir tudo isto com a imaginação, fundir tudo isto com a vida e com a natureza, purificar tudo com o sentimento da religião e da divindade, eis a Poesia — a Poesia grande e sancta — a Poesia como eu a comprehendo sem a poder definir, como a eu sinto sem a poder traduzir."

qu'on ne trouve que sous les tropiques (par exemple l'hymne magnifique *A tempestade*, description d'un de ces orages particuliers au ciel méridional) ¹).

Quant à la forme de ces poésies Gonçalves Dias a suivi souvent le système des strophes et des rythmes entremêlés, introduit par M. de Magalhães. Il en parle lui-même dans le prologue mentionné: „Un grand nombre de ces poésies n'ont pas de strophes uniformes, car je méprise les règles d'une pure convention; j'ai adopté tous les rythmes de la métrique portugaise et m'en suis servi comme ils me paraissaient cadrer le mieux avec ce que je voulais exprimer ²)."

Quoiqu'il néglige dans ses vers et dans ses strophes les usages reçus, Gonçalves Dias ne s'en distingue pas moins sous le rapport de la forme; sa versification est coulante, sa diction harmonieuse, ses rythmes avant tout musicaux. Est-il quelque chose de plus mélodieux et de plus charmant que les deux poésies *Seos olhos* et *Olhos verdes*, célèbres aussi par le gracieux de leurs images. Ce sont des variations sur le thème si connu des yeux d'une amante, mais chacune attache par des figures nouvelles, par des charmes particuliers (v. 2de partie, N° 79 et 80).

Gonçalves Dias a aussi prouvé combien il est maître de la forme et de la langue dans le cycle de romances qu'il a jointes à sa collection sous le titre de *Sextilhas de frei Antão*. Il fait raconter au frère Antoine, pieux dominicain, des histoires de sa jeunesse, histoires qui se sont passées à la cour d'Alphonse V et de Jean II de Portugal. Il y a bien imité la langue du 16me siècle, ses strophes de six vers sont coulantes, mais le tout a plutôt le ton d'une chronique rimée que celui des romances populaires.

Gonçalves Dias a prouvé par les compositions dont nous avons parlé son talent de poète et de poète portugais, mais il a mérité une place distinguée au Panthéon brésilien par ses *Poesias americanas*.

Il a devancé ses prédécesseurs et même le plus rapproché, Araujo Porto-Alegre, dont les *Brasilianas* lui avaient montré la route à suivre. Il ne se contente pas de décrire subjectivement l'impression qu'ont faite sur lui les particularités de la nature et des

---

¹) V. ce que Lopez de Mendonça (*Memorias de litteratura contemporanea*, Lisbonne, 1855. 8°. p. 316) dit des points particuliers à ses descriptions de la nature.

²) „*Muitas dellas (poesias) não tem uniformidade nas strophes, porque menospreso regras de mera convenção; adoptei todos os rhythmos da versificação portugueza, e usei delles como me parecêrão quadrar melhor com o que eu pretendia exprimir.*"

moeurs brésiliennes, il s'identifie objectivement avec les vues et les expressions des indigènes. Tantôt nous le voyons, comme un *vates* indien (*piaga* ou *payé*), expliquer et conjurer des visions, tantôt entonner des chants guerriers ou chanter les sacrifices et les sanglants combats, tantôt comme un *marabá* plaindre le sort de cette race mêlée que les indigènes méprisent, tantôt jeune Indien parler des charmes de la „mère des eaux" (*mãe d'agua*) qui, semblable aux sirènes, l'entraîne dans la tombe humide: en un mot, Gonçalves Dias s'est rapproché de la ballade; il est dans la meilleure voie pour créer une poésie vraiment **nationale**, revêtue d'une forme appropriée au **goût de notre temps**.

Il ne faut donc pas s'étonner que ces *Americanas* aient acquis une grande popularité au Brésil [1]; elles satisferont également le goût des lecteurs européens et nous regrettons de devoir nous borner à quelques spécimens [2].

Cette nouvelle voie épique et objective conduisit naturellement Gonçalves Dias à donner dans une épopée un grand tableau de la vie indigène, dont il n'avait mis au jour jusqu'alors que des fragments, semblables à des tableaux de genre, mais d'un grand effet. Dans ce but il a choisi les querelles — on ne peut les appeler guerres — de deux tribus indiennes, les Timbiras et les Gamellas; il paraît avoir évité l'intervention des éléments européens, pour pouvoir reproduire la vie des indigènes dans toute son originalité. Aussi a-t-il nommé son poème des Timbiras un *Poema americano* [3].

---

[1] V. l'article de Juan Valera intitulée *Da poesia brasileira* et traduit de la *Revista de dos mundos*, journal espagnol, dans *Guanabara*, III. p. 322—323. Il nomme Gonçalves Dias le *Zorrilla do Brasil*, et dit à l'égard de ses *Americanas*: „é o mais popular de todos os poetas brasileiros."

[2] V. 2de partie, N° 81—84. Nous y faisons précéder les *Americanas* plutôt épiques: *O canto do Piága, Marabá* et *A mãe d'agua*, d'un poème plutôt lyrique: *Canção do exilio* (chant de l'exil). La profondeur du sentiment et la simplicité classique de ce morceau rappellent en effet le poète qui a fourni l'épigraphe (elle est tirée de Mignon de Goethe).

[3] Son point de vue est expressément énoncé dans l'*Introducção*:
„Os ritos semibarbaros dos Piagas,
Cultores de Tupan, e a terra virgem
Donde como d'um throno, emfim se abrirão
Da cruz de Christo os piedosos braços;
As festas, e batalhas mal sangradas
Do povo Americano, agora extincto,
Hei de cantar na lyra." — ...

Et plus loin:
„Como os sons do boré, sôa o meu canto
Sagrado ao rudo povo americano:
Quem quer que a natureza estima e présa
E gósta ouvir as empoladas vagas
Bater gemendo as cavas penedias,

Nous ne possédons, il est vrai, que quatre chants de ce poème; nous n'y voyons guère que l'occasion de ces querelles, une description de leur théâtre et de quelques-uns des héros, ce qui fait qu'il est impossible de juger. Cependant nous pouvons déjà faire remarquer que le choix d'un sujet aussi borné nous paraît dangereux et constitue une infériorité marquée de l'oeuvre de Gonçalves Dias comparée à celles de M. de Magalhães et de ses prédécesseurs. S'il avait pris comme ce dernier un événement historique de grande portée, fait ressortir le contraste de la vie et des moeurs indiennes avec les qualités et les défauts de la civilisation des blancs, il aurait non seulement augmenté l'intérêt, mais aussi évité le ton monotone, que doit naturellement prendre la peinture détaillée des caractères et des actions de peuplades à demi-barbares, comme il les nomme lui-même. Cette prédilection pour tout ce qui est indigène s'est tellement emparée du poète qu'il plaint l'Amérique (p. 47—49) d'être entrée en communication avec l'Europe, et ne voit que les mauvais côtés de la civilisation qui vient de ce continent.

Cette épopée est également conçue en hendécasyllabes non-rimés. Le talent du poète s'y révèle cependant dans la beauté des vers et de la diction, comme dans maints détails [1]).

Un des principaux poètes contemporains du Brésil s'était réuni à Araujo Porto-Alegre et à Gonçalves Dias pour publier une revue déjà mentionnée, *Guanabara*, qui a exercé une influence notable sur le développement de la littérature brésilienne. C'est Joaquim Manoel de Macedo. Il est vrai que sa réputation se fonde surtout sur ses romans et ses drames, dont nous parlerons en temps et lieu,

> E o negro bosque susurrando ao longe —
> Escute-me. — Cantor modesto e humilde,
> A fronte não cingi de mirto e louro,
> Antes de verde rama engrinaldei-a,
> D'agrestes flores enfeitando a lyra;
> Não me assentei nos cimos do Parnaso,
> Nem vi correr a lympha da Castalia.
> Cantor das selvas, entre bravas mattas
> Aspero tronco da palmeira escolho.
> Unido á ella soltarei meo canto,
> Em quanto o vento nos palmares zune,
> Rugindo os longos encontrados leques.

[1]) Nous en trouvons par exemple surtout au second chant; ainsi le chant du Piaga (p. 28—29) sur la signification des rêves qu'envoie Tupan, remarquable par son ton mystérieux et sombre; — la plainte sur la perte de Coema (p. 32—38); — la scène où l'insensé Piahiba se rend auprès d'Ogib, que l'inquiétude tient éveillé parce que son fils Jatyr est parti pour courir les aventures; le fou lui chante un hymne de mort, plein de pressentiments affreux; les hendécasyllabes y alternent avec des hémistiches, ce qui produit un effet particulier (p. 39 —42); — etc.

mais ses productions lyriques remarquables nous engagent à le nommer déjà ici.

Macedo naquit le 24 juin 1820 à S. João de Itaborahy, bourg de la province de Rio-Janeiro. Il prit son titre de docteur en médecine à l'université de la capitale et occupe la chaire d'histoire nationale et de géographie au collége Pedro II; depuis 1854 il est député de l'assemblée provinciale de Rio-Janeiro (*Deputado á Assembléa provincial do Rio de Janeiro*) et l'un des membres les plus actifs de l'Institut historico-géographique. De 1851 à 1856 il a été premier secrétaire de ce corps savant; depuis cette dernière année il en est l'orateur (*orador*) et l'un des vice-présidents [1]).

Il s'est fait connaître comme poète lyrique d'abord par quelques poésies imprimées dans la *Minerva brasiliense*, la *Guanabara* et autres revues, et qui n'ont paru nulle part ailleurs, que nous sachions. Elles sont érotiques: tantôt nous l'y voyons jouer avec une grâce malicieuse, tantôt il s'y abandonne à la mélancolie particulière aux méridionaux (*saudades*); mais ses vers sont partout si légers et d'une si bonne structure, qu'on dirait que leur auteur n'a jamais parlé que leur langage.

Macedo a publié sous le titre de *A Nebulosa* (Rio de Janeiro, 1857, 8°), un poème qui a produit une grande sensation; malgré ses parties épiques et dramatiques il faut le ranger dans la poésie lyrique descriptive.

Ce poème se compose de six chants et d'un épilogue en hendécasyllabes non-rimés.

Le chant premier: „la roche noire" (*A Rocha negra*) commence par la description du théâtre de l'action. Dans une baie, sur les côtes de laquelle paraissent se menacer des rangées de rochers semblables à des géants pétrifiés, s'élève parmi les blocs, dont le sommet dépasse le niveau de la mer un rocher plus haut que les autres, ardu et d'aspect sombre. C'est le théâtre d'une vieille tradition; il a été le séjour d'une femme en démence, sorcière puissante et redoutable (*insana mulher, sabida em magicas tremendas*). Elle restait toujours jeune et belle; ceux qui l'avaient vue, ne l'oubliaient plus et se consumaient d'amour pour elle. Cependant elle ne pouvait supporter la lumière du soleil; à la première apparition de l'aurore elle s'enveloppait des nuages épais dont son pouvoir magique entourait la roche. C'est pourquoi on la nommait *Nebulosa*. Dans les nuits de clair-de-lune on la voyait, vêtue de blanc, préparer sur les vagues des boissons magiques avec des flammes qu'allu-

---

[1]) V. I. Fr. da Silva, *Diccion.*, IV. p. 126—128, où nous trouvons une liste complète de ceux de ses ouvrages qui ont paru jusqu'en 1860.

maient ses yeux, et avec la rosée du ciel. Vers minuit elle marchait sur la mer sans se mouiller les pieds, s'asseyait sur la roche noire et peignait ses tresses d'or, qui se balançaient au vent; quelquefois aussi elle chantait et riait dans la mer jusqu'au retour de la lumière qui la faisait rentrer dans sa couche de nuages. C'est ainsi qu'elle vécut un temps fort long, toujours jeune et belle. Mais Dieu la punit. Un jour elle se rendit sur l'eau, en oubliant de prononcer les paroles magiques inspirées par Satan (*as da cábala Satanicas palabras*); elle s'en souvient et les prononce trop tard; ses pieds se mouillent, elle se sent enfoncer. C'est en vain qu'elle cherche à se retenir de ses bras, l'orage éclate et hurle, la mer se soulève, et les vagues écumantes la lancent contre la roche noire. Elle tâche de s'y cramponner, mais ses mains glissent; elle regarde le ciel et voit poindre le jour, qui rend inutile sa force magique; le voile de brouillards se dissipe, l'abîme l'engloutit et l'ensevelit au pied de la roche noire. Personne ne vit son cadavre: sa mort fut aussi mystérieuse que sa vie. Cependant on raconte que dans les nuits de clair-de-lune on voit sur la pointe de cette roche un fantôme blanc (*fantasma*) qui soupire profondément, et qu'un froid extrême entoure ce rocher. C'est la *Nebulosa*; elle chante et pleure; ses accents trompeurs attirent ceux que leur imprudence a fait s'approcher de ce lieu; pris d'une folie subite ils se précipitent dans la mer ou se soumettent au fantôme par des „pactes noirs" (*negros contractos*).

C'est pourquoi la roche noire passe pour maudite. Malheur à celui qui la gravit successivement pendant trois nuits de clair-de-lune; il périra misérablement tôt ou tard. Ceux qui s'en approchent hasardent leur vie, car la mer tranquille ailleurs est comme en ébullition tout autour; les pêcheurs l'évitent, se signent et prient Dieu de les garder du pouvoir de la *Nebulosa*.

Deux pêcheurs cependant passaient près de ce lieu au milieu d'une nuit claire; ils voient tout à coup une forme humaine se détacher du rivage, sauter de pierre en pierre, atteindre enfin le sommet de la roche noire et y rester à regarder la mer. „C'est lui," s'écrient les bateliers, „c'est encore lui." C'est l'homme qui est venu chez eux un mois auparavant et qui a voulu habiter leur cabane en payant une grande somme d'argent; il porte toujours une harpe, et on le nomme le *Trovador*. L'inconnu ne répond à personne, se dérobe à tous les yeux et cache son nom. Jeune et beau, il est pourtant sombre et impénétrable; son regard brûle, son sourire n'exprime que le mépris et la douleur. Il visite toujours la baie et passe ses nuits sur la roche noire, quoique les pêcheurs l'aient averti de se méfier de la *Nebulosa*. Il semble cacher une douleur immense ou un crime terrible, dont il ne cherche pas à se consoler, mais qu'il veut ensevelir dans les profondeurs de la mer. Souvent dans les grands bouleversements de la nature, qu'il aime par-dessus tout, il éclate en imprécations, mais ne nomme pas de nom que l'écho pourrait trahir. Quelquefois pendant les nuits tranquilles où la lune brille de tout son éclat, il se répand en plaintes mélancoliques, et sa harpe semble suivre ses pensées. Dans la nuit dont parle le poète, il a ainsi exhalé sa douleur, lorsqu'il voit une nacelle s'approcher de la roche; elle renferme une forme humaine vêtue de blanc, qui ne détourne pas les yeux de lui et s'approche toujours. — „Pêcheur", dit-il, „que te font mes plaintes et mes insomnies? Ma douleur est un secret que le monde ne saura jamais!" — „Ta douleur est un secret que le monde ne saura jamais, mais que je découvrirai!" — répond le fantôme en répétant les dernières paroles comme un écho.

Le *Trovador* reconnaît alors que ce n'est pas un pêcheur, mais la nacelle, la personne qui s'est approchée de lui trois nuits consécutives, et que c'est une voix de femme qui lui a répondu en le raillant. Pour la braver le *Trovador* recommence à chanter, mais le fantôme répète ses sinistres pressentiments. Lorsqu'il veut descendre du rocher, il se trouve tout à coup en présence de cette femme mystérieuse; il veut la saisir, mais la figure blanche qu'il a devant lui l'avertit de n'en rien faire, car elle est enchantée; puis, montrant la mer de son doigt de cristal, elle s'écrie: „J'appartiens à la *Nebulosa*!"

Le second chant a pour titre „la folle" (*A Douda*). C'est le fantôme, que le *Trovador* a vu pendant trois nuits. Sa mère, sans ressources et repoussée partout, était arrivée un jour dans la contrée, et l'avait mise au jour dans une caverne de la baie, mais son enfant si beau avait déjà perdu la raison. Alors la *Nebulosa* lui était apparue et lui avait promis de la douer de force magique, de lui dévoiler l'avenir et de lui révéler tous ses secrets, si elle voulait lui promettre une obéissance complète, et lui consacrer sa fille. La détresse de la pauvre femme l'avait poussée à y consentir et la *Nebulosa* avait scellé le traité par un baiser de feu qui avait laissé sur le front de la mère et de la fille un signe noir. La première était devenue alors une sorcière redoutée (*feiticeira*), la seconde une fée (*fada*) et la favorite de la *Nebulosa*. Tant qu'elle séjournera sur la terre, elle restera jeune et belle; le signe qui dépare son front, sera même enlevé un jour par l'écume de la mer, quand, après sa mort, elle fera son entrée dans le règne de la *Nebulosa* et de son amie, la lune, pour mener comme ondine une vie de joies et de plaisirs. En revanche sa vie terrestre doit se passer dans la tristesse et dans les larmes; tout le monde la croira folle, malgré son jugement sain (*Douda me julgão? — tenho bem juizo!*). La *Douda* a perdu sa mère; elle a disparu tout-à-coup, suivant les uns dans un nuage qui pour punition tourne autour de la lune, suivant les autres elle s'est précipitée dans la mer du haut de la roche noire. — Mais la *Nebulosa* a pris l'orpheline sous sa protection particulière; elle l'accompagne partout, elle lui donne des ordres et des conseils qu'elle écrit sur les vagues avec les rayons de la lune.

La *Douda* apparaît au *Trovador* comme un fantôme, comme un être de l'autre monde. Elle le prie d'abord de lui dire qui chante avec lui: „Ce n'est pas la voix d'un homme, pas celle de ton amante, car je la connais; cette voix, douce comme celle d'un ange, me remplit d'une volupté indicible." Le *Trovador* lui dit que c'est une harpe et la pauvre fée s'écrie: „Ce n'est ni harpe, ni femme, ni ange qu'il faut la nommer, mais **amour qui parle** (*amor que falla*)."

Ravie elle écoute les sons de la harpe et conjure le *Trovador* de faire parler cet amour à leur heure dernière, à l'heure de leur triomphe, car ils mourront ensemble; elle veut mourir bercée par cette douce harmonie. Puis elle raconte son histoire à l'étranger, dont l'étonnement croît, et l'engage à dire aussi la sienne. Mais celui-ci ne le veut pas; alors la fée lui déclare la connaître presqu'en entier et savoir qu'elle se résume dans le **seul mot de jamais**. Le *Trovador* tremble en l'entendant, et comme il persiste à garder le silence, la fée lui dit: „N'hésite plus à faire part de tes tourments à quelqu'un qui les comprend. J'aime aussi, je connais les désirs d'amour qui remplissent toute la nature et auxquels les fées sont également soumises; je connais les douleurs qu'ils amènent, et je ne veux pas me guérir de cet amour, comme une mère conserve son affection pour son enfant, même quand il la paie d'ingratitude." — Le coeur du *Trovador* s'ouvre alors; il veut dire son sort à la compagne de douleurs que le Ciel lui envoie, lui raconter l'amour que la honte avait tenu caché jusqu'alors. „Derrière cette noire forêt est une belle vallée; c'est là que je vis le jour. Je grandis dans l'abondance, chéri de mes parents, éloigné du monde et abandonné aux rêves de mon imagination. Un premier malheur me frappa: je perdis mon père. Un soir — j'avais déjà plus de vingt ans — je dépassai le but ordinaire de mes promenades; tout-à-coup une voix frappa mon oreille, si enivrante que rien ne peut lui être comparée; cette voix était celle d'une jeune fille, belle comme le sourire de Dieu: je m'épris d'elle. Mais mes supplications furent vaines, elle ne répondit pas à mon amour, elle ne me donna pas même une espérance et me répondit toujours le fatal jamais. Elle voyait mon désespoir, elle pouvait calculer les ravages que la passion exerçait sur ma vie, elle avait même compassion de moi, mais répétait sans cesse le terrible jamais. J'eus recours alors à une sorcière qui demeurait dans une grotte voisine, et lui demandai comment je pourrais m'acquérir l'amour de l'inexorable. Après avoir longtemps réfléchi, la sorcière répondit: Lauriers (*louros*)." — A ce moment la *Douda* demande au *Trovador*, s'il n'avait pas remarqué quelqu'un à l'entrée de la grotte. — „Oui," dit-il, „une pauvre petite fille de dix ans, qui m'écoutait en pleurant." — Puis il continue son récit: „Je quittai ma mère pour chercher les combats, je remportai des victoires, gagnai de la gloire et des lauriers, que je mis aux pieds de mon amante. — Mais elle répondit: Jamais. — Je retournai alors chez la sorcière, lui reprochai ses infructueux conseils et réclamai un philtre plus puissant. Après avoir longtemps réfléchi, elle dit: Chants (*cantos*)." — La *Douda* interrompt de nouveau le *Trovador* en lui demandant s'il n'a remarqué personne auprès de la sorcière. — „Oui," dit-il, „une jeune fille de quinze ans, qui me contemplait avec avidité." — „Il en est ainsi!" s'écrie la *Douda*. — Le *Trovador* continue: „Je me fis alors troubadour; mes chants célébraient mon amante, ils ravissaient tous les hommes, mais elle n'y répondit que par l'éternel jamais! — J'allai trouver pour la troisième fois la sorcière, mais elle était morte." — „Mais," s'écrie la *Douda*, „tu entendis une voix disant: Tes maux sont sans remède; tu mourras de cet amour, mais quelqu'un périra avec toi. — C'était ma voix." —

Le *Trovador* supplie alors la *Douda* de lui préparer un philtre qui gagne le coeur de son amante: „Depuis dix ans," dit-il, „je n'ai pas vu ma mère; je ne sais pas même si elle vit encore. Mon amour m'a fait tout oublier, mes hauts-faits, ma gloire de troubadour, ma vie et le salut de mon âme; je sens même que cet amour est une honte et me mène au crime, mais je suis trop faible pour le rompre. Écoute, femme, que personne ne t'appelle folle! Tu n'en es pas une! — Sois pour moi un ange ou une fée, invente une boisson magique, contente mon amour, et tout ce que je possède t'appartient." — C'est en vain que la *Douda* répond qu'elle est fée, stigmatisée et réprouvée de Dieu; il persiste dans sa prière. Accablée de douleurs elle tombe à genoux et s'écrie: „Je cède au destin. La *Nebulosa* m'a prédit, elle l'a écrit sur les vagues, elle qui ne ment pas, qu'il n'y a aucun remède à tes souffrances, que les fées puissent préparer. Cependant je veux faire une tentative dont rien ne pourra me payer; tu ne peux pas concevoir ce qu'elle me coûte; je le sens et Dieu le sait! J'irai trouver la femme que tu adores, je lui parlerai, si je parviens à l'émouvoir, tant mieux pour nous deux." Le *Trovador* tombe à genoux, mais la *Douda* le relève et lui dit tristement en prenant congé: „Ne t'humilie pas ainsi, pas même devant une fée; ce n'est que devant Dieu qu'un homme doit courber le genou. Au crépuscule je me rendrai à la vallée que tu connais, je lui parlerai. La lune précipite sa course, je pars. Adieu! Fais-moi entendre l'amour qui parle." — La *Douda* monte alors dans sa nacelle, qu'accompagnent les sons de la harpe.

Le chant troisième, „l'étrangère" (*A Peregrina*) décrit le séjour de l'amante du *Trovador*. On la nomme ainsi, parcequ'elle est apparue subitement dans la contrée, reste étrangère à tous et vit solitaire (*vive sô de harmonia e perfumes*). Sa demeure est un vallon délicieux, entouré de forêts ombreuses, un pavillon construit par la nature (*silvestre pavilhão*); au milieu se trouve un lac. La *Douda* y arrive au coucher du soleil et voit l'étrangère reposant sur un banc de gazon; elle est si belle, ses charmes sont si puissants que la folle ne peut s'empêcher de s'écrier, malgré sa jalousie: „Vraiment, c'est elle qu'il devait aimer." A cette exclamation la *Peregrina* se lève et demande étonnée à la *Douda* qui elle est et ce qu'elle cherche aux bords du lac. La folle, abîmée dans la contemplation de l'étrangère, en est tirée par cette question et se rappelle dans quel but elle est venue. Elle se souvient de sa promesse, le désespoir la reprend, elle fuit autour du lac, elle veut se précipiter dans ses flots; mais elle y aperçoit son image qu'elle prend pour celle de la *Nebulosa* irritée de son hésitation; elle se soumet à son sort. Cependant elle ne peut s'adresser directement à la *Peregrina*; pleins de douleur et de jalousie ses regards se promènent autour d'elle, enfin ils vont se reposer sur une rose à peine éclose. C'est à cette fleur qu'elle parlera, l'étrangère lui semble avoir pris cette forme, la rose l'entendra. Elle entonne alors un chant d'amour doux et plaintif (en strophes de quatre vers): „Tu n'as pas toujours été une fleur, tu as été une jeune fille; tu es maintenant la reine des fleurs, comme autrefois tu étais celle des belles. Mais, endurcie contre l'amour, tu n'as pas écouté le poète le héros, le troubadour. A toutes ses demandes, à ses lauriers et à ses chants tu n'as eu d'autre réponse que: jamais. La *Nebulosa* le vengea alors; tu devins rose, ton amant zéphyr; il se joue dans tes feuilles, te couvre de baisers, tu es à lui; et quand tu commences à te flétrir, il court à d'autres fleurs. Mais si un nouveau miracle te rend la voix, et que tu implores sa pitié, il sera inexorable comme toi; il s'enfuira et les fleurs qu'il traversera ne te feront entendre que ces paroles: Jamais, jamais."

En effet la *Peregrina* entend ce discours, et le rapporte à elle-même; cependant elle demande à la *Douda*, pourquoi elle est venue et qui l'a envoyée. — Celle-ci lui répond alors, d'abord timide et hésitante; puis elle lève les yeux sur elle et la regarde attentivement: „Je suis venue sur l'ordre de la *Nebulosa* pour me sacrifier à quelqu'un qui souffre. Tremble devant son pouvoir toujours présent." La *Peregrina* plaint alors la folle, dont elle a reconnu l'état à ses discours; mais celle-ci s'écrie: „Ne me plains pas, je suis enchantée, les joies m'attendent. C'est toi-même qu'il faut plaindre, toi qui violes la loi de Dieu, et oses irriter la *Nebulosa*. Repens-toi pendant qu'il en est temps encore; tu es une criminelle, car tu fermes ton coeur à l'amour!" — La *Peregrina* lui répond alors qu'elle est toute pénétrée d'un amour saint pour la nature, pour Dieu, pour la divinité dans l'homme, pour la vertu, d'un amour exempt de sensualité. La *Douda* lui dit d'un ton plus menaçant: „La reconnaissance est aussi une vertu; le troubadour qui t'a donné tant de preuves d'amour et d'abnégation, a droit à ta reconnaissance. Crains la vengeance de la *Nebulosa*, crains la poursuite des sylphes; ce sont les esprits des femmes volages qui ont fait de faux serments d'amour, des mensonges; ils t'entoureront partout!"

L'étrangère interrompt alors ce discours, et répond tranquille et fière: „N'extravague pas davantage; dis à celui qui t'envoie que je persiste dans mon jamais; pour toi, garde-toi d'aimer; l'amour des hommes porte malheur; celui de Dieu seul dure et rend heureux." Après ces paroles elle s'enfuit comme un chevreuil effrayé.

Tandis que la *Douda* réfléchit à la manière dont elle rendra réponse au *Trovador*, celui-ci sort des buissons et lui déclare avoir tout entendu. „Ma sentence est prononcée," dit-il, „si tu veux me revoir, rends-toi à minuit à la roche noire." Puis il disparaît et la folle répète tristement: „A minuit!"

Le chant quatrième nous conduit „au milieu des tombes" (*Nos tumulos*). Dans un endroit retiré, qu'entourent de sombres forêts et de noires montagnes, s'élève une montagne qui domine toutes les autres. A son sommet un pieux solitaire avait autrefois bâti un ermitage; le moine mourut, sa demeure tomba en ruines; l'autel seul, érigé dans le portique au milieu de tombes nombreuses, s'était conservé; sa lampe ne s'éteignit jamais et fut la seule lueur qui dissipa ces ténèbres. On ignore qui alimente la flamme, cependant on raconte qu'un spectre de femme, aux vêtements noirs, aux cheveux blancs comme la neige, gravit toutes les nuits la montagne, pour entretenir le feu de la lampe.

La nuit qui suivit l'entretien de la *Peregrina* et de la *Douda* on voit apparaître au lever de la lune un homme qui s'avance entre les tombes, s'agenouille et prie ... c'est le *Trovador*. Puis il se relève et cherche un tombeau, c'est celui de son père. Il se jette à genoux, invoque son esprit, se plaint des maux qu'il endure et prend congé de la dépouille terrestre de l'auteur de ses jours. Au coucher de la lune le *Trovador* veut mettre fin à une existence qu'il ne peut supporter plus longtemps. Il pense aussi à sa mère; rempli de la douleur la plus profonde, il s'écrie: „Ah! ma mère!" il s'enfuit et erre comme un possédé au milieu des tombes. Mais tout à coup on entend des voix qui partent de l'entrée de l'ermitage; l'une dit d'un ton impératif mais cependant très-doux: „Je veux entrer seule, prier seule; attendez-moi à la porte." — Longtemps le *Trovador* arpente la montagne plongé dans le souvenir de sa mère; enfin il lève les yeux, regarde l'autel et y voit une femme au pied de la croix et priant avec ferveur; puis elle se relève, met les mains sur son coeur et s'écrie douloureusement: „Ah! ma mère!" Le *Trovador* se précipite vers elle pour l'assister, il lui saisit les mains, l'emmène presque avec violence à la lumière de la lampe, la regarde et pousse un cri — c'est la *Peregrina*.

Un instant elle est atterrée; bientôt cependant elle se remet et regarde la croix qui doit la protéger. Le *Trovador* aussi, assiégé par les sentiments les plus divers, reste d'abord silencieux; enfin il dit d'un ton de reproche affectueux: „Regarde seulement la sainte croix, femme, qui m'as ravi les sens! Ne vois-tu pas que la barrière, que tu as mise entre toi et moi, ne peut être qu'une inspiration de l'enfer? Ne vois-tu pas que la main de Dieu lui-même nous a conduits ici? Ne vois-tu pas que nous sommes au pied de l'autel?"

La *Peregrina* dit alors qu'elle n'est venue que pour prier sur la tombe de sa mère au jour de sa mort; le *Trovador* la supplie de nouveau de l'écouter, de consacrer cet autel à l'amour, elle répond le terrible jamais. Cependant la pitié dont elle est saisie, la fait consentir à expliquer au troubadour quelles raisons et quels serments la forcent à persister dans son refus. „Tu es le premier," dit-elle, „qui apprend le secret de mon existence; tu sauras pourquoi je dédaigne l'amour des hommes. Ma mère fut victime de la séduction; j'en fus le résultat avec une soeur jumelle. Le père de ma mère mourut de désespoir; à son lit de mort il maudit sa fille: Puisse-t-elle aussi mourir de douleur, de la douleur qui me ravit à l'existence; que la honte des filles soit la mort de la mère! — Pour cacher son déshonneur et empêcher l'effet de la malédiction, la malheureuse se retira au plus profond des forêts. Nous grandîmes éloignées de tous les hommes, mais cela n'empêcha pas notre réputation de beauté de se répandre. Un jeune homme de haute naissance arrive dans la contrée. Il commence par donner des fêtes splendides, que nous évitons; puis il part pour revenir déguisé en paysan. Il parvient ainsi à s'insinuer dans le coeur de ma soeur; elle est victime de la séduction; le perfide l'abandonne pour épouser une femme de son rang. Ma soeur devient folle, mais la mort vient bientôt mettre un terme à ses douleurs. A son lit de mort, elle recouvre la raison et me conjure de ne jamais écouter les paroles d'amour d'un homme. — La malédiction de son père s'accomplit aussi sur ma mère; elle meurt bientôt de douleur. A l'agonie elle m'a fait jurer de repousser toute déclaration d'amour, de ne jamais donner à un homme le moindre espoir. Je l'ai promis et ma mère est morte en répétant jamais. Après cet événement je quittai ce pays de douleurs et me rendis dans cette contrée encore plus solitaire pour y vivre fidèle à mon serment. J'ai dû te faire la fatale réponse; je ne peux pas même te faire espérer que je t'écouterai jamais." — C'est en vain que le *Trovador* supplie la *Peregrina* de l'entendre; il proteste de la pureté de son amour; elle ne veut donner place dans son coeur qu'à l'amour de Dieu et de ce qu'il y a de divin dans la nature; elle se sent heureuse de ces sentiments. Au désespoir le *Trovador* lui annonce que si elle refuse d'être son ange, elle sera son bourreau, que sa dureté le poussera au suicide. Il lui dit adieu et la prie de consoler sa mère, de le pleurer avec elle.

La *Peregrina* reproche alors au *Trovador* ses pensées criminelles, sa faiblesse si peu digne d'un chrétien; celui-ci est saisi d'un accès d'amour, auquel l'étrangère se dérobe par la fuite; il s'élance à sa poursuite, heurte une tombe et s'affaisse tout sanglant.

Réveillé de son évanouissement par l'air frais de la nuit et la rosée, le *Trovador* se trouve seul, entouré de tombeaux et de poussière; la lampe seule répand quelque clarté. Tout rappelle la mort, dont son coeur n'est que trop porté à suivre l'appel; il s'abandonne à cette pensée et s'abîme tout entier dans de sombres méditations. Tout à coup des pas se font entendre dans la chapelle, la flamme se ranime, il aperçoit une femme, telle que la tradition dépeint celle qui entretient la lampe. Le *Trovador* se sent entraîné vers l'apparition qui s'arrête pour l'attendre; un pas les sépare, la lampe éclaire leurs traits; ils se sont reconnus. „Mon fils!" — „Ma mère!" s'écrient-ils en se précipitant dans les bras l'un de l'autre. — Mais quel revoir après dix ans de séparation, dans un pareil lieu, à une occasion semblable, et un pareil avenir, une séparation bien plus longue dans quelques heures. La joie de la mère est courte: la voix de son fils ne lui annonce que le désespoir, sa résolution de mettre fin à une vie insupportable. C'est en vain qu'elle déploie toute l'éloquence, dont l'amour maternel est capable, en vain qu'elle adresse à son fils les reproches les plus tendres et lui représente son désespoir, celui-ci que rend insensé une véritable fureur d'amour, lui annonce sa décision irrevocable: „Quand la lune encore brillante disparaîtra derrière les sombres montagnes, je me précipiterai dans la mer écumante du haut de la roche noire." — Des nuages épais cachent alors la lune, la lampe s'éteint, des ténèbres profondes enveloppent toute la contrée. La mère cherche avec anxiété à retenir son fils, il s'est enfui comme un furieux; l'écho seul répond à ses cris de douleur; avec la force du désespoir elle s'élance à sa recherche dans les ténèbres, elle se hâte d'atteindre un but plus ténébreux encore.

Le cinquième chant a pour titre „la mère" (*A Mãi*). Il dépeint les efforts de l'amour maternel pour sauver un fils. La mère du *Trovador* s'était rendue au milieu des ténèbres à la maison de la *Peregrina*, dans l'espoir que la douleur d'une mère au désespoir toucherait enfin le coeur d'une femme, d'une fille. L'étrangère avait vu dans des rêves répétés la vengeance de la *Nebulosa*, les souffrances inouies de la mère du *Trovador*; un effroi croissant l'avait réveillée. On frappe à sa porte, et la *Peregrina* voit entrer cette malheureuse, comme un songe la lui avait dépeinte. Celle-ci cherche à la persuader tantôt par les prières les plus touchantes, tantôt par les plus terribles imprécations, de sauver son fils et de la suivre à la roche noire avant le coucher de la lune; comme en rêve elle s'adresse à la *Peregrina* en lui disant: „Sauve-le." Profondément émue l'étrangère se jette à genoux devant l'image de la madonne pour lui demander conseil; elle relève les yeux, et voit la lune inonder de sa douce lueur la Vierge qui la regarde et semble l'inviter à la compassion. — „Oui, c'est l'ordre de Dieu; je sauverai ton fils, hâtons-nous!" dit-elle enfin à la mère du *Trovador*.

Toutes deux courent à l'envi avec la force que donne l'amour; de temps en temps elles regardent avec anxiété la lune, comme si leurs prières, leurs regards pouvaient retarder sa course; mais l'astre des nuits avance tranquille et serein; il va plus vite que les deux femmes. A leur arrivée à la roche noire il a disparu à l'horizon.

Le sixième et dernier chant, „la harpe brisée" (*Harpa quebrada*), décrit la mort du *Trovador*, dont la harpe se brise comme le coeur.

A minuit il est arrivé au rocher, qu'il gravit comme un triomphateur, la harpe à ses côtés. Parvenu au sommet, il allège son coeur dans un long monologue; il songe à la mort, à l'espérance, à l'amour, à la passion; puis il reporte ses pensées sur sa mère, sur son amante. Les sentiments de l'orgueil offensé et de l'amour méprisé le saisissent avec une force toujours croissante; il éclate en malédictions terribles contre l'ingrate. Mais la vue de sa harpe le radoucit; il prend congé de cette amie; il entonne avec elle son chant du cygne (*Hymno de morte* en strophes de six vers et rimées, avec un refrain; à la fin de chaque couplet une des cinq cordes de la harpe se brise). Cette compagne chérie, écho de son âme, ne doit être profanée par aucune voix étrangère; elle doit périr de sa main; le *Trovador* s'écrie: „Adieu, ma harpe!" la balance trois fois au-dessus de sa tête et la jette avec violence contre le rocher qui la détruit. Puis comme un père rassemble les ossements de son fils, le chanteur recueille les morceaux de la harpe brisée, les baise, les étreint, jusqu'à ce qu'ils échappent à ses mains fatiguées. — „Un poète sans harpe est une âme sans idées," s'écrie le *Trovador* d'une voix étouffée, — „une harpe brisée est un coeur sans vie; j'ai survécu à tout; maintenant allons à la mort![1])"

Cependant il se repose encore une fois sur le rocher, — la lune n'a pas encore disparu. — Il est silencieux, abîmé dans ses pensées; pour la dernière fois il songe à la vie.

Tout à coup il voit un canot glisser sur les vagues qu'éclaire l'astre des nuits; il s'approche du rocher, il en sort une femme aux vêtements éclatants de blancheur, blancs comme le voile d'une fiancée, blancs comme un linceul. Elle gravit le rocher, s'approche du *Trovador*, s'arrête devant lui et le regarde avec des yeux passionnés. Mais le chanteur ne la voit pas; sa propre douleur lui fait oublier celle qu'il cause aux autres; l'ingratitude de la *Peregrina* le remplit tellement qu'il n'a aucun soupçon d'avoir commis la même faute [2]).

---

[1]) „Vate sem harpa é alma sem idéa;
„Harpa quebrada coração sem vida,
„Tudo pois consummei, agora á morte."

[2]) Le poète apostrophe ici le *Trovador*; il lui reproche l'égoïsme de son amour, et l'aveuglement de sa passion. Ce passage nous paraît si important pour l'appréciation du poème et de sa tendance, que nous le donnons ici dans l'original:

E tu, ó Trovador, tu, que, em delirio,
Do desespero escravo, a morte evocas,
E nas garras do crime a vida afogas;
Tu, qu'impio ousaste contra a negra rocha
Em pedaços fazer a harpa do genio;
Tu, que no mundo a mãi tão carinhosa
A sós deixaste em horridas torturas;
Tu, que a patria esqueceste, honra e virtude,
E o proprio Deos no suicidio ultrajas;
E tudo e tanto porque cégo aos raios
De belleza cruel, em paixão louca,
Da ingratidão o fel tragaste horrivel;
Trovador, Trovador, tu que experimentas
Quanto é fero esse amar sem ser amado,

Au moment où l'apparition s'est rencontrée avec lui, il pense au bonheur qui l'attendrait si son amante l'écoutait, et paraissait devant lui pour lui avouer son amour. Tout à coup il relève la tête, voit le fantôme blanc, croit son rêve réalisé, se redresse et dit: „Est-ce toi?" Mais ce n'était pas elle; c'était la *Douda*, parée comme une fiancée, lui tendant la main et disant: „Tu vois bien que j'ai tenu parole; il est minuit. M'attendais-tu? Je suis venue pour mourir avec toi suivant ma promesse. J'ai suivi la voix de mon coeur, les commandements de la *Nebulosa*, l'appel de toute la nature; le ciel, la mer, la forêt, tout prononce la parole fatale: Meurs! L'heure de mon triomphe est venue; la lune va disparaître, l'orage est près d'éclater, le tonnerre gronde, les éclairs brillent; nous allons nous rendre dans l'empire de la *Nebulosa*. Je voudrais cependant pleurer encore une fois avant de mourir; fais-moi entendre les douces harmonies de la harpe, de „l'amour qui parle". Le *Trovador* lui montre tristement les débris de cet instrument. La *Douda* éclate alors en plaintes et en reproches: „La harpe et moi, nous sommes soeurs, nous aurons le même sort, la même main nous tuera; notre destinée diffère pourtant en un point. Toi, harpe, tu es un amour qui s'exhale en hymnes magnifiques; moi, je suis un amour de larmes dédaignées; nous sommes des harpes d'amour toutes deux, mais je suis beaucoup plus triste [1]). Au fond de la mer, dans le palais d'or de la *Nebulosa*, auprès des fées immortelles, je retrouverai la harpe, nous nous souviendrons de notre bourreau (*Do nosso féro algoz nos lembraremos*); les vagues t'y porteront, puis elles reviendront pour m'emmener aussi." — A ces mots la *Douda* jette les fragments de la harpe dans l'abîme.

Le *Trovador* reconnaît alors avec terreur, qu'il n'a pas répondu à cet autre amour, qu'il ne l'a pas même remarqué; que le coeur de la folle est aussi brisé, et court au-devant de la mort comme lui; il voit qu'il a commis à l'égard de la pauvre fille la faute qu'il reproche à la *Peregrina*. La *Douda* a supporté jusqu'ici la douleur sans se plaindre, elle s'est sacrifiée pour son amant, qui ne s'en doutait pas; mais elle parle enfin: „Sache que rien ne m'impose plus le silence. Le pouvoir des fées est grand, mais elles ne peuvent rien contre l'amour; il émane de Dieu qui anime l'univers; elles

---

[1])   „Que dirias se inesperada visses
Aos olhos teus, qual tu, votada á morte
De teu rigor uã estremosa victima? ...
„N'um ponto só nos distinguira a sorte:
Tu foste amor de apreciados cantos,
E eu sou amor de lagrimas perdidas;
Ambas harpas de amor, eu só mais triste."

sont soumises à cette passion, elles aiment, et quand elles le font, c'est pour l'éternité; l'amour est pour elles un feu dévorant, et ne leur amène que le malheur et la mort. O *Trovador!* ne me comprends-tu pas encore? Je suis fée et vais mourir. Pourquoi? — Ne le sais-tu pas? Aveugle, jamais tu ne m'as remarquée; ouvre du moins les yeux, vois une mourante! Enfant, je t'aimais déjà à mon insu; jeune fille, ton image se montrait à moi dans mes rêves; mais toi, esclave d'un autre amour, tu ne m'as montré qu'une froide indifférence. Je t'aimai encore davantage, te suivis partout, m'enivrai de tes chants, devins la confidente de ton amour, qui me rendit martyre; si je l'avais pu je vous aurais réunis de mes propres mains. Je ne t'ai jamais demandé qu'un sourire de remerciement, plein de deuil pour moi. J'ai aimé, j'ai pleuré, je me suis sacrifiée; et toi, o *Trovador*, tu n'as rien vu! Pourtant je t'aime toujours, comme l'air aime la fleur, les oiseaux l'aurore, le tournesol le soleil, les anges le ciel! Ta voix réveille des échos dans mon sein, mes yeux brûlent au feu des tiens. Je t'ai aimé comme personne n'aime! Je t'ai donné mon âme et t'offrirais mon corps, en m'exposant à une punition terrible. La *Nebulosa* et ma mère le savent; l'une au fond de la mer entend ma voix; l'autre m'écoute là-haut au-dessus des nuages. Je t'ai passionnément aimé; je t'aime encore de toute la force de mon âme!"

Trop tard le *Trovador* reconnaît ce qu'il a perdu, ce qu'une passion aveugle lui a ravi; trop tard, car son coeur est desséché, et semblable à un désert que ne rafraîchit pas même la rosée du ciel. Il prie cependant la *Douda* de vivre et de l'oublier. Mais celle-ci s'écrie en extase, tandis que le tonnerre annonce l'orage et que la lune disparaît: „C'est avec toi que je mourrai, je suis ta fiancée; tu me verras dans toute ma beauté, le lit nuptial est déjà prêt dans l'empire de la *Nebulosa*; levons-nous! au triomphe! à l'amour! au bonheur! à la gloire!"

Tendrement embrassés, exhalant leurs âmes dans un baiser le *Trovador* et la *Douda* se précipitent dans la mer.

L'orage éclate. — La nature est en révolution. — Une nuée terrible (*horrenda nuvem*) enveloppe la roche noire. — Partout les ténèbres, l'effroi, la tempête et la mort (*Tudo é trevas ... horror ... borrasca e morte*).

L'épilogue dépeint le lendemain de cette nuit d'épouvante. La tempête s'est calmée, la mer est tranquille, le ciel sans nuages, la nature entière respire la paix et la joie: elle semble renaître. Seuls deux malheureux s'approchent de la roche noire; leur anxiété, leur désespoir farouche, forment un contraste frappant avec ce qui les environne. La mère du *Trovador* et son amante sont venues trop tard; c'est en vain que la première appelle son fils: les sanglots de la jeune fille sont la seule réponse à ces accents. Elle a trouvé au bord de la mer les débris de la harpe, elle les baise et tombe accablée. Tout à coup la mère de *Trovador* lui crie: „Ingrate! sois damnée! Puis elle s'affaisse aussi le coeur brisé de douleur."

Nous avons dit plus haut que nous rangeons ce poème dans la poésie lyrique descriptive; nous croyons que ce n'est qu'à ce point de vue qu'on peut l'apprécier sainement et comprendre son succès [1]).

L'analyse qui précède suffit pour nous prouver que ni le sujet ni la manière dont il est traité ne sont épiques. Le premier est si simple — nous voyons paraître quatre personnes dont la situation change peu — qu'il conviendrait mieux à une ballade ou à une nouvelle. La forme est plutôt celle du drame; le poème se compose presqu'en entier de monologues et de dialogues, dans lesquels sont intercalées les parties narratives; seules les descriptions de scènes de la nature et les réflexions du poète y occupent parfois une place un peu plus large [2]). Mais le ton et les caractères sont essentiellement lyriques; ceux-ci ont atteint tout leur développement, ils ne peuvent aller plus loin, ils sont plutôt les représentants d'une affection de l'âme donnée, d'un sentiment dominant, en sorte qu'ils se rapprochent de la prosopopée.

Le *Trovador* est la personnification de l'**amour méprisé** avec son égoïsme et ses passions excitées encore par l'orgueil blessé; nous voyons l'effet qu'il produit sur l'**homme**. Chez la *Douda* l'auteur nous montre ce **même** sentiment agissant sur un coeur de **femme**, où il se traduit en une résignation et en un dévouement qui vont jusqu'à la démence. Nous croyons que ce **contraste** est le trait dominant du poème et l'auteur lui-même le confirme dans l'apostrophe au *Trovador* citée plus haut [3]). Nous aurions préféré voir le poète donner à son oeuvre le titre d'amour méprisé, ou tout autre semblable; il l'a nommé *Nebulosa* d'après un être en effet

---

[1]) V. I. Fr. da Silva, *Diccionario*, IV. p. 127.

[2]) On voit ici le poète entraîné vers la forme qui plaisait entre toutes à son talent dramatique. Nous pouvons même dire qu'avec quelques coupures et un certain nombre de changements peu importants, on aurait pu faire de la *Nebulosa* un drame lyrique fort bon et un digne pendant de la Norma.

[3]) Ainsi l'„orateur" de l'institut historico-géographique (*Revista*, XX. suppl. p. 54—56), dans une revue des productions poétiques de 1857, a loué la *Nebulosa* avec un ton de panégyriste si fort, qu'il faut mettre une grande partie de ses paroles sur le compte de l'exagération fréquente dans les discours académiques. En revanche il a bien caractérisé le poème en disant: „*A Nebulosa é uma visão em seis cantos, e o poema do amor, da belleza, e do ideal; é uma inspiração, uma Odisséa de amor,*" etc.

assez nébuleux, dont il parle souvent, mais qui n'a aucune influence sur les caractères et sur le développement de l'action, et dont le pouvoir ne se manifeste pas. Ce n'est absolument que le fond du tableau. Il nous semble même que l'auteur n'a pas bien compris la nature et la liaison de la *Nebulosa* avec son sujet et ses caractères, qui auraient gagné s'il en avait éloigné cet appareil fantastique, qui n'existe que dans l'imagination de la *Douda*. Tantôt en effet cette apparition nébuleuse et celles qui lui rendent hommage sont représentés comme des enchanteresses, rejetées de Dieu et marquées d'un signe de réprobation; tantôt ce sont des fées vengeant l'amour méprisé et le récompensant par une vie future pleine de joies et dont elles jouissent elles-mêmes: êtres hétorogènes inconnus à la véritable poésie populaire, qui distingue avec beaucoup d'exactitude les bonnes et les mauvaises fées. Nous croyons pouvoir attribuer le coloris mystérieux et terrible du tableau, ses teintes à la Rembrandt à ce faux romantisme que les Français ont mis à la mode, et qui voit son véritable élément dans l'horrible, dans le fantastique et dans le mystérieux.

L'élément lyrique, la peinture des affections de l'âme est le côté brillant du poète, chose d'autant plus méritoire qu'elle devient facilement monotone. Il a su faire progresser et grandir des sentiments toujours identiques au fond; il les pousse jusqu'à l'extase, au sixième chant, vers la fin surtout. Les descriptions ne sont pas moins bonnes; on remarque particulièrement celles des contrées où l'action se passe; le poète y avait naturellement pour modèle la beauté sauvage et luxurieuse de la nature de sa patrie. Il faut mettre sur le compte d'une imagination des pays tropicaux plusieurs peintures dont le coloris est exagéré à notre goût. (P. ex. la description de la beauté de la *Peregrina*.)

C'est précisément cette couleur patriotique, ce sont les preuves manifestes d'un grand talent poétique, le charme d'une diction fleurie et d'une versification mélodieuse qui ont acquis à la *Nebulosa* un succès aussi éclatant [1]).

Si nous joignons aux écrivains précédents Manoel Odorico Mendes c'est d'abord ensuite de sa versification et de son langage, qui lui on fait reconnaître la palme des écrivains du Brésil vivants; c'est ensuite parceque le petit nombre de poésies originales, que nous avons de lui, prouvent autant de talent que de goût.

---

[1]) Nous avons donné comme spécimens à la seconde partie (N° 85) l'exorde du premier chant, la description de la roche noire et la tradition de la *Nebulosa*; — puis au quatrième chant la description des environs des tombeaux; enfin au dernier chant l'hymne de mort (*Hymno de morte*) du *Trovador*, et la fin de ce livre.

Né au commencement du siècle dans la ville de S. Luiz do Maranhão, Odorico Mendes se rendit de bonne heure à Coïmbre, pour y faire ses études. Il gagna l'amitié du célèbre Garrett, son camarade, et se distinguait déjà alors tellement par sa connaissance de la langue et de la littérature latines, que celui-ci le déclara avec Manoel Alves Branco et Candido José de Araujo le plus grand latiniste de son siècle. Encore à Coïmbre notre poète composa son hymne célèbre au soir (*Hymno á tarde*). Il rentra dans sa patrie au moment de la déclaration de l'indépendance et prit part à sa régénération politique. Comme homme d'État il s'acquit une réputation méritée de disciple assidu des anciens et d'une fermeté de caractère vraiment antique. Pour ne pas renier ses principes il refusa le poste de ministre et même en 1831 celui de régent! Élu député par sa province, celle de Maranhão, Odorico Mendes se distingua par sa probité, mais on le remplaça, et il resta à Rio-Janeiro, où on lui avait confié la charge importante d'inspecteur-général de la trésorerie de la province (*Thesouraria da Provincia*). Ces fonctions ne l'empêchèrent cependant pas de donner des leçons de latin pour subvenir à l'entretien de sa nombreuse famille. Encore dans la capitale il commença la traduction de l'Énéide, qu'il ne termina qu'à Paris. Il y vécut de sa petite fortune et d'une pension minime, uniquement occupé de travaux littéraires. En 1854 il publia son Énéide, la meilleure traduction portugaise du poème latin [1]); elle fut suivie de celles des Bucoliques de Virgile. Maintenant il habite Pise et travaille à une version de l'Iliade [2]).

L'esprit de l'antiquité règne non seulement dans les traductions d'Odorico Mendes, mais aussi dans ses poésies originales; elles se distinguent également par cette limpidité calme, cette précision, cette diction modèle qu'on ne retrouve que chez les anciens. La pensée qui a inspiré l'hymne au soir (v. N° 86) est en effet aussi douce, aussi claire qu'une belle soirée d'été; elle n'en respire pas moins un parfum de mélancolie semblable au ciel doré par les rayons du soleil couchant! — Et puis quelle harmonie entre les sentiments et leur expression!

Le peu de poésies qui ont paru sous le nom d'Odorico Mendes

---

[1]) V. les articles de Mello Morães dans la *Guanabara*, III. N° 2 et 4; — et dans la *Revista do Inst. hist. geogr.*, XVII. suppl. p. 29.

[2]) Nous devons ces notices biographiques à la bonté de M. Manoel de Araujo Porto-Alegre, ami intime d'Odorico Mendes, et qui se prononce de la manière suivante sur le caractère de ce dernier: „*Eu não conheço um homem mais respeitavel do que elle! Odorico é a verdade, a modestia e a illustração em pessoa; é o typo do homem perfeito.*"

dans différentes revues ¹), nous font d'autant plus regretter qu'il n'ait pas suivi plus souvent ses propres inspirations, et fait servir son talent à des traductions d'une beauté à laquelle, il est vrai, un poète seul peut atteindre ²).

---

¹) Quelques-unes d'entre elles ont été recueillies dans le *Parnaso brasileiro* de Pereira da Silva, II. p. 214—226; mais le texte de l'*Hymno á tarde* y est défiguré par plusieurs omissions, des leçons mauvaises et une ponctuation défectueuse; — nous l'avons donné d'après la *Minerva*, p. 367.

²) Odorico Mendes a aussi traduit quelques tragédies de Voltaire, entre autres Mérope et Tancrède.

CHAPITRE XVI.

JOAQUIM NORBERTO DE SOUZA SILVA, ANTONIO GONÇALVES TEIXEIRA E SOUZA, JOAQUIM JOSÉ TEIXEIRA, MANOEL ANTONIO ALVARES DE AZEVEDO, LUIS JOSÉ JUNQUEIRA FREIRE, ET AUTRES POÈTES LYRIQUES DES DERNIERS TEMPS.

Parmi les poètes les plus récents de la période qui nous occupe un des plus productifs et des plus variés, c'est Joaquim Norberto de Souza Silva. Né le 6 juin 1820 à Rio de Janeiro, il occupe maintenant le poste de premier *official* et de chef de la neuvième section au ministère d'Etat. Longtemps secrétaire de l'Institut historico-géographique dont il est un des membres les plus actifs, il a été nommé dernièrement vice-président de la troisième section de ce corps savant.

Comme poète lyrique il s'est produit pour la première fois dans un recueil intitulé *Modulaçoens poeticas. Precedidas de um Bosquejo da historia da poesia brasileira* (Rio-Janeiro 1841 ou plutôt 1848. 8°). Norberto y avoue lui-même être disciple de Magalhães [1]; il poursuit les tendances romantiques de son maître et la liberté que ce grand poète a introduite dans la prosodie, mais il est bien loin de l'avoir atteint pour l'originalité de la conception et pour la profondeur des sentiments. Ses *Modulaçoens* dénotent, il est vrai, du talent poétique et une habileté technique assez grande, mais elles s'élèvent rarement au-dessus du niveau ordinaire. La plupart des

---

[1] Ainsi il dit dans l'introduction poétique adressée à M. de Magalhães:

„*A meu mestre, ao distinto poeta brasileiro, o illm. Sr. Dr. D. A. G. de Magalhães:*

A ti, que me estradaste
Da gloria ao templo magestoso e bello,
E — „avante!" — me bradavas,

A ti grato consagro
Os meus canticos rusticos, singellos,
Mas sincera homenagem de minh' alma!

poésies de ce recueil et de ceux qui ont suivi [1]), sont purement lyriques; les sujets en sont érotiques.

Le genre épico-lyrique convenait beaucoup mieux à l'individualité de Norberto; il s'y était essayé de bonne heure et a montré le premier de ses compatriotes la véritable voie à suivre. Pendant les années 1841 à 1843 il commença à publier soit à part, soit dans des revues [2]), une suite de ballades épiques (*balatas*) ou romances, dans lesquelles il a traité le plus souvent des légendes de sa patrie; la forme en est populaire et le ton fréquemment bien trouvé. Citons *O Mendigo*, l'esclave mendiant pour Camoens réduit à la dernière misère; *D. Maria Ursula* (v. N° 87 et 88). Il s'est acquis par là le mérite d'avoir introduit au Brésil un genre complètement négligé jusqu'alors et d'avoir donné dès l'entrée de vrais modèles. Espérons qu'il trouvera beaucoup d'imitateurs, et qu'il continuera lui-même à s'occuper du genre épique le plus conforme au goût de notre siècle, et qui convient le mieux à sa nature. C'est ce que nous montre l'ouvrage suivant qui va paraître: *Cancioneiro das bandeiras. Poesias tradicionaes dos intrepidos paulistas, durante as suas incursões aventureiras.*

Comme Araujo de Porto-Alegre et Gonçalves Dias, Norberto

---

[1]) Comme „*Dirceu de Marilia; Lyras attribuidas á Srª D. M. J. D. de S.*“ — c'est à-dire l'amante du poète Gonzaga, si connue sous le nom de Marilia; Norberto est le véritable auteur de ces *Lyras* où il fait répondre Marilia aux hymnes d'amour de Dirceu, et déplorer l'exil et la mort de son amant. Il y a imité la manière de Gonzaga et cherché à donner le pendant de son *Marilia de Dirceu* (Rio de J., 1845. 16°). — Puis „*O Livro de meus amores. Poesias eroticas.*“ Nictheroy, 1849. 4°. Il a dédié ce livre à sa femme et y dépeint les joies et les souffrances que lui a procurées leur amour réciproque. Le tout est divisé en trois parties (*As Visões, Os Beijos, Armia*) et a probablement pour modèle le *Canzoner* de Pétrarque. — Enfin notre poète a donné quelques spécimens de ses *Novas Modulaçoens*. C'est le titre qu'il veut donner à son premier recueil, qui va paraître revu et augmenté des poésies composées dès lors.

[2]) Les ballades suivantes ont paru à part: „*O ultimo abraço.*“ Rio de J., 1841, 8°. — „*A victima da saudade.*“ Ibid., 1841, 8°. — „*A morte da filha.*“ Ibid., 1841, 8°. — Puis celles publiées dans la *Minerva brasil.*, dans l'*Iris* et dans le *Museo pittoresco*. — Norberto a annoncé un recueil de ses ballades sous le titre de „*Cantos de um Trovador, collecção de ballatas, xacaras, soláus e rimances de assumpto nacional, precedida de algumas considerações sobre a Poesia romantica popular no Brazil, e seguida de notas historicas.*“ — Il est d'autant plus à désirer que ce recueil voie bientôt le jour, qu'il s'est conservé au Brésil non seulement des chansons populaires, *modinhas, lundús*, mais aussi de véritables ballades anciennes. Ainsi Antonio Gonçalves Teixeira e Souza dans son roman: „*As fatalidades de dous jovens. Recordações dos tempos coloniaes.*“ (Rio de J., 1856, 8°. I. p. 95) dit qu'au siècle passé et même parmi les gens instruits on récitait encore des romances comme les *Tres cidras do amor*, — *Maria Borralheira*, — *Pedro Malasarte*, — *Bernal Francez*, — *St. Antonio*, — *Sta. Thereza*, — *Da. Silvana*, etc., toutes ballades populaires très-vieilles. (V. Ferd. Wolf, *Portugiesische und catalanische Volksromanzen*. Vienne, 1856, 8°.)

a choisi de préférence pour sujets de ses chants les traditions, les moeurs, les scènes de la vie indienne, et les a traités comme ceux des *Balatas*, ce que nous approuvons beaucoup. Il en a publié quelques-unes dans la *Semana* (Rio de Janeiro, 1856) sous le titre de *As Americanas. Poesias tradicionaes dos nheengaçáras, ou bardos do Brasil*; puis d'autres dans le *Museo pittoresco* sous le nom de *Coaquira, ultimo bardo dos Tamoyos* ¹). *Canções americanas.* Souvent aussi Norberto y a bien trouvé le ton voulu, comme nous pouvons le remarquer dans les deux chansons *O adormecer de amor* et *O embalar da rede* (v. N° 89 et 90).

Si dans les poésies précédentes, le nativisme et la prédilection pour la poésie épique, héritage des Portugais, ressortent déjà suffisamment, nous voyons paraître ces deux sentiments avec plus de force encore dans l'ouvrage suivant: *O Brasil. Poema do descobrimento feito por Pedro Alvares Cabral*, épopée véritable en dix chants et en octaves, dont le poète n'a publié jusqu'ici qu'un fragment dans le *Jornal do Commercio* (juillet 1857). Ajoutons à cette oeuvre *Os Palmares*, poème héroïque en hendécasyllabes non-rimés, et qui a pour sujet la défense des nègres fugitifs dans la forêt de palmiers d'Alagoas (*Quilombo Palmares*), capitanie de Fernambouc, et leur défaite en 1699 ²). Il n'en a paru dans la *Guanabara* (I. p. 411 —423) que des fragments qui peignent de couleurs vives des scènes et des caractères intéressants, et font désirer l'achèvement du livre ³).

Mentionnons enfin les *Cantos epicos*, six poèmes épiques qui viennent de paraître (Rio-Janeiro, 1861) et dont cinq ont des sujets empruntés à la patrie. C'est d'abord „la haute-trahison de Minas" (*A Cabeça do Martyr*), dont nous avons parlé. Le poète y célèbre cette première tentative d'indépendance et son chef Joaquim José da Silva Xavier, qui paie son patriotisme de sa tête (v. plus haut, Chap. 5). Puis *A corôa de fogo*, qui chante Antonio José, le poète des „opéras du Juif" (v. Chap. 4), condamné au bûcher par l'inquisition. Troisièmement *O Ypiranga*, déclaration de l'indépendance du Brésil dans la plaine d'Ypiranga. En cinquième lieu *A festa*

---

¹) On se rappelle ce personnage introduit par M. de Magalhães dans sa *Conjuração dos Tamoyos*.
²) V. Handelmann, *Geschichte von Brasilien*, p. 864—871.
³) Une de ces scènes se distingue par la situation, qui est heureuse, et par son coloris. C'est celle où la négresse Dana (Claudiana) chante en berçant son enfant, tandis que le bruit des armes se rapproche de plus en plus. Il vient des tranchées où son époux livre le combat du désespoir. (*Canto de Dana embalando seu filinho durante o cerco de Palmares por occasião de serem as trincheiras atacadas.*) — Il est digne de remarque que dans ce poème les nègres sont les principaux champions.

do *Cruseiro*, fondation de l'ordre de la Croix du Sud; enfin sixièmement *Os Guararapes*, défaite des Hollandais par les héros de Fernambouc, surtout dans les batailles qui eurent lieu le 19 avril 1648 et le 19 février 1649 près des Guararapes, chaîne de collines non loin de Recife. Seul le quatrième poème, *A Visão do proscripto*, célèbre un héros connu de tout le monde civilisé, Napoléon à Saint-Hélène.

Nous avons parlé de ces poèmes et leur avons donné le nom d'épiques, parceque l'auteur lui-même les a désignés ainsi. Nous l'avons fait en outre parceque le choix des sujets et la forme (hendécasyllabes non-rimés) leur assigne au premier abord du moins une place dans ce genre littéraire. Cependant nous ne leur rendrions pas justice en les jugeant comme tels. Les premières conditions de l'épopée leur manquent: on n'y rencontre ni le calme, ni la simplicité, ni l'objectivité, ni l'ordre dans la narration, qui la caractérisent. Les faits y sont plutôt supposés connus; l'auteur se contente de prendre une situation, et de l'orner des plus riches couleurs de sa palette; le ton est lyrique au plus haut degré, et s'élève même à celui du panégyrique. Toutes ces bonnes qualités évidentes, si nous rangeons ces oeuvres parmi les productions destinées à célébrer lyriquement des héros, deviennent des défauts marqués, si l'on persiste à en faire des poèmes épiques. Comme preuve de ce que nous avançons, nous en donnons le premier (N° 91), la tête du martyr. C'est le plus beau, et en même temps celui qui se rapproche relativement le plus du ton héroïque. Le poète ne nous y présente que la catastrophe de son sujet. Il nous transporte à l'aube du lendemain de l'exécution de Xavier, dont la tête, exposée à tous les yeux au bout d'une lance, sert d'exemple à tous les conjurés à venir. Un personnage revêtu d'un grand manteau noir s'approche avec effroi et cherche à savoir si la tête est celle d'une personne chérie, enveloppée également dans la conspiration. Le long monologue qu'elle prononce nous apprend seul quelques détails. C'est Marilia, fiancée de Gonzaga, ce que devinent ceux qui connaissent l'histoire. Le poète en effet ne la nomme pas. On voit alors s'approcher une seconde personne, un vieillard, qui commence par louer le martyr, puis abat la lance, montre à sa compagne effrayée la tête qui vient de tomber dans la poussière, et s'écrie: „C'est la tête de Tiradentes, c'est celle de mon fils!" Il s'éloigne alors avec Marilia pour lui donner une sépulture honorable.

Ce poème étincèle de beautés, mais on conviendra qu'il n'a rien d'épique.

Dans les autres c'est encore moins le cas: nous apprenons en général le fait historique dans une vision ou un rêve.

Norberto s'est essayé encore dans un autre genre épique, la narration poétique (*Contos poeticos*), surtout dans le conte badin. Son modèle est Lafontaine: les sujets sont aussi graveleux, mais le poète est bien loin d'avoir atteint la grâce espiègle du grand fabuliste [1]).

Nous parlerons plus tard des nouvelles en prose de Norberto et de ses oeuvres dramatiques.

Par cette vaste activité notre poète a non seulement enrichi la littérature de sa patrie, mais il a aussi contribué à la répandre et à la faire apprécier par ses travaux dans le domaine de l'histoire littéraire. Nous avons eu souvent à mentionner avec éloges son introduction aux *Modulações poeticas*. Il est occupé maintenant à faire de cette esquisse (*Bosquejo*) une histoire complète de la littérature brésilienne; il en a déjà donné dans la *Minerva*, dans la *Revista* de l'Institut historico-géographique et dans la *Revista popular* quelques fragments qui nous font vivement désirer l'achèvement du tout, et montrent que Norberto est très-capable de remédier à un besoin toujours croissant.

Déjà en 1844 il avait publié un recueil de matériaux de l'histoire de la poésie brésilienne, avec un Français, Émile Adêt, qui a séjourné longtemps au Brésil et a fait de profondes études sur ce pays [2]). En voici le titre: *Mosaico poetico, poesias brasileiras, antigas e modernas, raras e ineditas, accompanhadas de notas, noticias biographicas e criticas, e de uma introducção sobre a litteratura nacional* (un volume 4°). Malheureusement nous n'avons pu nous procurer cet ouvrage.

Norberto a en outre publié plusieurs ouvrages et beaucoup de mémoires sur l'histoire, la topographie et l'ethnographie de son pays [3]).

---

[1]) Il a publié quelques-uns de ces *Contos poeticos* dans la *Guanabara*, et comme suppléments de l'almanach de Laemmert (*Folinhas*). Il va en publier un recueil. Voici quelques titres, qui donneront une idée de leur contenu: *A Beata e o estudante. — Mestre João e a viuvinha. — Um R na porta. — O phantasma. — O pernilongo. — A confissão de um amante. — A confissão de uma menina. — Os dous compadres*, etc. — Norberto annonce aussi un recueil de légendes et de contes sérieux: *Contos e Legendas, comprehendendo a Filha do Pescador, conto; Josepha de S. José ou a Fundação do Convento de S. Thereza, legenda; A Capella de Itaberaba*, etc.

[2]) Il a publié à ce sujet plusieurs articles dans la *Minerva brasiliense* et la *Revue des deux mondes*.

[3]) Voyez la liste de ses oeuvres dans le *Diccionario* de I. Fr. da Silva, IV. p. 139—142. Ajoutons que Norberto vient de publier ses biographies des femmes célèbres du Brésil sous le titre de *Brasileiras celebres*. Paris, 1862, in-12° — et une nouvelle édition de *Marilia de Dirceu* de Gonzaga. En voici le titre: *Marilia de Dirceu, lyras de Th. A. Gonzaga, precedidas de uma noticia*

Chapitre XVI.

Antonio Gonçalves Teixeira e Souza est presque aussi fertile et aussi universel que Norberto. Né le 28 mars 1812 dans la ville de Cabo Frio, il se voua d'abord au professorat, mais a été placé en 1855 par le ministre de la justice. C'est tout ce que nous savons de sa personne [1]).

Comme début dans la carrière de poète lyrique, il publia à Rio de Janeiro de 1840 à 1842 deux volumes de *Canticos lyricos*. Nous y voyons déjà percer les qualités fondamentales de notre écrivain, une grande sentimentalité, une manière sévère, presque mélancolique, de considérer la vie, une grande élévation morale et religieuse avec un penchant au pathos et à l'abus des images. Cette tendance qu'il partage avec la plupart des poètes brésiliens, car elle a son fondement dans leur éloquence innée et dans la luxurieuse végétation de leur pays, ne l'empêche pourtant pas de se plonger dans un sentiment sans le délayer dans un verbiage superficiel: elle lui laisse voir des figures véritables dans le miroir des images. Teixeira e Souza ne s'enivre pas seulement de l'aspect de la nature, il cherche à animer ce qu'il voit, à en trouver la signification symbolique, à l'idéaliser par la religion. Il lui manque encore souvent un goût assez épuré; il ne garde pas assez de mesure; il n'est pas assez sobre pour conserver l'équilibre entre le fond et la forme, et pour ne pas obscurcir par des couleurs trop criardes la beauté simple du dessin et la pureté des contours [2]).

---

biographica e do juizo critico dos auctores estrangeiros e nacionaes, e das lyras escriptas em resposta as suas, e accompanhadas de documentos historicos por J. Norberto de Souza Silva. Ornada de uma estampa. Paris, 1862, 2 voll. in-12°.

[1]) V. *Revista brasileira, Jornal de litt., theatros e industria*, redigido pelo Dr. *Francisco de Paula Menezes*. Rio de Jan., juillet, 1855, p. 11.

[2]) M. Thalès Bernard trouve aussi ce poète si important, qu'il lui a consacré un article dans l'Athénéum français (1854, p. 196—199). Il l'y caractérise de la manière suivante:

„M. Teixeira appartient à la classe des poètes qui cherchent à produire l'émotion, non par de savants artifices de style, mais en maîtrisant le coeur. C'est réellement un écrivain lyrique dans l'âme duquel se pressent les sentiments et les images, quelquefois trop abondantes, mais où l'on sent la profonde sincérité et la grande élévation. Il revient à la forme, après avoir été chercher sa matière dans les régions supérieures, pendant que Chénier et d'autres s'oublient au sol à raffiner indéfiniment leur expression. — — — M. Teixeira a donc résolu le problème en le scindant, et suivi la voie lyrique, qui convenait à sa nature. S'inquiétant peu d'assouplir sa langue comme un tissu qu'on voudrait accommoder à tous les usages, il a préféré tirer de son éloquence inépuisable des formes qui n'ont pas toujours une suffisante sobriété, et manifeste la poésie méridionale avec cette étonnante exubérance qui se modèle sur le climat et la nature du sol, dont elle reflète les parfums et les harmonies. A mesure que les lèvres prononcent les mélodieux vers du poète, les yeux voient étinceler les étoiles dans le ciel des tropiques, chatoyer les rubis et les topazes, s'agiter sous le

Teixeira e Souza ne s'est pas contenté de ces poésies fugitives (*composições passageiras*); il a voulu créer le premier au Brésil, comme il le dit lui-même, une oeuvre considérable, semblable à celles des poètes contemporains en Europe (*ha de caber comigo a pequena gloria de ser o primeiro que no Brasil emprehendi uma tal obra*). Il a écrit avant 1844, année où il parut (donc en effet avant les grandes productions de Magalhães, d'Araujo Porto-Alegre, de Gonçalves Dias et de Macedo), un poème intitulé *Os Tres Dias de um Noivado. Poema que a memoria de seus paes dedica A. G. Teixeira e Souza* (Rio-Janeiro, 8°). Les légendes des environs de sa ville natale ont donné lieu à ces „trois jours d'une noce". Près de Cabo-Frio on voit au rivage de l'Océan une croix connue sous le nom de croix de la cuivrée ou Indienne (*Cruz da cabocla*). On raconte qu'un navire a fait naufrage sur cette côte et que la mer y a rendu le corps d'une indigène dont les ossements ont été enterrés à la place même où on les a trouvés, parcequ'ils étaient déjà en proie à la corruption. On dit ensuite que bientôt après on vit entre onze heures et le troisième chant du coq un fantôme marcher çà et là en s'écriant d'une voix sépulcrale: „Où irai-je?" (*P'ra onde irei?*). — Quelques-uns ajoutent qu'un passant répondit: „Au ciel," suivant d'autres: „En enfer". —

Le poète a inventé la fable suivante destinée à compléter ce récit.

Au commencement du siècle passé vivait à Narandy'ba, près de Cabo-Frio, Corimbaba, descendant des caciques des Guaranys, mais baptisé et élevé par les jésuites. Il s'était fait marier à l'église de S. Pedro avec Miry'ba, fille d'un Portugais et d'une Indienne. Le premier chant se termine par la description de leur retour de la cérémonie nuptiale, de la réception que leur font la mère de Corimbaba, leurs parents et leurs amis, enfin des chants solennels et des préparatifs du repas des noces.

Au second chant Corimbaba raconte à quelques amis comment il a fait la connaissance de Miry'ba: „Lorsqu'il y a un an je m'embarquai à Rio-Janeiro pour retourner chez moi, il y avait sur le vaisseau une femme âgée et une jeune fille miraculeusement belle: c'était Miry'ba et sa mère. En vue du rivage natal éclate un orage

---

souffle des ouragans les grandes forêts dont les flancs recèlent des solitudes vierges encore de pas humains, et mugir l'océan aux vagues plaintives, qui épuisent sur les grèves leurs efforts stériles.

Mais ce qui enchante dans les vers de l'écrivain, c'est moins la splendeur de la vie naturelle, moins ces grands horizons où l'oeil voit trembler l'éternel océan, qu'un sentiment profond du bien et du beau. La nature n'est pour le poète qu'un idéal."

épouvantable, le navire périt; je peux seul me sauver à la nage avec la jeune fille que j'ai saisie, tandis que sa mère est engloutie dans les flots qui rejettent son corps inanimé. Miry'ba, orpheline, et étrangère dans cette contrée, accepte bien la proposition que je lui fais de chercher un asile chez ma mère, mais elle ne veut pas quitter les restes de celle qui lui a donné le jour. Je les prends donc et les amène avec de grands efforts et à l'aide de la jeune fille près de ma maison, où je les enterre sous une croix." Corimbaba montre cette croix à ses amis, et s'arrête, attendri encore par le souvenir de la malheureuse mère.

Au troisième chant Corimbaba dépeint la naissance de son amour pour Miry'ba; celle-ci laisse voir qu'elle y répond et apprend à l'Indien que son père et sa mère se sont vus dans ce village, et se sont rendus après leur mariage à S. Sebastião, où elle a grandi. „Il y a trois ans," continue la jeune fille, „que mon père s'embarqua pour le Portugal, mais le vaisseau périt, et il a probablement perdu la vie dans les flots, car on n'a plus eu de ses nouvelles. Ma mère se décida enfin à s'embarquer à Rio-Janeiro pour se rendre dans son village natal, qu'elle ne devait atteindre que morte."

Corimbaba s'estime heureux de pouvoir enfin se réunir à celle qu'il aime et d'être sûr de son amour.

A peine a-t-il terminé ce récit, qu'il voit une colombe poursuivie par un vautour. Un garçon l'atteint d'un trait de son arbalète, l'oiseau tombe, sa proie est sauvée; elle s'abat épuisée sur un cocotier, mais un serpent la saisit; le jeune archer le couche en joue, et atteint malheureusement à la fois le reptile et la colombe. — Alors Coapára, vieillard de quatre-vingts ans, s'écrie: „Mauvais présage pour un jour de noce" (*Máo agouro n'um dia de noivado*)!

La fête n'en continue pas moins. Les convives se rendent vers le soir chez les mariés, où ils se réjouissent par des chants et des danses. Mais sur ces entrefaites s'était formé un orage qui à la tombée de la nuit éclate avec une telle violence que les chansons cessent, et que les conviés se prennent à entonner des hymnes et des prières pour implorer la pitié du Ciel. La foudre tombe sur un cèdre voisin et l'allume; on trouve tout près le jeune archer qu'une branche enflammée avait tué dans sa chute — Coapára s'écrie encore une fois: „Mauvais présage pour un jour de noce!" —

Telle fut la fin du premier jour de noces.

Le quatrième chant décrit les joies de l'amour, et le second jour des noces, que les nouveaux mariées passent dans l'enchantement.

Le matin du troisième jour Corimbaba quitte son épouse qui sommeille encore, pour se rendre à la chasse selon son habitude, et va rejoindre ses camarades. Miry'ba, réveillée par un mauvais rêve et ne voyant pas son époux, se précipite à sa poursuite vers le tombeau de sa mère, où l'Indien va tous les matins faire ses dévotions. Elle l'y trouve encore, et en proie à de sombres pressentiments, le prie de renoncer à la chasse pour ce jour-là, de ne pas la quitter. C'est en vain, car Corimbaba a donné sa parole à ses compagnons et ne veut pas s'exposer à leurs moqueries. Profondément affligée, la jeune femme retourne auprès de la mère de son mari; elle lui raconte son rêve, mais ne peut trouver de repos malgré les consolations qui lui sont prodiguées.

Corimbaba trouve ses compagnons réunis et plaisantant de son retard. Ils entrent dans leurs canots, et partent pour la contrée éloignée d'où ils espèrent ramener un riche butin. Ils débarquent, se dispersent pour commencer la chasse et le héros du poème choisit dans ce but un taillis que depuis un demi-siècle aucun homme n'a traversé, car on y entend les voix des esprits. Cela n'empêche pas Corimbaba d'y pénétrer toujours plus avant. Tout à coup il voit un vieillard assis sur un tronc d'arbre, tout enveloppé de feuillage, la barbe et les cheveux flottants, et dont l'extérieur inspire le respect. D'abord il semble ne pas remarquer l'Indien, mais celui-ci lui adresse la parole et le vieillard répond en racontant son histoire. Le solitaire a atteint l'âge extraordinaire de cent trente ans. Banni (*de degredo*) du Portugal dans sa quarantième année, il s'était rendu au Brésil, y avait encore combattu les Hollandais, mais s'était retiré dans la forêt à quatre-vingts ans pour y mener la vie d'ermite. Il a perdu ses richesses, sa femme et ses enfants; ses amis l'ont abandonné; il est rassasié d'un monde, où règnent la fausseté et l'injustice, et l'a fui pour toujours. Ici le poète lui fait prononcer une longue diatribe composée uniquement de lieux communs, et faire des réflexions mystiques sur le mal et le bien. Corimbaba demande alors au vieillard, s'il peut prédire l'avenir; celui-ci répond qu'il en est incapable lui-même, mais que l'oracle qui habite un antre voisin, s'en acquittera volontiers. Cet antre est appelé Itaúna par ceux qui ne l'ont jamais vu; mais les personnes qui le connaissent le nomment la caverne sacrée des méditations (*Das meditações Caverna sacra*) [1]. Le solitaire engage l'Indien à s'y rendre,

---

[1] Dans l'introduction en prose de son poème l'auteur donne une description fort pittoresque de cette grotte d'Itaúna. C'est un rocher éloigné de quelques milles de Cabo Frio; la mer l'a creusé profondément; ses sombres environs, la vue de l'océan sans bornes qu'on y a, son intérieur effrayant, où on entend résonner les flots de la mer, tout se réunit pour produire une impression mélancolique, et qui porte à la méditation. C'est pourquoi le poète le nomme la grotte consacrée à la méditation, car, dit-il:

Ah! das Meditações a Gruta Sacra
É em nossa alma consciencia nossa!

s'il en a le courage, à consulter l'oracle, puis à revenir auprès de lui et à lui raconter ce qu'il a vu et entendu. Corimbaba prend le chemin de l'antre que l'ermite lui a montré.

Le chant cinquième et dernier renferme d'abord la description de la visite de Corimbaba à la caverne. Il y voit une suite d'apparitions phantastiques et allégoriques, tandis que l'oracle lui annonce l'avenir en termes très-obscurs. L'Indien retourne alors auprès du vieillard qui lui explique à la vérité les allégories — ce sont d'après lui des emblèmes de la vie humaine, de la recherche vaine du bonheur, du manque de connaissance de soi-même, de l'aveuglement que produisent les passions, surtout l'amour et la jalousie — mais interrogé sur le sens de l'oracle, il se contente de lui dire: „N'écoute pas les insinuations du serpent; Dieu sait le reste et le temps te l'apprendra" [1].

Le solitaire s'éloigne alors. Corimbaba rejoint ses camarades, avec qui il retourne à la maison à une heure avancée.

Cependant Miry'ba avait attendu l'arrivée de son époux avec une inquiétude que vint redoubler encore l'approche de la nuit. Tout à coup on frappe à la porte. „C'est lui" dit-elle en l'ouvrant, mais elle aperçoit un étranger, pousse un cri et tombe sans connaissance dans ses bras. C'était celui qu'on avait cru mort si longtemps, le père de Miry'ba, qui s'était sauvé, et avait enfin réussi à apprendre le séjour de sa fille. Lorsque celle-ci revient à l'existence elle ne peut plus douter; ce n'est pas un spectre qu'elle a devant elle, mais son père qui lui raconte ses aventures et ses recherches; alors elle s'abandonne à la joie la plus pure, et embrasse tendrement l'auteur de ses jours.

Sur ces entrefaites Corimbaba s'était approché de sa demeure; il voit vers la fenêtre ouverte son épouse dans les bras d'un homme; il l'entend s'écrier: „Je t'aimerai toujours du même amour!" — Le serpent de la jalousie le saisit alors, il se croit trahi; ivre de fureur il se précipite dans la maison, plonge son glaive dans le sein de Miry'ba, se rue sur son père, qui se met en défense. Mais la jeune femme s'écrie: „Pardonne-lui, mon père, c'est mon époux!" L'Indien et le Portugais, laissent échapper leurs armes, et tous répètent avec effroi: „Son époux!" — „Son père!" — La mère de Corimbaba accourt, éclate en injures contre son fils, et l'intervention de Miry'ba l'empêche seule de le maudire. Celui-ci pousse un cri et tombe sans connaissance tandis qu'on relève son épouse in-

---

[1] L'oracle avait prédit à Corimbaba son avenir, en se rapportant aux présages du premier jour des noces, le sort du jeune archer, de la colombe et du serpent, symboles de l'amour et de la jalousie:
O ciume é a cobra, o amor a pomba.

fortunée. L'Indien sort de sa léthargie, et fixe ses yeux sans larmes sur la malheureuse victime de son aveugle rage, des inspirations de la jalousie; il comprend alors le sens terrible des avertissements de l'ermite, des paroles de l'oracle:

„Celui qui, avant de tirer, regarde bien le but, donnera seul la vie à l'innocente colombe, la mort au serpent. — Parcequ'il ne l'avait pas voulu, il a donné la mort à l'innocent, mais le coupable ne lui a pas longtemps survécu! — La jalousie est le serpent, l'amour la colombe! — Il lui a donné la vie, il l'a tuée."

Alors Corimbaba comprend l'oracle. Le fatal serpent était la jalousie; l'innocente colombe Miry'ba.

L'oracle avait dit:

„Au même lieu mourut la mère de la colombe, près de son nid qu'elle aimait tant. — Et celui qui avait donné la vie à la colombe, lui a donné la mort près du nid de la mère."

En effet la mère de Miry'ba était morte près de là; Corimbaba avait sauvé la jeune fille du naufrage, mais lui avait donné la mort près du lieu de naissance de sa mère.

Les dernières paroles de l'oracle retentissent dans la poitrine de Corimbaba:

„Malheur à celui qui prête l'oreille à la voix du serpent! — Malheur à celui qui n'arrête pas les transports de la colère par le frein d'une salutaire prudence."

„Oui, malheur à toi, Corimbaba!" — s'écrie l'Indien épouvanté.

Miry'ba tend la main à son époux qui se désespère et s'accuse de la mort de l'innocente; elle le console et lui assure qu'elle meurt heureuse, l'aimant, et aimée de lui. Son nom sur les lèvres, elle rend le dernier soupir.

Corimbaba s'enfuit sans verser de larmes, sans pousser de cris de douleur. Il a obtenu du père de Miry'ba non le pardon, — car un crime pareil ne se pardonne pas — mais la promesse d'être enterré aux côtés de son épouse. Bientôt après ceux qui sont restés auprès du corps de Miry'ba entendent la chute d'un corps pesant; — Corimbaba s'était poignardé. — Il était minuit et ce fut la fin du troisième jour des noces.

Les deux époux furent ensevelis sous la même croix, aux côtés de la mère de Miry'ba.

L'oracle avait dit: „Un arbre stérile avec une seule branche desséchée, qui couvrait la mère seule, recouvre maintenant l'assassin et la colombe."

On raconte qu'à minuit un spectre s'agite en soupirant autour de cette tombe et s'écrie: „Où irai-je?" Quelquefois une colombe voltige autour de lui. Un homme sans pitié lui cria un jour, dit-on: „Va en enfer". — Le fantôme soupira et la colombe s'enfuit épouvantée. Longtemps personne n'osa s'approcher de ce lieu. Un jour un chasseur égaré s'y trouva; il entendit les plaintes de l'esprit, mais lui répondit avec compassion: „Adresse-toi au Ciel, frère!" — Des accents d'allégresse suivirent ces paroles, mais le spectre continua sa course, car trois vivants doivent prononcer leur jugement sur lui, avant qu'il soit délivré. Bien des années encore il dut errer çà et là, car la crainte éloignait tout le monde de ce lieu. Enfin dans une nuit d'orage la mer rejeta un naufragé sur cette côte; il s'avança jusqu'à la tombe, entendit les paroles de l'âme et lui cria: „Va au Ciel, frère!" — Alors une flamme descendit d'en haut sur la croix et la consuma en éclairant les environs d'une vive lumière; un doux zéphyr caressa le feuillage des arbres voisins, et une colombe blanche monta au ciel.

Dès lors le spectre a cessé de soupirer; il a disparu avec la colombe. —

Cette analyse suffit pour montrer que le poème a de graves défauts. Le caractère idyllique de l'exorde est gâté par des parties allégoriques beaucoup trop étendues. Elles détruisent l'unité de l'oeuvre; elles sont improbables au point de vue poétique. On ne sait pas pourquoi Corimbaba — quoiqu'il ne veuille pas se priver de son amusement favori pour ne pas paraître efféminé — s'expose à des dangers inutiles. Il retarde gratuitement son retour dans le but de satisfaire sa curiosité qui le porte à vouloir connaître l'avenir, lui qui devrait être absorbé tout entier par le bonheur présent et voler dans les bras de son épouse. Enfin sa rage aveugle, l'assassinat sur un simple soupçon d'une femme dont l'amour est éprouvé, sont des actions où nous ne pouvons reconnaître que l'effet de la fatalité, tandis qu'elles devraient être motivées psychologiquement. Le poète a plusieurs fois insisté sur son intention de peindre les effets de l'**amour** et de la **jalousie**; il dépeint une passion tranquille et sans obstacles; une passion, du côté de la femme surtout, gracieusement naïve, sans fausseté, sans apparence de soupçon; mais comment y faire cadrer une jalousie de tigre, qu'on ne justifiera jamais au point de vue poétique, qu'on expliquera tout au plus par cette ardeur qu'engendre seul le ciel des tropiques [1]).

---

[1]) Dans l'épilogue (*Desenfado*) l'auteur se prononce, il est vrai, avec toute l'ardeur des méridionaux sur la jalousie: *uma dellas* (des deux passions de l'amour et de la jalousie) *tão vulgar, que, de todos conhecida, nasce, cresce, vigora, arde, destroe, consome, arrasa, aniquila, e em fim causa tudo quanto é de destruição .... é isto por que? .... por causa de um nada!* — Il n'en est pas moins peu poétique, de représenter un héros, accablé d'une impression momentanée et subite,

Quoique le poète annonce expressément n'avoir suivi que ses „propres inspirations", n'avoir cherché à „imiter personne", nous croyons cependant que le faux romantisme français, à la mode alors, n'est pas resté sans influence sur son esprit et l'a entraîné à terminer une charmante idylle par une catastrophe aussi épouvantable.

En effet malgré les défauts de composition, que nous avons blâmés, malgré le penchant du poète à une sensibilité exagérée, son oeuvre dénote un talent remarquable. Elle renferme plusieurs parties fort bien faites, surtout celles où l'auteur prend le ton lyrique ou celui de l'idylle; de nombreuses descriptions se distinguent par leur originalité et leur couleur locale. Ainsi au premier chant la peinture de la situation ravissante de Narandy'ba et de la demeure de Corimbaba; puis au second le récit que fait l'Indien de la tempête et du naufrage qu'il a subi avec Miry'ba et sa mère (v. N° 92).

Dans tous les cas le poète a le mérite peu commun d'avoir donné une place aux particularités nationales dans le choix du sujet et dans la manière dont il l'a traité. Il a atteint son but, qui était de faire avant tout un poème brésilien [1]).

Ce patriotisme louable a engagé M. Teixeira e Souza à tenter une épopée d'une grande étendue, qui a pour sujet l'indépendance du Brésil. (*A Independencia do Brasil. Poema epico em XII Cantos*. Rio de J. 1847—55. 2 voll. 8°.) Nous avons déjà dit (chapitre XIV) que nous regardons cet essai comme complétement manqué.

Le roman convient beaucoup mieux aux talents de M. Teixeira e Souza; nous parlerons de ses productions dans ce genre au chapitre qui lui est consacré. Nous parlerons de même plus tard de ses drames.

Un autre poète contemporain de ce nom, le bachelier (*bacharel*) Joaquim José Teixeira, avocat à Rio de Janeiro, mérite une mention spéciale. Il a cultivé particulièrement l'apologue, genre négligé par les poètes du Brésil.

Ses fables ont, il est vrai, le défaut des modernes. Au lieu d'avoir égard à la nature, au caractère et aux moeurs des animaux,

---

et amenant la catastrophe par un transport aussi brutal. Même sortie du néant, (*nada*) la jalousie doit avoir le temps de croître (*cresce*), de gagner en vigueur (*vigora*), de devenir une question brûlante (*arde*), avant de détruire (*destroi*). Ce n'est qu'alors qu'elle peut entrer dans une oeuvre poétique. Voyez la manière dont le grand maître de l'art dramatique, Shakespeare, a mis en scène les effets de cette passion chez Othello, méridional aussi!

[1]) Dans l'épilogue mentionné il dit: „*Busquei ser moral, e religioso em toda a minha obra, e, sempre que o pude, o dar-lhe um caracter, ou typo nacional, isto é, escrevi como brasileiro.*"

elles en font des hommes déguisés; en revanche elles ne sont pas écrites sans grâce, et ont pour la plupart un but politique. Les trois que nous donnons (N° 93, 94, 95): L'âne politique (*O Burro politicão*), le renard royaliste (*O Rapozo monarchista*) et le chien marchand (*O Cão vendedor e o comprador*) pourront servir d'exemples. — Teixeira s'est essayé encore dans un genre peu cultivé, les sentences rimées (*Pensamentos*); elles ont également pour la plupart une tendance politique.

Il a en outre composé des poésies lyriques, qui ne s'élèvent pas au-dessus du niveau ordinaire; puis un poème épique, *O libertador*, dont le héros est l'empereur D. Pedro I, et que nous ne connaissons que par le fragment publié dans la *Minerva brasiliense* (p. 623); enfin une tragédie, *Camões*, qui n'a été ni imprimée, ni jouée¹).

Manoel Antonio Alvares de Azevedo donnait les plus belles espérances, que la mort est venue anéantir. Né le 12 septembre 1831 dans la ville de S. Paulo, il fut envoyé à l'âge de deux ans à Rio-Janeiro, où son père, Ignacio Manuel, exerce la profession d'avocat avec beaucoup de succès. Dans sa cinquième année il fut attaqué d'une maladie mortelle, dont il ne guérit jamais complétement et qui a sans doute amené sa fin prématurée. En 1840 il fut confié aux soins d'un maître habile, M. Stoll, qui reconnut bientôt ses brillantes facultés et dont il devint le meilleur élève. Azevedo surprenait alors par la facilité avec laquelle il parlait le français et l'anglais. En 1844 ses parents l'envoyèrent à S. Paulo pour s'y fortifier et pour se préparer à entrer en cinquième du collége Pedro II. Après y avoir fait ses études avec un succès qui lui valut en 1847 le titre de bachelier-ès-lettres, Azevedo retourna en 1848 à S. Paulo, où il devait étudier le droit. Il y fit quatre ans d'études sur cinq et revint à Rio-Janeiro y passer les vacances au sein de sa famille, comme il en avait l'habitude. Mais cette fois le séjour de S. Paulo, loin de le fortifier, avait porté les dernières atteintes à sa santé déjà chancelante. Azevedo avait toujours eu le pressentiment qu'il mourrait jeune, et ses prévisions ne devaient se justifier que trop tôt. Le 10 mars 1852 il tomba dangereusement malade, et, après quarante-six jours de souffrances, il termina le 25 avril 1852 une vie, qui promettait un si brillant avenir!

---

¹) A notre connaissance les poésies de J. J. Teixeira n'ont paru qu'ici et là dans des revues (p. ex. dans la *Minerva*) ou dans des recueils comme le *Parnaso* de Pereira da Silva (II. p. 296—308). — Quant aux *Sombras e Sonhos. Poesias* (Rio de J., 1858) d'un jeune poète de ce nom, J. A. Teixeira de Mello, nous n'en avons appris que le titre.

Encore enfant il avait montré ses dispositions et son amour passionné pour la poésie; mais son penchant se développa durant les quatre dernières années de sa vie à l'école de droit de S. Paulo, avec une rapidité fébrile, provenant à la fois de son état maladif et du pressentiment qu'il avait du peu de temps qui lui était donné pour se faire un nom dans les lettres, but de toute son ambition. Azevedo dévorait les oeuvres des premiers poètes de toutes les nations, mais ses écrivains de prédilection étaient les romantiques français modernes, Victor Hugo, Alfred de Musset, Lamartine etc., avant tout Byron. Enflammé par les oeuvres de ces grands hommes, poussé par son génie, aiguillonné par un désir inouï de créer, il consacrait non seulement les loisirs que lui laissaient ses études, mais souvent les nuits entières à écrire ses inspirations. C'est ainsi qu'on peut expliquer la masse de poésies qu'il a composées dans les dernières années de sa vie. En ayant égard à la manière dont elles ont été conçues, on pourra sainement juger ce génie prématuré, qui produisait avec une chaleur de serre-chaude et qui devait si tôt se flétrir. Un fait digne de remarque et très-caractéristique, c'est qu'Azevedo, malgré cette passion pour la poésie, ne s'en livrait pas moins avec zèle à l'étude aride de la jurisprudence. Ses connaissances dans le droit romain et le droit commercial surtout étaient si étendues, que non seulement ses professeurs lui donnèrent les meilleurs témoignages, mais que des praticiens consommés le consultèrent et que son père lui fit prendre part aux affaires du barreau.

Azevedo était fort attaché à son père, à ses frères et soeurs, avant tout à sa mère. La pensée de la douleur que causerait à celle-ci sa mort prématurée, le remplissait de la mélancolie la plus profonde, et vint augmenter encore son penchant naturel à la tristesse. Lorsque l'heure de l'éternelle séparation arriva, il pria sa mère de se retirer, se dressa sur son séant, s'appuya sur la poitrine de son frère, saisit la main de son père, la baisa, lui jeta un dernier regard plein de la plus amère douleur et rendit le dernier soupir en prononçant ces paroles: „Quelle fatalité, mon père" (*Que fatalidade, meu pae*)!

Le plus beau monument que pouvait lui ériger son père, c'était la publication de ses oeuvres. Un an après sa mort parut à Rio-Janeiro en 1853 la première édition en deux volumes; elle fut bientôt épuisée, et la seconde, augmentée d'un volume, vit le jour en 1862 [1]).

---

[1]) *Obras de M. A. Alvares de Azevedo, precedidas de um discurso biographico* (auquel nous avons emprunté les notices qui précèdent) *e acompanhadas*

Azevedo lui-même avait préparé un choix de ses poésies lyriques et voulait les publier sous le titre de *Lyra dos vinte annos*. Il ne devait pas les voir imprimées. Ce recueil et quelques autres productions du même genre (*Poesias diversas* et *Lyras dos vinte annos, continuação*) remplissent tout le premier volume de l'édition que nous avons devant les yeux, et la plus grande partie du troisième.

Ce sont bien les épanchements lyriques d'un coeur qui déborde, agité par l'amour et l'ambition, par un amour tantôt idéal et rêveur, tantôt cherchant les jouissances et plein d'une ardeur toute sensuelle, tantôt se livrant à des plaintes sur un bonheur insaisissable, tantôt enfin s'enivrant de brûlants baisers. C'est ce que devaient produire dans une imagination si ardente les symptômes d'une mort prochaine et à la fois le désir de jouir d'une vie si courte [1]. Ajoutons-y l'ambition de montrer sa supériorité, l'assurance d'un esprit qui plane bien au-dessus des idées vulgaires sur l'existence, et qui veut surpasser des écrivains aussi consommés que Byron et Alfred de Musset, ces blasés de bon ton, habitués à regarder ironiquement le monde de la hauteur de leur talent, ces débauchés de génie! — Nous voyons percer dans cette oeuvre une véritable nature de poète,

---

de notas pelo Sr. Dr. Jacy Monteiro. Segunda edição accrescentada com as obras ineditas, e um Appendice contendo discursos, poesias e artigos feitos á occasião da morte do autor. Rio de Janeiro et Paris, 1862. 3 voll. 8°. — La troisième édition de cet ouvrage a paru la même année et chez le même libraire (3 voll. in-18) comme partie de la *Brasilia. Bibliotheca dos melhores autores nacionaes antigos e modernos.* — V. aussi I. Fr. da Silva, *Diccionario*, V. p. 357—358; et *Esboços litterarios*, S. Paulo, 1860, 8°, Ire série, p. 59—62, qui renferment une sorte d'élégie en prose par un élève anonyme de l'école de droit, où, à en juger par ce journal, les tendances d'Azevedo prédominent encore.

[1]) Les fragments réunis sous le titre d'*Ideas intimas* nous permettent de jeter des regards curieux dans sa vie intime et son existence de poète. Il s'écrie par exemple:

> Oh! ter vinte annos sem gozar de leve
> A ventura de uma alma de donzella!
> E sem na vida ter sentido nunca
> Na suave attracção de um roseo corpo
> Meus olhos turvos se fechar de gozo!
> Oh! nos meus sonhos, pelas noites minhas
> Passão tantas visões sobre meu peito!
> Pallor de febre meu semblante cobre,
> Bate meu coração com tanto fogo!

Voyez ce que dit son biographe (*Obras*, I. p. 17—18) de ses élucubrations poétiques, d'abord en compagnie d'amis aux mêmes sentiments, puis seul dans son cabinet d'étude ou dans ses promenades nocturnes. V. aussi les deux poésies qu'il avait envoyées à un ami (I. p. 40—43) et où il peint avec toute l'ardeur de ses passions la lutte de Vénus Uranie et de Vénus *vulgivaga*.

qui met au jour son talent originaire malgré toutes les influences extérieures, et même dans ses erreurs [1]).

Les belles poésies *Anjos do mar*, *A cantiga de Sertanejo*, véritable hymne des forêts brésiliennes, et *Crepusculo do mar* (N° 96, 97, 98) montrent combien Azevedo avait su comprendre la poésie de la nature, et la pénétrer du feu de ses passions. A côté de productions idéales nous trouvons une tendance réaliste et ironique qui rappelle presque Heine, comme dans le *Vagabundo* et dans *É ella!* (N° 99, 100). Mais la disposition élégiaque de son âme, produite par le pressentiment d'une mort prématurée, perce dans la plupart de ses poésies; il en est même le sujet dans quelques-unes de celles qui sont le mieux senties, comme dans le *12 de Septembro*, son jour de naissance, production si caractéristique pour l'état de son âme (voyez surtout la 4me strophe); dans *Lembrança de morrer* et *Se eu morresse amanhã!* (N° 101, 102, 103). Ce sentiment cherche même avec l'ironie du désespoir, avec ce cynisme qui n'appartient qu'à Heine, à se moquer de lui-même, à s'étourdir, comme dans la curieuse poésie intitulée *O poeta moribundo* (N° 104). En revanche Azevedo est saisi de la tristesse la plus déchirante quand il pense à la séparation de sa mère, qu'il aimait par-dessus tout, et à qui il a consacré une de ses plus belles productions, *A minha mãe* (N° 105).

Ces poésies lyriques expriment tellement la vie la plus intime d'Azevedo, qu'elles portent toutes plus ou moins l'empreinte de l'originalité, quoiqu'on y remarque souvent l'influence de ses lectures et surtout de ses écrivains de prédilection. On y sent si peu le travail, elles sont écrites avec tant de verve que l'impression totale fait oublier les imperfections de détail, les fautes de versification, la diction souvent maniérée, une rudesse quelquefois recherchée, etc. [2]).

---

[1]) Lopez de Mendonça, Portugais, dit de lui (*Memorias de litter. contemporanea*, p. 319): „.... era um talento de primeiro ordem, uma d'aquellas vocações omnipotentes, que revelam, desde o berço, os fecundos dons do genio." Puis (p. 324): „O joven poeta não cantava, sómente para que as turbas se deixassem commover pela harmonia dos seus cantos: cantava porque lhe ardia no peito um fogo devorador, porque a sua alma ebria e palpitante, lhe accendia a imaginação, e como lhe intimava que traduzisse aos ouvros a magia dos seus sonhos, o fervor dos seus desejos, o esplendido irradiar da sua esperança."

[2]) Le poète lui-même ne cherche pas à nier qu'il n'est pas fait pour polir. Il n'en avait pas le temps; pendant les quelques années qu'il avait à vivre, il voulait produire autant que possible. Ainsi il dit dans son poème *O Frade*, chant I, 23:

> Frouxo o verso talvez, pallida a rima
> Por estes meus delirios cambeteia,
> Porem odeio o pó que deixa a lima
> E o tedioso emendar que gela a veia!

Mais l'influence corruptrice des romantiques modernes et de Byron, les défauts que nous venons d'énumérer ressortent bien plus dans les poèmes d'Azevedo, qui sont naturellement plus objectifs. La manie qu'a leur auteur de vouloir surpasser ses maîtres en scepticisme, en mépris des hommes, en spirituelle rouerie, en cynisme enfin, fait souvent d'eux de véritables caricatures dont l'impression est souvent fort pénible. On s'afflige de voir se perdre dans la fange une nature si bien douée, qui pouvait s'élever jusqu'aux cieux. Citons comme exemples ses poésies épico-lyriques *Um cadaver de poeta, Gloria moribunda* (qui a pour sujet la mort scandaleuse du célèbre poète portugais Bocage) et *O poema do Frade*, production en cinq chants, en partie en *ottave rime*, en partie en *Sextilhas*. C'est une imitation du Don Juan de Byron, que le poète lui-même a très-bien nommée le produit „d'une insomnie amenée par le spleen et accompagnée des convulsions de l'ironie" [1]). On peut rapprocher de ces derniers écrits quelques scènes dramatiques, ainsi les *Bohemios, acto de uma comedia não escripta*, en vers et d'un *humour* forcé; *Macario* et *Noite na taverna*, en prose et qui ont pour héros de vraies caricatures à moitié Faust, à moitié Don Juan, radotant comme des fous, et exposant aux regards un cynisme dégoûtant. Leurs expressions sont à la fois d'une sentimentalité recherchée et d'une rudesse de mauvais goût, la diction est maniérée. Le poète lui-même a également fort bien jugé ces productions [2]).

Azevedo a en outre écrit en prose quelques discours de circonstance, des critiques de Jacques Rolla d'Alfred de Musset, de l'Aldo de Georges Sand, enfin un petit travail sur la littérature portugaise

---

[1]) Chant I, 14:

    Quanto a mim é o fogo quem anima
    De uma estancia o calor: quando formei-a
    Se a estatua não sahio como pretendo:
    Quebro-a — mas nunca seu metal emendo.

    Escutai-me, leitôr, a minha historia,
    É phantasia sim, porem amei-a.
    Sonhei-a em sua pallidez marmorea
    Como a nympha que volve-se na areia
    Co'os lindos seios nús .... Não sonho gloria,
    Escrevi por que a alma tinha cheia
    — N'uma insomnia que o spleen entristecia
    De vibrações convulsas de ironia!

[2]) „*Esse drama*," dit-il du *Macario*, „*é apenas uma inspiração confusa — rapida-que realisei á pressa como um pintor febril e tremulo.*" — Il parle lui-même de cette création comme d'une aberration (*aberração*), mais croit pouvoir citer comme modèles la Tempête de Shakespeare, le Beppo de Byron, le Fantasio d'Alfred de Musset. Ce sont en effet les aberrations d'un esprit sans maturité, égaré par des lectures faites sans choix, et agité par une ambition maladive, mais cet esprit a tous les signes du génie.

(*Litteratura e civilisação em Portugal*). Quelques pensées ingénieuses y percent avec peine un véritable chaos de phrases, de citations, de comparaisons et de paradoxes; la diction et le style sont maniérés [1]).

Par bonheur la lyre de vingt ans, où sont exprimées avec tant de vérité les amours, les aspirations et la tristesse d'Azevedo, couvre de sa voix puissante ces fautes du poète, et sa gloire future n'en recevra aucune atteinte.

Luis José Junqueira Freire était né poète comme Azevedo. Sentant qu'il mourrait jeune, il se hâta également de jouir d'une vie qui devait si tôt se flétrir.

Junqueira Freire naquit le 31 décembre 1832 à Bahia. Après avoir fait son collége, il entra le 10 février 1851 dans l'ordre des Bénédictins et prononça les voeux l'année suivante sous le nom de Fr. Luis de Sancta Escolastica. Mais il ne reconnut que trop vite qu'il n'avait pas compris sa vocation et devait payer du repos de son coeur celui qu'il était venu chercher à l'ombre du cloître. Il demanda donc la sécularisation et l'obtint en 1854. Mais cette âme trop pleine ne porta pas longtemps sa chaîne: une hypertrophie du coeur l'enleva le 24 juin 1855.

Ses poésies, *Inspirações do claustro,* qui ont paru à Bahia en 1855, sont comme celles d'Azevedo des émanations de sa vie intérieure, des plaintes d'un esprit tourmenté par le doute et cherchant le repos, des épanchements du coeur, tantôt pleins de deuil, tantôt respirant la plus amère ironie sur le contraste de la vie réelle et de son idéal. Ses regards n'en étaient pas moins sans cesse dirigés vers le Ciel; malgré les désillusions qu'il avait trouvées, malgré son scepticisme et les méditations douloureuses où il se plongeait, il chercha toujours des consolations dans le sein de Dieu [2]).

---

[1]) Le passage suivant tiré du travail sur la littérature portugaise suffira pour justifier ce jugement sévère:

„*O Edda das proezas Elysias não é só os Lusiadas. Cada lauda dos fastos dos páramos e serranias de aquem do Aqueda e do Guadiana, dos campos baptisados no sangue infiel dos homens da contracosta, é um canto de Iliada architectonica, como os Nibelungen e o Antar Oriental, corado de sacrasantas reminiscencias, Biblia de velhas tradições portuguezas, como o Edda Islando-Scandinavo; ou o Charameh Persa, a epopéa mythica do Oriental, onde ella entrelaçara, como um baixo relevo de Pompeia, os feitos dos homens antigos no seu véo de mysticas tradições; ou por ventura os threnos dos barãos cymbricos nos dolmens druidicos de Hærmensul; coroa gigantesca entresacada de flóres poeticas, que enlourão victorias, e onde desapertão enliçadas rosas rúbidas e violetas de amethysto de langues aromas em seus halitos mimosos, dessa grinalda das molles canções, que se chama o amor ...*"

[2]) Il cherche à justifier et à apaiser l'inclination pour la vie spéculative et les recherches métaphysiques par le sentiment de son origine et de son but divin, en posant les questions suivantes:

Dans les poésies de Junqueira Freire nous ne voyons pas, comme dans celles d'Azevedo, la lutte de l'idéal et de la sensualité accompagnée de toute l'ardeur de la passion non-satisfaite. Nous y trouvons au contraire le combat du fini avec l'infini, auquel le poète assiste triste et résigné. C'est avec cette résignation qu'il chante dans la poésie intitulée „un désir" (*Um pedido*; v. N° 106) le jeune homme qui s'abandonne à l'amour avec toute la naïveté de la jeunesse. „Quant à moi," dit le poète, „qu'on ne me demande pas de chanter les joies et les souffrances de l'amour, qui me sont inconnues; mes douleurs sont autres; ce sont des blessures que j'ai reçues en luttant avec la vie (*Eu, que tenho luctado contra a vida*). Si je voulais chanter l'amour, un sourire d'ironie serait ma récompense (*De todos eu teria em paga — Um riso de ironia*)."

Junqueira Freire chante avec une simplicité grandiose ces luttes avec la vie, le repentir d'avoir manqué sa vocation, la douleur du désillusionnement dans une poésie que lui inspira la vue d'un jeune homme prononçant comme lui des voeux indissolubles, sans en con-

> Porque se me extasia a mente ás vezes,
> E vaga, e vaga, aligera e perdida
> Pelas solidões do firmamento ethereo,
> Bem como o seraphim que esguarda os mundos,
> Livre os celestes paramos percorre?
> Porque penetra, ás vezes arrojada,
> Nos mysterios reconditos do Eterno,
> E todo entorna-se á seus pés, — bem como
> O alabastro de nardo aos pés do Christo?
> Porque se abraça em incorporeo amplexo
> Co'os angelicos seres de além-astros,
> E, como a chave das eternas portas,
> Abre os thesouros do poder do Altissimo,
> E n'elles bebe inexhauriveis gozos?

À un autre endroit il parle en ces termes du besoin que ressent son esprit de se plonger dans la méditation:

> Gósto de meditar, de noite, ás vezes,
>   Como um iufante,
> Espasmado no olhar, fitando o corpo
>   Que tem diante.
> Gósto de meditar, de dia, ús vezes,
>   Como o ancião,
> A quem idéas se erguem do passado,
>   Em borbulhão.

Et tout en préférant n'être jamais né que de vivre avec cette soif brûlante de voir résolues les énigmes divines et les contradictions du monde, il s'adresse à Dieu plein de confiance et espère de lui une délivrance prochaine:

> Ai! praza á Deus que breve,
>   Tam breve como a flôr,
> Ardendo o incenso, ardendo
>   Qual virginal rubor,
> Transponha aos céos a alma
>   Do triste trovador.

sidérer les suites. C'est la pièce intitulée *A profissão do frei João das Mercés Ramos* (N° 107). *A Meditação* est aussi saisissante, parcequ'elle est bien sentie et que son expression est simple (N° 108). Il y invoque la raison contre son coeur qui va se briser; mais elle est sceptique, et Dieu seul pourra le garder de ce défaut et ne l'abandonnera pas.

Une nature si idéale devait ressentir d'autant plus les atteintes de la colère en voyant abuser de la foi en Dieu, et ceux qui se nommaient les serviteurs du Tout-puissant se livrer au vice. Dans la poésie *Frei Bastos* (N° 109) il châtie de la verge de Juvenal un prêtre qui faisait servir à des choses honteuses ses talents poétiques et oratoires.

Junqueira Freire a laissé manuscrits deux poèmes, *O Padre Roma* (incomplet) et *Deltinha*; puis un drame *Frei Ambrosio*, enfin un *Tractado de Eloquencia nacional*.

Outres ces ouvrages on attribue encore à notre poète un tour de force à la Chatterton, l'*Hymno da cabocla*, qui parut d'abord comme production inédite de Gregorio de Mattos dans la *Revista mineira*. Mais bientôt on reconnut que c'était une oeuvre du 19^m siècle, occasionnée par les révolutions de 1848 en France et à Fernambouc. Antonio Joaquim de Macedo Soares, qui l'a imprimée dans ses *Harmonias brasileiras* (S. Paulo, 1859), a montré que c'est très-probablement un ouvrage de Junqueira Freire.

Il était en effet également idéaliste en politique, et s'avouait partisan de la république et du socialisme.

Sous ce rapport un de ses biographes [1]) caractérise Junqueira Freire et ses poésies de la manière suivante:

„Les *inspirações do claustro* et ses autres productions nationales ou plutôt politico-sociales donnent une image suffisante du génie et des vues les plus intimes du poète. Partisan fanatique des formes républicaines, il était passionné pour elles comme tant d'autres qui, les contemplant du haut du monde phantastique de leur imagination, les croient filles de Dieu. Avec ses opinions philanthropiques il souhaitait que l'humanité entière ne formât qu'une famille, intimément liée par les liens de l'égalité, de la fraternité et de l'amour. — Poète dans le fond de l'âme, il protestait contre les distinctions de rang dans la société, et célébrait par des chants passionnés et sublimes la régénération du peuple, que son imagination brillante et imposante lui faisait paraître comme une révé-

---

[1]) Cité par I. Fr. da Silva, *Diccionario*, V. p. 300—301. — Nous avons suivi son article et celui de Pereira da Silva dans la *Revista do Instituto*, XIX. p. 425—433; — et réimprimé avec quelques additions dans les *Variedades litterarias* (Rio de J., 1862, 8°. p. 263, suiv.) de ce dernier.

lation du Ciel (*como uma revelação do céo*). — S'il était devenu homme d'État, il aurait appris à courber le coeur, qui ne s'abandonne qu'à des sentiments, sous la logique froide et inébranlable de la raison, qui recherche, examine, pèse et juge. — Ainsi sa destinée fut de pleurer, de soupirer, de souffrir et de chanter; car l'inexorable main de la mort le précipita de bonne heure dans la tombe glacée, — talent poursuivi par le sort, et à qui il ne fut pas même donné d'accomplir sa mission ici-bas!" —

Le nom de ce poète et celui d'Azevedo n'en vivront pas moins dans l'histoire littéraire de leur pays. C'est avec raison que I. F. de Castilho dans sa *Grinalda Ovidiana* (p. 287) dit d'eux: „Dernièrement le Brésil a perdu deux esprits bien doués, qui promettaient beaucoup. Azevedo et Junqueira Freire ont été enlevés à l'âge de vingt ans, ou plutôt prématurément dévorés par la flamme qu'on nomme génie!" —

Si la quantité pouvait réparer une pareille perte, le Brésil aurait de quoi se consoler. Il nous faudrait citer un grand nombre de noms, si nous voulions mentionner tous ceux que nous savons avoir fait des essais poétiques. Chez toutes les nations où l'instruction et les règles de la poésie sont fort répandues, on voit apparaître en masse, surtout dans le genre lyrique, des faiseurs de vers qui n'ont du poète que le nom. C'est encore davantage le cas chez les peuples qui, comme les Italiens, les Espagnols, les Portugais, ont une langue se prêtant tellement à la poésie, qu'il n'est pas difficile à un homme instruit de faire des vers passables. Au Brésil qui possède une poésie fort développée dans une langue de ce genre, et qui a hérité dans ce même idiome de modèles classiques, cette facilité de versification devait se répandre promptement à la faveur de circonstances diverses. Le nombre de ceux qui firent des essais poétiques avec plus ou moins de bonheur, s'accrut vite sans enrichir beaucoup la littérature [1]). Nos lecteurs nous sauront gré d'avoir passé sous silence une grande quantité de noms, dont notre devoir d'historien nous forçait à nous occuper. Nous ne mentionnerons que ceux qui se sont élevés au-dessus du niveau ordinaire, ou ont suivi une voie pouvant servir à caractériser cette période [2]).

---

[1]) Cette fabrication de poésies a été favorisée par les nombreux journaux littéraires qui ont vu le jour ces dernières années, et qui à leur tour montrent que le public goûte ces productions. Citons *O Museo pittoresco* (1849), *Novo Gabinete de leitura* (1850), *Marmota fluminense* (1855), *A Saudade* (1855—1857), *Universo illustrado* (1858), *Espelho, revista semanal* (1859), *Atheneum Paulistano* (1859), *Revista popular* (1860), etc.

[2]) S'occuper des productions informes d'une quantité de noms obscurs est bien loin d'être la tâche la plus agréable d'un historien consciencieux.

Parmi ceux qui débutèrent au commencement de cet âge il faut mentionner Firmino Rodriguez Silva et Antonio Joaquim de Mello, parcequ'ils contribuèrent tous deux à assigner au nativisme naissant sa place dans la poésie. Firmino s'est acquis une certaine réputation par son élégie sur la mort de son ami, le poète F. B. Ribeiro (v. Chap. XII); le ton est celui d'un chant de mort indien [1]). Antonio Joaquim de Mello a tenté de produire une idylle américaine (*Idyllio americano*) dans son *Itaé*, qui intéresse par sa couleur locale [2]).

Dans le petit nombre de ceux qui ont cultivé la satire et qui ne manquent certes pas de sujets depuis quelque temps, on cite Francisco Octaviano Almeida Rosa, qui s'est fait connaître aussi par sa traduction des oeuvres de Byron; et le père José Joaquim Corrêa de Almeida. Celui-ci, né à Barbacena, province de Minas Geraes, où il occupe la chaire de rhétorique, a publié en 1854 à Rio-Janeiro des *Satyras, epigrammas e outras poesias*, suivies en 1858 d'un second volume sous le même titre. Quoiqu'on l'ait attaqué avec violence, sort commun des poètes satiriques, et qu'on lui ait dénié tout mérite [3]), nous pensons que ses adversaires ont exagéré, à en juger par le second recueil que nous avons sous les yeux. Il est vrai que son point de vue n'est guère élevé, qu'il châtie assez légèrement les faiblesses de la vie de tous les jours, mais ses épigrammes et ses *parabolas* ne manquent pas d'esprit (voyez pour preuve N° 110, 111, 112, 113, 114, 115); tandis que la satire *O Recruta* (N° 116), pleine d'indignation et de coups bien portés, fait le procès à un vice politique dont les suites sont incalculables.

La voie qu'avait suivie Azevedo, n'en trouva que plus de partisans dans la jeune génération. L'influence pernicieuse de génies tels que les romantiques français et Byron, qui s'adoraient eux-

---

[1]) Cette élégie se trouve avec plusieurs autres poésies de Firmino dans le *Parnaso* de Pereira da Silva, II. p. 193—213. Dans ces productions nous voyons percer un vif sentiment de l'amitié et de la patrie.

[2]) Le commandeur Antonio Joaquim de Mello, natif de Fernambouc, a bien mérité de ses compatriotes en publiant ses *Biografias de alguns poetas e homens illustres da provincia de Pernambuco* (Recife, 1858—1860, 3 voll. 8°). Cet ouvrage nous est malheureusement parvenu trop tard pour que nous ayons pu en tirer parti dans tout notre livre. — Dans le second volume (p. 218—222) il a fait imprimer cette idylle, composée de 1824 à 1825, et dont il n'avait paru qu'un fragment dans la *Guanabara* (I. p. 157). On trouve dans le même volume (p. 100—102) une *Cantata* de Mello, intitulée *Os Cahetés*. Elle a été également écrite dans l'intérêt des Indiens.

[3]) Dans le journal *A Actualidade* (Rio de Janeiro, 1859). En revanche I. F. de Castilho l'a beaucoup loué dans le *Correio mercantil* (1858). — V. l. Fr. da Silva, *Diccion.*, IV. p. 383—384.

mêmes, mais doutaient de tout et en désespéraient, ne paraît que trop dans les productions non-mûries d'écoliers, qui ne connaissent le monde que par les livres et se prononcent avec une impudence cynique sur la vie éternelle. Ces influences et l'exemple d'Azevedo semblent s'être fait jour surtout parmi ses successeurs, les étudiants de l'école de droit de S. Paulo. C'est ce que prouvent les journaux littéraires qui en sortent (*Ensaios litterarios, jornal academico*, S. Paulo, 1850, et *Esboços litterarios, jornal redigido por academicos*, S. Paulo, 1859) et les recueils de poésies des élèves de l'académie. Parmi ces derniers nous citerons *Rosas e goivos* (S. Paulo, 1849) par José Bonifacio de Andrada e Silva, fils d'un frère du célèbre homme d'État de ce nom, et *Minhas canções* (S. Paulo, 1849) par João Silveira de Sousa [1]). Leur talent fait d'autant plus regretter qu'ils aient fait fausse route.

---

[1]) V. I. Fr. da Silva, *Diccion.*, IV. p. 87 et 278. — Un frère du José Bonifacio dont nous venons de parler et qui porte le même nom que leur père, Martin Francisco Ribeiro de Andrada, a également publié un volume de poésies sous le titre de *Lagrimas e Sorrisos* (Rio de J., 1847), qui sont à la vérité plus sobres, mais ne s'élèvent pas au-dessus du niveau ordinaire. Celles qui sont signées J. B. A. S. viennent probablement de son frère José Bonifacio. Elles se distinguent par leur élan et par le faux esprit que nous avons mentionné. V. p. ex. p. 123 *Meus amores — Meus amigos*, qui a pour modèle Rolla d'Alfred de Musset. — Franklin Americo de Menezes Doria, étudiant de l'école de droit de Recife, a publié un recueil de poésies sous le titre d'*Enlevos* (Fernambouc, 1859). Elles ne dénotent pas un talent extraordinaire, mais respirent des sentiments tendres, surtout la piété filiale, et des vues morales et religieuses, qui font d'autant plus de plaisir quand on les compare aux productions des élèves de l'école de S. Paulo. L'auteur n'en rend pas moins hommage au génie d'Azevedo et de Junqueira Freire, et les célèbre dans deux poésies qu'il consacre à leur mémoire (p. 147, *A Coroa do poeta, á memoria de Junqueira Freire*; et p. 289, *Monodia, á memoria de M. A. Alvares de Azevedo*). Dans une note de la première il dit: „*O nome de Junqueira Freire pertence ao necrologio dos genios modernos do Brazil, que teem expirado na aurora da mocidade. Figura honrosamente entre os de Azevedo e Franco de Sá.*" — Nous ne savons rien de ce dernier à notre grand regret.

CHAPITRE XVII.

PROGRÈS DE LA POÉSIE DRAMATIQUE DANS CETTE PÉRIODE. — DOMINGOS JOSÉ GONÇALVES DE MAGALHÃES INAUGURE LE THÉÂTRE BRÉSILIEN PAR SES TRAGÉDIES. — DRAMES ET TRAGÉDIES ORIGINALES DE QUELQUES AUTRES. — ARAUJO DE PORTO-ALEGRE, LUIS CARLOS MARTINS PENNA ET JOAQUIM MANOEL DE MACEDO DÉVELOPPENT LA COMÉDIE NATIONALE. — CULTURE PARTICULIÈRE DE L'OPÉRA AU BRÉSIL. — ERNESTO FERREIRA FRANÇA.

Dans les deux périodes précédentes nous n'avons pas consacré de chapitre spécial à la poésie dramatique, et nous sommes bornés à mentionner dans l'occasion les essais de quelques poètes. Les pièces de ces auteurs étaient purement littéraires et n'ont jamais été représentées, ensorte qu'elles n'ont pu avoir aucune influence notable sur le développement du théâtre national.

Au commencement de la période qui nous occupe, on se contentait encore de drames portugais ou de traductions de pièces françaises, mais les opéras étaient beaucoup plus en faveur [1]). Ainsi F. J. de Souza Silva, J. A. de Lemos Magalhães, A. J. de Araujo, Pinheiro Guimarães, Odorico Mendes se sont bornés à traduire des drames de Delavigne, de Ducis, de Voltaire, de Shakespeare (mais en général d'après des paraphrases françaises), de Byron, etc. D. J.

---

[1]) V. l'article de M. Émile Adêt sur l'art dramatique au Brésil (*Da arte dramatica no Brasil*) dans la *Minerva brasiliense*, 1843, p. 154—157. Il y pose la question suivante: „Le Brésil possède-t-il une littérature dramatique?" et répond: „Non, car un nombre fort limité de compositions de ce genre, la plupart imitées ou traduites, ne peut en former une" (*Possue o Brasil uma litteratura dramatica? Não; pois não é sem duvida um numero mui limitado de composições deste genero, a môr parte das vezes imitadas ou traduzidas, que a poderia formar*). — Il connaît bien les tragédies de M. de Magalhães, mais elles étaient trop isolées alors pour infirmer son opinion. M. Adêt, Français lui-même, trouve la cause principale de cette stérilité dans le fait que les poètes brésiliens craignaient de gagner un public déjà trop gâté par les romantiques français, qui ne visent qu'à l'effet dans leurs sanglants mélodrames (*Receiam os poetas, querendo fixar nos limites do bom gosto e da decencia, não produzir effeito sufficientes para espectadores cansados, acostumados a não ver senão dramas febricitantes*) etc.

G. de Magalhães lui-même s'est occupé de transporter Arnaud et Ducis sur la scène brésilienne.

Il était pourtant réservé à cet esprit si indépendant qui opéra une révolution si heureuse par ses *Suspiros poeticos*, d'ouvrir la voie au **théâtre national**. Il a même l'honneur d'avoir précédé Garrett, qui eut plus tard la même influence sur la scène portugaise [1]). Le 13 mars 1838 Magalhães fit jouer au théâtre de la place de la Constitution (*da praça da Constitução*) à Rio-Janeiro sa tragédie nommée *Antonio José ou o Poeta e a Inquisição* (a paru en 1839). Le 7 septembre 1839 il en donna une seconde pour l'ouverture du théâtre de S. Pedro d'Alcantara, son *Olgiato* (imprimé en 1841). Ces deux tragédies eurent un tel succès, qu'elles éveillèrent l'intérêt d'un public gâté par les pièces françaises.

Dans les préfaces de ces deux tragédies Magalhães lui-même se prononce sur sa manière de voir. Il dit dans le *Prólogo* d'*Antonio José* (p. IV): „Je ne suis ni la rigidité des classiques, ni le sans-façon des romantiques" (*Eu não sigo nem o rigor dos Classicos, nem o desalinho dos Romanticos*). Dans celui de l'*Olgiato* (p. VI) il parle ainsi: „Je ne peux m'accoutumer en aucune manière aux horreurs de l'école moderne, à ces monstruosités de caractères hors nature, de passions effrénées et ignobles, d'amours licencieuses, d'un langage affecté à force de vouloir être naturel" (*Não posso de modo algum acostumar-me com os horrores da moderna escola, com essas monstruosidades de caracteres preternaturaes, de paixões desenfreadas e ignobeis, de amores licenciosos, de lingoagem requintada, á força de querer ser natural*). Il dit encore (p. VIII): „Mais j'apprécie parfaitement la simplicité, l'énergie et la concision des tragédies d'Alfieri et de Corneille" (*mas dou todo o devido apreço á simplicidade, energia e concisão das tragedias de Alfieri e Corneille*).

Les tragédies de Magalhães sont conçues sans attachement pédantesque à la règle des trois unités, mais le poète y a évité toutes les extravagances de l'école romantique; il a donc respecté scrupuleusement l'unité d'action comme celle des caractères, en évitant même l'élément comique. Le ton en est égal, plutôt pathétique que passionné. Elles se rapprochent en effet de la manière d'Alfieri, même pour ce laconisme qui vise à l'effet [2]).

---

[1]) V. le passage d'Araujo Porto-Alegre cité dans la biographie de Magalhães (*Guanabara*, II. p. 42).

[2]) La dernière scène du quatrième acte d'*Olgiato* est par exemple tout à fait dans le genre laconique d'Alfieri. Les conjurés se sont rassemblés au cimetière près de l'oratoire de St. Ambroise. Après avoir imploré à genoux le secours

Le fait que M. de Magalhães a choisi pour héros de la première tragédie brésilienne le premier poète comique national fait le plus grand honneur à son patriotisme. C'est le malheureux auteur des „opéras du Juif", Antonio José, condamné au bûcher par l'inquisition (v. chap. IV). Mais ce sujet a amené des difficultés considérables. En effet la pièce manque de conflit tragique proprement dit, parceque le principal personnage a montré une passivité voisine de la peur, qu'il était presque innocent et que le poète s'est tenu scrupuleusement à l'histoire. Malgré cela sa pièce a produit un grand effet scénique et s'est maintenue jusqu'à nos jours aux répertoires du Brésil et du Portugal [1]. Cela prouve comme elle est bien conduite, et quelles nombreuses beautés de détail elle recèle [2].

La tragédie d'*Olgiato* a pour sujet la conjuration des nobles de Milan contre le tyran débauché, Galeazzo Maria Sforza, et sa mort arrivée en 1476. Ici le héros et les conjurés ne pouvaient délivrer leur patrie que par le meurtre et l'employèrent en effet. C'était au poète à diminuer autant que possible l'odieux de cette action tout en motivant par ce moyen la peine de mort prononcée contre eux. L'auteur n'est pas parvenu à vaincre complètement

---

du saint pour leur entreprise d'assassiner le duc de Milan, Galeazzo Maria Sforza, ils se relèvent, mais la lampe tombe de la voûte, et Olgiato s'écrie:
    Que presagio fatal?
        Montiano.
           P'ra o Duque.
        Visconti.
               Vamos.

[1] Elle a été donnée par exemple le 5 octobre 1861 au théâtre de S. Pedro d'Alcantara (v. le *Jornal do Commercio* du même jour).

[2] Comme le beau monologue d'Antonio José en prison (acte II, sc. 4):
    Ha dias aziagos, em que o homem,
    Em profunda tristeza mergullado,
    Se esquece de si mesmo, e se concentra
    No mundo interior da consciencia,
    N'este abysmo mais vasto do que o mundo,
    N'este mysterio occulto, indefinivel,
    N'esta imagem de Deos em nós contida,
    Que relata o passado, ama o futuro.
    Parece então que o homem se envergonha
    De tão pouco saber, de ter vivido
    Sem saber o qu'elle é. Então se eleva
    Nesse mundo idéal; não se contenta
    Co'o mundo dos sentidos; quer lançar-se
    Alem do espaço que seus olhos medem,
    Quer prever, quer fallar co'o Ser Divino,
    Quer saber o que é souho, o qu'é a morte,
    O homem que nem sabe o qu'é a vida;
    Afirma sem provar, sem saber nega. etc.

cette difficulté, mais il a su sauvegarder la dignité de la tragédie par des sentiments vraiment antiques, par la grandeur des raisons qui font agir les acteurs de sa pièce, et par des caractères intéressants et bien dessinés.

Il faut dire cependant que le jeu de João Caetano dos Santos a beaucoup contribué au succès de ces tragédies, mais Magalhães avait dû commencer par développer les talents naturels qui ont fait de son élève le plus grand acteur du Brésil. Notre poète a donc la gloire d'avoir créé sous tous les rapports la scène nationale [1]).

Norberto de Souza Silva suivit l'impulsion donnée par Magalhães. João Caetano l'engagea d'abord à écrire sa *Clytemnestra*, qu'il composa d'après Eschyle surtout. La forme en est classique, mais le style a une certaine couleur romantique. Cette tragédie n'a jamais été jouée, et n'a paru complète qu'en 1846 dans les „Archives du théâtre" [2]). En 1843 Norberto avait fait un drame dont le sujet est national, *Amador Bueno, ou a fidelidade Paulistana*, drame en 5 actes [3]). C'est l'action si connue du pauliste Amador Bueno de Ribeira, qui résista aux intrigues des Espagnols et des jésuites. Ils voulaient le proclamer roi du Brésil, lorsque le Portugal secoua le joug de l'Espagne et remit sur le trône Jean IV de Bragance. Amador Bueno lui resta fidèle au péril de sa vie, refusa la couronne et conserva ainsi le Brésil au Portugal. Lorsque João Caetano eut repris le théâtre de S. Francisco à Rio-Janeiro après sa restauration, il voulut l'inaugurer par un drame original et ouvrit dans ce but un concours, en confiant la décision au *Conservatorio dramatico brasileiro*. Il y eut cinq pièces présentées et celle de Norberto reçut le prix. On la joua pour la première fois le 19 septembre 1846 et la même troupe la donna le 20 octobre suivant au théâtre de Nictheroy; dès lors elle n'a plus reparu au répertoire. Le drame de notre auteur, écrit en prose, est plutôt une pièce à intrigue et aux effets mélodramatiques; le héros n'y

---

[1]) C'est pourquoi M. d'Araujo Porto-Alegre dit dans son article sur le théâtre brésilien (*O nosso Theatro dramatico*, *Guanabara*, II. 1852. p. 97—104): *O nosso theatro tem tido uma existencia aventureira. A arte dramatica, só fez legitimos progressos naquella época em que o Sr. Dr. Magalhães se unio ao Sr. João Caetano: nessa época, todos os elementos artificios se associaram e revestiram o palco-scenico de toda a sua dignidade .... Da representação de Antonio José data o ponto saliente da revolução dramatica no Brasil, porque ahi o Sr. João Caetano, como agente principal na sua realisação, começou a obra da reforma;* etc.

[2]) M. Adêt en a donné des spécimens, l'analyse et la critique dans la *Minerva brasiliense* (p. 355—364). *Clytemnestra* a paru tout entière dans l'*Archivo theatral, ou Collecção das melhores peças antigas e modernas, traducidas ou originaes*. Rio-Janeiro, 1842, et années suivantes, 4°, vol. V.

[3]) A paru d'abord comme supplément de la *Guanabara* de 1855, et puis à part, Rio-Janeiro, 1855, 4°.

joue qu'un rôle accessoire car l'intérêt principal se concentre sur sa fille Leonor et son amant D. Francisco Rendon.

M. de Varnhagen a traité le même sujet, mais sa pièce a encore moins de valeur poétique. Son *Amador Bueno. Drama epico e historico-americano* (en quatre actes et trois tableaux, Lisbonne, 1847, in-12. *Edição particular*; et Madrid, 1858, 8°, en trois actes), écrit également en prose, renferme un certain nombre de scènes à peine liées et des caractères superficiels. On croirait presque voir des marionnettes. Le rôle principal est celui d'un „agent" des jésuites.

A la même époque A. G. Teixeira e Souza fit quelques essais dramatiques. Agé de dix-huit ans il écrivit une tragédie, *Cornelia*, production mal digérée, pleine d'horreurs et de méchancetés dépassant toute mesure[1]). Son *Cavalleiro Teutonico, o a freira de Marienburg*, composé en 1840, a déjà plus de dignité tragique[2]). Les trois unités y sont même scrupuleusement observées, mais les situations, les caractères et la diction sont archiromantiques; on sent presque partout que le poète veut faire de l'effet (le tonnerre et les éclairs remplissent deux actes!). Le poète s'est en outre hasardé sur un terrain qu'il ne connaît pas assez. En effet un chevalier de l'ordre teutonique avait prononcé les voeux monastiques et ne pouvait donc pas demander la main d'une jeune fille. La part que le député de la sainte Vehme, vrai *Deus ex machina*, prend à l'action et la manière dont il tranche le noeud, sont aussi peu conformes à la vérité historique qu'à la dramatique. La pièce est écrite en vers.

Luis Antonio Burgain s'est fait connaître en 1843 par son drame intitulé *Fernandes Vieira, ou Pernambuco libertado*[3]). Né au Havre en 1812, il alla très-jeune au Brésil, où il est professeur de français et de géographie et membre du *Conservatorio dramatico* de Rio-Janeiro. Il a écrit un si grand nombre de drames

---

[1]) V. l'analyse et la critique de cette tragédie par L. A. Burgain, *Minerva brasiliense*, p. 751—756.

[2]) Il a paru dans le troisième volume de la *Guanabara* et à part, Rio de Janeiro, 1855, 4°. — Le bachelier J. J. Teixeira doit aussi avoir écrit une tragédie, *Camões*, qui, si nous ne nous trompons, n'a été ni jouée, ni imprimée. — On nomme encore Vicente Pedro Nolasco comme appartenant à cette époque et auteur de la tragédie *Alonso e Cora, ou o Triumpho da natureza*. V. *Minerva bras.*, p. 155 et 364.

[3]) Il l'écrivit d'abord en prose en 1839 et en trois actes; plus tard, encouragé par le *Conservatorio dramatico*, il lui donna la forme poétique et quatre actes. La pièce en vers fut représentée pour la première fois au théâtre de S. Pedro de Alcantara et imprimée à Rio de Janeiro en 1845, 4°. La *Minerva brasil.* en avait donné auparavant des spécimens (p. 306, 336, 364, 397 et 524). L'auteur dit lui-même que ce sont ses premiers vers portugais.

qu'on joue sur la plupart des scènes du Brésil et du Portugal, qu'il faut le citer parmi les poètes dramatiques du Brésil les plus fertiles et les plus en faveur. Nous ne connaissons que le titre de ses pièces et sommes donc incapables de porter sur elles un jugement [1]).

Nous n'avons pu nous procurer les tragédies de Gonçalves Dias, écrites de 1840 à 1846 (v. chap. 15). La plus connue est *Boabdil* [2]). Ils est probable qu'elles n'ont pas été représentées.

La seule tragédie qui nous soit parvenue des productions dramatiques de Joaquim Manoel de Macedo est celle de *Cobé* [3]), mais elle suffit pour documenter son talent tragique. Elle est en cinq actes et en vers, et a pour héros un indigène, le Tamoyo Cobé. Dans les premiers temps de la colonie, où les Portugais combattaient les Tamoyos, Cobé, un de leurs chefs, et sa mère Agassamú ont été surpris par D. Gil da Cunha et faits prisonniers. Tous deux sont vendus comme esclaves à dona Branca. Cobé conçoit pour elle une violente inclination qui le retient dans la servitude, quoiqu'il puisse s'en délivrer et que sa mère le conjure de rejoindre les siens, qui se préparent au combat. Comme il n'écoute pas ses prières, elle maudit son fils apostat et lâche. Dona Branca n'a aucun soupçon de l'amour de Cobé — comment penser qu'un esclave porterait ses regards sur sa maîtresse — mais elle a tant de preuves de son attachement et de sa fidélité, qu'elle se décide à s'ouvrir à lui. Elle l'envoie à son amant Estacio pour lui dire qu'elle l'aime toujours, mais craint d'être forcée par son père à épouser D. Gil da Cunha. La scène où dona Branca charge Cobé de ce message, lui fait part en hésitant de son amour sans espoir et s'étonne, lorsque Cobé lui dépeint des couleurs les plus brûlantes les douleurs d'une pareille flamme, est une des plus belles de la

---

[1]) V. la liste de ces pièces et une notice biographique sur leur auteur dans le *Diccion.* de I. Fr. da Silva, V. p. 215 — 217. Les plus chéries du public sont *Luis de Camões; Pedro Sem, que já teve e agora não tem; o Governador de Braga, ou os tres amores; o mosteiro de Sancto-Iago*, d'après la *Favorite* de Donizetti.

[2]) Le *Magazin für die Literatur des Auslandes*, 1857, Nº 48, dit de *Boabdil*: „Cette pièce est très-habilement conçue et se distingue par la vérité et la profondeur des sentiments, par le brillant de la diction, un langage poétique et une vive imagination. C'est le reflet d'un coucher de soleil du midi sur les ruines de l'Alhambra." — La traduction allemande du docteur Ernesto Ferreira França, qu'on y annonce, n'a pas paru, que nous sachions.

[3]) Elle a paru comme supplément de la *Guanabara*, II, 1855, Nº 7—11. — Nous connaissons en outre les titres de pièces suivantes: *O Cégo*, drame en cinq actes et en vers (Nictheroy, 1849, 4º); *O sacrificio de Isaac*, drame sacré en un acte et deux tableaux, en vers (publié au feuilleton du *Jornal do Commercio* de Rio-Janeiro, 1859, Nº 111); et *O amor da patria*, drame en un acte et inédit.

pièce. Elle lui demande s'il aime aussi, mais Cobé est trop fier pour avouer un amour que sa maîtresse n'a pas deviné malgré son accès de jalousie. Les deux passions les plus puissantes chez l'homme de la nature, l'amour et la vengeance, luttent dans le coeur du sauvage et font chanceler sa résolution. Loin de porter le message de sa maîtresse, il se laisse entraîner par ce dernier sentiment à abandonner à son sort dona Branca, qui n'a pas le moindre soupçon de l'amour d'un esclave, à suivre les conseils de sa mère et à fuir auprès des siens pour laver sa honte dans le sang des oppresseurs. Mais l'amour le retient, il ne peut quitter son amante pour la laisser devenir la proie de da Cunha, cet homme qu'il hait. Le mariage de dona Branca doit se faire le lendemain. Elle n'entrevoit aucun salut et obtient de la mère de Cobé un poison rapide, qu'elle cache dans le chaton d'une bague, préférant la tombe à l'autel. L'amour l'emporte alors dans le coeur de l'Indien; il se décide à mourir pour Branca. Sa mère lui a dit avoir donné le poison à sa maîtresse. Au moment où celle-ci veut le prendre, Cobé lui arache la bague et le prend lui-même, mais avant de mourir il délivre la fiancée en perçant d'un poignard da Cunha, qui vient la chercher. De cette manière il venge lui et les siens d'un cruel oppresseur.

On voit par cette analyse que le sujet et les caractères sont vraiment tragiques et offrent un intérêt nativiste puissant. La conduite de la pièce est en général digne d'éloges, la diction conforme au sujet et point surchargée; les vers font honneur à Macedo. Sa pièce fut représentée pour la première fois au théâtre de S. Pedro de Alcantara, le 7 septembre 1859. Un succès croissant l'a accompagnée dès lors.

En 1849 [1]) Martim Francisco Ribeiro de Andrada, auteur des *Lagrimas e Sorrisos*, mentionnés au chapitre précédent, a fait paraître un drame en prose sous le titre de *Januario Garcia o Sete orelhas* (S. Paulo, 8°). Il a trois actes et cinq tableaux (*Quadros*).

Le sujet de cette pièce est la légende nationale du pauliste Januario Garcia, nommé „Sept-oreilles". Pour venger son fils tué par les sept frères Silva dans une querelle territoriale, il quitta sa famille et erra pendant dix ans jusqu'à ce qu'il eût tué les sept frères, et leur eût coupé à chacun une oreille. Il n'épargna pas non

---

[1]) Nous avons bien encore devant nous un drame en cinq actes et en prose de José Manoel Rego Vianna, *Os Jesuitas, ou o Bastardo D'El-Rei*, joué en 1846 à Rio Grande et publié en 1848, mais c'est un mélodrame de la pire espèce.

plus le plus jeune des frères, quoique celui-ci, presque enfant alors, eût été contraint de prendre part au meurtre et eût épousé la fille de Garcia en l'absence de ce dernier. On voit déjà par cette courte analyse qu'un homme aussi sanguinaire n'est pas un héros tragique, et que ce sujet convenait plutôt à un roman [1]). Mais si l'on regarde la pièce comme un récit dramatisé, on ne pourra lui refuser de l'intérêt et de l'habileté. L'exposition est simple et concise.

Candido José da Motta a également traité un sujet national. C'est *O Tira-Dentes, ou a Incofidencia em Minas Geráes*, drame historique en cinq actes et sept tableaux (Santos, 1853, 8°, en prose). Cet événement est de même peu dramatique; la conjuration de Minas Geraes, dont nous avons parlé plusieurs fois, fut découverte avant que ses promoteurs se fussent produit au grand jour; il n'y a donc pas d'action tragique, ce n'est qu'un procès de haute-trahison dont le dénouement est triste. Le drame dont nous parlons se compose d'une série de scènes, où l'intérêt ne se concentre pas même sur Tira-Dentes, rôle secondaire, mais plutôt sur le poète Gonzaga et sa fiancée.

Nous passons sous silence un certain nombre de pièces dont nous ne connaissons que les titres, ou qui ont si peu de valeur qu'elles ne méritent pas une mention particulière [2]). Nous voulons seulement parler encore d'un drame représenté dernièrement au *Gymnasio dramatico* [3]) de Rio de Janeiro. Cette production, bien accueillie, pourrait être l'aurore d'une nouvelle école dramatique au Brésil. C'est *A historia de uma moça rica*, en quatre actes, par le docteur Pinheiro Guimarães. Cette histoire d'une jeune fille riche a pour sujet la chute et la réhabilitation de la victime d'un mariage de convenance. Une fille d'un homme riche se voit forcée d'abandonner son amant pauvre pour donner sa main à un plouto-

---

[1]) Norberto de Souza Silva a en effet pris cet événement pour sujet d'une nouvelle. V. ses *Romances e Novellas*. Nictheroy, 1852, 8°, p. 37—83.

[2]) Nous ne connaissons que les titres des drames *A Resignação* et *A Epoca* par le docteur Varejão; — *Mysterios de familia. Drama original brazileiro em 4 actos*, par Cameron, 1859; — *Os poetas ao seculo das luces. Drama em 4 actos*, par Joaquim Pereira de Almeida, 1861; — *Caetaninho ou o tempo colonial. Drama historico brazileiro*, par Paulo Antonio de Valle, et de la tragédie de Luis Carlos Martins Penna, *Vitiza o Nero das Espanhas*. En revanche nous avons devant les yeux les pièces suivantes, qui appartiennent au genre mélodramatique le plus crasse: *Pedro Martelli*, drame en quatre actes et un prologue par Alvaro Augusto de Carvalho (Sᵃ Catharina, 1855, 8°), et *O Espectro da Floresta*, drame original en cinq actes par le docteur C. J. Gomes de Souza (Rio de J., 1856, 8°).

[3]) Ce théâtre donne surtout des pièces originales d'auteurs brésiliens, et cherche à devenir scène nationale. „Dans le courant de l'année," dit le *Jornal do Commercio* du 7 octobre 1861, „on a donné du moins sur ce théâtre des pièces originales de six auteurs nationaux. Toutes ont eu du succès."

crate de sa classe. Celui-ci ne l'a épousée que par intérêt, tandis que sa maîtresse, une esclave, le domine complétement. L'homme riche traite sa femme avec une telle brutalité qu'elle s'enfuit enfin auprès de son premier amant. Mais ce dernier l'abandonne; le désespoir et la misère la font alors tomber aussi bas qu'une femme peut le faire. Cependant son amour pour la fille qu'elle a eue de son amant lui donne la force de se relever. Elle se repent de ses erreurs et prend la résolution de ne vivre désormais que pour son enfant. Elle refuse même la main d'un homme généreux qui veut remplacer son mari, empoisonné par son esclave.

Cette pièce a été également bien accueillie par le public et par la critique. La *Cronica da Semana* du *Jornal do Commercio* du 7 octobre 1861 dit par exemple: „Des scènes pleines de feu et d'intérêt, un style vif, léger et brillant, des dialogues naturels, des tirades riches en images (*fallas cheias de imagens*), des pensées profondes, quelquefois même osées (*pensamentos graves e ás vezes até ousados*), etc." — Malgré cela la voie que suit le poète nous paraît dangereuse. On y reconnaît l'influence de la littérature dramatique française des derniers temps, qui se complaît dans le demi-monde et a pris ses héroïnes parmi les lorettes!

Dans cette période la comédie a été également cultivée et développée dans le sens national.

Nous avons parlé (Chap. XV) d'Araujo Porto-Alegre, dont les *Comedias brasileiras*, malheureusement pour la plupart inédites, ont, selon toute apparence, donné la première impulsion à ce mouvement.

Mais Penna et Macedo sont de dignes émules et successeurs de ce poète.

Luis Carlos Martins Penna était gentilhomme de la chambre de l'empereur (*moço da Camara de S. M. I.*) et travailla au ministère des affaires étrangères; plus tard il fut attaché à l'ambassade de Londres et mourut très-jeune à Lisbonne il y a quelques années [1]).

Il a surtout écrit des comédies en un acte, toutes semblables aux *entremezes* nationales. Il y dépeint d'une manière très-frappante des moeurs et des caractères indigènes. Les situations sont fort comiques et se rapprochent souvent beaucoup de la farce. le dialogue est vif et plein de bons mots populaires, mais dont le sel est quelquefois assez grossier. L'*Irmão das Almas* (le membre de la confrérie des âmes), le *Judas em sabbado d'Alleluia* (le samedi avant Pâques les enfants ont coutume de porter dans les rues et

---

[1]) V. I. Fr. da Silva, *Diccion.*, V. p. 279.

dans les maisons une représentation grossière de Judas, qu'ils pendent ensuite; leur but est de recueillir des aumônes), le *Juiz de Paz da roça* (juge de paix) sont des pièces nationales, comme leurs titres l'indiquent. Dans la *tragifarça* nommée *O Dilettante* il se moque de la manie de l'opéra italien qui règne à Rio-de-Janeiro, etc.¹). On ne connaît de lui qu'une comédie en trois actes, *O Noviço* (Rio-Jan., 1853, 8°). La verve comique y réside principalement dans les situations et les tours joués par le novice, qui s'est enfui; ils donnent lieu aux quiproquos les plus drôles; mais un fourbe démasqué, qui a commis par avarice le crime de bigamie forme le fond de l'intrigue, ce qui dépasse les bornes de la comédie et blesse le sentiment moral.

Norberto de Souza Silva a tenté d'implanter au Brésil le vaudeville français. Il a d'abord fait quelques traductions, et a fini par donner des productions originales, qu'il nomme *Opera comica* ²). Il a écrit les „opéras comiques" suivants: *O Chapim do Rei* (la pantoufle du roi, d'après la vieille romance portugaise publiée par Garrett) et *Beatriz, ou os Francezes no Rio de Janeiro* ³).

Joaquim Manoel de Macedo a su accommoder encore davantage ce genre au goût des Brésiliens; le succès a été grand. *O primo da California, opera em dous actos, imitação do frances* (Rio de J., 1858, 12°) est encore une imitation du français, comme le titre le dit. Le „Cousin de Californie" a été applaudi en 1855 sur le théâtre du *Gymnasio dramatico*. L'opéra du „Fantôme blanc" a été encore mieux accueilli (*O Fantasma branco*. Opéra en trois actes, Rio de Jan., 1856, 8°). Dans cette pièce une grande partie du succès dépend de l'exécution, car c'est au fond une farce; l'intrigue ne trahit pas un grand talent d'invention et les caractères sont très-chargés. Mais c'est précisément dans cette exagération

---

¹) Ces pièces et quelques autres en un acte comme *Quem casa quer casa*, proverbe; *O Caixeiro da taverna, comedia*, ont paru de 1851—1855 à Rio de Janeiro sous le titre de *Theatro Brasileiro*.

²) „*É este drama,*" dit-il dans la préface de *O Chapim do Rei*, „*escripto no gosto dos vaudevilles francezes, composto após a traducção de Ketty ou a volta á Suissa; chamei-lhe por essa razão — Opera comica —, visto não possuirmos termo em nossa lingua que' exprima semelhante casta de composições dramaticas.*"

³) *O Chapim do Rei*, en un acte et en prose, a paru en 1851 à Rio de Janeiro. L'auteur y a habilement dramatisé le sujet charmant, mais quelque peu graveleux, de la vieille romance portugaise ou *Chacara*. — *Beatriz* ou „les Français à Rio-Janeiro" devait se jouer sur le théâtre de S. Pedro de Alcantara, lorsqu'il brûla pour la troisième fois. Le manuscrit de cet opéra a été détruit dans cet incendie. L'auteur l'a rétabli plus tard et publié en 1861 dans la *Revista popular*.

volontaire, dans ce sans-gêne d'une verve folle que gît la force comique de cette production. Les deux principaux personnages, le capitaine Tiberio, vrai Glorieux, et sa vieille et méchante soeur Galatea, joués par M. Martinho et Mme Maria Amalia, devaient lui emporter tous les suffrages [1]). La pièce ne manque du reste pas de situations et de saillies comiques; les couplets sont dignes en tous points de Macedo; la versification en est légère et attrayante. Dernièrement la „Tour au concours" (*A torre em concurso*) a eu un succès semblable. Cette pièce en trois actes est en même temps une satire des plébiscites en faveur maintenant! — Nous avons vu cités de Macedo encore les deux opéras suivants: Luxe et vanité (*Lujo e vaidade*) et Le nouvel Othello (*O novo Othelo*).

Ces productions de Macedo peuvent se comparer aux opéras d'Antonio José; elles sont tout aussi nationales et conçues également avec une facilité qui tient de l'improvisation.

Quant aux drames lyriques proprement dits, ceux de l'Italie règnent presque exclusivement au Brésil et se jouent au *Theatro lyrico fluminense*.

Luis Vicente de Simoni [2]), Italien de naissance, mais qui s'est fixé au Brésil et écrit en portugais, a traduit en vers et en prose plusieurs libretti qui ont paru plus tard. Il a en outre écrit en portugais quelques opéras originaux qui ont été représentés. Ainsi l'opéra du „Retour de Columella" (*A volta de Columella*, Rio de J., 1857), le premier drame lyrique chanté sur les théâtres de S. Januario et de S. Pedro par des acteurs indigènes (*Academia da Opera nacional*); auparavant ils n'avaient donné que des opérettes (*zarzuelas e farças*). Citons encore *Marilia de Itamcracá, ou a donzella da mangueira*, drame lyrique en quatre actes (Rio de J., 1854), dont le sujet est emprunté à une légende brésilienne.

Des poètes brésiliens connus se sont en outre mis à écrire les textes des opéras nationaux et ont cherché ainsi à leur frayer une route à côté de ceux de l'Italie.

Ainsi Araujo Porto Alegre a écrit plusieurs *Operas lyricas*, comme *A noute de S. João, O prestigio da lei*, etc., qui ont été mis en musique. Norberto de Souza Silva a fait de Colomb le héros de son opéra de *Colombo ou o Descobrimento d'America*, Opera ly-

---

[1]) Voici ce que dit un article de la *Guanabara* sur l'opéra au Brésil (vol. II, p. 110): „O Sr. Dr. Macedo .... fez o renascimento da opera, mas não da que na Europa chamam a *opera comica*, porque o *Phantasma branco* não tem uma partitura sua, etc." — En effet il arrive souvent qu'on ne compose pas la musique qui corresponde au texte. Dans l'opéra comique des Brésiliens elle est aussi accessoire que dans les vaudevilles français.

[2]) V. sur lui I. Fr. da Silva, *Diccionario*, V. p. 334—339.

rica en deux actes. Le second seul (*O descobrimento*) a paru dans la *Grinalda* (p. 65—95) et n'a jamais été représenté, que nous sachions.

Pour encourager ces tendances on a aussi ouvert un concours et chargé du jugement le *Conservatorio dramatico brazileiro*. Ensuite de cet appel l'établissement que nous venons de citer, a reçu trois textes d'opéras, dont les sujets sont empruntés aux épopées nationales, l'*Uruguay* et le *Caramurú*. Ce sont les drames lyriques *Lindoya*, *Moema* et *Moema e Paraguassú*. Le premier a paru sous le titre de *Lindoya, Tragedia lyrica em quatro actos* par Ernesto Ferreira França (Leipsic, 1859, 12°).

Le docteur Ferreira França, actuellement professeur de droit, s'est fait connaître par son *Libro de Irtilia*, recueil gracieux de chants et de sonnets érotiques, comme par *O Cassino, poema lyrico* [1]). Le sujet de la *Lindoya* est l'épisode si connu (v. Chap. VI) de l'*Uruguay* de José Basilio de Gama. On ne peut que se joindre à l'opinion des cinq juges du concours, imprimée à la fin du livre. Ils déclarent tous que le travail de notre poète ne convient pas du tout à un opéra, mais qu'il a en lui-même une valeur poétique considérable. Sous ce rapport il préférent la *Lindoya* aux deux autres pièces, restées inédites, à ce que nous croyons. En effet le poète n'a pas eu égard du tout à la musique, car, outre que les morceaux à plusieurs voix font presque entièrement défaut, on trouverait à peine des chanteurs capables d'exécuter les deux rôles principaux de Lindoya et de Guaycambo, tellement ils sont étendus. Ferreira França a nommé sa pièce une „tragédie lyrique" et il a bien fait. Comme telle la *Lindoya* mérite notre attention pleine et entière. La diction est entraînante, la versification harmonieuse. Elle contient en outre des scènes vraiment poétiques, comme celle du commencement du second acte, où les deux amants doivent se séparer au point du jour et cherchent à se faire illusion sur les signes qui annoncent l'aurore.

A côté de ces drames, produits de la civilisation, et dont la tendance nationale est évidente, le Brésil a conservé les vieilles pièces populaires, dont la forme est restée la même. C'est ce que nous voyons par la notice suivante de l'*Annuaire des deux mondes*

---

[1]) V. là-dessus *Guanabara*, II, p. 177—180. — Nous ne connaissons que les titres des deux recueils lyriques cités plus haut. — Le docteur Ferreira França a en outre fait imprimer les ouvrages suivants en Allemagne, où il a séjourné longtemps et dont il s'est approprié la langue: *Brasilien und Deutschland*, Leipsic, 1858, 8°; *Institutiones Justiniani*, Leipsic, 1858, 8°; *Chrestomathia da lingua brasil* (de la langue toupi), Leipsic, 1859, 8°.

(année 1850, p. 1102): „Il existe encore dans l'intérieur du Brésil quelques coutumes du moyen-âge. Il n'est pas rare, en certains jours de fête, d'y voir des carrousels et de représentations de mystères, dans lesquelles apparaissent le diable, les péchés capitaux, Judas, St. Pierre, la Vierge, le Père éternel; ces pièces sont toujours improvisées."

CHAPITRE XVIII.

INTRODUCTION DU ROMAN DANS LA LITTÉRATURE BRÉSILIENNE. — ROMANS DE JOAQUIM MANOEL DE MACEDO, D'ANTONIO GONÇALVES TEIXEIRA E SOUZA ET D'AUTRES. — ESSAIS DE NOUVELLES PAR NORBERTO DE SOUZA SILVA ET D'AUTRES. — ÉLOQUENCE ET PROSE. — FR. ADOLPHO DE VARNHAGEN.

Il est naturel que le roman et la nouvelle n'aient pas été cultivés au Brésil, tant qu'il fut dépendant du Portugal au point de vue littéraire. Chacun sait en effet que, depuis que les romans de chevalerie eurent succombé aux coups formidables que leur porta Don Quichotte et que les romans pastoraux eurent terminé l'existence fictive qu'ils menaient, le Portugal n'a produit sous ce rapport que quelques nouvelles dans le genre de celles de l'Espagne. Ce n'est que depuis une vingtaine d'années qu'on y a traduit ou imité des romans français ou anglais.

Ce genre littéraire n'a donc pu s'introduire au Brésil que dans la période qui nous occupe; il y a revêtu tout d'abord sa forme la plus moderne: il est essentiellement réaliste, social et subjectif.

Au Brésil Caetano Lopes de Moura [1]) a également frayé la voie dans ce domaine, en traduisant le premier en portugais des romans anglais, français et même allemands, par exemple depuis 1837 ceux de Mme de Genlis, de Marmontel, de Châteaubriand, de Walter Scott, de Cooper et de Kotzebue. Il a aussi paru à Rio de Janeiro une traduction du Werther de Goethe [2]).

Mais bientôt il se trouva des talents qui osèrent s'essayer dans un genre qui déborde maintenant tous les autres en Europe. Leur tentative a été couronnée d'un plein succès.

Nommons d'abord Joaquim Manoel de Macedo, dont nous avons déjà parlé comme poète lyrique et dramatique, mais dont le

---

[1]) V. sur cet écrivain et ses oeuvres I. Fr. da Silva, *Diccionario*, II. p. 11—13.

[2]) *As amorosas paixões do joven Werther. Historia verdadeira publicada em allemão pelo celebre J. W. de Goethe, e offerecida as almas sensiveis pelo traductor portuguez.* Rio de J., 1842. 2 voll. in-12.

roman est, à notre avis, la force principale. En 1839, âgé de dix-huit ans, il fit son premier essai, intitulé „l'Étranger" (*O Forasteiro*), qu'il ne commença de publier qu'en 1855 à Rio de Janeiro (nous n'en connaissons que deux volumes), après s'être fait un nom par d'autres ouvrages du même genre. Comme il le dit dans la préface, il n'a fait qu'en polir un peu le style; il y dénote déjà un grand talent d'invention et de peinture de caractères, ainsi qu'une facilité considérable dans l'exposition, qui est vive et animée. Semblable à tous les autres, ce roman a pour sujet l'état social du Brésil, mais il a une couleur plus historique que les suivants, car l'action se passe au milieu du siècle passé, du temps de la colonie. L'auteur y rappelle Walter Scott par la minutie avec laquelle il décrit les costumes, les usages, le pays, etc. Le *Forasteiro* est en outre sérieux. En revanche nous y voyons un trait caractéristique non seulement des romans de Macedo, mais de ceux des écrivains brésiliens en général. Nous voulons parler du penchant au mystérieux, à faire un des principaux ressorts de l'action d'un étranger, d'un inconnu, d'un homme masqué, d'un enfant trouvé ou échangé. Les Portugais et les Espagnols ont probablement légué cette tendance aux Américains.

Le roman qui a fondé la réputation de Macedo est celui nommé *Moreninha* (la Brunette. Rio de Jan., 1844; 2de édit. en un volume, ibid. 1849). Macedo y déploie toutes les particularités de son talent, qui a fait de lui un peintre des moeurs de la société moderne; les couleurs sont vives, la peinture des caractères frise quelquefois la caricature, surtout dans les parties comiques; le mélange enfin du gracieux et de l'espiègle avec le sentimental y est des plus heureux. Macedo aime surtout à décrire les premiers germes de la passion dans un couple presque enfant encore. De nombreux malentendus viennent alors l'entraver. Son héros est ordinairement un étudiant porté à toutes les folies de la jeunesse. Il rend jalouse son amante, passablement coquette, et qui le paie de la même monnaie. Enfin le coeur des deux amoureux, excellent au fond, fait valoir ses droits, explique les malentendus, expie les fautes, et reconnaît que l'amour naïf qu'il a éprouvé auparavant et conservé malgré tous les obstacles, est maintenant épuré et suffira pour la vie entière.

Le plus célèbre des romans de Macedo après la *Moreninha* est le „Jeune homme blond" (*O Moço louro*, Rio de J., 1845; 2de édition, 1854, 2 voll.). Outre l'intérêt puissant qu'excite une intrigue compliquée, conduite par un inconnu qui paraît sous divers déguisements et qui n'est autre que le „jeune homme blond", ce roman a acquis une valeur artistique plus haute encore par deux caractères de femmes, habilement dessinés et bien développés. Honorina et Rachel sont unies par une amitié réelle et profonde, quoique leur éducation et leur tempérament soient tout opposés. La première, nature virginale, rêveuse et romanesque, a grandi à la campagne sous la surveillance sévère de sa grand-mère; la seconde, énergique, ardente, libre jusqu'à l'émancipation, a été introduite de bonne heure dans le grand monde par son père, qui lui en a fait voir exprès tous les défauts. Elle se moque de l'amour, le regarde comme un mensonge de convention ou une pure illusion. Pourtant elle s'éprend violement du jeune homme blond, qui aime son amie et qui en est aimé. Le poète a très-bien développé ce conflit de caractères et de situations, et surtout son influence salutaire sur Rachel qui a la générosité et la force de dompter sa passion. Elle se courbe devant la force et la vérité de l'amour et se résigne même à avancer le bonheur de son amie, sans lui découvrir le sacrifice qu'elle lui fait.

Nous donnons (N° 117) le passage du chapitre quatrième où les deux amies se caractérisent elles-mêmes. Ce fragment peut en outre donner une idée du style de Macedo.

Dans le roman de *Rosa* (il a paru d'abord comme supplément aux années 1849 à 1853 de la *Guanabara* et puis à part, Rio de Jan., 1854, 2 voll. in-12) les caractères sont plus chargés, tandis que l'humeur malicieuse qui règne partout, et un dialogue débordant d'esprit font penser que l'auteur a été à l'école de Pigault-Lebrun. Combien sont brillantes et spirituelles par exemple l'introduction de son héroïne et les paroles du poète sur le pouvoir „des belles" (V. N° 118: „*As moças bonitas*")! —

Macedo a encore écrit les romans suivants: *Os dous amores, Romance brasileiro* (Rio de Janeiro, 1848; 2de édition, ibid., 1854. 2 voll. in-8), *Vicentina* (Rio de Jan., 1853; 2de édition, ibid., 1859. 3 voll. in-12), et *A Carteira de meu tio (Viagem phantastica)* (Rio de Jan., 1855; 2de édition, ibid., 1859. 2 voll. in-16). Ils témoignent de sa fertilité comme de son talent pour ce genre littéraire.

Comme Macedo, Antonio Gonçalves Teixeira e Souza, dont nous avons parlé souvent en sa qualité de poète lyrique et dramatique, a trouvé dans le roman le genre qui convient le mieux à son génie.

La force de Teixeira e Souza réside surtout dans l'invention d'intrigues compliquées, d'imbroglios intéressants, de solutions surprenantes, ainsi que dans la vérité de ses descriptions, ses tendances morales, et ses vues sérieuses. Il dépasse encore Macedo par son amour du mystérieux, et nous le croyons même plus national que celui-ci. Mais il lui est inférieur pour la peinture des caractères, la vivacité du dialogue et de l'esprit. Il ne sait pas comme Macedo faire alterner agréablement le comique et l'humoristique avec le sentimental et le sérieux; l'ironie et les bons mots de ce romancier lui sont inconnus. Tout cela rend Teixeira e Souza beaucoup plus monotone, d'autant plus que ses penchants l'entraînent vers la peinture du sombre et du terrible, vers les catastrophes tragiques. Tandis que chez Macedo on ne peut méconnaître l'influence de modèles français, même l'imitation d'un auteur spécial comme Pigault-Lebrun, on pourrait souvent comparer les oeuvres de notre écrivain à celles des romanciers anglais, surtout de James.

Son premier essai dans ce genre est probablement son „Fils du pêcheur" (*O Filho do Pescador, Romance brasileiro*)[1]; il en a du moins tous les signes. L'auteur dit dans la préface vouloir écrire non seulement un livre intéressant, mais aussi un livre moral, approprié même à la jeunesse (*„Escrevo para agradar-vos; junto aos meus escriptos o quanto posso de moral"*). Mais le personnage principal, l'épouse du pêcheur, est une criminelle si ignoble, qu'elle inspire plus de dégoût que d'intérêt. Son repentir tardif et rien moins que spontané, la peine relativement douce (réclusion dans un couvent) qui lui est infligée pour des crimes comme l'adultère, l'incendie, des tentatives de meurtre sur la personne de son époux, ne sont pas de nature à satisfaire le sentiment moral. Bref dans cet essai nous voyons bien percer les côtés faibles du poète, qui aime à sacrifier l'intérêt psychologique et artistique à celui plus grossier du sujet, et qui, pour captiver davantage, néglige la peinture des caractères et l'enchaînement des faits.

„La Providence" (*A Providencia*. Rio de Jan., 1854, 5 parties) est beaucoup meilleur; c'est même ce que Teixeira e Souza nous a donné de mieux en ce genre. Ce roman prouve le grand talent d'invention du poète; les caractères y sont en outre mieux dessinés et plus développés. Avec cela le romancier y représente avec une vérité saisissante et presque tragique l'idée morale qui fait le fond de sa composition, la vengeance tardive, mais sûre, qui arrête le criminel dans la voie de ses méfaits. L'auteur y a documenté en particulier sa force, qui réside dans les descriptions des localités et des coutumes. L'action se passe au temps de la colonie, comme c'est l'habitude de Teixeira e Souza, et nous donne un tableau at-

---

[1] Quoique l'édition que nous avons sous les yeux, n'ait paru qu'en 1859 à Rio de Janeiro, et que nous n'ayons aucune connaissance d'une édition antérieure, le roman en question doit pourtant avoir été composé avant 1844 et publié dans une revue quelconque, car dans la préface l'auteur parle de son poème *Os Tres Dias de um Noivado* qui a paru en 1844 et ajoute: *„Obra que estava inedita, quando se publicou este romance."*

tachant de la vie dans les plantations du Brésil. La peinture du village de S. Pedro vers la baie d'Araruama et de la procession qui s'y faisait au siècle passé le Vendredi saint (partie II, chap. 2) est très-vivante et a même quelque chose d'humoristique (v. N° 119: *A aldêa de S. Pedro e a Procissão dos Passos*). Quelle idée vraie et originale d'un paysage brésilien nous donne la description de *Campos novos* (partie III, chap. 10; v. N° 120)! — Il faut dire cependant que le roman aurait beaucoup gagné, si l'auteur avait raccourci ou laissé de côté plusieurs épisodes trop étendus, comme le récit des voyages en Orient de Filippe et du père Chagas. C'était d'autant plus nécessaire que le lecteur a de la peine à suivre le fil de la narration, dont l'intérêt palpitant lui fait regretter toute digression inutile.

Nous connaissons encore de Teixeira e Souza deux romans dont voici les titres: „Le sort de deux jeunes gens" (*As fatalidades de dous Jovens. Recordações dos tempos coloniaes*. Rio de Jan., 1856. 3 voll. 8°) et „Marie ou la jeune fille enlevée" (*Maria ou a menina roubada*. Rio de Jan., 1859. 12°). Les sujets en sont intéressants, mais ils le cèdent de beaucoup en valeur poétique à la „Providence".

La voie suivie par Teixeira e Souza paraît être celle qui convient le mieux au goût national, car les autres romans brésiliens, qui nous sont parvenus, portent tous plus ou moins la même empreinte. Mais les côtés faibles de l'auteur que nous venons de citer, y frappent bien plus encore; l'intérêt y est produit par des moyens plus grossiers et réside uniquement dans le sujet, les intrigues sont aussi compliquées que possible; tous enfin se distinguent par une tendance prononcée au mystérieux et même au mélodramatique. Aucun d'eux n'atteint à la valeur littéraire des romans de Macedo et même de Teixeira e Souza [1]).

---

[1]) Nous connaissons pour les avoir lus les romans suivants: „*Os dous matrimonios malogrados, ou as duas victimas do crime. Romance historico tirado da Viagem do Cusco ao Pará, pelo doctor José Manoel Valdez; da qual é um episodio.*" Rio-Jan., 1845, 8°. — L'auteur de ce roman très-aventureux est un Péruvien. I. Fr. da Silva parle de lui dans son *Diccionario*, V. p. 11. — Puis *Nossa Senhora dos Guararapes, Romance historico, descriptivo, moral e critico*, par B. F. F. Abreu e Castro. Fernambouc, 1847. 8°. 2 voll. — Le roman lui-même est très-insignifiant; il n'est que le cadre d'un pélérinage à l'église de la Vierge de Guararapes. L'auteur en raconte la fondation en détail, mais d'une manière très-sèche; il en est de même du récit des combats contre les Hollandais, qui ont eu lieu dans les montagnes qui avoisinent l'église. — *Eduardo ou as victimas do amor*, par M. C. Rio de J., 1850, 12°. L'auteur est Espagnol-Américain et réside à Montevideo. Son oeuvre n'est qu'un tissu d'adultères, de meurtres et d'incestes! — Nous ne connaissons que par des citations les ouvrages suivants: *O Capitão Silvestre e Fr. Velloso, ou a planta-*

Seul le *Guarany* d'Alencar fait peut-être exception, mais il ne nous est pas parvenu.

Les Brésiliens ont eu moins de succès dans la nouvelle que dans le roman. Pour répondre aux exigences du goût, une nouvelle doit offrir dans un cadre restreint la peinture arrondie d'une situation, des caractères vigoureusement dessinés et une conclusion presque épigrammatique; elle est au roman ce que le tableau de genre est à une grande toile historique. Une forme aussi précise, aussi réaliste, ne pouvait convenir à un peuple, à qui sa nature tropicale fait aimer l'abondance des matières, une imagination exubérante, un développement luxurieux et le charme du phantastique. On trouve bien au Brésil des romans de peu d'étendue ou des récits, partageant les défauts et les qualités des premiers, mais fort peu de nouvelles proprement dites et de valeur littéraire considérable.

Un des premiers [1]) auteurs de récits et des plus renommés est Norberto de Souza Silva, dont nous avons parlé si souvent. Il a publié un volume (*Romances e Novellas*, Nictheroy, 1852, 8°) qui contient les narrations suivantes: *Maria ou vinte annos depois*, *Januario Garcia ou as sete orelhas* [2]), *As duas orphãs* et *O Testamento falso*. Quoique l'auteur donne à la première et à la dernière le nom de nouvelles, ce ne sont pourtant que des récits; la dernière surtout est un petit roman. Sauf celle-ci, qui a pour sujet les intrigues occasionnées par un procès d'héritage, et qui est plus réaliste que les autres, ce sont presque toutes de vrais mélodrames, auxquels convient l'épigraphe de la troisième: *O horrible! horrible! most horrible!* —

Les quelques essais de J. M. Pereira da Silva, autre écrivain consommé, ont encore moins de valeur [3]).

ção do café no Rio de Janeiro; romance brasileiro, par Luis da Silva Alves de Azambuja Susano. Rio de J., 1847, in-32. — *Simá*, romance historico do Alto-Amazonas, par Lourenço da Silva Araujo e Amazonas (Fernambouc, 1857, 8°). V. sur les auteurs des deux derniers romans I. Fr. da Silva, Diccion., V. p. 199 et 325. — *A filha da visinha*, Romance original par Antonio José Fernandes dos Reis. — *Memorias de um sargento de milicia*, Romance original.

[1]) Parmi ceux-ci il faut citer M. D. J. G. de Magalhães; nous avons parlé de sa nouvelle au chap. XIV.

[2]) C'est le récit mentionné au chapitre précédent, où nous avons parlé du drame de Martin Francisco Ribeiro de Andrada, qui a le même sujet et le même nom.

[3]) Ses deux essais de nouvelles, *Uma paixão de Artista*, Devaneio de 1838, et *Religião, amor e patria*, Novella de 1839, ont été réimprimés dans ses *Variedades litterarias* (*Obras litterarias e politicas*, I. Rio de J., 1862. 8°). La première de ces nouvelles n'est en effet que la peinture d'une extravagance d'artiste (*devaneio*), de la monomanie amoureuse d'un jeune peintre, qui en meurt

Il faut dire cependant qu'il a paru en outre un grand nombre de productions semblables dans les revues littéraires et aux feuilletons des journaux politiques. Celles qui nous sont parvenues n'ont qu'une valeur éphémère et sont souvent même du remplissage pur et simple. La plupart, comme celles provenant de l'académie de droit de S. Paulo [1]), sont des imitations exagérées des productions de l'école pseudo-romantique, depuis longtemps passée de mode en Europe, mais dont elles cherchent à surpasser l'imagination déréglée et le peu de naturel.

L'éloquence et la prose se sont continuellement développées pendant la période qui nous occupe. Nous avons souvent fait remarquer que les Brésiliens ont du talent et une prédilection marquée pour l'éloquence et l'art oratoire en général. Tandis qu'autrefois ils ne s'exerçaient que dans l'éloquence sacrée, les institutions parlementaires et les académies dont ils jouissent, leur ont fourni l'occasion de briller à la tribune et à la chaire. Le Brésil a déjà vu naître des orateurs politiques distingués, comme les frères Antonio Carlos et Martin Francisco Ribeiro de Andrada, le docteur Lino Coutinho, le marquis de Paraná, Bernardo Pereira de Vasconcellos, le vicomte de Jequitinhonha, qui a donné des preuves de son éloquence politique dans ses *Liberdades das Republicas*, le marquis d'Abrantes, etc.

Parmi les orateurs académiques ceux de l'Institut historico-géographique se distinguent particulièrement. Il suffit de citer Manoel de Araujo Porto-Alegre, Joaquim Manoel de Macedo, Joaquim Norberto de Souza Silva, etc.

Le chanoine Lopes Gama a publié un ouvrage sur la théorie de l'éloquence („*Eloquencia nacional*").

Cet élément rhétorique se montre, poussé peut-être à l'excès, dans les ouvrages biographiques et littéraires d'J. M. Pereira da Silva.

Parmi les oeuvres historiques l'„Histoire du Brésil" de Fr. Adolpho de Varnhagen [2]) mérite d'être citée la première au

---

Si le fond est vrai, ce récit peut intéresser un psychologue. Dans la seconde, nommée *Novella*, le sujet, pauvre par lui-même, se perd dans l'histoire détaillée de la guerre entre les frères D. Pedro et D. Miguel.

[1]) Dans les *Esboços litterarios. Jornal redigido por Academicos*. S. Paulo, 1859, et années suivantes. Les personnes dépeintes dans les *Cartas-Romances* d'A. B. Campos ne sont que des caricatures phantastiques à la Hoffmann, des „cadavres galvanisés", comme l'auteur les nomme lui-même.

[2]) V. sur cet écrivain et ses nombreux ouvrages I. Fr. da Silva, *Diccion.*, II. p. 319—322. Ajoutons à la liste de ses productions, qui y est donnée, le livre suivant sur la chasse au Brésil: *A Caça no Brazil. Manual do Caçador em toda a America tropical. Por um Brazileiro devoto de S. Huberto*. Rio de Jan., 1860, in-12. — Ce petit écrit fort curieux est le premier sur la matière dans l'Amérique du Sud.

point de vue du style, qui est tranquille, digne et clair, comme il convient à l'histoire. Sans tomber dans le défaut de ses compatriotes, trop amateurs de la pompe rhétorique, l'auteur sait pourtant l'élever à propos, et lui donner quelque chose de vif et de frappant, comme dans les descriptions. Nous ne croyons pas pouvoir terminer plus dignement notre livre qu'en donnant (N° 121) sa belle peinture de la délicieuse baie de Rio de Janeiro.

Quelque imparfait que soit cet essai, le lecteur pourra en tirer avec certitude les résultats suivants: La littérature brésilienne peut prétendre à bon droit à être regardée comme vraiment nationale; en cette qualité elle a sa place marquée dans l'ensemble des littératures du monde civilisé; enfin, dans la dernière période surtout, elle s'est développée dans toutes les directions et a produit dans les principaux genres des œuvres dignes de l'attention de tous les amis des lettres.

LE BRÉSIL LITTÉRAIRE

HISTOIRE
DE LA
LITTÉRATURE BRÉSILIENNE

SECONDE PARTIE

MORCEAUX TIRÉS DES MEILLEURS AUTEURS BRÉSILIENS.

CHOIX DE MORCEAUX
TIRÉS
DES MEILLEURS AUTEURS
BRÉSILIENS.

Eusebio de Mattos.

1.

Ao Ecce Homo.

Hoje, que tão demudado
Vos vejo, por meu amor,
Espero, emfim, meu senhor,
Me hei de ver por ganhado.
Satisfazei meu cuidado,
Já que assim vos chego a ver;
Pois só vós podeis fazer,
No mal que sentindo estou,
Que deixe de ser quem sou,
E seja como hei de ser.

Já vejo aos homens clamar
Por vossa morte, impacientes;
E dos tormentos presentes,
Inda a mais querem appellar.
Os termos se hão de trocar,
Que hoje a fé quer advertida,
Vendo em pena tão crescida,
A que é bem que se reporte,
Clamar porque vos dêm morte;
Clamar a vós me deis vida.

Pilatos compadecido
De vos ver como vos via,
Outra condição vestia
Pâra vos mostrar despido.
Eu tambem, amor querido,
Vendo excesso tão atroz,
E o estado em que vos poz
O impio povo ruim;
Já que vos despem por mim,
Me quero eu despir por vós.

Dispam-se contentos vãos,
Loucuras, cegas vaidades;
Atem-se as mãos ás maldades,
Se á bondade lhe atam mãos:
Fiquem pensamentos sãos
E a soberba se desfaça:
No peito a humildade nasça;
Morra a culpa, que me priva;
Porque não é bem que eu viva
Quando morre o auctor da graça.

Este é o homem (dizia
Pilatos, que se enternece)
Mas quem a Deus desconhece,
Mal conhecer-se podia.
A minha esperança fia
De vós, que alentos lhe dá
Uma fé, que viva está;
Que de amor no desempenho,
Conheça o mal que em mim tenho
E veja o bem que em vós ha.

Correu-se a nuvem sagrada
Dessa vossa vestidura;
E do sol a formusura
Se mostrou toda eclipsada!
A flor, por homens pisada?
Oh que pena me causais!
Pois quando assim vos mostrais,
Conheço, ó pai amoroso,
Que por seres tão piedoso,
A tal piedade chegais.

A barbara crueldade
Dos homens, senhor, me admira;
Pois se vestem da mentira
Para despir a verdade:
Não querem ter piedade,
Porque os céga a sem-razão;
Porém, não é muito, não,
Quando o seu rigor os prostra,
Que quem com paixão se mostra,
Mal póde ter compaixão.

Hoje me guia o destino
A amar-vos; que não é bem
Tenha amor grosseiro a quem
Tem em vós amor tão fino:
Pois, quando a amar-vos me inclino,
Maior culpa amada prenda,
Fôra amar-vos sem emenda;
Porque vendo esse amor vosso,
Se offender-vos ver não posso,
Como é bem que vos offenda?

2.

A Soledade da Virgem Maria.

Nos braços do occidente, agonisava
Em cristalino leito o pai do dia;
E a noite o negro manto desatava,
E de palidas sombras se vestia:
Quando a sentir saudades se apartava
Do melhor sol a aurora de Maria;
Acompanhando-a em seus mortais retiros
Ancias, penas, cuidados e suspiros,

Pérolas, que das conchas divididas,
Baixavam a eclipsados resplendores,
Sendo de um fogo amante produzidas,
Vitaes borrifos são das lindas flores;
Pois quando mais da lástima impellidas,
Do prado lisongeam os verdores;
Produzem com mortiferos ensaios,
Magoados abrís, saudosos maios.

A régia flor da rosa bella e pura,
O saudoso pranto em si recebe;
E por dar melhor gala á formusura,
Por copos de coral aljofar bebe:
Quando em Maria a pena mais se apura,
Brancas venturas seu carmim concebe;
Que póde a saudade rigorosa,
Fazer sua belleza venturosa.

Mas ainda assim, sentida e magoada,
A Maria acompanhada em seu tormento;
Que nos braços da pena desmaiada,
Só sente em si com vida o sentimento
Da vida de seus olhos apartada,
Tanto entrega o motivo ao pensamento;
Que o filho a quem lamenta sepultado,
Testemunha é fiel do seu cuidado.

Um ai lisongear a dor queria,
E a mesma dor no peito o embargava;
Porque uma dor a outra reprimia,
Quando um tormento a outro só buscava.
O melhor dos sentidos padecia,
Porque o melhor cuidado lhe faltava;
Sendo do coração em laço estreito,
Centro o sepulchro, e sepultura o peito.

Vendo sem luz o sol, que o mundo adora,
Murcha do prado a flor mais peregrina,
Ficou sem luz a mais suprema aurora,
Sem resplendor a estrella matutina.
Nas saudosas lagrimas que chora,
Firme levanta os creditos de fina;
Porque menos de dor a dor tivera,
Se o pranto um só suspiro interrompera.

Com o tormento a lingua emmudecida,
O coração no peito lhe falava;
E quando o écco n'alma repetia,
Resposta o coração reverberava,
Ai saudade! (o corazão dizia)
Ai solidão! (a alma articulava)
Se uma dor, que está viva, é mais violenta,
A alma tem esta dor, que me atormenta.

Já sem a luz do claro sol ausente,
Me tem a saudade em noite escura;
Sendo a pena maior, que esta alma sente,
O ter a sua glória em sepultura.
A dor da solidão é tão vehemente,
E padecel-a tanto a amor procura;
Que quando alivio a tanto mal se achára,
Só por padecer mais, o não buscára.

Oh quanto agora, amado filho, oh quanto
Me lembra, que em Belem, em doces laços,
Vi vosso pranto alivio de meu pranto,
Sendo oriente desse sol meus braços!
Agora, em solitario e triste espanto,
Sigo daquellas lagrimas os passos;
E vem a agradecer lagrimas finas,
Favores de outras lagrimas divinas.

No vosso oriental oitavo dia,
Thesouro de rubins se antecipava;
Pois poucas dilações amor soffria;
Pressa para correr ao sangue dava.
Bem sei daquella dor que então sentia,
Meu bem, que a minha dor profetisava;
Sendo de amor aquelle humilde excesso,
Annúncio á solidão que hoje padeço.

De poderosos reis, pobres pastores,
Em meus braços vos vistes adorado;
Porqu'os vossos divinos resplendores,
Lhe haviam clara luz nas almas dado.
Mas agora sendo alvo dos rigores
Vos vistes pelos homens ultrajado. — ..

Nos braços de Simião, amor, quizestes
Passar das minhas mãos apresentado;
E como em mãos dos homens vos pozestes,
Logo andou com cuidado o meu cuidado;
Pois pelos homens hoje a ser viestes
Nos braços de uma cruz crucificado;
Para nesse sepulchro, que venero,
Ver a um Deos por querer, que tanto quero.

Já da minha amorosa companhia
Um tempo, oh doce amor, vos apartastes;
E por dar luz a quem a luz não via,
Sendo a luz de meus olhos, me deixastes.
Hoje, por semrazões da tyrannia,
Sem vós fiquei, e vós sem mim ficastes:
Que como estou sem mim, filho querido,
Nem em mim posso achar o que hei perdido.

Como penas procura o pensamento
Neste meu solitario e triste estado,
Quer meu amor, para maior tormento,
Que sem pena imagine o meu cuidado.
Se ão coração as penas dão sustento,
Não seja o coração alimentado;
Pois receio, na pena, encarecida,
Que deem ao coração as penas vida.

Sentindo a dor da vossa soledade,
Oh quem, pura Maria, hoje podéra,
As âncias reprimindo da vontade,
Tornar do peito o bronze em branda cera!
Porque em vossa maior penalidade,
Meu pranto companhia vos fizera;
E se eu sentir a vossa dor me víra
Não sentir como vós é que sentíra.

Tornada a rosa em candida assucena,
Publíca a vossa dor vosso semblante;
A quem o coração, de mágoa e pena,
Mil correios envia a cada instante.
Que suspireis, senhora, o amor ordena
Pelo querido filho, e doce amante:
Suspirai Virgem pura; que eu bem vejo
Ser pena o suspirar, porque é desejo.

Já sem acção nenhuma de vivente
Vos tem a triste dor, que o peito encerra,
Padecendo na lástima presente,
Em campanha de amor, saudosa guerra.
A vossa dor a morte não desmente;
É a vossa pena a vida não desterra:
Que viva estais, da pena magoada;
E morta, porque a vida está apartada.

Gregorio de Mattos Guerra.

3.

A certos sujeitos hypocritas, e murmuradores, sôbre serem viciosos; ou aos costumes da Bahia.

D'estes que campam no mundo,
Sem ter engenho profundo;
E entre o gabo dos amigos,
Os vemos em papafigos,
Sem tempestade, nem vento;
   Anjo bento!

De quem com lettras secretas,
Tudo o que alcança é por tretas,
Bocalejando sem pejo
Por matar o seu desejo,
Desde a manhã té a tarde:
   Deus me guarde!

Do que passêa farfante;
Muito presado de amante,
Por fóra luvas, galões,
Insignias, armas, bastões,
Por dentro pão bolorento:
   Anjo bento!

D'estes beatos fingidos,
Cabisbaixos, encolhidos,
Por dentro fataes maganos,
Sendo na cara uns janos,
Que fazem do vício alarde:
   Deus me guarde!

Que vejamos teso andar,
Quem mal sabe engatinhar,
Muito inteiro, e presumido,
Ficando o outro abatido
Com maior merecimento:
   Anjo bento!

D'estes avaros mofinos,
Que poem na mesa pepinos,
De toda a iguaria isenta
Com seu limão e pimenta,
Porque diz que queima e arde:
    Deus me guarde!

Que pregue um douto sermão
Um alarve, um asneirão;
E que esgrima em demasia
Quem nunca la na Sofia*)
Soube pôr um argumento:
    Anjo bento!

D'esse santo emmascarado,
Que fala do meu peccado,
E se tem por Santo Antonio,
Mas em lucta com o demonio,
Se mostra sempre cobarde:
    Deus me guarde!

Que atropellando a justiça,
Só com virtude postiça,
Se premeia ao delinquente,
Castigando o innocente
Por um leve pensamento:
    Anjo bento!

4.

Aos encantos da vida religiosa.

Quem da religiosa vida
Não se namora, e se agrada,
Já tem a alma damnada,
E a graça de Deus perdida:
Uma vida tão medida
Pela vontade dos ceos;
Que humildes ganham trofeos,
E tal gloria se desfruta,
Que na mesa a Deus se escuta;
No côro se louva a Deus?

---

*) Rua principal de Coimbra: allusão á Universidade.

Esta vida religiosa,
Tão socegada e segura,
A toda a boa alma apura,
Affugenta a alma viciosa.
Ha coisa mais deleitosa,
Que achar o jantar e almoço
Sem cuidado, e sem sobrosso,
Tendo no bom e mau anno,
Sempre o pão quotidiano,
E escusar o Padre Nosso?

Ha coisa como escutar
O silencio, que a garrida
Toca depois da comida,
Pâra cozer o jantar?
Ha coisa como calar,
E estar só na minha cella,
Considerando a panella,
Que cheirava e recendia
No gôsto de malvazia
Na grandeza da tigella?

Ha coisa como estar vendo
Uma mãi religião,
Sustentar a tanto irmão,
Mais ou menos reverendo?
Ha maior gôsto (ao que entendo)
Que agradar ao meu prelado,
Para ser delle estimado,
Se a obedecer-lhe me animo;
E depois de tanto mimo,
Ganhar o ceo de contado?

Dirão réprobos e réos,
Que a sugeição é fastio;
Pois p'ra que é o alvedrio,
Senão para o dar a Deos?
Quem mais o sujeita aos ceos,
Esse mais livre se vê;
Que Deus (como ensina a fê)
Nos deixou livre a vontade;
E o mais é mór falsidade
Que os montes de Gelboé.

Oh! Quem, meu Jesus amante,
Do frade mais descontente
Me fizera tão parente,
Que eu fôra o seu similhante!
Quem me víra neste instante
Tão solteiro, qual eu era,
Que na ordem mais austera
Comêra o vosso maná;
Mas nunca direi que lá
Víra a fresca primavera.

5.

Aos namorados.

O namorado todo almiscarado,
   Já de amor obrigado,
Faz á dama um poema em um bilhete,
Covarde o faz, e timido o remete:
Si lhe responde branda, alegre o gosta,
E si tyranna, estima-lhe a resposta.

Vai n'outro dia passeiar a dama,
   Por quem se inflamma,
E sendo o intento ver a dama bella,
Passa-lhe a rua, não lhe vê janella,
Que está primeiro, em um galã composto,
O credito da dama, que o seu gusto.

Depois de muitos annos de suspiros,
   De desdens e retiros
Desprezos, desapegos, desengannos,
Constancia de Jacob, serviços de annos,
Fazem com que da dama idolatrada
Lhe vem recado, em que lhe dá entrada.

Com tal recado atarantado o moço,
   Quer morrer de alvoroço:
Entregue todo a um subito desvelo,
Enfeita a cara, penteando o pêlo;
Galã em cheiros, em vestir flammante,
Parece um cravo de Rochella andante.

A rūa sáe, e junto ao aposento
  Do adorado portento,
Onde cuidou gozar da dama bella,
Se lhe manda fazer pé de janella;
Aceita elle, e, livre de desmaio,
De amorosos conceitos faz ensaio.

Querido idolo meu, anjo adorado,
  Lhe diz, com voz turbada,
Si para um longo amor é curta a vida,
Meu amor vos escusa de homicida;
De que serve matar-me rigorosa
Quem tantos settas tira de fermosa!

Dai-me essa bella mão, nympha prestante,
  E n'esse rutilante
Oiro em madeixas de cabello undoso,
Prendei o vosso escravo, o vosso esposo:
Não peço muito, mas si muito peço,
Amor, minha senhora, é todo exceço.

É modo amor, que nunca teve modo?
  Amor é excesso todo;
E n'essa mão de neve transparente,
Pouco pede quem ama firmemente,
Dai-ma por mais fineza, que os favores
São leite e alimento dos amores. —

Responde-lhe ella, com um brando sorriso,
  E no mesmo improviso:
— Ai! lhe diz, que accordou meu pai agora!
Amanhã nos veremos, ide embora! —
Feixa a janella, e o moço mudo e quedo,
Fica sobre um penedo outro penedo!

6.

Trabalhos da vida humana. — Metafora d'uma flor.

  De que serviu tão florída,
Caduca flor, vossa sorte,
Se havia da propria morte
Ser ensaio a vossa vida?

Quanto melhor advertida
Andáreis, em não nascer?
Que se a vida houvera ser
Instrumento de acabar;
Em deixares de brilhar,
Deixarieis de morrer.

Em quanto presa vos vistes
No botão, onde morastes,
Bem que a vida não lograstes,
De esperanças vos vestistes:
Mas depois que flor abristes,
Tão depressa fenecestes;
Que quasi a presumir déstes,
(Se se póde presumir)
Que para a morte sentir,
Sómente viver quizestes.

Fazendo da pompa alarde
Abre a rosa mais louçã;
E o que é galla na manhã,
Em luto se torna á tarde:
Pois á vida mais cobarde
Se á mais fragil duração
Renacestes; por que não
Terei de crer fundamento,
Que foi vosso luzimento,
Da vossa sombra occasião.

E pois acabais florída,
Bem se vê flor desditosa,
Que a seres tão formosa,
Não foreis tão abatida:
Desgraçada por luzida,
Offendida por louçã,
Mostrais bem na pompa vã,
As mãos de tempo cobarde,
Que fenecestes na tarde,
Por luzires de manhã.

Assim pois, quando contemplo
Vossa vida e vossa morte,
Em vós, flor, da minha sorte
Contemplo o mais vivo exemplo:

Subí da fortuna ao templo;
Mas apenas subí dino,
Quando me mostra o destino,
Que a quem não é venturoso,
O chegar a ser ditoso,
É degráu de ser mofino.

7.

Desenganos da vida humana.

É a vaidade, oh Fabio, nesta vida,
Roza, que da manhã lisonjeada,
Púrpuras mil, com ambição doirada,
Airosa rompe, arrasta presumida.

É planta, que de Abril favorecida,
Por mares da soberba desatada,
Florída galeota empavezada,
Sulca ufana, navega destemida.

É náu, emfim, que em breve ligeireza,
Com presumpção de Phenix generosa,
Galhardias aposta com presteza.

Mas ser planta, ser rosa e náu vistosa,
De que importa, se a guarda, sem defeza,
Penha a náu, ferro a planta, tarde a rosa?

8.

Ao mesmo assumpto.

São neste mundo imperio de loucura,
Posse, engenho, nobreza e galhardia,
Os padrões da vaidade, em que confia
A presumpção dos homens sem cordura.

Mas se em cinzas se torna a formusura,
Se em cadaver a muda fidalguia,
É palestra do engenho a campa fria,
Se da riqueza é cofre a sepultura.

És tronco na dureza empenhascado;
És homem, mais que a rocha empedernido;
És marmore na constancia do peccado.

Como vives, ó homem presumido,
Vendo qual ha de ser teu triste estado,
Se és galan, nobre, rico ou entendido.

9.

Estando para morrer.

Pequei, senhor: mas não porque hei peccado,
Da vossa alta piedade me despido:
Antes quanto mais tenho delinquido,
Vos tenho a perdoar mais empenhado.

Se basta a vos irar tanto peccado,
A abrandar-vos sobeja um só gemido:
Que a mesma culpa, que vos ha offendido,
Vos tem para o perdão lisongeado.

Se uma ovelha perdida, já cobrada,
Glória tal, e prazer tão repentino
Vos deu, como affirmais na Sacra História:

Eu sou, senhor, ovelha desgarrada;
Cobrai-a; e não queirais, Pastor Divino,
Perder na vossa ovelha a vossa glória.

10.

Idem.

Meu Deus, que estais pendente em um madeiro,
Em cuja fé protesto de viver;
Em cuja santa lei hei de morrer,
Amoroso, constante, firme e enteiro.

Neste trance, por ser o derradeiro,
Pois veio a minha vida anoitecer,
É, meu Jesus, a hora de se ver
A brandura de um pai, manso cordeiro.

Esta razão me obriga a confiar,
Que por mais que pequei; neste conflicto
Espero em vosso amor de me salvar.

Manoel Botelho de Oliveira.

11.

A ilha da Maré.

Jaz em obliqua fórma e prolongada
A terra de Maré, toda cercada
De Neptuno, que tendo o amor constante,
Lhe dá muitos abraços por amante;
E botando-lhe os braços dentro della
A pretende gozar, por ser mui bella.

Nesta assistencia tanto a senhorea,
E tanto a galantea,
Que do mar de Maré tem o appellido,
Como quem présa o amor de seu querido:
E por gôsto das prendas amorosas
Fica maré de rosas,
E vivendo nas âncias successivas,
São do amor marés vivas;
E se nas mortas menos a conhece,
Maré de saudades lhe parece.
Vista por fóra é pouco apetecida,
Porque aos olhos por feia é parecida;
Porém dentro habitada
É muito bella, muito desejada,
É como a concha tosca e deslustrosa,
Que dentro cria a perola formosa.

Erguem-se nella outeiros
Com soberbas de montes altaneiros,
Que os valles por humildes despresando,
As presumpções do mundo estão mostrando,

E querendo ser principes subidos
Ficam os valles a seus pés rendidos.
　　Por um e outro lado
Varios lenhos se vêem no mar salgado.
Uns vão buscando da cidade a via,
Outros della se vão com alegria;
　　E na desigual ordem
Consiste a formosura na desordem.

　　Os pobres pescadores em saveiros,
　　　　Em canoas ligeiros,
　　　Fazem com tanto abalo
Do trabalho maritimo regalo;
　　　Uns as redes estendem,
E varios peixes por pequenos prendem;
Que até nos peixes com verdade pura
Ser pequeno no Mundo é desventura:
　　　Outros no anzol fiados
Tem aos miseros peixes enganados,
Que sempre da vil isca cobiçosos
Perdem a propria vida por gulosos.

　　Aqui se cria o peixe regalado
Com tal sustancia, e gosto preparado,
Que sem tempero algum para apetite
　　　Faz gostoso convite
E se póde dizer em graça rara
Que a mesma naturesa os temperára.

　　Não falta aqui marisco saboroso,
Para tirar fastio ao melindroso;
　　　Os polvos radiantes,
　　　Os lagostins flammantes,
　　　Camarões excellentes,
Que são dos lagostins pobres parentes;
　　　Retrogrados c'ranguejos,
Que formam pés das boccas com festejos,
　　　Ostras, que alimentadas
Estão nas pedras, onde são geradas,
Em fim tanto marisco, em que não falo,
Que é vario perrexil para o regalo.

As plantas sempre nella reverdecem,
  E nas folhas parecem,
Desterrando do Inverno os desfavores,
Esmeraldas de Abril em seus verdores,
E dellas por adorno appetecido
Faz a divina Flora seu vestido.
  As fruitas se produzem copiosas,
    E são tão deleitosas,
Que como junto ao mar o sitio é posto,
Lhes dá salgado o mar o sal do gôsto.
As canas fertilmente se produzem,
E a tão breve discurso se reduzem,
    Que, porque crescem muito,
Em dôze mezes lhe sazona o fruito,
E não quer, quando o fruito se deseja,
Que sendo velha a cana, fertil seja.
    As laranjas da terra
Poucas azedas são, antes se encerra
    Tal doce nestes pomos,
Que o tem clarificado nos seus gomos;
Mas as de Portugal entre alamedas
São primas dos limões, todas azedas.
  Nas que chamam da China
    Grande sabor se afina,
Mais que as da Europa doces e melhores,
E têem sempre a vantagem de maiores,
    E nesta maioria,
Como maiores são, têem mais valia.
    Os limões não se presam,
Antes por serem muitos se despresam.
Ah! se a Hollanda os gozára!
Por nenhuma provincia se trócara.
    As cidras amarellas
    Caindo estão de bellas,
E como são inchadas, presumidas,
É bem que estejam pelo chão caídas:
  As uvas moscateis são tão gostosas,
    Tão raras, tão mimosas,
Que se Lisboa as vira, imaginára
Que alguem dos seus pomares as furtára;
Dellas a producção por copiosa
    Parece milagrosa,
Porque dando em um anno duas vezes,

Geram dous partos, sempre, em dôze mezes.
　　Os melões celebrados
Aqui tão docemente são gerados,
Que cada qual tanto sabor alenta,
Que são feitos de assucar e pimenta.
E como sabem bem com mil agrados,
Bem se póde dizer que são lettrados;
Não falo em Valariça, nem Chamusca:
　　Porque todos offusca
O gôsto destes, que esta terra abona
Como proprias delicias de Pomona.
　　As melancias com igual bondade
　　　　São de tal qualidade,
Que quando docemente nos recreia,
É cada melancia uma colmeia,
E ás que tem Portugal lhe dão de rosto,
Por insulsas aboboras no gôsto.
　　　Aqui não faltam figos,
E os solicitam passaros amigos,
Appetitosos de sua doce usura,
Porque cria appetites a doçura;
　　　E quando acaso os matam,
　　　Porque os figos maltratam,
Parecem mariposas, que embebidas
Na chamma alegre, vão perdendo as vidas.
　　As romãs rubicundas quando abertas
Á vista agrados são, á lingua offertas,
São thesouro das fruitas entre affagos,
Pois são rubis suaves os seus bagos.
As fruitas quasi todas nomeadas
São ao Brazil de Europa trasladadas,
Porque tenha o Brazil por mais façanhas
Além das proprias fruitas, as estranhas.

E tratando das proprias, os coqueiros,
　　　Galhardos e frondosos
　　　Criam cocos gostosos;
E andou tão liberal a naturesa
　　Que lhes deu por grandeza,
Não só para bebida, mas sustento,
O nectar doce, o candido alimento.
De várias côres são os cajús bellos,
Uns são vermelhos, outros amarellos,

E como varios são nas várias côres,
Tambem se mostram varios nos sabores;
  E criam a castanha,
Que é melhor que a de França, Italia, Hespanha.
  As pitangas fecundas
   São na côr rubicundas,
E no gosto picante comparadas
São de America ginjas disfarçadas,
  As pitombas douradas, se as desejas,
São no gosto melhor do que as cerejas,
E para terem o primor inteiro
A ventagem lhe levam pelo cheiro.
  Os araçazes grandes ou pequenos,
Que na terra se criam mais ou menos,
Como as peras de Europa engrandecidas,
Como ellas variamente parecidas,
  Tambem se fazem dellas
De várias castas marmeladas bellas.
  As bananas no mundo conhecidas
Por fruto e mantimento appetecidas,
  Que o céo para regalo e passatempo
Liberal as concede em todo o tempo,
Competem com maçãs ou baonesas,
Com peros verdeaes ou camoesas:
Tambem servem de pão aos moradores,
Se da farinha faltam os favores;
É conducto tambem que dá sustento,
Como se fosse proprio mantimento;
De sorte que por graça ou por tributo
É fruto, é como pão, serve em conducto.
  A pimenta elegante
É tanta, tão diversa e tão picante,
Pára todo o tempero acomodada,
  Que é muito avantajada,
   Por fresca, e por sadia
A que na Azia se gera, Europa cria;
   O mamão por frequente
   Se cria vulgarmente,
   E não présa o Mundo,
Porque é muito vulgar em ser fecundo.
  O marcujá tambem gostoso e frio
Entre as fruitas merece nome e brio;

Tem nas pevides mais gostoso agrado
　　　Do que assucar rosado;
É bello, cordeal, e como é molle,
Qual suave manjar todo se engolle.
　　　Vereis os ananazes,
Que para rei das fruitas são capazes;
　　　Vestem-se de escarlata
　　　Com magestade grata,
Que para ter do Imperio a gravidade
Logram da corôa verde a magestade;
Mas quando tem a corôa levantada
De picantes espinhos adornada,
Nos mostram que entre reis, entre rainhas
Não ha corôa no Mundo sem espinhas.
Este pomo celebra toda a gente,
É muito mais que o pecego excellente,
Pois lhe leva a vantagem gracioso
Por maior, por mais doce e mais cheiroso.

　　　Além das fruitas, que esta terra cria,
Tambem não faltam outras na Bahia;
　　　A mangava mimosa
Salpicada de tintas por formosa,
　　　Tem o cheiro famoso
Como se fôra almiscar oloroso;
　　　Produz-se no mato
Sem querer da cultura o duro trato,
Que como em si toda a bondade apura,
Não quer dever aos homens a cultura.
Oh que galharda fruita e soberana
　　　Sem ter indústria humana!
E se Jove as tirara dos pomares,
Por Ambrosia as puzera entre os manjares!

　　　Com a mangava bella a semelhança
　　　Do macujé se alcança,
Que tambem se produz no mato inculto
　　　Por soberano indulto,
E sem fazer ao mel injusto aggravo,
Na bocca se desfaz qual doce favo.

　　　Outras fruitas dissera, porém basta
Das que tenho descripto a vária casta,

E vamos aos legumes, que plantados
São do Brazil sustentos duplicados:

Os mangarás que brancos ou vermelhos,
São da abundancia espelhos;
Os candidos inhames, se não minto,
Podem tirar a fome ao mais faminto.
   As batatas, que assadas ou cozidas
      São muito appetecidas;
Dellas se faz a rica batatada
Das Belgicas nações sollicitada.
Os carás, que de roxo estão vestidos,
São loyos dos legumes parecidos,
Dentro são alvos, cuja cor honesta
Se quiz cobrir de roxo por modesta.
   A mandioca, que Thomé sagrado
      Deu ao gentio amado,
Tem naz raizes a farinha occulta:
Que sempre o que é feliz, se difficulta.
   E parece que a terra de amorosa
Se abraça com seu fructo delectosa;
Della se faz com tanta actividade
A farinha, que em facil brevidade
No mesmo dia sem trabalho muito
Se arranca, se desfaz, se coze o fruito;
   Della se faz tambem com mais cuidado
      O beyjú regalado,
Que feito tenro por curioso amigo,
Grande ventagem leva ao pão de trigo.
   Os aypins se aparentam
Co'a mandioca, e tal favor alentam,
Que tem qualquer, cosido ou seja assado,
Das castanhas da Europa o mesmo agrado.
   O milho que se planta sem fadigas,
Todo o anno nos dá faceis espigas,
E é tão fecundo em um, e em outro filho,
Que são mãos liberaes as mãos de milho.
   O arroz semeado
      Fertilmente se vê multiplicado;
Calle-se de Valença por estranha
      O que tributa a Hespanha,
      Calle-se do Oriente
O que come o gentio, e a Lizia gente,

Que o do Brazil quando se vê cozido,
Como tem mais substancia, é mais crescido.

Tenho explicado as fruitas e legumes,
Que dão a Portugal muitos ciumes;
Tenho recopilado
O que o Brazil contém pâra invejado,
E pâra preferir a toda terra,
Em si perfeitos quatro AA encerra.
Tem o primeiro A, nos arvoredos
Sempre verdes aos olhos, sempre ledos;
Tem o segundo A nos ares puros,
Na temperie agradaveis e seguros;
Tem o terceiro A nas aguas frias
Que refrescam o peito, e são sadias.
O quarto A no açucar deleitoso,
Que é do Mundo o regalo mais mimoso.
São pois os quatro AA por singulares
Arvoredos, assucar, agoas, ares.

Nesta ilha está mui ledo, e mui vistoso
Um engenho famoso,
Que quando quiz o fado antiguamente
Era rei dos engenhos preminente,
E quando Hollanda perfida e nociva
O queimou, renasceu qual Fenis viva.

Aqui se fabricaram tres capellas
Ditosamente bellas,
Uma se esmera em fortaleza tanta,
Que de aboboda forte se levanta;
Da Senhora das Neves se appellida,
Renovando a piedade esclarecida,
Quando em devoto sonho se viu posto
O nevado candor no mes de Agosto.
Outra capella vemos fabricada,
A Xavier illustre dedicada,
Que o Maldonado parocho entendido
Este edificio fez agradecido
A Xavier, que foi em sacro alento
Glória da igreja, do Japão portento.
Outra capella aqui se reconhece,
Cojo nome s. engrandece,

Pois se dedica á Conceição sagrada
Da Virgem pura, sempre immaculada,
Que foi por singular mais formosa
Sem manchas lua, sem espinhas rosa.
Esta ilha de Maré, ou de alegria,
 Que é termo da Bahia,
Tem quasi tudo quanto o Brazil todo,
Que de todo o Brazil é breve apodo;
E se algum tempo Citherea a achára,
Por essa sua Chipre despresára,
Porém tem, com Maria verdadeira,
Outra Venus melhor por padroeira.

Manoel de Santa Maria Itaparica.

12.

Excerptos do Poema dos Eustachidos.

(Canto 5. oct. 13 — 22.)

 Em um vasto me achei e novo mundo
De nós desconhecido e ignorado,
Em cujas praias bate um mar profundo,
Nunca atégora de algum lenho arado:
O clima alegre, fertil e jucundo,
E o chão de arvores muitas povoado:
E no verdor das folhas julguei que era
Ali sempre contínua a primavera.

 Dellas estavam pomos pendurados
Diversos na fragancia e na pintura,
Nem dos homens carecem ser plantados,
Mas agrestes se dão e sem cultura;
E entre os troncos muitos levantados,
Que ainda a phantasia me figura
Havia um páo de tinta mui fecunda,
Transparente na côr, e rubicunda.

Passaros muitos de diversas côres
Se viam várias ondas transformando,
E dos troncos suavissimos licôres
Em cópia grande estavam dimanando:
Peixes vi na grandeza superiores,
E animaes quadrupedes saltando,
A terra tem do metal loiro as vêas,
Que de alguns rios se acha nas arêas.

E quando a vista estava apascentando
Destas coisas na alegre formosura,
Um velho vi, que andava passeando
De desmarcada e incognita estatura;
Com sobresalto os olhos fui firmando
Naquella sempre movel creatura,
E pareceu-me, se bem reparava,
Que varios rostros sempre me mostrava.

Tinha os cabellos brancos como a neve
Pela velhice muita corcomidos,
E só com pennas se trajava ao leve,
Porque lhe eram pesados mais vestidos;
Andava sempre mas com passo breve,
Posto que os pés trazia envelhecidos,
Um baculo em as mãos accomodava,
Do qual pâra o passeio se ajudava.

Fiquei desta visão maravilhado,
Como quem de taes monstros não sabia,
E logo perguntei sobresaltado
Quem era, que buscava, e que queria?
Elle virando o rosto remendado
Da côr da escura noite e claro dia,
Quem eu era, respondeu, quem procurava,
E que Postero, disse se chamava.

Esta que vês (continou dizendo)
Terra aos teus esconcida e occultada,
Quando eu velho for mais envelhecendo
De um rei grande ha de ser avassallada:
Não te posso dizer o como: e sendo
Esta noticia a outros reservada,
Basta saberes que sem romper muros
Será, passados seculos futuros.

Porém isso não foi o que a buscar-te
Me moveu, e a falar-te desta moda,
Mas de outra coisa venho a informar-te,
Que muito mais do que isto te accomoda:
Bem podes começar della a gozar-te,
Que pâra isso vou andando em roda,
E pâra que não estejas cuidadoso,
Quero dar-te a notícia presagioso.

Naquella (e me mostrou uma grande ilha,
Formosa, fresca, fértil e aprasivel,
A quem Neptuno o seu tridente humilha,
Quando o rigor do Austro é mais sensivel)
Ha de vestir a pueril mantilha,
Depois de nella ter a aura visivel,
Um, que pâra que a ti versos ordene,
Ha de beber da fonte de Hypocrene.

Este pois lá n'um seculo futuro,
Posto que della ausente e apartado,
Porque c'os filhos sempre foi perjuro
O patrio chão, e os trata sem agrado,
Por devoção intrinsica e amor puro,
Talvez do Deus, que adoras, inspirado,
De ti e desses dois dessa pousada
Ha de cantar em lyra temperada.

13.

Descripção da ilha Itaparica.

1. Cantar procuro, descrever intento
   Em um heroico verso e sonoroso
   Aquella, que me deu o nascimento,
   Patria feliz, que tive por ditoso:
   Ao menos com este humilde rendimento
   Quero mostrar lhe sou affectuoso,
   Porque é de ânimo vil e fementido
   O que á patria não é agradecido.

2. Se nasceste no Ponto ou Lybia ardente,
   Se no Pindaro viste a aura primeira,
   Se nos Alpes ou Etna comburente

Princípio houveste na vital carreira,
Nunca queiras, leitor, ser delinquente,
Negando a tua patria verdadeira:
Que assim mostras herdaste venturoso
Animo heroico, peito generoso.

3. Musa, que no florido de meus annos
Teu furor tantas vezes me inspiraste,
E na idade, em que vem os desenganos,
Tambem sempre fiel me acompanhaste!
Tu, que influxos repartes soberanos
Desse monte Helicon, que já pizaste,
Agora me concede o que te peço,
Pâra seguir seguro o que começo.

4. Em o Brazil, provincia desejada
Pelo metal luzente, que em si cria,
Que antigamente descoberta e achada
Foi de Cabral, que os mares descorria,
Porto donde está hoje situada
A opulenta e illustrada Bahia,
Jaz a ilha chamada Itaparica,
A qual no nome tem tambem ser rica.

---

65. Até qui Musa: não me é permittido
Que passe mais ávante a veloz penna.
A minha patria tenho definido
Com ésta descripção breve e pequena;
E se o tel-a tão pouco engrandecido,
Não me louva, mas antes me condemna,
Não usei termos de poeta experto,
Fui historiador em tudo certo.

Sebastião da Rocha Pitta.

14.

Descripção da natureza do Brazil.

A fermosa variedade de suas formas na desconcertada proporção dos montes, na conforme desunião das praias, compoem uma tão egual harmonia de objectos, que não sabem os olhos aonde melhor possam empregar a vista: já em altas e continuadas serranias, já em successivos e dilatados valles; as maiores porções d'elle fez Deus felicissimas, algumas inuteis; umas de arvoredos nuas expoz ás luces do sol, outras cobertas de espessas mattas occultou aos seus raios: formou dilatadissimos campos, uns partidos brandamente por arroios pequenos, outros utilmente tyrannisados por caudalosos rios, etc.

Vastissima região, felicissimo terreno, em cuja superficie tudo são fructos, em cujo centro tudo são thesouros, em cujas montanhas e costas tudo são aromas, tributando os seus campos o mais util alimento, as suas minas o mais fino oiro, os seus troncos o mais suave balsamo, e os seus mares o ambar o mais selecto; admiravel paiz, a todas as luzes rico, aonde prodigamente profusa a natureza se desentranha nas ferteis producções que apura a arte.

Em nem-uma outra região se mostra o céo mais sereno, e nem a aurora madruga mais bella; o sol em nem-um outro hemispherio tem os raios tão doirados, nem os reflexos nocturnos tão brillantes; as etrellas são as mais benignas, e se mostram sempre alegres; os horizontes, ou nasça o sol ou se sepulte, estão sempre claros; as aguas, ou se tomem nas fontes pelos campos, ou dentro das povoações nos aqueductos, são as mais puras, etc.

Antonio José da Silva.

15.

(Vida de D. Quijote.)

D. Quijote.

E si bem reparo agora nas feições deste Sancho, lá tem alguns laivos de Dulcinea; porque sem duvida Sancho ás vezes o vêjo com o rosto mais afeminado, que quasi me persuado que está Dulcinea transformada nelle.

Sancho.

(Meu amo está no espaço imaginario!) Ah Senhor, toca a cavalgar que o rocinante está sellado, e o burro albardado. Senhor! ... v. m. não ouve?

D. Quijote.

Sim, ouço! que seja possivel, prodigioso enigma de amor, galharda Dulcinea del Toboso, que os magicos antagonistas do meu valor te transformassem em Sancho Pança?

Sancho.

(Ainda esta me faltava para ouvir, e que aturar!) Que diz Senhor? está louco? com quem falla v. m.?

D. Quijote.

Fallo contigo, Sancho fingido, e com Dulcinea transformada.

Sancho.

Se v. m. algum dia tivesse juizo, dissera que o tinha perdido. Que Sancho fingido, ou que Dulcinea transformada é esta?

D. Quijote.

Não sei como agora falle, si como á Sancho, si como á Dulcinea! vá como fôr! Saberás que os encantadores tem transformado em tua vil, e sordida pessoa a sem igual Dulcinea; vê tu, Sancho amigo, si ha maior desaforo, si ha maior insolencia destes feiticeiros, que mascarar o semblante puro, e rubicundo de Dulcinea com a mascara horrenda da tua torpe cara!

Sancho.

Ora diga-me, Senhor, por onde sabe v. m. que a senhora Dulcinea está transformada em mim?

D. Quijote.

Isso é que tu não alcanças, simples Sancho! pois sabe que nós, os cavalleiros andantes, temos cá um tal instincto que nos é permittido descobrir aonde está o engano, e a transformação, pelos effluvios que exhala o corpo, e pela physionomia do rosto.

Sancho.

Basta que conheceu v. m. pela simonetria do rosto! pois, Senhor, que parentesco carnal tem a minha cara com a da senhora Dulcinea? Ora eu até qui não cuidei que v. m. era tão louco! Cuido que nem na vida de v. m. se conta semelhante desaventura!

D. Quijote.

Quanto mais te desesperas, mais inculcas que és Dulcinea. Deixa-me beijar-te os athomos animados desses pés! já que não permittes tocar com os meus labios o jasmim dessa mão. Dulcissima Dulcinea! . . . . .
(Quer abraçar Sancho.)

Sancho.

Aqui d'el-rei, senhor, que não sou Dulcinea! tire-se lá! olhe que lhe dou uma canellada!

D. Quijote.

Ora, meu Sancho, dize-me em segredo, si és Dulcinea, que eu te prometto um bom premio!

Sancho.

Como, senhor, lhe hei-de dizer? sou tão macho como v. m.

D. Quijote.

Sancho, nesse mesmo dengue agora confirmo que és Dulcinea.

Sancho.

Ora leve o diabo o dengue! que queira v. m. que á força eu seja Dulcinea ensanchada, ou Sancho endulcinado? Ora pois já que quer que eu seja Dulcinea, chegue-se para cá, que lhe quero dar dous couces.

D. Quijote.

Tu me queres dar couces? agora vejo que não és Dulcinea! pois Dulcinea tão formosa, e tão discreta nunca podia ser besta, nem ainda transformada, para dar o que me offereces com a tua grosseira.

16.

As guerras do Alecrim e Mangerona.

D. Nize.

Ora Senhores Doutores, já que v. m. aqui se achão, bem é, que os informemos, eu, e minha irmã, de varias queixas, que padecemos.

Simicupio.

Inda mais essa? Ora digão.

D. Cloris.

Senhor, o nosso achaque é tão semelhante, que com uma só receita se pódem curar ambos os males.

D. Nize.

Não ha duvida, que o meu achaque é o mesmo em carne, que o de minha irmã.

Simicupio.

Achaque em carne pertence á Cirurgia.

D. Cloris.

Que como dormimos ambas, se nos communicou o mesmo achaque; e assim, Senhor, padecemos umas ancias no coração, umas melancolias n'alma, uma inquietação nos sentidos, uma travessura nas potencias; e finalmente, Senhor Doutor, é tal este mal, que se sente, sem se sentir; que doe, sem doer; que abraza, sem queimar; que alegra entristecendo, e entristece alegrando.

Simicupio.

Basta, já sei, isto é mal Cupidista.

D. Lanserote.

Oh que é mal Cupidista, que nunca tal ouvi?

Simicupio.

É um mal da moda.

D. Nize.

Que remedio nos dão v. m.?

D. Fuas.

Eu dissera, que o oleo de Mangerona era excellente remedio.

D. Gil.

O verdadeiro para essa queixa são as fumaças do Alecrim.

D. Fuas.

Hui, Senhor Doutor, a Mangerona é um excellente remedio.

D. Gil.

Nada chega ao Alecrim, cujas excellentes virtudes são tantas, que para numeral-as não acha numero o algarismo; e não faltou quem discretamente lhe chamasse planta bemdita.

D. Fuas.

Se entrarmos a especular virtudes, as da Mangerona são mais, que as da herva santa.

Simicupio.

D'aqui a pol-a no altar não vai nada.

D. Fuas.

A Mangerona é planta de Venus, de cujos ramos se corôa Cupido, e para o mal Cupidista não pôde haver melhor remedio, que uma planta de Venus; pois se notarmos a perfeição, com que a natureza a revestio d'aquellas mimosas folhinas, para que todo o anno sejão jeroglifico da immortalidade, aquelle suavissimo aroma, de cuja fragancia é hidropico o olfato, ella é a delicia de Flora, o mimo de abril, e a esmeralda no annel da primavera.

Simicupio.

É verdete; não ha duvida.

D. Nize.

(á parte) Estou tão contente.

D. Gil.

O Alecrim, Senhor, pela sua excellencia é titular na rupublica das plantas, cujas flores, depois de serem bella imitação dos ceruleos globos, são a doçura do mundo nos melifluos osculos das abelhas.

Simicupio.

Todavia a materia é de *apicibus*.

D. Gil.

Elle é a corôa dos jardins; o lenço vegetavel das lagrimas da Aurora; nas chammas é Fenix; nas aguas Rainha; e finalmente é o antidoto universal de todos os males, e a mais segura taboa da vida, quando no mar das queixas assoprão os ventos inficionados; e para prova deste systema repetirei traduzido em Portuguez um Epigramma do Proto-Medico Avicena, poeta arabico.

Soneto.

Um dia para Siques*) quiz Amor
Uma grinalda bella fabricar,

---

*) Psyché.

E, por mais que buscou, não pôde achar,
Flor do seu gosto entre tanta flor.

Desprezou do jasmim o seu candor,
E a rosa não quiz por se espinhar,
Ao girasol mostrou não se inclinar,
E ao jacinto deixou na sua dôr.

Mas tanto que chegou Cupido a ver
Entre virentes pompas o Alecrim,
Um verde ramo pretendeu colher;

Tu só me agradas, disse, pois emfim
Por ti desprezo, só por te querer,
Jacinto, girasol, rosa, e jasmim.

D. Cloris.

Viva o Senhor Doutor, eu quero as fumaças do Alecrim.

D. Tiburcio.

E morra o Senhor doente: ai minha barriga!

D. Fuas.

Se versos pôdem servir de textos, escute uns de um antegonista desse autor á favor da Mangerona pelos mesmos consoantes.

Soneto.

Para vencer as flores quiz Amor
Settas de Mangerona fabricar:
Foi discreta eleição, pois soube achar
Quem soubesse vencer a toda a flor.

O jasmim desmaiou no seu candor,
A rosa começou-se a espinhar,
No girasol foi culto o inclinar,
Ais o jacinto deu de inveja, e dôr.

Entre as vencidas flores pôde ver
Retirar-se fugido o Alecrim,
Que amor para vingar-se o quiz colher;

Cantou das flores o triumpho emfim,
Nem os despojos quiz, por não querer,
Jacinto, girasol, rosa, e jasmim.

D. Nize.

Viva o Senhor Doutor, eu quero o remedio da Mangerona.

D. Lanserote.

Não cuidei, que a Mangerona, e Alecrim tinhão taes virtudes. Vejamos agora o que diz o Senhor Doutor.

D. Tiburcio.

Que tenho eu com isso? Senhores, v. m. vierão curar á mim, ou ás raparigas? Ai minhas barrigas!

Simicupio.

Callado estive ouvindo a estes Senhores da escola moderna, encarecendo a Mangerona, e Alecrim. Não duvida que *pro utraque parte* ha mui nervosos argumentos, em que os Doutores Alecrinistas, e Mangeronistas se fundão; e tratando Dioscorides do Mangeronismo, e Alecrinismo, assenta de pedra, e cal, que para o mal Cupidista são remedios inanes; porque tratando Ovidio do remedio *amoris* não achou outro mais genuino contra o mal Cupidista, que o Malmequer, por virtude sympatica, magnetica, diaforetica, e dioretica, com a qual *curatur amorem*. Repetirei as palavras do mesmo Ovidio.

Soneto.

Essa, que em cacos velhos se produz
Mangerona miserrima sem flor,
Esse pobre Alecrim, que em seu ardor
Todo se abraza por sahir á luz;
   Ainda que se vejam hoje a fluz
Desbancar nas baralhas do amor,
Cuido, que ellas o bolo hão de repor,
Senão negro seja eu como um lapuz.
   O Malmequer, senhores, isso sim,
Que é flor, que desengana, sem fazer
No verde da esperança amor sem fim.
   Deixem correr o tempo, e quem viver
Verá que a Mangerona, e o Alecrim
As plantas beijarão do Malmequer.

Sevadilha.

Viva, e reviva o Senhor Doutor, e já que é tão bom medico, peço-lhe me cure de umas dores tão grandes, que parecem feitiços.

Simicupio.

Dá cá as pulseiras. Ah perra, que agora te agarrei! Tu estás marasmodica, e impiamatica. Ah Senhor, logo, logo, antes que se perpetue uma febre podre, é necessario, que esta rapariga tome uns Simicupios.

Sevadilha.

Simicupios eu? É cousa, que abomino.

Simicupio.

Eu desencarrego a minha consciencia, e não sou mais obrigado.

D. Lanserote.

Ella não tem querer, ha de fazer o que v. m. mandar.

Fagundes.

Eu tambem sou de carne, tenho annos, e tenho achaques.

Simicupio.

Pois cure-se primeiro dos annos, logo se curará dos achaques.

Fagundes.

Não Senhor, que este achaque não é annual, é diario.

Simicupio.

Se fora nocturno, não era máo. Pois que achaque é o seu, Senhora velha?

Fagundes.

Que ha de ser? É esta madre, que me persegue.

Simicupio.

Hui, vossé com esses annos ainda tem madre? E o que será de velha a senhora sua madre! Filha, isso não é madre, é avó.

Fagundes.

Talvez que por isso tão rabujenta me persiga. E que lhe farei, Senhor Doutor?

Simicupio.

A uma madre velha, que se lhe ha de fazer? Andar, ponha-lhe oculos, e muletas, e deixe-a andar.

D. Lanserote.

Isto aqui é um hospital, graças á Deos: só eu n'esta casa sou são como um perro, á pezar de duas fontes, e uma funda.

Simicupio.

O ditoso homem, que vives sem males!

D. Tiburcio.

Senhores, o meu mal devia ser contagioso; porque depois da minha doença todos adoecerão. Ai minha barriga!

D. Lanserote.

Pois em que ficamos?

Simicupio.

Senhor meu, fallando em termos, o doente sangre-se no pé; v. m. na bolsa; ás senhoras suas sobrinhas tres banhos; á moça Simicupios; e á velha lancem-na ás ondas, que está damnada.

Fagundes.

Ai que galante cousa!

D. Cloris.

Eu não quero mais remedio, que os fumos do Alecrim.

D. Nize.

E eu os de Mangerona.

Simicupio.

Não seja essa a duvida, ainda que não sou desse voto com tudo cada um é senhor da sua vida, e se pôde curar como quizer; lá vai a receita. (*Canta Simicupio a seguinte*)

Aria.

Si in medicinis
Te visitamus,
Non asniamus,
Sed de Alecrinis,
Et Mangeronis
Recipe quantum
Satis *aná*.
Credite mihi
Qui sum peritus,
Non mediquitus
De cacaracá.

17.

Soneto.

Tanto te quero, oh Clori, tanto, tanto;
E tenho n'este tanto tanto tento
Que em cuidar, que te perco, me espavento,
E em cuidar, que me deixas, me ataranto:
    Se não sabes, ai Clori! o quanto, o quanto
Te idolatra rendido o pensamento,
Digão-t'o os meus suspiros cento a cento,
Soletra-o nos meus olhos pranto a pranto.
    Oh quem pudera agora encarecer-te
Os exquisitos modos de adorar-te
Que amor soube inventar para querer-te!
    Ouve, Clori; mas não, que hei de assustar-te;
Porque é tal o meu incendio, que ao dizer-te
Ficarás no perigo de abrazar-te.

18.

Aria.

    Viram já vocês um gato,
Que miando pela casa,
Tudo arranha, tudo arraza,
E caçando o pobre rato,
Este guincha que o não rape,
D'ali diz-lhe a moça: *çape*,
E o gato responde: *miau*,
E a senhora grita: *xó?*
    Dessa sorte Amor tyranno
Faz das unhas duras frexas,
Que trepando da alma ás brexas
Corações, fressuras, bófes
Come, engole e faz em pó.

José Basilio da Gama.

19.

Excerptos do Uruguay.

a) Lindoya.

..... Descontente, e triste
Marchava o general: não soffre o peito
Compadecido, e generoso á vista
D'aquelles frios, e sangrados corpos,
Victimas da ambição, de injusto imperio.
Foram ganhando, e descobrindo terra
Inimiga, e infiel; até que um dia
Fizeram alto, e se acamparam, onde
Incultas vargeas, por espaço immenso
Enfadonhas, e estereis acompanham
Ambas as margens de um profundo rio.
Todas estas vastissimas campinas
Cobrem palustres, e tecidas canas,
E leves juncos de calor tostados,
Prompta materia de voraz incendio.
O Indio habitador, de quando em quando
Com estranha cultura entrega ao fogo
Muitas legoas de campo: o incendio dura
Emquanto dura, e o favorece o vento.
Da herva, que renasce, se apascenta
O immenso gado, que dos montes desce;
E renovando incendios d'esta sorte
A arte emenda a Natureza, e podem
Ter sempre nedio o gado, e o campo verde.
Mas agora sabendo por espias
As nossas marchas, conservavam sempre
Seccas as torradissimas campinas,
Nem consentiam, por fazer-nos guerra,
Que a chamma bemfeitora, e a cinza fria
Fertilisasse o arido terreno.
O cavallo até li forte, e brioso,
E costumado á não ter mais sustento
N'aquelles climas, do que a verde relva
Da mimosa campina, desfallece.

Nem mais, se o seu senhor o affaga, encurva
Os pés, e cava o chão co'as mãos, e o valle
Rinchando atroa, e açouta o ar co'as clinas.
Era alta noite, e carrancudo, e triste
Negava o ceo envolto em pobre manto
A luz ao mundo, e murmurar se ouvia
Ao longe o rio, e menear-se o vento.
Respirava descanço a natureza.
Só na outra margem não podia emtanto
O inquieto Cacambo achar socego.
No perturbado interrumpido somno,
Talvez fosse illusão, se lhe apresenta
A triste imagem de Cepé despido,
Pintado o rosto do temor da morte,
Banhado em negro sangue, que corria
Do peito aberto, e nos pisados braços
Inda os signaes da misera cahida.
Sem adorno a cabeça, e aos pés calcada
A rota aljava, e as descompostas pennas.
Quanto diverso do Cepé valente,
Que no meio dos nossos espalhava
De pó, de sangue, e de suor coberto,
O espanto, a morte! E diz-lhe em tristes vozes:
Foge, foge, Cacambo. E tu descanças,
Tendo tão perto os inimigos? Torna,
Torna aos teus bosques, e nas patrias gruttas
Tua fraqueza, e desventura encobre.
Ou se acaso inda vivem no teu peito
Os desejos de gloria, ao duro passo
Resiste valeroso; ah tu, que podes!
E tu, que podes, põe a mão nos peitos
Á fortuna da Europa, agora é tempo,
Que descuidados da outra parte dormem.
Envolve em fogo, e fumo o campo, e paguem
O teu sangue, e o meu sangue. Assim dizendo
Se perdeo entre as nuvens, sacudindo
Sobre as tendas no ar fumante tocha;
E assignala com chammas o caminho.
Acorda o Indio valeroso, e salta
Longe da curva rêde, e sem demora,
O arco e as settas arrebata, e fere
O chão com o pé: quer sobre o largo rio
Ir peito a peito a contrastar co'a morte.

Tem diante dos olhos a figura
Do caro amigo, e inda lhe escuta as vozes.
Pendura a um verde tronco as varias pennas,
E o arco, e as settas, e a sonora aljava;
E onde mais manso, e mais quieto o rio
Se estende, e espraia sobre a ruiva arêa,
Pensativo, e turbado entra; e com agoa
Já por cima das mãos, e os olhos
Levanta ao Ceo, que elle não via, e ás ondas
O corpo entrega. Já sabía emtanto
A nova empreza na limosa gruta,
O Patrio rio, e dando um geito á urna,
Fez que as agoas corressem mais serenas;
E o Indio afortunado a praia opposta
Tocou sem ser sentido. Aqui se aparta
Da margem guarnecida, e mansamênte
Pelo silencio vai da noite escura
Buscando a parte, d'onde vinha o vento.
Lá, como é uso do paiz, roçando
Dous lenhos entre si desperta a chamma,
Que já se atêa nas ligeiras palhas
E velozmente se propaga. Ao vento
Deixa Cacambo o resto, e foge a tempo
Da perigosa luz; porém na margem
Do rio, quando a chamma abrasadora
Começa a alumiar a noite escura,
Já sentido dos guardas não se assusta,
E temeraria, e venturosamente
Fiando a vida aos animosos braços,
De um alto precipicio ás negras ondas
Outra vez se lançou, e foi de um salto
Ao fundo rio a visitar a arêa.
Debalde gritam, e debalde ás margens
Corre a gente apressada. Elle entretanto
Sacode as pernas, e os nervosos braços:
Rompe as escumas assoprando, e a um tempo
Sospendido nas mãos, voltando o rosto,
Via nas aguas tremulas a imagem
Do arrebatado incendio, e se alegrava.
Não de outra sorte o cauteloso Ulysses,
Vaidoso da ruina, que causara,
Vio abrazar de Troya os altos muros,
E a perjura cidade envolta em fumo

Encostar-se no chão, e pouco a pouco
Desmaiar sobre as cinzas. Cresce emtanto
O incendio furioso, e o irado vento
Arrebata ás mãos cheias vivas chammas,
Que aqui, e ali pela campina espalha.
Communica-se a um tempo ao largo campo
A chamma abrazadora, e em breve espaço
Cerca as barracas da confusa gente.
Armado o general, como se achava,
Sahio do pavilhão, e prompto atalha,
Que não prosiga o voador incendio.
Poucas tendas entrega ao fogo, e manda,
Sem mais demora, abrir largo caminho,
Que os separe das chammas. Uns já cortam
As combustiveis palhas, outros trazem
Nos promptos vasos as visinhas ondas.
Mais não espera o Barbaro atrevido.
A todos se adianta; e desejoso
De levar a noticia ao grande Balda,
N'aquella mesma noite o passo estende.
Tanto se apressa, que na quarta aurora
Por veredas occultas vio de longe
A doce Patria, e os conhecidos montes
E o templo, que tocava o Ceo co'as grimpas,
Mas não sabia, que a fortuna emtanto
Lhe preparava a ultima ruina.
Quanto seria mais ditoso! Quanto
Melhor lhe fôra o acabar a vida
Na frente do inimigo em campo aberto,
Ou sobre os restos de abrazadas tendas,
Obra do seu valor! Tinha Cacambo
Real esposa a senhoril Lindoya,
De costumes suavissimos, e honestos
Em verdes annos: com ditosos laços
Amor os tinha unido; mas apenas
Os tinha unido, quando ao som primeiro
Das trombetas lh'o arrebatou dos laços
A gloria enganadora. Oh que foi Balda
Engenhoso! e subtil quiz desfazer-se
Da presença importuna, e perigosa
Do Indio generoso; e desde aquella
Saudosa manhã, que a despedida
Presenciou dos dois amantes, nunca

Consentio que outra vez tomasse nos braços
A formosa Lindoya, e descobria
Sempre novos pretextos da demora.
Tornar não esperado, e victorioso
Foi todo o seu delicto. Não consente
O cauteloso Balda, que Lindoya
Chegue a fallar ao seu esposo; e manda
Que uma escura prisão o esconda, e o aparte
Da luz do sol. Nem os reaes parentes,
Nem dos amigos a piedade, e o pranto
Da enternecida esposa abranda o peito
Do obstinado Juiz; até que á força
De desgostos, de magoa, e de saudade,
Por meio de um licor desconhecido,
Que lhe deo compassivo o santo Padre,
Jaz o illustre Cacambo; entre os Gentios
Unico, que na paz, e em dura guerra,
De virtude, e de valor deo claro exemplo.
Chorado occultamente, e sem as honras
De regio funeral, desconhecida
Pouca terra os honrados ossos cobre,
Se é que os seus ossos cobre alguma terra.
Crueis Ministros, encobri ao menos
A funesta noticia. Ai que já sabe
A assustada amantissima Lindoya
O successo infeliz. Quem a soccorre!
Que aborrecida de viver procura
Todos os meios de encontrar a morte,
Nem quer que o esposo longamente a espere
No reino escuro, aonde se não ama.

b) Morte de Lindoya.

Pisaram*) finalmente os altos riscos
De escalvada montanha, que os infernos
Co'o peso opprime, e a testa altiva esconde
Na região, que não perturba o vento.
Qual vê quem foge á terra, pouco a pouco
Ir crescendo o horisonte, que se encurva,
Até que com os céos o mar confina,
Nem tem á vista mais que o ar, e as ondas:

---

*) As tropas de Andrada.

Assim quem olha do escarpado cume
Não vê mais do que o ceo, que o mais lhe encobre
A tarda e fria nevoa, escura e densa.
Mas quando o sol de lá do eterno, e fixo
Purpureo encosto do dourado assento,
Co'a creadora mão desfaz, e corre
O véo cinzento de ondeadas nuvens,
Que alegre scena para os olhos! Podem
D'aquella altura, por espaço immenso,
Vêr as longas campinas retalhadas
De tremulos ribeiros; claras fontes,
E lagos crystallinos, onde molha
As leves azas o lascivo vento;
Engraçados outeiros, fundos valles,
E arvoredos copados, e confusos,
Verde theatro, onde se admira quanto
Produzio a superflua natureza.
A terra soffredora de cultura
Mostra o rasgado seio; e as varias plantas
Dando as mãos entre si, tecem compridas
Ruas, por onde a vista saudosa
Se estende, e perde. O vagaroso gado
Mal se move no campo, e se divisam
Por entre as sombras da verdura, ao longe
As casas branquejando, e os altos Templos.
Ajuntavam-se os Indios entretanto
No logar mais visinho, onde o bom Padre
Queria dar Lindoya por esposa
Ao seu Baldetta, e segurar-lhe o posto,
E a regia autoridade de Cacambo.
Estão patentes as douradas portas
Do grande Templo, e na visinha praça
Se vão dispondo de uma, e de outra banda
As vistosas esquadras differentes.
Co'a chata frente de urucú tingida
Vinha o Indio Kobbé disforme, e feio,
Que sustenta nas mãos pesada maça
Com que abate no campo os inimigos
Como abate a seára o rijo vento,
Traz comsigo os selvagens da montanha,
Que comem os seus mortos; nem consentem
Que jámais lhes esconda a dura terra
No seu avaro seio o frio corpo

Do doce pai, ou suspirado amigo.
Foi o segundo, que de si fez mostra,
O mancebo Pindó, que succedera
Á Cepé no logar: inda em memoria
Do não vingado irmão, que tanto amava,
Leva negros pennachos na cabeça
São vermelhas as outras pennas todas,
Côr, que Cepé usava sempre em guerra.
Vão com elle os seus Tapes, que se affrontam,
E que tem por injuria morrer velhos.
Segue-se Caitutú de regio sangue,
E de Lindoya irmão. Não muito fortes
São os que elle conduz, mas são tão destros
No exercicio da frecha, que arrebatam
Ao verde papagaio o curvo bico,
Voando pelo ar. Nem dos seus tiros
O peixe prateado está seguro
No profundo do ribeiro. Vinham logo
Alegres Guanarís de amavel gesto.
Esta foi de Cacambo a esquadra antiga.
Pennas da côr do Ceo trazem vestidas,
Com cintas amarellas: e Baldetta
Desvanecido a bella esquadra ordena
No seu Jardim*): até o meio a lança
Pintada de vermelho, e a testa, e o corpo
Todo coberto de amarellas plumas.
Pendente a rica espada de Cacambo,
E pelos peitos ao traves lançada
Por cima do hombro esquerdo a verde faxa,
De d'onde ao lado opposto a aljava desce.
N'um cavallo da côr da noite escura
Entrou na grande praça derradeiro
Tatú-Guaçú feroz, e vem guiando
Tropel confuso de cavallaria,
Que combate desordenadamente,
Trazem lanças nas mãos, e lhes defendem
Pelles de monstros os seguros peitos.
Revia-se em Baldetta o santo Padre;
E fazendo profunda reverencia,
Fóra da grande porta, recebia
O esperado Tadeo activo, e prompto,

---

*) Nome do cavallo que montava Baldetta.

A quem acompanhava vagaroso
Com as chaves no cinto o irmão Patusca,
De pesada, enormissima barriga.
Jámais a este o som da dura guerra
Tinha tirado as horas do descanço.
De indulgente moral, e brando peito,
Que penetrado da fraqueza humana
Soffre em paz as delicias d'esta vida,
Taes, e quaes nol-as dão. Gosta das cousas,
Porque gosta, e contenta-se do effeito,
E nem sabe, e nem quer saber as causas.
Aindaque talvez, em falta d'outro,
Com grosseiras acções o povo exhorte,
Gritando sempre, e sempre repetindo,
Que do bom pai Adão a triste raça
Por degráos degenera, e que este mundo
Peiorando envelhece. Não faltava,
Para se dar principio á estranha festa,
Mais que Lindoya. Ha muito lhe preparam
Todas de brancas pennas revestidas
Festões de flores as gentis donzellas.
Cançados de esperar, ao seu retiro
Vão muitos impacientes a buscal-a.
Estes da crespa Tanajura aprendem
Que entrara no jardim triste e chorosa,
Sem consentir que alguem a acompanhasse.
Um frio susto corre pelas veias
De Caitutú, que deixa os seus no campo,
E a irmã por entre as sombras do arvoredo
Busca co'a vista, e teme de encontral-a.
Entram emfim na mais remota, e interna
Parte do antigo bosque, escuro e negro,
Onde ao pé de uma lapa cavernosa
Cobre uma rouca fonte, que murmura,
Curva latada de jasmins, e rosas.
Este logar delicioso e triste,
Cançada de viver, tinha escolhido
Para morrer a misera Lindoya.
Lá reclinada, como que dormia,
Na branda relva, e nas mimosas flores,
Tinha a faze na mão, e a mão no tronco
De um funebre cypreste, que espalhava
Melancolica sombra. Mais de perto

Descobrem que se enrola no seu corpo
Verde serpente, e lhe passeia, e cinge
Pescoço e braços, e lhe lambe o seio.
Fogem de a vêr assim sobresaltados
E param cheios de temor ao longe;
E nem se atrevem a chamal-a, e temem
Que desperte assustada, e irrite o monstro,
E fuja, e appresse no fugir a morte.
Porém o destro Caitutú, que treme
Do perigo da irmã, sem mais demora
Doubrou as pontas do arco, e quiz tres vezes
Soltar o tiro, e vacillou tres vezes
Entre a ira, e o temor. Emfim sacode
O arco, e faz voar a aguda setta,
Que toca o peito de Lindoya, e fere
A serpente na testa, e a boca, e os dentes
Deixou cravados no visinho tronco.
Açouta o campo co'a ligeira cauda
O irado monstro, e em tortuosos gyros
Se enrosca no cypreste, e verte envolto
Em negro sangue o livido veneno.
Leva nos braços a infeliz Lindoya
O desgraçado irmão, que ao despertal-a
Conhece, com que dôr! no frio rosto
Os signaes do veneno, e vê ferido
Pelo dente subtil o brando peito.
Os olhos, em que amor reinava um dia,
Cheios de morte; e muda aquella lingoa,
Que ao surdo vento, e aos écos tantas vezes
Contou a larga historia de seus males.
Nos olhos Caitutú não soffre o pranto,
E rompe em profundissimos suspiros,
Lendo na testa da fronteira gruta
De sua mão já tremula gravado
O alheio crime, e a voluntaria morte.
E por todas as partes repetido
O suspirado nome de Cacambo.
Inda conserva o pallido semblante
Um não sei que de magoado e triste,
Que os corações mais duros enternece.
Tanto era bella no seu rosto a morte!

José de Santa Rita Durão.

20.

Excerptos do Caramurú.

a) Discurso de Jeraraca.

Jeraraca no mando então primeiro
Ao sacro, e civil rito presidia,
E no mais alto do sublime Outeiro
Entre um Senado ancião se distinguia;
Aos outros na estatura sobranceiro
Ás costas de um Tapuia, que o trazia
De um lado, e de outro magestoso corre,
E com geral silencio assim discorre:

„Paiaiás generosos, hoje é o dia
„Que aos vindouros devemos mais honrado,
„Em que mostreis que a vossa valentia,
„Não receia o trovão, subjuga o Fado:
„Sabeis que de Gupeva a cobardia
„Por filho do Trovão tem acclamado
„Um Imboaba, que do mar viera,
„Por um pouco de fogo, que accendera.

„Prostrado o vil aos pés desse Estrangeiro
„Rende as armas com fuga vergonhosa,
„E corre voz que o adora lisongeiro,
„E até lhe cede com o sceptro a esposa;
„E que póde nascer do erro grosseiro
„Si não que em companhia numerosa
„As nossas Gentes o Estrangeiro aterre,
„E que a uns nos devore, outros desterre?

„Si o sacro ardor, que ferve no meu peito
„Não me deixa enganar, vereis que um dia,
„Vivendo este Impostor, por seu respeito
„Se encherá de Imboabas a Bahia?
„Pagarão os Tupis o estranho feito,
„E vereis entre a bellica porfia
„Tornar-lhe esses estranhos, já visinhos
„Escravas as mulheres, e filhinhos?

„Vereis as nossas Gentes desterradas
„Entre os tigres viver no sertão fundo,
„Captiva a plebe, as Tabas arrombadas,
„Levando para além do mar profundo
„Nossos filhos, e filhas desgraçadas,
„Ou quando as deixem cá no nosso mundo,
„Poderemos soffrer, Paiaiás bravos,
„Vêr filhos, mãis, e pais feitos escravos?

„Mas teme o seu trovão; e tanto opprime
„O medo aquelle vil, que não pondera
„Que por esse trovão, que não reprime,
„Hade vêr cheia de trovões a esphera?
„Que grande mal será, si o raio imprime?
„Si o mundo por um raio se perdera,
„Susto podera ter, cobrar espanto;
„Porém morre de medo, que é outro tanto.

„Eu só!.. eu proprio!.. no geral desmaio
„Ao relampago irei sem mais socorro;
„E quando elle dispare o falso raio,
„Ou descubro a impostura, ou forte morro;
„Será de Nigromancia um torpe ensaio,
„Com que o astuto pertende, ao que descorro,
„Fazer que a nossa tropa desfalleça
„Antes que a causa do terror conheça.

„Que si fôr, que o não creio, o estrondo infando
„Do sublime Tupá, triste ameaça,
„Fará, como costuma, trovejando
„Que matando um, ou outro a mais não passa;
„Si eu vir que o raio horrivel vai vibrando
„A um homem como eu nada embaraça,
„Si fôr mortal quem causa tanto abalo
„Por meio ao proprio raio irei mata-lo.

„Sús, valentes! sús, bravos companheiros!
„Tomai coragem! que será no extremo?
„Embora seja um raio verdadeiro,
„Si não é Deos, que o lança, nada temo;
„Seja qualquer que fôr o autor primeiro,
„Como não seja o Creador Supremo,
„Não ha forças creadas, que não domem,
„Que sobre tudo o mais domina o homem."

Disse o gran Chefe assim, e entre os furores
Com a mão, que já havia levantada,
Bate na espadoa aos Principes maiores,
E dá-lhe, *orsée* dizendo, uma palmada:
Uns nos outros as deram não menores,
Que assim se incita a multidão armada:
„Vinguemo-nos (gritando) companheiros,
„Bem que foram seus raios verdadeiros."

Jeraraca depois, que é sacro rito,
Lança furioso as mãos a quanto abrange,
E abrindo a enorme bocca em fero grito,
Escuma, e freme, e ruge, e os dentes range:
Como do mal Herculeo o inferno afflicto
A convulsão a retorcer constrange,
Depois, fallando aos Principes, bafeja,
E o espirito de força lhe deseja.

Ceremonia esta foi do patrio uso,
Vestigio nacional de antiga idade,
Que acaso corrompeo magico abuso
Tendo talvez principio na piedade;
Retumba do marraque o som confuso,
E pondo ao alto o seu com gravidade
Ante a Insignia no chão tudo se inclina
Como a signal da cousa mais divina.

b) Morte de Moema.

Dizendo assim, com calma vê luctando
Formosa náo de gallica bandeira,
Que a terra ao parecer vinha buscando
E a prôa mette sobre a propria esteira;
Vem seguindo a canôa, e signaes dando,
Até que aborda a embarcação velleira;
E de paz dando a mostra conhecida,
Ás praias da Bahia a náo convida.

A Gupeva entretanto, e Taparica
Dava o ultimo abraço, e á forte esposa
A intenção de leval-a significa
A vêr de Europa a região famosa:
Suspensa entre alvoroço, e pena fica
Paraguassú contente, mas saudosa;

E quando o pranto na sentida fuga
Começava a saudade, amor lhe enxuga.

É fama então que a multidão formosa
Das damas, que Diogo pertendiam,
Vendo avançar-se a náo na via undosa,
E que a esperança de o alcançar perdiam:
Entre as ondas com ancia furiosa
Nadando, o esposo pelo mar seguiam,
E nem tanta agoa que fluctua vaga,
O ardor que o peito tem, banhando apaga.

Copiosa multidão dá náo franceza
Corre a vêr o espectaculo assombrada;
E ignorando a occasião da estranha empreza,
Pasma da turba feminil, que nada:
Uma, que ás mais precede em gentileza,
Não vinha menos bella, do que irada:
Era Moema, que de inveja geme,
E já vesinha á náo se apega ao leme.

„Barbaro (a bella diz) tigre, e não homem..
Porém no tigre por cruel, que brame,
Acha forças amor, que emfim o domem;
Só a ti não domou, por mais que eu te ame:
Furias, raios, coriscos, que o ar consomem,
Como não consumis aquelle infame?
Mas pagar tanto amor com tedio, e asco...
Ah! que o corisco és tu... raio... penhasco.

„Bem pudéras, cruel, ter sido esquivo,
Quando eu a fé rendia ao teu engano,
Nem me offendêras a escutar-me altivo,
Que é favor, dado a tempo, um desengano:
Porém deixando o coração captivo
Com fazer-te a meus rogos sempre humano,
Fugiste-me, traidor, e d'esta sorte
Paga meu fino amor tão crua morte?

„Tão dura ingratidão menos sentíra
E esse fado cruel doce me fora,
Se a meu despeito triumphar não víra
Essa indigna, essa infame, essa traidora:

4

Por serva, por escrava te seguira,
Se não temêra de chamar senhora
A vil Paraguassú que, sem que o creia,
Sobre ser-me inferior, é nescia e feia.

„Emfim, tens coração de vêr-me afflicta,
Fluctuar moribuuda entre estas ondas,
Nem o passado amor teu peito incita
A um ai sómente, com que aos meus respondas:
Barbaro, si esta fé teu peito irrita,
(Disse, vendo-o fugir) ah! não te escondas,
Dispara sobre mim teu cruel raio!..."
E indo a dizer o mais, cae n'um desmaio.

Perde o lume dos olhos, pasma e treme,
Pallida a côr, o aspecto moribnndo,
Com mão já sem vigor soltando o leme,
Entre as salsas escumas desce ao fundo:
Mas na onda do mar, que irado freme,
Tornando a apparecer desde o profundo:
„Ah Diogo cruel!" disse com magoa,
E sem mais vista ser, sorveo-se n'agoa.

Choraram da Bahia as nymphas bellas,
Que nadando a Moema acompanhavam;
E vendo que sem dôr navegam d'ellas,
Á branca praia com furor tornavam:
Nem póde o claro heroe sem pena vel-as
Com tantas próvas, que de amor lhe davam;
Nem mais lhe lhembra o nome de Moema,
Sem que ou amante a chore, ou grato gema.

Claudio Manoel da Costa.

21.

Fabula do Ribeirão do Carmo.

Lea a posteridade, ó patrio rio,
Em meus versos teu nome celebrado;
Porque vejas uma hora despertado
O somno vil do esquecimento frio:

Não vês nas tuas margens o sombrio,
Fresco assento de um álamo copado,
Não vês nympha cantar, pastar o gado
Na tarde clara do calmoso estio.

Turvo banhando as palidas arêas
Nas porções do riquisimo thesouro
O vasto campo da ambição recrêas.

Que de seus raios o planeta loiro,
Enriquecendo o influxo em tuas vêas,
Quanto em chammas fecunda, brota em oiro,

Fabula do Ribeirão.

  Aonde levantado
  Gigante, a quem tocára,
Por decreto fatal de Jove irado,
  A parte extrema e rara
D'esta inculta região, vive Itamonte,
Parto da terra, transformado em monte.

  De uma penha, que espôsa
  Foi do invicto gigante,
Apagando Lucina a luminosa,
  Alampada brilhante,
Nasci: tendo em meu mal logo tão dura,
Como em meu nascimento, a desventura.

  Fui da florente idade
  Pela candida estrada
Os pés movendo com gentil vaidade;
  E a pompa imaginada
De toda a minha glória n'um só dia
Trocou de meu destino a aleivosia.

  Pela floresta e prado
  Bem polido mancebo,
Girava em meu poder tão confiado,
  Que até do mesmo Phebo
Imaginava o throno peregrino
Ajoelhado aos pés do meu destino.

Não ficou tronco ou penha,
  Que não désse tributo
A meu braço feliz, que já desdenha,
  Despotico, absoluto,
As tenras flores, as mimosas plantas,
Em rendimentos mil, em glórias tantas.

  Mas ah! Que Amor tyranno
  No tempo, em que a alegria
Se aproveitava mais do meu engano,
  Por aleivosa via
Intruduzia cruel a desventura,
Que houve de ser mortal, por não ter cura.

  Visinho ao berço caro,
  Aonde a patria tive,
Vivia Eulina, este prodigio raro,
  Que não sei, se inda vive,
Para brazão eterno da belleza,
Para injúria fatal da natureza.

― ― ― ― ― ― ― ― ― ― ―

  Trez lustros, todos d'oiro,
  A gentil formosura
Vinha tocando apenas, quando o loiro,
  Brilhante Deus procura
Acreditar do pai o culto attento,
Na grata acceitação do rendimento.

  Mais formosa de Eulina
  Respirava a belleza;
De oiro a madeixa rica e peregrina
  Dos corações faz preza;
A candida porção da neve bella
Entre as rozadas faces se congela.

  Mas inda, que a ventura
  Lhe foi tão generosa,
Permitte o meu destino que uma dura
  Condição rigorosa
Ou mais augmente em fim, ou mais atêe
Tanto esplendor; para que mais me enlêe.

Não sabe o culto ardente
De tantos sacrificios
Abrandar o seu nome: a dor vehemente,
Tecendo precipicios,
Já quasi me chegava a extremo tanto,
Que o menor mal era o mortal quebranto.

Vendo inutil o empenho
De render-lhe a fereza,
Busquei na minha indústria o meu despenho:
Com ingrata destreza
Fiei de um roubo (oh misero delicto!)
A ventura de um bem, que era infinito.

Sabia eu, como tinha
Eulina por costume,
(Quando o maior planeta quasi vinha
Já desmaiando o lume,
Para doirar de luz outro horisonte)
Banhar-se nas correntes de uma fonte:

A fugir destinado
Com o furto precioso,
Desde a patria, onde tive o berço amado,
Recolhi numeroso
Thesoiro, que roubára diligente
A meu pai, que de nada era sciente.

Assim pois prevenido
De um bosque á fonte perto,
Esperava o portento appetecido
Da nympha; e descoberto
Me foi apenas, quando (oh dura empreza!)
Chego; abraço a mais rara gentileza.

Quiz gritar; opprimida
A voz entre a garganta
Apollo? diz, Apoll... a voz partida
Lhe nega fôrça tanta:
Mas ah! Eu não sei como, de repente
Densa nuvem me põe do bem ausente.

Inutilmente ao vento
Vou estendendo os braços:
Buscar nas sombras o meu bem intento:
Onde a meus ternos laços...!
Onde te escondes, digo, amada Eulina?
Quem tanto estrago contra mim fulmina?

Mas ia por diante,
Quando entre a nuvem densa
Apparecendo o corpo mais brilhante,
Eu vejo (oh dor immensa!)
Passar a bella nympha, já roubada
Do Numen, a quem fôra consagrada.

Em seus braços a tinha
O loiro Appollo prêsa
E já ludibrio da fadiga minha,
Por amorosa empreza,
Era despôjo da deidade ingrata
O bem, que de meus olhos me arrebata.

Então já da paciencia
As redeas desatadas,
Toco de meus delirios a inclemencia:
E de todo apagadas
Do acerto as luzes, busco a morte impia,
De um agudo punhal na ponta fria.

As entranhas rasgando,
E sôbre mim caindo,
Na funesta lembrança soluçando,
De todo confundindo
Vou a verde campina; e quasi exangue
Entro a banhar as flores de meu sangue.

Inda não satisfeito
O Numen soberano,
Quer vingar ultrajado o seu respeito;
Permittindo em meu damno,
Que em pequena corrente convertido
Corra por estes campos estendido.

E pâra que a lembrança
De minha desventura
Triunphe sôbre a tragica mudança
Dos annos, sempre pura,
Do sangue, que exhalei, ó bella Eulina,
A côr inda conservo peregrina.

Porém o odio triste
De Ápollo mais se accende;
E sôbre o mesmo estrago, que me assiste,
Maior ruina emprende;
Que chegando a ser impia uma deidade,
Excede toda a humana crueldade.

Por mais desgraça minha,
Dos thesoiros preciosos
Chegou notícia, que eu roubado tinha,
Aos homens ambiciosos;
E crendo em mim riquezas tão estranhas,
Me estão rasgando as miseras entranhas.

Polido o ferro duro
Na abrazadora chamma
Sôbre os meus hombros bate tão seguro,
Que nem a dor, que clama,
Nem o esteril desvelo da porfia
Desengana a ambiciosa tyrannia.

Ah mortais! Até quando
Vos cega o pensamento!
Que máchinas estais edificando
Sôbre tão louco intento.
Como nem inda no seu reino immundo
Vive seguro o Bárathro profúndo!

Idolatrando a ruina
Lá penetrais o centro,
Que Apollo não banhou, nem viu Lucina;
E das entranhas dentro
Da profanada terra
Buscais o desconcerto, a furia, a guerra.

Que exemplos vos não dicta
   Do ambicioso empenho
De Polidoro a misera desdita!
   Que perigos o lenho,
Que entregastes primeiro ao mar salgado,
Que desenganos vos não tem custado!

   Em fim, sem esperança,
   Que alivios me permitta,
Aqui chorando estou minha mudança;
   E a enganadora dita,
Para que eu viva sempre descontente,
Na muda fantazia está presente.

   Um murmurar sonoro,
   Apenas se me escuta;
Que até das mesmas lagrimas, que choro,
   A deidade absoluta
Não consente ao clamor, se force tanto,
Que mova a compaixão meu terno pranto.

   Daqui vou descobrindo
   A fábrica eminente
De uma grande cidade; aqui polindo
   A desgrenhada frente,
Maior espaço occupo dilatado,
Por dar mais desafogo a meu cuidado.

— — — — — — — — — — —

   Não se escuta a harmonia
   Da temperada avena
Nas margens minhas; que a fatal porfia
   Da humana sêde ordena,
Se attenda apenas o ruido horrendo
Do tosco ferro, que me vai rompendo.

   Porém se Apollo ingrato
   Foi causa deste enleio,
Que muito, que da Musa o bello trato
   Se ausente de meu seio,
Se o Deus, que o temperado côro tece,
Me foge, me castiga, e me aborrece:

Em fim sou, qual te digo,
O Ribeirão presado,
De meus engenhos a fortuna sigo:
Comigo sepultado
Eu chóro o meu despenho: elles sem cura
Choram tambem a sua desventura.

22.

Soneto.

Onde estou! Este sitio desconheço:
Quem fez tão differente aquelle prado?
Tudo outra natureza tem tomado;
E em contempla-lo timido esmoreço.

Uma fonte aqui houve; eu não me esqueço
De estar a ella um dia reclinado:
Ali em valle o monte está mudado:
Quanto póde dos annos o progresso!

Arvores aqui vi tão florescentes,
Que faziam perpetua a primavera;
Nem troncos vejo agora decadentes!

Eu me engano: a região esta não era:
Mas que venho a estranhar, si estão presentes
Meus males, com que tudo degenera!

23.

Soneto.

Este é o rio, a montanha é esta,
Estes os troncos, estes os rochedos:
São estes inda os mesmos arvoredos;
Esta é a mesma rustica floresta.

Tudo cheio de horror se manifesta,
Rio, montanha, troncos, e penedos;
Que de amor nos suavissimos enredos
Foi scena alegre, e urna é já funesta.

Oh! quão lembrado estou de haver subido
Aquelle monte, e as vezes, que baixando,
Deixei do pranto o valle humedecido!

Tudo me está a memoria retratando;
Que da mesma saudade o infame ruido
Vem as mortas especies despertando.

24.

Cantata.

Não vejas, Nize amada,
   A tua gentileza
No crystal d'essa fonte. Ella te engana:
   Pois retrata o suave
E encobre o rigoroso. Os olhos bellos
   Volta, volta a meu peito:
Verás, tyranna, em mil pedaços feito
Gemer um coração; verás uma alma
Anciosa suspirar; verás um rosto
Cheio de pena, cheio de desgosto.
   Observa bem, contempla
Toda a misera estampa. Retratada
   Em uma copia viva
   Verás distincta e pura,
Nize cruel, a tua formosura.
   Não te engane, ó bella Nize,
   O crystal da fonte amena:
   Que essa fonte é mui serena,
   É mui brando esse crystal.
   Si assim como vês teu rosto,
   Víras, Nize, os seus effeitos,
   Póde ser, que em nossos peitos
   O tormento fosse igual.

25.

Canção lirica.

Adeoses.

Adeos, Idolo amado,
Adeos; que o meu destino

Me leva peregrino
A não te vêr já mais.
   Sei, que é tormento ingrato
Deixar teu fino trato:
Mas quando é, que tu viste
     Um triste
     Respirar!

   Tu ficas; eu me ausento;
E n'esta despedida
Se não se acaba a vida,
É só por mais penar.
   De tanto mal, e tanto
Alivio é só o pranto:
Mas quando é, que tu viste.
     Um triste
     Respirar!

   Quantas memorias, quantas
Agora despertando,
Me vem acompanhando
Por mais me atormentar!
   Faria o esquecimento
Menor o meu tormento:
Mas quando é que tu viste
     Um triste
     Respirar!

   Girando esta montanha,
Os sitios estou vendo,
Aonde Amor tecendo
Seu doce enredo está.
   Aqui me occorre a fonte,
Alli me lembra o monte:
Mas quando é, que tu viste
     Um triste
     Respirar!

   Sentado junto ao rio,
Me lembro, fiel pastora,
D'aquella feliz hora,
Que n'alma impressa está.
   Que triste eu tinha estado,

A ver teu rosto irado!
Mas quando é, que tu viste
  Um triste
  Respirar!

De Philis, de Lisarda
Aqui entre desvelos,
Me pede amantes zelos
A causa de meu mal.
  Alegre o seu semblante
Se muda a cada instante:
Mas quando é, que tu viste
  Um triste
  Respirar!

Aqui colhendo flores
Mimosa a nympha cara,
Um ramo me prepara,
Talvez por me agradar:
  Anarda alli se agasta;
Dalizo aqui se afasta;
Mas quando é, que tu viste
  Um triste
  Respirar!

Tudo isto na memoria
(Oh barbara crueldade!)
A força da saudade
Amor me pinta já.
  Rendido desfalleço
De tanta dôr no excesso:
Mas quando é, que tu viste
  Um triste
  Respirar!

O mais, que augmenta a magoa,
É ter sempre o receio,
De que outro amado enleio
Teu peito encontrará.
  Amante nos teus braços,
Quem sabe, se outros laços!..
Mas quando é, que tu viste
  Um triste
  Respirar!

Por onde quer, que gires,
D'esta alma, que te adora,
Ah! lembra-te, pastora,
Que já te soube amar.
Verás em meu tormento
Perpetuo o sentimento.
Mas quando é, que tu viste
Um triste
Respirar!

Lá desde o meu desterro
Verás, que esta corrente
Te vem fazer presente
A ancia de meu mal.
Verás, que em meu retiro
Só gemo, só suspiro:
Mas quando é, que tu viste
Um triste
Respirar!

As nymphas, que te escondem
Lá dentro do seu seio,
De meu querido enleio
O nome hão de escutar.
No bem d'esta lembrança
Allivio a alma alcança:
Mas quando é, que tu viste
Um triste
Respirar!

Ah! Deva-te meu pranto
Em tão fatal delirio,
Que pagues meu martyrio
Em premio de amor tal.
Mereça um mal sem cura
Lograr esta ventura;
Mas quando é, que tu viste
Um triste
Respirar!

E se por fim, pastora,
Duvidas de minha ancia,
Se em ti não ha constancia,
Minha alma o vingará.

Farei, que o Ceo se abrande
Aos ais de uma ancia grande:
Mas quando é, que tu viste
    Um triste
    Respirar!

  Terás em minha pena,
Com passo vigilante,
A minha sombra errante,
Sem nunca te deixar.
    Terás..... ah bello emprego!
Não temas: eu socégo:
Mas quando é, que tu viste
    Um triste
    Respirar!

Thomaz Antonio Gonzaga.

Marilia de Dirceu.

26.

Parte I. Lyra VI.

Acaso são estes
Os sitios formosos,
Aonde passava
Os annos gostosos?
São estes os prados,
Aonde brincava,
Em quanto pastava
O gordo rebanho,
Que Alceo me deixou?
    São estes os sitios?
    São estes; mas eu
    O mesmo não sou.
    Marilia, tu chamas?
    Espera, que eu vou.

Daquelle penhasco
Um rio cahia;
Ao som do susurro
Que vezes dormia!
Agora não cobrem
Espumas nevadas
As pedras quebradas:
Parece que o rio
O curso voltou.
  São estes os sitios?
  São estes; mas eu
  O mesmo não sou.
  Marilia, tu chamas?
  Espera, que eu vou.

Meus versos alegre
Aqui repetia:
O éco as palavras
Tres vezes dizia.
Se chamo por elle,
Ja não me responde;
Parece se esconde,
Cansado de dar-me
Os ais, que lhe dou.
  São estes os sitios?
  São estes; mas eu
  O mesmo não sou.
  Marilia, tu chamas?
  Espera, que eu vou.

Aqui um regato
Corria sereno
Por margens cobertas
De flores, e feno:
Á esquerda se erguia
Um bosque fechado,.
E o tempo appressado,
Que nada respeita,
Já tudo mudou.
  Jão estes os sitios?
  São estes; mas eu
  O mesmo não sou.
  Marilia, tu chamas?
  Espera, que eu vou.

Mas como discorro?
Acaso podia
Já tudo mudar-se
No espaço de um dia?
Existem as fontes,
E os freixos copados;
Dão flores os prados,
E corre a cascata,
Que nunca seccou.
 São estes os sitios?
 São estes; mas eu
 O mesmo não sou.
 Marilia, tu chamas?
 Espera, que eu vou.

Minha alma, que tinha
Liberta a vontade,
Agora já sente
Amor, e saudade.
Os sitios formosos,
Que já me agradárão,
Ah! não se mudárão;
Mudárão-se os olhos,
De triste que estou.
 São estes os sitios?
 São estes; mas eu
 O mesmo não sou.
 Marilia, tu chamas?
 Espera, que eu vou.

27.

Parte I. Lyra 26.

Tu não verás, Marilia, cem cativos
Tirarem o cascalho, e a rica terra,
Ou dos cercos dos rios caudalosos,
 Ou da minada serra.

Não verás separar ao habil negro
Do pezado esmeril a grossa areia,
E já brilharem os granetes de ouro
 No fundo da batêa.

Não verás derrubar os virgens matos;
Queimar as capoeiras ainda novas;
Servir de adubo á terra a fertil cinza;
 Lançar os grãos nas covas.

Não verás enrolar negros pacotes
Das seccas folhas do cheiroso fumo;
Nem espremer entre as dentadas rodas
 Da doce canna o sumo.

Verás em cima da espaçosa meza
Altos volumes de enredados feitos;
Ver-me-has folhear os grandes livros,
 E decidir os pleitos.

Em quanto revolver os meus consultos,
Tu me farás gostosa companhia,
Lendo os factos da sábia mestra historia,
 E os cantos da poesia.

Lerás em alta voz a imagem bella,
Eu vendo que lhe dás o justo apreço,
Gostoso tornarei a ler de novo
 O cansado processo.

Se encontrares louvada uma belleza,
Marilia, não lhe invejes a ventura,
Que tens quem leve á mais remota idade
 A tua formosura.

28.

Parte I. Lyra 34.

N'uma noite socegado
Velhos papeis revolvia,
E por vêr de que tratavão
Um por um a todos lia.

Erão copias emendadas,
De quantos versos melhores
Eu compuz na tenra idade
A meus diversos amores.

Aqui leio justas queixas
Contra a ventura formadas,
Leio excessos mal aceitos,
Doces promessas quebradas.

Vendo sem-razões tamanhas
Eu exclamo transportado:
„Que finezas tão mal feitas!
„Que tempo tão mal passado!"

Junto pois n'um grande monte
Os soltos papeis, e logo,
Porque reliquias não fiquem,
Os intento pôr no fogo.

Então vejo que o Deos cego
Com semblante carregado
Assim me falla, e crimina
O meu intento acertado:

„Queres queimar esses versos?
„Dize, Pastor atrevido,
„Essas Lyras não te forão
„Inspiradas por Cupido?

„Achas que de taes amores
„Não deve existir memoria?
„Sepultando esses triumphos,
„Não roubas a minha gloria?"

Disse Amor; e mal se cala,
Nos seus hombros a mão pondo,
Com um semblante sereno
Assim á queixa respondo:

„Depois, Amor, de me dares
„A minha Marilia bella,
„Devo guardar umas Lyras,
„Que não são em honro della?

„E que importa, Amor, que importa,
„Que a estes papeis destrua;
„Se é tua esta mão, que os rasga,
„Se a chamma, que os queima, é tua?"

Apenas Amor me escuta,
Manda que os lance nas brazas;
E ergue a chamma c'o vento,
Que formou batendo as azas.

29.

Parte II. Lyra I.

Já não cinjo de louro a minha testa;
Nem sonoras canções o Deos me inspira:
  Ah! que nem me resta
  Uma já quebrada,
  Mal sonora Lyra!

Mas neste mesmo estado, em que me vejo,
Pede, Marilia, Amor que vá cantar-te:
  Cumpro o seu desejo;
  E ao que resta suppra
  A paixão, e a arte.

A fumaça, Marilia, da candêa,
Que a molhada parede ou suja, ou pinta,
  Bem que tosca, e fêa,
  Agora me póde
  Ministrar a tinta.

Aos mais preparos o discurso apronta:
Elle me diz, que faça do pé de uma
  Má laranja ponta,
  E delle me sirva
  Em lugar de pluma.

Perder as uteis horas não, não devo;
Verás, Marilia, uma idéa nova:
  Sim, eu já te escrevo,
  Do que esta alma dicta
  Quando amor approva.

Quem vive no regaço da ventura
Nada obra em te adorar, que assombro faça:
  Mostra mais ternura
  Quem te estima, e morre
  Nas mãos da desgraça.

Nesta cruel masmorra tenebrosa
Ainda vendo estou teus olhos bellos,
    A testa formosa,
    Os dentes nevados,
    Os negros cabellos.

Vejo, Marilia, sim, e vejo ainda
A chusma dos Cupidos, que pendentes
    Dessa boca linda,
    Nos ares espalhão
    Suspiros ardentes.

Se alguem me perguntar onde eu te vejo,
Responderei: *No peito*, que uns Amores
    De casto desejo
    Aqui te pintárão,
    E são bons Pintores.

Mal meus olhos te virão, ah! nessa hora
Teu retrato fizérão, e tão forte,
    Que entendo, que agora
    Só póde apago-lo
    O pulso da Morte.

Isto escrevia, quando, ó Ceos, que vejo!
Descubro a lêr-me os versos o Deos louro:
    Ah! dá-lhes um beijo,
    E diz-me que valem
    Mais que letras de ouro.

30.

Parte II. Lyra 2.

Morri, ó minha Bella:
    Não foi a Parca impia,
    Que na tremenda roca,
    Sem ter descanso, fia;
Não foi, digo, não foi a Morte fêa,
Quem o ferro moveo, e abrio no peito
    A palpitante vêa.

Eu Marilia, respiro;
Mas o mal, que supporto,
É tão tyranno, e forte,
Que já me dou por morto:
A insolente calumnia depravada
Ergueo-se contra mim, vibrou da lingua
A venenosa espada.

Inda, ó Bella, não vejo
Cadafalso enlutado,
Nem de torpe verdugo
Braço de ferro armado;
Mas vivo neste mundo, ó sorte impia,
E delle só me mostra a estreita fresta
O quando é noite, ou dia.

Olhos baços, e sumidos,
Macilento, e descarnado,
Barba crescida, e hirsuta,
Cabello desgrenhado;
Ah! que imagem tão digna de piedade!
Mas é, minha Marilia, como vive
Um Réo de Magestade.

Venha o processo, venha;
Na innocencia me fundo:
Mas não morrérão outros,
Que davão honra ao mundo!
O tormento, minha alma, não recuses:
A quem sabio cumprio as leis sagradas
Servem de solio as cruzes.

Tu, Marilia, se ouvires,
Que ante o teu rosto afflicto
O meu nome se ultraja
C'o supposto delicto,
Dize severa assim em meu abono:
„Não toma as armas contra um Sceptro justo
„Alma digna de um throno."

31.

Parte II. Lyra 23.

Se me viras com teus olhos
Nesta masmorra mettido,
De mil idéas funestas,
E cuidados combatido:
Qual seria, ó minha Bella,
Qual seria o teu pezar?

Á força da dôr cedêra,
E nem estaria vivo,
Se o menino Deos vendado,
Extremoso, e compassivo,
Com o nome de Marilia
Não me viesse animar.

Deixo a cama ao romper d'alva;
O meio dia tem dado,
E o cabello ainda fluctua
Pelas costas desgrenhado.
Não tenho valor, não tenho,
Nem pâra de mim cuidar.

Diz-me Cupido: „E Marilia
„Não estima este cabello?
„Se o deixas perder de todo,
„Não se ha de enfadar ao vê-lo?"
Suspiro, pego no pente,
Vou logo o cabello atar.

Vem um taboleiro entrando
De varios manjares cheio;
Põe-se na meza a toalha,
E eu pensativo passeio:
De todo o comer esfria,
Sem nelle poder tocar.

„Eu entendo que a matar-te,
„Diz amor, te tens proposto;

„Fazes bem: terá Marilia
„Desgosto sobre desgosto."
Qual enfermo c'o remedio
Me aflijo, mas vou jantar.

Chegão as horas, Marilia,
Em que o sol já se tem posto;
Vem-me á memoria que nellas
Vi á janella teu rosto:
Reclino na mão a face,
E entro de novo a chorar.

Diz-me Cupido: „Já basta,
„Já basta, Dirceo, de pranto;
„Em obsequio de Marilia
„Vai tecer teu doce canto."
Pendem as fontes dos olhos,
Mas eu sempre vou cantar.

Vem o Forçado accender-me
A velha, suja candêa;
Fica, Marilia, a masmorra
Inda mais triste, e mais fêa.
Nem mais canto, nem mais posso
Uma só palavra dar.

Diz-me Cupido: „São horas
„De escrever-se o que está feito:"
Do azeite, e da fumaça
Uma nova tinta ageito;
Tomo o páo, que penna finge,
Vou as Lyras copiar.

Sem que chegue o leve sono,
Canta o gallo a vez terceira;
Eu digo a Amor, que fico
Sem deitar-me a noite inteira;
Faço mimos, e promessas
Pâra elle me acompanhar.

Elle diz, que em dormir cuide,
Que hei de ver Marilia em sonho.
Não respondo uma palavra,

A dura cama componho,
Apago a triste candêa,
E vou-me logo deitar.

Como póde a taes cuidados
Resistir, o minha Bella,
Quem não tem de Amor a graça;
Se eu, que vivo á sombra della,
Inda vivo desta sorte,
Sempre triste a suspirar?

32.
Parte II. Lyra 35.

Não has de ter horror, minha Marilia,
De tocar pulso, que soffreo os ferros?
Infames impostores mos lançárão,
  E não puniveis erros.

Esta mão, esta mão, que ré parece,
Ah! não foi uma vez, não foi só uma,
Que em defeza dos bens, que são do Estado,
  Moveo a sábia pluma.

É certo, minha amada, sim é certo
Qu'eu aspirava a ser de um Sceptro o dono;
Mas este grande imperio, que eu firmava,
  Tinha em teu peito o throno.

As forças, que se oppunhão, não bação
Da grossa peça, e do mosquete os tiros;
Só erão minhas armas os soluços,
  Os rogos, e os suspiros.

De cuidados, desvelos, e finezas
Formava, ó minha Bella, os meus guerreiros;
Não tinha no meu campo estranhas tropas;
  Que amor não quer parceiros.

Mas póde ainda vir um claro dia,
Em que estas vis algemas, estes laços
Se mudem em prizões de allivios cheias
  Nos teus mimosos braços.

Vaidoso então direi: „Eu sou Monarca;
„Dou leis, que é mais, n'um coração divino;
„Solio que ergueo o gosto, e não a força,
„E que é de apreço dino."

33.

Parte II. Lyra 38.

Eu vejo aquella Deosa,
Astréa pelos sabios nomeada;
Traz nos olhos a venda,
Balança n'uma mão, na outra espada:
O vê-la não me causa um leve abalo,
Mas antes atrevido,
Eu a vou procurar, e assim lhe fallo:

Qual é o povo, dize,
Que commigo concorre no attentado?
Americano povo!
O povo mais fiel, e mais honrado!
Tira as Praças das mãos do injusto dono,
Elle mesmo as submette
De novo á sujeição do Luso Throno.

Eu vejo nas historias
Rendido Pernambuco aos Hollandezes;
Eu vejo saqueada
Esta illustre Cidade dos Francezes;
Lá se derrama o sangue Brazileiro;
Aqui não basta, suppre
Das roubadas familias o dinheiro....

Em quanto assim fallava,
Mostrava a Deosa não me ouvir com gosto;
Punha-me a vista teza,
Enrugava o severo e acceso rosto:
Não suspendo comtudo no que digo;
Sem o menor receio,
Faço que a não entendo, e assim prosigo:

Acabou-se, tyranna,
A honra, o zelo deste Luso povo?
　　　Não é aquelle mesmo,
Que estas acções obrou; é outro novo?
E póde haver direito, que te mova
　　　A suppôr-nos culpados,
Quando em nosso favor conspira a prova?

　　　Ha em Minas um homem,
Ou por seu nascimento, ou seu thesouro,
　　　Que aos outros mover possa
Á força de respeito, á força d'ouro?
Os bens de quantos julgas rebellados
　　　Podem manter na guerra,
Por um anno se quer, a cem soldados?

　　　Ama a gente assisada
A honra, a vida, o cabedal tão pouco,
　　　Que ponha uma acção destas
Nas mãos d'um pobre, sem respeito, e louco?
E quando a commissão lhe confiasse,
　　　Não tinha pobre somma,
Que por paga, ou esmola, lhe mandasse!

　　　Nos limites de Minas,
A quem se convidasse não havia;
　　　Ir-se-ião buscar socios
Na Colonia tambem, ou na Bahia?
Está voltada a Côrte Brazileira
　　　Na terra dos Suissos,
Onde as Potencias vão erguer bandeira?

　　　O mesmo autor do insulto
Mais a riso, do que a temor me move;
　　　Deo-lhe nesta loucura,
Podia-se fazer Neptuno, ou Jove.
A prudencia é trata-lo por demente,
　　　Ou prende-lo, ou entrega-lo
Pâra delle zombar a moça gente.

　　　Aqui, aqui a Deosa,
Um extenso suspiro aos ares solta;
　　　Repete outro suspiro,

E sem palavra dar as costas volta.
Tu te irritas! lhe digo, e quem te offende?
 Ainda nada ouviste
Do que respeita a mim; socega, attende.

 E tinha que offertar-me
Um pequeno, abatido, e novo Estado,
 Com as armas de fóra,
Com as suas proprias armas consternado!
Achas tambem, que sou tão pouco esperto,
 Que um bem tão contingente
Me obrigasse a perder um bem já certo?

 Não sou aquelle mesmo,
Que a extincção do debito pedia?
 Já viste levantado
Quem á sombra da paz alegre ria?
Um direito arriscado eu busco, e feio,
 O quero que se evite
Toda a razão do insulto, e todo o meio?

 Não sabes quanto apresso
Os vagarosos dias da partida?
 Que a fortuna risonha
Á mais formosos campos me convida?
Não me uniria, se os houvesse, aos vís traidores:
 Daqui nem ouro quero:
Quero levar sómente os meus amores.

 Eu, ó céga, não tenho
Um grosso cabedal dos mais herdado:
 Não o recebi no emprego,
Não tenho as instrucções d'um bom soldado,
Far-me-ião os rebeldes o primeiro
 No imperio que se erguia
Á custa do seu sangue, e seu dinheiro?

 Aqui, aqui de todo
A Deosa se perturba, e mais se altera;
 Morde o seu proprio beiço;
O sitio deixa, nada mais espera.
Ah! vai-te, então lhe digo, vai-te embora;
 Melhor, minha Marilia,
Eu gastasse comtigo mais esta hora.

34.

Parte III. Lyra 3.

Leo-se-me emfim a sentença
Pela desgraça firmada;
Adeos, Marilia adorada,
Vil desterro vou soffrer.
    Ausente de ti, Marilia,
    Que farei? irei morrer.

Que vá pâra longes terras,
Intimarem-me eu ouvi;
E a pena que então senti,
Justos Céos! não sei dizer.
    Ausente de ti, Marilia,
    Que farei? irei morrer.

Mil penas estou sentindo
Dentro n'alma; e por negaça
Me está dizendo a desgraça,
Que nunca mais t'hei de vêr.
    Ausente de ti, Marilia,
    Que farei? irei morrer.

Por deixar os patrios lares,
Não me fere o sentimento;
Porém suspiro, e lamento
Por tão cedo te perder.
    Ausente de ti, Marilia,
    Que farei? irei morrer.

Não são as horas que perco,
Quem motiva a minha dôr;
Mas sim vêr que o meu amor
Este fim havia de ter.
    Ausente de ti, Marilia,
    Que farei? irei morrer.

A mão do fado invejoso
Vai quebrando em mil pedaços
Os doces, suaves laços,

Com que Amor nos quiz prender.
Ausente de ti, Marilia,
Que farei? irei morrer.

Da desgraça a lei fatal
Póde de ti separar-me;
Mas nunca d'alma tirar-me
A gloria de te querer.
Ausente de ti, Marilia,
Heide amar-te até morrer.

Manoel Ignacio da Silva Alvarenga.

Glaura.

Rondós.

35.

O Cajueiro.

Cajueiro desgraçado,
A que fado te entregaste,
Pois brotaste em terra dura
Sem cultura e sem senhor.
No teu tronco pela tarde,
Quando a luz no ceo desmaia,
O novilho a testa ensaia,
Faz alarde do valor.
Pâra fructos não concorre
Este valle ingrato e sêcco,
Um se enruga murcho e pêco,
Outro morre ainda em flor.
Cajueiro, &c.

Vês nos outros rama bella,
Que a Pomóna por tributos
Offerece doces fructos
De amarella e rubra côr?

　　　　Ser copado, ser florente
Vem da terra preciosa;
Vem da mão industriosa
Do prudente agricultor.
　　　　Cajueiro, &c.

　　　　Fresco orvalho os mais sustenta
Sem temer o sol activo;
Só ao triste semivivo
Não alenta o doce humor.
　　　　Curta folha mal te veste
Na estação do lindo agosto,
E te deixa nu e exposto
Ao celeste intenso ardor.
　　　　Cajueiro, &c.

　　　　Mas se esteril te arruinas,
Por destino te conservas,
E pendente sobre as hervas
Mudo ensinas ao pastor:
　　　　Que a fortuna é quem exalta,
Quem humilha o nobre engenho:
Que não vale humano empenho,
Se lhe falta o seu favor.
　　　　Cajueiro, &c.

36.

O Cajueiro do amor.

Vem, ó nympha, ao cajueiro,
Que no outeiro desprazámos;
Que em seus ramos tortuosos
Amorosos fructos dá.
　Se desejas a frescura,
O seu tronco te convida,
E entre as folhas escondida
Aura pura e doce está.
　　Inda a mão do estio ardente
Não crestou no campo as flores:
Vem, que a Deosa dos amores
Tua frente adornará.
　　　　Vem, ó nympha, &c.

Lá chorando e namorada
Hamadryade te acena:
Sem soccorro em sua pena
Desmaiada ficará.

Vem, consola por piedade
Os seus miseros gemidos,
E os seus ais, que enternecidos
De saudade morrem já.
    Vem, ó nympha, &c.

Nelle viu feliz minha alma
Triumphar o amor e a glória;
E em signal desta victória
Verde palma crescerá.

Vôa triste o meu martyrio,
E de longe turba os ares:
Semeei crueis pezares,
Rôxo lyrio nascerá.
    Vem, ó nympha, &c.

Vem tecer uma capella
Ao amor, que nos inspira;
E na voz da curva lyra
Glaura bella soará.

Vês o amor, e não o entendes?
Tem occulto ali seu ninho;
E te diz que é passarinho;
Se o não prendes, voará.
    Vem, ó nympha, &c.

37.

A Lua.

Como vens tão vagarosa,
Oh formosa e branca lua!
Vem co'a tua luz serena
Minha pena consolar.

Geme, ó Ceos! — mangueira antiga
Ao mover-se o rouco vento,
E renova o meu tormento,
Que me obriga a suspirar.

Entre palidos desmaios
Me achará teu rosto lindo,
Que se eleva, reflectindo
Puros raios sobre o mar.
  Como vens tão vagarosa, &c.

Sente *Glaura* mortaes dores:
Os prazeres se occultáram,
E no seio lhe ficáram
Os amores a chorar.
Infeliz! Sem lenitivo
Foge timida a esperança,
E me afflige co'a lembrança
Mais activo o meu pezar.
  Como vens tão vagarosa, &c.

A cançada phantasia
N'esta triste escuridade,
Entregando-se á saudade,
Principia a delirar.
Já me assaltam, já me ferem
Melancolicos cuidados!
São espectros esfaimados,
Que me querem devorar.
  Como vens tão vagarosa, &c.

Oh que lugubre gemido
Sahe d'aquella cajueiro!
É do passaro agoureiro
O sentido lamentar!
Puro amor! terrivel sorte!
Glaura bella! infausto agoiro!
Ai de mim! E o meu thesoiro,
Impia morte, has-de roubar!
  Como vens tão vagarosa,
  Oh formosa e branca lua!
  Vem co'a tua luz serena
  Minha pena consolar.

Madrigaes.

38.

Se eu conseguisse um dia ser mudado
Em verde Beija-flor, oh! que ventura!
    Despresára a ternura
Das bellas flores no risonho prado.
    Alegre e namorado
Me verias, ó *Glaura*, em novos giros
    Exhalar mil suspiros,
Roubando em tua face melindrosa
O doce nectar de purpurea rosa.

39.

    Jasmins e rosas tinha
Para adornar o tronco da mangueira:
    À fonte *Glaura* vinha,
Escondi-me entre a rama lisongeira:
    Fiquei a tarde inteira
A ver as perfeições da minha amada;
    Mas quando recostada
Principia a cantar os meus amores,
    Deixo cair as flores,
Ella me vê, e exhala, que ventura!
Dois suspiros de amor e de ternura.

Ignacio José de Alvarenga Peixoto.

40.

Ode

à Rainha D. Maria I.

Invisiveis vapores
Da baixa terra, contra os ceos erguidos,
Não offuscam do sol os resplandores.

  Os padrões erigidos
Á fé real nos peitos lusitanos,
São do primeiro Affonso conhecidos.
  A nós americanos
Toca levar pela razão mais justa
Do throno a fé aos derradeiros annos.
  Fidelissima augusta,
Desentranhe riquissimo thesoiro
Do cofre americano a mão robusta;
  Se o Tejo ao Minho e ao Doiro
Lhe aponta um rei em bronze eternizado,
Mostre-lhe a filha eternizada em oiro.

  Do throno os resplandores
Façam a nossa glória, e vestiremos
Barbaras pennas de diversas côres.
  Pâra nós só queremos
Os pobres dons da simples natureza,
E seja vosso tudo quanto temos.
  Sirva á real grandeza
A prata, o oiro, a fina pedraria
Que esconde destas serras a riqueza.
  Ah! chegue o feliz dia,
Em que do novo mundo a parte inteira
Acclame o nome augusto de Maria.
  Real real primeira,
Só esta voz na America se escute,
Veja-se tremular uma bandeira.

  Rompam o instavel sulco
Do pacífico mar na face plana
Os galeões pezados de Acapulco.
  Das serras da Araucana
Desçam nações confusas differentes
A vir beijar a mão da soberana.
  Chegai, chegai contentes,
Não temaes dos Pizarros a fereza,
Nem dos seus companheiros insolentes.
  A augusta portugueza
Conquista corações, em todos ama
O soberano autor da natureza.
  Por seus filhos vos chama,
Vem pôr o termo á nossa desventura,
E os seus favores sobre nós derrama.

Se o Rio de Janeiro
Só a glória de ver-vos merecesse,
Já era vosso o mundo novo inteiro.
   Eu fico que estendesse
Do Cabo ao mar pacifico as medidas,
E por fóra da Havana as recolhesse.
   Ficavam incluidas
As terras, que vos foram consagradas,
Apenas por Vespucio conhecidas.
   As cascas enroladas,
Os aromas, e os indicos effeitos
Poderão mais que as serras prateadas.
   Mas nós de amor sugeitos
Promptos vos offertamos á conquista
Barbaros braços, e constantes peitos.

   Póde a Tartaria grega
A luz gozar da russiana aurora;
E a nós esta fortuna não nos chega?
   Vinde, real senhora,
Honrar os vossos mares por dois mezes,
Vinde ver o Brazil, que vos adora.
   Noronhas e Menezes,
Cunhas, Castros, Almeidas, Silvas, Mellos,
Têm prendido o leão por muitas vezes.
   Fiai os reaes sellos
A mãos seguras, vinde descançada,
De que servem dois grandes Vasconcellos?
   Vinde a ser coroada
Sôbre a America toda, que protesta
Jurar nas vossas mãos a lei sagrada.

   Vai, ardente desejo,
Entra humilhado na real Lisboa,
Sem ser sentido do invejoso Tejo:
   Aos pés augustos vôa,
Chora, e faze que a mãi compadecida.
Dos saudosos filhos se condôa.
   Ficando enternecida,
Mais do Tejo não temas o rigor,
Tens triumphado, tens a acção vencida.
   Da America o furor
Perdoai, grande augusta; é lealtade,

São dignos de perdão crimes de amor.
Perdoe a magestade,
Em quanto o mundo novo sacrifica
Á tutelar propicia divindade:

O principe sagrado
No pão de pedra, que domina a barra
Em colossal estátua levantado,
Veja a triforme garra
Quebrar-lhe aos pés Neptuno furioso,
Que o irritado Sudoeste esbarra;
E veja glorioso
Vastissima extensão de immensos mares,
Que cerca o seu imperio magestoso:
Horrando nos altares
A mão, que o faz ver de tanta altura
Ambos os mundos seus, ambos os mares,
E a fé mais santa e pura,
Espalhada nos barbaros desertos,
Conservada por vós firme e segura.

Sombra illustre e famosa
Do grande fundador do luso imperio,
Eterna paz, eternamente goza.
N'um e n'outro hemispherio
Tu vês os teus augustos descendentes
Dar as leis pela voz do ministerio:
E os povos differentes,
Que é impossivel quasi ennumeral-os,
Que vem a tributar-lhes obedientes;
A honra de mandal-os,
Pedem ao neto glorioso teu;
Que adoram rei, que serviram vassallos.
O indio o pé bateu,
Tremeu a terra, ouvi trovões, vi raios,
E de repente desappareceu.

Domingos Caldas Barboza.

41.

Soneto.

Neste dia fatal — infausto dia,
Nasceu ao mundo mais um desgraçado;
E bem que pelas musas embalado,
Só para Melpomene é que nascia:
   Quando a funesta aurora resurgia,
O lucido caminho achou turbado,
Negro vapor da terra aos céus alçado,
Veio empecer-lhe a alegre louçania:
   Tres veses trôa o céu, e do Cocyto
Soltou a inveja as viperinas tranças,
Soou da parte esquerda um rouco grito:
   Ah! nasceste infeliz — e em vão te canças!
Lereno, já teu fado estava escripto,
Serão teu maior bem vãs esperanças!

42.

A melancolia.

   Pastoras, não me chameis
Pâra vossa companhia,
Que onde eu vou, comigo levo
A mortal melancolia.

   Coube-me por triste sorte
Eclipsada estrella impía,
Que em meus dias sempre influe
A mortal melancolia.

   Logo ao dia de eu nascer,
Nesse mesmo infausto dia,
Veio bafejar-me o berço
A mortal melancolia.

Por cima da infeliz choça
Gralha agoireira se ouvia,
Que á meus dias agoirava
A mortal melancolia.

No meu innocente rosto
Quem o notava, bem via,
Que em triste côr se marcava
A mortal melancolia.

Que fiz eu á naturesa,
Á fortuna eu que faria,
Para inspirar-me tam cedo
A mortal melancolia!

De alegria ouço eu falar,
Mas não sei que é alegria:
Nunca me deixou sabe-lo
A mortal melancolia.

Se um anno triste se acaba,
Triste o outro principia:
Marca as horas, dias, mezes,
A mortal melancolia.

Sou forçado á alegre canto,
Faço esforços de alegria,
E occulto no fundo d'alma
A mortal melancolia.

Enxugo o pranto nos olhos,
Obrigo á que a bocca ria,
Pâra disfarçar comvosco
A mortal melancolia.

Não quero com os meus pesares
Funestar a companhia;
Que é uma peste que lavra
A mortal melancolia.

Se os seus bens me mostra a sorte,
Móstra-m'os por zombaria;
Porque pâra mim só guarda
A mortal melancolia.

Sonhei que uma augusta mão
Venturoso me fazia:
Foi sonho — e fica em verdade
A mortal melancolia.

Fui abranger as venturas
Que o sonho me offerecia;
E despertei abraçando
A mortal melancolia.

Se um praser se me dirige,
Occulta força o desvia:
Só de mim se não separa
A mortal melancolia.

Ella me vai consumindo
De hora a hora, dia a dia:
Sinto-me ir desfalecendo
Da mortal melancolia.

O sangue vai-se gelando,
O coração se me esfria:
Fica em paz Armenia — eu morro
Da mortal melancolia.

Inda quando o frio corpo
Se envolver na terra fria,
Ha de corroer meus ossos
A mortal melancolia.

Se acaso dura a tristesa
Dos numes na companhia,
Ali mesmo hei de ter n'alma
A mortal melancolia.

Sobre a minha sepultura
Que escrevessem eu queria,
Um epitaphio em triumpho
Da mortal melancolia.

Lereno alegrou os outros,
E nunca teve alegria:
Viveu — e morreu nos braços
Da mortal melancolia!

43.

Que é saudade?

(Fragmento.)

Pois saber o qu'é saudade
Gentil O'Neile careces,
Vou talvez diser-te um mal,
Que soffres e não conheces.

Dirão uns qu'é sentimento,
Que só portugueses tem;
E qu'importa falte aos outros,
Vozes qu'o expliquem bem:

Mâs eu, senhora, não quero
Illudir vossa grandesa:
Saudade — é nome qu'explica
Triste mal da naturesa.

Filha da cruel ausencia
É essa terna paixão,
Que se nutre de esperanças
No sensivel coração:

De lembranças e desejos,
Tristemente acompanhada,
Punge e fere uma alma terna,
Do amado separada.

Por exemplo — dividida
Da tua cara metade,
Toda essa falta que sentes,
Isso, O'Neile, é qu'é saudade.

Em meio de mil praseres,
Sempre ésta paixão é triste,
E a seu intimo tormento,
Nenhuma coisa resiste:

Obriga á lagrimas tristes,
Obriga á sentidos ais,
Nem só humanos obriga,
Inda a brutos animaes.

Ouve o saudoso gorgeio
Da amorosa philomella,
Quantas vezes te enterneces
Co'a triste saudade della:

O aureo collo entumecendo,
Arrullando o pombo afflicto,
Tenra esposa que lhe falta
Chama em seu saudoso grito:
   Bravo, sanhudo leão,
A madeixa sacudindo,
Se a cara leoa prendem,
Os campos corre bramindo.
   Traz estes males amor,
Porém a dôce amisade
Não deixa de ser tambem
A doença da saudade.
   Tu, qu'a memória tens cheia
De mil successos antigos,
Escusas qu'eu te reconte,
Tristes, saudosos amigos.
   Do teu Augusto Ricardo,
Te lembre a célebre história,
E vê do amigo saudoso
Qual seja a honrada memória:
   Tambem de fido animal,
Que seu bom senhor perdeu,
Se conta que de saudades
Junto ao sepulcro morreu.
   É de temer este mal,
O tempo o torna mais forte;
E em lhe faltando a esperança,
Bem depressa é mal de morte.
   Basta, senhora: já sabes,
Qu'em fim saudade só é
O sentimento que um soffre,
Quando o qu'estima não vê.
   Tu, qu'onde quer qu'appareces
Causas amor e amisade,
Terás dado (oh! não duvido!)
Motivo á muita saudade.

Antonio Pereira de Sousa Caldas.

44.

Soneto.

Oito annos apenas eu contava,
Quando á furia do mar, abandonando
A vida, em fragil lenho e demandando
Novos climas, da patria me ausentava.
 Desde então á tristeza começava
O tenro peito a ir acostumando;
E mais tyranna sorte adivinhando
Em lagrimas o pai e a mãi deixava.
 Entre ferros, pobreza, enfermidade
Eu vejo, ó céus! que dor! que iniqua sorte!
O começo da mais risonha idade.
 A velhice cruel, (ó dura morte!)
Que faz temer tão triste mocidade,
Pâra poupar-me descarrega o córte.

45.

Ao homem selvagem.

Ó homem, que fizeste? tudo brada:
 Tua antigua grandeza
De todo se eclipsou; a paz doirada,
A libertade com ferros se vê prêza,
 E a palida tristeza
Em teu rosto esparzida desfigura
De Deus, que te creou, a imagem pura.

Na cithara, que empunho, as mãos grosseiras
 Não pôz cantor profano;
Emprestou-m'a a verdade, que as primeiras
Canções nella entoára; e o vil engano,
 O êrro deshumano,
Sua face escondeu espavorido,
Cuidando ser do mundo em fim banido.

Dos céus desce brilhando
A altiva independencia, a cujo lado
Ergue a razão o sceptro sublimado,
    Eu a ouço dictando
Versos jámais ouvidos: rêis da terra,
Tremei á vista do que ali se encerra.

Que montão de cadêas vejo alçadas
    Com o nome brilhante
De leis, ao bem dos homens consagradas.
A natureza simples e constante,
    Com penna de diamante,
Em breves regras escreveu no peito
Dos humanos as leis, que lhes tem feito.

O teu firme alicerce eu não pertendo,
    Sociedade santa,
Indiscreto alabar: sôbre o tremendo
Altar do calvo tempo, se levanta
    Uma voz que me espanta,
E aponta o denso véu da antiguidade,
Que á luz esconde a tua longa idade.

    Da dor o austero braço
Sinto no afflicto peito carregar-me,
E as trémulas entranhas apertar-me.
    Ó céus! que immenso espaço
Nos separa daquelles doces annos
Da vida primitiva dos humanos!

Salve dia feliz, que o loiro Apollo
    Risonho alumiava,
Quando da natureza sôbre o collo
Sem temor a innocencia repousava,
    E os hombres não curvava
Do despota ao aceno enfurecido,
Que inda a terra não tinha conhecido..

Dos férvidos Ethontes debruçado
    Nos ares se sustinha,
E contra o tempo de furor armado,
Este dia alongar por glória tinha:
    Quando nuvem mesquinha

De desordens seus raios eclipsando,
A noite foi do Averno a fronte alçando.

Saíu do centro escuro
Da terra a desgrenhada enfermidade,
E os braços com que, unida á crueldade,
　　Se aperta em laço duro,
Estendendo, as campinas vai talando,
E os miseros humanos lacerando.

Que augusta imagem de explendor subido
　　Ante mim se figura!
Nu; mas de graça e de valor vestido
O homem natural não teme a dura
　　Feia mão da ventura:
No rosto a libertade traz pintada
De seus serios prazeres rodeada.

Desponta, cégo amor, as settas tuas:
　　O palido ciume,
Filho da íra, com as vozes suas
N'um peito livre não accende o lume.
　　Em vão bramindo espume,
Que elle indo apoz a dôce natureza
Da fantazia os erros nada préza.

　　Severo volteando
As azas denegridas, não lhe pinta
O nublado futuro em negra tinta
　　De males mil o bando,
Que, de espectros cingindo a vil figura,
Do sabio tornam a morada dura.

Eu vejo o molle somno susurrando
　　Dos olhos pendurar-se
Do frôxo caraíba que, encostando
Os membros sôbre a relva, sem turbar-se,
　　O sol vê levantar-se,
E nas ondas, de Thetis entre os braços,
Entregar-se do amor aos dôces laços.

Ó razão onde habitas?... na morada
　　Do crime furiosa,

Polida, mâs cruel, paramentada
Com as roupas do vicio; ou na ditosa
    Cabana virtuosa
Do selvagem grosseiro? ... Dize ... aonde?
Eu te chamo, ó philosopho! responde.

    Qual o astro do dia,
Que nas altas montanhas se demora,
Depois que a luz brilhante e creadora,
    Nos valles já sombria,
Apenas apparece; assim me prende
O homem natural, e o estro accende.

De tresdobrado bronze tinha o peito
    Aquelle ímpio tyranno,
Que primeiro, enrugando o torvo aspeito,
Do *meu* e *teu* o grito deshumano
    Fez soar em seu damno:
Tremeu a socegada natureza,
Ao ver deste mortal a louca empreza.

Negros vapores pelo ar se viram
    Longo tempo cruzando;
Té que bramando mil trovões se ouviram
As nuvens entre raios decepando,
    Do seio seu lançando
Os cruéis erros, e a torrente impia
Dos vicios, que combatem, noite e dia.

    Cobriram-se as virtudes
Com as vestes da noite; e o lindo canto
Das musas se trocou em triste pranto.
    E desde então só rudes
Engenhos cantám o feliz malvado,
Que nos robou o primitivo estado.

46.

A creação.

Já do tempo voraz se divisava
A ferrea, curva foice reluzindo;

Despiedado, umas vezes meneava,
Outras vezes ao longe desferindo,
Em tôrno de si mesmo a agitava;
  Quando o Numen potente
A cujo aceno o tempo audaz nascêra,
Fez retumbar a voz, que tudo impera;
Os abysmos do nada estremeceram
  E ao Deus grande e clemente
Os possiveis tremendo obedeceram:
Atonito levanta a escura frente
  O cahos rodeado
De confusão e horror: inda a belleza
  Com pincel variado
Não ornava a recente natureza.

  Tranquillas jazendo,
  As ondas dormiam
  Que a face cobriam
  Do cahos horrendo.

  Ao leve soprar
  De um zefiro brando,
  Vida vai cobrando
  O languido mar:

  Do vasto Oceano
  No seio se encerra;
  E a madida terra
  Deixa respirar.

A luz resplandeceu, e o firmamento
Que em denigridas sombras se involvia,
Mostrou formoso o seu soberbo assento:
De graças e esplendor se revestia
  O magestoso dia;
Quando cheio de pompa o luzimento,
O sol rompeu nos ares, dardejando
De animante calor celestes raios.
Enternecido, triste sentimento
  Magôa o rosto lindo
  Da noite descontente,
Que a ausencia de Phebo luminoso
  Assim terna annuncia:

   Emtanto desferindo
Escassa luz em throno tenebroso,
Sôbre nuvens o sceptro reclinando,
A lua os céus e terras alumia.

    Fulgentes estrellas
   Nos céus resplandecem:
   Na terra verdecem
   Mil arvores bellas.

    Os montes erguidos,
   Os valles retumbam
   Ao som dos rugidos
   Dos feros leões.

    Nas azas sustidas,
   As aves revoam:
   Nos ares entoam
   Sonoras canções.

O terra! ó céus! ó muda natureza!
Trasbordai de alegria: triumphante
Das entranhas do nada surge o homem:
Eis apparece; e a candida belleza
O sisudo semblante lhe ennobrece.
   Seu magestoso porte
Soberano do mundo o patentea.
Gravada mostra n'alma a augusta imagem
   Do Senhor adoravel
Que o immenso universo senhorea:
De sua pura carne se teceram
As meigas graças, que no rosto amavel
   Da mulher carinhosa,
Com suave doçura resplandecem.
Apenas a diviza transportado,
Tu és o meu prazer, que novo encanto
Eu vejo! lhe dizia; e arrebatado
   Em delirio amoroso,
Mil vezes em seus braços a apertava,
   E todo o extenso mundo,
Por ella só, deixar pouco julgava.

    Qual rosa engraçada
   Que zefiro adora,

　　　　Terna e delicada,
　　　　Enredo de Flora:

　　　　　Assim é mimosa
　　　　E linda a mulher,
　　　　E o homem se gosa
　　　　Em se lhe render.

　　　　　Qual grita entre as feras
　　　　Leão rugidor,
　　　　Derramando em tôrno
　　　　Gelido terror:

　　　　　Tal se mostra o homem
　　　　Sôbre toda a terra;
　　　　Tudo rende e aterra
　　　　Em arte e valor.

O mundo era creado, e trasluzia
Em toda parte o braço omnipotente,
Que fizera raiar a noite e o dia.
　　　Da frígida semente
Outra vez novo ser se produzia,
Animada ao calor do sol ardente:
Tudo em vida fervendo parecia.
　　　Fecundo recebêra
Virtude de crescer, multiplicar-se.
　　　O animal que á fera
Impia morte soubera sujeitar-se.
Então o Creador arrebatado
Em divino prazer, almo, infinito,
Olhou dos céus o livro sublimado
Que com as suas mãos havia escripto,
E assim falou: Ouvi cheios de susto,
Mortaes, a voz do Deus immenso e justo.

　　　　　Os céus entoam
　　　　Minha grandeza,
　　　　Os seres todos
　　　　Juntos pregoam,
　　　　Por varios modos,
　　　　Do eterno ser
　　　　O incomparavel,

Grande, inefavel,
Alto podêr.

A minha glória,
Homem, respeita;
Rendido, acceita
Meu mandamento:
Traze á memória,
Que o firmamento
Por ti criei;
Que o mar e a terra,
E o que ella encerra
Tudo te dei.

Se me adorares
Com vivo amor,
E me offertares
Santo temor;
Por mim o juro,
Minha presença
Ao peito puro
Eu mostrarei,
E recompensa
Tua serei.

Mâs se quebrares
O meu preceito,
E sem respeito
O profanares,
Da morte fera
A mão severa
Tu sentirás,
E em vão gemendo,
No Averno horrendo,
Me chamarás.

47.

Á immortalidade da alma.

Porque choras, Fileno? Enxuga o pranto
Que rega o teu semblante, onde a amisade

De seus dedos gravou o terno toque.
Ah! não queiras cortar minha esperança,
E de dôr embeber minha alegria.
    Tu cuidas que a mão fria
Da morte, congelando os froxos membros,
Nos abysmos do nada inexcrutaveis
Vai de todo afogar minha existencia?
É outro o meu destino, outra a promessa
Do espirito que em mim vive e me anima.
    A horrenda sepultura
Conter não póde a luz brilhante e pura,
Que soberana rege o corpo inerte . . . . .

    Não descobres em ti um sentimento
Sublime e grandioso, que parece
Tua vida estender além da morte?
Attenta . . . escuta bem . . . Olha . . . examina . . .
Em ti deve existir: eu não te engano . . . . .
Tu me dizes que existe . . . Ah! meu Fileno,
    Como é doce a lembrança
Dessa vida immortal em que, banhado
De inefavel prazer, o justo goza
Do seu Deus a presença magestosa!

    Desperta, ó morte:
    Que te detem?
    Teu cruel braço
    Esforça, e vem.

    Vem, por piedade,
    Já transpassar-me
    E avisinhar-me
    Do summo Bem.

    E queres que eu prefira
Humanos passatempos ao momento,
Em que raia a feliz eternidade?
    Um Deus de amor m'inflamma:
E já no peito meu mal cabe a chamma
Que docemente o coração me abraza.
Eu vôo por elle: elle só póde
Minha alma, sequiosa do infinito,
De todo saciar: este desejo

Me torna saboroso
O calix que tu julgas amargoso.
Fileno, doce amigo, a mão extende;
A minha aperta: não te assuste o vê-la
De mortal frio já passada e languida.
  Mais duravel que a vida,
É da amisade a teia delicada,
Se a virtude a teceu ...... Em fim, ó morte,
Tu me mostras a foice inexoravel.
Amarga este momento: eu não t'o nego,
Meu amante Fileno: a voz já prêsa
  Sinto faltar-me; o sangue
Nas veias congelar-se; pelo rosto
Me cae frio suor; a luz mal posso
Das trevas distinguir; e suffocado
  O coração desmaia.
Vem, immortalidade — vem, ó grande,
  Sublime pensamento,
Adoçar o meu último momento.

   Ó Nume infinito,
   Que aspiro a gozar,
   O meu peito afflicto
   Enche de valor.

   Suave esperança
   De sorte melhor,
   Quanto deste instante
   Adoças o horror!

Frei Francisco de São Carlos.

48.

Excerptos do Poema da Assumpção.

a) O Paraiso.

Ha no seio do immenso uma paragem
Escondida aos mortaes, do Ceo imagem;

Logar santo, ditoso, sem pesares,
Onde os prazeres giram a milhares.
Habitação da paz, solar do riso,
E com rasão chamado — Paraiso. —
Acolá se entrelaça com a hera,
Co'o rico outono a olente primavera;
Frescos sempre os matizes da campanha
De perenne verdor, de graça estranha,
Não adulam a vista n'estes prados
Arvoredos por ordem alinhados;
Nem marmoreas columnas soberanas
De varias ordens gregas, ou toscanas;
Nem maquinas hydraulicas, que as puras
Agoas deitam por varias mil figuras.
Só reina a natural simplicidade
Que excede sempre a arte em magestade.
Ó musa! dá aos meus versos a doçura
Dos fructos, de que vou dar à pintura.
A manga doce e em cheiro soberana,
Que imita o coração, no galho ufana.
De um lado a crocea côr, e fulva exalta
Do luzente metal, que a muitos falta;
De outro lado porém retrata aquella
Que o pudor chama ás faces da donzella.
Pendentes estão dos ramos verdejantes
Os cajús, á saude tão prestantes;
Uns amarellos, e outros encarnados,
Das gostosas castanhas coroados:
Talismans, que lhes deo a natureza
Por não se fascinar tanto belleza.
Odoriferos jambos coroados
Alvejam na vergontea apinhoados.
Negreja o liso abrunho, envolto em luto,
O qual da Syria veio: e o debil fructo,
Que lá da Cerasuntha o nome toma,
Por Lucullo trazido á velha Roma.
Entre as folhas gigantes laceradas
Dos bananaes espessos arranjadas
Lourejam suas filhas; aguçando
O appetite, e os olhos affagando.
Dos folhudos festões estão pendentes
Pelo tronco trepando, os recendentes
Fructos da agreste flôr, quadro imitante

Do martyrio, e paixão de um Deos amante.
Gemem emfim as arvores curvadas
Com o pezo das fructas sazonadas.
Do limão virginal, da aurea laranja,
Pomos d'oiro talvez, que em vossa granja
Hisperides zelaveis; mas colhidos,
São por Tyrinthio a Euristheo trazidos.
No mesmo ramo encanta a formosura
Da fructa em flôr, da verde, ou já madura:
Mostrando a natureza aqui reunido,
Quanto n'outras sazões tem repartido.
Tal matrona fecunda em proles bellas
Nubeis tem, uma ao collo, e outras puellas.
Assim n'um quadro só pinceis mui habeis
Desenham mil objectos deleitaveis.
Assim por S. João, no mez nevado,
Depois do esbulho teres supportado
De tuas ramas velhas, ó roseira,
Aos astros te apresentas lisongeira
Quando as novas de rosas mil enxertas;
Umas inda em botão, outras já abertas.

 Em vão nedios racimos a encrespada
Vide, que com o olmeira está casada,
Á luz Phebéa expõem, tanta riqueza
Ai! da pompa é trophéo, é só belleza.
Aligero cantor da etherea estancia
Apenas prova parte da abundancia.
Tal era a sorte de outras muitas fructas,
Sempre das mãos intactas, e incorruptas,
Tal a da pinha, que trazida outr'ora
Do Eóo paiz, berço da aurora,
Com seu nectar suave torna escravos,
Abelhas do monte Hybla, vossos favos.
Tal a tua, ananaz, rasteiro e baixo:
Mas que tens por corôa alto penacho,
E vestido de escamas, qual guerreiro,
Um halito bafejas lisongeiro,
Nem baixo te reputes deshonroso:
Tal de Carlos o pai, mas foi famoso.
E o bravo lá da Emathia, na estatura
Apoucado, foi raio de bravura.

Sem dar accesso á Phebo a intonsa coma
Os bosques todos são troncos de aroma.
Seus ramos elevando aos ares puros
Ao vento indoceis, á borrascas duros:
Tudo quanto perfuma o ambiente
Balsamo, canella, incenso ardente,
E tu, cedro odorifero, que exhalas
Fragrancia ardendo nas circêas salas:
Quando do Ithaco os socios lá chegáram,
Que em ursos pela Maga se voltáram.
A Cynirêa prole criminosa
Do bello Adonis mãi, toda chorosa
Lembrada inda do crime, alli gotteja
A lagrima gelada, e bemfazeja.
Vegeta a rama, e a folha perfumante
Com que Daphne roubou-se ao cégo amante.

Negros picos e fragas se avistavam
Que ao longe os céos serenos topetavam;
D'onde se despenhando crepitantes
Alveos de varias lymphas escumantes;
Vinham dormir nas fraldas, e campinas
Sobre leitos de areias crystallinas.
Tanques bordados do matiz de Flora,
Doce attractivo do cantor da aurora.
Prateados peixinhos agitando
As caudas pelo fundo estão brincando.
Pelos prados floriferos serpeam,
Humectando o matiz, de que se arreiam,
Perennes agoas, fontes peregrinas,
Quaes liquidas riquezas argentinas.
Rolando vem com ellas pelo fundo
Folhetas de oiro; e tudo quanto o mundo
Em preço tem; o rigido diamante,
O rubi, que da brasa é semelhante:
A amathista, a chrysolita, a turqueza,
Lapidadas da propria natureza.

As margens dos ribeiros são tecumes,
Que o ar incensão com subtis perfumes,
Rasteira madresilva, hervas cheirosas.
Assim como na sêda, ou rica tella
A agulha brinca da gentil donzella,

Tecendo com mil fios, e mil côres
Primorosos padrões, varios lavores;
Tal era d'estes prados a pintura,
Que das agoas recebem a frescura.

Ah! purpureo cravo, tu vegetas
Sem sentires do sol ardentes settas.
Sempre fresco, e brilhante, sempre inteiro
Eterna a tua côr, eterno o cheiro.
E tu, sol dos jardins, rosa engraçada,
Que já na tyria côr, côr sublimada
Ostentas de rainha a preeminencia;
A vegetar alli tanta excellencia
Ostentas, que em belleza inda as mais bellas
Vences, como no ceo Phebo as estrellas.
Veceja de Hiemen a estranha planta
Cuja amendoa torrada o gosto incanta.
A flôr, que desabrocha só nocturna
E se aggrava ao raiar a luz diurna.
E a triste em côr tambem, que matizando
De rôxo o prado, á Igreja está imitando
No tempo, em que na cinza amargurada
Chora do Esposo a scena já passada.
A magdonia thuricrena, que incensa
Do grão Temistilão a riba extensa:
De quem a florescencia dáta os annos,
E épochas memoraveis dos paisanos.
O amarello ipé, tão lisongeiro
Nas ribeiras do placido Janeiro:
Presado berço meu, que fez a sorte
Do aurifero Brazil o centro, e a côrte.
Por cujas mattas, solidões amenas
Tambem correm Castalias: e as Camenas
Ao som das citharas do Pithio loiro
Affinam vozes, cantam versos d'oiro.
Tambem do alpestre Corcovado descem
Perennes agoas, que não desmerecem
As que borbulham sobre a arêa fina
Do talco argenteo, lá na Caballina.
Brilha emfim a familia toda em summa
Da balsamica Flora, que perfuma.
Diversa nas especies, e figuras,
Grata nos cheiros, linda nas pinturas.

Anemones, jasmins, goivos, acantos,
Roxos lirios, perpetuos amarantos;
Cujas faces os zephiros beijando
Vão lascivos o ar embalsamando.

Não menos brilha, e ostenta, que o de Flora,
O alado esquadrão, que ella namora.
Pelas margens do lago, em passo lento,
Procura a nivea garça o seu sustento.
Geme a casta rolinha lá da inculta
Brenha, quando o calor do sol avulta.
Curvada com seu peso, sobre a espiga
Já loira do arrozal, a doce intriga
Modula o cheirinho, e lá do ramo
Da aroeira responde o gaturamo.
Sobre um tronco despido, e empavesado
Pavão eis que escurece com o doirado
Dos olhos do pastor, e bellas pintas,
Mensageira de Juno, as tuas tintas.
Crusavam pelo ar, bem como flores
Aligeras, alados de mil cores.
Direis, que a brilhante primavera
Deixando o prado, matisava a esphera.
O pequeno colibrio, esta ave rara,
Trophéo na pequenhez da mão, que a ornara,
Ostenta o peito d'oiro, e esvoaçando
Com susurro, e tremor, anda libando
O nectar, e dulcissimos sabores
Que encerra o calix de mellifluas flores.
Pygmeo na esphera das gentís volantes
Se na esphera das aves ha gigantes.
Vê-se o ninho co'o bico o passarinho
Tecer, só da consorte o alado arminho
Soccorros tem; e na cruel fadiga
Ser o peito o compasso o instincto obriga.
Porém nas dimensões com tal destreza
Que não cede ao Geometra em certeza.

Aqui paixões não ha, não ha cuidados,
Nem desejos de gloria illimitados,
Nem ciumes de amor, e a vã cobiça,
Que o fogo da ambição ao peito atiça.
Não soam bronzes tristes, e agoureiros

Das pompas sepulchraes mil pregoeiros;
Nem o ronco tambôr bellico: a bandeira
Não treme em batalhões; nem tu guerreira
Tuba, despertas com o teu som tyranno
O povo a esperdiçar o sangue humano.
Tange a virginea paz, balha a alegria,
Ou se recolha o sol, ou nasça o dia.
Sómente sôa o gorgear das aves,
Cujos reclamos são, e échos suaves,
Dos Padres a harmonia em doces hymnos
Do Sêr interminavel metros dinos:
Metros doces, grandiloquos, alçados,
Por elles concebidos, e rimados,
Que na gloria, em que exultam, não despresam
As filhas da memoria, antes se presam
De cultivar esta arte peregrina,
Que com sublimes dons, com voz divina
Eternisa a virtude, e Omnisciencia
Do Sêr, que é o mesmo a gloria, é mesmo a Essencia.

b) Rio de Janeiro.

A cidade que alli vêdes traçada,
E que a mente vos traz tão occupada,
Será nobre colonia, rica e forte,
Fecunda em genios, que assi o quiz a sorte.
Será pelo seu porto desmarcado
A feira do ouro, o emporio frequentado,
Aptissimo ao commercio; pois profundo
Póde as frótas conter de todo o mundo.
Será de um povo excelso, germe airoso
Lá de Lisia, o logar mais venturoso.
Pois dos Lusos Brazilicos um dia
O centro deve ser da monarchia.
Alçarão outras no porvir da idade
Os trophéos que tiverem por vaidade.
Umas nas artes levarão a palma
De aos marmores dar vida, aos bronzes alma;
Outras irão beber sua nobreza
Nos tratos mercantís. Tal que se présa
De ver nas suas scenas e tribunas
Maior brazão, mais inclitas columnas.
Aquellas dos Timantes o extremoso

Pincel com estro imitará fogoso.
Muitas serão mais dextras no compasso,
Que as linhas mede do celeste espaço.
Mas cuidar de seu rei, ser sua côrte,
Dar ás outras a lei; eis d'esta a sorte.

Graváram do rigor de impostos novos
Os dynastas crueis a terra, e os povos
Egypcios, por alçar massas estranhas,
Que tu, traspondo o leito, ó Nilo, banhas,
Fosse superstição ou só vaidade
Da fama dilatar por longa idade;
É certo que o sentio o povo santo
Que tanto ali gemeo por tempo tanto.
Hoje busca o viajor o immenso lago
De Meris, e só topa um campo vago.
E se restam taes obras peregrinas,
São sobejos do tempo, e só ruinas.
Aqui pelo contrario poz natura
Por brasões da primeira architectura,
Volumes colossaes, corpos enormes,
Cilyndros de granito desconformes,
Massas, que não erguéram nunca humanos,
Mil braços a gastar, gastar mil annos.

Por uma, e outra parte ao ceo subindo
Vão mil rochas, e picos, que existindo
Desde o berço do mundo, e de então vendo
Os sec'los renascer, e irem morrendo;
Por tanta duração, tanta firmeza
Deoses parecem ser da natureza.
Ossos da grande mãi, que ao ar sairam
Na voz da creação; e mal, que ouvíram
Que deviam parar, logo paráram
Nas fórmas e extensões, em que se acháram.
Que affiguram exercitos cerrados
De mil negros Tiphéos petrificados.
Ao resto sobresae cc'a frente erguida
Dos Orgãos a montanha, abastecida
De grossas mattas, de sonoras fontes,
Que despenhando-se de alpestres montes,
Vem engrossar o Lago d'agoa amara
Do grão Nictheroy, do Ganabára.

Tal a fabula diz, de Alfeo que o rio
Faz por baixo do mar longo desvio
Té Ortygia, em demanda de Arethusa,
Que abraçar-se com elle não recusa.
Vêdes na fóz aquelle que apparece
Pont'agudo e escarpado? — Pois parece,
Que deo-lhe a providente natureza,
(Além das obras d'arte) por defeza
Na derrocada penha transformado
Nubigena membrudo, sempre armado
De face negra, e torva; e mais se o c'rôa
Neve, e trovões e raios, com que atroa;
Que co'a fronte no ceo, no mar os rastros,
Atrevido ameaça o pego, e os astros.
Se os delirios da vã mythologia
Na terra inda vagassem, dir-se-ía,
Que era um d'esses Alcidas, gigante
Que intentou escalar o ceo brilhante:
Que das deosas do Olympo namorado,
Foi no mar por audaz precipitado.
E as deosas por acinte lá da altura
Lhe enxovalham de neve a catadura.
Do seio pois das nuvens, onde a fronte
Esconde, vendo o mar té o horizonte:
Mal que espreita surgir lenho inimigo
Prompto avisa, e previne-se o perigo.

Então, Brazil, virá tua ventura;
O sec'lo d'oiro teu, tua cultura.
Pelas largas espadoas penduradas
Não te verão mais settas aguçadas.
Nem de pennas multicor textura
Teus braços cingirá, tua cintura.
Debalde o Caiman se pinte enorme
De rojo a tuas plantas, qual o informe
Do Ichnéumon rival, que gera o frio
Em lodosos paúes septemfluo rio.
Correo-se o panno á scena: roçagante
Estellifero palio, auriflammante,
Desenho do primor, obra de custo
Adornará teu vulto baço, e adusto.
Sceptro na mão terás, e na cabeça
Corôa, d'onde santa resplandeça

Com raios de rubís a Cruz erguida:
A Cruz, que é tua crença recebida.
Os fructos de teus bosques, de teus prados
Mais doces hão de ser; porque cantados
Dos Tityros serão na agreste avena,
Nas silvas resoando a cantilena.
O aureo cambucá, fructa que unida
Nasce á casca da rama: a denegrida
Jaboticaba doce, que bem vinga
Nas frescas varzeas de Piratininga.

José Eloy Ottoni.

49.

Glossa.

Unge meus labios, Senhor!
Voarei á Divindade,
Será o Eterno meu canto,
Meu instrumento a Verdade.

I.

A lyra, que á flôr dos annos
Consagrei, cantando objectos
Tão futeis, como indiscretos,
Hoje é só prestigio e damnos.
Encontra só desenganos
Quem busca em trévas amor:
Mas eu presinto o calor
De nova luz que me inspira;
Agora dá-me outra lyra!
Unge meus labios, Senhor!

II.

Manda a luz que aponte a lei,
Dá-me o tom que o plectro afaga,
Os caracteres apaga,
Que eu por delirio gravei.

Tombem quantos entoei
Hymnos de amor ou vaidade:
Seguindo a luz da verdade,
Que brilha de quando em quando,
Ao pó da terra escapando,
Voarei á Divindade.

III.

Heróes, fortuna, grandeza
Que o tempo leva e consome,
Graças que morrem sem nome,
Attractivos da belleza,
Tudo é pó, tudo é fraqueza,
É tudo miseria e pranto;
Ou desdobre a noite o manto,
Ou desponte a luz do dia,
Desenvolvendo a harmonia,
Será o Eterno meu canto.

IV.

Do que a terra e os céos m'inspirão,
Os pregoeiros são estes,
Todos os corpos celestes,
Que em curvas orbitas girão,
Que innumeros sóes se virão
No centro da immensidade,
Na extensão da Eternidade,
Se eu abrangesse a harmonia,
A luz meu écho seria,
Meu instrumento a Verdade.

50.

Soneto.

Portuguezes! A nuvem tenebrosa,
Qu'offuscava a razão desaparece,
Desfez-se o cahos que a discordia tece:
Já se encara sem medo a luz formosa.

Dos erros a progenie maculosa
Baqueando em soluços estremèce,

A justiça dos céos ao throno desce,
Marcando os fastos á nação briosa.

Lysia, berço de heroes, oh Lysia, alerta,
Cumpre que os ferros o Brazil arroje
Seguindo o impulso que a razão disperta.

A expressão de terror, desmaia e foge,
Graças á invicta mão que nos liberta,
Escravos hontem, sois romanos hoje.

51.

Soneto.

Sinistro agoura do mortal quebranto
No pavez andaluz ergnia o brado;
O da Iberia leão, como assanhado,
Rugiu, estremeceu de horror, d'espanto.

Perfidia e susto desdobrava o manto
Que envolve e aquece a purpura e cajado,
O Tejo sobre a urna recostado
Com a mão no rosto viu da Iberia o pranto.

Da virtude as primeiras corrompendo,
Rapido impulso de contagio forte
Em Lysia faz que soe o grito horrendo.

O furor da explosão ribomba ao norte,
E o Brazil, por salvar-se, a voz erguendo,
Proclama o grito „Independencia ou morte!"

José Bonifacio de Andrada e Silva.

52.

Aos Gregos.

Ó Musa do Brazil, tempéra a lyra,
Dirige o canto meu, vem inspirar-me:

Accende-me na mente estro divino
    De heroico assumpto digno!

Se comigo choraste os negros males,
Que a saudosa cara patria opprimem,
Da Grecia renascida altas façanhas
    As lagrimas te séquem.

Se ao curvo alfange, se ao pelouro ardente,
Politica malvada a Grecia vende;
As bandeiras da cruz, da libertade,
    Farpadas inda ondeam.

As baionetas que os servís amestram,
Carnagem, fogo, não assustem peitos,
Que amam a liberdade, amam a patria,
    E de Helenos se presam.

Como as gotas da chuva o sangue ensópa
Arido pó de campos devastados;
Como do funeral lugubre sino,
    Gemidos mil retumbam.

Creancinhas, matronas, virgens puras,
Que á apostasia, que á deshonra vota
O feroz Moslemin, filho do inferno,
    Como martyres morrem.

E consentís, ó Deus! que os tristes filhos
Da redemptora cruz, Arabes, Turcos,
Exterminem do solo antigo e santo
    Da abandonada Grecia?

Contra algozes os miseros combatem;
Contra barbaros cruz, honra e justiça:
A Europa geme — só tyrannos frios
    Com taes horrores folgam.

Rivalidades, ambição, temores,
Sujo interêsse a inerte espada prendem,
E o sangue de christãos, que lagos fórma,
    Um ai lhes não arranca!

Perecerás, ó Grecia, más contigo
Murcharão de Albion honra e renome:
O sórdido egoismo, que a devora,
    É já do mundo espanto!

Não desmaies, porém: a Divindade
Roborará teu braço: e na memória
Gravará para exemplo os altos feitos
    Dos illustres passados.

Eis os myrrados ossos já se animam
De Mélciades; já da campa fria
Ergue a cabeça, e grito dá tremendo
    Para accordar os netos.

— „Helenos!" brada:„ ó vós, prole divina,
Basta de escravidão — não mais oppobrios.
É tempo de quebar grilhão pesado,
    E de vingar infamias.

„Se arrazastes de Troia os altos muros
Para o crime punir, que amor causára,
Então porque soffreis ha largos annos
    Estupros e adulterios?

„Foram assento e berço ás doutas musas
O sagrado Helicon, Parnaso e Pindo:
Moral, sabedoria, humanidade,
    Fez vecejar a lyra.

„Ante helenicas prôas se acamava
Euxino, Egeu, e mil colonias íam
Levar artes e leis ás rudes plagas,
    E da Lybia e da Europa.

„Um punhado de heroes então podia
Tingir de sangue persa o vasto Ponto:
Montões de corpos inda palpitantes
    Estrumavam os campos.

„Ah! porque não sereis o que já fostes?
Mudou-se o vosso céu e o vosso solo?

E não são inda os mesmos estes montes,
　　Estes máres e portos?

„Se Esparta ambiciosa, Athenas, Thebas
O fratricida braço não tivessem
Em seu sangue banhado, nunca a Grecia
　　Curvára o collo a Roma.

„E se de Constantino a infame prole
Do fanatismo cego não houvera
Aguçado o punhal, ah! nunca as luas
　　Tremuláram ufanas.

„Depois que foste, ó Grecia miseranda,
De despotas brutaes brutal escrava,
Em a esquerda o *koram*, na dextra a espada,
　　Barbaria prega o Turco.

„Assás sorveste já milhões de insultos,
Já longa escravidão pagou teus crimes;
O céu tem perdoado, — Eia, já cumpre
　　Ser Helenos, ser homens.

„Eia, Gregos, jurai, mostrai ao mundo,
Que sois dignos de ser quaes fostes d'antes;
Eia, morrei de todo, ou sêde livres!„
　　Assim falou — calou-se.

E qual ligeira nevoa, sacudida
Pelo tufão do norte, a sombra augusta
Desapparece. A Grecia inteira brada:
　　„Ou libertade ou morte."

53.

Aos Bahianos.

Altiva musa, ó tu, que nunca incenso
Queimaste em nobre altar ao despotismo,
Nem insanos encomios proferiste
　　De crueis demagogos:

Ambição de podêr, orgulho e fausto,
Que os servís amam tanto, oh! nunca, musa,
Accendéram teu estro — a só virtude
 Soube inspirar louvores!

Na abobada do templo da memória
Nunca comprados cantos retumbáram:
Ah! vem, ó musa, vem! na lyra d'oiro
 Não cantarei horrores.

Arbitraria fortuna! despresivel
Mais que essas almas vís, que a ti s'humilham,
Prosterne-se a teus pés o Brazil todo,
 Eu nem curvo o joelho.

Beijem o pé que esmaga, a mão que açoita,
Escravos nados — sem saber, sem brio;
Que o barbaro Tapuia, deslumbrado,
 O deus do mal adora.

Não! reduzir-me a pó, roubar-me tudo,
Porém nunca aviltar-me póde o fado:
Quem a morte não teme, nada teme;
 Eu nisto só confio.

Inchado de podêr, de orgulho e sanha,
Treme o visir, se o grão-senhor carrega,
Porque mal dirigiu sobrolho iroso,
 Ou mal dormiu a sésta.

Embora nos degraus do excelso throno
Rasteje a lesma, para ver se abate
A virtude que odêa, só me alenta
 Do que valho a certeza.

E vós tambem, Bahianos, despresastes
Ameaças, carinhos — desfizestes
As cabalas que perfidos urdiram,
 Inda no meu destêrro.

Duas vezes, Bahianos, me escolhestes
Para a voz levantar a pró da patria,
Na assembléa geral; mâs duas vezes
 Foram baldados votos!...

Porém em quanto me animar o peito
Este sôpro de vida que inda dura,
O nome da Bahia, agradecido,
    Repetirei com jubilo.

Amei a libertade e a independencia
Da doce, cara patria, a quem o Luso
Opprimia sem dó, com riso e mofa:
    Eis o meu crime todo!

Cingida a fronte de sanguentos loiros,
Horror jámais inspirará meu nome:
Nunca a viuva ha de pedir-me o esposo,
    Nem seu pai a criança.

Nunca aspirei a flagellar humanos;
Meu nome acabe, para sempre acabe,
Se para o libertar do eterno olvido
    Forem precisos crimes!

Morrerei no destêrro em terra estranha,
Que no Brazil só vís eccravos medram:
Para mim o Brazil não é mais patria,
    Pois faltou a justiça.

Valles e serras, altas mattas, rios,
Nunca mais vos verei! Sonhei outr'ora
Poderia entre vós morrer contente;
    Mâs não! monstros o vedam.

Não verei mais a viração suave
Parar o aerio vôo, e de mil flores
Roubar aromas, e brincar travêssa
    Co'o trémulo raminho.

Oh! paiz sem igual, paiz mimoso!
Se habitassem em ti sabedoria,
Justiça, altivo brio, que ennobrecem
    Dos homens a existencia...

De estranha emulação acceso o peito,
Lá me ía formando a phantasia
Projectos mil para vencer vil ocio,
    Para crear prodigios!

Jardins, vergeis, umbrosas alamedas,
Frescas grutas então, piscosos lagos,
E pingues campos, sempre verdes prados
    Um novo eden fariam.

Doces visões, fugi! Ferinas almas
Querem que em França um desterrado morra!
Já vejo o genio da certeira morte
    Ir afiando a foice.

Gallicana donzella lacrimosa,
Trajando roupas luctuosas, longas,
Do meu pobre sepulchro a tosca lousa
    Só cobrirá de flores.

Que o Brazil inclemente, ingrato ou fraco,
Ás minhas cinzas um buraco nega,
Talvez tempo virá qu'inda prantêe
    Por mim com dôr pungente!

Exulta, velha Europa, o novo imperio,
Obra prima do céu, por fado impio....
Não será mais o teu rival activo
    Em commercio e marinha.

Aquelle que gigante inda no berço,
Se mostrava ás nações, no berço mesmo
É já cadaver de crueis harpias,
    De malfazejas furias!

Como, ó Deus! que portento! a Urania Venus
Ante mim se apresenta? Riso meigo
Banha-lhe a linda bocca, que escurece
    Fino coral nas côres.

— „Eu consultei os fados que não mentem“
Assim me fala a piedosa deusa,
„Das trevas surgirá sereno dia
    Para ti, para a patria.

„O constante varão que ama a virtude,
Co'os berros da borrasca não se assusta,
Nem como a folha da alamo fremente
    Treme á face dos males.

„Escapaste a cachopos mil occultos,
Em que ha de naufragar, como até-gora,
Tanto aulico perverso. Em França, amigo,
  Foi teu desterro um porto.

„Os teus Bahianos, nobres e briosos,
Gratos serão a quem lhes deu soccorro
Contra o barbaro Luso, e a liberdade
  Metteu no solo escravo.

„Ha de emfim essa gente generosa
As trevas dissipar, salvar o imperio:
Por elles liberdade, paz, justiça,
  Serão nervos do estado!

„Qual a palmeira que domina ufana
Os altos topes da floresta espessa,
Tal bem presto ha de ser no mundo novo
  O Brazil bem fadado.

„Em vão de paixões vís cruzados ramos
Tentarão impedir do sol os raios:
A luz vai penetrando a copa opaca,
  O chão brotará flores."

Calou-se, então — voou; e as sôltas tranças
Em tôrno espalham mil sabeus perfumes,
E os zefiros, as azas adejando,
  Vasam dos ares rosas.

Francisco Vilella Barbosa, Marquez de Paranaguá.

54.

Excerpto da Cantata á Primavera.

Lá onde em tuas margens, patrio Rio,
Que do primeiro mez tomaste o nome,
Pasce o sidereo Capro o verde esmalte,

E de teus cristais bebe a onda pura,
(Méta antiga do sol, centro hoje de outro,
Cujo lucido imperio abrange os pólos)
Com providente mão a natureza
O asylo preparou da primavera.
Ali não murcha a rosa: ali os troncos
De flores sempre novas se ataviam.
Ali (em quanto as negras tempestades
Sôbre as azas de Boreas carrancudo
Arripiam do inverno a hirsuta grenha,
Nos céus róla o trovão, cái o diluvio,
E do septentrião alaga as plagas)
Se acolhe a deusa com as graças todas:
Mâs apenas viçosa a amendoeira
Dá signal de acordar ás nuas plantas,
No pressuroso carro Phebo a toma:
Dali volta com elle alegre e rindo.
Quão doce é vêl-a então com mão curiosa
Toucar a densa coma do arvoredo,
E sôbre o verde dos macios valles
Desdobrar a cheirosa bordadura,
Em que arte e mimo despendêra Flora!
Quão doce é vêl-a do sanhudo inverno
Triumphante correr em roseo carro
Os tapizados campos! Vão ante ella
Os capripedes satyros dançando:
Fazem-lhe côrte as graças prazenteiras:
Namorados de vêl-a os bosques cantam:
Os arbustos, os platanos florescem
Com seu halito doce perfumados;
E os virgineos botões, abrindo os labios,
Com pudibundo risc se franqueiam
Ao pranto creador da madre aurora.

   Cantei, ó pastoras,
   A deusa da selva,
   Que veste de relva
   As vossas campinas
   E os valles matiza
   De sôltas boninas.

E tu, que a natureza estudas e amas,
Andrada, escuta o canto: ser-te-hão gratos

Os sons da patria musa, e o nobre assumpto
Com a lyra nas mãos, na bocca os hymnos,
E no peito a virtude, ella te acena,
E te convida para os floreos valles,
A saudar as matutinas graças
Da formosa estação, aurora do anno.
Venturoso o mortal, que contemplal-a
Póde longe da côrte estrepitosa,
E se apraz de trocar os aureos tectos
Pelos verdes docéis da umbrosa selva!
Das symetricas praças abhorrido,
Corre éstas veigas placidas, sem ordem,
Habitadas da franca singeleza.
Das flores pelo calice orvalhado
Do tranquillo prazer o nectar gosta:
E se adornado de virentes folhas
No curvo ramo amadurece o oiro;
Encetado sem crime, então lhe deixa
A fragrancia nas mãos, o mel nos labios.

Mas que augusto espetaculo se ostenta!
Eis das moças titães a primogenia,
Que do primeiro sol doirára o berço,
E o fulgido Oriente assignalára
Com acceso rubim sobre o horizonte!
De brincado lavor vistosas galas
Trajam os céus; e os campos a esmeralda;
E as montanhas de perolas se toucam.
Taes do eden os jardins se nos pintáram,
Que a innocencia enflorou, murchou a culpa:
De cujos restos sempre preciosos
Saudosa a natureza, de anno a anno,
Com pincel immortal reforma o quadro;
Não de teus camarins, mortal vaidoso,
Para ornar as paredes ociosas:
No sanctuario está da natureza,
E mui longe de vós, homens vulgares,
Para quem sôbre os valles esmaltados
Não tem côr a tulipa, ou cheiro a rosa.

   Salve, pois, estação linda,
   Que alma nova dás ao mundo!
    Tua vinda,

　　　　Teu jucundo
Riso alegra a terra e ar.

Já dos igneos horizontes
Desce á terra alma scentelha:
　　　Sôbre as fontes
　　　Já se espelha
O verdejante pomar.

Já não muge o trovão rouco
Nas profundas cavidades:
　　　Nem tão pouco
　　　Tempestades
Sôbre a costa ouço roncar.

Já co'os sóccos quebra a neve
O córado lavrador:
　　　Já se atreve
　　　Sem pavor
A seus campos visitar.

Sob o jugo os bois mettendo
Canta o amor; mâs sem apêgo:
　　　Descrevendo
　　　Torto rêgo,
Que ha de breve semear.

Rejeitando o tojo bravo,
Tenros prados tosa a ovelha:
　　　Vai o favo
　　　Loira abelha
Fabricando a susurrar.

Cobre povo de mil flores
Todo o valle, e monte agreste:
　　　Traja as côres,
　　　Que o celeste
Arco em chuvas lhe vem dar.

Salve, pois estação linda,
Que alma nova dás ao mundo!
　　　Tua vinda,
　　　Teu jucundo
Riso alegra a terra e ar.

55.

Á morte do Senhor D. Pedro I.

É morto, oh dor! o Duque de Bragança,
O fundador do brazileiro Imperio!
Seu corpo em paz no tumulo descança,
Folga sua alma lá no assento ethereo.
Viveu, em quanto os alicerces lança
Da libertade em um e outro hemispherio;
Porem duram seus feitos na memória,
Gravados pela propria mão da gloria.

Brazileiros! mostrai nos peitos vossos
Humanos corações e não ferinos;
Chorai quem vos quebrou os grilhões grossos,
E buscou melhorar vossos destinos.
Pagae assim á seus illustres ossos
Tributos de respeito d'elle dinos,
Já que á Lysia tocou, que os guarda e acata,
A honra de os cobrir de terra grata.

Quem é que assim tão generoso abdica
Duas corôas da ambição na idade!
Só elle! á quem sobrava a que lhe fica,
Glória de dar aos povos liberdade:
Mas na morte alcançou outra mais rica,
Porque tanta virtude e heroicidade,
A devia ter só no ceo sublime,
E não na terra, habitação do crime.

Oh alma illustre! pois tantos cuidados
Cá na vida estes povos te devéram,
Roga a Deos, que remova os negros fados
Que os aguardam, depois que te perdéram:
A fim de que vejamos conservados
Os dous thronos irmãos, nos quaes imperam
Tuas leis, para glória dos dois mundos
Com Pedro e com Maria, ambos segundos.

Manuel Alves Branco, visconde de Caravellas.

56.

Á liberdade.
(Em 1820.)

Genio das solidões, em quanto curvo,
Calcado aos pés do fero despotismo
Geme o Universo, no teu sacro asylo,
    Venho ampliar minha alma;
    O monstro aqui não temo,
Nem os seus vís satellites bifrontes:
Só nos rodeiam n'estas soledades
    Os Arabes errantes,
Do homem primitivo o só modêlo....
O deserto é seu templo, ao Sêr Supremo
    D'onde oblações enviam.
N'estes aridos plainos sem limites,
N'estes combros de areias movediças,
N'este, de horrores estendido abysmo
Habita a foragida liberdade.

    Ei-la doirando
    D'este ermo as trevas
    Com seus influxos:
Arma-lhe a dextra uma afiada espada,
    Punição de tyrannos;
    A sinistra a balança,
Penhor do sancto dogma da igualdade,
Tem a seu lado a rigida virtude,
    A cujo seio desce
Dos ceos cadeia d'aço sempiterna.
O primeiro fuzil Zenão sustenta,
    E Lycurgo severo;
Na branca simples veste a deusa enxuga
O sangue, que dimana das feridas
Do intrepido Catão, Seneca illustre,
De Traséas, de Peto venerandas.

Martyres da virtude, eu vos saudo!
Eu vos adoro, divinaes portentos!
Por vosso honrado sangue, e pelo ferro
Que essas veias rasgou, dai que rebentem
Na amada patria emulos da glória,
Emulos vossos, que atro despotismo
Nas furnas infernaes sedento ruja,
E o mundo, que accurvou, console Themis.

Como é da deusa o solitario asylo
Magnifico na sua singeleza!
Dos bronzes, nem dos marmores o orgulho
    Este alcaçar profano
      Seus atrios não respiram.
Do Oriente a molleza affeminada,
Sob o relento, sob o ceo patente
      Ouve as queixas do probo,
Do oppressôr envenena os passatempos,
Pune a avareza do juiz iniquo!...
    Lá me acena, e me aponta
Para o quadro dos tempos resgatados
Das mãos do esquecimento; lá me abrem
Seus thesouros, e os seculos aventam
Pela dada sahida atropellados.

    Lá se levantam
    Em densas turmas
    Leões do Caucaso!...
Ennoitecem os ceos pulvereas nuvens,
    Descora Marathona!
    Tisiphone anciosa,
Precursora da morte, batte as azas,
E faminta de estrago, abrindo a bocca,
    Crespos dragões vomita.
Misera Grecia, lá se despedaçam
As columnas da tua independencia!
    Mas que heroe d'ali se ergue?...
Do elmo fuzilam vividos coriscos,
  É Pallas, se demove os igneos olhos;
  É Coriolano fumegando em ira;
  É Reinaldo no arrojo impetuoso!...

Genio sublime, impavido Milciades,
A pinha das cohortes inimigas,
Precedido de horrores, arremettes.
Eis descosidos batalhões serrados;
A floresta de lanças cáe por terra,
Embotadas no escudo d'aço fino.
Triumpha; e sobre a ruina dos tyrannos
Hasteia os teus pendões, ó liberdade!

O destino com cravos de diamante
Fixará infausto aresto inexoravel:
A Pythia o lêra na convulsa tripode.
    „— Novo Theseu valente
    „— Co'os perigos se affronta,
„— Novos monstros ao duro braço rende.
„— Mas que prantc, que ululádo se ouve,
    „— Se alonga em toda a Grecia?
„Vergonhosa auricidia os pulsos lhe ata! —"
Ah! Completou-se o oraculo tremendo.
    Tu foste, ó liberdade,
Demandar outras plagas mais amigas.
Onde plantasses os salvados garfos
A cuja sombra acolhem-se as virtudes,
Cujos fructos são solida ventura.

    Eis o terrero
    De semi-deuses
    E monstros berço,
Onde extremado a natureza humana
    Elevou-se até Bruto,
    Abateu-se até Nero.
Remontando de novo ao grande Aurelio,
Não vês este horisonte endeusado
    Que em derredor o cinge?
Não vês aquella copula soberba?
D'ali frexando os vôos possantes aguias
    Quaes aligeros Euros,
Ou quaes o pensamento o espaço tragam,
As tyrannas cabeças ameaçam.
D'ali dos Scipiões a voz rompia,
Nas azas da victoria aos polos ambos.

Ó Roma, alta Princeza das cidades,
Dormitas? Onde os teus antigos brios?
Eia, accorda, eia, arranca denodada
A mascara fagueira d'essas hydras,
Que famulentas, em teu sangue illustre
Anhellam saciar perfidas garras.
Não tens a liberdade em teu amparo?
Ah! que á cobiça franqueaste o peito!

Contemplai, povos livres, no cadaver
Da soberana de um milhão de imperios...
Chorai sobre estas ruinas magestosas!...
  Aqui foi Roma, ó povos!
  A mudez dos sepulchros,
Onde o *Veto* troou, tremendo impera.
Será que mais horror a terra opprime?
  Que lugubre alarido
Nos antarticos gelos longe echôa?
O ar se entenebrece, arqueja a terra,
  Ensanguentam-se os astros:
  Redobrados trovões estalam!
Travam combate horrisono co'as penhas
Enfurecidos mares; ronca rouco
Da tempestade o genio pavoroso!

  Por amplo hiato
  Feias harpias
  O inferno aborta
Entre ondas de espessissimos vapores.
  Tantos grãos não revolve
  No seu bojo o Oceano!
Co'as estridentes, rebatidas azas
Vem sulcando cahoticos negrumes!
  Tu as sentiste, Europa!
Tu gemeste nas trevas enredada.
A santa liberdade espavorida
  Desampara teu gremio;
Arvora o ferreo sceptro a tyrannia!....
Ai de ti! miseranda, quantos seculos
Pendem de horrores!.... Ai que a tocha eterna
Da razão tenta embalde alumiar-te!

Por aqui, por alli crepusculavam
De espaço a espaço dias milagrosos
Abafados em sangue mal nascidos!...
Já quasi fenecia o sancto lume,
Eis que avulta em vigor e aclara os orbes.
É fama que de lobrega espelunca
Troou pesada voz — Somos vencidos!
Fugi ó filhos! o homem conheceu-se.

Genio que transvoaste destemido
O pego tenebroso das edades,
Apressa-te em beber no arco sonôro
    A setta mais estreme,
    E pelo véo que enlucta
Do globo a maior parte darda os fócos
Onde a luz concentrou-se portentosa.
    Olha o genio da America,
Açaimados no Norte os negros monstros,
Como pelo Occidente ao Sul discorre!...
    Olha a soberba Hisperia,
C'roada de triumphos mauritanos,
Perseguindo-os na trepida fugida!...
Olha d'heroicas cinzas renascendo
A Italia, e braço a braço co'elles trava!...

    Mas d'onde assôma
    Novo luzeiro,
    Que ressumbrando
Vem das espessas trevas fugitivas?
    Enlevado o contempla,
    Em extasis profundo,
Um mortal, antes nume, alçando a fronte
Gotejante de um rio caudaloso.
    Tremei, filhos do Averno,
Tremei que Lysia accorda do lethargo
Inerte em que jazia, e em brado iroso
    Já proclama os mysterios
Gravados co'o cinzel da eternidade
Da natureza no sacrario augusto.
Livres e eguaes nascestes, Lusitanos!

Lei, bem commum; decepe-se o que damna
Quão rapido no peito humano se ergue

A natureza ao grito da verdade!...
Quão rapido baqueia a prepotencia,
Que tem por base lagrimas e sangue!
Manes de Freire, venturosos manes,
Cantai, cantai victória; ley tremenda
Não póde a natureza revoga-la,
Vos condemna ao sepulchro — mas vencestes!

Cuidava o monstro suffocar em cinzas
Os sentimentos do homem, reduzi-los
Aos de indignos escravos, que o cortejam,
 Ufanos de beijarem
 O pó, em que elle pisa!
Cego não via da razão o braço
Estalar-lhe os degráus do altivo throno,
 Preparar-lhe alta queda!
Cega não via sua luz divina,
Que já nos horizontes scintillava,
 Ameaçando raios!...
Ó Luzos! parabens! No vosso seio
De novo alça a razão seu templo augusto.
Eia! Vamos beber na fonte pura
De seus archivos preciosos dogmas!

Domingos Borges de Barros, visconde da Pedra Branca.

57.

Á flor saudade.

Vem cá, minha companheira,
Vem triste, e mimosa flôr,
Si tens de saudade o nome,
Da saudade eu tenho a dôr.

Recebe este frio beijo,
Beijo da melancolia,
Tem de amor toda a doçura,
Mas não o ardôr da alegria.

Onde te pegou Marilia?
Dize, onde um beijo te deu?
Mostra o logar, n'elle quero
Dar-te outro beijo meu.

Si Marilia quer que exprimas,
O que ella sente por mim,
Porque murchas? Não me lembres,
Que amor tambem passa assim.

Marilia em tudo te eguala,
Linda e delicada flôr,
Mas infeliz, si em seu peito
Quanto duras, dure amor.

Tu venturosa cuidavas,
Quando o meu bem te colheu,
Que morrêras em seu seio,
Qual morri outr'ora eu.

Longe d'haste, em que favonio
Ia comtigo brincar,
Em vez de orvalho te sentes
Só de lagrimas banhar.

Flôr infeliz, porém eu
Quanto mais infeliz sou?...
Nada te disse Marilia,
Quando ella á mim te enviou?

Ah! si tu saber pudéras
Quanto amor, quanta ternura,
Si soubéras das delicias,
Julgáras das desventuras!

58.

O Beija-flôr.

Um beija-flôr namorava
Fresca, viçosa bonina,
Que póz a mão do descuido
No cabello d'Euphrosina.

Nas azas, que desdobrava,
D'Iris luzia o matiz,
A que os vôos buliçosos
Darão côres mais subtís.

Na macia mão a face
Euphrosina reclinava,
Olhos immoveis, abstracta,
Parecia que sonhava.

Pelo virgineo semblante
Meigo sorriso corria,
Qu'indiscreto publicava
O que dentro d'alma havia.

O passarinho beijava
Ora os labios, ora a flôr,
E na demora dos beijos
Eu julgava do sabor.

Um languido movimento
O passarinho assustou,
E a bocca beijando a susto
Mais uma vez, revôou.

Curtos assim são na vida
Doces instantes d'amor,
Por um momento de gosto
Dão tantos!... tantos!... de dôr?!!!

59.

O Nome Rei.

O povo, porque fugia
Ao tremendo nome Rei?
Porque fazer mal podia,
Sua vontade era lei.

O povo contente acode
Ao sagrado nome Rei,
Quando fazer mal não póde,
Tendo por vontade — lei.

José da Natividade Saldanha.

60.

Ode

Ao Mestre de Campo Francisco Rebello, natural de Pernambuco, e seu restaurador em 1654.

Brazileiros!... de novo afino a lyra,
  E o numen de Patara,
Que os lisongeiros vates não inspira,
  A minha mente inflamma.
  Tecei-me nova corôa,
Filhas do céu, razão, ingenuidade;
  Pois agora acordando
Á lyra brazileira os sons argivos,
  Vou estampar o nome
De Rebello immortal na eternidade.

  Já da apollinea chamma
Acceso turbilhão me desce ao peito!
Como um tropel de idéas magestosas
  A mente me confunde!
Eu vejo, eu não me engano, o Delio Numen,
Que aos ouvidos me entôa altivos hymnos:
  Ó Pindaro! esmorece!
Tu já tens um rival no amor da patria,
No canto, que aos heroes dá nome e vida.

Longe de mim o vulgo boquiaberta,
Que não póde escutar os sons cadentes,
  Que o vate desencerra;
Longe de mim a turma aborrecida,
Que á lyrica não sóbe, e que derrama
Versos sem alma, e só no nome versos;
Longe, socios de Mevio, e não de Elpino,
Não de Filinto, Coridon e Alfeno:
  Meiga pompa ululante
Não segue os vôos da ave do tonante.

Vem, Aonio, a meu lado ouvir meus hymnos;
    Vem a prestar-me a lyra,
Que hoje tem de troar com sons divinos,
    Quaes Diniz, que nos guia,
    Outr'ora modulára;
Vem comigo cantar, deixa de parte
    A arrufadiça Ulina.
Si devemos á patria a nossa vida,
    Dêmos-lhe a nossa fama,
Dêmos vida aos heroes, que á patria a déram.

    Ó vós, sombras divinas,
Manes de Henrique, manes de Negreiros,
As campas sacudi, erguei a frente,
    Para escutar o cisne,
Que roubou vosso nome ás mãos do Lethes.
Exultai! novo heroe vai hombrear-vos
    Sôbre as azas da fama.
Teve parte comvosco nos perigos,
Vai ter comvosco seu quinhão na glória.

Qual de Roma o guerreiro, que inda joven,
Emulando de Marte a valentia,
    Venceu Numancia fera,
Carthago derrotou, deu leis ao mundo,
Foi doce á patria, horrivel ao imigo:
Qual Condé, cujo nome portentoso
Faz de Alcides lembrar os nobres feitos,
E que, quando voava ao marcio campo,
    Levava no seu braço
O augurio não fallivel da victória:

Rebello assim desfeito em chamma, em íra,
    A toda a parte voa,
E onde assoma valor, audacia inspíra.
    Treme de ouvir-lhe o brado
    O Belga esmorecido.
Tu, Santo Amaro, o viste, quando inerme,
    Provocando o inimigo,
Co'a espada trovejou raios de mortes,
    E, Hercules imitando,
Rouba a vida a um Antheu co'os rijos braços.

Foge o Belga medroso,
Foge á vista do heroe; porém aonde
Póde escapar ao raio? O heroe o segue,
  Assoberbando tudo.
Nada lhe embarga os passos, nada o prende;
Chammeja, espuma, brama, e os campos tala,
  Desmorona os redutos;
E de sangue, e de glória, e pó coberto,
Entre impios ossos caros ossos piza.

Mazurépe! já voa em teu soccorro,
Dos olhos scintillando fogo ardente,
  Sedento do inimigo,
O heroe, a cuja fama é pouco o mundo.
Já!... Que horror! entre fogo, entre alarido,
Chove o bronze mortifera granada;
Cruzam lanças, a hoste se derrama....
Exulta, ó Mazurépe! O Belga cede,
  Ante o brazilio raio
Tudo é pó, tudo é cinza, tudo é nada.

Novo campo de glória se offerece
  Ao brazileiro tigre:
Sigismnndo a vingar-se lhe apparece.
  Ó Belga desgraçado!
  Porto Calvo famoso
Por tres vezes te viu deixar-lhe o campo,
  Quando Rebello forte,
Á destra o raio, o terrorismo á frente,
  Impavido assomando,
Tudo era pouco a saciar-lhe a furia.

    Assim o antígo Persa,
No esquadrão numeroso confiando,
Aos da Grecia guerreiros se apresenta;
    Assim Flaminio bravo
Á glória de Carthago, ao fero Annibal,
Tal em Nemêa os bravos Sicilianos
    Á Pericles se offerecem;
Assim nas margens ferteis do Garona
A aguia soberba foi lançada em terra.

Taparica infeliz em ti devia
Com a morte coroar tantas victórias.
    Peloiro penetrante,
Rompendo o peito forte, foi beber-lhe
As fumantes entranhas inda quentes,
E envolvido em trophéos do seu triumpho,
Na campina mavorcia teve a morte.
Porém quando se chega ao céu da glória
    A existencia é pezada:
Assim Turena sôbre o campo expira.

Ó patria minha e delle! enxuga o pranto;
    Morreu; mâs libertou-te,
E de novo revive no meu canto.
    Inda hoje a sombra sua
    Te cérca a todo o instante,
E co'os olhos em ti, assim te brada:
    — „Exulta, ó Pernambuco!
Dei a vida por ti — foi doce a morte!
    Não te falta o meu braço,
Tu genios inda tens, que me assimilham."

    Ó jovens brazileiros,
Descendentes de heroes, heroes vós mesmos,
Pois a raça de heroes não degenera,
    Eis o vosso modelo;
O valor paternal em vós reviva;
A patria, que habitaes, comprou seu sangue,
    Que em vossas vêas pulsa;
Imitai-os, porque elles do sepulchro
Vos chamem com prazer seus caros filhos.

Assim em Roma o brio dos Horacios
Nos recemnados filhos vegetava;
    Assim o egregio sangue
Em Termopilas dura derramado
Antolhava em seus filhos vingadores:
Tomai delles o brio, a fôrça, a manha;
Sêde sempre fiéis á patria cara;
    Vós sereis Brazileiros;
Sereis Pernambucanos verdadeiros.

61.

Soneto.

Segunda vez te deixo, oh patria amada,
Luctando braço a braço co'a desgraça;
Um momento que foge, outro que passa,
Grava mais tua sorte amargurada!

Povo inconstante, que assimilha ao nada,
Á luz do brilho teu, ofusca, embaça,
E a dura sorte, só comtigo escassa,
Das mãos te rouba a vingadora espada!

O teu sangue correndo em dura guerra,
Levantaste o cutello refulgente,
Porem cedeste, baqueando em terra!.....

E esse, que amor teu no peito ingente
E terno e meigo e docemente encerra,
Vae teus males carpir eternamente!.....

Luiz Paulino Pinto da França.

62.

Sobre o tumulo de Affonso Henriques.

A teus pés, fundador da monarchia,
Vai ser a lusa gente desarmada:
Hoje rende á traição a forte espada,
Que jámais se rendeu á valentia.

Ó rei, se minha dôr, minha agonia,
Penetrar podem sepulchral morada,
Arromba a campa, e com a mão myrrada
Corre a vingar a affronta dêste dia.

Eu fiel, qual te foi Moniz, teu pagem,
Fiel sempre serei: grata esperança
Me sopra o fogo de immortal coragem;

E as lagrimas, que a dôr aos olhos lança,
Recebe, grande rei, por vassallagem,
Acceita-as em protesto da vingança.

63.

Duas horas ante de expirar.

Eis já dos mausoléus silencio horrendo
Me impede o respirar, a voz me esfria;
Eis chega a morte eterna, eis morre o dia,
E ao nada a natureza vai descendo.

No, da anniquilação, passo tremendo,
Escudo-me da sã philosophia;
Terror humilde o rosto não m'enfia,
Como Catão morreu, eu vou morrendo.

Mâs ah! tu, d'alma nobre qualidade,
Saudade cruel, co'o soffrimento
Me arremessas a máres de anciedade....

Mulher... filhos... amigos... n'um momento,
No momento de adeus p'r'a Eternidade,
Vós sois o meu cuidado, e o meu tormento.

Januario da Cunha Barboza.

64.

Extractos do poema Nictheroy.

a) A bahia do Rio de Janeiro.

Trezentos Megaterios, cem Mamoths,
Domados por seu braço ao mar arrastam

Ingentes, negras pedras, qu'encorpora
Promontorios formando, d'onde espreita
De Jove o ciume, e de Mavorte as íras.
Aqui se affundam lagos, rabalçando
Estofas, negras aguas somnolentas,
Que habitam bronzeos jacarés, e monstros
De horrendo e torpe aspecto; d'ali surgem
Escarpados rochedos, em qu'as ondas
Rebentando furiosas o ar atroam,
Mugindo horriveis, revolvendo as costas.
Altas serras do norte ao sul prolonga
Sôbre as nuvens erguendo-se azuladas;
Recortados penedos lhes guarnecem
Mil cabeços, que os céus roçando affrontam,
De guerreiros merlões, vestindo os muros.
Novas róchas ao mar d'aqui se ajuntam,
De espaço a espaço o reino dividindo,
Possantes botaréos, que a mão robusta
Do soberbo gigante ás serras déra:
Fechadas selvas cobrem amplos valles,
D'onde avultam mil ingremes castellos
Subindo de uma, e de outra parte ás nuvens,
Urram tigres furiosos, que retousam
Nas horriveis cavernas, aballando
Pedras, troncos, rochedos, valles, rios;
Silvam negras giboias corpulentas,
Vedando ao bosque emaranhado a entrada.

b) Prophecia de Glauco.

Vejo a glória esmaltando a Estirpe augusta
Do regio brigantino e excelso tronco;
Nova estrella enriquece o céu do Rio,
Tão bella como a d'alva, tão formosa,
Como a gema engastada em oiro ou prata.
Do mar desponta, é Venus, e os Amores
Em tôrno brincam, do Danubio a seguem;
Já d'um principe heroico aos braços chega,
E o céu que os liga d'hymineu co'os laços,
Em reciproco amor, em grato auspicio,
Perduravel grandeza ao Rio augura.
Nem me occulta o futuro ou fado arcanos,
Que a mente em santo fogo ardendo anceam:

Prospéra, ó par ditoso! Exulta, ó plaga!
Que o céu de bençãos enriquece e assalta!
Clarão de eterna glória os evos doira,
Despontam mais brilhantes novos dias,
Marcando a cruz a duração, qu'escapa
Aos frouxos olhos d'indagar cançados.
Penhor augusto vejo, acato e admiro!
Ternura conjugal o afaga, o abraça;
Nas faces brincam risos, sôbre o berço
Adejam votos do Brazil, do mundo;
Traz no sangue de heroes virtude e graça;
Lamego o sceptro de seus páis lhe off'rece,
Concentra a glôria de Bragança e d'Austria.
Nunca ao sol, que desponta a linda rosa
D'entre as flores, qu'esmaltam prado ou selva,
Do cerrado botão rompeu tão bella;
Nunca, Atlantida, estrella igual fulgindo,
Nas frescas aguas do Danubio ou Tejo,
Dos povos mór applauso obteve — exulta!

Ladisláo dos Santos Titára.

65.

Metarmorphose original.

Abatirás, e Tiapira.

Lá nesses centros, onde roça nuvens
Corre dos Aymorés a cordilheira,
Por sôbre ella desliza-se torrente,
Que de mesquinha veia, em quanto em Minas,
Onde o nomeam Pardo, alli se encorpa,
Despenha-se caudax, e bifurcada;
Patype chamam da direita o ramo,
Que entre Porto Seguro, e Ilheos jorrando,
Demarca-lhes as raias, e accessivel
Mesmo inda á quilhas de elevado porte,

Rompe orgulhoso pelo Oceano vasto:
Nas abas, que elle irriga no trajecto,
Docel verdoso, e inpenetravel formam
Des-communaes *Uraparibas*, *Cedros*,
Batingas, *Condurús*, *Issicaribas*,
Grapiapunhas, *Mucuris*, *Angicos*,
Camaçaris, *Peckis*, *Mussutaibas*,
O de triplice especie preciosa
Rubro *Ibirapitanga*, e tantos outros
Archi-colossos vegetaes, que formam
As millenarias, as florestas magnas
Da brasileira Terra, que galeam,
Mirificas. e sempre escarnecendo
Das rajadas, e furações tremendos
D'irados aquilões, e d'austros duros.

Depois de por largo ambito cingirem
Do curvo rio a margem, agigantadas,
Novos Titães ao Céo co'as comas bellas,
Topetam, de mil flores estrelladas,
Antithese formando encantadora
Com a vegetação rasteira e pobre
Do contermino campo, entre broslado
De serpeante lympha, e mil corollas,
Diversas e formosas, que se ostentam
Na alcatifa verdosa, aqui já pandas,
E inda em botão alli, ou semi abertas;
Quantas pinturas varias, e mimosas
Debuxa o plano, o bosque e os horisontes!
Mais além roseas penhas d'almo encanto,
Porfidos d'alto apreço, o solo offerta!
Oh! que mansão dos risos; mansão bella!

Proximo della *Abatirás* fixára
Seo humilde *copé* [1]) onde já d'annos
Com *Tiapira* habita, essa que linda
No corpo, e nas feições, mais realçava
Nos abrasados, matadores olhos.
Ambos já, na fereza primitiva
Escoimados, se haviam instruido
No idioma dos Luscs; mas a Indiana

---

[1]) Pequenas cabanas de madeira e palha.

Zelo punha maior por ostentar-se
Que os outros mais versada, mesmo ao socio
Quasi sempre fallando a estranha lingoa.
Em extremo adorava a esposa o Indigena,
Que della pertinaz sabia sempre
Prudente apaziguar inuteis rixas,
De contínuo annuindo ao indomavel
Quero e quero com que sempre a consorte
Dispõe á bel prazer quanto lhe occorre.
Omnipotente em teimas, e desejos,
Desconhece a razão, não sofre que outrem
Nem por amor a reja! Vae-se o tempo
Assim volvendo; eis que se divulgára
Que na villa, a seis milhas só distante,
Folgança havia n'um propinquo dia,
Com pompa sem igual. — „Não eu que a perca",
Diz radiante a Indigena! e computa
Harto cuidosa os dias té que assoma
Quem tão custoso de chegar mostrou-se:
Do que melhor dispunha ella adornada,
Ao marido appresenta-se; e o previne
Que não tarda a partir. — „Como?" lhe brada,
Em dessocego o esposo; „irás sozinha?
Não reflectes, que enfermo, e atido apenas
Ao bordão de *piquiá,* mal me demovo?
Sem juntos sermos, que prazer lá podes
Desfructar, *Tiapira?* Alem que as nuvens
Tempestade imminente pronosticam!
Nunca, nunca te exponhas; oh! escuta
Quanto crebros coqueam os bugios!"

Com o cauto conselho enviperada
Brada a altiva mulher: — „Não temo as feras,
Menos os Imboabas. Resoluta
Tenho, diz, tenção feita: e a quanta parte
Vou-me, sem que me sigas!? Hei de ir, heide,
E que importa sozinha? Quero, quero,
E quero, quero te outra vez repito:
Minha vontade sabes que inflexivel
É, foi, e será sempre soberana;
Nem atí jamais dei ousar obsta-la.
Já, e já sigo pois; porem protesto
Que aqui serei comtigo, antes que os lumes

Coáracy ¹) occulte". — Parte, e os olhos
Afflicto, e immovel lhe o Caboc'lo lança,
Em quanto ve-la pôde. Uma só milha
A teimosa mulher vencido havia,
Quando nublando tudo negros mantos,
Tupaçununga ²) brame, e d'improviso
Das rotas nuvens procellosas rue
Cohorte immensa de coriscos, raios,
Que igni-ardentes o campo, a veiga, e as selvas
Tudo abrazar ameaçam. Pela esposa
Abatirás só treme, e a cada instante
Co'a vista cata pelo trilho angusto
Ve-la ao *copé* volver; mas ai! embalde,
E do desastre o coração presago
Palpita, e geme em tanto. Inutil busca
Repousar o infeliz; até que extincta
A borrasca terrivel, clara, e bella
A tarde se appresenta; vae-se a tarde,
É noite; e que da esposa? Manco o triste
Por desmedido estrépe, que varou-lhe
O musculoso pé, mal se transporta
Da choupana ao umbral. — „E o que em tal crise
Infeliz, diz, farei? inda de rastos
Irei della no alcance"; — e logo rompe
Do *Tujupar* á senda, que tomára
De manhã *Tiapira*. Opaços raios
Jacy ³) mal destendia; á custo e tardo
Abatirás caminha, té que as dores,
E tanto affão recrescem, que impellido
Vangueja, e tomba em terra. Dera o acaso
O mesmo ponte fosse, onde cahira
Percussa por um raio a audaz consorte,
A existencia perdendo, antes que enchesse
Seo designeo fatal! Prostrado o misero
Pesquiza em de redor, e alli descobre
Humano corpo, que tambem jazia!
Roja-se então para elle, e em tanto os membros
Todos do suado corpo lhe convulsam:
Bem de perto por fim, um grito solta

---

¹) Mãe do dia ou o sol no idioma indigena.
²) O trovão.
³) A lua no idioma indigena.

D'horror, e magoa acerba. Reconhece
N'um cadaver, que mira, a esposa amada.
Surdas imprecações murmura, accusa
Os *Anhangâs* ¹) *Coopiras* ²) *Goajajáras;* ³)
Lacera o peito adusto, exasperado
Largo pranto derrama, e intercortadas
Preces a *Tupá* forma, que lhe torne
A companheira cara, ou que igual morte
Tãobem sôbre elle empregue a diva dextra,
Porque de já se parta a unir com ella.
Tupá inda o nâo ouve; elle reitéra
Vezes mil o pedir, e com tal força,
Com tal ingenuidade, que o Deos brando
Fitando no infeliz os olhos, diz-lhe: —
„Deixas de ser *Apyaba* ⁴); ave innocente
Serás co'a louca esposa, que punida
Foi por recalcitrar aos cautos nuncios,
Que lhe fizeste. Agora conduido
Mando, mas n'outra especie, volte á vida.
Dos rios, dos paus, d'aquosos sitios
Nas ribas pastareis; e sempre insomnes
Ou a noite negreje, ou brilhe o dia,
Grasnareis pelos ares *quero quero;*
Voces fataes com que contraditar-te
Sohia, *Abatirás,* a esposa altiva:
Assim ás do seo sexo essa importuna
Dará eterno exemplo de que sempre
Perdição haverá quanta indiscreta
Aos maritaes dictames for indocil." —

 Findou *Tupá,* e logo 'aos dous os corpos
Mingoáram a tal ponto, que restára
De grande pomba apenas o tamanho:
Negri pontudo, e tenue penachinho
Na cabeça lhes surge; longo bico,
Escarlate, e de estremidade fusca,
Substitue-lhes a bocca; os forra inteiros
Veriegada plumage, alva no ventre,

---

¹) Demonio, ou espirito maligno.
²) Duendes, e feiticeiros.
³) Significa brancos — no idioma indigena.
⁴) Significa homem.

Negra sôbre a garganta, e peito e azas:
Dous esporões tem nestas, e no encontro
Brancas malhas; nas costas parda é toda
A nova ave formada, cujas pennas
Tão extensas nas azas são, que excedem
As da pequena cauda, cujo termo
É tambem d'alva côr. Longas as pernas,
Tem a parte inf'rior nua e vermelha,
Porque a côr primitiva ainda ostentem
Dos entes tranzformados. Já se agita
Da extincta *Tiapira* o plumeo corpo;
Já escancara os olhos, reabertos
Tão lindos como d'antes, porem rubros:
Com terno encanto miram-se o par novo,
Catam-se, amimam-se, e a pascer começam
Na pantanosa varzea, alli verdosa,
De quando em quando equilibrando as azas;
Té que mais destros alteando o vôo,
Vão *quero quero* [1]) pelo ar soltando.

João Gualberto Ferreira dos Santos Reis.

66.

A saudade paterna.

Fado da humana especie! Que ha de o Gosto,
Entre as sombras teimosas das Desgraças,
Entre o crebro lidar, que vem co'a vida,
Relampago fugaz, luzir, sumir-se!
Illudido Mortal! Inda te empregas
Em sonhadas venturas?! Porque as velas
Tão amplas soltas a desejos tantos:
Do meio dos projectos mais pomposos,
Dos traços mais risonhos nasce o pranto!
No campo, em que vegetão as Grandezas,

---

[1]) E este o nome por que são conhecidas estas aves, que parecem não dormirem: pois em qualquer hora da noite encontram-se alerta: em alguns se tões chamam-nas tãobem — *Espanta boiada*.

Em que as Honras vegetão, surge o Nada;
E da vida no chão pullula a Morte!
Ai Esperanças vans! Sem que cheguemos
As delicias gozar, que ou d'atra noite
Nunca rompem de incognitos futuros,
Ou rebentando apenas, pêcas morrem,
Apoz das dores e ais, que nos rodeião,
Asperrimo apparece o Desengano!

Suspira-se o ser Pae: completo o voto,
Vem o thoro enfeitar prole querida:
Eis infante gentil nos ri nos braços;
E ao passo mesmo, em que os mimosos dias
Manso e manso lhe vai abrindo o Tempo,
Encantos novos no paterno peito
Vão as doces raizes penetrando,
Que poder nenhum ha, que as desaferre.

Quem bem exprimirá o terno enlevo
Com que os primeiros sons *Pae, Mãe,* lhe ouvimos,
Quem o deleite, em que se arraza o peito,
Quando os molles bracinhos estendendo,
Aos braços nossos galhofeira corre?
    Brincos travessos,
    Gratas loucuras,
    Faceis arrufos,
    Que breve acabão;
    Innocente des-siso,
Caracter da viveza e da candura;
    Mal explicadas vozes
De que preço não são, quanto não valem
    No coração paterno?
Que consolo não é, que desenfado
Aceitar-lhe os festejos carinhosos,
O fagueiro alvoroço, o brado amigo,
Quando aos lares chegamos, quando exige
A esperada frutinha, o usado mimo,
Que o paterno disvelo insomne estuda?

O genio agudo, a perspicacia, o tino,
Que vai aos poucos desfiando a idade,
Que lustroso porvir não afiança?
Que gloria inexplicavel... Mas emtanto

Que tão doce prazer nos embriaga,
Não longe está o desgostoso morbo,
    A cujo bafo e peste
Tem de em breve murchar a Flôr mimosa!
Ei-lo perto negreja, e chega, e ataca!
    A febre chammejante
As medullas ao Triste inflamma e torra!
O corpo é braza, o pulso lhe galopa,
Ardem-lhe as faces, e dilira, e geme!
Tosse arquejante a maquina tenrinha
    Despiedada a sacode,
    E como que pretende
O anhelito final cortar-lhe a instantes!
Sequazes de Chiron, filhos de Apollo,
Apurai, apurai as artes vossas!
Ah! rapidos correi! Expertos olhos
Leião a queixa! Perspicazes dedos
O progresso fatal na arteria indaguem!
As ancias lhe acudi! Porque tão frôxos
As horas dilataes da vinda vossa?
A idade pueril talvez cuidados
Vos não merece tantos! Insensiveis
Sereis talvez ao magoador gemido,
Que no tenro innocente a dôr indica!
Não sois Paes? A afflicção, que o dilacera,
O duro coração vos não abala?
Quando mais cuidadosa a ave observamos,
Que quando implumes os filhinhos chorão!?
Quando extremoso mais ha de o Colono
A plantinha zelar, que quando molle
As primas folhas vai mostrando ás auras?
Co'as promessas pomposas da Esperança
Vezes não poucas mais se estende o gosto,
Que c'os chegados bens, que já se gozão.

    Sequazes de Chiron! Eia, inspirados
Do loiro Deos, que a Medicina achára,
A Prenda soccorrei, em cujos dias
Vive dos dias meus toda a ventura!
Mas.... ferrea lei do Fado! inexoravel
O Decreto firmou, que ha de esta Rosa
Inda em tenro botão voltar ao nada!
Exacerba-se o mal de dia em dia,

E cresce c'o perigo a desperança!
E ou porque cega o casual acerto
A Arte Peónia então o não achasse,
  Ou antes porque cheio
Ficar devêra o arresto irrevogavel;
Nullos de todo os vividos esforços,
  Inuteis os disvelos,
  Á victima inculpada
Já mortal pallidez lhe occupa as faces.
A tristeza as possue, fogem os risos,
A ansia recresce, as forças esmorecem!

  Contra o misero estame,
Que inda tão curto começado havia,
As tesoiras fataes aguça Atrópos,
Sofrega o corta, e sempiterna sombra
A luz roubando aos desmaiados olhos,
Para não mais abrir-se os cerra a Morte!

Attractivos puerís, voces mimosas,
Innocentes encantos, ai! Voastes!
O adorado composto, em que pulaveis,
Já fria quietação, mudez eterna,
E a cinza primitiva o occupão todo!
No silencio jazer vão do sepulcro,
Para não mais surgir tão doces graças!
Desse funereo, pranteado leito
Sómente surge a dôr, surge a Saudade!
Poucos instantes ai! Poucos instantes
Restar podem, que avistem nossos olhos
Este despojo exanime do Nada!
Affectos paternaes! Eia, regai-o
Com saudosas lagrimas! Do peito
Em ais involta se alivie a magoa!
Que com este dever do amor mais puro
Folga desabafar-se a Natureza!

  E pôde, ó caro Filho! ó Céo, e pôde
Vida tão verde... Ó Céo! E os seus designios
Sugeitos são talvez ao desacerto?!
Os olhos seus agudos não penetrão
A travez, lá das eras mais longinquas
A ordem dos successos?! Não regula

Seu próvido querer terno e benigno
Sempre para o melhor nossos destinos?!
Vida tão verde! Murmurar te atreves,
Indiscreto Mortal! Das sabias Ordens
Que lavra, por bem teu, a Mão do Immenso?!
Do filho a vida, despontada apenas,
Cortada choras por indigna Parca!
E sabes que desgraças, que flagicios
Que nódoas, que deshonras, que máos fados
O immaturo morrer vedou-lhe agora?
    N'um feretro entre flôres,
Onde revoão eternaes venturas,
Que certas gozão inculpadas almas,
Zombando o vês da morte; e em suas faces,
Inda que exangues, a innocencia rindo.
E sabes se de crimes denegrido
Ou reaes, ou inventados da Calumnia,
De maldições coberto e de ignominia,
Triste opprobrio dos seus, injuria á Patria,
    N'um cadafalso infame,
(Scena de horror!) daria o arranco extremo?
Quem sómente por si salvar-se póde
Do pégo das Desditas, que na Terra
Contra os Humanos sem cessar braveja?
Quem seguro estará de ruins azares?
Indiscreto Mortal! E inda prantêas?
    Á mágoa inconsolavel
Inda abandonas o imprudente peito?!
    Gema, sim, a saudade;
    Sentimentos paternos
Aos olhos tragão a ternura d'alma;
    Que o coração de penha
É dos Humanos odio, odio é dos Numes:
    E nem o Céo se offende
Do modesto sentir da natureza,
Que a meta do Dever não ultrapassa.
Mas de um Deos aos Decretos venerandos,
Que sempre justos vem do Solio ethereo,
Submettida a Razão, que guiar-nos cumpre,
Curva, os respeite, e com louvor adore.

Alvaro Teixeira de Macedo.

67.

Exerptos do Canto ultimo d'A festa de Baldo.

a) Introducção.

Já que os rijos boléus de má ventura,
Até, por fim, a porta me encerráram
Do templo da justiça, rasga ousado
Engenho meu, caminho triumphante,
Por meio das fileiras indiscretas.
Daquelles que a fortuna caprichosa,
Cega sem tacto, p'ra seus fins protege.
Eu, que de tal senhora não recebo
Mil favores, que a vejo dar aos outros,
Que tão mal concebi suas promessas,
Que lancei pelas geiras do futuro,
Sem proveito, sementes d'esperanças,
Pretendo que meu nome, ora esquecido,
Meu nome, que o poder tão mal afaga,
Viva longo nas aras do conceito,
Talvez no coração da minha gente;
Viva sempre seguro na memória
Daquelles que applaudírem meus esforços.
Eis a sorte feliz que tanto anhelo,
E o maior galardão porque trabalho.
Eis o forte incentivo que, em meu peito,
Faz nascer este amor do imaginario,
Ésta nobre missão de ser poeta,
Creando pelo mundo novos entes,
Novos homens e coisas aprazíveis,
Que se tornam reaes pela memória,
Que vivem pela terra em tal certeza,·
Qual vive com a materia a sombra della.

b) Os convidados da festa.

Já no festivo solho percorriam
Numerosos senhores convidados,

Louvando a bella ordem e elegancia
De tudo que seus olhos avistavam.
Com igual sentimento várias damas,
Formosas no semblante ali vagavam,
Concertando engraçadas seus vestidos,
E quer nas vozes, quer nas várias côres,
De araras lindo bando pareciam,
Soberbas dando ao sol as pennas de oiro.
Em pequenas distancias, a pé firme,
Vários grupos ficáram reunidos,
Conversando, entre si, devidamente.
Se o thema contemplado era sciencia,
Ou arte rasoavel, definida,
Aquelles que falavam pareciam
Circumspectos, civís e comedidos,
Ouvindo com attenção e cortezia,
Cedendo, quando a fôrça do argumento
Continha convicções bem ponderadas.
Se o assumpto, porém, era politica,
Vaidosa profissão de certa gente,
Que se occupa do Estado, e do Governo,
Não sei que geringonça de máu toque,
Se ouvia proferir de muitos labios,
E não sei, duvidoso, como pinte
O complexo de frazes, e sentenças,
Dos grandes palavrões, da muita audacia,
Dos ares, e donaires de tal gente.
Gente que tanto fala, e pouco escuta,
Gente, que escuta mais, do que devêra,
Gente, que mais esquece, do que lembra,
Gente inconstante e má que aos povos hoje
Umas vezes dá c'rôa soberana,
E mil outras condemna á vil desprezo;
Gente, que até dos thronos vai fazendo
Náus de viagem, das rainhas fusos,
E dos reis seus discip'los de oratoria!...
Gente, emfim, que p'ra tudo é convidada,
E que Baldo pedio fosse ao festejo.

c) Queixa de mestre Berto.

— „Maldita estrella nossa, clama Berto,
Onde iremos parar com taes mudanças?

Qualquer que seja o bem que á patria venha
Desta rusga infernal agora em campo,
Deviam têl-a feito ha quinze dias,
Ou então adial-a p'ra mais tarde,
Que o nosso Apollo assim ficára salvo:
Eu te odeio, ambição de baixo intento,
E vós, ó patriotas de taverna,
Ó Grachos de comedia, vís escravos,
Vosso deus e senhor chama-se — oiro —
Vosso mestre não foi Cesar clemente,
Nem Augusto sagaz, correndo ao mando.
O heroe que imitais é Catilina,
Mâs, como elle, achareis forte Petreio,
Que vos córte a carreira fatricida!
Adeus, bosque gentil! flores do campo!
Adeus, Baccho e Pomona deleitosos!
E vós, bello perú, leitão intacto,
Fofos pasteis, aureas frigideiras,
Ficareis para pasto de guilhotes.
Que deshonra p'ra vós .... sereis comidos
Por homens esfaimados sem fineza,
Que com carne, e feijão foram contentes!
Oh! meu rico banquete adeus p'ra sempre,
Minh'alma aqui vos fica, eu levo os queixos!"...

Francisco Bernardino Ribeiro.

68.

Epistola..

É natura nos seus passos uniforme,
Nem chega ao topo quem não sobe a escada.

A aguia pequenina, quando quebra
Com o debil biquinho a casca do ovo,
Implume se appresenta á mãe cuidosa;
Não se ergue logo ás ingremes alturas

Do firmamento azul; nem desce á terra,
Qual raio ardente arrebatar a preza,
E arrancar-lhe co'as garras a existencia.
Cria co'o tempo forças, abre as azas,
Qual rio que correndo engrossa as aguas,
Desprega os vôos apoucados ora,
Ora subidos; fita em Phebo as vistas,
E tenta remontar-se até o Olympo,
Pois arde Jove ao lado, e arrebatar-lhe
Um novo Ganimedes: tal o vate
Agora Albano é, depois Elpinos.

Mas não commeces, Montaury, como usa
Gente de Lysia: quadras namoradas,
Insipidas canções, crueis idilios,
Magro soneto, cortesans bucolicas
São todo o esmero dos trovistas nossos.
Imita o Anglo excelso, o Gallo astuto,
E fitando na glória audazes vistas,
Canta a nobre virtude, acções preclaras,
Amor da patria, destemidos feitos;
Na lyra entôa não ouvidas vozes,
Sublime inspiração do estro divino.
Ou se o mundo real, tudo o que existe,
Te não esperta a mente, inflamma o espirito,
Da longa fantasia os campos ara;
Cria dourados palacios, frescas sombras,
Aprasiveis regatos, verdes campos,
Jardins amenos, deleitosos bosques;
Ahi rindo do mundo e das desgraças,
Que rebentam da terra, a par dos fructos,
Abre teu coração a novos seres,
E novas sensações gratas acolhe;
Zomba de invejas, de ambições, de fastos.
D'essa alma, que affeições doces formáram,
Verte rios de gosto, de delicias,
E de sensibilidade amavel, terna;
Esmalte o universo das bellezas,
Em que a mente borbulha; não, não percas
O germen que plantára a natureza.

Ahi tens o bello, o encantador Ovidio,
Que te dirija o passo, ahi tens o Ariosto,

Byron, Sterne, Garrett honra dos Lusos;
Segue seus traços, colhe seus exemplos,
São d'aureas ficções mestres peritos,
Oh! como ideiam n'alma mil venturas,
Glórias sem conto, innumeras delicias.
Oh! como abandonando estes martyrios,
Que no mundo real nos atormentam,
Buscava benignos, placidos prazeres,
A que Urania gentil só nos convida!
— Que ditosos que são os que se entregam
Aos impulsos da mente, oh! quão felizes
Os que em delirio seus desejos passam!
Ri para elles o universo inteiro,
Suave sôpro de perpetuo zephyro
Consola os dias, refrigera os ares,
Limpa de nuvens carregada vida,
Descobre no horisonte sol doirado,
Manto de rosas pelo ceo desdobra.

Ó fantasia, ó doce encanto de homem!
Enlevo d'alma placido e contente!
Quem pudesse gozar quanto nos mostras
Com tuas magas variadas tintas!
Triste realidade da existencia
Quão longe estás de tão amenos sonhos!
Tu nos pintas quaes somos, quaes passamos
Esta vida de angustias e tormentos,
Que com ardentes lagrimas começa,
Que com saudosos prantos se termina!

Antonio Augusto de Queiroga.

69.

O Sabiá.

Lyra.

Tudo é silencio no bosque!
Que solitaria mansão!
Sabiá, cantando amores,
Só povôa a solidão,

Em debil ramo, saudoso
Descanta, geme e suspira.
 Ah! Junta, cantor plumoso,
 Junta aos sons da minha lyra
 Teu canto melodioso...

Tua musica suave
É doce como a lembrança
Que em desabrida tormenta
Forma o nauta da bonança:
Dize, tu cantas zeloso?
Ou feliz amor te inspira?
 Ah? Junta &c.

Livrem-te os céos do ciume,
Meu querido passarinho;
E que a tua amante ingrata
Te menospreze o carinho.
Mas tu não cantas queixoso,
Amor teus versos inspira.
 Ah! Junta &c.

Que accento que escuto agora!
Repete-o por piedade,
Alenta meu peito amante,
Mitiga minha saudade;
Esse nome harmonioso
De novo estes ares fira!
 Ah! Junta &c.

Dize-o agora — oh! — não me occultes
Quem meus amores te ensina,
Cantaste a belleza, as graças,
Pronunciaste Ocarlina;
Viste-lhe o rosto formoso,
Onde risonho amor gira!
 Ah! Junta &c.

Ou viste-lhe o seu retrato
Na aurora purpurea e bella?
Na rosa as faces mimosas,
Os olhos n'alguma estrella?
Se a já viste, és desditoso,

Comigo em zelos delira!
  Ah! Junta &c.

Mas ai! A linda Ocarlina...
— Porque seu nome disseste? —
Não me attende, e a funda chaga
Abrir de novo quizeste!
Vi seu rosto gracioso...
E oh! nunca o rosto eu lhe vira!..
  Ah! cessa, cantor plumoso,
  Discorda dos sons da lyra
  Teu canto melodioso!

Se estimas o teu descanso,
Não lhe repitas o nome;
Teme o fogo do ciume,
Que este meu peito consome!
Vive em paz, d'ella te esquece,
Mas lembrem-te estes meus ais,
E chora os desgostos meus...
  Ah! basta, não cantes mais,
  Adeus, passarinho, adeus!

Fr. Francisco do Monte Alverne.

70.

Excerptos da Oração em acção de graças por a Elevação do Brasil a Reino, pregada na villa de Itú, provincia de S. Paulo, no dia 4 de fevereiro de 1816.

O Eterno, que formára nossa alma para supportar os duros casos da guerra, deu-nos tambem em dote a franqueza, a docilidade, o amor do fausto, e a nossa proverbial hospitalidade: a abastança gerou em nós este orgulho, que tantas vezes é humilhado or a pobreza. Um grande numero de portos, enseadas vastas, profundas, e abrigadas, um paiz em que a natureza se compraz de ostentar suas maravilhas; onde nasce o ouro, e crião-se os brilhantes; onde se encontrão os mineraes mais apreciados; um paiz onde não se experimentão os terriveis furacões, e esta fatal destemperança da atmosphera, que abrevia tantas vezes uma existencia utilmente empregada; onde são raras estas mortandades, que desolão muitos outros lugares d'America, assegurão á corôa portugueza a mais invejada de todas as possessões do globo.

Ó tu, que menoscabando os ventos, e affrontando o cabo tormentorio [1]), levaste as correntes, com que forão ligados os reis d'Asia, ó Gama intrepido, vê como estão murchos teus louros outr'ora tão viçosos! Vem admirar a corôa frondosa, que cinge a testa d'um heróe, digno de rivalisar teu renome, digno de competir comtigo nos primores da honra! Gama vio terras famosas muito além da fera Taprobana: Cabral descobrio uma região immensa, occulta aos mais atilados navegantes. Gama conquistou a fonte desses bens tão cobiçados, mas tão contingentes, como facticios: Cabral obteve a posse d'um paiz fecundo em numerosas producções uteis, e mesmo necessarias á vida. Gama fundou na India um senhorio sustentado á custa da nobreza de Portugal, e da flôr de suas tropas: Cabral accrescentou ao dominio portuguez uma colonia, em nada fatal, e mais interessante. Gama deu á sua patria um commercio, que lhe seria pouco proveitoso, que teria mesmo sido prejudicial á Europa, porque engulliria afinal todo o seu ouro: Cabral com o seu descobrimento alimentou a industria de Portugal, e da Europa com a extracçao, e consumo de suas mercadorias; consolidou o commercio d'Asia com as minas de ouro do Brasil, sem o qual seria extincto o commercio mesmo d'Asia [2]).

O Brasil estava reservado para encher uma larga pagina nos fastos do Universo. As riquezas são indubitavelmente o movel das revoluções, que tem circulado o globo. A pobreza, que será sempre a partilha d'um grande numero d'homens, e a escolha de pequeno numero de sabios, não causa ruido sobre a terra. Os annaes do mundo só podem portanto fallar de guerras, de conquistas, de riquezas. Os ricos productos do Brasil, recolhidos nos campos, que ha tres seculos erão inteiramente incultos, valião muitos milhões. Seus trabalhos erão a base do commercio d'Africa; estendião as pescarias e a cultura d'America Septentrional; procuravão consumos avantajados ás manufacturas d'Asia; dobravão, triplicavão talvez a actividade da Europa inteira. Elles podião reputar-se a causa do movimento impetuoso, que agitava o Universo, e que o agitará com mais rapidez quando culturas tão susceptiveis de augmento attingirem sua perfeição [3]).

---

[1]) Os Lusiadas.
[2]) L'espr. des lois.
[3]) L'espr. des lois. Ensaio sobre o commercio do Brasil, e Portugal.

Esta risonha perspectiva era apenas um ensaio de nossas prosperidades. Um facto nunca ouvido ia ser entregue á historia das nações. O Brasil devia esconder em seu seio o penhor mais seguro da estabilidade do throno portuguez. As memorias estupendas, que illustrárão a longa esteira de seiscentos annos, ia ser confiada á sua guarda. Quem ignora este celebre acontecimento? Quem não vio este successo famoso? Tudo presagiava o futuro mais lisongeiro. A liberalidade do soberano anticipava os nossos votos. Parecia, que elles havião tocado seu termo; e a nossa sensibilidade, como que estava esgotada. Dia 16 de dezembro de 1815, tu déste a conhecer a altura, a que podião chegar os empenhos d'um soberano preoccupado dos interesses do seu povo! Tu patenteaste o que um povo fiel, e generoso tinha razão de esperar d'um principe tão magnifico! Seculos por vir desenrolai a meus olhos vossa téla radiante!

Chegou a époça, em que galgamos o degráo honorifico tão longamente aguardado. Abrio-se a mesma lice ao talento. Nós pretenderemos, nós subiremos ás honras com esta altivez, que distingue um povo livre. Hontem filhos mais moços de Portugal somos hoje seus irmãos, somos hoje seus iguaes. Reapertárão-se estas molas sociaes, cuja acção attrahirá sobre nós olhares respeitosos. Realisárão-se os desejos dos grandes homens, que não receárão invocar o amor do genero humano, e havião bebido suas luzes no fogo sagrado, que os abrasava. A liberdade illimitada do commercio do Brasil deve sem duvida excitar os mais activos esforços, e reanimar todas as industrias. Não se duvida mais, que se deve ao commercio a felicidade dos povos, e a grandeza dos Estados; que sua opulencia deve ser fundada no trabalho, e que vale mais do que o ouro, e a prata. A importação ministra, e fornece as materias, que devem excitar o desenvolvimento industrial: a exportação anima a fabricar além do que exige o consumo domestico. O accrescimo de commodidades recompensa os suores, e as fadigas. Os espiritos adquirem um vigor novo. As sciencias, as artes são cultivadas com successos sempre novos, sempre renascentes, porque são mais conhecidas nos Estados, em que a industria é mais desenvolvida [1]).

Esta medida salutar acabou com todos os tropeços coloniaes, e deu a sentir o que pesavamos na balança politica. Só os principios desta benevolencia universal firmada no progresso dos povos, podia determinar o principe regente [2]) a um passo tão resoluto.

[1]) L'espr. des lois.
[2]) S. A. R. o principe D. João, regente do reino-unido de Portugal, Brasil, e Algarves: depois el-rei o S. D. João VI.

Só um governo penetrado de sua augusta missão podia proscrever noções inveteradas. Não se fallará só de felicidade publica; ella será vista; ella será mesmo gozada. [1])

Que reflexões tão dignas da philosophia, tão proprias para amadurecer a experiencia, despertão-se com esta rapida, e faustosa transição, por que acabamos de passar! Que contraste entre os esméros d'um principe cuidoso do engrandecimento do Brasil, e os quadros d'horror, que conspurcão os annaes da especie humana! Quando a guerra desola tantas regiões; quando os males todos ameação devorar a humanidade inteira; no momento mesmo, em que a devastação das mais ricas provincias, e o incendio dos campos, outr'ora cobertos de searas, arrancão o pranto mais amargo; quando atravéz dos mais preciosos restos de architectura, por entre pedaços de columnas, de cimalhas, de estatuas mutiladas o viandante avidamente procura o lugar, em que ainda hontem erão admirados as mais soberbas cidades; que espectaculo tão seductor ver um principe a braços com as difficuldades, que entorpeção nossos melhoramentos materiaes!

Ardentes conquistadores tenhão imposto silencio á terra, extinguido gerações inteiras, dividido reinos, repartido imperios; esta gloria, para a qual tanto trabalhão, fugirá diante delles. Talvez mesmo um dia sua lembrança seja detestada, e seus nomes confundidos com as ruinas dos imperios, que elles tem anniquilado. O gloria, ó sentimento ineffavel, que nos elevas a nossos proprios olhos, e nos engrandeces diante dos outros homens, tu não és o premio do esméro nas sciencias, nem a partilha da superioridade nas artas! Seus inventores, seus creadores conquistarão talvez a fama, mas não lhes será dado possuir-te. Seus nomes passarão ás idades mais remotas; porém é a outros meritos, que estás reservada. Tu és a recompensa da virtude, e não do genio; da virtude heroica, bemfazeja, util. Tu és a herança d'um cidadão, que se tem sacrificado ao bem, e á salvação de seus irmãos. Tu és o timbre do monarcha, que em todo o tempo de seu reinado, e d'um reinado muitas vezes tempestuoso, não perdeu de vista seu povo, e lhe deu constantemente seus cuidados, e sua vigilancia [2]).

O impulso vigoroso, que impelle o carro, em que o Brasil mostra-se ovante, não descobre uma vontade firme, e determinada em promover o adiantamento do Brasil? Quando nossos netos perguntárem: quem tornou florentes nossas povoações, fomentou a agri-

---

[1]) Saint Pierre, voeux d'un solit.
[2]) Saint Pierre, voeux d'un solit.

cultura, deu segurança aos nossos estabelecimentos ruraes, pejou nossos portos com navios nacionaes, e estrangeiros, fundou arsenaes, creou escolas, erigio academias, fez surgir uma nova capital, e a embellesou com os edificios mais sumptuosos? Haverá um só, que não pronuncie seu nome, este nome tão caro aos seus, tão respeitavel aos estranhos? As vantagens incalculaveis da paz serão d'ora em diante preferiveis ao esplendor ephemero das façanhas bellicosas. O fundador do imperio russiano é mais admiravel apagando o fulgor da realeza, e instruindo-se nos mais rudes mesteres, afim de civilisar seu povo, do que humilhando em Pultawa o soberbo rei da Suecia, do que edificando São Petersburgo perto do golfo de Finlandia.

Recebei, grande principe, o testemunho mais expressivo da dedicação de subditos recommendaveis por seu afêrro ao vosso throno. São os filhos desses valentes soldados, que deixárão nas margens do Uruguay a recordação mais honrosa. Possão os vossos acasos, ó principe, identificar-se com os do vosso povo, e não separar-se jámais! Possa ainda mais a vossa presença lembrar-lhe as mercês, que lhe tendes outorgado, os dons com que desejaes enriquece-lo, e o desejaes com ardor, aspiração digna do chefe d'uma nação magnanima. [1])

O rei póde tudo sobre os povos, mas as leis podem tudo sobre o rei. O rei tem um poder absoluto para causar o bem, e as mãos ligadas para produzir o mal. As leis o revestem de prerogativas tão singulares com a condição de que será o pai de seus vassallos. Não é para si só, que Deos o constituio rei, mas para ser o homem dos povos, dos povos, a quem elle deve todo o seu tempo, sua affeição toda. Senhores, se appreciardes a sabedoria, e circunspecção, com que o principe se tem havido na sua melindrosa regencia, não deveis reconhecer desempenhadas por elle estas maximas de Fénélon?! É a homenagem, que eu devo á justiça e á verdade. Ó Deos, Deos de poder, e bondade, concedei a um principe justo, e bemfazejo as benções, que um subdito agradecido vos deve ardentemente implorar.

---

[1]) Saint Pierre, voeux d'un solit.

Marianno José Pereira da Fonseca, marquez de Maricá.

71.

Maximas, pensamentos e reflexões.

A liberdade é a que nos constitue entes moraes bons ou máos: é um grande bem para quem tem juizo; e para quem o não tem, um mal gravissimo.

O exercicio gymnastico que mais occupa, diverte e incommoda os homens é o de saltarem uns sobre os outros por cima de muitos ou de todos.

Crêr pouco, descrer muito e duvidar infinito, é a condição quasi geral dos homens doutos em todos os tempos.

Crêr muito, pouco ou nada, caracterisa o verdadeiro sabio; crêr muito no testemunho da Natureza, pouco ou nada no dos homens.

Ha paizes em que os homens são avaliados como os papagáios; os que fallão mais tem maior preço e estimação.

Os roxinóes emmudecem quando os jumentos ornejão.

Os tufões levantão aos ares os corpos leves e insignificantes, e prostrão em terra os graves e volumosos: as revoluções politicas produzem algumas vezes os mesmos effeitos.

Nas revoluções politicas os povos ordinariamente mudão de senhores sem mudarem de condição.

Os anarchistas são como os jogadores infelizes ou inhabeis, que, baralhando muito as cartas, ou mudando de baralhos, esperão melhorar de fortuna e condição.

A grande e presente fermentação e descontentamento dos povos provém com especialidade da suppressão, ou decadencia das idéas e crenças religiosas; o vasio que ella occasiona corresponde a um abysmo.

Fazem-se modernamente Constituições para os povos como se farião vestidos para as pessoas sem se lhes tomar a medida.

Os anarchistas modernos se servem com vantagem das doutrinas do federalismo para desunir e soberanisar as provincias, desconjuntar os estados e acabar com as monarchias.

Domingos José Gonçalves de Magalhães.

Suspiros poeticos e saudades.

72.

Deos, e o Homem.

Nos Alpes, 14 de octubro 1834.

Quando se arrouba o pensamento humano,
E todo no infinito se concentra,
De milhões de prodigios povoado;
Quando sobre o fastigio de alto monte,
Como um colibre sobre altivo robre,
Na vastidão sidérea a vista espraia;
E vê o sol, que no Oriente assoma,
Como n'um lago em propria luz nadando,
E a noite, que se abysma no Occidente,
Arrastando seu manto tenebroso,
De pallidas estrellas semeado;

Quando dos gelos, que alcantis corôam,
Vê a enchente rolar em cataractas,
Por cem partes abrindo largo leito,
Fragas, e pinheiraes desmoronando;
Quando vê as cidades enterradas
A seus pés na planice, e negros pontos
Aqui, e alli, moverem-se sem ordem,
Como abelhas em torno da colmeia;
O homem então se abate; um suor frio,
Qual o suor que o moribundo côa,
Rega-lhe o corpo extatico; sua alma,
Como um subtil vapor, que o lirio exhala,
Ferido pelo raio matutino,
Da terra se levanta; e o corpo algente
Qual um combro de pó morto parece;...
Ella está no infinito! — Então lhe trôa
Uma voz, como o echo das cavernas,
Quando os ventos nos ares se debatem;
Como um ronco do Oceano repellido
Por estavel penedo; como um grito
Das entranhas da terra, quando accesas
De sua profundez lavas borbotam;
Como o rouco bramido das tormentas;
É a voz do Universo! — voz terrivel,
Porêm harmoniosa, que proclama
A existencia de um Ser, que de si mesmo,
De sua omnisciencia, e eterna força,
Tudo tirou, quanto o Universo encerra.

Os céos, os mundos, o Oceano, a terra
É um vasto hieroglyphico, é a fórma
Symbolica do Ser aos olhos do homem.
O movimento harmonico dos orbes
É o hymno eterno e mystico, que narra
Altamente de um Deos a omnipotencia.
Tudo revela Deos, — e Deos é tudo.

De tal grandeza sotoposto ao peso,
Como si o esmagasse ingente mole,
O homem se aniquila, e desparece,
Qual no profundo pégo um grão de areia.

É aqui, oh meu Deos, calcando nuvens,
Parecendo tocar o céo co'a fronte,

Qu'eu reconheço a immensidade tua.
Existe este Universo, existe o homem,
Porque de todo o Ser tu és a origem.

Aqui, para louvar teu sancto Nome,
É fraco o peito humano, é fraca a lingua,
É fraca a voz, que titubante hesita
Tão alto remontar, e no ar perder-se,
Antes que de astro em astro repetida,
De um céo a outro céo, de um Anjo a outro,
Vá retinir, Senhor, em teus ouvidos,
Como discorde som de rota lyra.

Alva nuvem, que toucas este monte,
Desce um pouco, e recebe-me em teu dorço;
Asinha ala-me ao céo; na etherea plaga,
Vendo o sol de mais perto, talvez possa,
Com sua luz benefica animado,
Altisono entoar um hymno excelso
Digno de Jehová, que eterno escuta
Dos angelicos córos a harmonia.
Abre-te, oh céo azul, que a mortaes olhos
A mansão do Senhor zeloso occultas!
Abre-te, oh céo azul; deixa minha alma
Saciar-se co'a luz da Sião sancta.
Sóbe, meu pensamento, vôa, rompe
Os turbilhões dos Cherubins, e Thronos,
Mais bellos que mil soes, mais coruscantes,
Que em vortice perenne estão ladeando
Do Eterno Padre o luminoso solio.

Oh arrojado pensamento humano,
Por mais que em teu soccorro os astros chames,
Por mais que sua luz o sol te empreste,
Seu ouro a terra, o céo a immensidade,
Os rios a corrente, os campos flores,
Suas azas o raio, os sons a lyra,
E a noite seu mysterio, alfim si tudo
Envocado por ti, a ti se unisse,
Não podéras ainda em teus transportes
Os louvores tecer do Omnipotente!

Mas, oh Deos, que missão tens confiado
A este fraco ser, que sobre a terra

Entre os mais seres como um rei se ostenta,
E unico para ti erguendo os olhos,
Parece teu rival? Missão augusta
É sem dúvida a sua; e o seu destino
Não é o d'alimaria!... A Natureza
Obedece a seu mando, como si elle
Entre Deos, e a terra collocado,
Orgam fosse das leis da Providencia.

Quem a elle se oppõe? — Embalde o Oceano
Com cem braços separa os continentes.
O homem desthrona os robres, e os pinheiros
Das fragas da montanha, ousado os lança
Sobre a cerviz do Oceano, enfreia os ventos,
E assoberbando as vagas furibundas,
Que ante seu genio quebram-se gemendo,
Domina, e calca o tumido elemento,
E atravessa de um pólo a outro pólo,
Como atravessa os ares veloz aguia.
Aqui bramando, um rio se devolve,
Qual serpente feroz medo incutindo;
Co'uma arcada de pedra o homem cobre-o;
Elle a derruba? — nova arcada o doma.

Como gigantes firmes, alinhados,
Para impedir-lhe a marcha, as frontes erguem
Enormes Alpes, açoutando as nuvens
Co'a corôa de gelo, e co'os pennachos
De branca carambina, e verdes selvas;
Não retrograda o homem, não desmaia!
Quando sobre a cimeira o sol se encosta,
E a vista estende á profundez do valle,
O sol já no arduo afan vencendo o enxerga;
Quando transmonta o sol, o homem dá treguas,
E descança na já vencida estrada!
De dia em dia assim prosegue ovante;
Ora esbrôa um cabeço mais supino,
E co'as ruinas desse outro nivela;
Ora sóbe, ora desce, ora torneia,
Ora penetra a rigidez do monte,
Como a setta do Indio os ares rompe,
E a noite das abóbadas varando,
D'outro lado vai ver o céo, e o dia!
Quem tu és? Quem tu és, que podes tanto?

Tu convertes os bosques em cidades;
Marcas do sol o gyro, e o dos cometas;
Do povo alado as regiões exploras;
Nem no mar a baleia está segura,
Nem nas espessas selvas o elephante!
Quem tu és? Quem tu és, que podes tanto?

Toda a terra está cheia com teu nome;
Um seculo transmitte a outro seculo
Dos teus feitos a historia portentosa;
Tu só marchas, tu só te desenvolves,
E inda não recuaste de fadiga!
Com que signal sellou a tua fronte
A mão do Criador? — Donde descendes?
Quem tu és? Quem tu és, que podes tanto?

Não, não és para mim mais um enigma!
Conheço a origem tua, e o teu destino,
Tua missão conheço sobre a terra,
A Natureza toda te respeita
Porque és do Criador a obra prima,
Porque transluz em ti o seu transumpto.

Não é á força tua que se curva
A terra, que si á força se curvasse,
Seria o elephante o rei da terra.
É á tua sublime intelligencia,
É a Deos, só a Deos, que tu reflectes,
Como do sol a luz reflecte a lua.

Nas barreiras da morte tudo esbarra,
Menos o homem, que atravessa airoso,
Ahi o mortal corpo abandonando,
Para no seio entrar da Eternidade;
Assim o viajor o pó sacode,
E deixa o companheiro de viagem
Manto todo coberto de poeira,
Quando á cidade desejada chega.
A alma não morre, porque Deos não morre.

Assás, oh Deos, o homem sobre a terra
Revela teu poder, tua grandeza.
A Razão, és tu mesmo; — a liberdade,
Com que prendaste o homem, não, não póde

Dominar a Razão, que te proclama!
Si muda para mim fosse a Natura,
Na Razão que me aclara, e não é minha,
Senhor, tua existencia eu descobríra.

Eu te venero, oh Deos da Humanidade!
Meu amor o que tem para offertar-te?
Digno de ti só tem minha alma um hymno,
E esse hymno, oh meu Senhor, é o teu Nome!

Que póde o homem dar a quem dá tudo?
Só em meu coração suspiros tenho,
Suspiros para todos os momentos.
De ti, Senhor, minha alma necessita,
Como de luz meus olhos, de ar meu peito.
E si me é dado a ti subir meus votos,
Si é dado pela mãe pedir um filho,
Vôem meus votos sobre as igneas azas
Do sol, e tu, Senhor, propicio attende:
Nada por mim, por minha Patria tudo;
Fados brilhantes ao Brasil concede.

73.

A Velhice.

Longa foi a viagem;
Assás luctastes; descançei agora.

Depois de haver vingado alpestre monte
Desde o albor da manhã, o peregrino
    Afadigado desce.
E envolto em trevas vai pousar no valle.

Por vós assás auroras madrugáram;
Por vós luas assás alvas luzíram;
Assás de flores esmaltou-se a terra,
E de fructos as arvores copadas.
    Sim, sim, assás gozastes;
Mas uma voz vos chama, e vos diz: — basta.

Basta! — A hora soou; abre-se a campa,
    E o sopro do seu antro,
Como o vapor da canica caverna
Nas margens do sombrio Aniâno lago,
Da vida vos apaga a tenue flamma.

    Para vós basta, oh Velhice!
    Inda o sol tem resplendores,
    Inda a noite tem estrellas,
    Inda a lua alvos fulgores.

    Inda os prados reverdecem
    E de florzinhas se arreiam;
    Inda, suspensos nos ramos,
    Os passarinhos gorgeiam.

    Inda o zephyro sereno
    Cheio de aroma, e doçura,
    Fruindo o nectar das flores,
    Na madrugada murmura.

    Inda a cascata ruidosa
    Entre seixos se despenha;
    Inda o som da sua quéda
    Resôa ao longe na brenha.

    Inda os regatos deslizam,
    As feras nos bosques rugem,
    E lambendo a branca areia,
    Nas praias as ondas mugem.

    Tudo vida inda respira;
    A terra não stá mudada;
    Vós só marchais, oh Velhice,
    Triste, debil e curvada.

    Vossos olhos se feixáram
    Ao quadro da Natureza;
    Em torno de vós só gyram
    A morte, o horror, e a tristeza.

    Tudo em seu morno silencio
    Agora vos annuncia

Que a noite só vos pertence,
Que para vós vai-se o dia.

A noite eterna vos estende os braços,
Ah! preparai-vos para o somno eterno.

Basta! É hora das preces.
Funéreo som no templo os bronzes vibram,
E o echo seu parece dizer — morte!

Sob o peso da fronte encanecida,
Já se curva e vacilla o vosso porte,
Qual co'os flocos de neve a fragil hastea;
Entoastes o cantico da vida,
Entoai vosso cantico de morte;
Como o candido cysne,
Que indo descer á escuridão do lago,
Cantando diz-lhe adeos na fatal hora,
Para nunca mais ver raiar a aurora.

Basta! — É hora das preces, oh Velhice!
Para o mundo acabastes.
Vossa alma resgatai do barro impuro;
O céo, que alma vos dêo, pêde vossa alma,
E a terra vosso corpo está pedindo;
Ah! dai á terra o que vos dêo a terra!

Mas ah, não choreis!
E porque chorais?
Si vós não sabeis
Nem o que ganhais,
Nem o que perdeis.
Perdeis a terra, é certo; mas que importa,
Si celeste esperança vos conforta!

Viver é sonhar,
Sonhar é dormir;
Deveis acordar,
Para ao céo subir,
E no céo velar.
Acordai; socegai o afflicto peito,
Que ides deixar o amargurado leito.

O pranto enxugai,
Bani o temor;
O Nome entoai
Do Eterno Senhor;
E a Elle voai.
Vossa bençam lançai á Mocidade,
Que vai na lucta entrar da Humanidade.

Pariz, Janeiro de 1836.

74.

O Canto do Cysne.

Meus versos são suspiros de minha alma,
Sem outra lei que o interno sentimento;
E como o fumo que do fogo se ergue,
Sobem ao céo, e perdem-se nos ares.

Como o acceso thuríbulo balança
Ante o altar, de incenso alimentado,
Suavissimos perfumes exhalando,
  Assim minha alma oscilla
Das illusões do mundo afadigada;
E suspirando então pelo infinito,
Humilde a Deos seu pensamento exalça.

  Cada pensamento meu,
  Como uma baga de incenso,
  Do thurib'lo de minha alma
  Sóbe ao alcáçar do Immenso.

Eis porque ainda no da vida exilio,
Entre o véo de tristeza que me enlucta
Alguns assomos de prazer ressumbram,
  Como do pyrilampo
Na escuridão da selva a luz lampeja;
  Eis porque minha lyra
Inopinados sons desliza ás vezes;
Eis porque ainda para mim um riso
  A Natureza enfeita;
Eis porque a noite presta-me seu bálsamo,
E na aurora que surge incantos acho.

Echo para meus suspiros
Eu acho na Natureza;
E para a voz de minha alma
Um accento de tristeza.

Ah! porventura a lyra abandonada,
Que rota e muda jaz de pó coberta,
Porventura ainda vive?
A lyra morre, quando mais não sôa,
Morre, quando, estalando a ultima corda,
Evapora o seu ultimo soluço.

Assim sou eu sobre a terra;
É minha alma como a lyra,
Que morre, quando não geme;
Que vive, quando suspira.

Como vive o proscripto em riba estranha?
No pensamento apenas,
Nos quadros de sua alma, tristes quadros,
Como a noite sem lua, e sem estrellas;
Quadros nublosos, pela mão traçados
Da pallida Saudade.
Oh mundo, oh mundo, exilio de minha alma!
Vida, cruel tyranno que me prendes!

O que é a vida? Um contínuo
Passar das trevas á aurora;
Cadeia que nos arrasta,
Turbilhão que nos devora.

Eis a vida!... E depois?... Mysterio horrivel!
Infinito, onde o espirito se perde,
Como um átomo no espaço;
Deserto, onde vagueia a phantasia,
Repouso, e asylo incerta procurando,
Como nos areáes da ardente Arabia
O peregrino afadigado busca,
Para a sêde aplacar, mesquinha fonte,
E um ramo que lhe abrigue os lassos membros.

Talvez que amanhã se ultime
A sentença do proscripto,

E que livre das cadeias,
Vagueie nesse infinito.

E quem sabe si a voz da Eternidade
    Agora me revela,
Que este manto, que ennoita a Natureza,
Como do esquife o mortuario panno,
Para sempre a meus olhos cobre a terra?
Quem sabe si ao raiar da aurora crástina,
    A seu hymno de vida
Um echo faltará de minha lyra,
    De minha alma um gemido?

        Cada minuto da vida
        Póde ser o derradeiro,
        Da vida ao nada ha um ponto,
        E o homem passa-o ligeiro.

O Cysne que desliza á flor do lago,
Perlas formando co'o bater das azas,
    Mudo a garganta alonga,
E só da morte a voz n'ella resôa;
Como uma frauta que do tronco pende
    Por amoroso voto,
    Pelo vento agitada,
Embalança, e suaves harmonias
    Exhala de seu tubo:
Assim a voz do cysne se desata,
    Pela morte inspirado;
    Assim se melodia,
Para doce entoar o hymno extremo.

        Mas acaso sabe o Cysne,
        Terno canto desferindo,
        Que em cada accento que sólta,
        A vida lhe vai fugindo?

Companheiro do Cysne, o tenro arbusto
    Que uma só vez floresce,
E quando assim se adorna, murcha, e morre,
Como no dia nupcial a esposa,
Sabe elle porventura que essas flores
    São as galas da morte?

A lampada que expira, e um clarão sólta,
Acaso sabe si lhe míngoa o oleo?
O rïo que no prado se resvala,
 Acaso dizer póde:
Amanhã terá fim minha corrente?
E o zephyro que brinca saltitando
Sobre as frescas corollas, sabe acaso,
Si ainda existirá no sol seguinte?

 Nós acaso conhecemos
 Melhor que elles nossa sorte?
 Podemos dizer: este hymno
 É nosso hymno de morte?

Eu canto como o Cysne, sem que saiba
 Si é meu ultimo canto;
Como o arbusto que brota mortaes flores,
Minha alma se dilata, e aromas verte;
Como a luz que fallece, e se afogueia,
Em sacro amor meu coração se inflamma;
Como o rïo que manso se desliza,
Como o ligeiro zephyro que adeja,
 Devolvem-se meus dias,
Como vagas do mar, um após outro,
E não sei qual será o derradeiro.

 Inda um suspiro, minha alma,
 Como o Cysne hoje exhalemos.
 Si amanhã vírmos a aurora,
 Novos hymnos entoemos.
 Cantemos, cantemos
 Co'a noite, e co'o dia,
 Seja nossa vida
 Contínua harmonia.

75.

Napoleão em Waterloo.

> Tout n'a manqué que quand tout
> avait réussi.
> Napoleão em S. Helena. (Memorial.)

Eis aqui o logar, onde eclipsou-se
O Metéoro fatal ás regias frontes!
E nessa hora em que a gloria se obumbrava,
Além o sol em trevas se envolvia!
Rubro estava o horizonte, e a terra rubra!
Dous astros ao occaso caminhavam;
Tocado ao seu zenith haviam ambos;
Ambos iguaes no brilho, ambos na quéda
Tão grandes como em horas de triumpho!

Waterloo!... Waterloo!... Lição sublime
Este nome revela á Humandidade!
Um Oceano de pó, de fogo, e fumo
Aqui varrêo o exercito invencivel,
Como a explosão outr'ora do Vesuvio
Até seus tectos inundou Pompeia.

O pastor que apascenta seu rebanho;
O corvo que sanguineo pasto busca,
Sobre o leão do granito esvoaçando;
O echo da floresta, e o peregrino
Que indagador visita estes logares:
Waterloo!... Waterloo!... dizendo, passam.

Aqui morréram de Marengo os bravos!
Entretanto esse Heróe de mil batalhas,
Que o destino dos Reis nas mãos continha;
Esse Heróe, que co'a ponta de seu gladio
No mappa das Nações traçava as raias,
Entre seus Marechaes ordens dictava!
O halito inflammado de seu peito
Suffocava as phalanges inimigas,
E a coragem nas suas accendia.

Sim, aqui stava o Genio das victorias,
Medindo o campo com seus olhos de aguia!
O infernal retimtim do embate de armas,
Os trovões dos canhões que ribombavam,
O sibilo das balas que gemiam,
O horror, a confusão, gritos, suspiros,
Eram como uma orchestra a seus ouvidos!
Nada o turbava! — Abóbadas de balas,
Pelo inimigo aos centos disparadas,
A seus pés se curvavam respeitosas,
Quaes submissos leões; e nem ousando
Tocal-o, ao seu ginete os pés lambiam.

Oh! porque não vencêo? — Facil lhe fôra!
Foi destino, ou traição? — A aguia sublime
Que devassava o céo com vôo altivo
Desde as margens do Sena até ao Nilo,
Assombrando as Nações co'as largas azas,
Porque se nivelou aqui co'os homens?
Oh! porque não vencêo? — O Anjo da gloria
O hymno da victoria ouvio tres vezes;
E tres vezes bradou: — É cedo ainda!
A espada lhe gemia na bainha,
E inquieto relinchava o audaz ginete,
Que soía escutar o horror da guerra,
E o fumo respirar de mil bombardas.
Na pugna os esquadrões se encarniçavam;
Roncavam pelos ares os pelouros;
Mil vermelhos fuzis se emmaranhavam;
Encruzadas espadas, e as baionetas,
E as lanças faiscavam retinindo.
Elle só impassivel como a rocha,
Ou de ferro fundido estatua equestre,
Que invisivel poder magico anima,
Via seus batalhões cair feridos,
Como muros de bronze, por cem raios;
E no céo seu destino decifrava.

Pela ultima vez co'a espada em punho
Rutilante na pugna se arremessa;
Seu braço é tempestade, a espada é raio.
Mas invencivel mão lhe toca o peito!
É a mão do Senhor! barreira ingente!

Basta, guerreiro! Tua gloria é minha;
Tua força em mim stá. Tens completado
Tua augusta missão. — És homem; — pára.

Eram poucos, é certo; mas que importa?
Que importa que Grouchy, surdo ás trombetas,
Surdo aos trovões da guerra que bradavam:
Grouchy, Grouchy, a nós, eia, ligeiro;
O teu Imperador aqui te aguarda.
Ah! não deixes teus bravos companheiros
Contra a enchente luctar, que mal vencida
Uma após outra em turbilhões se eleva,
Como vagas do Oceano encapellado,
Que furibundas se alçam, luctam, batem
Contra o penedo, e como em pó recuam,
E de novo no pleito se arremessam.

Eram poucos, é cérto; e contra os poucos
Armadas as Nações aqui pugnavam!
Mas esses poucos vencedores foram
Em Iena, em Montmirail, em Austerlitz.
Ante elles o Thabor, e os Alpes curvos
Víram passar as aguias vencedoras!
E o Rheno, e o Manzanar, e o Adige, e o Euphrates
Embalde á sua marcha se oppozéram.

Eram os poucos, que jámais vencidos
Os dias seus contavam por batalhas,
E de cãs se cobríram nos combates;
O sol do Egypto ardente assoberbáram,
A peste em Jaffa, a sêde nos desertos,
A fome, e os gelos dos Moscovios campos.
Poucos que se não rendem; — mas que morrem!

Oh! que para vencer bastantes eram!
A terra em vão contra elles pleiteára,
Si Deos, que os via, não dicesse: Basta.

Dia fatal, de opprobrio aos vencedores!
Vergonha eterna á geração que insulta
O Leão que magnanimo se entrega.

Eil-o sentado em cima do rochedo,

Ouvindo o echo funebre das ondas,
Que murmuram seu cantico de morte;
Braços cruzados sobre o largo peito,
Qual naufrago escapado da tormenta,
Que as vagas sobre o escolho regeitáram;
Ou qual marmorea estatua sobre um tumulo.

Que grande idéa o occupa, e turbilhona
Naquella alma tão grande como o mundo?

Elle vê esses Reis, que levantára
Da linha de seus bravos, o trahirem.
Ao longe mil pygmeos rivaes divisa,
Que mutilam sua obra gigantesca;
Como do Macedonio outr'ora o Imperio
Entre sí repartíram vís escravos.
Então um riso de ira, e de despeito
Lhe salpica o semblante de piedade.

O grito ainda innocente de seu filho
Sôa em seu coração, e de seus olhos
A lagrima primeira se desliza.
E de tantas corôas que ajunctára
Para dotar seu filho, só lhe resta
Esse Nome, que o mundo inteiro sabe!
Ah! tudo elle perdêo! a esposa, o filho,
A patria, o mundo, e seus fieis soldados.
Mas firme era sua alma como o mármor,
Onde o raio batia, e recuava!

Jámais, jámais mortal subio tão alto!
Elle foi o primeiro sobre a terra.
Só, elle brilha sobranceiro a tudo,
Como sobre a columna de Vendôme
Sua estatua de bronze ao céo se eleva.
A cima d'elle Deos, — Deos tão somente!

Da Liberdade foi o mensageiro.
Sua espada, cometa dos tyrannos,
Foi o sol, que guiou a Humanidade.
Nós um bem lhe devemos, que gozamos;
E a geração futura agradecida:
NAPOLEÃO, dirá, cheia de assombro.

18 de Junho de 1836.

76.

A Confederação dos Tamoyos.

Canto IV.

Argumento.

A aurora. — A partida. — Melancolia de Iguassú. — Seu cantico saudoso repetido pelo echo. — Marcha dos guerreiros pelos bosques virgens. — Durante a noite fazem fogueiras para afugentar as feras, e deitam-se nos ramos das arvores. — Lucta das jararacas com o fogo. — Apparecimento do Payé. — Temor dos Indios. — Discurso do Payé aconselhando-os a desistir da empreza. — Aimbire se lhe oppõe. — Extraordinario sortilegio de Tangapema. — Conjura Aimbire o fatal annuncio, e ameaça o Payé. — Desapperece este, sem que se saiba como. —

 Já da noite os negrumes se extinguiam.
O sol que extensas vira Eôas plagas,
Que a terra lhe mostrára no seu gyro,
De assomar no brasilico horizonte
Mesmo ao longe se mostra jubiloso.
Como é sublime o alvorecer da aurora
Nestes formosos climas! já seu rosto
Rutila entre esses colossaes montanhas,
Que em fórma de pyramides se elevam,
Ou de egypcias columnas, sustentando
Nos verdes capiteis de eternos bosques
O vastissimo tecto de saphira.
Rôxas, purpureas nuvens, d'ouro orladas,
Se curvam, se ensanefam, e arcos formam,
Que ao triumphante sol entrada ampliam.
É hora da partida! A sensitiva,
Que da noite o langor enmurchecêra,
Se desperta, e desdobra as verdes folhas.
Das palmeiras os grelos como lanças
Igneas lampejam co'o fulgor diurno,
E o aroma matinal o campo exhala.
É hora da partida! Bramam feras
Nos covis do deserto; o hymno de gloria
Ao Creador entôa a Natureza,

E a voz lhe cadenceia o alado côro,
Que alegre pelas cômas verdejantes,
Antes de ir procurar tenue alimento,
Com suaves gorgeios e trinados
Parece graças dar á Providencia,
E aos homens ensinar a dar-lhe graças.
É hora da partida! sim, é hora!
Já rouquejam dos chefes as inubias,
E nos valles os sons o echo prolonga,
Dos tardos olhos repellindo o somno.

Mal do somno despertos, os guerreiros,
Da terra se levantam, estiriçam
Os braços, e tres vezes as cabeças
Emplumadas sacodem: assim vê-se
Vasta planicie de flexiveis cannas,
As verdes folhas agitando, erguer-se
Quando se enfreia o vento que as curvára!

Ás costas cada qual suspende a aljava
Pejada de farpadas leves flechas,
E o arco sobraçando, a maça empunha.
Outros sopesam galhos guarnecidos
De candido algodão e sêccas palhas,
Com que do inimigo aos campos mandam
Pelos ares o incendio, o estrago, e a morte.
Por incultas veredas mal trilhadas,
Luctando co'os sipós que os emmaranham,
Os Tamoyos belligeros caminham
Seguidos dos Francezes alliados,
Tão poucos, que talvez de cem não passem.

Marcham das tribus na vanguarda os chefes,
E ante todos soberbo Aimbire assoma.
Do exercito na cauda, horrendas velhas
Enrugadas, medonhas como espectros,
Nuas, pintadas do verniz vermelho
Do fructo do urucú, e matizadas
De listas transversaes ou angulosas,
Amarellas e negras, vivas cores
Que tiram do assafrão e genipapo,
Sobre bordões se curvam, e carregam
Os potes de cauím, tão grato aos Indios.

Sobre o cume de um monte alcantilado,
Assentada Iguassú contemplativa,
Nas mãos pousando o queixo, a côma esparsa,
Negra, lustrosa em ondas fluctuantes,
Vê ao longe o exercito sumir-se,
Ora outeiros subindo, ora descendo,
E entre os dos bosques corpulentos troncos
Arbustos os guerreiros lhe parecem.

Aperta-lhe ruim melancolia
O anciado coração que a ausencia chora.
De copada aroeira em verde ramo
Modúla o sabiá canções de amores
Com magicos accentos da saudade;
Canções que embebem n'alma o abatimento,
Branda, terna affeição, langor suave,
Que quasi a vida extingue entre delicias;
Canções, direi melhor, que a alma extasiam,
E do corpo mortal arrebatando-a,
Ao vago espaço a sobem, e a sublimam
Ás puras regiões de excelsos gozos.
Que coração ha hí já tão quebrado,
Tão vasio de amor, ou já tão duro,
Cujas cordas não vibrem doces echos,
Quando o canoro sabiá gorgeia
Seu canto matinal por entre as selvas?
Que coração ha hí petrificado,
Que allivio não encontre, quando exhala
A dôr sua em tristissimos suspiros,
Em cantos repassados de amargura?

Canta, oh virgem dos bosques olhinegra!
Canta, oh bella Iguassú! canta, acompanha
O terno sabiá, que te convida.
Ah doce é o cantar! remedio é pronto
Que aos seios d'alma sóbe, e a magoa abranda
Do malfadado coração que chora.
Tal da papoula o expandido aroma
Entorpece o aguilhão que o peito punge,
E n'alma ideias gera deleitosas.

„Só, eis-me aqui no cimo da montanha,
Dos meus abandonada, como um tronco

Despido, inutil no alto da collina,
A que os ramos quebrou Tupan co'a flecha.

„Só, eis-me aqui, do velho pai ausente,
Ausente do querido bem amado,
Como viuva rôla solitaria
Em deserto areal seu mal carpindo!

„Inda hoje o caro pai vi a meu lado;
Inda hoje o amante eu vi!.. Fugíram ambos,
Velozes como os cervos da floresta:
Já fui feliz, mas hoje desgraçada!"

E os echos respondéram: — desgraçada!

„Desgraçada!... E inda vivo? Antes á guerra
O pai e o bravo amante acompanhasse;
Ouvindo sua voz, seu rosto vendo,
Acabar a seu lado melhor fôra."

E os echos respondéram: — melhor fôra!

„Genios, que as grotas povoais e os valles,
Genios, que repetís os meus accentos,
Ide, e do amado murmurai no ouvido
Que a amante sua de saudade morre."

E os echos respondéram — morre... morre!

Morre... morre! soou por longo tempo.
O canto cala um pouco a triste moça,
Murmurando dos echos o estribilho,
Como si algum presagio concebesse.
Os negros olhos de chorar cançados
Co'as mãos enxuga; mas de novo estanques
Lagrimas brotam, que lhe o peito aljofram,
Como goteja em bagas abundantes
De fendida tabóca a pura lympha.

O sabiá de ouvil-a enterneceo-se;
E como si algum genio o inspirasse,
Ouvindo-a modular tristes endechas
Tão cortadas de dôr, calou seu canto,

Oú talvez que julgando-se vencido,
Não podendo imitar tão doce gamma,
Mudo aprendesse a gorgear mais terno.
E quem conhece os intimos mysterios
Da vida, e dos instinctos de taes entes,
Que affirme ou negue parece apenas?
Suspendendo ella o canto, elle replica
Com mais grata e escolhida melodia.

Por um momento a solitaria o escuta;
Crava os olhos no céo menos chorosos;
Suspira e geme, e continúa o canto:
E temendo que os echos lhe respondam,
Em meia voz começa compassada.

„Porque tão cedo, oh sol, hoje raiaste?
Porque flammejas como accesas brazas?
Ah! tu me queimas; teu calor modera,
Que na marcha os guerreiros enlanguece.

„Desta terra, que é tua, destes bosques
Que após da inchente do geral deluvio
Plantou Tamandaré para seus filhos [1]),
Hoje os Tamoyos em defeza marcham.

„Tamandaré foi pai dos avós nossos;
Sempre Tamandaré a ti foi caro;
Tu, oh sol, o aqueceste na velhice,
Aquece os filhos seus; mas ah! não tanto.

„Olhos meus, de chorar cançados olhos,
Que tendes mais que ver? Já não distingo
N'aquelles densos bosques os guerreiros
Entre os arribás e as sapucaias.

„Nada mais vejo que prazer me cause,
Só estou sobre a terra; vinde, oh feras!

---

[1]) Tamandaré é o Noé dos povos brasilicos. Segundo a sua tradição, esse Payé, ou Mago de grande saber, fôra avisado por Tupan, excellencia superior, que um diluvio devia inundar a terra e cobrir os montes, á excepção de uma palmeira que estava em certa montanha mui alta: nessa palmeira salvou-se Tamandaré e sua familia, alimentando-se com os seus fructos durante o diluvio; findo o qual desceram, e de novo povoáram a terra.

Não ha quem me defenda: vinde, ao menos
Menos dura é a morte que a saudade.

„Sim, morrerei... „E mais dizer não pôde;
Em meio de um gemido a voz faltou-lhe.
Os labios lhe tremiam convulsivos
Como flores batidas pelos ventos.
Cruza os braços no collo, os olhos cerra,
Pende a fronte, e no peito o queixo apoia,
As derretidas perlas entornando:
Tal n'um jardim a candida açucena,
De matutino orvalho o calix cheio,
Si o zephyro a bafeja, a fronte inclina,
Puros crystaes em lagrimas vertendo.
Não sei si dorme, ou si respira ainda;
Mas parece entre pedras bella estatua!
O sol, que ao resurgir a vio chorosa,
Nesse mesmo lugar chorosa a deixa.

Entretando os Tamoyos vão vingando
Altas serras pejadas de graúnas,
Cupahybas, jacuás e sacupiras;
E descendo, já lassos da fadiga,
Chegam co'a tarde n'uma varzea amena,
Plantada pelas mãos da natureza.
Curta é a varzea, e um bosque além começa.
Negreja o oriente, e rôxas nuvens
De fogo orladas pelo céo vagueam.
Parece o occidente um mar de sangue,
Com vagas de ouro; náda o sol no meio
Como um pharol acceso ou igneo escudo,
Que ao longe seus revérberos reflecte.
Violaceo vapor se eleva e paira
Sobre o vasto horisonte. Ao longe os montes
Quaes saphiras se ostentam sotopostas
A inflammados rubins; toda 'a floresta
Na propria exhalação confusa e envolta,
Representa uma nuvem condensada
Azul-purpurea, sobre a terra immovel,
E aureo effluvio sobre ella se evapora.

Nunca humano pincel pôde a Natura
Ao vivo retratar; ella n'uma hora,

Por magico poder taes quadros fórma,
E o homem de pintal-os desespera!
Vinde saudar a virgem Natureza,
Oh artistas da Europa encanecida!
Vinde inspirar-vos neste Paraiso,
Que de humano artificio não carece
Para mostrar-se grandioso e bello.

Cantor sublime dos brasilios bosques,
Que fazes dos pinceis que a Natureza
Com tanto amor te dêo? Caro Araujo [1]),
Tu que pintando o que tão bem descreves
Com essa alma de fogo, que se abrasa
N'um volcão de arrojados pensamentos,
Crear podias maravilhas d'arte,
Que além dos versos teus mais te exhaltassem:
Porque não mostras quanto póde o engenho,
Que esta Patria accendeo p'ra gloria sua?

Espessa é a floresta, emmaranhada
De parasitas mil que se entrelaçam,
Pelos troncos se enroscam como serpes,
E abraçando-os lhes sorvem força e vida
Co'a seve de que nutrem-se vorazes;
Como dos reis os tredos lisonjeiros
Tanto lhes pesam, tanto mal lhes fazem.

Cabal rio, de longe dimanado,
A floresta divide em duas partes.
Repousa a escuridão sobre esses tectos
De apinhoadas folhas de mil ramos
De mil diversas arvores gigantes,
Cujas flores os ares embalsamam.
Como errantes estrellas, relampejam
Phosphoricos insectos, aclarando
O horror da escuridão; ora alinhados
Traçam nos ares luminosas serpes;
Ora n'um só logar, como um chuveiro,
Seu palido clarão juntos soltando,
Vão fingindo relampago longinquo,

---

[1]) Meu amigo o Snr. Manoel de Araujo Porto-Alegre, Director da Academia Imperial das Bellas-Artes.

Que das nuvens rebenta e se evapora;
Ora em chusmas pousados nas colmêas,
Que pendem de altos troncos, representam
Illuminadas cúpolas dos templos,
Que em noite festival nos ares brilham
Sobre os escuros tectos das cidades.
Desta negra mansão o horror redobra
O funebre clamor da voz nocturna,
O echo dos ventos que entre as folhas gemem,
O echo do rio que o trovão simula,
E lento se prolonga reboando;
E o echo inda mais funebre e monótono,
Como o som do martello sobre a incude,
Da immovel araponga, que soluça [1])
De ancião jequitibá na altiva côma.
Esta é a voz da Natureza em lucto,
Voz terrivel que os homens apavora,
E a ideia lhes desperta do infinito.

Tremem os Indios de arrojar-se ao rio
Em horas tão sinistras; e a seu modo
Co'um sêcco e duro páo n'outro encravando,
Como quem atarracha um parafuso,
Desenvolvem calor, e a flamma surge,
Como por força magica ateada:
Que ao homem, inda bruto, jámais falta
No que mais lhe é mister a intelligencia.
Aqui e alli em circulo levantam
Cem fogueiras que as feras afugentem;
E dest'arte seguros e tranquillos
Sobem aos troncos, e entre os ramos buscam
Refugio para o somno e contra as feras.

Já tudo dorme, emfim, é alta noite.
O fogo despertou as jararácas,
Inimigas do fogo, que dormiam.
Eil-as silvando vem, o fogo investem,

---

[1]) A araponga é um passaro branco como a neve, do tamanho d'uma pequenha pomba; tem o bico largo na raiz, um pedaço depenado e de côr verde á roda dos olhos. Este passaro pousa no tôpo da mais alta arvore dos bosques, e alli passa a maior parte do dia em um canto mavioso, que imita bem o ferrador atarracando ferraduras na bigorna (Ayres do Casal, *Corographia Brasilica*).

Debatem-se com elle; ora recuam,
Erguem-se inchadas, cahem sobre as fogueiras;
Esta já salta, e a cauda o chão açouta;
Aquella gyra no ar como um corisco;
Ora em torno se arrastam, té que o extinguem.
Só esparsos carvões e cinzas restam.
Quaes, luctando co'as brazas, se queimáram,
Quaes feridas, co'a dôr no chão se enroscam.
Mordendo a terra, e orbes descrevendo;
Quaes vão aos seus covís victoriosas.

Começa a noite a declinar. Um echo
Na espessura resôa, rouco e surdo,
Como o roncar do buzio. O horror se espalha,
De sobresalto o somno se interrompe;
Despertam-se os guerreiros, receiosos
Que os malignos genios Macachêras,
E os ruins Juruparís os acommettam [1]).
Uns tomados de medo cahem dos troncos,
E nem ousam da terra erguer as frontes;
Outros espavoridos, como estatuas
Estão immoveis, mudos escutando.
De novo perto estruge o som medonho,
E se repete pela vez terceira.
Após por entre os densos, negros troncos
Vai sibilando um funebre gemido,
Como o guincho do mocho entre ruinas;
E dous lumes a par, de fumo envoltos
Que os olhos lembram de infernaes duendes
Pela mente febril phantasiados,
Ora aqui, ora alli erram na selva,
Até que da cohorte em frente estacam.
Surge essa luz das orbitas de um craneo
Suspenso n'uma flecha: é a lanterna
Horrenda dos Payés, que nestas plagas,
De sortilegio usando o medo incutem;
Que onde falta a verdade o embuste avulta.

„É Payé!" N'uma voz todos bradáram.
„É Payé!" Cada bocca pronuncia.

---

[1]) Macachêras são os espiritos dos caminhos; e Juruparís, espiritos máos, que Simão de Vasconcellos confunde com os Anhangás, e que talvez sejam os espiritos dos mattos.

Batendo estão os corações de medo,
E os olhos todos no Payé pregados.

Eil-o, alto e mirrado, e bem parece
De magico poder mumia animada,
Que da terra surgíra, ou do profundo!
Disséras qu'essa pelle crespa e sêcca,
Como a cortiça de já velho tronco,
Sobre ossos descarnados se amoldára.

„Filhos destes sertões, brada o agureiro,
Eis o vosso Payé, que vos procura!
Velho Coaquira, destimido Aimbire,
Como dos meus conselhos não cuidosos,
Tão afoutos, á guerra duvidosa
Ides, sem minha voz ouvir primeiro?
E quereis que Tupan por vós combata,
Quando do seu Payé, que em vós só pensa,
Em continuo jejum na gruta escura,
Não consultais a magica sciencia?
Como filhos vos amo; e si estes olhos
Sêccos, como o meu corpo, inda tivessem
Alguma occulta lagrima, ver-me-hias
Na minha dôr vertel-a neste instante.
Oh filhos meus! que males vos aguardam!
Que males, ai de mim!... e inda heide eu vel-os!
Feliz eu si primeiro no meu êrmo
Para sempre meus olhos se fechassem.

„Estes annosos troncos, tão antigos
Como Tamandaré; estas florestas
Á cuja sombra nossos pais dormíram
O sosegado somno do homem livre,
Vão ser em breve á cinzas reduzidas
Por essas mãos iniquas, sempre armadas
De mortal fogo contra vós, incautos,
Que com tanta innocencia os recebestes!
Fugi, Tamoyos meus, fugi! deixai-lhes
De Nitheroy as margens deleitosas,
Que elles invejam tanto; e onde pretendem
Á custa vossa apascentar seu ocio,
E erguer co'as vossas mãos suas cidades.
Deixai-lhes estas varzeas tão regadas

De aguas tão doces, e estes verdes mattos
Onde colheis o cambucá gostoso,
O odoroso annanaz, e a grumixama.
Tudo deixai-lhes, sim; fugi, mas livres,
Que a par da liberdade tudo é nada,
E aqui sereis escravos. Desta terra,
Que já vossa não é, pois que seus olhos
Passáram por aqui, tirai somente
De vossos pais os ossos, que os não pisem
Os pés de tão ferozes inimigos.
Ide, e tirai da terra as igaçabas
Que esses ossos encerram; e com ellas
Vamos todos, além dos grandes serros,
Procurar outra terra mais longinqua,
Outros sertões mais invios, outros rios
Mais caudalosos, e outro céo mais puro."

„E onde?" brada Aimbire acceso em ira,
Como si o inferno lhe estourasse n'alma:
„E onde, estulto velho, onde acharemos
O céo de Nitheroy? As ferteis plagas
Do nosso Parahyba? E as doces aguas
Do saudoso Carioca, que suavisam
Dos cantores a voz melodiosa?
Tudo deixar?... Fugir?... Mas tu deliras!
Fugir?... Que Curupira malfazejo
Inspirou-te tão baixos pensamentos?[1]
Fugir! sem combater?... Quem? nós, Tamoyos?!
Ferve-te acaso o cajuhy nas veias,
Ou perturba-te o fumo, que se exhala
Do queimado tabaco, nesse craneo,
Que fincado ahi tens sobre essa flecha?
E onde iremos nós, que nos não sigam
Esses, que cuidam não caber na terra
E toda terra querem, e o mar todo?
Que rios caudalosos, que altos serros
De ampara serviráõ ás nossas tabas,

---

[1] Curupiras são os espiritos dos pensamentos, segundo Simão de Vasconcellos. Mas no *Diccionario Portuguez e Brasiliano*, publicado em Lisboa, vejo Juruparí corresponder á palavra diabo, e Curupira a demonio que apparece no matto. Sendo pois certo que os Indios acreditam na existencia de uns espiritos que apparecem nos bosques, inclino-me a crer serem estes os denominados Juruparís, e não Curupiras, sendo estes ultimos os espiritos que presidem aos pensamentos, como diz o citado chronista Vasconcellos. —

Si elles canôas tem e pés ligeiros?
Em que sertões iremos acoutar-nos,
Como as tapiras, que de tudo fogem? ¹)
E onde livres e em paz esconderemos
Esses ossos de nossos pais guerreiros,
Que tremendo estão já que os revolvamos?
Ossos de nossos pais! estai tranquillos;
Não temais que os Tamoyos vos aviltem
E da terra em que estais vos tirem hoje,
Para entregal-a ao barbaro estrangeiro.
Não fugiremos, não. Dizei, Tamoyos,
Dizei: quereis fugir?"
„Queremos guerra;
Guerra, e só guerra." Unisonos bradáram.
„Ouves? ouves, Payé? (exclama Aimbire
De prazer exultando)! Ouves o grito
Que ainda forte sôa?... Já conheces
Que gente vai aqui? Que mais tu queres?
Que nos dizes agora? Ah! já te calas!"

Após breve silencio, o agoureiro
Com voz pesada diz: „Pois bem, Tamoyos,
Vosso valor o animo me exalta.
Vamos ver si Tupan, que vos escuta,
Quererá proteger vossas fadigas."

Assim dizendo, o Arúspice dos bosques
Deixa em pé a lanterna pavorosa;
Toma duas forquilhas de páo sêcco,
Como tesouras, e com força as finca
No duro chão, defronte uma da outra
Tres palmos de distancia: após, sobre ellas
Deita e amarra com torcida embira
Uma clava de pennas enfeitada,
A que chamam os Indios Tangapema.

Tendo assim preparado o sortilegio,
Juncta em roda a si os tocadores
De cangoeira, instrumento de ossos feito,

---

¹) Tapiras, ou antas, quadrupede da grandeza de um bezerro, timido e velocissimo na carreira; foge quando é atacado, e só resiste quando cançado já não póde fugir.

Que os cabellos erriça co'os sibilos.
— Tocai, dançai comigo. — Eil-o que dança
Em torno á Tangapema; e já dançando
Seguem-lhe os passos muitos dos Tamoyos,
Pelo infernal concerto arrebatados.
Mais que todos as velhas se revolvem
E em côro á feias bruxas se assemelham.
Cada vez mais a mais se anima a orchestra,
E cada vez a dança mais se anima;
Como um confuso rodopio rapido
De violento uracão, que gyra e zune,
Mais céleros não são os Dervis d'Asia
No rodante bailar religioso,
Com que ao grande Allá honrar pretendem.
Amainando já vai a estranha dança;
Já vão minguando os circulos valsantes;
Tontos e frouxos já repousam muitos,
Até que em fim cançados todos param
E em torno ao Feiticeiro se acocoram,
Como egypcias estatuas de granito.
Só elle inda volteia, possuido
De algum demonio, que lhe agita os membros.
Que diabolicos gestos, que tripudios,
Que esgares faz, os olhos não tirando
Da magica armadilha! Já lhe banha
Todo o corpo o suor em grossas bagas.
Com rouca voz e sons interrompidos,
Que parece o bulhão d'agua que ferve,
Não sei que tetro canto sibyllino,
Que horrenda evocação stá murmurando.
Nunca em Delphos a Pythia assim tão cheia
Do deos que a enfurecia, e tão convulsa
Sobre a sagrada tripode arquejando
Soltou com voz confusa o seu orac'lo.
Só se lhe ouve dizer: — Mando eu, que posso;
Quero e mando; obedece, Macachêra! —
Pela terceira vez isto dizendo,
Como certo de ser obedecido,
Incha as bochechas, firma os olhos rubros,
E tres vezes assopra a Tangapema.
Oh infernal prodigio! Eis de repente
Sobre as forquilhas estremece a clava,
Como sobre o altar do sacrificio

A victima estremece quando o ferro
Lhe abre o ventre e as entranhas lhe revolve,
Para dar ao Adivinho algum presagio.
Estalam, arrebentam-se as embiras,
Sem que visivel mão a clava toque.
Eil-a já solta das prisões que a atavam,
E em torno a si gyrando, ao céo se eleva
N'uma linha espiral que a prumo sóbe,
Deixando boqui-aberta o vulgo ignaro.
Só Aimbire de colera roxeia,
E espera conjurar o vaticinio
Si contrario elle fôr ao seu intento.

Sóbe a clava zunindo como a pedra
Pela funda com força arremessada;
Sóbe, e tão alto vai que no ar se some!
Mas volta... eil-a que vem... traz sangue! É certo!
Onde foi ella? Donde vem? Quem sabe?
Vem toda ensanguentada!... Mas parece
Pelo rumo que segue cahir deve
Distante das forquilhas... Máo presagio!
Aimbire, qu'isso vê, inda de longe,
E teme o effeito do fatal annuncio,
Dispara incontinente alada flecha,
Que a vai ferir nos ares, e trazel-a
Para onde elle quiz. A flecha e a clava,
Uma encravada n'outra, ambas já descem
E entre as forquilhas cahem. Aimbire exulta!
Mas o velho Payé, horrorisado:
„Impio (exclama)! Tu vés? Vês tu? Entendes
O qu'isto quer dizer?..."
       — „Sim muito sangue
Temos de derramar. Sim; a victoria
É certa para nós... Vai-te, Agoureiro!
Se te não pesa a vida, e aqui não queres
Ter a sorte da tua Tangapema.
Vai-te, que a noite foge, o sol não tarda,
E é tempo de marchar á fresca d'alva,"
Disse Aimbire, e um susurro se levanta
Entre os guerreiros, a marchar já promptos.
Os Francezes, pasmados do que viram,
Como explicar não sabem tal prodigio.

Que mysterios são estes da Natura, [1])
Que os olhos vêem, e a sciencia repudia?
Seria uma illusão? ou caso estranho
De occulta força, que a sciencia ignora?

Sumio-se o Feiticeiro: não se sabe
Si ao rio se arrojou, ou si escondeo-se
No bojo de algum tronco carcomido,
Ninho de serpes que o Payé não teme.
Crêm alguns que elle aos ares se elevára
Entre os vapores do queimado fumo;
Outros que a terra, por seu pé batida,
Abrindo-se convulsa, o engulíra.

O crer é d'alma natural instincto,
Que da sciencia ás duvidas resiste:
E no que não crerão homens tão simples,
Se muitos dos que têm a luz de Christo
Crêm, e ensinam a crer em taes prodigios?
E que homem tem da omnisciencia a chave,
Que os arcanos penetre do invisivel,
E a verdade de Deos, luz immutavel,
Mostre á proscripta raça dos humanos,
Cordemnada a não ver a realidade?

---

[1]) Esta feitiçaria da Tangapema vem mencionada no livro 2°, paragrapho 17, da *Chronica da Companhia de Jesus* pelo Padre Simão de Vasconcellos, que não a põe em duvida. Os que explicam a dança e oraculos das mesas, e evocação dos espiritos dos mortos pela influencia da força magnetico-animal, o que tanto occupa actualmente a attenção publica na Europa e na America, podem explicar este phenomeno do mesmo modo, e attribuil-o á mesma causa occulta. No caso contrario, poderáõ recorrer a uma explicação, que li em um dos numeros da *Civiltá Catolica*, do primeiro semestre de 1853, revista publicada em Roma por Jesuitas, que admittindo como incontestaveis os extraordinarios phenomenos do movimento das mesas e evocação dos espiritós, attribue tudo á obra do diabo. Da mesma opinião são quasi todos os bispos de França como o declaráram em suas pastoraes publicadas nos jornaes de Paris de 1853, condemnando as experiencias das mesas fallantes, opinião que acaba de ser longamente desenvolvida e sustentada com grande erudição por Mr. Eudes de Merville em um livro dado á luz em 1854, o qual tem por titulo: *Des esprits et de leurs manifestations fluidiques*: livro bastante extraordinario para o nosso seculo.

Urania.

76 (a.)

Hymno ao amor.

Amor! Substancia e vida, eterna essencia
D'aquella alta, invisivel Potestade,
    Principio da existencia.

Eras em Deos de toda a eternidade;
E querendo Deos ter a quem amasse,
    Enchêo a immensidade!

Por ti fez que o Universo se librasse
Nos espaços sem fim, e da harmonia
    As leis jámais faltasse.

A attracção é o amor do Ser que cria,
Que assim como criou, assim sustenta
    Quanto de si radia.

Por ti o homem nasce, e se alimenta,
E nos braços maternos tenro infante
    Sorri-se, e se acalenta.

Por ti suspira o coração amante,
E no valle da vida e da amargura
    Te almeja a cada instante.

Por ti a virgem mais honesta e pura
Se abrasa sem querer, mas attrahida,
    A quem attrae procura.

Por ti renasce a todo instante a vida,
Nos pincaros fragosos, e dos mares
    Na profunda guarida.

Por ti as aves, devassando os ares,
Mansão voluvel de invisiveis entes,
    Cantam após seus pares.

Por ti balam os anhos innocentes,
Bramam as feras, os reptís se arrastam,
    E sylvam as serpentes.

Por ti crescem os bosques, e se ennastram
De parasitas mil, de multi-flores,
    Que tambem por ti lastram.

Por ti do sol aos fulvos resplendores,
E da noite ao luar, vertem os prados
    Balsamicos odores.

Por ti ha vida em areáes torrados,
E no crystal das fontes, e no lodo,
    E nos pólos gelados,
E em toda parte, e no Universo todo!

    Tudo de Amor está cheio!
    Elle é o Deos Criador!
    De Amor a vida nos veio!
    Tudo brada — Amor! Amor!

Vácuo não deixa em toda a immensidade
    A Força criadora;
Tudo penetra, e se revela em tudo,
Da harmonia geral lei e motora.

    Sobre a pyra odorosa,
    Á luz do sol ardendo,
    A Phenis fabulosa
De suas proprias cinzas renascendo
Nas chammas em que busca a morte e a vida,
    É uma imagem fida,
Um simbolo da bella humanidade;
Que de Amor pela força poderosa
    Renasce a cada instante,
E em perenne, e continua mocidade,
Sem parar, sobre a terra sempre ovante,
    Caminha ao seu destino,
E apregôa o poder do Amor divino.

Quem senão o Amor gera a virtude,
    A caridade inspira,
E doma o peito do selvagem rude,
Que pela liberdade só suspira!

Quem senão o Amor os homens liga
    Em fraternal amplexo,
Em sancta sociedade, em doce nexo,
Que a todos assegura melhor sorte,
E onde a Rasão, que a mais amor obriga,
Como n'um throno glorioso e forte,
    A sua luz derrama,
    E assoberbando a morte,
Da justiça immortal as leis proclama?

Maravilha de Amor é a sciencia,
Bello fructo da sua omnipotencia!

    Tudo de Amor está cheio!
    Elle é o Deos Criador!
    De Amor a vida nos veio!
    Tudo brada — Amor! Amor!

E o que fazem os Anjos cantando
Nesse Dia perpétuo, eternal?
Stão de Amor os mysterios louvando,
Stão amando o Amor immortal.

E o que faz sobre a terra o poeta,
Que inda o mundo o conhece tão mal?
A suprema harmonia completa,
Como um echo do Amor immortal.

E o que diz do Universo a harmonia,
A belleza, e a luz perennal?
Que sem Deos nada disso haveria;
Que esse Deos é o Amor immortal!

    Tudo de Amor está cheio!
    Elle é o Deos Criador!
    De Amor a vida nos veio!
    Tudo brada — Amor! Amor!

Amor! tudo brada
Na terra e no céo,
    Nos ares,
    Nos mares,
No abysmo da nada,
Que a Força incriada
De seres enchêo!

Amor! tudo brada
No peito, na mente,
Na voz eloquente,
No olhar mavioso,
No aspecto garboso,
No almejo constante,
Do ente pensante,
Que infuso do bello
Tem n'alma o modello;
E sente, e conhece
Que Força o aquece,
Quem vida lhe dêo!

Amör! tudo brada!
E esta alma, que outr'ora
De Amor olvidada,
    Sozinha,
    Mesquinha,
Carpindo seus males,
Por montes e valles,
Tão triste gemêo;
Agora arroubada,
Não geme, não chora.
Mas toda abrasada
De Amor que a robora,
As azas desata,
No céo se dilata,
E canta, e respira,
E ama, e suspira
Ao som desta lyra
Que Amor aquecêo!
Amor! tudo brada
Na terra, e no céo.
O Deos criador
É Amor! É Amor!

76 (b.)

Não sentes tu amor?

Quando em noite serena o céo contemplas
    Em todo o seu fulgor,
E te engolphas dos astros na belleza,
    Não sentes tu amor?

Quando em fresca manhã de um dia estivo,
    Ou do sol ao transpor,
O horizonte rutila aureo-purpureo,
    Não sentes tu amor?

Quando de tarde, em teu jardim vagando,
    Vês a roseira em flor;
E um botão que mais lindo desabrocha.
    Não sentes tu amor?

Quando o subtil colibri flammejante,
    Qual chamma multicor,
Suspenso frue o mel da flor que beija,
    Não sentes tu amor?

Quando na selva, ao murmurar do rio,
    Um alado cantor
Com seus gorgeios teu ouvido afaga,
    Não sentes tu amor?

Quando tudo o que é bello na Natura
    Exalta o Criador,
E olhos, ouvidos, coração te ameiga,
    Não sentes tu amor?

E o que queres que eu sinta, quando vejo
    Teu rosto encantador?
Sinto o que a todos a belleza inspira,
    Sinto amor, só amor!

76 (c.)

A Predicção da Cigana.

Quero contar-te um segredo,
Que minha mãe me contou.
Mas ólha que tenho medo
Que me chamem de vaidoso.
Si o sabe algum invejoso,
Adeos, que perdido estou.

Nem to digo por vangloria,
Que não sei si a posso ter;
Mas porque na minha historia
Ha um ponto muito obscuro;
E eu a verdade procuro,
Que só tu pódes dizer.

Minha mãe estava um dia
Sentada no seu jardim:
Em seu regaço eu dormia;
Um anno apenas contava;
E ella, que me lactava,
Terna olhava para mim.

Uma cigana passando,
Na porta esmola pedio;
A um signal foi entrando
Para receber a esmola,
E tendo-a já na saccóla,
Pasmou assim que me vio.

Não sei si foi por sincera,
Ou si foi por agradar
A quem esmola lhe déra;
O certo é que a cigana
Mostrou-se com muita gana
De minha sorte escrutar.

Olhou-me muito a seu gosto,
Contemplando o rosto meu;
Depois da inspecção do rosto,

Tomou-me a bruxa a mãozinha,
E de preguinha em preguinha
Todo o meu destino lêo.

E assim dice: — „Este menino
Ha de viver; crie-o bem;
Que é mui bello o seu destino;
Ha de ser grande poeta,
E ha de amar a predilecta
Como nunca amou ninguem.

„A quem o céo o destina
Fiel, constante será.
Leio mesmo em sua sina
Que o seu amor será tanto,
Que a todos fará espanto,
E a Bella immortal fará."

— E amado será da amada? —
Minha mãe lhe perguntou.
„Póde estar esperançada,
Respondeo-lhe a chiromante;
Poeta, sincero, e amante,
Quem amor já lhe negou?"

De ser poeta estou perto,
Só ponho o grande em questão.
Sincero amante, isso é certo,
E affirmal-o não duvido.
Quanto ao ser correspondido,
Pergunta ao teu coração.

76 (d.)

O Caçador*).

Não ouves o tiro que ao longe
Horrisono estoura, e resôa,

---

[1]) Não se achando regulada a cadencia do verso de nove syllabas, quando grave, não usado em portuguez, avisamos aos que estranharem a harmonia dos desta composição, e a fim que lhes dêm na leitura o compasso devido, que todos elles teem tres accentos, que recaem na 2ª, 5ª, e 8ª Syllabas.

E a varzea sonora pejando,
Os montes e os bosques atrôa?

Não vês a fumaça cinzenta
Que se ergue dalli sobre a matta,
E em nuvens desfeita nos ares,
Ligeira no céo se dilata?

Não vês aturdidas voando
As aves erguidas dos ninhos,
Que choram alguma que morre,
Ou carpem talvez os filhinhos?

Implumes sozinhos ficáram
Privados dos pais que esvoaçam,
Fugindo aos terrificos echos,
Que a todos de morte ameaçam.

Coitados! nos ninhos piando,
Da rama ao balanço treméram!
E quantos dos mães na abalada,
Por terra caíram, morréram!

Armado de fera espingarda
Algum caçador se recreia!
E só por prazer despiedado
A morte nos ares semeia!

Que barbaro gosto!... dar morte
As aves que os bosques enfeitam,
Que doces cadencias exhalam,
E amantes ouvidos deleitam!

Jámais minhas mãos dispararam
A morte aos aérios cantores,
Que aos bosques dão vida, dão alma,
Dão vozes que fallam de amores!

Eu gosto de vel-os cantando
Em frente dos seus lindos pares;
Seu canto minha alma arrebata,
E ameiga meus ternos pezares.

É falta de amor que o occupe,
De amor que seu peito humanise,
Que á brandos cuidados o chame,
E sua existencia suavise.

Lá vem o seu cão perdigueiro
Exhausto, suando, anhelante;
Tal é o prazer do seu dono,
Que o segue estafado, offegante!

Fujamos daqui, minha amada;
Não vejam teus olhos chorando,
Ao lado do fero pendentes,
As victimas tristes sangrando.

Amor, que é da vida o principio,
Amor, que é bondade e ternura,
Nem mesmo nas aves supporta
A morte sangrenta e tão dura.

Urania, quem caça não ama,
E vive de amor descuidado.
Melhòr aproveito o meu tempo
De amor discorrendo a teu lado.

Manoel de Araujo Porto-Alegre.

77.

A Destruição das Florestas.

Canto II.

A Queimada.

Quebrou-se a mola ao mechanismo excelso
Do secreto artificio da natura!
O sol que outr'ora vida diffundia
Sobre a panda alcatifa da floresta,

Hoje resseca as monstruosas ruinas
D'esse templo sagrado onde mil flores
Nas perfumadas aras entretinham,
Como vestaes, a sacrosanta essencia.

É hora do labor; fumega a terra
Mephitico vapor, que o rosto inunda
De suor, e no peito ancias revolve;
E ao afro escravo dá vigor, esperta
Os membros que embalára em descampados
Igneo suão na Lybia abrazadora.

Como moimentos que elevára em glebas
Guerreira prole a seus valentes mortos,
Taes se afiguram os truncados toros
Que em pé deixára o cauteloso ferro;
Ou d'insulanos, barbaros pagodes,
Talhados postes, monstruosos hermes,
Que em renque affinca oriental idolatra.

É hora do labor, soa a busina;
E a leda turma, que abatéra a selva,
Preliba gosos na hecatombe immensa,
Que em breve as serras cobrirá de fumo,
Como se dó vestisse a natureza!

É hora do labor, soa a busina;
No corneo isqueiro a pederneira encosta
O guapo capataz, e alçando a dextra
Move o fusil, rebentam as faiscas,
E no amago da mecha comburente
Se embebe o fogo, e bafejado augmenta.
Nas reliquias de putridos madeiros
Derrama a isca, cuidadoso sopra,
Activa a flamma que espadanas brota,
E de grossas vergonteas a robora.
Divide os fachos repartindo a gente,
E c'um brado commanda o holocausto.

Por cem partes rebentam terreas nuvens
De brancos fios, que simulam plumas,
Como os penachos do crinito tyrso,
Que a palma extremam dos ubás farpados,

Estridente soido o espaço enchendo,
Dá signal ás descargas incessantes,
Que rolam, como em fogo de alegria
Nos faustos dias que a nação consagra.

Como um bosque encantado e fluctuante
O fumo d'improviso se modela;
Vivas linguetas, trisulcadas, varias,
Surgem do centro como troncos igneos;
E ao som das salvas, do estampido estranho,
De novos arcabuzes, se ergue a flamma,
E o gaz intenso dos vapores cálidos,
O céo tremula, e as visinhas plagas,
Qual crespa vaga ao respirar do zephyro.
Na boca o dedo agita e trina um grito
O ledo escravo, que africana crença
Lhe ensinou no deserto, p'ra d'est'arte
Chamar os ventos a engrossar o incendio!

Cresce e se alarga um nevoeiro espesso
De açafroada côr que em largas curvas
Anovellado sobe, e tinge o limbo
De cambiantes perolas; na terra
Lavra a fogueira calcinando os troncos;
E aqui e alli em ramalhetes igneos
As seccas folhas pelo ar volteam:
Por entre a turva massa que se encopa
Em negros turbilhões, se expande o fogo;
Abre-se em antros de sulphureo aspecto,
Retalha-se, agglomera-se, enrolando-se
Em porfiados globos; sopra o vento,
Descortina atravez da ardente fragoa,
Como Brontes, em rija vozeria,
Pelo bafo do inferno enegrecidos,
Dançando alegres com brandões medonhos,
Em tripudio satanico os escravos!
Como um combate de travada furia,
Onde a morte vomita por cem bocas
Cerrada chuva de inflammadas bombas,
De cruzados pelouros que se esmagam,
E no choque reciproco se annullam;
E além, nos muros do possante alcaçar
Arde e rebenta o armazem da polvora,

Toldando o ar, e estremecendo a terra,
Tal se afigura o pavoroso incendio!
Que se alarga, progressa, trovejando,
Como se um genio do infernal abysmo
Abrisse os antros em que habita a noite,
E de horridos phantasmas povoasse
Os céos e a terra com medonho estrondo.

Que estranha confusão, que accento horrivel
A voz da ruina inopinada mescla
A natura, e redobra o quadro hediondo,
No conflicto entornando scena insolita!

Na escura lapa d'emprenhadas furnas,
N'esses invios covís de soltas rochas
Que rorantes cascatas desabáram,
Desperta o fumo as serpes monstruosas
Que eterna guerra ao fogo decretáram!
Em amplas roscas, como raios surgem,
Atras sururucús varando os bosques,
Fendem os brejos, nas campinas voam,
E á queimada arremettem furibundas!
Como montantes que manobram Cides
A cauda vibram que na terra rufa,
Como rufa o tambor em campo armado;
Arfando irosas tres medonhos roncos,
Erguem o colo fuzilando furias,
E á chamma investem com damnado arrojo!
Nem as roqueiras que os bambus ribombam,
E o fremente estridor que o vento engrossa,
Nem o bafo da morte a furia abalam
D'esses monstros raivosos! Implacaveis
Umas co'a cauda batalhando, cegas,
Os braseiros espalham destemidas;
Outras se enroscam nos tostados postes,
E do alto de novo um bote atiram;
Aqui e alli com tresloucados golpes
O ar atroa a serpentina furia;
Ora enroscando a chamuscada pelle
Na cinza ardente, que calcina a espinha,
Jazem vencidas, e um nó gordio enlaçam;
Ora convulsas arquejando morrem
Sobre o leito inflammado que as devora;

E no exicio medonho expiram todas
Da guela despedindo atro veneno!

Venceo das serpes o incendio a sanha;
E triumphante, impetuoso, lavra,
Lambendo os troncos co'as vorazes chammas;
Redobra o brilho co'investir da noite,
E o céo de fogo colorindo e a terra,
N'um pelago de sangue envolve tudo!

Entre rolos de fumo rebenta
Das taquaras c estalo medonho,
E o strid'lo longinquo, enfadonho,
Rufa salvas de fila no ar.

Colubrinas de fogo crepitam
Estridentes faiscas na terra,
E as montanhas de fumo que encerra
Em andrajos se rasgam no ar.

Como ingente canhão ribombando
As tabocas estouram mil roncos,
Que abalando do solo mil troncos
Outro incendio revolvem no ar.

Espadellas de fogo se engrossam
Atravez d'espiraes d'atro fumo,
Que seguindo das nuvens o rumo
Vão dos astros o róscio seccar!

Zune o vento, a fumaça se espalha
E os cepos dos troncos inflamma,
Como em aras egypcias, e a chamma
Á raiz se recurva a queimar.

Sóbe o monte o incendio lavrando,
Com um throno infernal se assemelha!
Rola toros de viva centelha
Que braseiros espalham no ar.

D'esse monte de brasas, de flammas,
Ampla tenda se alarga, se estende,
Rouba aos astros a luz e pretende
Negras trevas no céo condensar.

Como outr'ora o Vesuvio sorvendo
A Pompei, a resina Hercolano, ...
Tal o incendio n'um igneo oceano
Muda o céo, e a terra, e o mar!

Tudo é fogo, tudo é fumo,
Tudo estronha, tudo treme,
Tudo queima, tudo freme,
Tudo é cinza, tudo é ar!!!

78.

Colombo.

Sagres (fragmento.)

. . . .
. . . . Expira a tarde.
Do dia a imagem boliçosa e bella
Se clausura na mente contristada
Do victimado nauta: pesam n'alma
Quebradas illusões, mil desenganos;
E a triste realidade, e esse cadaver
Da esperança, que rola entre os abysmos,
Onde a vida naufraga, onde se emergem
Os almos sonhos de um amor sublime.
Dilue seu coração — sua alma inteira
Na tacita vigilia, aos céos eleva
Um tremendo protesto, um desses echos
Da voz da consciencia, que aniquila
Um rei, uma nação, e um sec'lo inteiro!
Prometheo do oceano, encadeado
No seu throno de gloria, afronta a inveja
Dos verdugos reaes, que inda o veneram!

A fria noite, abrindo as fuscas azas,
De sombrio pallor cobria os mares;
Nas voragens do errante pensamento
A chusma divagava, construindo
Seu risonho porvir, ou debellando
Sinistras legiões de maus presagios.
Na parte opposta ao vespero luzeiro,
Do tranquillo oceano um ponto se ergue,

E avulta ao velejar; qual nos desertos
Do mystico oriente, ao trote assiduo
Do robusto camello, surge e achega-se
A tenda esguia do Agareno errante.
Terra, terra, bradáram! Sagres, Sagres!
No concavo da náu Sagres reboa
Com festiva celeuma. D'improviso,
Tripulam-se as enxarcias e as antenas:
Dos sequiosos olhos voam, partem
Á terra amiga as abatidas almas;
Reverdece nos animos quebrados
O fogo juvenil; canções deslembram
Do passado infortunio as horas lugubres;
Pelo dia affanoso, que esmorece,
Clama o sofrego moço, e o velho nauta,
Que teme a noite não lhe roube a terra,
A terra desejada, onde fulguram
Com a imagem da patria amor, delicias.

„Sagres! ó promontorio cujo cimo
„O astrolabio nasceo nas mãos de Henrique,
„E d'onde balisára a mão augusta
„No céo a estrada, que sonhou Necho,
„Sataspes e Hannon! Salve, atalaia
„Que o mar esclareceo, banindo as trevas
„Da passada rudeza, e a cujo lume
„Foi Dias conquistar o cabo horrendo
„E o luso pavilhão plantar ovante
„Na rocha inculta, e nas douradas margens,
„Onde a impura Carthago, a undosa Tyro,
„Não ousáram roçar c'o pensamento!
„Bello Sagres sorriso da esperança,
„Cuidei não mais beijar-te as plantas humidas
„Com os labios desta alma, repassada
„De estranhas agonias. Sou teu filho,
„Como filho do mar; pertenço á raça
„Que em teus flancos sentou-se, e do universo
„Medio a redondeza, e disse ao homem:
„O mar é teu escravo, parte, e vence-o!
„E o tumido oceano arfando em venias
„Veio humilde lamber-te a falda antiga,
„E volvendo captivo a novos climas,
„Foi solemne bradando: — gloria ao Luso!

„Eterna vassalagem, sim, eterna, —
„Como a gloria que tenho, a que remata
„O evo extremo da guerreira idade.
„O sol da humanidade, ah! não eclypsas
„Tenebroso Fernando!... hei de vencer-te".
Assim tranquillo o algemado nauta
No convez murmurou, fitando a terra,
Este breve discurso; e ao céo volvendo
Os olhos macerados, vio no espaço
Pleitearem dous mundos, e o do seculo
Ingrato succumbir! e retinindo
As cadêas que os pulsos lhe magoavam
Sentio relampear na fronte heroica
Despeito senhoril ao mundo iniquo,
Que ebrio de amor n'um dia, no outro de odios,
Morde a mão que o levanta, ou beija o ferro,
Que as entranhas lhe rasga e despedaça!

No vitreo ralo da ampolheta horaria
Coou-se o bago extremo: impera a noite:
Os lepidos prazeres se retrahem
Na urna do silencio; os quartos mudam-se
E o piloto fiel, soando o bronze,
Toca a hora das preces. Ajoelhados,
Devotas litanias cadenceiam:
Como um orgão sagrado e fluctuante
Troa na immensidade a náo harmonica:
Ascetico perfume se desprende,
Que sóbe como a nuvem perfumada
De thuricremas aras junto ás métas,
Onde o corpo não lucta, onde a esperança
Os anhelos extrema e se eternisa.

Apenas dito — amen — Colombo havia
No curvo tombadilho, se alça, e rola
A vista angusta nos sombrios longes,
Onde frouxo arrebol, em mortecores,
Rutila ainda o funeral do dia;
E os olhos presos no azulado ponto
Que do mar se levanta, vê, contempla,
No céo cruzarem pardacentas nuvens
Com estranha apparencia, e de seu bojo
Crepitarem phosphoricos luzeiros:

No livro ethereo do celeste oraculo,
O lume escreve, e propicia eventos!

Ao relento do céo abranda as magoas,
Que o relento do céo robora n'alma
A voz da consciencia. Singra a nave
Seu curso magestoso, a terra avança
Ao lampo do clarão; mas em seus olhos
Bafeja-lhe o horizonte mil presagios;
Secreto lume na provecta mente
Tumultua receios. Sobre o monte
Que ao perto avulta e se recorta em fogo,
Turva massa se apruma e se agglomera,
Talhada por fuzis. No azul celeste,
Que a nave cobre, e nas estrellas limpidas,
Fulgura amiga paz! O lenho voa:
Geme a brisa galerna, o mar se c'roa
De ephemeros jasmins, de alva ardentia;
Propicio ciciar sôa o maçame;
Na proa e n'amurada se revezam
Festivas barcarolas, grato annuncio
Do proximo sorrir, que aguarda a todos.
Nunca a nossa alma no seu gremio acolhe
Os fervidos desejos com mais ancia
Do que quando antevê segura e leda
Na aurora que ha de vir uma esperança.

E elle? elle sómente, arcando um mundo
Que havia engrandecido, e que o persegue!

No mystico horizonte cresce a terra,
Que á nave manda o murmurar das praias;
Rola um surdo trovão, se ergue a montanha,
Os olhos toma, e no alpestre flanco
Fugazes lumes revezados gyram.

Entre espadas de fogo, que brandindo
Vão no abysmo da noite sepultar-se
Com horrido estampido, um antro se abre
De ardentes nuvens, recortados cimbres
Que no céo se mergulham; se submergem!
Do lucido poial fervendo descem
Catadupas de luz, caudaes torrentes

Ao mar, que as bebe, e luminoso fica!
A tanto lume resistir não podem
Do Nauta os olhos, onde a febre d'alma
Seccára o pranto e o viçoso esmalte.

Em seus olhos se engasta a noite homerica!
Edypo errante titubea os passos,
Co'as tremulas phalanges busca a nave,
E a nave disparece! Um ponto apenas
O segura no mundo, e esse vacilla!
Abre os olhos, tatea estremecendo,
Em vão a luz invoca: tudo é nevoa!
Em vão colher intenta a imagem lucida
Que ha pouco o deslumbrára: a noite o cerca.
E a ôca esphera que do mundo o aparta,
E o sepulta n'um limbo amarguroso.

Intenta blasphemar, mas em seus labios
A voz se congelou; que mão celeste
Nos labios do christão refrange as iras.
Parou, tremeu de horror; logo contricto,
Expontanea oblação fez de seus males:
„Acceito, ó Deos Supremo, este castigo
„A tão grande soberba, sim, quebrai-me
„Tanto orgulho infundado. Calmo acceito
„O naufragio de um mundo, a noite horrenda
„Que me aguarda p'ra sempre; estou tranquillo.
„Não queria offender-te; foi a carne,
„A carne peccadora, que surgio
„Entre a fé e meus labios carregando
„E a balança pendeo! Eis o teu servo".

E n'isto se ajoelha, ao ceo sorrindo,
E sorrindo ficou, que a lactea nevoa,
Que o cegára, se abria e contornava
Luminosos espectros, vagas sombras,
Que exprimem coisas, que precisam formas,
Que á vista fallam, e a razão apalpa.....
Electrico prazer lhe abala o todo,
Sente a vida nos olhos, sente o mundo
Nas pupillas, alegre, renascer-lhe!

Bem como o viajor perdido no antro
De antiga mina, tortuosa, infinda,

Cançado do extravio, vê no archote
Consumida a esperança que o guiava,
E os dedos lhe une p'ra nutrir a flamma,
Que a vida, entre gemidos, lhe prolongue.....
Cahe delirando e na fragosa abobada
Bate co'a fronte e pelo dia clama.....
E nos echos da noite sente a morte
Famelica troando os largos passos,
Co'a mão algente lhe irriçar a coma,
Gelar-lhe o coração; e quando exanime
Vai a morte abraçar... ouve passadas,
Uma voz que o reclama, e sobre a abobada,
Que de sangue tingíra, a luz gyrando,
E sombra humana a divagar nos antros!...
Se ergue e abraça o ostensor da vida,
O guia salvador; assim o Nauta
Jubiloso ficou, quando sentíra
Banhar-lhe a face a luminosa vida.

Sobre um throno armillar, em pé, e armado,
Augusto nume, com a mão na espada,
Soberano o contempla! Em lettras hélias
O — *Talent de bien faire* — se lia no alto
Do luzente espaldar. Lumes profundos,
Que dous soes no horizonte representam
Fita em Colombo, com amigo indicio:
Transluzem fados, e o porvir arcano
No orbivago pensar; ha nelle um deus,
Maravilha celeste!
                                        Nas espadoas,
Da brilhante armadura resplandece
Mystica rosa, que perfuma as quinas
E a cruz da ordem vencedora do orbe.
A dupla c'roa do valor, do engenho,
Na fronte ostenta, que á sua alma o throno
Era pobre e mesquinho: ella houve um Orbe!
Sorriu-se magestosa, e para o Nauta
Que atonito a venera, assim discorre:

A *Larva*:

„Não te pejem, Colombo, essas cadêas:
„Como os ferros de Agrippa são, que outr'ora
„Em ouro se mudárem, quando Roma

„Viu as iras de um monstro se annullarem
„Por um monstro maior. Um throno, um sceptro,
„A voz de cem nações em côro erguidas,
„Tua gloria não valem: nega o fado
„Á terra um premio justo a tal empreza:
„Que o mundo e a ingratidão juntos nascéram."
E a sua voz sonora pelos mares,
Com magia não vista se estendendo,
No polo retumbou: era o concento
De um raio que atravessa as cordas de ouro
De harpa que exalça magestosos threnos!

Colombo:

„Quem és tu, que transpões co'a voz celeste
„Minha alma das prisoens iniquas do homem,
„E a collocas no edenico futuro
„Da risonha esperanca?!...

A Larva:

       „Eu sou aquelle
„Infante lusitano, que sentado
„No alto Sagres medi a redondeza,
„Que Hipparco e Ptolomeu desconhecéram;
„Sou eu aquelle principe afamado
„Que os astros acclamáram Rei dos mares;
„Que oito lustros velei, e com meu genio
„A Europa engrandeci! A Mauritania
„Assás me conheceu, quando o primeiro
„Dos Lusos conculqueia-a, batalhando
„Pelas quinas fieis. Ergui a patria,
„Dilatei-a com gloria; vi Lisboa
„Metropole da terra, leis impondo
„A eburnea Guiné, ao frugal Numida,
„E ao fero Alarve que o deserto animal
„Afras correntes, euros, tempestades,
„O mortal harmatão, raças inhospitas,
„Tudo, tudo venci. Abri do seculo,
„Que ora fechas, a pagina estupenda.
„É nossa a eternidade, em quanto os mares
„Cruzar a raça humana, em quanto a terra
„Fôr mãi e sepultura; em quanto os astros
„A fronte de Adonai abrilhantáram.

„Baldado intento se erguerá n'um dia
„P'ra Nigricia roubar-me: o tempo assella
„A verdade e a gloria! Ahi o Luso
„Foi ao berço do Nilo, e nos desertos,
„Outr'òra mares, florear as quinas,
„E plantal-as no tope do Tagrino,
„Que a mente antiga, em nebulosas crenças,
„De unipedes Sciópedes, de monstros
„Povoara. Fui eu que a cruz sagrada
„Primeiro transplantei á gleba idolatra,
„E fiz á espada lusa Islam curvar-se;
„E o tosco Manipanço arder em cinzas
„Ante o rude africano escravisado!

„O tumido oceano ás lusas quinas
„Como um leão vencido atei ovante.
„A minha voz, no mundo, estremeceo
„O Olympo tenebroso; a deosa impura,
„Que pleitea no chaos do inferno a causa,
„O barbaro deixou. Ao meu aceno
„As métas fabulosas do oceano
„Cahíram, como ao som da tuba os muros
„Da cidade c'roada de palmeiras.
„Bati co'as lusas proas nas cancellas
„Do rubido oriente, abri-lhe as portas
„Pelo medo selladas, venci crenças,
„Jungi a humanidade pavorosa
„Ao carro do meu genio, e desvendei-a.
„Liguei do Gange a foz ao Tejo aurifero,
„As raias desloquei da extrema Thule,
„E fiz da terra um povo, uma só patria.

„Rompi do Bucentauro a proa altiva,
„E o Doge desthronei: no abysmo equoreo
„Minha c'roa se assenta, mais famosa,
„Maior, — igual á zona do oceano, —
„Que o anel conjugal d'essa princeza,
„Marmorea Venus, que do mar surgio
„Pelo genio das artes. No horizonte
„Da vária humanidade assoma o dia,
„O dia creador de outro universo.
„Do livro humanitario eis o prefacio!
„Que a obra é toda nossa: o mar entoa

„O canto triumphal; foge a serpente,
„E as selvas brotam da raiz longeva
„Aos céos erguidos campanarios de ouro.

„D'esse mundo que é teu, e que te invejam,
„Novas Romas virão, novas Sidonias,
„A terra abrilhantar, quando caducos
„Cem thronos se esb'roarem, quando as hostes
„De ferro baquearem. Novo Lazaro
„Do sepulchro das eras vai erguer-se,
„E sobre a esphinge alada em que ora vogas
„Os mares singrará; mas de meus filhos,
„E da raça britana, o mundo um dia
„Ha de leis receber, curvar-se ao mando!
„Nos bulcoens do porvir esse orbe immenso
„Começa a fulgurar, e ao lume insolito
„Da sua apparição se achava a imagem
„Do orgulhoso passado. Ah! não esperes
„Que a minha e tua obra agora vençam,
„Rompendo as fachas da infantil rudeza:
„A passo lento a humanidade estrada
„A via triumphal: a idade nova
„Virá, quando por nós fallar nas praças,
„Pela mão creadora de mil vates,
„O bronze, e nossa gloria além dos mares
„Exornar-se na lyra do colono.
„Não esperes d'El Rei al que o silencio."

E a larva rutilando os vivos olhos
O espaço abrilhantou. Com nobre gesto
Acena, e d'improviso pelas nuvens
Transluzíram mil larvas, recompondo
A nautica epopéa: era o passado
Surgido do sepulchro; era o futuro
Sorrindo no seu berço; era o destino
Rompendo a nuvem do celeste arcano.

A Larva:

„Eis Pitheas, o grego, reluctando
„No oceano inflammado, e a vida e gloria,
„Abraçado c'um lenho, submergindo.
„Vê Zarco e Pelestrello, Vaz, os pristinos
„Vencedores do mar; eis Gillianes,

„Que o fusco Bojador venceu, talhando
„As correntes mortaes de suas aguas.
„Alli ves sobre a rocha negra, infausta,
„Circulado dos euros implacaveis,
„O grão Bartholomeu, Moysés dos mares,
„Atar á lusa prôa da nova Argos
„O fero Adamastor! Contempla o Gama
„Vingando o cabo tormentorio, e ouvindo
„Tantos reis genuflexos tributarem
„Ao luso pavilhão preito, homenagem!"

E o Nauta os contemplou venerabundo!
Co'a vista ousada, co'a inflammada mente
Velejou pelos ares, viu nos longes
D'Asia o vulto antigo e grandioso
Curvar a fronte magestosa, e d'Africa
O deserto se erguer humilde e escravo;
E além dos mares, tremulando as quinas,
Essa filha do sol, a terra ingrata
Onde os ferros achou da desventura.

A Larva:

„Eis tu mesmo, Colombo, vê teus ferros,
„E os ciosos Pisoens, e o Florentino,
„Que te usurpa um direito, e dá sua nome
„Á nova terra . . . . ?

Colombo:

„Não mereço tanto!
„Se a culpa é grande, foi maior o intento,
„Intento grandioso! Não, não pode
„Das mãos de um anjo rebentar o inferno!
„Sou a chave do arcáno, abri ao tempo
„Os thesouros de Deos, e o tempo as iras
„Me atirou da cubiça: a iniquidade
„É do homem, que Deos premeia o justo.
„Sim, ó grande infante, ó grande Henrique!..

Mal disse o nome, se fechou a nuvem!
Lacera-se o bulcão na immensidade,
Luzem os astros, e a visão prophetica
Só na mente do Nauta transparece
Sob as azas da phenix da memoria.

Antonio Gonçalves Dias.

79.

Seos olhos.

> Oh! rouvre tes grands yeux dont la paupière tremble,
> Tes yeux pleins de langueur;
> Leur regard est si beau quand nous sommes ensemble!
> Rouvre-les; ce regard manque à ma vie, il semble
> Que tu fermes ton coeur.
> TURQUETY.

Seos olhos tãe negros, tão bellos, tão puros,
    De vivo luzir,
Estrellas incertas, que as agoas dormentes
    Do mar vão ferir;

Seos olhos tão negros, tão bellos, tão puros,
    Tem meiga expressão,
Mais doce que a briza, — mais doce que o nauta
De noite cantando, — mais doce que a frauta
    Quebrando a soidão,

Seus olhos tão negros, tão bellos, tão puros,
    De vivo luzir,
São meigos infantes, gentis, engraçados
    Brincando a sorrir.

São meigos infantes, brincando, saltando
    Em jogo infantil,
Inquietos, travêssos; — causando tormento,
Com beijos nos págão a dôr de um momento,
    Com modo gentil.

Seos olhos tão negros, tão bellos, tão puros,
    Assim é que são;
As vezes luzindo, serenos, tranquillos,
    As vezes vulcão!

As vezes, oh! sim, derramão tão fraco,
    Tão frouxo brilhar,

Que a mim me parece que o ar lhes fallece,
E os olhos tão meigos, que o pranto humedece,
   Me fazem chorar.

Assim lindo infante, que dorme tranquillo,
   Desperta a chorar;
E mudo e sisudo, scismando mil coisas,
   Não pensa — a pensar.

Nas almas tão puras da virgem, do infante,
   As vezes do céo
Cae doce harmonia d'uma Harpa celeste,
Um vago desejo; e a mente se véste
   De pranto co'um véo.

Quer sejão saudades, quer sejão desejos
   Da patria melhor;
Eu amo seos olhos que chórão sem causa
   Um pranto sem dôr.

Eu amo seos olhos tão negros, tão puros,
   De vivo fulgor;
Seos olhos que exprimem tão doce harmonia,
Que fallão de amores com tanta poesia,
   Com tanto pudor.

Seos olhos tão negros, tão bellos, tão puros,
   Assim é que são;
Eu amo esses olhos que fallão de amores
   Com tanta paixão.

80.

Olhos verdes.

> Elles verdes são:
> E tem por usança,
> Na côr esperança,
> E nas obras não.
> CAM., RIM.

São uns olhos verdes, verdes,
Uns olhos de verde-mar,
Quando o tempo vai bonança;
Uns olhos côr de esperança,

Uns olhos por que morri;
    Que ai de mi!
Nem já sei qual fiquei sendo
    Depois que os vi!

Como duas esmeraldas,
Iguaes na forma e na côr,
Tem luz mais branda e mais forte,
Diz uma — vida, outra — morte;
Uma — loucura, outra — amor.
    Mas ai de mi!
Nem já sei qual fiquei sendo
    Depois que os vi!

São verdes da côr do prado,
Exprimem qualquer paixão,
Tão facilmente se inflammão,
Tão meigamente derramão
Fogo e luz do coração;
    Mas ai de mi!
Nem já sei qual fiquei sendo
    Depois que os vi!

São uns olhos verdes, verdes,
Que podem tambem brilhar;
Não são de um verde embaçado,
Mas verdes da côr do prado,
Mas verdes da côr do mar.
    Mas ai de mi!
Nem já sei qual fiquei sendo
    Depois que os vi!

Como se lê n'um espelho
Pude lêr nos olhos seus!
Os olhos mostrão a alma,
Que as ondas postas em calma
Tambem reflectem os céos;
    Mas ai de mi!
Nem já sei qual fiquei sendo
    Depois que os vi!

Dizei vós, ó meos amigos,
Se vos perguntão por mi,

Que eu vivo só da lembrança
De uns olhos côr de esperança,
De uns olhos verdes que vi!
　　Que ai de mi!
Nem já sei qual fiquei sendo
　　Depois que os vi!

Dizei vós: Triste do bardo!
Deixou-se de amor finar!
Vio uns olhos verdes, verdes,
Uns olhos da côr do mar:
Erão verdes sem esp'rança,
Davão amor sem amar!
Dizei-o vós, meus amigos,
　　Que ai de mi!
Não pertenço mais a vida
　　Depois que os vi!

Poesias Americanas.

81.

Canção do Exilio.

> Kennst du das Land, wo die Citronen blühn,
> Im dunkeln Laub die Gold-Orangen glühn?
> Kennst du es wohl? — Dahin, dahin!
> Möcht' ich . . . . . . ziehn.
> 　　　　　　　　GOETHE.

Minha terra tem palmeiras,
Onde canta o Sabiá;
As aves, que aqui gorgeião,
Não gorgeião como lá.

Nosso céo tem mais estrellas,
Nossas varzeas tem mais flores,
Nossos bosques tem mais vida,
Nossa vida mais amores.

Em scismar, sósinho, á noite,
Mais prazer encontro eu lá;
Minha terra tem palmeiras,
Onde canta o Sabiá.

Minha terra tem primores,
Que taes não encontro eu cá;
Em scismar — sósinho, á noite —
Mais prazer encontro eu lá;
Minha terra tem palmeiras,
Onde canta o Sabiá.

Não permitta Deos que eu morra,
Sem que eu volte para lá;
Sem que desfructe os primores
Que não encontro por cá;
Sem qu'inda aviste as palmeiras,
Onde canta o Sabiá.

Coimbra — Julho 1843.

82.

O Canto do Piaga.

I.

Ó Guerreiros da Taba sagrada,
Ó Guerreiros da tribu Tupi,
Fallão Deoses nos cantos do Piaga,
Ó Guerreiros, meos cantos ouvi.

Esta noite — era a lua já morta —
Anhangá me vedava sonhar;
Eis na horrivel caverna, que habito,
Rouca voz começou-me a chamar.

Abro os olhos, inquieto, medroso,
Manitôs! que prodigios que vi!
Arde o páo de resina fumosa,
Não fui eu, não fui eu, que o accendi!

Eis rebenta a meos pés um phantasma,
Um phastasma d'immensa extensão;
Liso craneo repousa a meo lado,
Feia cóbra se enrosca no chão.

O meo sangue gelou-se nas veias,
Todo inteiro — ossos, carnes — tremi,

Frio horror me côou pelos membros,
Frio vento no rosto senti.

Era feio, medonho, tremendo,
Ó Guerreiros, o espectro que eu vi.
Fallão Deoses nos cantos do Piaga,
Ó Guerreiros, meos cantos ouvi!

II.

Porque dormes, ó Piaga divino?
Começou-me a Visão a fallar,
Porque dormes? O sacro instrumento
De per si já começa a vibrar.

Tu não viste nos céos um negrume
Toda a face do sol offuscar;
Não ouviste a coruja, de dia,
Seos estridulos torva soltar?

Tu não viste dos bosques a coma
Sem aragem — vergar-se e gemer,
Nem a lua de fogo entre nuvens,
Qual em vestes de sangue, nascer?

E tu dormes, ó Piaga divino!
E Anhangá te prohibe sonhar!
E tu dormes, ó Piaga, e não sabes,
E não pódes augurios cantar?!

Ouve o annuncio do horrendo phantasma,
Ouve os sons do fiel Maracá;
Manitôs já fugirão da Taba!
Ó desgraça! ó ruina! ó Tupá!

III.

Pelas ondas do mar sem limites
Basta selva, sem folhas, hi vem;
Hartos troncos, robustos, gigantes;
Vossas matas taes monstros contêm.

Trás embira dos cimos pendente
— Brenha espessa de vario cipó —
Dessas brenhas contêm vossas matas,
Taes e quaes, mas com folhas; é só!

Negro monstro os sustenta por baixo,
Brancas azas abrindo ao tufão,
Como um bando de candidas garças,
Que nos ares pairando — lá vão.

Oh! qnem foi das estranhas das aguas,
O marinho arcabouço arrancar?
Nossas terras demanda, fareja...
Esse monstro... — o que vem cá buscar?

Não sabeis o que o monstro procura?
Não sabeis a que vem, o que quer?
Vem matar vossos bravos guerreiros,
Vem roubar-vos a filha, a mulher!

Vem trazer-vos crueza, impiedade —
Dons crueis do cruel Anhangá;
Vem quebrar-vos a maça valente,
Profanar Manitôs, Maracás.

Vem trazer-vos algemas pesadas,
Com que a tribu Tupi vai gemer;
Hão de os velhos servirem de escravos,
Mesmo o Piaga inda escravo ha de ser!

Fugireis procurando um asilo,
Triste asilo por invio sertão;
Anhangá de prazer ha de rir-se,
Vendo os vossos quão poucos serão.

Vossos Deoses, ó Piaga, conjura,
Susta as iras do féro Anhangá.
Manitôs já fugirão da Taba,
Ó desgraça! ó ruina! ó Tupá!

Notas.

Piaga, piagé, piaches, piayes; os autores portuguezes escrevérão *pagé*, como em verdade ainda hoje se diz no Pará. Era ao mesmo tempo o sacerdote e o medico, o augure e cantor dos indigenas do Brazil.

Anhangá, genio do mal, o mesmo que Lery chama *Aignan* e Hans Staden *Ingange*.

Manitôs uns como penates que os indios da America do norte venerávão. O seo desapparecimento augurava grandes calamidades ás tribus, de que elles houvessem desertado.

83.

Marabá.

Eu vivo sosinha; ninguem me procura!
  Acaso feitura
  Não sou de Tupá! —
Se algum d'entre os homens de mim não se esconde:
  „Tu es, me responde,
  „Tu es Marabá!

— Meus olhos são garços, são côr das saphiras,
— Tem luz das estrellas, tem meigo brilhar;
— Imitão as nuvens de um céo anilado,
— As cores imitão das vagas do mar!

Se algum dos guerreiros não foge a meus passos:
  „Teus olhos são garços,
Responde anojado; „mas es Marabá:
„Quero antes uns olhos bem pretos, luzentes,
  „Uns olhos fulgentes,
„Bem pretos, retinctos, não côr d'anajá!"

— É alvo meu rosto da alvura dos lyrios,
— Da côr das areias batidas do mar;
— As aves mais brancas, as conchas mais puras
— Não tem mais alvura, não tem mais brilhar. —

Se ainda me escuta meus agros dilirios:
  „Es alva de lyrios,
Sorrindo responde; „mas es marabá:
„Quero antes um rosto de jambo corado,
  „Um rosto crestado
„Do sol do deserto, não flor de cajá."

— Meu collo de leve se encurva engraçado,
— Como hastea pendente do cactos em flor;
— Mimosa, indolente, resvalo no prado,
— Como um soluçado suspiro de amor! —

„Eu amo a estatura flexivel, ligeira,
  „Qual d'uma palmeira,

Então me respondem; „tu es Marabá:
„Quero antes o collo da ema orgulhosa,
    „Que pisa vaidosa,
„Que as floreas campinas governa, onde está".

— Meus loiros cabellos em ondas se annelão,
— O oiro mais puro não tem seu fulgor;
— As brisas nos bosques de os ver se enamorão,
— De os ver tão formosos como um beija-flor! —

Mas elles respondem: „Teus longos cabellos,
    „São loiros, são bellos,
„Mas são annelados, tu es Marabá:
„Quero antes cabellos, bem lisos, corridos,
    „Cabellos compridos,
„Não côr d'oiro fino, nem côr d'anajá".

———

E as doces palavras que eu tinha cá dentro
    A quem n'as direi?
O ramo d'acacia na fronte de um homem
    Jámais cingirei:

Jámais um guerreiro da minha arasoya
    Me desprenderá:
Eu vivo sosinha, chorando mesquinha,
    Que sou Marabá!

Notas.

Marabá. Encontramos na „Chronica da Companhia" um trecho que explica a significação desta palavra, e a idéa d'esta breve composição.

„Tinha certa velha enterrado vivo um menino, filho de sua nora, no mesmo ponto em que o paríra, por ser filho a que chamão „marabá" que quer dizer de mistura (aborrecivel entre esta gente)." Vasconcellos, Ch. da Comp. L. 3. n. 27.

Formosos como um beija-flor. Os indigenas chamavão ao beija-flor „Coaracyaba" „raios", ou mais litteralmente „cabellos do sol."

84.

A mãe d'agua.

„Minha mãe, olha aqui dentro,
Olha a bella creatura,
Que dentro d'agua se vê!

São d'ouro os longos cabellos,
Gentil a doce figura,
Airosa, leve a estatura;
Olha, vê no fundo d'agua
Que bella moça não é!

„Minha mãe, no fundo d'agua
Vê essa mulher tão bella!
O sorrir dos labios della,
Inda mais doce que o teu,
É como a nuvem rosada,
Que no romper da alvorada,
Passa risonha no céo.

„Olha, mãe, olha depressa!
Inclina a leve cabeça
E nas mãosinhas resume
A fina trança mimosa,
E com pente de marfim!...
Olha agora que me avista
A bella moça formosa,
Como se fez toda rosa,
Toda candura e jasmim!
Dize, mãe, dize: tu julgas
Que ella se ri para mim!

„São seus labios entre-abertos
Semilhantes a romã;
Tem ares d'uma princesa,
E no emtanto é tão medrosa!..
Inda mais que minha irmã.
Olha, mãe, sabes quem é
A bella moça formosa,
Que d'entro d'agua se vê?"

— Tem-te, meu filho; não olhes
Na funda, lisa corrente:
A imagem que te embelleza
É mais do que uma princesa,
É menos do que é a gente.

— Oh! quantas mães desgraçadas
Chorão seus filhos perdidos!
Meu filho, sabes porquê?

Foi porque dérão ouvidos
Á leve sombra enganosa,
Que dentro d'agua se vê.

— O seu sorriso é mentira,
Não é mais que sombra vã;
Não vale aquillo que eu valho,
Nem o que val tua irmã:
É como a nuvem sem corpo,
De quando rompe a manhã.

— É a mãe d'agua traidora,
Que illude os faceis meninos,
Quando elles são pequeninos
E obedientes não são;
Olha, filho, não a escutes,
Filho do meu coração:
O seu sorriso é mentira,
É terrivel tentação. —

———

Junto ao rio chrystallino
Brincava o ledo menino,
  Molhando o pé;
O fresco humor o convida,
Menos que a imagem querida,
  Que n'agua vê.

Cauteloso de repente,
Ouve o concelho prudente,
  Que a mãe lhe dá;
Nao é anjo, não é fada;
Mas uma bruxa malvada,
  É cousa má.

Ella é quem rouba os meninos
Para os tragar pequeninos,
  Ou mais talvez!
E para vingar-se n'agua
Da causa tanta magoa,
  Remeche os pés.

Turba a fonte n'um instante,
Já não vê o bello infante
    A sombra vã,
E as brancas mãos delicadas
E as longas tranças douradas
    Da sua irmã.

O menino arrependido
Diz comsigo entristecido:
    — Que mal fiz eu!
Minha mãe, bem que indulgente,
Só por não me ver contente,
    Me repr'hendeu. —

Era figura tão bella!
E que expressão tão singela,
    Que riso o seu!
Oh! minha mãe certamente
Só por não me ver contente,
    Me repr'hendeu!

Espreita, sim, mas duvída
Que a bella imagem querida
    Torne a volver;
E na fonte crystallina
Para ver todo se inclina
    Se a póde ver!

Acha-se ainda turbada,
E a bella moça agastada
    Não quer voltar;
Sacode leve a cabeça,
Em quanto o pranto começa
    A borbulhar.

E de triste e arrepentido
Diz comsigo entristecido:
    — Que mal fiz eu!...
— Leda ao ver-me parecia,
— Era boa, e me sorria.....
    — Que riso o seu!

As aguas no em tanto de novo se aplacão,
A lisa corrente se espelha outra vez;
E a imagem querida no fundo apparece
Com mil peixes varios brincando a seus pés.

Do collo uma charpa trazia pendente,
Cortando-lhe o seio de brancos jasmins,
Um iris nas côres, e as franjas bordadas
De prata luzente, de vivos rubins.

Uma harpa a seu lado frisava a corrente,
Gemendo queixosa da leve pressão,
Como harpas ethereas, que as brisas conversão,
Achando-as perdidas em mesta soidão.

Sentida, chorosa parece que estava,
E o bello menino, sentado, a chorar:
„Perdôa, dizia-lhe, o mal que te hei feito;
Por minha vontade não hei de tornar!"

A harpa dourada de subito vibra,
A charpa se agita do seio ao travez;
Das franjas garbosas as pedras reflectem
Infindos luzeiros nos humidos pés.

Os peixes pasmados de subito parão
No fundo luzente de puro crystal;
Fantasticos seres assomão ás grutas
Do nitido ambar, do vivo coral!

Em tanto o menino se curva e se inclina
Por ver mais de perto a donosa visão;
A mãe, longe delle, dizia: — Meu filho,
Não oiças, não vejas, que é má tentação. —

„Vem meu amigo, dizia
A bella fada engraçada,
Pulsando a harpa dourada:
— Sou boa, não faço mal,
Vem ver meus bellos palacios,
Meus dominios dilatados,
Meus thesouros encantados
No meu reino de crystal.

„Vem, te chamo: vê a limpha
Como e bella e crystallina;
Vê esta areia tão fina,
Que mais que a neve seduz!
Vem, verás como aqui dentro
Brincão mil leves amores,
Como em listas multicores
Do sol se desfaz a luz.

„Se não achas borboletas
Nem as vagas mariposas,
Que brincão por entre as rosas
Do teu ameno jardim:
Tens mil peixinhos brilhantes,
Mais luzentes e mais bellos
Que o oiro dos meus cabellos,
Que a nitidez do setim."

Em tanto o menino se curva e se inclina
Por ver de mais perto a donosa visão;
E a mãe longe delle, dizia: meu filho,
Não oiças, não vejas, que é má tentação.

„Vem, meu amigo, tornava
A bella fada engraçada,
Vem ver a minha morada,
O meu reino de crystal:
Não se sente a tempestade
Na minha espaçosa gruta,
Nem voz do trovão se escuta,
Nem roncos do vendaval.

„Aqui, ao findar do dia,
Tudo rapido se accende,
E o meu palacio resplende
De vivo, ethereo clarão.
Mil figuras apparecem,
Mil donzellas encantadas
Com angelicas toadas
De ameigar o coração.

„Quando passo, as brandas aguas
Por me ver passar se afastão,
E mil estrellas se engastão
Nas paredes do crystal.
Surgem luzes multicores,
Como desses perilampos,
Que tu vês andar nos campos,
Sem comtudo fazer mal.

„Quando passo, mil sereias,
Deixando as grutas limosas,
Formão ledas, pressurosas
O meu sequito real:
Vem! dar-te-hei meus palacios,
Meus dominios dilatados,
Meus thesouros encantados
E o meu reino de crystal."

Em tanto o menino se curva e se inclina
    Para a visão;
E a mãe lhe dizia: Não vejas, meu filho,
    Que é tentação.

E o bello menino, dizendo comsigo: —
    Que bem fiz eu!
Por ver o thesouro gentil, engraçado,
    Que já é seu:

Atira-se ás aguas: n'um grito medonho
A mãe lastimavel — Meu filho! — bradou:
Respondem-lhe os echos; porêm voz humana
Aos gritos da triste não torna: — aqui estou!

Nota.

A *mãe d'agua* é uma naiada moderna, um espirito que habita no fundo dos rios. Acredita-se em muitas partes do Brazil que é uma mulher formosa com longos cabellos de oiro, que lhe servem como de vestido, com olhos que exercem inexplicavel fascinação, e voz tão harmoniosa que ninguem, que a escute, resiste á tentação de se atirar as aguas para que mais de perto a ouça e contemple. O mesmo que as serêas, tem sobre ellas a vantagem de serem creaturas de formas perfeitas, e dellas se distinguem em fascinarem tanto com o brilho da formosura, como com a doçura da voz, e de attrahirem principalmente os meninos. —

Joaquim Manoel de Macedo.

85.

Extractos do poema intitulado:

A Nebulosa.

Canto primo. A Rocha Negra.

I—IV.

I.

Como duas columnas de guerreiros
Gigantes feros, que avançando irados
Parão ambas a um tempo antes da luta,
Deixando ao turvo olhar espaço breve;
Duas filas de rochas escarpadas
Tinhão, rasgando o pelago raivoso,
Frente a frente estacado; inabalaveis
Os pés fincavão no profundo abysmo,
E em suas frontes remoinhavão nuvens,
Quaes de vingança tenebrosos planos.

II.

Curta passagem concedida ás aguas
Entre os petreos colossos s'estreitava;
Fóra rugia o mar, e além das rochas
Mansa e bella enseada s'escondia;
Pela estreita garganta s'escoavão
Para o seio abrigado ondas serenas
Do oceano traidor fugindo a medo,
Como piedosas inspiradas virgens,
Que do mundo escapando, o claustro asyla.

III.

Dentro estava a enseada; em frente as rochas
Como atalaias de mansão vedada;
Niveas praias, que as ondas galantêão,
Os flancos lh'engraçavão; densos bosques,
Florestas seculares, altos montes,

A campinas ridentes succedendo,
Por encantada terra s'entranhavão.
No sitio infiltra a solidão magias;
Breves passos do mar via-se apenas
De um pescador cabana preguiçosa.

IV.

E ali por entre as ondas se desdobra,
Qual um Tritão que debruçado aferra,
Meio n'agua submerso e todo em somno,
Longo espinhaço de troncada rocha.
Pára no meio de outros que o semelhão
Peças mil que ou d'essencia são vizinhas,
Ou já penhasco enorme um só formárão,
Que o tempo em cem penhascos dividíra;
Mais alto do que os outros, sobranceiro
Ao pégo, que raivoso aos pés lhe atira
Ondas bravas de colera espumando,
Um rochedo elevado, aspero e negro,
Velho pai da familia de granito,
Audaz se arroj'á frente, o vulto eleva
Sobre o mar que a rugir lhe açoita as plantas,
Emquanto afogão-lhe o cabeço as nuvens.
Horrivel tradição mancha-lhe a historia;
Dos vivos nenhum vio, avós não virão,
Quando foi ninguem sabe, e todos creem.
Dizem que ali na turva penha immensa
Em velhas éras se acoutava insana
Mulher sabida em magicas tremendas,
Que ensinão máos espiritos; formosa,
Inda aos cem annos moça como aos vinte,
Vê-la um momento era adora-la sempre;
E ama-la eterno perdimento d'alma.
Genio das trévas, só da lua amiga,
Fugia á luz do sol; mercê d'encantos,
Durante a noite mystica pairava
No espaço em torno á rocha densa nuvem,
Em cujo seio toda se embebia,
Mal se abrião no céo rosas d'aurora;
Chamavão-a por isso a *Nebulosa*.
Em noites de luar trajando vestes
Roçagantes e brancas, sobre as ondas
Os encantados philtros preparava

Com chammas, que nos olhos accendia,
E com orvalho do céo; inda nos mares
Á meia noite, como em praia ou campo,
Corria em pé e nem os pés molhava;
Vinha depois na rocha pentear-se,
Madeixas d'ouro desatando ás brisas;
Logo outra vez no mar cantava e ria,
Té que á luz do Senhor cedendo as trévas,
Em seu leito de nuvem se abysmava.
Tempo, que se não mede, assim vivêra
Sempre moça e gentil, máo grado os annos;
Uma noite porém de tredo olvido
(Foi castigo de Deos) ao mar se atira,
Sem que antes repetisse as da cabala
Satanicas palavras; tarde as lembra...
Mais tarde as balbucia.... os pés se molhão....
Vai sentindo afundar-se.... em vão braceja....
Ruge a tormenta.... subito revolto
A juba monstruosa o mar encrespa,
E no abysmo e no céo jogão madrias;
D'encontro á *rocha-negra* bravas ondas
O corpo arrojão da esquecida maga;
Debalde a miseranda estende os braços;
Se á pedra quer ligar-se, as mãos lhe faltão,
Pelo dorso escabroso escorregando,
As unhas lasca em vão e fere os dedos;
Uma, dez, vinte vezes.... sempre o mesmo,
Dubia esperança, e desengano certo!...
Volve os olhos ao céo.... scintilla aurora;
Quebra-se á luz do sol de todo o encanto;
Ai da fada gentil!... solta no espaço
A nuvem protectora, mago asylo,
Vai fugindo a embeber-se no horizonte,
Como no mar immenso abandonada
Erma barquinha que a corrente alonga!...
Não póde mais com a vida... perde as forças...
Um derradeiro arranco.... inda é baldado....
Ultimo foi: — abrio medonha boca
O pégo vingador, e absorveu-a,
Dando-lhe cova aos pés da *rocha-negra*.

Canto IV. Nos tumulos.

I.

N'um recanto afastado e solitario
Daquelles sitios, de florestas virgens
E serranias turvas circulado,
Rompia d'entre o bosque altivo monte,
Que não distante devassava a estrada.
Outr'ora em seu cabeço mãos piedosas
Erguido havião protectora ermida.
O monge que essa luz levára ás selvas,
Ao tumulo baixou; corrêrão annos;
Dormiu a fé no coração do povo;
A incuria religiosa pune o tempo,
E a casa do senhor vê-se em ruinas.
Pião agouros funebres corujas;
Onde outr'ora orações ao Céo se erguião;
E o lar sagrado, que os fieis reunia,
De guarida nocturna aos brutos serve.

II.

Como na vida humana uma esperança,
Que a luzir e apagar-se nos desvaira,
Um estreito carreiro e tortuoso,
Que surge aqui, e ali desapparece
Para surgir e se esconder de novo
Por entre grupos d'arvores frondosas,
Vai sinuoso terminar-se humilde
Da velha ermida aos pés. Em torno della
Se ufana sobre o monte a natureza.
Vegetação herculea arrosta as nuvens.
D'aurifero diadema ipês c'roados,
Quaes da floresta reis; sapucaeiras
Em coifas côr do pejo a fronte erguendo,
D'espaço a espaço em turmas soberanas
Ostentão força, e em generoso impulso
Parecem, dilatando os longos braços,
Estrenuos proteger tenues arbustos,
Que ao perto humildes crescem. Pela terra
Vêm rochedos rompendo, como dorsos
De elephantes curvados; negras furnas,

Despenhadeiros turvos lá se afundão,
E além brame a torrente impetuosa,
Que as rochas morde e emfim se precipita
No abysmo pavoroso, onde se engolpha
A urrar como um touro embravecido.

Canto VI. Harpa quebrada.

Hymno de morte.

XXIV.

I.

„Minha harpa, saudemos o instante da morte,
„Que é lucida aurora de eterna victoria;
„O tumulo p'ra os vates é throno de gloria,
„E a vida é o jugo do inferno e da sorte.
„O jugo quebremos, ao throno subamos;
„É bello o triumpho, minh'harpa, morramos!"

E como pelo canto enternecida
Da harpa dedilhada uma das cordas
Rebentando soou como um gemido.

II.

„O vate é proscripto que vaga na terra,
„Bem poucos lhe entendem o estranho fallar,
„Qual rocha batida das vagas do mar
„Supporta dos homens tormentos e guerra;
„Dos vates a patria no Céo achar vamos,
„Deixemos o exilio, minh'harpa, morramos!"

E nova corda estala; outro gemido
Que sahe dos seios d'harpa, e é dado ás brizas.

III.

„A morte é o somno que á dôr succedeu,
„Do qual se desperta no Eden do Senhor;
„É d'alma um arroubo em ancias de amor,
„E o tumulo é a porta dos atrios do Céo.
„A morte é o somno, minh'harpa, durmamos;
„O Céo nos espera, minh'harpa, morramos!"

E outra corda rebenta, e sobre as ondas
Longo sôa tambem outro gemido,
Que triste esvaecendo aos poucos morre.

IV.

„Minh'harpa não gemas, que o mundo é traidor,
„Asyla a perfidia no gremio fatal,
„Não vale as saudades de um peito leal,
„Nem ternos suspiros de uma harpa de amor;
„Não gemas, exulta, que ao Céo subir vamos;
„A vida é sinistra, minh'harpa, morramos!"

Inda uma corda estala, e geme ainda,
Como profunda queixa que exhalada
Do lugubre cantor responde ao hymno.

V.

„Esposa querida, minh'harpa, vem cá!
„A hora emfim sôa do nosso hymenêo;
„A pyra é a lua, que fulge no Céo;
„O thalamo virgem nas ondas será;
„A pyra flammeja! esposa, corramos!
„Aos gozos! á gloria! minh'harpa, morramos!"

E a derradeira corda emfim rebenta!
Gemido extremo foi de moribunda,
Ultima flôr que de um mirrado arbusto
Em murchidão precoce cahe na terra.

XLIX.

A Douda.

Morres?... eu tambem morro, oh! gloria eximia!
Fallar me é dado alfim! abra-se o dique,
Transborde o coração: ouve; os encantos
Podem prestar sublime influxo ás fadas,
Mudar-lh'as formas requintar-lh'os gozos,
Sábias fazê-las predizer futuros;
Ao seu imperio sujeitar os seres,
Os homens, as paixões; mas ah! não podem
Nem mesmo encantos supernaes, aquelles

Que a *Nebulosa* sublimada excita,
Do amor, paixão divina, liberta-las.
De Deos, que os mundos fez, e os mundos rege,
O amor é doce emanação excelsa,
Que do universo á creação dá vida;
E ante amor, que é de Deos, dobrão-se as fadas;
Amão; e quando amor arde em seus peitos,
É fogo eterno, que as devora e mata.
Sina funesta! amor que tudo alenta,
Ás fadas sempre traz desgraça e morte!
Oh! Trovador! não me entendeste ainda?...
Sou fada, e vou morrer... porque?.. não sabes?..
Cégo, nunca me viste! agora ao menos
Abre os olhos, contempla a moribunda!
Trovador! eu te amei nos bellos annos
Da infancia, e não sabia então que amava;
Foi, das flôres na idade amor tão puro,
Roseo botão no seio desbrochando.
Moça te amei, e em sonhos deleitosos
Additava á minh'alma tua imagem;
Escravo de outro amor, tu me feriste
Com a indifferença enregelada e féra;
E eu te amei inda mais! segui teus passos
A toda parte; inebriei-me ouvindo
Teus doces cantos; fiz-me a confidente
Do terno affecto, que era o meu supplicio;
Com minhas mãos nos braços te lançára
Da Peregrina, se eu podesse tanto;
E mais não te pedíra, que um sorriso
De gratidão, sequer p'ra mim tão triste!...
Amei, chorei, votei-me a um sacrificio;
E tu, oh! Trovador, não viste nada!!!
Ah! se te amei! e como te amo ainda!...
Trovador! Travador!... amo-te sempre
Como a aura ama a flôr, aves a aurora,
O heliotropio o sol, e ao Céo os anjos!
Tua voz tem um écho no meo seio,
Dos teus olhos no fogo os meus se abrasão:
Amei-te, oh! muito! como ninguem ama!
Dei-te a minha alma, dera-te o meu corpo,
Assim me expondo a desencanto horrivel!
A *Nebulosa* e minha mãi o sabem;
Uma no fundo mar ouve-me as vozes,

Outra de sobre as nuvens lá me escuta.
Amei-te muito! amo-te ainda, oh! muito!

L.

E a misera entre as mãos, que o pranto ensopa,
Esconde o rosto que o pudor devora.

LI.

De joelhos, chorando enternecido,
O Trovador a soluçar murmura:
„Santa consolação, não me aproveitas!...
„Brando orvalho do Céo cahe n'um deserto
„Esteril, secco, que não mais vegeta;
„Terno grito de amor tardo se escuta
„No meio do Oceano, e não tem écho.
„Mirrado coração, quanto has perdido!
„E essa ingrata, que amei, quanto me rouba!..."

LII.

Suspira, e breve instante se interrompe;
Depois mais doce ainda falla á Douda:
„Celeste pomba dos amores puros!
„Vive, e desabre teus serenos vôos
„Na terra, em que te deixo; esquece o cégo,
„Que te não vio no mundo tão formosa!
„Vive, e me olvida; e se um sinistro voto
„Póde vibrar a alma da innocencia,
„Maldize o monstro, que fatal perdeu-me;
„De fogo a serpe, que tornou em cinza
„O coração, que um throno te devia.
„Celeste pomba dos amores puros,
„Vive e me esquece, que te não mereço!..."

LIII.

Da Douda os olhos flammejárão raios;
O Céo, a lua, o mar convulsa observa;
Tremem seus labios n'um febril sorriso,
Troar ouvindo subita borrasca;
Nas faces rubras chammas lhe rebentão,
Que a paixão lhe usurpou do sacro pejo;
E com fervente voz exclama ousada:

LIV.

„Não vais morrer?... pois morrerei comtigo.
„Sé meu na morte! um encantado thalamo
„Nas ondas nos espera; vê! sou bella!
„Tenho o fogo do sol nos olhos negros!
„Vê! sou bella! meu rosto é côr da neve,
„Meus labios côr de rosa, e o seio é puro!
„Esperão-te mil beijos nestes labios,
„Amplexo deleitoso entre meus braços!
„Sou bella, e serei tua sobre as ondas!
„A corôa de noiva orna-me a fronte;
„E trago para as nupcias graciosa
„Véo de donzella, e vestes de noivado.
„Vem, sou bella! sou virgem! serei tua!
„Espera-nos o mar! esposo! corre!
„Vem! a lua escondeu-se atrás do monte,
„Ribomba a tempestade; vem! sou bella!
„Dar-te-hei encantos, divinaes deleites,
„Inda mais puros que os botões das flôres!
„Vem! sou bella! sou virgem! serei tua!
„Não receies a morte; o gozo é certo;
„A *Nebulosa* nos prepara um leito
„De rosas e jasmins entretecido
„No fundo mar, no seu palacio d'ouro;
„Esposo, corre! o thalamo nos chama!
„Ao triompho! ao amor! á dita! á gloria!"

LV.

Era um anjo a fulgir a Douda em fogo.

LVI.

O Trovador atira-se nos braços,
Que lhe estendia a amante desvairada;
Ambos se apertão, misturando alentos,
Unem os labios, e trocando um beijo,
Um desses beijos que uma vida pagão,
Sem que morra o pudor, delicias libão;
Mas um momento só; que delirantes
Enlaçadas as mãos, ambos correndo
Á extrema fatal sobem da rocha,
E ás ondas furiosas vão lançar-se.

LVII.

E o Céo rebrame, e ruge o mar terrivel,
Fuzila o raio, que incendeia os ares;
Trôa o trovão, desaba a tempestade;
Abalada estremece a natureza,
Envolve a *Rocha-Negra* horrenda nuvem;
Tudo é trévas... horror... borrasca, e morte.

Manoel Odorico Mendes.

86.

Hymno á tarde.

Que hora amavel! Espiram os favonios;
Transmonta o sol; o rio se espreguiça;
E a cinzenta alcatifa desdobrando
Pelas azues diaphanas campinas,
Na carroça de chumbo assoma a tarde.

Salve, moça tão meiga e socegada;
Salve, formosa virgem pudibunda,
Que insinuas co'os olhos doce affecto,
Não criminosa abrasadora chamma.
Em ti repousa a triste humana prole
Do trabalhado dia, nem já lavra
Juiz severo a barbara sentença,
Que ha de a fraqueza conduzir ao tumulo.

Lasso o colono, mal avista ao longe
A irmã da noite, côa-lhe nos membros
Placido allivio: posta a dura enxada,
Limpa o suor que em bagas vai cahindo.
Que ventura! A mulher o espera anciosa
Co'os filhinhos em braços: já deslembra
O homem dos campos a diurna lida;
Com entranhas de pai ledo abençoa
A progenie gentil que a olho pula.

Não vês como o fantasma do silencio
Erra, e pára o bulicio dos viventes?
Só quebra esta mudez o pastor simples,
Que, trazendo o rebanho dos pastos,
Co'a suspirosa flauta ameiga os bosques.
Feliz! que nunca o ruido dos banquetes
Do estrangeiro escutou, nem alta noite
Foi á porta bater de alheio alvergue.
Acha no humilde colmo os seus penates,
Como acha o grande em soberbões palacios;
Alli tambem no ouvido lhe estremecem
De mãi, de amigo os maviosos nomes;
Conviva dos festins da natureza,
Vê prefazerem-se as funccões mais altas:
O homem nascer, morrer, e deixar prantos.
Agora ia entre prados, após Laura,
O ardido vate magoando as cordas;
E a selvatica virgem, recolhendo
A grave dôr christãa, que a assoberbava,
Do mancebo cedia á paixão nobre,
Grande e sublime, como os troncos do ermo....
Ai! misera Atalá!.... mas rasga o fogo,
E o sino sôa pelas brenhas broncas.

Tarde, serena e pura, que lembranças
Não nos vêis despertar no seio d'alma?
Amiga terna, dize-me, onde colhes
O balsamo que esparges nas feridas
Do coração? Que apenas dás rebate,
Cala-se a dôr; só geras no imo peito
Mansa melancolia, qual ressumbra
Em quem sob os seus pés tém visto as flôres
Irem murchando, e a treva do infortunio
Ante os olhos medonha condensar-se.

Longe dos patrios lares, quem não sente
Os arreboes da tarde contemplando
Um subito alvoroço? Então pendiamos
Dos contos arroubados que vertêrão
Propicios deoses nos maternos labios;
E branda mão apercebia o berço
Em que tenros vagidos affagava,
Infausto annuncio de vindouras penas.

Sobre o poial sentada a fiel serva,
Que vezes attendei, chamando ao pouso
A ave tão util que arrebanha os filhos,
E adeja e canta, e pressurosa acode!

Co'a turba de innocentes companheiros,
Agora sobre a encosta da collina,
A casta lua como mãi saudavamos,
E supplicando que nos fosse amparo,
Em jubilosa grita o ar rompiamos.
Mas da puericia o genio prazenteiro
Já transpoz a montanha; e com seus risos
Recentes gerações vai bafejando:
Á quem ficou a angustia, que moderas,
Ó compassiva tarde! Olha-te o escravo,
Sopeia em si os agros pezadumes:
Ao som dos ferros o instrumento rude
Tange, bem como em Africa adorada,
Quando (tão livre!) o filho do deserto
Lá te aguardava; e o écho da floresta,
Da ave o gorgeio, o trepido regato,
Zunindo os ventos, murmurando as sombras,
Tudo, em cadencia harmonica lhe rouba
A alma em magico sonho embevecida.

Não mais, ó Musa, basta; que na noite
Os pardos horisontes se tingirão,
E me pesa e carrega a escuridade.
Oh! venha a feliz éra que, da Patria
Nessas fecundas dilatadas veigas,
Tu mais suave a lyra me temperes:
Da singela Eponina acompanhado,
Na escura gruta que nos cava o tempo,
Hei de ao valle ensinar canções mellifluas:
Nos lindos olhos, nos mimosos beiços,
Nos alvos pomos, no ademan altivo,
Irei tomar as côres que retratem
Da natureza os intimos segredos:
Do ardor da esposa, do sorrir da filha;
Do rio, que espontaneo se offerece;
Da terra que dá fructo sem o arado;
Da arvore agreste, que na densa grenha
Abriga da pendente tempestade,

A sobreolhar aprenderei haveres,
A fazer boa sombra ao peregrino,
A dar quartel a errado viandante.
Lá estendendo pelos livres ares
Longas vistas, nas dobras do futuro
Entreverei o derradeiro dia...
Venha; que acha os despojos do homem justo.
O esperança, toma-me em teus braços;
Com a imagem da Patria me consola!

Joaquim Norberto de Souza e Silva.

87.

O Mendigo.

Balata.

> Daquelle cuja lyra soncrosa
> Será mais afamada que ditosa.
> *Camões*, Os Lusiadas.

I.

É noite! — Negra sombra inunda as ruas,
    Inunda todo o ar
Da cidade, que em tetros véos envolta
    Parece repousar.

II.

Coberto de andrajoso e pobre manto
    O mendigo lá sai,
A esmolar um pão para seu amo,
    Por quem chorando vai.

III.

E vai a commover humanos peitos
    Co'a triste e rude voz!
Pede um pão, e sequer um pão consegue!
    Oh que vergonha atroz!

IV.

É dia! — Raia o sol; desfaz-se a nevoa;
　　Já basta de esmolar.
Ei-lo que busca a casa de seu amo,
　　Só para o consolar!

V.

E junto a elle inteiros dias passa,
　　Chorando a ingratidão
Da patria, que negava ao caro amo
　　O justo galardão!

VI.

Pobre cella!... Eis ahi toda a morada
　　Do tetrico amo seu!
Pobre estrado... Eis o leito em que descansa
　　Quem muito á patria deu!

VII.

De um lado da parede está pendente
　　Riquissimo painel...
Retrato dessa amante por quem sente
　　Saudade tão cruel!

VIII.

De outro lado uma espada... testemunha
　　De feitos de valor;
E sobre a banca um livro.... que lê sempre,
　　Não sem prazer e dôr!

IX.

E um dia sobre o leito... elle jazia
　　Sem mais se revolver....
Que o coração não mais lhe palpitava...
　　Que vinha de morrer!...

X.

E junto a elle o escravo inseparavel,
　　Que em vão chorando está!
Com o amo era ditoso... mas agora
　　Quem delle cuidará?

XI.

Irá choroso pelas ruas, praças,
    Movendo a compaixão?
Que nome soltará dos frios labios
    Que mais lhe livre um pão?

XII.

Dobram sinos... A terra se revolve...
    A lousa já cahio...
E atraz do esquife... e após de sobre a lousa
    O mendigo se vio!

XIII.

Saudoso entre soluços repetia:
    „De mim o que será?...
Com elle era ditoso.... mas agora
    De mim quem cuidará?...."

XIV.

E quando as portas do sagrado templo
    Abriam-se aos fieis,
Sobre o sepulcro seu eil-o que vinha
    Soltar mil ais crueis.

XV.

E um dia assim estava... e estava immovel!....
    E as faces já sem côr!
E os olhos já sem luz... já moribundos...
    Tão grande era a sua dôr!

XVI.

E parecia ainda ler na lousa
    Parte das inscripções:
Ao Maior dos poetas de seu tempo,
    A Luiz de Camões.

88.

D. Maria Ursula.

Balata.
Toda de guerra vestida!
B. de Oliveira, Mus. de Parn.

D. Maria Ursula.

— Lindo moço, oh meu affecto,
Por ti ardo em vivas chammas!
Illude, se me não amas,
E não me digas que não:
   „Oh de amor gentil objecto,
   „É por ti meu coração

Affonso.

— Bella virgem, meu affecto,
Eu te voto amor constante;
Sacros laços, breve instante
Nossas almas ligaráõ!
   „Oh de amor gentil objecto,
   „É por ti meu coração!

D. Maria Ursula.

— Mas meu pai, oh quem dissera,
Te não quer por meu consorte!
Maldição, odio de morte
Aos parentes teus votou.
   „Que tão ditosa que eu era,
   „Que desgraçada que sou!

Affonso.

— A tempestade se gera,
Urs'la minha, na bonança;
De nos unir a esperança
Qual sonho se dissipou!
   „Que tão ditoso que eu era
   „Que desgraçado que sou!

E maldizendo a sua sorte,
Elle se poz a chorar,

Que antes quizera a morte
Do que têl-a que deixar.

Cahe a noite, que sombria
A tudo transmitte horror:
— Abre, oh bella, a zelosia,
Que te diz adeos amor!

D. Maria Ursula.

— Para sempre a despedida
Dizes-me de pranto em mares,
Antes leva-me a teus lares,
Que por mim dou-te esta mão.
„Se me amas mais que a vida,
„Consulta alma e coração!

Affonso.

— Que me sigas, oh querida,
O destino não consente!
Nem attráias sobre a frente
A paterna maldição.
„Se me amas mais que a vida
„Consulta alma e coração!

E ella soltou o pranto,
E elle presto a deixou,
E para Lisboa em tanto
Nessa noite se embarcou.

Ficou ella sem o affecto
Que tanto lhe mereceo,
Té que por fim um projecto
Ardiloso concebeo.

D. Maria Ursula.

— Do Janeiro, o mar em fóra,
Digo-te adeos, oh cidade!
A unir-me á minha metade,
Já me leva o galeão.
„Venha a maldição embora,
„Perca-se alma e coração!

— Sinto já que se melhora
Minha incerta e triste sorte;
Vou buscar ou vida ou morte
Entre mais doce união.
„Venha a maldição embora,
„Perca-se alma e coração!

———

E não sem amargo pranto
A patria sua deixou,
E para Lisboa em tanto
Nessa noite se embarcou.

D. Maria Ursula.

— Por Lisboa e arredores,
Lindo Affonso, te hei buscado;
Para a India te has embarcado,
Á India tambem irei.
„Ah! si ainda meu tu fôres,
„Que feliz eu não serei!

— Só por ti, oh meus amores,
Eu trajei qual combatente,
Pois assim mais facilmente
A algures te seguirei!
„Ah! se ainda meu tu fôres,
„Que feliz eu não serei!

———

Com trajos de combatente
Qual guerreiro se mostrou,
E prestes para o Oriente
Nesse dia se embarcou.

———

E por lá foi pelejando
Até o amante encontrar;
Mas a fé lhe receiando
Não lhe ousava de fallar.

———

Longos dias se passáram
Até que um dia chegou;

Se fallar se receáram,
Mas por fim alguem fallou.

Affonso.

— Lindo moço, prazenteiro,
Mui formoso é teu semblante!
Ditosa de tua amante,
Oh não fôra homem eu!
„No semblante és o primeiro
„Que o céo á terra cedeo!

D. Maria Ursula.

— Oh gentil joven guerreiro,
Teu valor sôa bem alto,
Pois Amboina, o cerco e assalto
Mais a ti que a mim deveo!
„No valor és o primeiro
„Que o céo á terra cedeo!

Affonso.

— Lindo joven, em toda a parte
Vejo-te prodigio obrando;
Vio-te bravo pelejando
Panelem e Carjuem.
„Se Urs'la posso eu chamar-te,
„Mais feliz de que eu, quem?

D. Maria Ursula.

— Eu tambem por toda a parte
Vejo-te assignalando;
Vio-te acções de gloria obrando
Panelem e Carjuem.
„Se Affonso posso eu chamar-te,
„Mais feliz de que eu, quem?

Affonso.

— Deos p'ra si sempre me tome,
Que a estes braços meus guiou-te,
Que a me fallar inspiroū-te,
Que o engano despareceo!
„Se Urs'la é o teu nome,
„Que feliz, oh! não sou eu!

D. Maria Ursula.

— Deos p'ra si sempre me tome,
Que encontrei quem anhelava,
A quem eu buscando andava,
E por fim o céo me deo!
　　„Se Affonso é o teu nome,
　　„Que feliz, oh! não sou eu!

Affonso.

Sim, de Affonso é o meu nome.

D. Maria Ursula.

Que feliz, oh! não sou eu!
Sim, de Urs'la é o meu nome.

Ambos.

Que feliz, oh! não sou eu!

E seus ternos, doces peitos
Sagrado laço ligou,
E a noticia de seus feitos
Logo, logo a el-rei chegou.

E mandou que se lhe désse
Cada dia um xarafim,
E mandou se lhe cedesse
O palacio de Pangim.

D. Maria Ursula.

— Eis um premio não condigno
Do guerreiro feito escasso,
De Pangim o bello paço,
Que por bem me houve el-rei dar!
　　„Farto assaz el-rei benigno
　　„Foi em me galardoar!

Affonso.

— Este trajo não indigno
Usarás constantemente,
De tua cinta pendente

Sempre a espada has de mostrar!
„Farto assaz el-rei benigno
„Foi em te galardoar!

E quando o pai de tal soube
De ufania se exultou;
Em si de alegre não coube,
Perdoando-a, expirou.

E alegres dias passáram
Recebendo um xarafim,
Té que ambos fináram
No palacio de Pangim.

89.

O adormecer de amor.

Canção americana.

Ó *inubia* [1]), ó trombeta da guerra,
  Ah! não soltes teu fero clangor;
Dorme o mar, e o vento e a terra,
  E eu descanso nos braços de amor.

Minha amada! Como eu sou ditoso!
  Ah! tu tens mil encantos p'ra mim!
E eu tambem para ti, venturoso,
  Tenho amores, carinhos sem fim.

Tens um nome que é todo doçura,
  Que doçuras não vertes aqui!
Qual da abelha, que adeja em procura
  Das florinhas, teu nome é — *Jaty*.

Ó inubia, ó trombeta da guerra,
  Ah! não soltes teu fero clangor;
Dorme o mar, e o vento e a terra,
  E eu descanso nos braços de amor.

---

[1]) Trombeta de guerra dos Tamoyos.

Ó Jaty, — tu és bella — formosa,
  Recostada em meus braços assim!
Em meus braços assim tão formosa
  Ah! tu és tão sómente p'ra mim.

Nossa rede enfeitada de flôres,
  Nossa rede que bella que está!
É o ninho de nossos amores,
  Outra igual como ella não ha.

Ó inubia, ó trombeta da guerra,
  Ah! não soltes teu fero clangor;
Dorme o mar, e o vento e a terra,
  E eu descanso nos braços de amor.

Ó Jaty!... Ah! que grito horroroso
  A cruel *Sussurrana* [1]) soltou...
Mas não temas, meu braço animoso
  Sempre déstro a *tacape* [2]) vibrou.

E nem mesmo esse bando maligno... [3])
  Esse bando que segue *Anhangá* [4]);
Arde o fogo na taba benigno,
  Arde o fogo, e o fogo é *Tupá* [5]).

Ó inubia! ó trombeta da guerra,
  Ah! não soltes teu fero clangor;
Dorme o mar, e o vento e a terra,
  E eu nos braços descanso de amor.

Ó Jaty! — Nossos vis inimigos
  São cobardes! Nada ha que temer!
Nossos bravos Tamoyos amigos
  Sabem todos a um brado s'erguer.

O meu arco de sobre as cabeças
  Nossas pende; não temas aqui;

---

[1]) Onça bravissima.
[2]) Especie de maça, tambem chamada *Tangapema*.
[3]) Os *juruparis*, — demonios ou vampiros?
[4]) O chefe dos *juruparis*.
[5]) *Tupá*, excellencia espantosa; *tupaçunga*, o trovão de tupá, e *tupaberava*, o relampago ou fogo de tupá. As fogueiras erão contra os *juruparis* (vampiros?).

Ah! de medo não, não estremeças,
  Minhas setas hervadas são hi.

Ó inubia, ó trombeta da guerra,
  Ah! não soltes teu fero clangor;
Dorme o mar, e o vento e a terra,
  E eu nos braços descanso de amor.

Ó Jaty! — Nossos corpos unidos,
  Ah! vaporão perfumes qual flôr!
Nossos labios respirão unidos,
  Nossos braços são laços de amor!

Ó que somno! ó que somno tão doce
  Faz fechar nos olhos a luz!...
Oh! que sonho! oh! que sonho tão doce
  Esse somno tão doce produz!...

Ó inubia, ó trombeta da guerra,
  Ah! não soltes teu fero clangor;
Dorme o mar, e o vento e a terra,
  E eu expiro nos braços de amor!...

90.

O embalar da rede.

Canção americana.

Coaquira.

Ó Jaty! nosso filho tão bello
Dorme agora na rede entre flôres;
— Elle — o fructo de nossos amores!
— Elle — o laço de nossa união!

Côro das mulheres.

Dorme, dorme, menino formoso,
Honra e gloria da taba tamoya,
No porvir o teu nome famoso
Soará como sóa o trovão.

Coaquira.

Embalemo-lhe a rede tão branda,
Como a brise que agita a palmeira

Susurrando-lhe grata e fagueira,
Qual o bardo susurra a canção.

Côro das mulheres.

Dorme, dorme, menino formoso,
Honra e gloria da taba tamoya!
Quando um dia despertes famoso
Seja com o estridor do trovão.

Coaquira.

Setta e arco na rede lhe pomos
Porque sonhe inda infante co'a guerra
Que sómente a cobardes aterra;
Setta e arcos seus braços serão.

Côro das mulheres.

Dorme, dorme, menino formoso,
Honra e gloria da taba tamoya!
No porvir o teu nome famoso
Inda pousa qual pousa o trovão.

Coaquira.

Seja elle guerreiro valente,
Que o valor entre nos não é raro;
E *uçú*[1]), aos guerreiros tão earo,
Seja um dia só seu galardão.

Côro das mulheres.

Dorme, dorme, menino formoso,
Honra e gloria da taba tamoya!
No porvir o teu nome famoso
Ha de ser como immenso trovão.

Coaquira.

Não seja elle cobarde que teme
Ser primeiro na frente do imigo,
Que procura n'um tronco um abrigo
Porque fira cobarde á traição.

---

[1]) Os Tamoyos (e outras tribus) juntavão ao nome o adjectivo *uçú* (grande), quando obravão proezas na guerra.

Côro das mulheres.

Dorme, dorme, menino formoso,
Honra e gloria da taba tamoya!
Dorme, dorme; teu nome famoso
Entre nós ha de ter duração.

Coaquira.

Ó Jaty!... Nosso filho é tão lindo!
Ah! deixemos na rede entre as flôres!...
Dorme, ó filho de nossos amores!
Dorme, ó fructo de nossa união!

Côro das mulheres.

Dorme, sim, ó menino formoso,
Dorme, ó gloria da taba tamoya!
E desperta com nome famoso,
Mais sonante que o mesmo trovão.

91.

Cantos epicos.

A cabeça do Martyr.

> E que depois de morto lhe seja cortada a cabeça e levada a Villa-Rica, aonde em logar mais publico d'ella será pregada em um poste alto até que o tempo a consuma.
>
> *Sentença da alçada.*

É dia! — O sol já doura o alto cume
Do Itacolumi, gentil mancebo
Que o indio converter-se em pedra [1]) víra;
Cantando, a turba dos mineiros folga,
Distinguindo no fundo da batéa
O aureo metal, ou nos cercados leitos
Dos turvos ribeirões, que além se escapam,
Os diamantinos grãos, rivaes do prisma.

---

[1]) Itacolumi, corrupção de *Ita — conuni*, mancebo de pedra, nome que envolve a historia de uma metamorphose, talvez, da poesia indiana. É o mais alto cume da serra da Mantiqueira, ramal da de Ouro-Preto, na provincia de Minas-Geraes. A sua altura é de perto de oito mil palmos acima do nivel do mar.

É dia! — Já la segue a caravana
Dos reaes quintos — o suor dos povos —
Pelos ingremes trilhos tortuosos
Da serra altiva, que os cabeços ergue
Calvos, arrepiados — ou cingidos
De donosas palmeiras, como outr'ora
O selvagem boçal — senhor das selvas —
— Rei sem sabel-o, de um famoso imperio —
A fronte ornava de vistosas plumas!

É dia! — de um azul bello e sem nódoa
Se ostenta o céo; a natureza ri-se
Na pompa e gala das mimosas flôres,
Que effluvios aos ares mandam;
Murmura a briza; o rio se espreguiça;
E as aves trinam canticos de amores;
Tudo é alegre, mas turbada e lugubre
Desperta a nobre filha das montanhas,
— Villa-Rica — o emporio das riquezas,
Aonde de João, quinto no nome,
Tem a faustosa côrte o seu celleiro
De diamantinos grãos de ouro,
Cópia não vista de thesouro immenso,
Que as frotas annuaes ao reino levam,
Acendendo a cubiça em lusos peitos;
— Arcadia do Brazil, que afoita soube
Cantar de um povo escravo a liberdade,
— Mãi de heróes, que destêrro estão soffrendo!

É dia! — Sobre a praça vê-se um poste,
E sobre elle hasteada cabeça;
Miradas faces, moribundos olhos
Ainda vertem lagrimas de sangue;
Longos cabellos, mal encanecidos,
Fluctuam ao passar da triste briza,
Que geme, como um peito angustiado.

O povo é triste; a mãi ao seio estreita
A innocente filha, que não ouse,
Pelas desertas ruas percorrendo,
Ir no poste fitar innoxias vistas;
Passando o viandante a fronte curva;
Leva na mente a prece, a dôr no peito,

As lagrimas nos olhos, n'alma a crença,
E a expressão, que expira á flôr dos labios:
„— Martyr da liberdade, eu te saudo!"....

E o filho de Erin [1]), que em duros ferros
Pagou seu pasmo por um novo imperio,
Brada em seu coração: — „Baldado exemplo!
Improficua lição da tyrannia!
Resurge da oppressão a liberdade.....
Dos martyres o sangue não se extingue;
— Germen fecundo — phenix da vingança,
Sobre a terra produz e heróes pullulam!.....
Remiou o povo, adora o cadafalso,
Qual symbolo de fé, que ao céo se eleva!"

De quem era a cabeça? Se o selvagem,
Barbaro filho dessas brenhas rudes,
Aqui viesse, e suspendesse o passo,
Diria que arrancado havia sido
Ás cahiçaras, que as tabas contornam [2]),
Onde em hasteas erguidas tambem tinha
Os craneos dos valentes inimigos,
Que devorava nos festins da morte!
Negreiros, Camarões, Henriques Dias
Jurariam ver nella a fronte exangue
Do traidor [3]) que vendêra-se aos contrarios,
E aos estranhos abriu da patria as portas!

O sol, que a vira, resurgindo bello,
Pela primeira vez esse poste,
Torvo entre as sombras se sumiu do occaso
E sobre elle entornou a escura noite
O luto envolto nas sombrias trevas;
Apenas sob a abobada celeste
Brilham da cruz as fulgidas estrellas;

---

[1]) Nicoláu Jorge, joven irlandez. Residiu no arraial do Tijuco, onde era empregado na junta da real extracção. Admirado da fertilidade, riqueza e vastidão do Brazil, disse que o paiz offerecia todos os recursos para vir a ser um grande imperio, independente e livre como os Estados-Unidos. A idéa tornou-o complice da conjuração mineira.

[2]) *Cahiçaras*, trincheiras que defendiam as suas *tabas* ou aldêas.

[3]) Calabar.

É mudo tudo; as ruas são desertas,
E a villa, prostrada ante os altares,
Vota em silencio a Deus ardentes preces.

Do poste erguido um vulto se approxima;
Mysterioso envolve-o negro manto;
Desabado chapéo lhe cobre a fronte:
Pára; estremece; turva-se-lhe a mente,
E ao poste se apoiando, o poste abraça;
Mas a hástea fatal se agita e treme;
Rumoreja a cabeça; ave de agouro
Sólta, voando, desusado grito.

Breve a vertigem foi; o ánimo volta;
E o vulto, a larga fronte descobrindo,
Corre a dextra nas tranças, que lhe descem
Pelos occultos, torneados hombros;
Cruza depois os braços; alça os olhos;
E suspirando n'estas vozes rompe:

„— Eis a infame justiça, a vil vingança!
— O opprobrio — a affronta á denodada villa,
Que um momento pensou em liberdade!
— Quitação da derrama não cobrada!....
— Blasphemia atroz á obra de Deus vivo,
Que insulta um povo e a humanidade avilta;
— Presente indigno — galardão cobarde —
Do regio tribunal, da atroz alçada!...
Oh! maldição aos vis, que a patria offendem!
Gloria ao martyr! Benção sobre o seu nome!"

Calou-se. A briza perpassando geme
Nos longos pinheiraes dos ermos valles;
E a ave de agouro esvoaçou de novo,
Soltando tristes, agoureiros pios.

E o vulto proseguiu: „— Eu sei que um martyr
No patibulo expiou o amor da patria;
Que outros em vil desterro a morte affrontam
Nos areaes de inhospitos desertos;
Porém não sei ao certo..... Dá-se acaso?
Talvez.... póde bem ser.... de horror me gélo!
Frio tremor me côa pelos ossos....

„Ai! me sinto morrer... mas a incerteza...
Oh! a incerteza me envenena a vida....
Como sem elle vivirei no mundo!
Viuvo o coração de amor tão puro
Findar-se-ha nas ancias da saudade,
Na aridez do pezar que me confrange;
Em vão a mente reproduz em sonhos
Quanto frui sem saciar meu peito,
— Volcão que em chammas abrazou-se outr'ora,
E hoje sem erupção se extingue, acaba!
O que vale a lembrança do passado?
O que gozei e gozarei ainda
Que pague o que hoje soffro?... Ave mesquinha,
Encontro o caçador e não o amante;
Vejo o ninho boiando sobre as agoas
Da cheia immensa que inda inunda os campos,
Sinto a tormenta e não descubro o Iris,
Que magestoso liga o céo á terra!"

Calou-se. A briza perpassando geme,
Nos longos pinheiraes dos ermos valles;
E a ave de agouro esvoaçou de novo,
Soltando tristes, agoureiros pios.

E o vulto proseguiu: „— Quem quer que sejas,
Oh! porque não te animas n'este instante?
Oh! porque me não ves e não me fallas?
Ah! Dize se és quem penso — duvidosa —
Animo tenho, escuda-me a coragem;
Inda uma vez.... um so signal me basta;
Faze tremer a hástea que sustem-te,
Ou rumoreja com o passar das auras.....
Falla no pio d'ave dos agouros,
Com suas aças roça-me esta fronte.....
Ou invisivel, qual da morte o espectro,
Toca-me as fibras que estremeça eu toda...
Animo tenho... em paga desse gozo
Nos frios labios te darei um beijo.....
Sim, beijarei a fronte onde brilhava
Da patria independencia o pensamento...
E onde o estro borbulhando, ardendo
N'esse delirio, que arroubava as almas,
Vertia em cantos amorosos sonhos!

E onde eu vivia qual risonha imagem
De amor, de graça, de belleza e encanto;
Idéa fixa, a que jámais mesclou-se
Uma outra idéa que não fosse a amante!"

Calou-se. A briza perpassando geme
Nos longos pinheiraes dos ermos valles;
E a ave de agouro esvoaçou de novo,
Soltando tristes, agoureiros pios.

E o vulto proseguiu: „— Dourado sonho
De meu porvir de amor esvaeceu-se;
Bem te dizia: „Apressa-te! Vem cedo!
„Que esperas? Que te falta? Uma licença!
„Dous annos já lá vão!"... Ah! bem sabias
Como eram lentas da saudade as horas...
Longo tempo esperei, louca de amores...
Vi depois enlutar-se a minha vida...
— O meu véo nupcial ennegrecer-se,
— Não servir o vestido que bordavas¹),
— Apagar-se o altar de nossos votos,
— O thalamo de amor cahir por terra,
— E da nossa união fugir o ensejo:
Vi-te perdido..... na traição envolto.....
E busquei-te salvar..... Ah! não te lembras
Do vulto que a deshoras te dizia:
„— Foge, evita a prisão, os teus avisa!"
E rapido, qual raio, se perdia
Pelas trevas da noite? Nem pensavas
Que abysmo immenso se cavava e abria
Sob os teus pês!... Ai! surdo não me ouviste;
Eu em vão te esperei; — comtigo iria.....
Para onde? Onde amor nos désse um thalamo,
E o abençoasse Deus. Mentiu a musa

---

¹) Historico. — No seu segundo interrogatorio, na fortaleza da Ilha das Cobras, onde se achava incommunicavel, em dia 3 de Fevereiro de 1790, o desembargador Thomaz Antonio Gonzaga respondeu que na sua casa achavam-se hospedados o coronel Ignacio José de Alvarenga, e o vigario da villa de S. José, Carlos Corrêa de Toledo, e que nella era frequente o Dr. Claudio Manoel da Costa; e por isso poderiam elles conversar sobre a conjuração sem que elle responder e fosse participante, não obstante estar na mesma sala, por empregar-se em bordar um vestido para o seu casamento, entretenimento de que nunca se levaba senão para a mesa. Entre os seus bens sequestrados nota-se um dedal de ouro.

Prazeres pastoris — fruitos campestres,
— Poeticas ficções — sonhos da vida,
— Enganos d'alma, que jámais voltarám!
Désse-me ella hoje a choça amiga
Com seu tecto de colmo e frescas agoas,
Verdes collinas contornando os campos,
E o gado errando ao frémito saudoso
Da frauta que o pastor meigo soprasse,
Satisfeito de si, nunca queixoso
De mim, ingenua companheira sua!"

Calou-se. A briza perpassando geme
Nos longos pinheiraes dos ermos valles;
E o ave de agouro esvoaçou de novo,
Soltando tristes, agoureiros pios.

E o vulto proseguia.... mas distante
Côra da noite o vaporoso seio
Incerta luz, que a medo bruxolêa...
Já mais distincta a ve... um vulto a segue!
Quem será que, como elle, assim se occulta,
Não em manto, que imita a densa treva,
Porém em brancas desusadas roupas?
Alva mortalha o veste, qual espectro
De um justiçado.... Alampada funérea,
Que traz a destra, lugubre derrama
Clarão sinistro, pallido, qual astro
Que a luz reflecte de cinéreas campas.....
Quem será? D'onde vem? O que pretende?
Toma o chapéo, afasta-se, procura
Ver quem é, indagar o que ali busca.

O vulto se approxima. Oh! é um velho
De venerando aspecto e grave passo!
Longas as cans descendo se confundem
No largo peito com as espessas barbas;
Acha brilhante de afiado gume
Contém a sestra mão, á cinta um gladio;
Pensativo no gesto, chega; pára;
Mede com a vista o poste; e suspirando,
Assim exclama merencorio e triste:

— „Cesse a vergonha atroz, a affronta cesse!
Não mais o opprobrio sobre a patria pése!

Não mais de insulto esta cabeça sirva
Á nossa dôr, aos filhos desta terra!
Sim, ó meu filho, vem dormir tranquillo
No seio de tua mãi, em chão de mortos,
Onde a cruz do Senhor seus braços abre,
Até que um dia a patria livre seja,
E, novo imperio de Romanos novos,
Tua grata memoria revindique!
Deus te condemnará, justiça humana,
A assembléa dos justos presidindo,
Coroado de gloria! A sua destra
As obras pesará, não uma idéa,
Não uma causa, que não teve effeito,
Que tentativa nem chamar-se póde!
Em Deus confio: — a humanidade um dia
Liberta, a venda arrancará do erro,
E sancta lei de amor e de igualdade
O Evangelho será dos povos digno."
Diz, ergue a acha, e o golpe descarrega;
O poste treme como leve setta,
Que vai cravar-se a um tronco; convulsivo
Gyra o trophéo da morte, que o corôa,
E novo e ousado e mais seguro golpe
Desfecha o velho. O poste estala, tomba,
Palpitando no chão. Salta a cabeça
E cahe, e rola até o negro vulto,
Que se ajoelha, a apanha, a abraça, a beija.
Suspende o velho a alampada; caminha,
Volteando curvo, tateando incerto
O frio chão, que mal a luz aclara,
Quando uma voz mysteriosa e doce
Lhe diz: „— O que é que indagas? O que buscas?
A cabeça talvez de....."
„Tiradentes,
(Lhe brada o velho com accento austero)
Dá-m'a si a tens; seu pai eu sou, e devo
Cumprir de piedade um acto digno!"
— „Toma, nobre ancião, e leva e dá-lhe
Logar entre os que jazem, que não seja
Affronta para nós, como esse poste,
Aqui alçado, qual ingente braço,
Ao céo erguido a alardear um crime;
Até agora pensei — incerta — vaga —

Que era d'outrem....."
                    „Bem sei (lhe torna o velho,
As vistas lhe cravando com malicia
Lendo nos olhos seus, talvez, seu nome!)
De algum bardo de amor... que eternisasse
Nessas tão bellas e sabidas lyras,
Uma certa belleza... e mais ditoso
Fosse... que ao menos lhe coubesse o exilio,
Em que a esperança sempre alenta a vida,
E com a idéa da patria nos afaga."

O vulto respirou; — depois seguíram
Ambos por longos trilhos, caminhando
Silenciosos, como errantes sombras,
Ao pallido clarão da triste lampada,
Té que paráram juncto de uma hermida;
Cedeu do velho a porta ao leve impulso,
Sobre os gonzos rangendo, e entráram ambos.

Ao romper d'alva, ao toque d'alvorada,
De Villa-Rica as torres resoáram.....
Aos sons funéreos, tristes e pesados,
Do merencorio toque da agonia,
Desperta a villa de pavor transida;
Vê-se por terra o poste — sem cabeça...
Um não-sei-que de lédo alegra os peitos...
Um sorriso maligno trahe as faces
Do povo, que enche a envilecida praça...
Ha quem diga que viu pela alta noite
Um padre negro — um justiçado d'alva!
Fazem-se indagações... mysterio é tudo!

Antonio Gonçalves Teixeira e Souza.

92.

Extractos do Poema romantico intitulado:

Os tres dias de um Noivado.

Canto I.

XXVI.

P'ra parte occidental dessa cidade ¹),
Distante milhas tres sobre as ribeiras
Do manso mar terreno, era um silvedo:
Pelos primeiros seus possuidores
O nome — Narandy'ba ²) lhe foi dado:
De larangeiras quasi é todo o bosque.

XXVII.

De um lado, ameno, lhe demora um campo,
Em cuja volta a revolvida arêa,
Amontoada em combros, sobre vallas,
Os travados de imbê ³) postes sustenta.

XXVIII.

Sobre o grammineo chão nedia repasta,
Entre o bovino armento, a raça equina.
Si falta agudo pico, d'onde penda
Capro travesso, audaz de aventureiro,
Sobram no pasto decepados tóros,
Que attestam que, annos antes, despiedado
O ferro do primeiro, que lançára
Nesse solo ditoso os grãos contados,
Arv'res frondosas cerceando a esmo,
Com sacrilegas mãos profanadoras

---

¹) Rio de Janeiro.
²) Laranjal.
³) Um cipó roxo-negro, com que se atam as cercas, e o madeiramento das paredes de páo, cuja duração admira.

Lhes fez murchar na terra o tronco inutil:
Desses, já seccos, tóros levantados
O cabrito brincão salta na relva,
Entre o manso, lanifero rebanho.

XXIX.

D'outro lado, do agricula se estende
O ardor, a esperança, o doce objecto,
Em que passe, continuo, os olhos ávidos,
Alegrados nas ceifas abundosas,
Que breve aguarda ledo. Alli se avulta,
Medrada, a suculenta, o tortuosa
Rama, que occulta sob o chão herbaceo
A grossa mandioca, que bem perto
Pejará, em farinha, o seu celleiro,
Ou terá de ampliar, mudada em ouro,
Os grandes cabedaes de Corimbaba.
Assim aperolado ou rubro, estende
O saboroso aypim flexivel talo.
Alli da terra extrahe tosco, e retorto
O cará, mais alêm o etê mais bello,
Por quem trocára insipidas batatas
A faminta Britanea. Neste solo
Esta bella raiz vinga formosa,
Tão doce ao paladar, varia nas côres.
Alêm tapiza a terra a larga folha
Da doce abob'ra, que os cipós enrosca
Entre a branda latada destendida
Do fragrante melão auri-corado,
E verdes melancias, cujo âmago
Esconde a côr, e as lagrimas d'aurora.

XXX.

Por meta ao campo o extremo alevantava
Um vistoso pomar, que entremeavam
Cheirosas flores, que bordou natura
Com mago estudo, com diversas côres;
Que gratas aos bafejos matutinos,
Ao doce alvorecer, d'enamoradas
De redolente essencia embalsamavam
Azues azas subtiz de meigos zephyros.

XXXI.

Dirieis, que os favoneos feiticeiros,
Cansados de andejar, vinham aligeros
Sobre os das flores aljofrados seios
Repouso demandar, de fatigados;
E qu'ellas extremosas, entre um beijo,
E outro, terno affago da saudade,
No regaço tão doces os acolhem,
Que bellas mollemente se embalando,
Seduzem ao amante em brando somno!

XXXII.

N'uma exigua bacia mal se encrespa,
Ao respirar de amortecida briza,
Deluido topazio, em cujas margens
Densas verdejam as polidas folhas
Das fragrantes, rasteiras madre-silvas,
Que em niveo campo os raios côr das rosas,
Matizam d'alcatifa o verde fixo.

XXXIII.

Molles, de junto dellas, se debruçam,
Amorosas beijando a flôr das aguas,
Recurvas espadanas, que nos cimos
Sustentam, oscilando, os roxos lirios.

XXXIV.

Alêm, selva de bastas larangeiras,
Contrastando com a neve do florido,
Ou com o ouro dos pomos innocentes,
O verde espesso de odorosas folhas,
Em tanta multidão dão nome ao bosque.

XXXV.

De uma alegre collina sobre o dorso
Assente ampla cabana remontava
O leve, o feliz tecto de uricannas [1]).

---

[1]) Palha com que os indigenas, e inda hoje muita gente pobre cobre as cabanas: ha além desta, o sapê, e a tiririca.

Canto II.

XLIV.

Corimbaba.

„Ouvireis, qual a sei da bocca sua.
Na Cidade eu me achava: e terminados [1])
Os meus negocios todos, busco um barco
Que volte á terra minha: Sobre ferro
É prestes a largar barco ligeiro;
Me embarquei; era em vesp'ra de viagem.

XLV.

„Na seguinte manhã, mal brilha o dia,
É tudo movimento. Vejo prestes
Do barco desferrar batel, que leve
Chega á proxima praia; volta, e vejo
Velha mulher, vestida em negras roupas,
Signal de lucto, e dôr: ao barco sóbe,
E ao seu lado, amparando-a, formosissima
Donzella, que tambem de lucto traja.
Si era um anjo, não sei; mas vós, que a vedes,
Dizei si ella é mortal, ou si ella é anjo:
O mesmo sacerdote, tão severo,
Si visse um lindo rosto tão formoso,
Como o formoso rosto de uma imagem,
Contra o nono preceito peccaria,
Ou dêra absolvição de um tal peccado.

XLVI.

„Vós a vedes, julgae si eu poderia
A ver sem adorar. Quantos possiveis
Serviços poude, alli prestei-os todos.

XLVII.

„Suspende o barco o ferro, e as velas dando
Da pôppa a terra, foge, o mar se alonga,
E em breve ante nós só apparecem

---

[1]) Costume é das pessoas de fóra da Cidade do Rio de Janeiro, quando fallam nelle dizerem, simplesmente — a Cidade: isto é, as pessoas dos lugares mais proximos da mesma Cidade.

Metade das montanhas. Era limpo
Neste momento o céo: mas derrepente
Serranias de nuvens se remontam
Sobre as ondas do sul: eram tão negras,
Como a grossa fumaça, aos céos erguida,
Dos inda verdes troncos do roçado,
Que faz o lavrador arder na varzea!

XLVIII.

— „Ferra, ferra — gritava-se no barco;
E derrepente as velas se ferráram.
Apenas n'um só mastro inda uma aberta
Recebe em cheio o vento, um pouco brando:
Mas forte uma refrega se despara,
E o mar, mugindo, em caracóes revolto,
Se abate em valles, se remonta em serras.

XLIX.

„Ouco, longo trovão principiava
A misturar atroz surdos estrondos
Com estrondos mortaes das roucas ondas!
Desce do alto da nuvem perigosa,
Pelo horizonte abaixo, a recortando,
Avermelhada, e azul chamma de raio!

L.

„Desfez-se a tempestade. Supporieis
Ser esse o grande, derradeiro dia
Das iras do Senhor, do qual mil vezes
Fallava o sabio padre, que pregava
Quarenta dias dura penitencia!

LI.

„Cobriu-se o céo de um forro côr de terra,
E os mares do céo a côr tomáram!
Debalde se olha em roda, o que se avista
É tudo um céo de fogo, um céo de raios,
Um ar de horror, de ventos, e de pedras,
Um mar de escuridão, de morte, e abysmos!

LII.

„Bateu refrega horrivel, repentina
Deixando a vela em tiras pelas vergas!

Curvam-se os mastros, gemem, e respondem
As juntas do navio, que se aluem:
Cresce montão de mar na rasa pôppa,
E sobre ella galgando impetuoso,
Espumando, e com rouco murmurinho,
Vae por sobre o convez, e após levando
Camarotes, fogão, lenha, e calabres,
Pela proa outra vez tombar no pelago!

LIII.

„É tudo confusão! — Roucos, e pallidos
Correm debalde afflictos marinheiros
De pôppa á proa: e deste áquelle bordo.
Acabaram-se as forças, morre o animo;
Só resta uma esperança. Entre o estrondo
Dos mares, dos trovões, do vento, e chuva,
Rouco, e desconcertado se alevanta
Um grito de pavor — á praia, á praia... —
De subito o baixel p'ra lá desfecha.

LIV.

„Pouco se velejou; mas já branqueja
A curva praia, aonde se enrolava,
Em negros vagalhões, de horror cercada,
Junto da salvação morte de naufrago!
E ella¹), tão querida era buscada
Como de salvamento!...

LV.

     Neste ensejo
„Eis no convez a mãe, ao lado a filha;
Vêem o perigo a morte, cahem prostradas,
Postas tremulas mãos, nos céos os olhos,
— Misericordia! — bradam. Céos, que quadro!

LVI.

„Ah! não me esqueci dellas um momento,
Que para lhes poupar maior martyrio
Eu retirado as tinha: mas agora,
Que ellas já rosto a rosto estão co'a morte!...
Amparal-as. A praia é já mui perto...

---

¹) A praia.

Crescem as ondas cada vez mais fortes;
O mar agora dentro é mais violento.

LVII.

„Com horrido arrastrar rangeu na arêa
A curva quilha, e se estacou na praia.
Cada um, agarrado n'uma bêta,
Resiste assim ao impeto das ondas.
A sustentar Miry'ba, e a velha, eu corro...
Corro.. céos!.. já é tarde.. oh dôr!.. é tarde!..
Rola sobre o convez onda mais forte,
Á custo os moços braços lhe resistem,
Quanto mais os já frouxos pelos annos.

LVIII.

„Sobre o homem do leme repentina
Bate a onda, o arranca, o tomba, o leva;
Debalde pelas bêtas se agarrando,
Grita, pede soccorro... O miserando
Desfallecido em fim, junto a meu lado,
Involto nos calabres, acha a morte!

LIX.

„Eu tenho já Miry'ba entre meus braços,
N'um cabo então seguro; mas levada
Pela onda veloz a mãe sumiu-se!
Soltam, vendo-a fugir, grito de espanto...
Miry'ba treme, pela mãe me inquire;
— Eu velo aqui sobr'ella, eu lhe respondo.
Ella, que crê que os gritos dos marujos
Foi effeito da vaga, socegou-se.

LX.

„Era então meia-noute, e todavia
Não tinha se amainado inda a borrasca.

LXI.

„Cad' um dos marinheiros animoso
Se vae lançando ao mar, buscando a terra.
Findos cinco minutos, tudo é ermo,
Tudo em torno de mim! Nesse universo,
A tempestade, e um barco naufragado,
No barco, eu, e Miry'ba, Amor, e a morte!

LXII.

„Quantos em prol da vida pelas ondas,
Nadando, á praia affoutos demandáram,
Da alguns se ouviu na praia, amargurado
Um grito doloroso, era de morte!
E d'outros nada. Ao scintilar relampagos
Negreja em volta o mar, alveja a praia:
E quando um refregão de vento passa,
Que a onda tem quebrado a horrivel furia,
E acaba um trovão; de horror, e morte
Pavoroso silencio é só quebrado
Pelos ais de Miry'ba, que debalde
Pela mãe, me pergunta, á mãe chamando...

LXIII.

„Oh! como a salvarei! salvar-me! como
Vel-a morrer!... salvar-me?... antes a morte!
Ou por ella morrer, morrer com ella,
Será morte de naufrago mais branda,
Consolação levada á sepultura!

LXIV.

„Amor, que sobre o mar nascido havia,
Amor, que sobre o mar tinha crescido,
Entre o tûmido horror de atroz procella,
Zomba do mar, despreza a tempestade,
E os perigos supera, e vence a morte!

LXV.

„Começa a se esvaer ora a tormenta;
Emmudecem trovões, cala-se o vento,
E pouco a pouco a chuva se suspende;
Menos furioso o mar na praia rola.
Tardia em despertar a aurora enceta.

LXVI.

„Tomo então fina corda, ato á cintura,
Emendo n'outra, e com a vista meço
A distancia da praia ao rôto barco:
Prendo no mastro (ja despedaçado)
O extremo, e Miry'ba sobre as costas,
Ao mar lançar-me quero. Ella assustada

Lançando incerta vista pelas sombras,
— Minha mãe onde está? — me diz chorando.
— Talvez que algum marujo compassivo
A salvasse, e na praia nos espere. —
Foi a minha resposta; e salto ás ondas,
Levando atravessada, sobre a bocca,
Faca de aguda ponta, e assaz comprida.

LXVII.

„Contra as ondas forcejo, e lucto, e nado...
Ah! doce me era a carga tão formosa!
Ufano de a salvar, ganhando a terra,
Debalde a onda, que me traz, intenta
Ao largo me levar, pois desprendendo
Da bocca a faca, rápido a encravo
Sobre a arêa do fundo, e assim sustido
Foge a vaga, e nos deixa. Em praia enxuta
Ligeiro pé firmando, antes que chegue
Outr'onda, desprendendo a cauta corda
Corremos sobre um combro; eis-nos a salvo!

Joaquim José Teixeira.

Fabulas.

93.

O Burro politicão.

Quem me déra ser rei! que leis faria,
Clamára o burro cheio de ufania!
É peste, é lesma o nosso governante,
Que nem sequer observa ser tratante
O ministro que tem, de quem confia
Os destinos de sua monarchia.
Tal discurso espalhou-se; e o mono astuto
Que decretava então ao reino bruto,

Achando-se já velho, e moribundo,
Quiz, antes de sahir cá deste mundo,
Fazer boa momice para ensino
D'aquelle que rinchava assim sem tino,
Seu testamento escreve, e n'elle ordena,
Que o burro lhe succeda n'alta scena.
Espira o mono, e logo o meu burrico
Não póde n'um despacho metter bico;
Tantas patadas deo, tantas foi dando,
Que enjoado o leão, o foi matando.
A quadrupede gente satisfeita,
Deo logo, diz a historia, por eleita
A dynastia augusta hoje reinante,
Apezar da nobreza do elephante.

   Sem as cartas,
   Bem jogamos;
   Mas com ellas,
   Muito erramos.

94.

O Rapozo monarchista.

Certo rapozo vendo pendurado
D'uvas um cacho gordo e roxeado,
Busca o dente meter-lhe, mas saltando
Não póde lá chegar, e vem tombando.
Era duro o colxão, fica pizado
E mesmo c'o focinho esbandalhado.
Ouvindo um cão gemidos que elle dava,
Foi socorrel-o, e a causa perguntava.
Por amor do meu rei, por defendel-o,
Quizeram-me matar, foram-me ao pello.
D'elle se compadece o pobre tolo
E dá-lhe em sua toca o melhor bolo.

   De cem batalhas
   Diz-se ferido,
   Quem de seus vicios
   Só tem soffrido.

95.

O Cão vendedor e o cão comprador.

Um cão — Tigre de nome — vigiava
A casa de seu amo, e assim ganhava
Com que passar a vida largamente,
Muitos ossos, eu digo, e não se mente,
Que para alguns são ossos bons guisados,
Pois tudo tem no mundo apaixonados.
Um dia que a jantar se dispunha,
O casco de um leitão tendo na unha,
Pelo cheiro attrahido vem chegando
Esbelto doguezinho, e o vai saudando;
Traz no pescoço guizo reluzente,
E que de verde fita está pendente.
— *Senhor, quer este compra? É cousa raro.*
A votre senhori non vende caro;
É mode, muito mode, e non me paga
Se tudo non dimira qu'este traga.
Como, apezar de tonto, o nosso amigo
Não era de cadellas inimigo,
Julga logo *guizado* vencer Troia,
Não Troia dos Troianos, certa joia
De raça caninal, e que fingia
Desprezar o magano que a seguia.
Torvado de esperanças — *Quanto pede?*
Pergunta ao vendedor? *Por nada cede,*
Como inda não jantou, só quer pra come,
Dà mim leiton pra mata minha fome.
Pasmado o toleirão — pois julga pouco —
Antes que se arrependam — forte louco!
Dá com pressa o jantar ao estrangeirinho,
Em troco recebendo o tal guizinho.
Eil-o já chocalhando vai correndo,
E aos olhos de todos se mettendo
Por aqui, por ali, não perde rua,
Emquanto dura o sol, e dura a lua.
Dizem mesmo que em bailes fôra visto,
Sendo das cadellinhas o mais quisto.
Mas emfim, já faminto tambem pensa

Que o namôro ao sustento não compensa.
Com ventre esguio, e cara de mendigo
— Resultado dos bailes — busca, digo,
A casa de seu amo; mas, oh fado!
Em vez de pão lhe atiram no costado
Arrochadas de mestre, e aonde fôra
Mandam que vá morar, pois áquella hora,
Por o julgarem morto, se comprára
Outro fila maior que se encontrára.
Indo a mais a fraqueza, o expatriado
Busca algum que lhe aceite o traste dado.
— Que elle julgava dado — baratinho,
Offerta por migalhas ao vizinho,
A seus amigos todos, mas coitado!
Ninguem comprar pertende: este enfadado
Lhe diz — ser uma casca sem valia —
Outro diz — que elle a moda não seguia —
Não achando um bocado o pobre bicho
Com seu guizo é levado para o lixo.

   De casca em troco
   O ouro damos;
   Tornam-se ricos,
   Pobres ficamos.

Manoel Antonio Alvares de Azevedo.

96.

Anjos do mar.

As ondas são anjos que dormem no mar,
Que tremem, palpitão, banhados de luz:
São anjos que dormem, a rir e sonhar
E em leito d'escuma revolvem-se nús!

E quando de noite vem pallida lua
Seus raios incertos tremer, pratear,

E a trança luzente da nuvem fluctúa,
As ondas são anjos que dormem no mar!

Que dormem, que sonhão — e o vento dos céos
Vem tépido á noite nos seios beijar!
São meigos anjinhos, são filhos de Deus,
Que ao fresco se embalão do seio do mar!

E quando nas agoas os ventos suspirão
São puros fervores de ventos e mar:
São beijos que queimão... e as noites delirão,
E os pobres anjinhos estão a chorar!

Ai! quando tu sentes dos mares na flôr
Os ventos e vagas gemer, palpitar,
Porque não consentes, n'um beijo de amor,
Que eu diga-te os sonhos dos anjos do mar?

97.

A cantiga do Sertanejo.

Love me and leave me not.
SHAKESPEARE. Merch. of Venice.

Donzella! se tu quizeras
Ser a flôr das primaveras
Que tenho no coração!
E se ouviras o desejo
Do amoroso sertanejo
Que descora de paixão!

Si tu viesses comigo
Das serras ao desabrigo
Aprender o que é amar
— Ouvil-o no frio vento,
Das aves no sentimento,
Nas agoas e no luar!

— Ouvil-o nessa viola,
Onde a modinha hespanhola
Sabe carpir e gemer!
Que pelas horas perdidas

Tem cantigas doloridas,
Muito amor! muito doer!...

Pobre amor! o sertanejo
Tem apenas seu desejo
E as noites bellas do val!
Só — o ponche adamascado,
O trabuco prateado
E o ferro de seu punhal!

E tem — as lendas antigas
E as desmaiadas cantigas
Que fazem de amor gemer!
E nas noites indolentes
Bebe canticos ardentes
Que fazem estremecer.

Tem mais — na selva sombria
Das florestas a harmonia,
Onde passa a voz de Deus,
E nos ralentos da serra
Pernoita na sua terra,
No leito dos sonhos seus!

Se tu viesses, donzella,
Verias que a vida é bella
No deserto do sertão!
Lá tem mais aroma as flôres
E mais amor os amores
Que fallão no coração!

Se viesses innocente
Adormecer docemente
Á noite no peito meu!
E se quizesses comigo
Vir sonhar no desabrigo
Com os anjinhos do céo!

É doce na minha terra
Andar, scismando, na serra
Cheia de aroma e de luz,
Sentindo todas as flôres,
Bebendo amor nos amores
Das borboletas azues!

Os veados da campina
Na lagôa, entre a neblina,
São tão lindos a beber!
Da torrente nas corôas
Ao deslizar das canôas
É tão doce adormecer!

A! se viesses, donzella,
Verias que a vida é bella
No silencio do sertão!
Ah! morena! se quizeras
Ser a flôr das primaveras
Que tenho no coração!

Junto ás agoas da torrente
Sonharias indolente
Como n'um seio d'irmã!
— Sobre o leito de verduras
O beijo das creaturas
Suspira com mais afan!

E da noitinha as aragens
Bebem nas flôres selvagens
Effluviosa fresquidão!
Os olhos tem mais ternura,
E os ais da formosura
Se embebem no coração!

E na caverna sombria
Tem um ai mas harmonia
E mais fogo o suspirar!
Mais fervoroso o desejo
Vae sobre os labios n'um beijo.
Enlouquecer, desmaiar!

E da noite nas ternuras
A paixão tem mais venturas
E falla com mais ardor!
E os perfumes, o luar,
E as aves a suspirar,
Tudo canta e diz amor!

Ah! vem! amemos! vivamos!
O enlevo do amor bebamos
Nos perfumes do sertão!
Ah! virgem, se tu quizeras
Ser a flôr das primaveras
Que tenho no coração!...

98.

Crepusculo do mar.

> Que rêves-tu plus beau sur ces lointaines plages
> Que cette chaste mer qui baigne nos rivages?
> Que ces mornes couverts de bois silencieux,
> Autels d'où nos parfums s'elèvent dans les cieux?
>
> LAMARTINE.

No céo brilhante do poente em fogo
Com aureola ardente o sol dormia:
Do mar doirado nas vermelhas ondas
  Purpureo se escondia.

Como da noite o bafo sobre as agoas
Que o reflexo da tarde incendiava,
Só a idéa de Deus e do infinito
  No oceano boiava!

Como é doce viver nas longas praias
Nestas ondas e sol e ventania!
Como ao triste scismar encanto aéreo
  Nas sombras preludia!

O painel luminoso do horizonte
Como as candidas sombras allumia
Dos phantasmas de amor que nós amámos
  Na ventura de um dia!

Como voltão gemendo e nebulosas,
Brancas as roupas, desmaiado o seio,
Inda uma vez a murmurar nos sonhos
  As palavras do enleio!...

Aqui nas praias onde o mar rebenta
E a escuma no morrer os seios rola,
Virei sentar-me no silencio puro
    Que o meu peito consola!

Sonharei — lá emquanto, no crepusculo,
Como um globo de fogo o sol se abysma
E o céo lampeja no clarão medonho
    De negro cataclysma,

Emquanto a ventania se levanta
E no occidente o arrebol se atéa
No cinabrio do empyreo derramando
    A nuvem que roxêa...

Hora solemne das idéas santas
Que embala o sonhador nas phantasias,
Quando a taça do amor embebe os labios
    Do anjo das utopias!

Oceano de Deus! Que moribundo,
Do nauta na canção que voz perdida
Tão triste suspirou nas tuas ondas
    Como um adeus á vida?

Que náo cheia de gloria e d'esperanças,
Floreada ao vento a rubida bandeira,
Na luz do incendio rebentou bramindo
    Na vaga sobranceira?

Porque ao sol da manhã, e ao ar da noite
Essa triste canção, eterna, escura
Como um throno de sombra e de agonia,
    Nos teus labios murmura?

É vermelho de sangue o céo da noite
Que na luz do crepusculo se banha:
Que planeta do céo do roto seio
    Golfeja luz tamanha?

Que mundo em fogo foi bater correndo
Ao peito de outro mundo — e uma torrente
De medonho clarão rasgou no ether
    E jorra sangue ardente?

Onde as nuvens do céo voão dormindo
Que doirada mansão de aves divinas
N'um véo purpureo se enlutou rolando
Ao vento das ruinas?

99.

Vagabundo.

Eat, drink and love; what can the rest avail us?
Byron, Dom Juan.

Eu durmo e vivo ao sol como um cigano,
Fumando meu cigarro vaporoso;
Nas noites de verão namoro estrellas;
Sou pobre, sou mendigo, e sou ditoso!

Ando rôto, sem bolsos nem dinheiro;
Mas tenho na viola uma riqueza:
Canto á lua de noite serenatas;
E quem vive de amor não tem pobreza.

Não invejo ninguem, nem ouço a raiva
Nas cavernas do peito, suffocante,
Quando á noite na treva em mim se entornão
Os reflexos do baile fascinante.

Namoro e sou feliz nos meus amores;
Sou garboso e rapaz... Uma criada
Abrasada de amor por um soneto
Já um beijo me deu subindo a escada...

Oito dias lá vão que ando scismando
Na donzella que alli defronte mora.
Ella ao vêr-me sorri tão docemente!
Desconfio que a moça me namora!...

Tenho por meu palacio as longas ruas;
Passeio a gosto e durmo sem temores;
Quando bebo, sou rei como um poeta,
E o vinho faz sonhar com os amores.

O degráo das igrejas é meu throno,
Minha patria é o vento que respiro,
Minha mãe é a lua macilenta,
E a preguiça a mulher por quem suspiro.

Escrevo na parede as minhas rimas,
De paineis a carvão adorno a rua;
Como as aves do céo e as flores puras
Abro meu peito ao sol e durmo á lua.

Sinto-me um coração de lazzaroni;
Sou filho do calor, odeio o frio;
Não creio no diabo nem nos santos...
Rezo á Nossa Senhora, e sou vadio!

Ora, se por ahi alguma bella
Bem doirada e amante da preguiça
Quizer a nivea mão unir á minha,
Ha de achar-me na Sé, domingo, á Missa.

100.

É ella! é ella! é ella! é ella!

É ella! é ella! — murmurei tremendo,
E o echo ao longe murmurou — é ella!
Eu a vi — minha fada aérea e pura —
A minha lavadeira na janella!

Dessas agoas furtadas onde eu moro
Eu a vejo estentendo no telhado
Os vestidos de chita, as saias brancas;
Eu a vejo e suspiro enamorado!

Esta noite eu ousei mais atrevido
Nas telhas que estalavão nos meus passos
Ir espiar seu venturoso somno,
Vêl-a mais bella de Morphêo nos braços!

Como dormia! que profundo somno!...
Tinha na mão o ferro do engommado...
Como roncava maviosa e pura!...
Quasi cahi na rua desmaiado!

Afastei a janella, entrei medroso:
Palpitava-lhe o seio adormecido...
Fui beijal-a... roubei do seio della
Um bilhete que estava alli mettido...

Oh! de certo... (pensei) é doce pagina
Onde a alma derramou gentís amores;
São versos della... que ámanhã de certo
Ella me enviará cheios de flores...

Tremi de febre! Venturosa folha!
Quem pousasse comtigo neste seio!
Como Othello beijando a sua esposa,
Eu beijei-a a tremer de devaneio...

É ella! é ella! — repeti tremendo,
Mas cantou nesse instante uma coruja...
Abri cioso a pagina secreta...
Oh! meu Deus! era um rol de roupa suja!

Mas se Werther morreu por vêr Carlota
Dando pão com manteiga ás criancinhas,
Se achou-a assim mais bella, — eu mais te adoro
Sonhando-te a lavar as camisinhas!

É ella! é ella! meu amor, minh'alma,
A Laura, a Beatriz que o céo revela...
É ella! é ella! — murmurei tremendo,
E o echo ao longe suspirou é ella! —

101.

12 de Setembro.

I.

O sol oriental brilha nas nuvens,
Mais docemente a viração murmura
E mais doce no valle a primavera
Saudosa e juvenil e toda em rosa
     Como os ramos sem folhas
     Do pecegueiro um flor.

Ergue-te, minha noiva, ó naturesa!
Somos sós — eu e tu: — acorda e canta
No dia de meus annos!

II.

Debalde nos meus sonhos de ventura
Tento alentar minha esperança morta
E volto-me ao porvir...
A minha alma só canta a sepultura —
Nem ultima illusão beija e conforta
Meu ardente dormir...

III.

Tenho febre — meu cerebro transborda,
Eu morrerei mancebo — inda sonhando
Da esperança o fulgor.
Oh! cantemos inda: a ultima corda
Treme na lyra... morrerei cantando
O meu unico amor!

IV.

Meu amor foi o sol que madrugava
O canto matinal da cotovia
E a roza predilecta...
Fui um louco, meu Deos, quando tentava
Descorado e febril nodoar na orgia
Os sonhos de poeta...

V.

Meu amor foi a verde larangeira
Que ao luar orvalhoso entreabre as flores
Melhor que ao meio-dia
As campinas — a lua forasteira,
Que triste, como eu sou, sonhando amores
Se embebe de harmonia. —

VI.

Meu amor foi a mão que me alentava,
Que viveo e esperou por minha vida,
E a sombra solitaria que eu sonhava
Languida como vibração perdida
De roto bandolim...

VII.

Eu vaguei pela vida sem conforto,
Esperei o meu anjo noite e dia
    E o ideal não veio...
Farto de vida, breve serei morto...
Não poderei ao menos na agonia
    Descançar-lhe no seio...

VIII.

Passei como Dom Juan entre as donzellas,
Suspirei as canções mais doloridas
    E ninguem me escutou...
Oh! nunca á virgem flor das faces bellas
Sorvi o mel nas longas despedidas...
    Meu Deos! ninguem me amou!

IX.

Vivi na solidão — odeio o mundo
E no orgulho embucei meu rosto pallido
    Como um astro na treva...
Senti a vida um lupanar immundo —
Se acorda o triste profanado, esqualido
    — A morte fria o leva...

X.

E quantos vivos não cahírão frios
Manchados de embriaguez na orgia em meio
    Nas infamias do vicio!
E quantos morrérão inda sombrios
Sem remorso dos loucos devaneios...
    — Sentindo o precipicio!

XI.

Perdoa-lhes, meu Deos! o sol da vida
Nas arterias ateia o sangue em lava
    E o cerebro varía...
O seculo na vaga enfurecida
Levou a geração que se acordava..,
    E nuta de agonia...

XII.

São tristes d'este seculo os destinos!
Seiba mortal as flores que despontão

Infecta em seu abrir —
E o cadafalso e a voz dos Girondinos
Não fallão mais na gloria e não apontão
A aurora do porvir!

XIII.

Fôra bello talvez em pé, de novo
Como Byron surgir, ou na tormenta
    O heroe de Waterloo
Com sua idéa illuminar um povo,
Como o trovão nas nuvens que rebenta
    E o raio derramou!

XIV.

Fôra bello talvez sentir no craneo
A alma de Goethe, e reunir na fibra
    Byron, Homero e Dante;
Sonhar-se n'um delirio momentaneo
A alma da creação, e o som que vibra
    A terra palpitante...

XV.

Mas ah! o viajor nos cemiterios
N'essas nuas caveiras não escuta
    Vossas almas errantes,
Do estandarte da sombra nos imperios
A morte — como a torpe prostituta —
    Não distingue os amantes.

XVI.

Eu pobre sonhador — em terra inculta
Onde não fecundou-se uma semente
    Comvosco dormirei,
E d'entre nós a multidão estulta
Não vos distinguirá a fronte ardente
Do craneo que animei...

XVII.

Oh! morte! a que mysterio me destinas?
Esse atomo de luz que inda me alenta,
    Quando o corpo morrer —
Voltará amanhã — aziagas sinas
Da terra sobre a face macilenta
    Esperar e soffrer?

XVIII.

Meu Deos, antes — meu Deos — que uma outra vida
Com teu sopro eternal meu ser esmaga
 E minha alma aniquila...
A estrella de verão no céo perdida
Tambem ás vezes teu alento apaga
 N'uma noite tranquilla!...

102.

Lembrança de morrer.

No more! o never more!
SHELLEY.

Quando em meu peito rebentar-se a fibra
Que o espirito enlaça á dôr vivente,
Não derramem por mim nem uma lagrima
 Em palpebra demente.

E nem desfolhem na materia impura
A flor do valle que adormece ao vento:
Não quero que uma nota de alegria
Se cale por meu triste passamento.

Eu deixo a vida como deixa o tedio
Do deserto, o poento caminheiro
— Como as horas de um longo pesadello
Que se desfaz ao dobre de um sineiro;

Como um desterro de minh'alma errante,
Onde fogo insensato a consumia:
Só levo uma saudade — é desses tempos
Que amorosa illusão embellecia.

Só levo uma saudade — é dessas sombras
Que eu sentia velar nas noites minhas...
De ti, ó minha mãe, pobre coitada
Que por minha tristeza te definhas!

De meu pai... de meus unicos amigos,
Poucos — bem poucos — e que não zombavão

Quanto, em noites de febre endoudecido,
Minhas pallidas crenças duvidavão.

Se uma lagrima as palpebras me inunda,
Se um suspiro nos seios treme ainda
É pela virgem que sonhei... que nunca
Aos labios me encostou a face linda!

Só tu á mocidade sonhadora
Do pallido poeta déste flores...
Se viveu, foi por ti! e de esperança
De na vida gozar de teus amores.

Beijarei a verdade santa e núa,
Verei crystallizar-se o sonho amigo...
Ó minha virgem dos errantes sonhos,
Filha do céo, eu vou amar comtigo!

Descansem o meu leito solitario
Na floresta dos homens esquecida,
A sombra de uma cruz, e escrevão nella:
— Foi poeta — sonhou — e amou na vida. —

Sombras do valle, noites da montanha
Que minha alma cantou e amava tanto,
Protegei o meu corpo abandonado,
E no silencio derramai-lhe canto!

Mas quando preludia ave d'aurora
E quando á meia-noite o céo repousa,
Arvoredos do bosque, abri os ramos...
Deixai a lua pratear-me a lousa!

103.

Se eu morresse amanhã!

Se eu morresse amanhã, viria ao menos
Fechar meus olhos minha triste irmã;
Minha mãe de saudades morreria,
  Se eu morresse amanhã!

Quanta gloria presinto em meu futuro!
Que aurora de porvir e que manhã!
Eu perdéra chorando essas corôas,
 Se eu morresse amanhã!

Que sol! que céo azul! que doce n'alva
Acorda a natureza mais louçã!
Não me batêra tanto amor no peito,
 Se eu morresse amanhã!

Mas essa dôr da vida que devora
A ancia de gloria, o dolorido afan...
A dôr no peito emmudecéra ao menos,
 Se eu morresse amanhã!

104.

O Poeta moribundo.

Poetas! amanhã ao meu cadaver
Minha tripa cortai mais sonorosa!...
Fação della uma corda, e cantem nella
Os amores da vida esperançosa!

Cantem esse verão que me alentava...
O aroma dos curraes, o bezerrinho,
As aves que na sombra suspiravão,
E os sapos que cantavão no caminho!

Coração, porque tremes? Se esta lyra
Nas minhas mãos sem força desafina,
Emquanto ao cemiterio não te levão,
Casa no marimbáo a alma divina!

Eu morro qual nas mãos da cozinheira
O marreco piando na agonia...
Como o cysne de outr'ora... que gemendo
Entre os hymnos de amor se enternecia.

Coração, porque tremes? Vejo a morte,
Alli vem lazarenta e desdentada...
Que noiva!... E devo então dormir com ella?...
Se ella ao menos dormisse mascarada!

Que ruinas! que amor petrificado!
Tão ante-diluviano e gigantesco!
Ora, fação idéa que ternuras
Terá essa lagarta posta ao fresco!

Antes mil vezes que dormir com ella,
Que dessa furia o gozo, amor eterno...
Se alli não ha tambem amor de velha,
Dém-me as caldeiras do terceiro Inferno!

No inferno estão suavissimas bellezas,
Cleopatras, Helenas, Eleonoras;
Lá se namora em boa companhia,
Não póde haver inferno com Senhoras!

Se é verdade que os homens gozadores,
Amigos de no vinho ter consolos,
Forão com Satanaz fazer colonia,
Antes lá que do Céo soffrer os tolos! —

Ora! e forcem um alma qual a minha
Que no altar sacrifica ao Deus-Preguiça
A cantar ladainha eternamente
E por mil annos ajudar a Missa!

105.
A minha mãe.

És tu, alma divina, essa Madona
Que nos embala na manhã da vida,
Que ao amor indolente se abandona
E beija uma criança adormecida;

No leito solitario és tu quem vela
Tremulo o coração que a dôr anceia,
Nos ais do soffrimento inda mais bella
Pranteando sobre uma alma que pranteia;

E se pallida sonhas na ventura
O affecto virginal, da gloria o brilho,
Dos sonhos no luar, a mente pura
Só delira ambições pelo teu filho!

Pensa em mim, como em ti saudoso penso,
Quando a lua no mar se vai doirando:
Pensamento de mãe é como incenso
Que os anjos do Senhor beijão passando.

Creatura de Deus, ó mãe saudosa,
No silencio da noite e no retiro
A ti vôa minh'alma esperançosa
E do pallido peito o meu suspiro!

Oh! vêr meus sonhos se mirar ainda
De teus sonhos nos magicos espelhos!
Viver por ti de uma esperança infinda
E sagrar meu porvir nos teus joelhos!

E sentir que essa briza que murmura
As saudades da mãe bebeu passando!
E adormecer de novo na ventura
Aos sonhos d'oiro o coração voltando!

Ah! se eu não posso respirar no vento,
Que adormece no valle das campinas,
A saudade de mãe no desalento,
E o perfume das lagrimas divinas,

Ide ao menos, de amor meus pobres cantos,
No dia festival em que ella chora,
Com ella suspirar nos doces prantos,
Dizer-lhe que tambem eu soffro agora!

Se a estrella d'alva, a perola do dia,
Que vê o pranto que meu rosto inunda,
Meus ais na solidão lhe não confia
E não lhe conta minha dôr profunda,

Que a flor do peito desbotou na vida
E o orvalho da febre requeimou-a;
Que nos labios da mãe na despedida
O perfume do céo abandonou-a!....

Mas não irei turvar as alegrias
E o jubilo da noite susurrante,
Só porque a magoa desnuou meus dias,
E zombou de meus sonhos delirantes.

Tu bem sabes, meu Deus! eu só quizera
Um momento sequer lhe encher de flôres,
Contar-lhe que não finda a primavera,
A doirada estação dos meus amores;

Desfolhando da pallida corôa
Do amor do filho a perfumada flôr
Na mão que o embalou, que o abençôa,
Uma saudosa lagrima depôr!

Suffocando a saudade que delira
E que as noites sombrias me consome,
O nome della perfumar na lyra,
De amor e sonhos coroar seu nome!...

Luis José Junqueira Freire.

106.

Um pedido.

Bello joven, tu vagueas
Por campinas de esmeralda,
Adormentas sobre as flôres
O doce amor que te escalda.

Ainda o céo te apparece
Vasta abobada de anil,
A teus olhos não ha nuvem,
Nem furacão, nem fuzil.

Inda levantas os olhos
Á tua estrella feliz,
Lês cada noite em seus raios
Mil esperanças gentís.

Depois das visões ditosas
De teu dourado dormir,

Acordas fallando amores
Com prazenteiro sorrir.

Ao ardor meridiano
Ouvem-te ainda a cantar,
Não ves a mágua estampada
Na face crepuscular.

Pela escada da ventura
Sobes cad'hora um degrau,
Tua existencia mimosa
É um continuo sarau.

Bello joven, no teu peito
Não tocou a mão da dôr,
Teu espirito innocente
Póde bem pensar de amor.

Bello joven, só tu pódes
Co'os sentimentos na mão,
Fallar palavras ardentes,
Labaredas de paixão.

Eu, que tenho luctado contra a vida,
Bebido n'outro calice de dôres,
Joven! — Não posso meditar doçuras,
 Cantar ternos amores.

Eu que nunca senti nos olhos d'alma
O traspassar dos olhos da donzella,
Joven! — Não posso te pintar as dôres,
 Que não senti por ella.

E si eu quizera, disfarçando angustias,
Cantar suave a tua bella Armia,
Joven! — De todos eu teria em paga
 Um riso de ironia.

107.

Á profissão de frei João das Mercês Ramos.

Eu tambem antevi dourados dias
    N'esse dia fatal;
Eu tambem, como tu, sonhei contente
    Uma ventura igual.

Eu tambem ideei a linda imagem
    Da placidez da vida;
Eu tambem desejei o claustro esteril,
    Como feliz guarida.

Eu tambem me prostrei ao pê das aras
    Com jubilo indizivel;
Eu tambem declarei com forte accento
    O juramento horrivel.

Eu tambem affirmei que era bem facil
    Esse voto immortal;
Eu tambem prometti cumprir as juras
    D'esse dia fatal.

Mas eu não tive os dias de ventura
    Dos sonhos que sonhei;
Mas eu não tive o placido socego
    Que tanto procurei.

Tive mais tarde a reacção rebelde
    Do sentimento interno;
Tive o tormento dos crueis remorsos,
    Que me parece eterno.

Tive as paixões, que a solidão formava
    Crescendo-me no peito;
Tive em lugar das rosas, que esperava,
    Espinhos no meu leito.

Tive a calumnia tetrica vestida
    Por mãos a Deus sagradas;

Tive a calumnia, que mais livre abrange,
 Ó Deus! vossas moradas!

Illudimo-nos todos! — Concebemos
 Um paraiso eterno;
E quando n'elle sofregos tocamos,
 Achamos um inferno!

Virgem formosa entre visão phantastica
 Que tão real parece;
Mas quando a mão chega a tocal-a quasi,
 La vae, la se esvaece!

Sonho da infancia, que nos traz aos labios
 Um riso mais que doce;
Mas uma voz, um som... — some-se o sonho,
 Como se nunca fosse.

Tu, filho da esperança! — tu juraste
 O que tambem jurámos;
Tu acreditas, innocente! — ainda
 O quanto acreditámos.

Oh! que não soffra as dôres que nos ferem
 Teu joven coração!
Que o futuro que esperas se não torne
 Terrivel illusão!

Que sobre nós os — filhos da desgraça —
 Levantes um trophéo;
E que não aches — como nós achámos —
 Inferno em vez de céo!

108.

A Meditação.

Oh! morra o coração, germen fecundo
 De mil tormentos;
Desfalleçam-lhe as fibras — espedacem-se
 Os filamentos.

Isenta de paixões — de amor, ou odio,
  Surja a razão;
Não obedeça escrava aos sentimentos
  Do coração.

Torne-se o coração lampada extincta,
  Cinza no lar;
E deixe que a razão veleje livre
  Em largo mar.

Crêa n'um Deus — e dos dulçores goze
  De almo ascetismo;
Não mais lhe rôa as visceras o cancro
  Do scepticismo.

A divida infernal, batendo as azas,
  Perdendo as côres,
Precipite-se subito nas chamas
  Exteriores.

E Deus, que vivifica o alvar pinheiro,
  E a tenra planta;
Que os soberbos calcina, e que os humildes
  Do po levanta;

De minha vil baixeza — como os homens —
  Ah! — não se peja;
Que elle mão cheia de mil dons em todos
  Largo despeja.

Mas si té qui parece deslembrado,
  Triste! — de mim,
Si não manda a guardar minha alma dubia
  Um cherubim;

Si nunca se lembrar que um ente existe
  N'essa amargura,
Melhor não fôra me gelasse o sangue
  A morte dura?

109.

Frei Bastos.

Porque te afogas Bossuet Brazilio,
No immundo pégo de lascivia impura?
Porque teus louros triumphaes nodôas
Co'as roxas fezes do azedado vinho?
Porque continuo tua gloria assopras
Nos leves bafos do charuto ardendo?
Porque te afogas, Bossuet Brazilio,
No immundo pégo da lascivia impura?

Desces do altar á crapula homicida,
Sobes da crapula aos fulmineos pulpitos.
Ali teu brado lisongêa os vicios,
Aqui atrôa, apavorando os crimes,
E os labios rubros dos femineos beijos
Disparam raios que as paixões aterram.
Porque te afogas, Bossuet Brazilio,
No immundo pégo da lascivia impura?

Para as canções que celebráram Milton,
Deu-te o Senhor poetica ardentia;
Para esses dons, que Bossuet vestíram,
Deu-te o Senhor o fulmen da eloquencia.
Duas corôas te entrançava a gloria;
Duas corôas desmanchou teu genio.
Porque te afogas, Bossuet Brazilio
No immundo pégo da lascivia impura?

José Joaquim Corrêa de Almeida.

Epigrammas.

110.

— Acredita, amigo, que
Não ha em toda esta rua

Mais elegante edificio,
Uma casa como a sua.

— Pois está ás suas ordens;
Tome conta como sua,
Não use de ceremonias;
Vou pôr os trastes na rua.

Não aceita o amigo a offerta
Filha do desinteresse;
Mas, passado certo tempo,
De uma pousada carece.

E estas palavras de escravo
Ouve da parte de fóra:
— Meu senhor manda dizer-lhe
Que não 'stá em casa agora.

111.

Procurava o ladrão no tempo antigo
    O que se chama estrada;
Vai buscar o ladrão no tempo de hoje
    A estrada, mas por modo
Differente e diverso na verdade.
    Aquelle acommettia
O incauto passageiro, e o saqueava;
    O ladrão destas épocas
Arremata as estradas, toma conta
    Dos precisos concertos;
Recebe do thesouro seu dinheiro,
    E faça Deos bom tempo,
Que o melhor engenheiro dos caminhos
    É o sol que secca a lama.

112.

A respeito dos prazeres
Que sentimos nesta vida,
Dize-me tu se o quizeres

Com razão esclarecida
¿Qual o maior o consideres?

— Se é necessario dizê-lo
Eu direi sem grande custo,
Que é prazer sem parallelo
Tirar o sapato justo,
Metter o pé no chinello.

Parabolas.

113.

O Organista.

„Nós hoje brilhamos no orgão,
Tanto eu como o companheiro!
Não se ouvio no mundo inteiro
Harmonia tão accorde!"

Quando certo presumido
Ufanava-se dest'arte,
Assim a modo de aparte
Dirigem-lhe esta pergunta:

— Qual teu papel? Que papel
Teu companheiro fazia?
— Elle as teclas percorria,
E eu trabalhava no folle.

. . . .

A cada momento ouvimos
Tal ostentação, taes gabos,
De muitos pobres diabos,
Que se suppoem grande cousa.

Deputado vil comparsa
Representou de monjolo,
E, porque é ou ros crê tolos,
Enche a bochecha dizendo:

Suou-nos bem o topete,
Porém a effeito levamos
Projectos que elaborámos
Em prol do povo e da patria.

114.

A Capivara.

Faz residencia na terra
E no rio a capivara;
Posição mais vantajosa
Certamente não achára.

Sobe a ribanceira e evita
As rêdes do pescador,
Ligeira mergulha e foge
Dos tiros do caçador.

. . . .

Assim procede o politico
Que os principios não extrema;
Calculadamente segue
Da capivara o systema.

115.

A Transformação.

Conheço certo bichinho
De inconstancia exemplo e norma,
E que sem razão plausivel
Muda de figura e fórma.

Quando reptil delicado,
Mimoso qual filagrana,
É de aurea côr brilhantissima
E se chama *tuturana*.

Quando volatil insecto
¿Que pincel ou que palheta

De habil pintor desenhára
O matiz da borboleta?

A tuturana dourada
É como ortiga que inflamma;
A garbosa borboleta
Vai pousar na immunda lama.

. . . .

A politica desova
Muito bicho desta especie;
— Tuturana ou borboleta —
Eis o nome que merece.

Se o *tuturana* politico
É como ortiga que inflamma,
Transformado em *borboleta*
Onde se assenta é na lama.

A politica tem côres
Mui brilhantes todas ellas;
Tuturana ou borboleta
É bicho de côres bellas.

116.

O Recruta.

Tanquam ad latronem existis
Cum gladiis et fustibus.

O sol de nosso tropico abrasava
As planicies do fertil Parahyba:
Occultavão-se os passaros no matto,
E a importuna monotona sigarra
Doía nos ouvidos.
     O mormaço
Causava agudas dôres de cabeça,
Porque o clima não é do ameno campo
Do aurifero paiz chamado — *Minas*.
E o tropeiro que já descarregava
A frasqueira, a barrica, o fardo grosso,

Sobre o couro no rancho ora descansa
Das fadigas de pessimos caminhos.
A calma é excessiva; corre em bicos
O suor; mordem moscas e mosquitos.
Enfadonha sazão para viagens!
Um tropel que do Norte se levanta
Desperta o bom tropeiro. — Ahi vem gente!
Quem será?.... Tanto pó que sobe aos ares
Deixa suppôr que a multidão avulta.

Já se approximão: ha sujos bigodes,
Espingardas, bonés, espadas nuas,
Diabo e mais *diabo* a cada passo,
Aqui e ali asperrima lambada
Para conter illesa a disciplina.

Constrastão estas vozes outras vozes,
Suspiros arrancados das entranhas,
O pungente soluço intercortado
De imprecações ao céo pedindo a morte.
O nome de *Jesus*, o Santo nome,
Uma, duas, tres vezes repetido
Ouve-se de maneira que contrista!
Retinem as cadêas, o chão tinge-se
De salpicos de sangue, sangue humano!
Horroroso espectaculo medonho!

— Que tantos infelizes carregando
Algemas vis que os pulsos ennegrecem?!
— São levados á côrte. — O que fizérão?
Que genero de crimes e façanhas
Tentárão? de que modo delinquirão?
¿Dos réos da inconfidencia serão filhos
Que ainda expião hoje esse infamante
Labéo que lhes deixou o atrevimento
De rebeldes vassallos ascendentes?
— Não!... são moços que vão para recrutas
Das phalanges do Imperio Brasileiro!
Ali vai muito filho de viuva;
Muito esposo arrancado da consorte,
Na ultima eleição porque não dêrão
Um voto escrupuloso ao candidato
Mimoso da policia carinhosa.
Eis o crime que os leva encorrentados,

E dêem-se por felizes porque as vidas
Se lhes tem conservado! — Vidas tristes!
— Recusão sustentar com seu suffragio
O paternal governo? Pois defendão
Agora a Patria e o Throno com a pelle!

. . . .

E o mais é que o systema proseguido
De fazer de recrutas criminosos
Ha de sempre dar optimos soldados.

Barbacena, 1856.

117.

Excerpto do Romance — O Moço Loiro —
por J. M. de Macedo.

Honorina e Rachel.

A pouca distancia desse mar sereno e amoroso, que lambe as brancas orlas da voluptuosa Nictheroy, se levanta uma graciosa casa cercada de lindos jardins e meio escondida por tras de sibilantes casualinas e frondosas mangueiras, e olhando como namorada para a cidade do Rio de Janeiro, defronte da qual se terminão seos curtos e floridos dominios por um gradil a cavalleiro do mar, para quem abre passagem engraçado portico campestre ladeado de bancos de relva.

Alta ia a noite: o silencio das deshoras derramava não sabemos que feiticeiro encanto sobre essa pequenina e deleitosa cidade, adormecida ao clarão do cheio luar, por entre seos valles e bosques, pelas encostas de seos montes, e com uma de suas faces banhada por mansinhas ondas, e toda ella emfim embalada em seo dormir pelo sussurrar dos zephyros, que velavão galanteando as flôres de seos mil jardins.

Mas contrastando com esse geral silencio, como dous bellos genios da noite, duas moças conversavão recostadas a uma janella da casa, que ficou a cima notada; perto e defronte dellas um pé de casualina se elevava, e a lua penetrando por entre seos galhos espargia-se gostosa sobre os semblantes de ambas! ao clarão do luar parecião igualmente pallidas, e em descuidoso desalinho, que a hora e a solidão desculpava, longas madeixas, negligentemente soltas, cahião como espessa nuvem negra sobre espaduas côr de leite; dir-se-hião duas sombras encantadas e bellas.

Depois de separação dilatada essas duas moças de novo se abraçavão: quem sabe, quem tem sido testemunha do affan, com que se dizem mil cousas duas amigas da infancia, que ha muito tempo se não veem, comprehenderá facilmente o porque velavão em taes deshoras Honorina e Rachel.

Depois de longos mezes passados no campo, Honorina, a joven romantica, de quem havia dado noticias Felix, tornava para a sua bella Côrte, e pela primeira vez a sós com Rachel, a camarada de seos jogos de infancia, a companheira de suas travessuras de menina, a comadre de suas bonecas, ella olvidava, que a noite corria e conversavão juntas.

Um momento havião ficado ambas en silencio; quando Rachel, que até então só tivera de responder á sua amiga, entendeo que cumpria por sua vez interrogar.

— Mas, Honorina, d'ora avante deixarás tu de ser freira?...

— Eu devo crêr que sim, Rachel; pois que é morto meo avô, e meo pai não olha para o mundo como o encarava aquelle.

— E por tanto tu vás a ser bella princeza de nossas festas.

— Pensas isso?...

— Com tão lindos olhos, e tão bello rosto, disse-lhe Rachel dando-lhe um beijo, impera-se nas sociedades, e escolhe-se um escravo para marido.

— Mas casar-me-hei eu?...

— Que pergunta?... terás medo de não achar, quem jure que te ama?...

— Quem sabe?... e tambem, Rachel, chegarei eu a amar?...

— Em conclusão, e ainda que tu e eu fossemos feias, é tudo isso muito indifferente para acharmos, quem nos proteste amar, e queira casar comnosco.

— Mas porque?...

— Porque somos ricas.

— Oh Rachel, isso é horrivel!...

— E todavia nada ha neste mundo mais verdadeiro, e como é neste mundo, que devemos viver, demos graças a Deos, que nos deo fortuna e riqueza.

— Permitta Deos, Rachel, que tu me estejas mentindo; porque eu teria vergonha de viver em um mundo como esse.

— Escuta, Honorina, a diversidade de nossos pensamentos a tal respeito, nasce da differença de educação, com que se nos fez crescer. Ambas temos dezeseis annos; mas tu és muito mais nova que eu. Nossos pais nos amão com amor igual, quizérão ambos dar-nos a maior felicidade possivel, ricos, como são, desejárão que nós tivessemos todas as prendas peculiares do nosso sexo, e mais ainda, que nosso espirito fosse affincadamente cultivado, de modo que nós acquerimos o dobro da instrucção, que soem ter nossas patricias, com a educação ordinaria.

— Rachel, continua.

— Mas para conseguir esse fim nós trilhámos caminhos absolutamente oppostos: começarei por ti, Honorina. Tu tinhas um avô, que te idolatrava com excesso, homem do seculo passado, que chegára até o nosso com todas as velhas idéas firmes, e inabalaveis: elle combateo a vontade de teo pai, oppoz-se ao genero de educação, que se te queria dar, e para que este conseguisse ver-te instruida, foi preciso conceder, que toda a instrucção te fosse dada debaixo dos olhos de teo avô. Esse bom velho via o mundo cheio de mentiras e traição, de perigos, e de enganos; e tremendo pelo seo querido anjo, temendo que o bafo do vicio manchasse a flôr de seo coração, elle te escondeo dos homens: tu eras a sua bella violeta... modesta, occulta entre suas folhas: providente elle fugia comtigo em sua alma, quando sonhava um perigo; escolhia a casa, em que devias passar uma só hora em uma noite; cobria teo rosto com um véo para te levar á Igreja; tinha os olhos fitos sobre teos mestres; e ensinou-te a amar a virtude no seio da solidão: e tu cresceste; e aos quinze annos eras bella, sem saber, que o eras; alegre sem conhecer o mundo, e pura e innocente, como a florsinha; porque emfim nunca se havia queimado a teos pés o thuribulo lisongeiro dessas reuniões perigosas, onde reina uma febre de vaidade tão fatal, como contagiosa; porque emfim nunca fallára a teos ouvidos o galante mancebo, que jura, quando mente; que festeja, quando atraiçoa; que diz que ama, e vai rir-se!

— Oh! foi assim! exclamou Honorina abraçando sua amiga.

Rachel proseguiu.

— Ha um anno tu perdestes teu avô, e teu tio: forão dous golpes de uma vez: teu pai teve de sahir da Côrte para tomar conta de fazendas e bens, que seus dous parentes havião deixado: dez mezes passastes no campo, e agora voltas mais bella, mais interessante que nunca: teu pai, que não desposa os costumes dos velhos tempos vai atirar-se comtigo no meio do tumulto da Côrte: e pois as sociedades te vão abrir suas portas, e tu entrarás por ellas com o receio no coração, e um mundo novo se apresentará a teus olhos: has de corar ao mais simples cumprimento, tremerás ao mais leve gracejo, e não comprehenderás tão cedo esse viver de illusões e de mentiras, que se vive nas sociedades elevadas, essa arte preciosa e naturalmente cortesã de encobrir a friesa do coração com o fogo dos olhos, e occultar a indifferença ou a maldade dos sentimentos com o sorriso dos labios; poderás tu passar pela noite de um saráu, como um raio de luz atravez de um corpo diaphano?... não levarás nenhuma lembrança delle? dormirás sem sonhar, acordarás sem suspirar!... não te chegará á alma nenhum olhar, e não irão em alguma vez até ella as palavras ardentes do homem, que te requestar uma noite inteira?... oh Honorina, tu não comprehendes, o que é um homem, que nos tenta enganar!... no seio da paz e da solidão, onde cresceste, tu sonhaste com o mundo... e o sonhaste nobre, puro, sincero como tu mesma; julgaste todos os homens por teus pais e teus mestres: acostumada com a verdade, não sabes desconfiar da mentira, e até ha pouco creada e associada só com a virtude, tu a ves... tu pensas encontral-a por toda a parte; e não sabes pensar, que neste mundo se apresentão semblantes, que se parecem com o delle; mas que não o são; que são mascaras traidoras, que escondem o aspecto horrivel do crime!... e portanto, Honorina, sendo bella, como o dia, tu és ainda innocente como a pomba do valle, pura, como o favonio da madrugada: sim, graças a tua educação, tu és a propria virtude, não conheces o vicio; mas ah! por isso mesmo difficilmente escaparás de suas redes!...

Honorina occultou o rosto no seio de sua amiga, e só passados alguns instantes disse:

— E tu, Rachel?...

— Comigo, Honorina, passou-se o contrario de tudo isso: Meu pai viu tambem medroso o mundo cheio de mentiras e de traições, de perigos e de enganos; tremeu por mim, que me ama tambem, como o seu anjo; mas em lugar de esconder-me dos homens, levou-me para o meio delles; em vez de fugir comigo dos perigos, conduziu-me a borda dos abysmos, e fez-me medir com os olhos o seu fundo até recuar horrorisada!... amante, carinhoso, pai, e amigo ao mesmo tempo, elle procurou e soube ganhar a minha confiança inteira: oh Honorina, elle lê no meu coração, como no seu livro; meu pai é uma segunda consciencia, que eu tenho.

— Oh! falla mais, Rachel!

— Com effeito, Honorina, desde a mais tenra idade, eu comecei a não ter segredos para meu pai, a ser a seus olhos tão transparente, que elle lia, quanto se passava na minha alma; era em tal que baseava todo o edificio de minha educação moral. Aos doze annos eu pizei no grande mundo, meu pai me fazia frequentar as sociedades, os saráus e as festas: Honorina, erão lições, que me elle dava: quando voltavamos a casa, interrogava o meu coração, a verdade fallava por meus labios, e meu pai me mostrava a acção, em que havia um erro, as palavras doces, que eu tinha ouvido, e que erão uma vil lisonja, uma perigosa mentira, ou que vestião uma traição! diante do espelho elle me convencia, de que eu não era encantadora, como me tinhão dito; á força de um raciocinio simples e vehemente elle fazia vir á flôr d'agoa, a verdade, que fora submergida no mar de loucos e falsos protestos, de exagerados obsequios, e dessas primeiras e temerosas supplicas, que nos fazem, e que são sempre a chave, que abre a porta a mil atrevidas pretenções. Honorina, meu pai nunca voltou as costas ao perigo, nem os olhos ao vicio; era para ao pé de ambos, que elle gostava de me conduzir: eu dancei, eu passiei cem vezes ao lado do homem depravado, do homem de quem toda a mulher devia recear; e depois quando me achava a sós com meu pai, elle me dizia: „Rachel dançaste e passeaste com um miseravel: os seductores fallão e praticão como elle."

Honorina, eu vi a mulher perdida, observei-a em todo o horror de sua vida, de seus martyrios e de suas vergonhas, e era meu proprio pai, quem m'a apontava com o dedo para dizer-me depois: „Rachel, eis a mulher pervertida!" E assim, Honorina, eu aprendi a conhecer o seductor, e vi com terror os effeitos da seducção.

— Deve ser assim, Rachel, mas falla ainda...

— E por tanto, Honorina, tua educação te faz muito mais nova, do que eu; eu vi o mundo desde que raciocinei, e tu até agora sómente ouviste fallar delle: tu temes o vicio pelos seus espinhos, oh Honorina, é preciso temel-o ainda mais pelas suas flôres!... e então este nosso mundo, que hoje nos está lambendo os pés para amanhã cuspir-nos no rosto!... este nosso mundo, em que as mulheres são sempre nossas rivaes, que nos observão, e nos estudão para morder-nos, e perder-nos; e os homens quasi sempre sacerdotes de um culto horrivel, que nos ornão as cabeças com flôres insanas para logo depois immolar-nos no altar de seu deos de torpesas!...

Honorina respondeu a essas palavras de Rachel com um pungente gemido. Em seus feiticeiros sonhos de moça ella tinha imaginado modesto e nobre, virtuoso e alegre esse mesmo mundo, cuja descripção, talvez exagerada, lhe fazia agora estremecer de espanto e de horror.

Rachel ainda proseguiu:

— E que pensarás tu, minha Honorina, ou ainda melhor, que pensa a rica herdeira, a quem se corteja n'um saráu?... oh!... se acredita sómente na decima parte, do que lhe dizem..... é já uma louca.

— Como!

— E é quasi impossivel não enlouquecer, Honorina: porque ali cerca-se de todos os lados uma moça rica; não se lhe falla, se não com a linguagem da adulação; trata-se de affogar-lhe o bom senso com o fumo perfumado da lisonja: vem dez, vinte, cem elegantes mancebos jurar-lhe amor e ternura... e ella... ella, já louca, conta por victorias de seus olhos os triumphos do seu dinheiro!...

— E por tanto só as ricas são amadas?... perguntou ingenuamente Honorina.

— Oh! lá não se perde nada!... a senhora de grande dóte é o amor... o calculo do futuro: a bella joven de fracos teres é o amor... o passatempo do presente: vivemos em um seculo de frias idéas, em uma época de algarismos: tudo é positivo... o commercio tem invadido tudo: negocia-se tambem com o sentimento.

— Ah Rachel! e no entanto tu estás sempre alegre!

— Porque é preciso rir, Honorina, já que o chorar não da remedio;... e tambem com animo e virtude assoberba-se a tempestade. Olha, nós somos amigas dos primeiros annos, caminhemos pois juntas, e nos ajudaremos mutuamente: além de que, Honorina, e para tornar ao ponto, donde sahimos, nós pertencemos ao pequeno circulo das mais felizes: eu te dizia temos ricos dotes.

— Mas essa idéa de devermos tudo ao nosso dinheiro, não te acanha, Rachel?

— Eu sei, Honorina; porém nesta vida não nos dão licença de pensar, senão no casamento; e a esperança deste está mais em um bom dote, do que em dous bonitos olhos; por tanto demos graças á providencia, já que nem por feias espantamos, nem por pobres desesperamos.

— Oh! porém é torpe, Rachel, disse com enthusiasmo Honorina; é torpe, que um homem venda seo coração ou pelo menos a liberdade por um cofre cheio de ouro! é um horrivel sacrilegio ir um homem ajoelhar-se aos pés do altar, receber a benção do sacerdote, estender a mão para uma triste mulher, com os olhos em seo rosto, e o pensamento no seo dinheiro!... e mais baixo, e mais torpe que tudo isso é um homem negociar com a desgraçada sympathia, que lhe tributa uma infeliz mulher, enganal-a quando ella conta com o seu amor, e quando á conduz do templo para casa, antes de outorgar-lhe o primeiro beijo de esposo, correr a seo escriptorio e escrever no livro de suas contas mais uma parcella na columna dos rendimentos!... Rachel, se eu me casasse com um homem desses, daria todo o dote, que tivesse de meo pai, para que elle se não assentasse junto de mim; porque eu teria nojo de sua alma!... Rachel, dize, que zombavas de mim, quando fallavas ha pouco, ou então eu te juro, que melhor me fôra ser pobre!...

— E pensas, Honorina, que ganharias muito com isso?...

— Pelo menos, Rachel, quando eu chegasse a ser amada, teria a certeza de sel-o por mim mesma.

— E no entanto com esse teo bello rosto mais, que a nenhuma outra, te armarião traições, e cavarião debaixo de teos pés um abismo, de que escaparias, eu sei, com tua virtude; mas tambem com trabalhos, soffrimentos, e lagrimas: Honorina, o pensamento dos homens, a respeito de nós outras é este „venda-se o homem pelo ouro da mulher rica para com esse ouro tentar perder a mulher pobre:" repito, o nosso mundo é este; vivamos pois com elle, e tanto mais, que não vejo rasão para a celeuma, que tens feito.

— Oh Rachel! quando se nos quebra contra o coração o unico sentimento, que póde fazer a ventura da mulher neste mundo!... quando se nos apaga no espirito a unica luz, que nos póde tornar brilhante o caminho da vida!... quando parece, que nos estão dizendo „mulher! não ames!..."

— Meu Deos!... mas tu és romantica, Honorina!...

— O amor!... o amor!... o amor!... exclamou Honorina com sentimento, e fogo.

— Amor, minha cara amiga, é uma vã mentira, amor não é mais que uma das muitas chiméras, com que a phantasia nos entretem na vida, como a bonéca, que se dá á creança para conserval-a quieta no berço... o amor não é mais que a flôr de um só dia, que abre de manhã; e antes da noite está murcha.....

— Rachel!... pensar assim com dez-e-seis annos!... dizer que amor é uma chiméra!... flôr de um só dia... oh! pois bem! mas essa flôr tem um aroma que hade embriagar; que deve adormecernos n'um bello somno cheio de lindos sonhos, do qual só deveriamos accordar para passar de suas delicias para as delicias do paraizo!...

— Honorina! eu tenho medo de ti!... pensa bem nisto: o amor é uma hora de felicidade em chammas, que levantão altas labaredas; mas que se extinguem cedo para deixar apóz a cinza e o fumo da indiferença ou do aborrecimento, que tolda para sempre o horisonte da vida dos amantes, se o zephyro da amizade não vem a tempo para limpal-o.

— Oh pois bem, Rachel, a desgraça de toda a minha vida... o horisonte della toldado pela indiferença, ou pelo aborrecimento; mas uma só hora dessa felicidade em chammas, que tam cruelmente pintaste!... oh sim!... o amor de um homem, que se misture com minha vida e com o meo futuro; que comigo faça um só ente; que se esqueça do meo ouro; desse ouro vil, para se lembrar de mim só... como eu me lembrarei só delle!... ah Rachel, um amor de poeta!... um amor de fogo ainda que acabe na desgraça e na morte; mas que seja sempre o mesmo amor, deve ser bem bello!...

Os enthusiasticos e nobres pensamentos da moça forão interrompidos por soluços, que quasi a suffocavão. Ella chorava, e tinha rasão para chorar.

Alma tão ardente e angelica, tão cheia de poesia, e de imaginação devia doer-se, sentindo-se preza em um mundo todo de materia, de gelo, e de torpe positivismo.

A educação tinha arrojado essas duas moças para dous extremos, ambos perigosos. Uma acostumada a ouvir com sancto amor filial todos os conselhos de seo pai desde os primeiros annos; affeita a olhar para o mundo sempre pelo lado peior; tendo aprendido a amar a virtude, menos pelos encantos desta, do que pelo horror, que deve inspirar o vicio; escutando a todas as horas a voz de uma moral franca grandiosa, mas fria e melancolica; abafou, sem talvez o querer, dentro do coração os sentimentos brilhantes, arrojados, e ardentes, proprios de sua idade. O amor é por ella considerado uma mentira, ou um abismo: e orgulhosa de sua educação, e de sua prudencia ri-se do mundo, e para o mundo.

Uma moça pensando, como Rachel, póde causar surpresa: mas certamente faz entristecer; porque sua sensibilidade parece embotada: e a sensibilidade é o perfumo da belleza.

A outra, creada longe do bulicio da sociedade, separada do grande mundo pela vontade de sua familia, porém ao mesmo tempo instruida com esmero; tendo até então conversado sómente com os livros, imaginou, o que não podia ver; cresceo na solidão como uma flôr, pura, innocente, cheia de deleitosas fragancias; e a solidão alimentou, acendeo, inflammou sua imaginação brilhante que voou livremente... ella sonhou pois com um mundo... com cem amigas... com um bello mancebo... esposo, e amante, e todo o seo sonho era encantador... feiticeiro... adoravel! tanto tempo, dez-e-seis annos fechada comsigo mesma... com a alma repleta de ternos e ardentes sentimentos, e sequiosa de generosas impressões, ella que lêra romances, e poesias, ella que se fizera poeta na soledade e no retiro... pensava em amor com religioso encantamento; separava desse ente ideal, mavioso, angelico, e vivificante toda a idéa material, e bruta... não, não separava; antes nunca se tinha lembrado ella, virgem e innocente, que se podesse ligar uma só dessas miseraveis idéas, com aquelle filho mimoso do coração, amamentado, creado, embellecido, endeosado pela imaginação.

E por tanto ambas essas moças se enganavão com o mundo, e talvez que seu erro seja para ambas funesto.

É possivel que um dia desperte no coração de Rachel o sentimento, que ahi dorme, e nesse caso terrivel deverá ser a reacção.

E Honorina achará nesse mundo, em que vai entrar, seu bello sonho de poesia? haverá nesse mundo, que sem talvez estar tão pervertido, como o pinta Rachel, é todavia egoista, máu, e enregelado, haverá nelle ainda um homem, que comprehenda a alma dessa mulher-anjo, que pede ao céo um amor de poeta e de fogo?... dessa nobre moça, que com a ponta de seu pé arrojará para longe de si o cofre de ouro do homem que ella não amar, e que pretender possuil-a?...

Oh!... se a realidade fria e negra apparecer sempre desmentindo sua imaginação alva e fervente!... quanto não custará a essa creatura angelica o arrastar a vida por este nosso campo de miserias!...

Mas Rachel, que primeiro escutára admirada a linguagem sentimental e enthusiastica de sua amiga, apertou-a contra o peito, vendo-a chorar tão tristemente; e como se antevisse os perigos que ella ia correr com tão inflammado espirito, exclamou quasi sem sentir:

— Infeliz da minha Honorina!...

— Sim, sim, Rachel, bem infeliz; porque vivo neste mundo de ambições, e de vergonhas, onde, tu dizes, que se ama a mulher pelo seu dote.

— Nada de tristezas agora... e tanto mais, que se fores enganada no teu amor, saberás olhar de bem alto para o homem, a quem comprares com o teu dinheiro.

— Rachel, e pois que a solidão me fez tão sensivel, e tão capaz de amar, perdoa; mas preciso é confessar, que tambem o aspecto e as lições do mundo tem embotado em tua alma o mais fino dos sentimentos! nós temos tocado os extremos, arrebatadas pela educação, que nos dérão nossos maiores: eu serei demais innocente; mas tu ficaste sabia de mais.

— Acceito o cumprimento, Honorina, e te offereço toda a minha sciencia: façamos um contracto: segundo as necessidades do momento eu te emprestarei metade de minha malicia, ou tu me darás algumas dózes de tua innocencia. Ora pois: realisemos os votos de nossa infancia; soldemos para sempre os laços de uma amizade velha, como a nossa vida; celebremos uma dupla alliança offensiva, e deffensiva, e primeiro, que tudo, Honorina, — confiança por confiança.

— Sim, Rachel, coração por coração.

E as duas moças acabavão de sellar com um beijo o tratado de alliança.

118.

Exerpto do Romance — Rosa — por J. M. de Macedo.

As moças bonitas.

Ha neste mundo certos entes privilegiados, que sabem ser ao mesmo tempo demoninhos tentadores, e anjos de salvação dos homens; creaturas especiaes e milagrosas, que fazem dar mil voltas a cabeça de muita gente de juizo: são... quasi que não era preciso dize-lo, são as moças bonitas.

Despoticas rainhas do mundo em que vivem, empunhão um sceptro, que, por mostrar-se ennastrado de flôres, nem por isso deixa de estar tambem cravado de espinhos. Uma só dessas perigosas tentações, com um simples olhar de relance, accende um volcão terrivel na alma de duas duzias de peccadores; com um brando sorrir, a tempo raiado no céo dos labios, torna mesmo em cera derretida o coração mais de pedra que se possa imaginar; com um travesso annel de madeixa a brincar esquecido sobre a rosa da face, e que, ao mover da cabeça, vai beijar-lhe a commissura dos labios, põe a gente a morrer de inveja desse ladrão de annel de madeixa; com um momo meneiado a proposito, adeos minhas encommendas, vão-se espatifados pelos ares todos os calculos do genero humano.

Ninguem lhes ensinou a olhar, a rir, nem a meneiar seus momos assim; ninguem foi dizer a aquelle travesso annel de cabellos que fosse entender com aquelles labios de modo tão perturbador da ordem e da tranquillidade do espiritu humano, ninguem... no entanto ellas fazem tudo isso ás mil maravilhas, fazem-o mesmo tão a justa, que menos seria uma pena, e mais se tornaria um peccado.

Por causa dessa interessante porção do genero humano passa noites em claro o opulento monarcha, e o pobre lavrador; o poeta faz-lhe sonetos, e o ignorante versos de pé quebrado; o velho, que se lembra do seu tempo; o moço, que se aproveita daquelle em que vive; e o proprio menino, que no — *vai-te esconder* — prefere muito significativamente as primas aos primos; todos emfim estão debaixo da influencia dessa bella creação privilegiada.

E ha razão para ser tudo isso assim, porque, fallando a verdade, sem moças bonitas, este mundo seria mesmo como um valle sem as galas da vegetação; como uma floresta sem as harmonias das aves; como um céo sem o brilho das estrellas; como um coração emfim sem os assomos da esperança.

O poder, a influencia desse bello povinho magnetico é realmente inconcebivel: ás vezes basta ver passar de relance uma moça bonita, para que o pobre homem, que a contemplou por breve instante, se é militar, se esqueça da guarda que deve fazer no dia seguinte, e dê comsigo em uma fortaleza; se é estudante, estude debalde a sabbatina que lhe foi marcada, e se exponha a um R furibundo no mez de novembro; se é mathematico, gaste em vão duas e trez noites seguidas em procurar o valor de um X, que está entrando pelos olhos.

A missão das moças bonitas no mundo ainda não foi bem comprehendida: o egoismo e a ignorancia dos homens levantão barreiras diante dellas, que se vêm por isso impossibilitadas de fazer o bem que podião; e a sociedade se acha encadeada por um milhão de nós gordios, que uma só dellas desataria com um leve sorriso muito mais regularmente do que o fez outr'ora a espada de Alexandre.

Os estadistas, por exemplo, já se lembrárão do grande partido que se póde tirar das moças bonitas na direcção dos negocios politicos?... pois não concebem que um ministerio composto dessas tentações era capaz de tornar republicanos os mais fieis validos do proprio imperador de todas as Russias? socialistas, e até communistas, o marechal Radetzki, o duque de Welincton, e o principe de Meternich?... furiosos realistas, o velho Dupont de l'Eure, o ardente Ledru-Rollin, e o presidente dos Estados-Unidos?... não comprehendem que ministerio tal podia fazer eleições sem cabalas, nem compromettimentos?... não crêm que era impossivel haver parlamento, que negasse maioria a uma administração tão encantadora?... palavra, que não se perderia com a experiencia; teriamos um ministerio dirigendo os negocios publicos somente com olhares meigos e sorrisos da esperança; em vez dos que agora temos, teriamos os partidos dos cabellos á chineza, ou á napolitana. Realmente a lembrança não é de se deitar fóra: as fardas dos Srs. ministros tem provado muito mal; valia a pena ensaiar os vestidos das Sras. ministras: por peiores que elles fossem, o paiz, se não ganhasse, tambem não perderia com a troca.

Ora, é preciso que fique muito bem determinado que nem a todas as moças é dado operar semelhantes milagres, que elles são exclusivos unicamente das bonitas; como porém não haja uma só que deixe de julgar-se bella, ainda que o contrario disso lhe vá dizendo o seu espelho trezentas vezes por dia, não correm estas considerações o grave risco de desgostar ninguem.

119.

Excerpto do Romance — A Providencia — por A. G. Teixeira e Souza.

A Aldêa de S. Pedro e a Procissão dos Passos.

> A descripção das scenas de natureza deleita, a dos costumes instrue.
> Aquelle que só deleita torna-se superficial, o que só instrue, aborrecivel; casemos pois estas duas qualidades.

A formosa e magnifica bahia de Araruama é limitada pelo lado da terra firme, isto é, quasi do sul ao norte, correndo pela parte de oeste, por alguns montes, collinas e agradaveis lesiras, mais ou menos prolongadas com as praias, e mais ou menos entranhadas pela terra firme: os ultimos desses montes, que pelo norte a limitão, são os que se chamão — Ponta-Grossa.

— Tal nome justifica a lembrança de seu autor; porque é a Ponta-Grossa (um pequeno cordão de terra entrado pelo mar) composta de montes, ou talvez de um unico monte, e assim terminada por um mais grosso, cujo topo se divide e remata em desigualdades; ou realmente terminada em uma reunião de pequenos montes, não tendo todavia todos mais do que uma unica raiz. Este cordão corre da terra para o mar talvez a rumo do sueste; e extremando pelo lado oriental a bahia dita, deixa-lhe unicamente o estreito ou boqueirão da Ponta-Grossa, por onde as suas aguas se vão communicar ás do oceano.

Longe da Ponta-Grossa, talvez menos de uma legua, levanta-se uma espaçosa collina, ou uma larga meia-laranja, beijada pelo lado do occidente e sudoeste pelas aguas da bahia, que ás vezes arrojadas com impeto pelo vento que dalí dardeja, vão furiosas mugindo quebrar as equoreas sanhas n'uma agradavel praia, sobre cuja branca arêa murmurando se precipita a alva espuma da onda, que em nevadas sanefas franja a despida praia em toda a sua agradavel extensão.

Esta meia laranja, de figura quasi circular, e cujo diametro não chegará talvez a 500 passos, offerece um declive um tanto mais sensivel pelo lado do oesnoroeste ate o susueste, pouco mais ou menos, isto é, por todo o lado da praia, que diz para bahia de Araruama e da terra, que se vai ligar com o cordão de Ponta-Grossa; por todas as partes porém que olhão para o essueste até o nornoroeste, partes que ficão para terra firme, a sua elevação é quasi insensivel. Foi sobre essa meia laranja onde fundou-se a Aldêa de que ha pouco fallámos. Constava pois ella de uma espaçosa igreja, mas bastante acaçapada e pouco decente, de modo que o pavimento era composto de tampas de sepulturas, de madeira, como na verdade erão e ainda são algumas das pequenas cidades e villas: quanto a forro, esse não o tinha; o tecto pois era o telhado que lhe servia de cobertura, o qual era sustentado por duas filas de toscos pilares de alvenaria. Se a minha debil e cansada memoria permitte que della me fie ainda, esta igreja, bastante vasta, e de mais para uma pequena aldêa, não tinha senão tres altares: o altar-mór, onde havia a imagem do orago S. Pedro, e dous lateraes; um creio que dedicado ao Senhor dos Passos, e o outro a Nossa Senhora da Conceição, havendo todavia mais outras imagens, das quaes só me lembro bem da do Espiritu Santo. A escada do côro era mesmo no corpo da igreja, e da mesma fórma a do pulpito, tambem um tanto tosco, o qual estava fixo em um dos pilares.

Era pois sufficientemente grande, mas pouco decente a igreja de S. Pedro da dita aldêa: não obstante, ahi se celebravão as funcções do culto, sem luxo algum, mas com toda a devoção; sem grandeza alguma, mas com ardor religioso; sem as escandalosas pompas de hoje, mas com a fé desses bons tempos! Quanto á Aldêa, não era lá muito melhor; pois que constava de uma rua circular, que partindo de quasi junto da igreja, bordava a meia laranja pelos lados, que esta apresentava um doce declive até o lado da praia: as casas não passavão de humildes choupanas, feitas de páos a pique, e varas amarradas áquelles por meio do cipó imbê, cuja força e duração são partes que se admirão: estes casebres cobertos de sapê, ou tiririca, ou uricanna, não tinhão por todo o repartimento mais que uma sala e dous quartos, quando muito: na frente da rua uma pequena porta bem no centro e uma janella de cada lado, pertencendo cada uma a um dos quartos: defronte á porta da sala havia outra que dava para o lado detrás; estas casas não tinhão quintaes nem cozinhas, porque seus donos não as occupavão por mais de dous dias; pois que morando elles em suas pequenas situações, só occupavão as cabanas da aldêa aos domingos e dias de festas, e então os que não trazião comida já preparada, cozinhavão junto a casa da parte de fóra, e o fogão para isto erão tres pedras, servindo de trempe: já se vê que as casas não erão unidas umas ás outras, o que em verdade acontecia, porque erão rareadas por espaços, e algumas vezes não pequenos.

Tal era a Aldêa de S. Pedro no tempo a que me refiro, e pouco differia em 1824, excepto o ter então já duas, ou talvez mais casas cobertas de telhas, e se achar elevada a freguezia, em consequencia da ordem regia de 8 de maio de 1758, mandando que *as igrejas dos Indios, administradas até ali por Jesuitas, se erigissem verdadeiras parochias, com o titulo de vigararias, e que o ordinario as fizesse servir por clerigos seculares, etc.*

Cumpre aqui dizer de passagem que poucas posições haverá tão agradaveis, tão encantadoras e tão pittorescas como essa em que está collocada a Aldêa de S. Pedro; é pena, é assás para lamentar-se que essa meia laranja, que tão graciosa e lindamente domina o mar que se lança para Araruama, e donde olhos divertidos se alegrão; aqui, em pequenos prados; ali, em baixas e pequenas collinas, reunidas, como um batalhão cerrado, cobertas de uma verdura sempre nova, e de flôres sempre renascentes; cá, em situações soberbamente collocadas, já no meio de um gracioso valle, já na planura de um outeiro ou collina, e já no declive de uma serra; lá, em pequenas embarcações, cuja branca vela dá ares de uma nuvem que serena passa nos céos, ou em esguias canôas, que varejadas cortão as ondas deste pégo azul, como o céo que o cobre, e ás vezes socegado e tranquillo como a face de um céo claro e brilhante, e ás vezes revolto e irritado como a face de um céo tempestuoso; além, nos cimos das serras, agora azues como as campinas ethéreas, e logo brancas como a neve do inverno, porque o anjo da tempestade, repousando em um ou outro topo, desdobra por alguns delles o seu pesado manto, tecido do fogo, d'agua e da nuvem; é pena, digo, que esse bello lugar seja tão mesquinho d'agua potavel.

Hoje esta Aldêa está inteiramente mudada: os indigenas teem successivamente desapparecido; pouco já resta dessa raça que possuia este bello terreno, desde um tempo que o mesmo historiador não conhece positivamente! Os pobres casebres desabárão ás mãos do tempo, e em seu logar erguêrão-se soffriveis casas, de modo que da primitiva Aldêa nada mais resta que a igreja, a qual ainda hoje chamão alguns — o convento —, porque o templo communicava com o edificio em que moravão os padres da Companhia de Jesus; edificio que, como os nossos conventos, constava de salões, corredores e cellas. Emfim, a Aldêa de S. Pedro é hoje um bello arraial: oxalá que muitas villas, e até da provincia do Rio de Janeiro, valessem metade delle!

O narrador pediu ha pouco aos seus leitores que figurassem

que era uma quinta-feira, vespera do dia dos Passos; pois bem: agora, continuando ainda em seu pedido, porque quem escreve pede muito, máo é quando lhe não concedem tudo; e entretanto os pedidos são tão pueris e insignificantes, que não prejudicão nem offendem pessoa alguma: continuando pois em seu pedido, desejo que o leitor e o auditor, ou auditores, se os ha, figurem que é chegado o dia cuja vespera foi a quinta-feira dita.

Ora pois, desde essa vespera entrão na Aldêa cavalleiros e cavalleiras, carros carregados de familias, gente de pé de todas as idades, de todas as côres, de todos os estados e condicões, e de ambos os sexos; da mesma sorte atracavão ao porto ou á praia da Aldêa canôas tambem carregadas. Do meio dia em diante o pequeno arraial se ufanava pela variedade das caras e dos vestuarios de mais de duas mil pessoas, que ali se agitavão como um cardume de peixes, o que no pequeno espaço da meia-laranja redemoinhavão como o pó, volteando nas azas do vento da tempestade. É um desproposito dizê-lo, mas é de despropositos que se compõe a vida do homem, e ainda a do mais sisudo, e assim digo que nessa reunião havia mil e tantas caras sem nomes, não obstante talvez houvesse algum nome sem cara..... é tão caprichosa a fortuna! Quanto pórem aos outros volumes que enchião a Aldêa, erão cavallos, bois, carros, canôas, caixas de roupa, cestos de provisões de boca e montes e montes de velas de cêra offerecidas ao Senhor dos Passos.

Pelas 5 horas da tarde, pouco mais ou menos, a procissão começou de desfilar pela porta do templo para correr seu transito. Ao apparecer o grande pendão do S. P. Q. R. um respeitoso silencio succedeu á vozeria de mais de mil vozes, que indiscretas se confundião. Nestes tempos não se havia talvez assentado em considerar, como logares honorificos, os das quatro pessoas que em taes procissões levão os quatro cordeis ou guias do pendão, e se em tal havião assentado nas côrtes e grandes cidades, os jesuitas directores destes indigenas lhes não tinhão feito adoptar este costume. Parece que a necessidade havia creado esses logares, porque sendo o pendão um tanto grande, e estando sujeito a perder o equilibrio a uma refega de vento, julgou-se bom, e o é, que o pendão fosse sustentado por quatro guias, que o conservassem sempre em equilibrio, ainda apezar de uma grande rajada de vento. Depois, quem sabe, se ligárão a esse pendão idéas mais significativas, figurando-o como um emblema da religião, visto que as suas quatro iniciaes dão uma idea do mysterio sobre o qual se assenta toda a religião christã; e nesse caso este pendão devia ser conservado e sustentado sempre em pé, e já se vê que para isto só quatro braços athleticos! O que porém é verdade, e até mui notavel, é que nos logares onde as guias do pendão são levadas por altos personagens, o pendão mesmo é levado ahi por algum pobre diabo que nem por isso é mui digno de figurar no meio desses figurões!... não que o pendão peça alguma cousa.... e os grandes da terra não são bois de carga... ahi está o povo, que para elles trabuca... Ainda ha nisto uma harmonia, e é que os magnates que levão as guias do pendão representão os nobres, os grandes, os bemaventurados da terra; e o pobre diabo que leva o pendão, representa pura e simplesmente o povo; porque o povo crea, construe e levanta; os grandes conservão e desfrutão! Se não, dizei o que significa esse pendão, ou que idéa se lhe liga? o que significão esses nobres ou poderosos da terra, que o sustentão, e esse homem do povo, e tão desconhecido, que o carrega? Ora, eis o como o homem sempre creador e engenhoso sabe transformar suas necessidades e miserias em grandezas e pompas!

Sahiu pois o pendão carregado por um dos indigenas da aldêa, e o mesmo erão os que levavão as guias. A vista do pendão, depois de alguns minutos, o silencio foi quebrado em algumas partes. Erão vozes de moças e meninos curiosos, que pedião a seus maridos e pais, ou encarregados, a interpretação das quatro letras do pendão. Com effeito, diversas interpretações ali aparecêrão. Cada um as traduziu segundo os seus caprichos, ou antes instrucção, que a tal respeito lhe havião dado. Um estudante, para parecer bem a uma amavel senhorita, a quem apresentava seus rendimentos e finezas, disse que significavão uma pergunta feita pelos Sabinos aos Romanos, e a resposta destes áquelles, isto é: *Sabino Populo Quis Resistit?* que veem a ser: *Quem resiste ao povo sabino?* Sendo a resposta dos Romanos: *Senatus Populus Que Romanus*, isto é: *O senado e o povo romano.* Adiante um bom velho dizia, em tom mesmo de um chefe de familia, a seus filhos, que a tal respeito o havião interrogado: — Aquellas letras (dizia elle) significão: *Santos passos que correm as ruas!*

Pedro, o nosso conhecido velho, que não estava longe do logar, riu-se desta estupida interpretação; e o seu bello caixeiro, que estava com elle, perguntou-lhe.

— Ó patrão, aquelle Q só significa. *Que correm!*

Pedro riu-se ainda mais da observação do seu caixeiro.

Este pediu-lhe tambem a interpretação das taes letras.

— Só sei de duas, disse Pedro.

— E quaes são? tornou o caixeiro.

— Estas: *Silenter Prudens Qui Rapit.*

— E o que vem a dizer em nossa lingua?

— Que *é prudente quem rouba silenciosamente*.
— E a outra? perguntou ainda o caixeiro.
— É esta: *Solus Potest Qui Rapit*, tornou Pedro.
— E o que vem a ser?
— Que *Só Rouba Quem Póde*.

Com effeito, todas estas interpretações estavão de harmonia com os sentimentos de Pedro. O pensamento complementar da ultima interpretação, como o mesmo Pedro o explicou, era: „*porque só não rouba quem não póde!*" O narrador guarda-se bem de fazer a respeito qualquer observação; e só nota que o *Solus Potest Qui Rapit* de Pedro podia soffrer mais traducções differentes, sem violencia ao texto. A que Pedro deu foi, como vimos: *Só rouba quem póde*. Ha ainda estas: *Quem Póde Rouba Só*; com este pensamento complementar: *Porque admitte companheiro quem não póde roubar só*. Ha ainda outra, e que é a primeira, que vem logo ao pensamento, em consequencia da collocação latina (que em verdade não e tão arbitraria como muita gente pretende). Esta, além de mais natural, não carece de pensamento algum para completa-la. Ei-la: *Só Póde Quem Rouba!* Talvez algum velho latinista, maniaco de argucias, ache mais meios de traduzir a horrivel proposição de Pedro; quanto a mim, digo que me não pago de estar quebrando a cabeça por causa de quatro palavras latinas, que já aqui vão traduzidas de tres differentes maneiras. Além de que, traduzir quatro palavras da lingua latina em tres maneiras diversas, é assás mostrar que essa lingua prestava-se a immensas velhacadas.

Circulárão ainda outras muitas interpretações. Não falhou o infallivel *Salada Pão Queijo Rapadura* dos garotos, que tambem nesse tempo já os havia. Ouvirão-se ainda, cahidas da boca de um venerando velho, em tom doutoral, as palavras: *Salva Populum Quem Redemisti*; isto é: *Salva o povo que remiste*.

Ao passo que a procissão desfilava pela porta da igreja, Pedro avistou Filippe com sua familia, e se approximou delle. Depois das saudações, disse Pedro a Narcisa:

— Sra. Narcisa, diga-me, o que significão aquellas letras?

A moça olhou para as letras, depois para Pedro, e corando disse n'um tom gracioso:

— *Senhor Pedro, Quer Rir-se?*

— Pedro, contente deste rasgo de espirito, exclamou:

— Muito bem... muito bem, minha senhora!...

Sahiu emfim a procissão, depois que os que carregavão o andor vencêrão a difficuldade de ganhar a rua, deixando a porta da igreja. O andor não era carregado pelos irmãos, mas sim por penitentes, e por tantos quantos o andor admittia; de modo que emquanto ali se podião pôr mãos ou hombros, essas mãos e esses hombros erão admittidos debaixo do andor; assim era elle carregado por uma densa turma de penitentes. A difficuldade da sahida do andor provinha não só dessa turma que o carregava, como de outra maior que o rodeava. Esta turma de penitentes, em numero de muito mais de cem, julgava não poder saciar a sua devoção senão indo bem junto do andor; e nem um querendo perder o seu logar, ao chegar á porta da igreja se opprimião, se atropellavão, de modo que a procissão sahia sempre tumultuariamente.

O andor era pois circumdado de um grande numero de penitentes, sendo estes mulheres descalças com os cabellos desatados e cahidos sobre as costas; homens nús da cintura para cima, açoutando-se desapiedadamente; estes carregados de grandes pesos, aquelles maniatados de tal modo que não podião caminhar e seguir o andor sem grandes e dolorosos esforços; uns com os pés agrilhoados do mesmo modo; outros carregados de uma grande porção de ossos humanos, etc. Os irmãos da irmandade do Senhor dos Passos, que compunhão o prestito, erão todos, ou quasi todos, indigenas. A procissão seguiu o caminho que devia, em redor da meia laranja, contemplando os passos em grandes cruzes fincadas no chão, a espaços graduados. A falta de decencia que reinava nesta solemnidade não podia ser prevenida nem remediada pelos padres; porque provinha do immenso ardor religioso que caracterisava aquellas almas cheias de fé, e talvez de resignação: eis pois o motivo dessa multidão em roda do andor, e dessa immensidade de mulheres que acompanhavão a procissão: comtudo o respeito e a devoção erão tão vivos, que a unica cousa que interrompia o silencio desta solemnidade erão as vozes lastimosas dos que cantavão o Psalmo *Miserere*, e os sons das correntes e dos açoutes dos penitentes. Á entrada da procissão o tumulto e a vozeria forão maiores, porque todos querião tomar um logar commodo para ouvirem o sermão, em que o orador tinha de commemorar o passo do Calvario. Apezar do grande aperto, o prestito piedoso conseguiu recolher-se quando ainda o sol brilhava sobre o nosso horizonte; pois naquelles tempos de fé, de esperanças e caridade, isto é, tempos de amor, os que fazião procissões não tinhão por fim o ostentar o luxo e riquezas de algumas ordens terceiras e irmandades, mas sim o expor aos olhos dos fieis os passos diversos da paixão do Redemptor, ou as imagens de alguns santos, excitando os fieis á virtude e á penitencia, apresentando-lhes estes magnificos exemplos! e por isso as procissões, exceptuando poucas, erão de tarde.

120.

Excerpto do mesmo Romance:

Campos-Novos.

A casa de vivenda da situação de Baptista era assente sobre a planura de uma risonha collina pouco distante do nosso oceano.
Á direita e á esquerda desta habitação, isto é, ao norte e ao sul, dilatavão-se divertidos prados, deliciosos valles, pequenos outeiros, e agradaveis collinas, todos recamados de flôres, intercortados aqui e ali de emphaticos e respeitaveis bosques, cujos milannarios e musgosos troncos que os decoravão ufanavão-se de balançar nas ethereas auras nodosos e corpulentos ramos já invadidos pelos parasitas, e abraçados por flexiveis ou tenaces cipós. Por detrás, ao oeste, perdia-se quasi a vista nessa campina immensa dos Campos-Novos, vastas lesiras, que de junto á praia do oceano se ião entestar nas fraldas dos apartados outeiros, sobre cujo plano (da campina), nas estações pluviosas, ondeava um mar das abundantes aguas que as montanhas de redor para aquelle ponto escoavão. No baixar da cheia, quando a gramma, o capim, a herva e os pequenos arbustos surgião desse periodico diluvio, era agradavel, e até encantador o era, o ver-se nessa pautada campina o maravilhoso contraste produzido por essas prateadas faixas sobre um fundo verde matizado de varias côres; porque por esses brancos, arenosos leitos, que a mão do homem havia rasgado, deslisava-se pacifica uma agua limpida e serena, que a pouca distancia lá misturar-se ia com as aguas do Atlantico. A magnifica antithese da campina e dos rios artificiaes não descontinuava ainda nos tempos da mais rigorosa secca; porque a resicada terra, sorvendo sequiosa toda a agua destes pequenos rios, ficava a branca arêa de seus alveos conservando a mesma opposição, quero dizer, contrastando a sua brancura com o verde não só das margens mas de toda a campina. Em frente, isto é, ao éste, atando-se ao céo em duvidosa cesura, lá, tão longe, onde de desconsolada a vista parece assentar um horizonte equivoco, tão melancolico de tão indefinito, desde esse horizonte até uma nua e saudosa praia, em que trovejando sobre fina arêa, rola, quebradas com medonho estampido, suas mugidoras ondas, arfava o magestoso oceano, solitario ás vezes como um coração sem amores, é as vezes sulcado por uma o mais velas, tão brancas como uma aza de anjo que se deslisa pela face

do céo, ou como uma garça branca que faceira atravessa as baixas aguas pacatas de um dormente lago!

Ao declinar da enchente, quando os pontos mais salientes da campina já desafogados surgião desse passageiro pégo, e a herva que renascia vinha em uma superficie enxuta reanimar-se aos raios de um sol benefico, gozava então a vista o magico espectaculo de ver essa verde campina mosqueada de prata; porque salpicando esse fundo verde, a agua estagnada formava aqui, ali e acolá grandes e pequenos lagos, bordados de vegetaes que revivião, e de flôres que desabrochavão; até que a terra filtrasse essa agua represada nas ruas e praças desses immensos canteiros! Então os graciosos habitadores dessas mansões de hervas e de aguas vinhão como que dar vida a essa vegetação, que tão luxoriosa renascia.

Emquanto bravios patos, depois de fenderem as aguas dos tranquillos lagos, se espanejavão nas margens, nadavão sobre estas aguas cardumes de garrulas hyrerês, que de ariscas fugião medrosas á approximação do homem. Aqui a piaçoca, voando á flôr dos lagos, enchia os ares de seus desconcertados gritos; ali, levantava a saracura o seu monotono canto; cá, um cordão de ligeiros maçaricos corria em torno dos lagos, e após em espiral se erguia em densa nuvem, para adiante se abater, como uma nuvem de pó elevada pelo vento da tempestade, e pousar depois com graciosa garridice; lá, compassando altiva os seus denodados passos, parecendo vagar ao acaso, passeava a garça branca com galhardia de rainha; além, o magestoso tabuyáyá, em pé no meio da campina, parece, de tão elevado, branca vela de alterosa náo, ferida por um raio incerto de um expirante sol, proximo de seu horizonte.

Emquanto estes innocentes habitadores dos lagos e das campinas assim se entretinhão em seus alegres e amorosos folguedos.... (compensações da natureza!), occultando, traidor, seu casco de ferro sob a superficie das aguas, espreitava o jacaré um individuo do povo alado, para o empolgar de um bote, e o devorar faminto; não erão porém só os passaros ribeirinhos que enchião estes logares de vida, de alegria e de amor. Lá, nas grandes arvores dos prados e dos bosques, emquanto cantava o canario, o colleiro, o avinhado e o bicudo, trinava seus hymnos o sabiá-larangeira, e affrontava seus cantares, no fundo de uma selva, o melodioso sabiá-una; e quando emmudecião seus amorosos cantos, arremedando a todos, gorgeava milhares de enamoradas canções, em variadas notas, o passaro cujo canto, se mais elevado fosse, seria o rei dos musicos alados da terra de Santa Cruz! Quero dizer o gaturamo.

Por toda a parte, com indizivel graça, esvoaçavão turbilhões elegantes de aereos insectos, em que se reflectião as opalas da brilhante clamyde da aurora, ou as celestes côres do diadema de Iris! Ao vê-los, dir-se-hia que dos prados se elevavão flôres, ou da terra pequenas folhetas e grãos de ouro, e que tomando azas no espaço, ião, no cambiar de mil côres, matizando as passageiras auras!

Aligeros, lepidos e incertos, agitando inconstantes as inquietas azas, os pequenos colibris voavão, ora do jasmim ao cravo, do cravo á rosa, e erguendo dahi seu vôo, lá se ião perder entre as brancas flôres de enamoradas larangeiras: voltando-se porém os olhos dos passaros e dos insectos para as flôres, duvidarieis qual dos dous campos era o mais rico; se o campo do céo de estrellas, se o campo da terra de flôres! Ás vezes partia de um bosque vizinho, ou do cume de um monte não longe, um roquejar incerto que o cidadão não conhecia; mas que apenas ouvido, fazia o camponez tomar sua espingarda e sahir: erão *capellas* (como elles o dizião) de macacos, ou barbados, que brincão nos matos, que colhem as sapucaias, cuja immensa noz abrem com admiravel presteza! ou passando das matas ás roças, ameação devorar o milharal, cujas verdes espigas, já granuladas e maduras, convidavão a sua sempre avida cubiça. Levados do mesmo desejo, pousava aqui e ali um *bando* (como diz a gente do campo) de verdes papagaios, pequenos periquitos, garrulas maritacas, sabiás-sicas, maracanãs, e outros destes passaros que dizimão a seara do lavrador. De repente uma nuvem que passava escurecia instantaneamente o sol; era um *bando* de pombas trocazes, ou sarobas, que atravessavão os ares, ou destas aves de arribação que nos fins de abril, urgidas pelos frios do sertão, começão de emigrar, demandando um clima mais doce nas ilhas do oceano. O caçador de passaros não sabia se attendesse primeiro aos enxames de juritys, que buscão entre a arêa pequeninos granitos para seu sustento, ou as multicores e cambiantes nuvens de sahys, tyês, tyês-bernes, tucanos, araçarys, etc., cujas plumosas galas fazem desbotar as orgulhosas côres do bello iris do cêo; ou as nedias sabiás-pocas, que adejando á flôr da terra, lá se vão occultar entre rasteiros arbustos, ou por baixo dos ramos das espessas moutas.

Si as uberrimas veigas, si as pingues leziras erão assim adornadas destes e d'outros encantos, nos mattos sobrava toda a qualidade de caças: as antas, os veados, pacas, tatús, etc., ahi por esses desertos descorrião livres, como o sopro da tempestade; emquanto os caxingelês, os quatys, saguys, etc., grimpados nas mais altas arvores, saltavão de uma arvore á outra, com tal agilidade, que os supporieis alados! Adiante, illudindo a vigilancia do caçador, voava o arisco jacú, o desconfiado macuco, e o espantado juôu.

De outro lado encantavão-se os olhos vendo esses anafados rebanhos de gados de todas as especies, nesses pascigos tão ferteis, pascendo aqui e ali uma herva sempre fresca, sempre nutriente e viçosa! Como tudo isto era bello!

Tambem não faltava a cobra sagaz e a astuta onça.

Assim erão as campinas, os bosques, os montes e os valles dos Campos-Novos! assim erão, é verdade, mas hoje o narrador não sabe o que são. Tambem desde quando assim erão até o presente, muito mais que cem vezes o sol tem conduzido o seu magnifico carro de ouro pelas sumptuosas camaras de saphyras e diamantes de seu vasto palacio zodiacal! Mais de quarenta mil dias ouvirão gemer no bronze sagrado a derradeira hora do sol sobre o nosso horizonte! A veloz carreira com que o carro do sol fere as ethereas estradas, é tão rapida, que levanta um immenso turbilhão de pó debaixo de suas rodas de fogo! e esse pó, sem descontinuar, cahe sobre a morada dos homens! e esse pó está incessantemente mudando a face da terra, ao passo que os raios desse benefico astro a conservão e a renovão! esse pó oxida os metaes até corrompê-los, faz apodrecer os vegetaes, mata os animaes, corrompe emfim os tres reinos da natureza, e faz envelhecer o mundo! esse pó emfim, cuja quéda quotidiana é tão insensivel, operada por mais de cem annos, derriba imperios, arraza cidades, destróe monumentos, anniquila familias, revoluciona os usos, muda os gostos, altera as leis, apaga inscripções e faz esquecer lembranças por demais queridas, e saudades em extremo amorosas! O archeologico, procurando, no fundo desse pó, a sociedade de um seculo antes, collocado entre a sociedade sua contemporanea e a passada, achar-se-ha entre dous mundos quasi oppostos, de tão differentes que são! A mudança pois é para o homem, e para tudo quanto existe debaixo do sol, uma lei natural, uma lei necessaria! porque esse pó muda tudo ... tudo! esse pó a que chamais lima do tempo!

Francisco Adolpho de Varnhagen.

121.

(Historia geral do Brazil.)

Descripção do Porto de Rio Janeiro.

É o porto que por um notavel engano corographico, se ficou chamando Rio de Janeiro, e que melhor diriamos Bahia de Janeiro, um verdadeiro seio do mar, que, sem exaggeração, podia conter em si todos os navios, que hoje em dia cruzam os oceanos, ou fundeam em seus ancoradouros. — É mais que uma enseada ou simples lagamar: é um grande golfo ou antes um pequeno mar mediterraneo, que por um exiguo estreito de oitocentas e cincoenta braças[1]) de largura se communica com o Atlantico: é um prodigio da natureza, tal que aos mesmos que o estão admirando lhes está parecendo fabuloso.

Não ha viajante antigo ou moderno que não se extasie ante uma tal maravilha do Criador. Os que tem corrido os emporios do Oriente, visto as scenas do Bosphoro, admirado os contrastes da deliciosa bahia de Napoles, em presença das cimas mais ou menos fumegantes do seu Vezuvio, todos são unanimes em reconhecer que esses considerados portentos da hydrographia, ficam a perder de vista, quando se comparam ao que ora temos presente. Semelha-se antes em ponto maior a um dos lagos do Salzkammergut, ou ainda da Suissa ou da Lombardia, com aguas salgadas em vez de doces, e com verdura variegada em vez de neve, nos mais altos serros que se descobrem ao longe.

As serranias azuladas pela distancia, em que os pincaros alcantilados e nus parecem encarapitar-se a desafiar as nuvens, abarreirando contra ellas dos furacões o porto por esse lado, fazem contraste com os outeiros de terra avermelhada, em cujas cimas córoadas de palmeiras ondeam estas os ramos com a viração da tarde. Os morros graniticos, a logares descarnados, de fórma mais ou menos regularmente conica, que atalaiam toda a bahia, contras-

---

[1]) Corographia Brazilica pelo P. Manuel Ayres do Cazal, II, 11.

tam igualmente com as varzeas e encostas vestidas de vigorosa vegetação perenne, cuja bella monotonia elles estão nem que collocados ali para quebrar. Entre esses morros, dois acham-se como de sentinella, para registrar a entrada da barra. Chamam-se em virtude das suas formas o *Pão d'Assucar* e o *Pico*. Mais para o sul levanta-se a *Gávia*, que parece ter no alto um taboleiro como as dos mastros dos navios. Outro morro parece postado nem que para offerecer sobre si um ponto quasi no firmamento, donde o homem fosse absorto admirar o conjuncto de tantos prodigios. Por estar como vergado, a fim de permittir mais facil subida, lhe chamáram o *Corcovado*, denominação esta que, além da falta de caridade da parte de quem a deu, envolve uma especie de ingratidão dos que ora a seguimos. E máu grado nosso lh'a applicamos tambem n'este momento, em que no seu cimo concebemos estas poucas linhas, tendo á nossos pés a cidade, e em torno della suas vistosas chacras, e alcançando a vista ao longe o horisonte onde o farelhão do Cabo-Frio parece confundir-se com os plainos do Atlantico.

Do mais alto das serras que se elevam para o interior, manam por entre morros e outeiros uma porção de riachos e ribeiros, muitos dos quaes, depois de precipitar-se de caxoeira em caxoeira, vão despejar suas aguas em sacos e remansos ou pequenas enseadas, que como para receber aquellas se encolhem deste grande seio, vindo a consentir que entre cada duas de taes enseadas se avance e boje caprichosamente uma esvelta peninsula, cujos airosos coqueiros se espelham nos dois mares, que de cada lado mandam ondas salgadas a chapinhar-lhe as faldas. O maior de taes ribeiros, isto é, o que traz sua origem de mais longe, e cae mais no fundo do golfo (ao qual roubaria o nome que tem se effectivamente elle fosse rio) chama-se de *Macacú*.

A configuração geral de um mappa deste porto do globo é, em ponto diminuto, a mesma que presenta o Brazil todo; e não faltarão fatalistas que em tal fórma vejam alguma mystificação. Infinidade de ilhas e ilhotes de todos os tamanhos, desde entre estes o simples caúnho ou escolho á flor d'agua, até no número daquellas a que se espalma chegando á contar tres leguas de comprimento, e que contem engenhos e chacras, convertem esta bahia em um pequeno archipélago, cuja ilha maior bem como a sua immediata em tamanho, chamada Paquetá, escondem-se lá no fundo do seio. — A communicação das suas aguas com as do Atlantico tem logar na altura de vinte e tres gráos escassos; isto é, na distancia de dez gráos da barra da Bahia, e quasi debaixo do tropico de Capricornio. A entrada se effectua em uma costa mui elevada que desde o visinho promontorio, o Cabo-Frio, d'ali umas vinte leguas, vem correndo leste-oeste, e prosegue além da barra, apresentando-se a quem chega de fóra como um gigante colossal deitado resupino, da fórma que dormiam os Indios do paiz. Os nautas o encaram tranquillos e o admiram á vontade; por quanto ao vel-o, quando chegam, ja consideram terminados os riscos da viagem. A barra do Rio de Janeiro é das que se conhecem com mais facil entrada.

TABLE ALPHABÉTIQUE

DES NOMS D'AUTEURS ET DES MATIÈRES.

Les noms des auteurs dont il est parlé en détail dans l'ouvrage sont précédés d'un astérisque. — Les chiffres romains après un nom d'auteur renvoient à l'anthologie, les chiffres arabes aux morceaux qu'elle renferme.

A.

	Pag.
Abreu e Castro, B. F. F.	239
— *Nossa Senhora dos Guararapes*	239
Academia dos Felizes	46
- - Selectos	46
Académies à Rio de Janeiro	46
Alencar, *Guarany*	240
Almeida, A. C., frère de José Basilio da Gama	55
Almeida Rosa, Fr. O.	220
*Alvarenga Peixoto, I. J. de	73
— II. 40.	
*Alvares de Azevedo, M. A.	211
— Critiques	215
— Discours de circonstances	215
— *Litteratura e civilisição em Portugal*	216
— *Obras*	211
— Poète lyrique	213
— *Poema do Frade*	215
— Scènes dramatiques	215
— II. 96, 97, 98, 99, 100, 101, 102, 103, 104, 105.	
*Alves Branco, M.	108
— Ode au printemps	109
— II. 56.	
Amador bueno	226
Amador bueno ou a fidelidade Paulistana	225
Amancia, Romance	168
Amaral, de	28
Americanas	200
Amor, O, da Patria	227

	Pag.
Anchieta, J. de, drame en vers	7
*Andrada e Silva, J. B., l'aîné	97
— *Poesias avulsas de Americo Elysio*	103
— II. 52, 53.	
Andrada e Silva, J. B., le cadet	221
— *Rosas e goivos*	221
Andrada Ribeiro, de, Antonio Carlos	241
Andrada Ribeiro, de, Martin Francisco	241
— *Januario Garcia*	228
— *Lagrimas e Sorrisos*	221
Angelica e Firmino	173
Antonio José ou o Poeta e a Inquisição	223
*Araujo Porto Alegre 169, 230, 241	
— *Angelica e Firmino*	173
— *Brasilianas*	173
— *Colombo*	173, 174
— *Comedias brasileiras*	230
— *O Corcovado*	173
— *A Destruição das Florestas*	173
— *O Espião de Bonaparte*	173
— *A Estatua americana*	173
— *Operas lyricas*	232
— *Prologo dramatico*	172
— *Sagres*	175
— *O Sapateiro politicão*	173
— *A Voz da natureza sobre as ruinas de Cumas*	172
— II. 77, 78.	
Arcadia ultramarina	46
Arcadies à Rio de Janeiro	46
Assumpção, A, da Santissima Virgen	90

326   Table alphabétique des noms d'auteurs et des matières.

B.

	Pag.
Ballades épiques	199
— anciennes	199
Barboza, Domingos	7
Beatrice Cenci	176
Beatriz ou os Francezes no Rio de Janeiro	231
Biografias de Mello	220
Boabdil	176, 227
*Bordallo, A. M.	76
Borges de Barros, João	25
— sa Relação	25
Borges de Barros, José, auteur dramatique	22
*Botelho de Oliveira introduit la comédie au Brésil	21
— A ilha da Maré	21
— II. 11.	
Brasil, O, poème épique	200
Brasileiras celebres	202
Brasilia	25
Brasilianas	173
*Brito de Lima, J.	24
— Cezaria	25
Bucoliques, traduction	196
*Burgain, L. A.	226
— Fernandes Vieira, drame	226
— Grand nombre de drames	226

C.

Caetaninho	229
Cahetés, Os	220
*Caldas Barboza, D.	76
— Cántigas	78
— Doença	78
— Recopilação da Historia Sagrada	78
— A Vingança da Cigana	78
— II. 41, 42, 43.	
Calderon, comédies de	80
Cameron	229
Camões, tragédie	211
Campos, A. B.	241
— Cartas-Romances, nouvelles	241
Cancioneiro das bandeiras	199
Canelo de Noronha, L.	26
Cantico aos Campos Elysios	52
— ao 7 de Setembro	115
Canticos lyricos	208
Cantos epicos	200
Capitão, O, silvestre	239
Caramurú	56, 58, 59
*Cardoso, J. Fr.	61
— Poème héroïque en latin	62
Carnaval, O	75
Carneiro, D. G.	10

	Pag.
Cartas Chilenas	47, 74
Cartas-Romances, nouvelles	241
Carteiro, O, de meu tio	237
Carvalho, A. A.	229
— Pedro Martelli	229
Carvalho, Fr. J. de, v. Monte Alverne.	
Cassino, O	233
Cezaria, épopée	25
Chants des Indiens	6
Chapim, O, do Rei	231
Cheren, M. J.	26
Cirio, O	112
Cégo, tragédie	227
Clytemnestra	225
Coaquira	200
Cobé, tragédie	227
Colombo	173
Colombo, ou o descobrimento d'America	232
Comédies	21
Confederação, A, dos Tamoyos	147
Contos poeticos	202
Corcovado, O	173
*Cordovil, B. A.	75
Cornelia, tragédie	226
Correa de Almeida	220
— Satyras, epigrammas e outras poesias	220
— II. 110, 111, 112, 113, 114, 115, 116.	
Correa de Lacerda, Fr. M. R.	26
— son poème	26
Correio braziliense	85
*Costa, C. M. da	63
— Villa-Rica, poème	65
— II. 21, 22, 23, 24, 25.	
Coutinho, L. le docteur	241
Critillo, Cartas chilenas	74
*Cunha Barboza, J. da	115
— Garimpeiros	119
— Nicteroy	118
— Parnaso brasileiro	119
— II. 64.	

D.

Dacosta, C. M., v. Costa.	
*Dacosta Perreira	85
— Correio braziliense	85
— Investigador, Patriota, Gazeta, Idade d'ouro	85
Da Cunha Barboza v. Cunha.	
Deltinha	218
Descripção curiosa	114
Desertor, O, das lettras	70
Destruição, A, das florestas	173

Table alphabétique des noms d'auteurs et des matières. 327

	Pag.
Diccionario da lingua portugueza	133
— — — tupi	176
Dirceu de Marilia	199
Discours de Monte Alverne	129
Doença	78
Don Quijote	39
Doria, v. Menezes Doria.	
Dous amores, Os	237
Dous matrimonios malogrados, Os	239
Drama allegorico ao dia 7 de Setembro	115
Drames	7
Drames lyriques	232
— populaires	233
*Durão, Santa Rita	56
— Caramurú	56
— II. 20.	

E.

École de Minas	47
Eduardo, ou as victimas do amor	239
Élégie sur la mort de F. B. Ribeiro	220
Éloquence	241
Énéide, traduction	196
Enlevos	221
Epitome da grammatica portugueza	133
Epoca, A, drame	229
Esboços litterarios	241
Espectro, O, da Floresta	229
Espião, O, de Bonaparte	173
Esquecidos, académie des	24
Estatua, A, amazonica	173
Estolaida, A	75
Eureste	74
Eustachidos, poema sacro e tragicomico	27

F.

Fabula do Morro dos Ramos	119
Factos do Espirito humano	167
Fantasma, O, branco	231
Fatalidades de dous Jovens	239
Fernandes Vieira, drame	226
Ferreira, L. R.	108
Ferreira d'Araujo Guimarães	123
Ferreira Barretto, Fr.	123
*Ferreira França	233
— Cassino, O	233
— Libro de Irtilia	233
— Lindoya, Tragedia lyrica	233
*Ferreira dos Santos Reis, J. Gu.	121
— Georgicas brasileiras	122
— Saudade paterna	122
— II. 66.	
Festa, A, de Baldo	124

	Pag.
Filho, O, do Pescador	238
Fondation de l'Instituto historico-geographico do Brazil	117
Fonseca, J. B.	114
— Poesias dedicadas as senhoras brasileiras	114
Franco de Sá	221
Frei Ambrosio, drame	218

G.

*Gama, J. B. da	50
— Cantico aos Campos Elysios	52
— Quitubia	51
— Uruguay	53
— II. 90.	
Gama, Lopes	241
Garimpeiros	119
Gazeta	85
Genethliaco	26
Georgicas brasileiras	122
Glaura	72
Gomes, C. J. de	229
— O Espectro da Floresta	229
*Gonçalves Dias, A.	175, 227
— Beatrice Cenci	176
— Boabdil	176, 227
— Cantos, Collecção de poesias	176
— Diccionario da lingua tupi	176
— Leonor de Mendonça	176
— Primeiros cantos	176
— Secundos —	176
— Ultimos —	176
— Tymbiras, Os, Poema americano	176, 179
— II. 79, 80, 81, 82, 83, 84.	
*Gonzaga, Th. A.	66
— Marilia de Dirceu	69, 202
— II. 26, 27, 28, 29, 30, 31, 32, 33, 34.	
Gruta americana	71
Guanabara	138
Guerras de Alecrim e Mangerona	40
Guimarães, v. Pinheiro.	
Guzmão, B. L.	25
— A.	25
Gymnasio dramatico, théâtre	229

H.

Haute-trahison de Minas	47
Histoire du Brésil	28
Historia de Portugal	133
Historia de uma moça rica	229
Hymne au soir	196
Hymno da cabocla	218

I.

	Pag.
Idade d'ouro	85
Ilha da Maré, A	21
Iliade, traduction de l'	196
Immaculée Conception	26
Independencia, A, do Brazil 148,	210
Indiens	5
Indigenas, Os, do Brazil perante a Historia	168
Inspirações do claustro	216
Instituto historico e geographico	117
— Sa Revista	188
— Développement de cet Institut	188
Investigador	85
Iris	138
Itaé, Idyllio americano	220

J.

Januario Garcia	228, 240
Jequitinhonha, le vicomte de	241
— Liberdades das Republicas	241
Jesuitas, ou o Bastardo D'El-Rei	228
Jésuites	7
Jésuites, les, répandent la culture intellectuelle	6
Job, livre de, traduction	95
Journalisme politique	138
Journaux littéraires de l'École de droit de S. Paulo	221
Journaux littéraires des dernières années	219
*Junqueira Freire, L. J.	216
— Deltinha	218
— Frei Ambrosio	218
— Hymno da cabocla	218
— Inspirações do claustro	216
— O Padre Roma	218
— Tractado de Eloquencia nacional	218
— II. 106, 107, 108, 109.	

L.

Lagrimas e Sorrisos	221
Leonor de Mendonça	176
Lexicographe Moráes	132
Liberdades das Republicas	241
Libertador, O	211
Libro de Irtilia	233
Lindoya, tragedia lyrica	233
*Lisboa, J. J.	114
— Descripção curiosa	114
Litteratura e civilisação em Portugal	216
Livro de meus amores	199
Lobo, Alvaro	8
Lujo e vaidade	232

M.

	Pag.
*Macedo, J. M. de, . 180, 227,	231
	235, 241
— O Amor da patria	227
— O Cego	227
— Cobé	227
— Os Dous amores	237
— O Fantasma branco	231
— O Forasteiro	236
— Lujo e vaidade	232
— O Moço louro	236
— A Moreninha	236
— Nebulosa	181
— O Novo Othelo	232
— O Primo da California	231
— Rosa	237
— O Sacrificio de Isaac	227
— A Torre em concurso	232
— II. 85, 117, 118.	
*Magalhães, D. J. G., chef de l'école vraiment nationale	141
— Ouvre la voie au théâtre national	223
— Amancia, Romance	168
— Antonio José ou o Poeta e a Inquisição, tragédie	223
— A Confederação dos Tamoyos	147
— Factos do Espirito humano	167
— Os Indigenas do Brasil perante a Historia	168
— Os Mysterios	146
— Olgiato, tragédie	223
— Poesias	141
— Suspiros poeticos e Saudades	142
— Urania	147
— II. 72, 73, 74, 75, 76, 76ª, 76ᵇ, 76ᶜ, 76ᵈ.	
Maria, ou a menina roubada	239
*Maricá, marquis de	130
— Maximas, Pensamentos e Reflexões	131
— II. 71.	
Marilia	67
Marilia de Dirceu	69, 202
Marilia de Itamaracá	232
*Mattos, Eus. de, poète et orateur sacré	11
— II. 1, 2.	
*Mattos, Greg. de, poète satirique et burlesque	13
— II. 3, 4, 5, 6, 7, 8, 9, 10.	
*Mattos Pimentel, G. J.	115
— Cantico ao 7 de Setembro	115
— Drama allegorico ao dia 7 de Setembro	115
Maximas, Pensamentos e Reflexões	131

Table alphabétique des noms d'auteurs et des matières. 329

	Pag.
*Mello, A. J.	220
— Itaé, Idyllio americano	220
— Biografias de alguns poetas e homens illustres da provincia de Pernambuco	220
— Os Cahetés	220
*Mello Azevedo e Brito, P. J. de	112
— O Cirio	112
*Mello Franco, Fr.	79
— Noites sem somno	80
— O reino da estupidez	80
Mello, João de	26
Mello, J. R.	28
— De rebus rusticis brasilicis	28
*Mendes, M. O.	195
— Bucoliques, traduction	196
— Énéide, meilleure traduction	196
— Hymne au soir	196
— Iliade, traduction	196
— Poésies originales	196
— Voltaire, tragédies traduites	197
— II. 86.	
Menezes Doria, F. A. de	221
— Enlevos	221
Mesquita, Martinho et Salvador	7
Metamorphoses	121
Minas, école de	47
— haute-trahison de	47
Minerva brasiliense	188
Minhas canções	221
Moço louro, O	236
Modulaçoens poeticas	198
*Monte Alverne, F. do	127
— Ses discours	129
— Obras oratorias	129
— II. 70.	
*Morães, Ant. de	132
— Historia de Portugal	133
— Version des Délassements de l'homme sensible d'Arnaud	133
— Diccionario da lingua portugueza	133
— Epitome da grammatica portugueza	133
Morães, M. de	7

Morceaux choisis:

	Pag.		Pag.
N° 1, 2	12	N° 20ª, 20ᵇ	61
- 3—10	18	- 21	64
- 9—10	17	- 22, 23, 24, 25	66
- 11	21		
- 12	27	- 33, 34	68
- 13	28	- 26, 28, 29, 30, 31	69
- 14	29		
- 15	40	- 27	70
- 16, 17, 18	43	- 35—39	73
- 19ª, 19ᵇ	55	- 40	75

	Pag.
N° 41, 42, 43	79
- 44, 45	86
- 46, 47	87
- 48ª, 48ᵇ	92
- 49	94
- 50, 51	95
- 52, 53	102
- 54	107
- 55	108
- 56	109
- 57, 58, 59	111
- 60, 61	113
- 62, 63	114
- 64ª	118
- 64ᵇ	119
- 65	121
- 66	122
- 67ª, 67ᵇ, 67ᶜ	125
- 68, 69	126
- 70	130
- 71	132
N° 72—75	145
- 76ª⁻ᵈ	147
- 76	153
- 77	173
- 78	175
- 79, 80	178
- 81—84	179
- 85	195
- 86	196
- 87, 88	199
- 89, 90	200
- 91	201
- 92	210
- 93—95	211
- 96—98	214
- 99—105	214
- 106	217
- 107—109	218
- 110—116	220
- 117, 118	237
- 119, 120	239
- 121	242
Moreninha, A	236
Moreto	30
Mosaico poetico	202
*Moura, C. L. de, premier traducteur de romans étrangers	235
Mysterios, Os	146
Mysterios de familia	229

N.

Nativisme	140
Nebulosa	181
Nenia á F. B. Ribeiro	125, 220
Nictheroy	118, 188
Noites sem somno	80
Nolasco, V. P.	226
— Alonso e Cora, ou o Triumpho da Natureza	226
Novas Modulaçoens	199
Novas poesias offerecidas ás Senhoras brazileiras	110
Noviço, O	231
Novo Othelo, O	232
Nossa Senhora dos Guararapes	239
Nouvelles	240

O.

Obras oratorias de Monte Alverne	129
Ode aos poetas brasileiros	121
Olgiato, tragédie	223
Operas comiques	231
Operas du Juif	81
Opificio sacchario, de	28
Orateurs	6, 8, 11, 26

	Pag.
Orateurs académiques	241
Orateurs politiques	241
*Ottoni, J. E.	93
— Proverbes de Salomon, traduction	94
— Livre de Job, traduction	95
— II. 49, 50, 51.	

P.

Padre Roma, O	218
Palmares, Os	200
Paraguassú	120
Paraná, le marquis de	241
*Paranaguá, Fr. Vill. Barbosa, marquis de	105
— Ode au printemps	107
— II. 54, 55.	
Patriota, O	85
*Pedra Branca, Dom. Borges de Barros, vicomte de	109
— Poesias offerecidas ás senhoras brazileiras	110
— Novas Poesias offerecidas ás senhoras brazileiras	110
— Os Tumulos	111
— II. 57, 58, 59.	
Pedro II, S. M. l'empereur, protecteur des sciences	137
Pedro Martelli	229
*Penna, L. C. M.	229, 230
— Vitiza o Nero das Espanhas, drame	229
— Comédies en un acte	230
— O Noviço	231
Pensamentos de Teixeira	211
*Pereira da Silva, J. M.	240, 241
— Nouvelles	240
— Variedades litterarias	240
— Ouvrages biographiques et littéraires	241
*Pereira da Silva, João	75
— O Carnaval	75
— A Estolaida	75
Pereira de Almeida, J.	229
— Os poetas ao seculo das luces	229
Pereira de Vasconcellos, B.	241
*Pinheiro Guimarães	229
— A historia de uma moça rica	229
*Pinto da França, L. P.	114
— II. 62, 63.	
Pires de Carvalho, J.	26
— Son poème	26
Poema ás artes	73
Poema do Frade	215
Poemas offerecidas aos amantes do Brazil	113

	Pag.
Poème héroïque en latin	62
Poèmes d'opéra d'Araujo Porto-Alegre	173
Poesias avulsas d'Americo Elysio	103
Poesias dedicadas ás senhoras brazileiras	114
Poésies des Indiens	5
Poesias offerecidas ás senhoras brazileiras	110
Poetas ao seculo das luces	229
Porto-Alegre, v. Araujo.	
Presse politique au Brésil	85
Primo da California, O	231
Printemps, ode au	107, 109
Progresso do Jornalismo no Brazil	138
Prologo dramatico	172
Prosateurs	9
Prose	241
Proverbes de Salomon	94
Providencia, A	238

Q.

*Queiroga, A. A.	125
— II. 69.	
Quitubia	51

R.

Ravasco Cavalcanti de Albuquerque, G.	19
Récits	240
Recopilação da Historia Sagrada	78
Rego Vianna, J. M.	228
— Os Jesuitas, ou o Bastardo d'El-Rei	228
Reino da estupidez	80
Relação panegyrica	25
Représentations théâtrales	7, 233
Resignação, A, drame	229
*Ribeiro, F. B.	125
— II. 68.	
*Ribeiro, M. J.	82
— Obras poeticas	82
Ribeiro de Andrada, v. Andrada.	
*Rocha Pitta, Seb. da	28
— Première histoire du Brésil	28
— II. 14.	
Romantisme	139
Romances e novellas	240
Rosa	237
Rosas e goivos	221

S.

Sacrificio, O, de Isaac	227
Sagres	175

Table alphabétique des noms d'auteurs et des matières. 331

	Pag.
Saint-Esprit, poème au,	26
*Saldanha, J. da Natividade	113
— Poemas offericidas aos amantes do Brasil	113
— II. 60, 61.	
Salvador, Vicente de	7
Santa Gertrudes Magna, Fr. Fr. de Paula	123
*Santa Maria Itaparica, M. de	26
— Eustachidos	27
— Description de l'île d'Itaparica	27
— II. 12, 13.	
Santa Rita Durão, v. Durão.	
*Santa Theresa, Fr. X. de	26
— Orateur	26
— Poema ao Espiritu Santo	26
— Tragicomedia	26
Santos, J. C. dos, le plus grand acteur du Brésil	225
Santos Reis, v. Ferreira.	
Santos Titára, v. Titára.	
*São Carlos, Fr. Fr.	89
— A Assumpção da Santissima Virgem	90
— Sermons	92
— II. 48.	
Sapateiro politicão, O	173
Satiras, epigrammas e outras poesias	220
Satire	220
Saudade paterna	122
Seixas, D. M. J. D. de	67
Seixos Brandão, J. I. de	83
Sermons	92
Silva Alves de Azambuja Susano, L. da	239
— O capitão silvestre	239
*Silva Alvarenga, M. Ign. da	70
— O Desertor das lettras	70
— Eureste	74
— Glaura	72
— A Gruta americana	71
— Poema ás artes	73
— Templo de Neptuno	71
— II. 35, 36, 37, 38, 39.	
*Silva, Antonio José da	31
— ses opéras	31
— D. Quijote	39
— Guerras de Alecrim e Mangerona	40
— Antonio José ou o Poeta e a Inquisição	223
— A corôa de fogo	200
— II. 15, 16, 17, 18.	
Silva Araujo e Amazonas, L. da	240
— Sima	240
Silva Costa, J. Ign.	83

	Pag.
Silva, Firmino R.	125, 220
— Nenia á F. B. Ribeiro	125
Silva, J. M. da	31
*Silva, J. J. da	76
Silva Mascarenhas, M. Eug. da	83
Silveira de Sousa, J.	221
*Silverio de Paraopeba	119
— Fabula do Morro dos Ramos	119
Sima	240
*Simoni, L. V.	232
— Ses opéras originaux	232
— A volta de Columella	232
— Marilia de Itamaracá	232
*Soares da Franca, Gonçalo	25
— sa Brasilia	25
Sociedade litteraria	46
Sociétés littéraires	138
Sombras e sonhos	211
Suspiros poeticos e saudades	142
*Sousa Caldas, A. Pereira	85
— Traduction en vers des Psaumes	87
— Oeuvres poétiques	88
— II. 44, 45, 46, 47.	
*Souza Silva, J. N. de	198, 225, 232, 240, 241
— veut implanter au Brésil le vaudeville français	231
— Poète lyrique	198
— Amador bueno ou a fidelidade Paulistana	225
— Americanas, As	200
— Ballades épiques	199
— Beatriz, ou os Francezes no Rio de Janeiro	231
— Brasil	200
— Brasileiras celebres	202
— Cancioneiro das bandeiras	199
— Cantos epicos	200
— Chapim do Rei, O	231
— Clytemnestra	225
— Contos poeticos	202
— Coaquira	200
— Dirceu de Marilia	199
— Livro de meus amores	199
— Modulaçoens poeticas	198
— Mosaico poetico	202
— Novas Modulaçoens	199
— Opéras comiques	231
— Palmares, Os	200
— Romances e novellas	240
— II. 87, 88, 89, 90, 91.	

T.

*Teixeira de Macedo, Alvaro	123
— A Festa de Baldo	124
— II. 67.	

	Pag.
Teixeira de Mello, J. A.	211
— Sombras e sonhos	211
*Teixeira e Sousa, A. G.	148, 203
— A Independencia do Brasil	148
— Canticos lyricos	203
— O Cavalleiro teutonico	226
— Cornelia	226
— Os Tres Dias de um Noivado	204
— II. 92, 119, 120.	
*Teixeira, J. J.	210
— Camões, tragédie	211
— O Libertador	211
— Pensamentos	211
— II. 93, 94, 95.	
*Teixeira Pinto, Bento, premier prosateur brésilien	9
Templo de Neptuno	71
*Tenreiro Aranha, Bento de Fiqueiredo	81
— Obras litterarias	82
Theatro brasileiro	231
Tira-Dentes, ou a Incofidencia de Minas	229
*Titára, L. dos Santos	120
— Métamorphoses	121
— Ode aos poetas brasileiros	121
— Paraguassú	120
Torre, A, em concurso	232
Tres Dias, Os, de um Noivado	204

U.

Urania	53
Uruguay	147

V.

	Pag.
Valdes, J. M.	239
— Os dous matrimonios malogrados	239
Valle, P. A. de	229
— Caetaninho	229
Varejão, le docteur	229
— A Resignaçào	229
— A Epoca	229
Variedades litterarias	240
*Varnhagen, Fr. A. de	59, 226, 241
— Amador Bueno	226
— Histoire du Brésil	241
— II. 121.	
*Vidal Barbosa, D.	75
*Vieira, Ant., célèbre orateur	8
Vieira Ravasco, B.	19
Villa-Rica	65
Vingança, A, da Cigana	78
Vitiza o Nero das Espanhas	229
Volta, A, de Columella	229
Voltaire, tragédies, traduites	197
Voz, A, da natureza sobre as ruinas de Cumas	172

W.

Werther, traduction de	235

ERRATA.

HISTOIRE DE LA LITTÉRATURE.

Page	8	ligne	24 haut	lisez:	du père José de Anchieta par Simão de Vasconcellos
-	30	-	4 bas	-	*fuerza*
-	33	-	7 -	-	*parece* (sans point)
-	35	-	2 haut	-	Francisco
-	58	-	25 -	-	3
-	—.	-	9 bas	-	I (non J)
-	66	-	19 -	-	*canção*
-	67	-	1 -	-	*grãe*
-	77	-	8 -	-	sut
-	89	-	9 -	-	Carlos (non Caldas)
-	91	-	11 -	-	ils
-	121	-	10 -	-	Vénus
-	141	-	23 -	-	*Cayrú*
-	154	-	16 -	-	Tamoyos
-	156	-	10 -	-	puisqu'il
-	158	-	4 -	-	Branca
-	165	-	8 haut	-	Parabuçú
-	167	-	6 -	-	une
-	—	-	8 -	-	mourir
-	—	-	12 -	-	il
-	169	-	5 -	-	cite
-	191	-	17 -	-	pensées
-	207	-	9 -	-	recherche
-	211	-	10 bas	-	mourrait
-	213	-	17 haut	-	consommés
-	215	-	6 bas	-	*rapida — que*
-	220	-	15 haut	-	Geráes
-	222	-	5 -	-	Araujo Porto-Alegre
-	229	-	12 -	-	Geráes
-	233	-	20 -	-	ils

CHOIX DES MORCEAUX.

Page	6	ligne	13 haut	lisez:	ao
-	11	-	1 -	-	rua
-	14	ajoutez dans le sonnet N° 10 le premier tercet:			

        Mui grande é vosso amor, e o meu delicto:
        Porém, póde ter fim todo o peccar,
        Mas não o vosso amor, que é infinito.

-	19	ligne	13 haut	lisez:	e como
-	22	-	13 bas	-	abóbada
-	—	-	1 -	-	Cujo
-	33	-	16 haut	-	contra
-	35	-	19 -	-	voto,
-	50	-	27 ..	-	lembra
-	69	-	14 -	-	Ou

Errata.

Page	ligne			lisez:	
98	ligne	2	bas	lisez:	infinito,
112	-	10	haut	-	Milciades
119	-	20	-	-	espectaculo
125	-	6	-	-	Anhelam
132	-	16	-	-	se
138	-	13	-	-	Mirificas,
139	-	3	bas	-	á ti
140	-	14	-	-	Opacos
141	-	1	-	-	Variegada
143	-	21	haut	-	galhofeiro
150	-	12	-	-	comeces
130	-	18	-	-	Entretanto
131	-	15	-	-	exaltassem
193	-	5	-	-	do
—	-	16	-	-	modelo
196	-	3	-	-	destino
199	-	1	-	-	reseca
203	-	2	-	-	Em Pompeia, Resina e Hercolano,
204	-	19	-	-	em cujo cimo
206	-	1	-	-	orago
—	-	2	-	-	Tal lume
—	-	3	-	-	O relento
207	-	20	-	-	Espontanea
208	-	1	bas	-	mudáram
209	-	1	-	-	abrilhantárem
212	-	17	-	-	seu nome
213	-	10	haut	-	tão negros
217	-	5	bas	-	phantasma
219	-	5	haut	-	entranhas
223	-	9	bas	-	Não
—	-	2	-	-	de tanta
250	-	1	-	-	brisa
302	-	12	-	-	perdeste
315	-	7	-	-	significa:

IMPRIMERIE DE A. W. SCHADE, BERLIN, STALLSCHREIBERSTR. 47.

www.ingramcontent.com/pod-product-compliance
Lightning Source LLC
Chambersburg PA
CBHW060308230426
43663CB00009B/1628